21 世纪高等院校公共管理系列教材

公共部门人力资源管理

Human resource management In the public sector

主　编◎葛玉辉
副主编◎刘　凯

清华大学出版社
北京

内 容 简 介

本书以公共人力资源管理的整体流程为主线展开，共分为十章，详细阐述了公共部门人力资源管理的基础知识，以及公共部门职位管理、人员甄选与录用、培训与开发、绩效管理、薪酬福利管理、职业生涯管理、人力资源流动管理等环节的内容，同时对我国公共部门人力资源管理的发展趋势进行了探讨，结构完整，内容丰富。

本书力求反映公共部门人力资源管理领域相关政策、管理理念与实践的最新变化，既可以用作高等院校公共管理、MPA、人力资源管理等相关专业的教材，也可以用作公共部门人力资源在职人员的培训教材和参考书。

图书在版编目（CIP）数据

公共部门人力资源管理/葛玉辉主编. —北京：清华大学出版社，2016（2022.3重印）
21 世纪高等院校公共管理系列教材
ISBN 978-7-302-42625-7

I. ①公… II. ①葛… III. ①人力资源管理-高等学校-教材 IV. ①D035.2

中国版本图书馆 CIP 数据核字（2016）第 007926 号

责任编辑： 刘淑丽
封面设计： 刘　超
版式设计： 魏　远
责任校对： 王　云
责任印制： 宋　林

出版发行： 清华大学出版社
网　　址：http://www.tup.com.cn，http://www.wqbook.com
地　　址：北京清华大学学研大厦 A 座　　邮　　编：100084
社 总 机：010-83470000　　邮　　购：010-62786544
投稿与读者服务：010-62776969，c-service@tup.tsinghua.edu.cn
质量反馈：010-62772015，zhiliang@tup.tsinghua.edu.cn
课件下载：http://www.tup.com.cn，010-62788903

印 装 者：大厂回族自治县彩虹印刷有限公司
经　　销：全国新华书店
开　　本：185mm×230mm　印　　张：28.75　字　　数：624 千字
版　　次：2016 年 4 月第 1 版　　印　　次：2022 年 3 月第 4 次印刷
定　　价：49.90 元

产品编号：060460-01

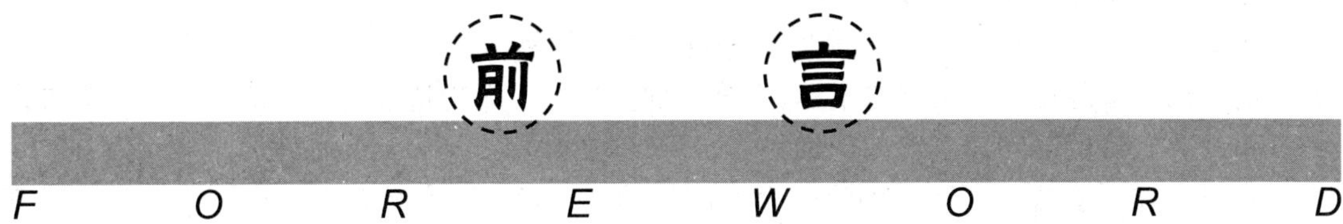

随着公共部门改革的提速，政府的开放性和透明性不断增强，公共部门人力资源管理从理念思维到技术工具都在快速更新。本书是为满足读者对公共部门人力资源管理新知识、新技能、新方法的需求，为建立和完善适应国际潮流、适合中国国情的公共部门人力资源管理学科体系而进行的探索。

公共部门人力资源管理是指以国家行政组织为主要对象，依据法律规定对其所属的人力资源进行规划、录用、任用、使用、工资、保障等管理活动和过程的总和。公共部门人力资源管理是建立在全新的现代人力资源理论和管理思想上的，它是对公共部门人事行政管理理论和实践的全面更新，它不同于传统的人事行政管理，无论是在管理内容、管理原则、管理方法还是在管理部门的地位等方面都有很大的区别。公共部门人力资源管理具有一般人力资源管理的共性，但由于公共部门自身的特性，决定了公共部门人力资源管理有其特殊性。这种特殊性主要表现在以下几个方面。

（1）利益取向的公共性。公共部门的人力资源管理不允许谋求其部门的自身利益，公共管理包括公共部门人力资源管理，必须以公共利益为其最基本的价值取向。

（2）管理行为的政治性。以政府为核心主体的公共部门掌握社会公共权力，在社会价值的权威性分配中起关键性作用，所以公共部门人力资源管理不可避免地具有政治性色彩。

（3）管理层级的复杂性。以政府为核心主体的公共部门，是一个纵横交错、层级节制的庞大的组织结构体系，这就决定了公共部门在人事管理权限的划分、人力资源的获取、配置、使用等方面都具有私人部门所不可比拟的复杂性。

（4）绩效评估的困难性。公共部门的产出是公共物品，大多数公共物品具有非竞争性、非排他性的特点，无须通过市场就可以消费，并且难以量化，难以确定个人在其中的贡献份额，因此，对公共部门的人力资源进行绩效评估就存在一些技术上的困难。

（5）法律规制的严格性。公共权力具有两重性，既可以用来实现公共利益，也可以用来谋取个人私利。因此，必须以专门的法律、法规对公共部门人力资源管理加以严格的规范，在各个环节上以法律形式予以约束，依法进行管理。

所以说，公共部门人力资源管理是一门政策性、理论性、实践性、操作性极强的管理学课程，要求学生不仅要掌握基本的工作流程，熟悉理论知识，更重要的是要学以致用，培养学生的动手能力和专业技能。

本书的特点是在充分吸纳国内外优秀教材编写体例长处的基础上，坚持教育与学术性研究的平衡、国际化与本土化的平衡、“公共部门”和“人力资源管理”的平衡，以突破传统人事行政管理的藩篱，实现向现代人力资源管理的转变。

本书在体系安排上新颖、别致。为方便教学，每章都配有本章关键词、学习目标、互联网资料、实务指南等内容，在章末配有本章小结、思考与练习、HR 测评、案例学习，便于学生深刻理解和学习掌握。在编写中遵循和突出以下特色。

（1）理论的系统与前沿性。针对高等学校的教学要求，本书在内容上力争涵盖公共部门人力资源管理的相关内容及主要活动，保持理论的系统性，同时，尽量收集国内外人力资源管理的理论与技术的最新进展和作者多年来的研究成果，与同类书相比更体现人力资源管理与时俱进的特点。

（2）理论与实践平衡。“实务指南”和每章末配有思考与练习题，便于学生深刻理解和学习掌握。为配合章节内容，在大部分的章末增加了相关的“HR 测评”，对部分章节的案例进行了更新，突出体现在阐述理论的基础上，增加实战的操作方法和步骤，并用案例加以佐证。

（3）网络与教材互动。在互联网上搭建一个编者与读者教与学的互动平台，将最新理论成果、策划案例分析、课程简介、课程特色、教学大纲、本书介绍、教学课件、作业习题、课程试卷、学生作业、学生作业展示及课程相关资料展现在网上（http://www.e8621.com），形成教与学互动，课程资源共享。

本书在编写过程中，参阅和借鉴了大量的相关书籍和论文，在此谨向这些书籍和论文的作者表示最诚挚的谢意。本书获得上海理工大学公共管理硕士（MPA）研究生温州实践基地（编号：5413303202）和上海市一流学科建设项目（编号：S1201YLXK）及其沪江基金（A14006）的资助，清华大学出版社的老师为本书出版付出了辛勤的劳动，谨此表示特别的感谢！由于编者的水平和经验有限，本书难免存在一些不足之处，恳请读者予以批评指正。

葛玉辉
2015 年 12 月

目录

CONTENTS

第一章 公共部门人力资源管理概述

本章关键词

- 公共部门（Public Sector）
- 公共部门人力资源（Human Resource of Public Sector）
- 公共部门人力资源管理系统（The Human Resource Management System of Public Sector）

本章目标

- 了解公共部门人力资源管理的概念、特性
- 熟悉公共部门人力资源管理的理论基础
- 掌握公共部门人力资源管理系统的构成及其内在关系

互联网资料

- http://www.sasac.gov.cn
- http://www.scs.gov.cn
- http://www.moe.gov.cn

第一节 公共部门人力资源管理的内涵与特征

一、公共部门的界定

（一）公共部门的内涵

从宏观上对社会部门进行分类，整个社会部门可分为三大部门：第一部门为政府组织；第二部门为工商企业；第三部门为介于政府组织与工商企业之间的一些部门。其中，第三部门非常复杂，有的具有工商企业的特点但又不同于工商企业，往往被称为公共企业或公益企业，如在城市中由市政府投资兴办和经营的自来水公司、城市公共交通公司等；有的则更类似于或依赖于政府组织，往往被称为非政府公共机构，如由政府投资兴办和主管的高等院校、科研机构、社会福利机构、非营利性的公共医疗机构等。由此，可以从狭义和广义两方面来界定公共部门。

从广义上讲，它包括第一部门和第三部门，既包括国家政权组织，尤其是管理社会公共事务的行政组织，同时也包括由政府直接投资，在所有制形式上属于国有的公营企业、公立学校、公立医院等。从狭义上讲，一般将拥有公共权力的国家政权组织视为公共组织或公共部门。在一个国家中，包括国家民意立法机关、国家行政机关、国家司法检察机关等。

为了适应公共管理范围日益拓展的趋势，将公共部门具体划分为政府部门、事业单位、公共企业和民间组织四类。政府部门是指拥有公共权力，依法管理社会公共事务，以增进社会公共利益为目的的国家政权机构。事业单位是指以社会公益为目的，由国家机关举办或者其他组织利用国有资产举办的，从事教育、科技、文化、卫生等活动的社会服务组织。公共企业是指部分或全部由国家投资，由国家委派代表参与和监督经营管理，以提供公共产品为主要经营内容，不以盈利为目的的公益性组织。民间组织是指民间自发组织的不以盈利为目的的公益性组织。公共部门分类及比较如表 1-1 所示。

表 1-1　公共部门分类及比较

项　　目	政府部门	事业单位	公共企业	民间组织
资金来源	国家全额拨款	国家全额或部分拨款	全部或部分接受国家投资	自筹资金接受资助
官方控制度	全部	部分	较小	依法自主管理
用人自主权	依法选录、监管	较高	很高	完全
民营化可能性	不可能	可部分民营化	与行业有关	完全民营化

续表

项　目	政府部门	事业单位	公共企业	民间组织
服务对象	所有公民	特定对象	付费者	视情况而定
组织目标	依法管理公共事务增进社会公共利益	推进教科文卫体等事业发展	增进公众福利的同时谋求自身持续发展	完成组织成员依法设定的合法目标
具体举例	政府机关、法院、军队、监狱等	学校、科研院所、医院、文联等	公共交通企业、自来水公司等	基金会、商会、协会等

（二）公共部门与私营部门的差别

现代社会组织可以按照其价值导向、性质及功能分为公共部门和私营部门。为了更好地把握公共部门和私营部门各自的特质，我们将典型的公共部门和私营部门进行对比分析以凸显差别。

政府作为“纯粹的”公共部门，具有以下基本特点：基本职能是管理社会公共事务；公共管理基于公共权力的应用；掌握和运用公共资源，包括国土、矿产、水源和财税等重要资源；为社会提供公共物品，如治安、环境保护，公共物品具有不可分割性、非排他性的特点；行为价值取向是公共利益，即把追求和维护公共利益作为行为目标。竞争性企业作为“纯粹的”私营部门，主要有以下特点：资产归企业所有者所有，其产权和所有者权益非常明确；为社会所提供的产品，属于非公共物品，具有可分割性和排他性，可以通过市场竞争确定其价格；行为价值取向是利益最大化。

显然，典型的公共部门与私营部门至少存在以下区别：一是在所占有的资源问题上，政府组织占有的是公共资源，而竞争性企业所占有的是一种产权明确的非公共资源；二是在它们为社会所提供的产品和服务方面，政府组织所提供的是一种公共产品和公共服务，而竞争性的企业为社会提供的是一种私人化的产品；三是在它们的行为价值取向上，政府组织必须以公共利益作为其行为的价值取向，而企业则往往以自身利润的最大化作为其行为的价值取向。

二、公共部门人力资源

（一）人力资源

“人力资源”这一词曾经于 1919 年在约翰·R.康芒斯的著作《产业信誉》中第一次被使用。但当时康芒斯所指的“人力资源”和现在我们所理解的人力资源在含义上相去甚远，只不过使用了相同的词语而已。我们目前所理解的人力资源概念，是由管理学大师彼得·德鲁克于 1954 年在其名著《管理实践》中首先正式提出并加以明确界定的。德鲁克之所以提出这一概念，是想表达传统人事管理所不能表达的意思。他认为，与其他资源相比，人力资源是一种特殊的资源，它必须通过有效的激励机制才能开发利用，并为企业带来可观的经济价值。人力资源的观点突出强调把人当作一种资源来开发，通过对人的开发性管理来发掘人的潜力，从而使人发挥出更大的潜力及效力，人力资源是建立在资源利用最大化的管理目标和基础上的。

随后，西奥多·W.舒尔茨提出了人力资本理论，使人力资源的概念更加深入人心。到目前为止，对于人力资源的含义，学者们给出了多种不同的解释。第一类主要是从能力的角度来解释人力资源的含义，持这种观点的人占了较多的比例，认为人力资源是指包含在人体内的一种生产能力，它是表现在劳动者的身上、以劳动者的数量和质量表示的资源，对经济起着生产性的作用，并且是社会发展中最活跃、最积极的生产要素。第二类主要是从人的角度来解释人力资源的含义，认为人力资源是指能够推动社会和经济发展的具有智力和体力劳动能力的人的总称。从能力的角度来理解人力资源的含义可能更接近它的本质。资源是财富形成的来源，而人对财富形成起贡献作用的不是别的方面，正是人所具有的知识、技能、经验、体能等能力，在这个意义上，人力资源的本质就是能力，人只不过是一个载体而已。因此，我们认为，人力资源就是指人所具有的对价值创造起贡献作用并且能够被组织所利用的体力和脑力的总和。

1. 人力资源的数量和质量

作为一种资源，人力资源也同样具有数量和质量的规定性。由于人力资源是依附于人身上的劳动能力，和劳动者是密不可分的，因此，可以用劳动者的数量和质量来反映人力资源的数量和质量。

（1）人力资源的数量。人力资源的数量又分为绝对数量和相对数量两种。人力资源绝对数量的构成，从宏观上看，指的是一个国家或地区中具有劳动能力、从事社会劳动的人口总数，它是一个国家或地区劳动适龄人口减去其中丧失劳动能力的人口，加上非劳动适龄人口之中具有劳动能力的人口。而人力资源相对量即人力资源率，是指人力资源的绝对量占总人口的比例。在劳动生产率和就业状况既定的条件下，人力资源率越高，表明可投入生产过程中的劳动数量越多。影响人力资源数量的因素主要有三个方面。

① 人口总量及其再生产状况。由于劳动力人口是人口总体中的一部分，而人力资源的数量体现为劳动人口的数量，因此，人力资源的数量首先取决于人口总量及其通过人口的再生产形成的人口变化。从这个意义上说，人口的状况就决定了人力资源的数量。

② 人口的年龄构成。人口的年龄构成是影响人力资源的一个重要因素。在人口总量一定的情况下，人口的年龄构成直接决定了人力资源的数量。

③ 人口迁移。人口迁移可以使得一个地区的人口数量发生变化，继而使得人力资源的数量发生变化。例如，我国三峡工程建设将使得沿江地带的人口分布发生重大变化，继而使人力资源也发生重大变化。

（2）人力资源的质量。人力资源的质量是指人力资源所具有的体质、智力、知识和技

能水平，以及劳动者的劳动态度。它一般体现在劳动者的体质水平、文化水平、专业技术水平和劳动的积极性上，它们往往可以用健康卫生指标、教育状况、劳动者的技术等级状况和劳动态度指标来衡量。与人力资源的数量相比，其质量方面更为重要。随着社会生产的发展，现代的科学技术对人力资源的质量提出更高的要求。人力资源的质量的重要性还体现在其内部的替代性方面。一般来说，人力资源的质量对数量的替代性较强，而数量对质量的替代作用较差，有时甚至不能替代。人力资源的质量主要受以下三个方面的影响。

① 遗传和其他先天因素。人类的体质和智能具有一定的继承性，这种继承性来源于人口代际间遗传基因的保持，并通过遗传与变异，使人类不断地进化、发展。人口的遗传，从根本上决定了人力资源的质量及最大可能达到的限度。但是，不同的人在体质水平与智力水平上的先天差异是比较小的，这当然不包括那些因遗传病而致残的人。因此，我们必须提倡优生优育，提高人口质量。

② 营养因素。营养因素是人体发育的重要条件，一个人儿童时期的营养状况，必然影响其未来成为人力资源时的体质与智力水平。营养也是人体正常活动的重要条件，充足而全面地吸收营养才能维持人力资源原有的质量水平。随着我国国民经济的不断发展，人民生活水平的不断提高，我国人民的营养水平也在不断地提高。

③ 教育方面的因素。教育是人为传授知识、经验的一种社会活动，是一部分人对另一部分人进行多方面影响的过程，这是赋予人力资源质量的一种最重要、最直接的手段，它能使人力资源的智力水平和专业技能水平都得到提高。

2．人力资源的性质

作为一种特殊的资源形式，人力资源具有不同于自然资源的特殊方面，要想准确地理解人力资源的性质，就必须从它的本质入手。人力资源的本质就是人所具有的脑力和体力，它所有的性质都是围绕这个本质而形成的。因此，将人力资源的性质概括为以下几个方面。

（1）能动性。人力资源是劳动者所有的能力，而人总是有目的、有计划地在使用自己的脑力和体力，这也是人和其他动物的本质区别。在蜂房的建筑上，蜜蜂的本事还使许多建筑师感到惭愧。但是，最拙劣的建筑师和最灵巧的蜜蜂相比显得优越，自然就是这个事实：建筑师在蜜蜂用蜂蜡构成蜂房之前，已经在他的头脑中把它构成。劳动过程结束时得到的结果，已经在劳动过程开始时存在于劳动者的观念中，所以观念先存在。正因为如此，在价值创造过程中，人力资源总是处于主动的地位，是劳动过程中最积极、最活跃的因素。人，作为人力资源的载体，和自然资源一样是价值创造的客体，但同时还是价值创造的主体。自然资源则相反，它在价值创造过程中总是被动的，总是处于被利用、被改造的地位，自然资源服从于人力资源。

（2）时效性。人力资源以人为载体，表现为人的脑力和体力，因此，它与人的生命周期是紧密相连的。人的生命周期一般可以分为发育成长期、成年期、老年期三个大的阶段。在人的发育成长期（我国规定为 16 岁之前），体力和脑力还处在一个不断增强和积累的过程中，这时人的脑力和体力还不足以用来进行价值创造，因此还不能称之为人力资源。当人进入成年期，体力和脑力的发展达到了可以从事劳动的程度，可以对财富的创造做出贡献，因而也就形成了现实的人力资源。而继续向后，当人进入老年期，其体力和脑力都不断衰退，越来越不适合进行劳动，也就不能再称之为人力资源了。生命周期和人力资源的这种倒“U”形关系就决定了人力资源的时效性，即必须在人的成年时期对其进行开发和利用，否则就浪费了宝贵的人力资源。自然资源则不同，自然界的物质资源如果不能被开发利用，一般来说它还会长久地存在，不会出现“过期作废”的现象，对自然资源而言，只存在开发利用的程度问题。

（3）增值性。与自然资源相比，人力资源具有明显的增值性。一般来说，自然资源是不会增值的，它只会因为不断地消耗而逐渐“贬值”；人力资源则不同，人力资源是人所具有的脑力和体力，对单个的人来说，人的体力不会因为使用而消失，只会因为使用而不断地增强，当然这种增强是有限度的。人的知识、经验和技能不会因为使用而消失，相反会因为不断地使用而更有价值，也就是说在一定的范围内，人力资源是不断增值的，创造的价值会越来越多。

（4）社会性。自然资源具有完全的自然属性，它不会因为所处的时代、社会不同而有所变化。例如，古代的黄金和现代的黄金就是一样的，中国的黄金和南非的黄金也没有什么本质的区别。人力资源则不同，人所具有的体力和脑力明显地受到时代和社会因素的影响，从而具有社会属性。社会政治、经济和文化的不同，必将导致人力资源质量的不同。例如，古代整体的人力资源质量就远远低于现代，发达国家整体的人力资源质量也明显高于发展中国家。

（5）可变性。人力资源和自然资源不同，在使用过程中它所发挥作用的程度可能会有所变动，从而具有一定的可变性。人力资源是人所具有的脑力和体力，它必须以人为载体，因此，人力资源的使用就表现为人的劳动过程，而人在劳动过程中又会因为自身心理状况的不同而影响到劳动的效果。例如，当人受到有效的激励时，就会主动地进行工作，尽可能地发挥自身的能力，人力资源的价值就能得到充分的发挥；相反，当人不愿意进行工作时，其脑力和体力就不会发挥出应有的作用。所以，人力资源作用的发挥具有一定的可变性，在相同的外部条件下，人力资源创造的价值大小可能会不同。自然资源则不同，在相同的外部条件下，它的价值大小一般不会发生变化。

3．人力资源与人力资本的关系

人力资源和人力资本是既有联系又有区别的两个概念。应该说，人力资源和人力资本都是以人为基础而产生的概念，研究的对象都是人所具有的脑力和体力，从这点来看二者是一致的。而且，现代人力资源理论大都是以人力资本理论为根据的；人力资本理论是人力资源理论的重点内容和基础部分；人力资源经济活动及其收益的核算是基于人力资本理论进行的；二者都是在研究人力作为生产要素在经济增长和经济发展中的重要作用时产生

的。虽然这两个概念有着紧密的联系，但它们之间还是存在着一定的区别。主要表现在以下几个方面。

（1）在与社会财富和社会价值的关系上二者是不同的。人力资本是由投资而形成的，因此，劳动者将自己拥有的脑力和体力投入到生产过程中参与价值创造，就要据此来获取相应的劳动报酬和经济利益，它与社会价值的关系应当说是一种由因溯果的关系。而人力资源则不同，作为一种资源，劳动者拥有的脑力和体力对价值的创造起着重要的作用，它与社会价值的关系应当说是一种由果溯因的关系。

（2）二者研究问题的角度和关注的重点不同。人力资本是通过投资形成的存在于人体中的资本形式，是形成人的脑力和体力的物质资本在人身上的价值凝结，是从成本收益的角度来研究人在经济增长中的作用，关注的重点是收益问题，即投资能否带来收益以及带来多少收益的问题。人力资源则不同，它将人作为财富的来源来看待，是从投入产出的角度来研究人对经济发展的作用，关注的重点是产出问题，即人力资源对经济发展的贡献有多大，对经济发展的推动力就有多强。

（3）人力资源和人力资本的计量形式不同。众所周知，资源是存量的概念，而资本则是兼有存量和流量的一个概念，人力资源和人力资本也是同样如此。人力资源是指一定时间、一定空间内人所具有的对价值创造起贡献作用并且能够被组织所利用的体力和脑力的总和。而人力资本，如果从生产活动的角度来看，往往是与流量核算相联系的，表现为经验的不断累积、技能的不断增进、产出量的不断变化和体能的不断损耗；如果从投资活动的角度来看，又与存量核算相联系，表现为投入到教育培训、迁移和健康等方面的资本在人身上的凝结。

【实务指南 1-1】举例说明人力资源与人力资本的区别

一、招聘和使用的误区

（1）在人才招募上的误区。某事业单位在招募人力资源总监时，要求说一口流利的英语，薪酬待遇很好，应聘人员跃跃欲试。其中不乏佼佼者，结果在工作的半年中所使用的英语寥寥无几。这样的情况，我们可以分析一下，一个人的能力不同，其对薪金和职业发展前景的要求就会不同，一个不太会讲英语的人和一个能流利地进行英语听说读写的人对薪酬的期望会有很大差别。同样，一个刚出校门的大学生和一个有几年施工经验的大专生对薪酬的要求也会大不相同，一个人具备了更多的知识和技能，社会就为他提供了更多的工作机会，使其容易不稳定，同时，由于他成为了较为稀缺的人才，社会提供给他的报酬水平也会较高。一个组织如果想招募并留住这样的人才，只能按社会标准付给他较高的薪酬，这就意味着我们增加了成本。如果我们将人力看作资本，我们会很自然地考虑一个问题：我们多付的成本能否给我们带来收益？

（2）在人才使用上的误区。在某设计院，莫先生是工程专业技术人员，一直在施工一线从事总工的工作，对施工技术、工艺和流程了如指掌。设计院最近中标，安排莫先生到该项目部担任项目经理一职。该同志到任三个月，始终未进入状态，工程质量、进度均未达到业主的要求，工作很辛苦，也很苦恼。设计院重新安排了一位有施工管理经验的人员，进入现场指挥，才如期完成了任务。通过上述案例，我们已经了解了将人力作为资源和资本的不同做法和不同结果，我们知道只有将人力视为资本，才能最经济地拥有人才，并使人才不断成长，为组织带来充足的人才资源，为组织发展和壮大带来源源不断的利润。

二、应如何将“人力资源”转化成“人力资本”

（1）在人才招聘方面。招聘前的规划，人力资源部门针对基层单位的需求计划进行分析，要针对此次招聘进行规划，规划包括以下内容。招聘的目的：为什么要招这个人？招聘者的工作任务：招进来的人将完成哪些工作？应聘者的任职条件：为完成上述工作，应聘人需要具备哪些知识和技能？招聘原则：经济适用。通过双向选择，招聘人才，不能一味追求高水平，而要追求经济适用。根据组织的需要确定招聘条件，过高的要求只会增加组织的人力资本或人才的频繁流动。

（2）在人才开发和使用方面。

① 人才开发。人才开发的目的：使社会人才成为组织人才。虽然我们在招聘时对应聘者的基本素质做了基本的规定和审核，但要想使应聘者的能力能充分为我所用，还需要我们对其进行进一步的培训。例如，我们招聘一名项目经理，要求有良好的语言表达能力和沟通能力，并且有良好的职业道德素养和技能，唯一可行的方法是根据组织的需求不断为员工提供学习提升的机会，使员工的能力不断增长，以适应组织的发展。

人才开发的主要方法：人才开发的主要方法是培训，培训可以采用多种方式，既可以参加培训课程，也可以在工作岗位上对其进行辅导和训练，还可以用鼓励员工自学的方式使员工自己通过读书、上学、进修等方法来进行自我培训，无论采用哪种方式，都应从组织对人才知识技能的需求出发，鼓励员工按组织的要求去不断提升自己。

② 人才使用。人力资本与其他资本相比有其独特性，即其创造利润的能力有很大的弹性，关键就看组织如何去使用员工。一个好的项目经理，一年能为组织带来上百万的利润，并且施工质量和施工进度均满足业主的要求，有的项目还提前完成工期，顺利将工程交付验收，为组织带来巨大的经济效益和社会效益；而一个不擅长管理的项目经理，会给组织带来巨大的亏损，并且工程质量不符合业主要求，工程进度很慢，以至于在规定的合同施工期不能交工，既给组织造成经济损失，还给组织造成很坏的声誉，为组织以后招、投标带来阻碍。恰当地使用人才，能调动员工的积极性，使其为组织创造更多的价值，并能引导员工向正确的方向发展，从而对组织发展产生积极影响。从人力资本开发的角度来讲，留住人才，合理使用人才，组织要做好以下两方面的工作：

一是提供良好的工作条件。要想使人才创造最大价值，就要为员工提供工作所需的各种支持，包括相关的培训、相应的办公设备、其他部门的配合等，这样，员工的工作才能得心应手，保持较高的工作效率，从而为组织带来更大的效益。

二是运用激励机制，达到激励的效果。激励一方面可以调动员工的工作积极性，使其能为组织做更多的工作，另一方面可以对员工进行引导，鼓励员工去做正确的事，使员工素质有所提高，从而使人才增值。组织可以通过满足员工对物质需求和精神需求两种方法来实现，满足物质需求可以通过工资、奖金、福利等多种方式实现，满足精神需求可以通过提供晋升、发展机会、感情关怀和工作成绩认可等方式来实现。

总之，人力资源作为一种经济性资源，它具有资本属性，但不是人力资本，人力资源投资是人力资本形成的基本条件。组织只有不断加大对人才的投入，促使人力资源转化成人力资本，为组织可持续性发展和发展壮大提供保证。

（二）公共部门人力资源

1．公共部门人力资源的含义

公共部门人力资源，即公共部门所有工作人员所具有的对公共职能实现起到贡献作用并且能够被组织所利用的体力和脑力的总和。具体包括以下几层含义。

（1）公共部门人力资源是公共部门实现其职能的首要前提。没有一定公共部门人力资源做支持，公共组织就不能实现其政治、经济和社会管理职能，也不能为社会提供公共服务和公共物品的供给。

（2）公共部门人力资源主要包括纯粹公共部门，即政府组织的人力资源和准公共部门，即第三部门的人力资源。政府组织的人力资源与第三部门的人力资源二者之间既有相同点，又有一定程度差异，因此导致对二者的管理既相同也不同，呈现出多元性。

（3）公共部门人力资源既有量的要求也有质的要求，是量与质的有机结合。对于政府组织而言，必须首先在量上保证有充足的公务员队伍，才能够满足日益增长的管理公共事务的需求。其次在质上保证有高素质的公务员队伍，才能更好地履行好管理公共事务的职能。拥有一支高素质、数量充足的工作人员队伍，对于第三部门同样重要，是其完成职责的必备条件。

（4）公共部门人力资源有现实的公共部门人力资源和潜在的公共部门人力资源之分。前者是指正在公共部门任职的工作人员的总和；后者是指处于储备状态，正在培养成长，将来可能进入公共部门工作的所有人员的总和。目前，对于后者的统计、管理工作逐渐受到广泛关注。

2．公共部门人力资源的特点

如果说人力资源是一种特殊的经济资源，与物质资源相比，会呈现出自有特点的话，那么公共部门人力资源与人力资源相比，既有共性又有自己的特点。

（1）公共部门人力资源的有限性。作为公共部门人力资源，它的数量要受到公共部门职责性的限制，不是越多越好。主要表现在两个方面：一是公共部门职位的稀缺性。公共部门职位作为一种稀缺性资源，它是有限的，它的增加或减少是以公共部门职能为依据的。过去，由于我们没有“以事为中心”而是“以人为中心”设置职位，导致了政府组织人多为患、人浮于事，浪费了大量的公共部门人力资源。二是在整个社会中公共部门人力资源的稀缺性。并不是所有的人力资源都可以转化为公共部门人力资源，因为，在知识社会里，国家和社会公共事务的多样性、复杂性的态势越来越明显，这就要求对国家和社会公共事务进行管理的政府组织，在管理水平上要达到一定水平才能适应这种需要。政府管理水平的提高来源于其工作人员素质的提高，也就是说，只有那些掌握一定知识、拥有一定技能的人才能胜任这种管理工作。而在社会各种人力资源中，能够达到这种要求的人力资源并不多，因此公共部门人力资源是稀缺的。

（2）公共部门人力资源的责任性。公共部门不同于其他社会组织，它掌握着一定程度的国家权力和社会公共资源，它服务的对象是全体人民。为此，公共部门责任之重大是任何其他社会组织所无法比拟的。也就是说，作为公职人员，他们掌握着人民和国家赋予的公共权力，执行国家制定的法律和大政方针，在社会价值的权威性分配中起重要作用，其行为的过程和结果，直接关系到政府的公共形象和合法性。为此，公共部门人力资源必须树立责任理念，主要包括两个层面的含义：一是对公共权力负责，即保护国家政权的稳定。这是每一个公共部门工作人员必须树立的责任意识，在我们国家则具体表现为确保国家主权独立和领土完整、政治稳定，确保党的执政地位。二是对人民负责，即为了人民而行使公共权力。

（3）公共部门人力资源的高资本性。公共部门人力资源也是一种经济性资源，具有资本的属性，并且是高资本的属性。其原因主要包括以下三个方面：一是公共部门工作人员管理公共事务的能力是后天通过学习、培训而获得的，公共部门人力资源质量的高低取决于个体和公共部门的投资程度。在进入公共部门以前，作为潜在的公共部门人力资源的个体首先要接受高等教育，而良好的高等教育是高投资的结果。另外，作为现实的公共部门人力资源的个体也要经常性地由公共部门进行职前训练和工作中持续的进修和培训，而这种训练也是高投资的产物。因此，公共部门人力资源是投资的结果和产物。二是公共部门人力资源能够持续地给投资者带来收益，这种收益在第三部门有时表现为货币形态，在纯粹公共部门即政府组织表现为非货币形态。对于潜在的公共部门人力资源的投资，回报投资者是为其进入公共部门进行知识、学历的准备，即发展机会的回报。对于现实的公共部门人力资源的投资，回报公共部门的是工作人员管理公共事务水平的提高。三是与其他实物资本不同的是，公共部门人力资本不存在收益递减现象，而是收益递增。其收益额大大超过自然资源和资本资源，显示了高增值特征。

（4）公共部门人力资源的持续性。与物质资源的一次性开发不同，公共部门人力资源

具有多种潜在的素质，可以在成长和使用过程中不断地进行开发。潜在的公共部门人力资源在其成长过程中，只有根据公共部门的要求进行不断的开发，才能为他们将来进入公共部门奠定基础，才能满足公共部门的需要。现实的公共部门人力资源在其使用过程中，只有根据公共部门职能的变化和社会发展要求，持续不断地对公共部门工作人员进行开发，拓展其知识、提高其技能、优化其心理素质，才会使公共部门人力资源的价值不断得到提升。总之，公共部门人力资源只要经过持续不断的开发，它的素质和价值就会在开发中持续不断地得到提高。也就是说，公共部门人力资源的持续性意味着公共部门人力资源的保值、增值性。

三、公共部门人力资源管理

（一）公共部门人力资源管理的内涵

罗纳德·克林格指出，“首先，公共部门人力资源管理是公共机构人力资源管理的各种必备功能的组合；其次，它是使公共工作得以分配的管理过程；再次，它是基本的社会价值之间的互动关系，这些价值在由谁得到公共职位以及如何分配这些公共职位等问题上存在着经常性的冲突；最后，公共部门人力资源管理是包括一系列法律、规则、组织、程序的人事制度”。罗纳德的观点基本上概括了当前公共部门人力资源管理研究的所有内容，本书的公共部门人力资源管理的概念也是衍生于这一观点。

我们认为，公共部门人力资源管理，是指以公共部门人力资源为对象，以公平与公正为价值取向，以服务公众为基本职能，依据法律规定对其所属的人力资源进行规划、录用、考核、激励、保障等管理活动的总和。由此可见，公共部门“人力资源管理”是对传统“人事行政管理”的全面更新，与“人事行政管理”相比，“人力资源管理”具有以下几个方面的突破。

（1）人力资源管理将组织中的人本身看作资源，强调其再生性和高增值性。人力资源与其他物质资源一样，在投入使用以后都可能引起损耗，但人力资源和其他资源相比有所不同，它自身能在使用过程中不断实现自我补偿、更新和发展，可以持续不断地开发和有效使用。它本身就能够给组织带来巨大的投资回报率和效益，是一种高增值的资源。而人事行政管理将人只视为是一种成本或生产、技术要素，是对组织资本资源的消耗。

（2）人力资源管理强调人力资源的能动性。人力资源的能动性，核心表现为人力资源在管理活动中的主导作用。人力资源的活动总是处在发起、组织、操纵和控制其他资源的中心位置。与其他资源相比，在经济活动中，人力资源是唯一起创造作用的资源，能够主动地适应不同工作种类与性质的需要，完成组织的工作任务。因此，人力资源管理注重的是塑造组织人才成长的环境，尊重员工主体地位的态度和发展激励、保障、服务、培训等引导性、开发性和管理功能，重视人与组织发展的统一性。人事行政管理一般将组织的工作人员看作被动的工具，他们的存在无非是要满足组织工作性质的需要，与组织工作相比，人是附属。因此，在人事行政管理过程中，组织比较强调管制、监控等方面的功能。

（3）人力资源管理的内容不断拓展，不仅包含传统人事行政管理的基本内容，而且为适应现代人力资源发展的需求，重视和增加了一些新的管理内容。例如，公共部门人力资源的预测与规划、人员评析与人员甄选、激励与薪酬管理，人力资源管理与组织发展紧密地结合在—起。传统人事行政管理的内容比较简单，主要从事录用、考核、奖惩、工资等管理活动，过程也比较僵化和呆板。

（4）人力资源管理强调的是人力资源使用和开发并重。一方面，要充分发挥现有人员的科研智慧才能、避免闲置。另一方面，还要充分挖掘人员的潜能，使其在未来发展中具有较大的弹性，这就是现代人力资源管理“全方位拓潜”的功能。人事行政管理强调的是组织成员的现状，它比较注重人员现有能力的使用，而不重视其素质的进一步开发，不具前瞻性。

（二）公共部门人力资源管理的主要特性

公共部门人力资源管理主要具有的以下几个特性。

（1）公共性。公共部门是为社会服务，受国家和社会公众的监督，必须是建立在群众根本利益的基础上，必须要符合所有公民的意愿和根本需求。因此，公共部门人力资源管理必须紧紧围绕在社会全局的大环境下表现出它的公共性。从政府组织来看，它产生于社会发展的需要，并以社会发展的需要为基础形成了公共部门的主要职能，所以公共性就是公共部门在人力资源管理上的根本特性。

（2）服务性。设立公共部门就是为了保证社会公共服务的质量，服务性则是最基本的特性。服务性主要体现在公共产品的性质和特点上。公共部门的服务必须要受到社会公众的监督，并且要满足其需求，它的服务是把社会最大化利益的实现放在最核心的位置。公共服务的好坏取决于其品质，而公共服务的品质主要取决于服务提供者的劳动积极性、职业化程度和工作创造性，这就是公共部门人力资源管理所需要攻破的核心要点。

（3）公开性。公共部门是对社会公民服务，在整个服务过程中受公民的监督，向公民负责，这个特点和其他部门或者企业是有所不同的，因为公共部门具有一定的社会公共资源。所以，公开性就成为人力资源管理的重要特点。企业人力资源管理制度在一定程度上属于企业的商业秘密之一，而在公共部门内部管理中各项制度都是公开透明的，受内部公职人员和社会公众的监督。公开性的存在就保证了管理中的公平性，但是由于受到社会公众的监督，管理的难度就大大提升，提高管理者的素质水平就势在必行。

（4）稳定性。公共部门成立后，在组织结构上很少发生变化，管理模式也承袭原有的方式，简单不灵活，这样的不创新对于公共部门人力资源管理有很大影响。稳定性对于适用于公共部门的管理有双面性，有好的一面，也有坏的一面。优点是在于组织结构的稳定

促使员工的组织预期和行为方式可以长期化；缺点就是不能通过组织的合理调整为公职人员提供较为广泛的发展空间和晋升机会，激励机制已经跟不上管理的步伐。现代公共部门的人力资源管理需要多方面、多角度的管理模式。所以在管理过程中就需要发扬优点克服缺点，这是需要下大气力解决的难题。

第二节　公共部门人力资源管理系统

一、公共部门人力资源管理的基本内容及其关系

公共部门人力资源管理的基本内容包含八个方面：职位分析和职位评价、甄选录用、绩效管理、薪酬管理、激励管理、培训开发、职业生涯管理、流动管理。而对于公共部门人力资源管理的各项内容，应当以一种系统的观点来看待，它们之间并不是彼此割裂、孤独存在的，而是相互联系，相互影响，共同形成了一个有机的系统（见图 1-1）。

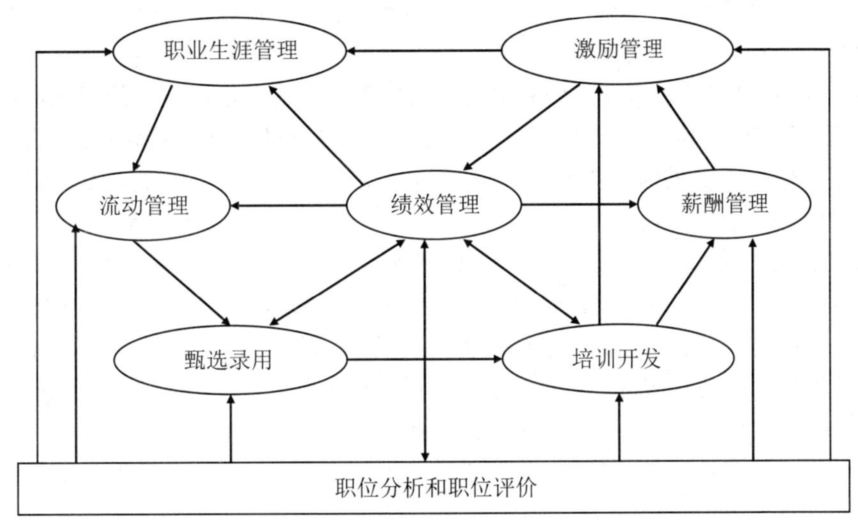

图 1-1　公共部门人力资源管理职能的关系图

（1）职位分析和职位评价是基础。职位分析和职位评价是一个平台，其他各项内容的实施基本上都要以此为基础。在甄选录用中，预测公共部门所需的人力资源数量和质量时，基本的依据就是职位的工作职责、工作量和任职资格，而这些正是职位分析的结果的主要内容。在流动管理中，要用到各职位可调动或晋升的信息，这也是职位说明书的内容。绩效管理和薪酬管理与职位分析和职位评价的关系更加直接，在绩效管理中，公共部门人员的绩效考核指标可以说是完全根据职位的工作职责来确定的；而在薪酬管理中，公共部门

人员工资等级的确定，依据的信息主要就是职位说明书的内容。在培训开发过程中，培训需求的确定也要以职位说明书对业务知识、工作能力和工作态度的要求为依据，简单地说，将公共部门人员的现实情况和这些要求进行比较，二者的差距就是要培训的内容。

（2）绩效管理是整个系统的核心。绩效管理在整个系统中居于核心的地位，其他内容或多或少都要与它发生联系。预测公共部门内部的人力资源供给时，需要对现有公共部门人员的工作业绩、工作能力等做出评价，而这些都属于绩效考核的内容。甄选录用和绩效管理之间则存在着一种互动的关系，一方面我们可以依据绩效考核的结果来改进甄选过程的有效性；另一方面甄选结果也会影响到公共部门人员的绩效，有效的甄选结果将有助于公共部门人员实现良好的绩效。将公共部门人员的现实情况与职位说明书的要求进行比较后就可以确定出培训的内容，那么公共部门人员的现实情况又如何得到呢？这就要借助绩效考核了，因此，培训开发和绩效管理之间存在着一定的关系；此外，培训开发对公共部门人员提高绩效也是有帮助的。目前，大部分公共部门在设计薪酬体系时，都将公共部门人员的工资分为固定工资和浮动工资两部分，因此，绩效考核的结果会对公共部门人员的工资产生重要的影响，这就在绩效管理和薪酬管理之间建立了一种直接的联系。通过公共部门人员职业生涯管理，建立起一种融洽的氛围，这将有助于公共部门人员更加努力地工作，进而有助于实现绩效的提升。

（3）其他各内容关系密切。公共部门人力资源管理的其他内容之间同样也存在着密切的关系。流动管理要在职业生涯管理的基础上进行，只有做好公共部门人员的职业生涯管理才能更好地做好人员的流动管理；而职业生涯规划的制定则要依据人力资源激励计划，培养什么样的公共部门人员、培养多少公共部门人员，这些都是人力资源激励计划的结果；培训开发也要受到甄选结果的影响，如果甄选的效果不好，公共部门人员无法满足职位的要求，那么对新公共部门人员培训的任务就会加重；反之，新公共部门人员的培训任务就比较轻。公共部门人员职业生涯管理的目标是提高公共部门人员对公共部门的承诺度，而培训开发和薪酬管理则是达成这一目标的重要手段。培训开发和薪酬管理之间也有联系，公共部门人员薪酬的内容，除了工资、福利等货币报酬外，还包括各种形式的非货币报酬，而培训就是其中的一种重要形式，因此从广义上来讲，培训开发构成了薪酬的一个组成部分。

二、公共部门人力资源管理的目标

公共部门人力资源管理的目标应从最终目标和具体目标这两个层次来进行理解。公共部门人力资源管理的最终目标就是要有助于增进社会公共利益，虽然不同的组织，其整体目标的内容可能有所不同，但最基本的目标都是一样的，那就是要创造价值以满足社会公众的需要。同时，公共部门人力资源管理的具体目标与组织价值链的运作是密切相关的。价值链表明了价值在公共部门内部从产生到分配的全过程，是贯穿公共部门全部活动的一

条主线，价值链中任何一个环节出现了问题，都将影响整个价值链的形成。公共部门人力资源管理的具体目标就是要从人力资源的角度出发，为价值链中每个环节的有效实现提供有力的支持，如图 1-2 所示。

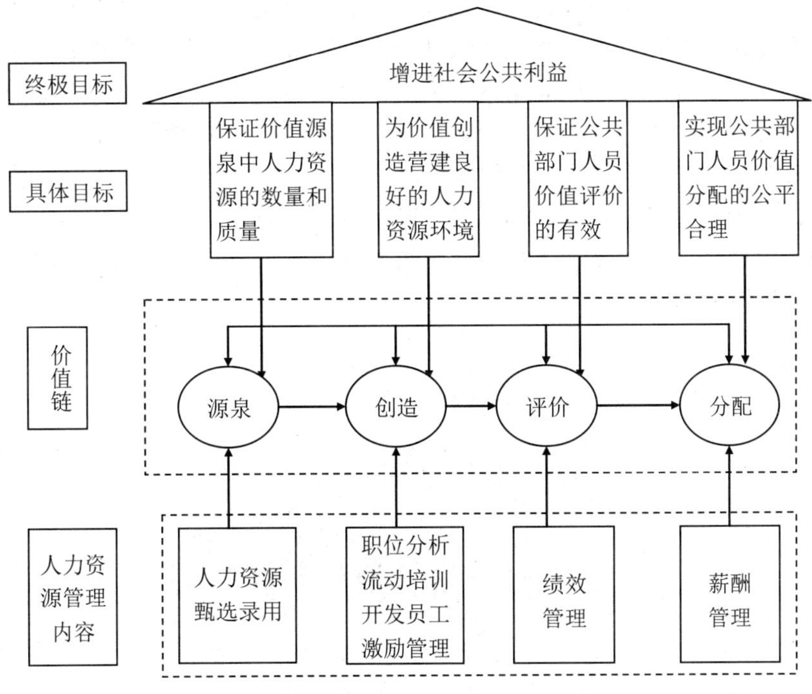

图 1-2　公共部门人力资源管理的目标、价值链和相应的内容关系图

在整个价值链中，价值源泉是源头和基础，只有具备了相应的资源，价值创造才有可能进行。人力资源是价值创造不可或缺的资源，因此，为了保证价值创造的正常进行，公共部门就必须拥有满足一定数量和质量要求的人力资源，否则价值创造就无法实现，这就是人力资源管理的第一个具体目标，这一目标需要借助甄选录用等活动来实现。在价值链中，价值创造是核心环节。通过这一环节，价值才能够被创造出来，而价值创造并不会自动发生，它需要以人力资源为中心来整合和运用其他的资源，因此就必须营建良好的人力资源环境，以实现价值的创造，这就是人力资源管理的第二个具体目标，这一目标需要借助于职位分析和设计、员工流动管理、培训开发以及员工激励等活动来实现。价值分配是价值链诉求，通过价值分配，组织各相关利益群体的需要才能得到满足，从价值创造主体的角度来看，只有他们得到了公平合理的价值分配，那么价值创造才有可能继续发生，这就是人力资源管理的四个具体目标，这一目标需要借助薪酬管理等职能活动来实现。为了进行价值分配，就必须对价值创造主体在价值创造过程中所做的贡献做出准确的评价，这就是人力资源管理的第三个具体目标，这一目标需要借助绩效管理等职能活动来实现。

三、公共部门人力资源管理系统的构成

本章前面部分对公共部门人力资源管理内容进行概述，在此基础上可以对公共部门人力资源管理系统进行设计。根据现代公共部门人力资源管理理论研究和实践经验，我们将公共部门人力资源管理系统模块总结为十大系统：公共部门人力资源战略管理、战略规划系统、职位管理系统、甄选与录用系统、培训与开发系统、绩效管理系统、薪酬福利管理系统、人力资源激励系统、职业生涯管理系统、流动管理系统（见图 1-3）。这十大系统建立在公共部门人力资源战略管理基础上，同时也是本书后面章节对公共部门人力资源管理进行阐述的主要脉络，通过这十大系统的有机运行，实现公共部门人力资源管理吸收、维系、激励、开发四大功能。

图 1-3　公共部门人力资源管理运行系统十大职能模块

本章小结

研究公共部门人力资源，首先要理清什么是公共部门的人力资源管理，所以本章第一节在界定公共部门内涵的基础上，分别阐述了公共部门人力资源以及公共部门人力资源管理的内涵与特征，并将公共部门人力资源管理和私营部门人力资源管理进行了比较。第二节总结了公共部门人力资源管理的基本内容，包含八个方面：职位分析和职位评价、甄选录用、绩效管理、薪酬管理、激励管理、培训开发、职业生涯管理、流动管理并指出它们之间的相互联系。

思考与练习

（1）如何理解公共部门？最典型的公共部门是什么？

（2）怎么样理解公共部门人力资源？有哪些特征？公共部门人力资源管理又是如何理解？有哪些特征？

（3）公共部门人力资源管理和私营部门人力资源管理有哪些区别？

（4）公共部门人力资源管理包含哪些内容？有哪些目标？

HR 测评 1-1

威廉斯创造力倾向测量表

一、完整测量表

这是一份帮助你了解自己创造力的练习。在下列句子中，如果你发现某些句子所描述的情形很适合你，则请在题后的表 1-2 里“完全符合”的选项内打钩；若有些句子只是在部分时候适合你，则在“部分适合”的选项内打钩；如果有些句子对你来说，根本是不可能的，则在“完全不符”的选项内打钩。

注意：

1. 每一题都要做，不要花太多时间去想。
2. 所有题目都没有“正确答案”，凭你读完每一句的第一印象作答。
3. 虽然没有时间限制，但尽可能地争取以较快的速度完成，越快越好。
4. 切记：凭你自己的真实感受作答，在最符合自己的选项内打钩。
5. 每一题只能打一个钩。

二、测评题目

1. 在学校里，我喜欢试着对事情或问题作猜测，即使不一定猜对也无所谓。
2. 我喜欢仔细观察我没有见过的东西，以了解详细的情形。
3. 我喜欢变化多端和富有想象力的故事。
4. 画图时我喜欢临摹别人的作品。
5. 我喜欢利用旧报纸、旧日历及旧罐头盒等废物来做成各种好玩的东西。
6. 我喜欢幻想一些我想知道或想做的事。
7. 如果事情不能一次完成，我会继续尝试，直到完成为止。
8. 做功课时我喜欢参考各种不同的资料，以便得到多方面的了解。
9. 我喜欢用相同的方法做事情，不喜欢去找其他新的方法。

10. 我喜欢探究事情的真相。
11. 我喜欢做许多新鲜的事。
12. 我不喜欢交新朋友。
13. 我喜欢想一些不会在我身上发生的事。
14. 我喜欢想象有一天能成为艺术家、音乐家或诗人。
15. 我会因为一些令人兴奋的念头而忘了其他的事。
16. 我宁愿生活在太空站，也不愿生活在地球上。
17. 我认为所有问题都有固定答案。
18. 我喜欢与众不同的事情。
19. 我常想要知道别人正在想什么。
20. 我喜欢故事或电视节目所描写的事。
21. 我喜欢和朋友在一起，和他们分享我的想法。
22. 如果一本故事书的最后一页被撕掉了，我就自己编造一个故事，把结果补上去。
23. 我长大后，想做一些别人从没想过的事。
24. 尝试新的游戏和活动，是一件有趣的事。
25. 我不喜欢受太多规则限制。
26. 我喜欢解决问题，即使没有正确答案也没关系。
27. 有许多事情我都很想亲自去尝试。
28. 我喜欢唱没有人知道的新歌。
29. 我不喜欢在班上同学面前发表意见。
30. 当我读小说或看电视时，我喜欢把自己想成故事中的人物。
31. 我喜欢幻想 200 年前人类生活的情形。
32. 我常想自己编一首新歌。
33. 我喜欢翻箱倒柜，看看有些什么东西在里面。
34. 画图时，我很喜欢改变各种东西的颜色和形状。
35. 我不敢确定我对事情的看法都是对的。
36. 对于一件事情先猜猜看，然后再看是不是猜对了，这种方法很有趣。
37. 玩猜谜之类的游戏很有趣，因为我想知道结果如何。
38. 我对机器感兴趣，也很想知道它的里面是什么样子，以及它是怎样转动的。
39. 我喜欢可以拆开来玩的玩具。
40. 我喜欢想一些新点子，即使用不着也无所谓。
41. 一篇好的文章应该包含许多不同的意见或观点。
42. 为将来可能发生的问题找答案，是一件令人兴奋的事。
43. 我喜欢尝试新的事情，目的只是为了想知道会有什么结果。

44. 玩游戏时，我通常是有兴趣参加，而不在乎输赢。
45. 我喜欢想一些别人常常谈过的事情。
46. 当我看到一张陌生人的照片时，我喜欢去猜测他是怎么样的一个人。
47. 我喜欢翻阅书籍及杂志，但只想大致了解一下。
48. 我不喜欢探寻事情发生的各种原因。
49. 我喜欢问一些别人没有想到的问题。
50. 无论在家里还是在学校，我总是喜欢做许多有趣的事。

表 1-2　威廉斯创造力倾向测量表

题　目	完全符合	部分符合	完全不符	题　目	完全符合	部分符合	完全不符
1				26			
2				27			
3				28			
4				29			
5				30			
6				31			
7				32			
8				33			
9				34			
10				35			
11				36			
12				37			
13				38			
14				39			
15				40			
16				41			
17				42			
18				43			
19				44			
20				45			
21				46			
22				47			
23				48			
24				49			
25				50			

三、评分方法

本量表共50题，包括冒险性、好奇性、想象力、挑战性四项。

冒险性：1、5、21、24、25、28、29、35、36、43、44这11道题。其中29、35为反面题目，得分顺序分别为：正面题目：完全符合3分，部分符合2分，完全不符1分，反面题目：完全不符1分，部分符合2分，完全符合3分。

好奇性：包含2、8、11、12、19、27、33、34、37、38、39、47、48、49这14道题，其中12、14为反面题，其余为正面题目。计分方法同冒险部分。

想象力：包含6、13、14、16、20、22、23、30、31、32、40、45、46这13道题，其中45题为反面题，其余为正面题。计分方法同冒险性部分。

挑战性：包含3、4、7、9、10、15、17、18、26、41、42、50这12道题，其中4、9、17为反面题，其余为正面题。计分方法同冒险性部分。

计算自己的最后得分，得分高说明能力强，得分低说明能力差。

案例学习

英国斯温顿市政府人力资源管理外包

斯温顿市（Swindon）位于英格兰西南部，距伦敦130公里，人口20多万，工商业较为发达。斯温顿市政府是一个自治政府，政府工作人员大约8 000人，主要从事中小学教育、社会保障、规划、环境保护和垃圾清理、住房、道路维修、文化娱乐等公共服务。几年前。城市公共服务落后、学校管理混乱、教育水平低下、政府工作人员士气低落，斯温顿市政府被称为“失败的政府”。为此政府下决心推进公共行政改革，推动公共服务外包，特别是人力资源管理外包，大力提升整个政府管理的绩效水平。

斯温顿市人力资源管理业务分为三大块：一是共享服务与合同中心，主要是面对面的咨询、事务性的管理，如工资支付、招聘等；二是支持服务中心，主要是咨询、学习和发展、健康和安全、审计、项目传递等；三是战略中心，主要是人力资源管理战略的规划、发展及实施。2007年2月。斯温顿市与CAPITA集团签订了长达15年的合作伙伴关系。其中将人力资源管理的三大块业务全部外包给CAPITA集团。CAPITA集团创建于1984年，现有员工3.6万人，是英国人力资源管理外包的龙头公司，有一套比较成熟的服务外包标准。

斯温顿市人力资源管理部门负责具体实施、协调推进外包工作，严格按照合同条款监督CAPITA集团开展工作。并每4年进行一次审查以达到所要求的目标，同时根据实际情况加入更多的服务项目。为确保当地就业水平，斯温顿市政府督促CAPITA集团按照中央政府的规定雇用当地员工。实施外包以来，斯温顿市政府将480名员工划归CAPITA集团管理。但员工关系仍隶属市政府。

斯温顿政府与 CAPITA 集团建立合作伙伴关系后，由国家审计署评定的政府绩效水平逐年提高。已从原来处于全郡落后位置跃居全郡前列。具体改革成效表现为以下几方面。

（1）降低了管理成本。对斯温顿市政府来讲，由于专业化的人力资源管理服务供应商往往能够提供较低的服务价格，从他们那里获取人力资源方面的信息和服务，远比政府自身拥有庞大繁杂的人事管理队伍更能节约管理费用和人工成本。按照合同，CAPITA 集团在 10 年内将为斯温顿市政府节省 900 万英镑开支。平均每年节省 90 万英镑。

（2）提高了服务效率。在外包之前，斯温顿市政府的人事部门机构重叠、效率低下，难以满足现代人力资源开发与管理的需要。因此，该市适时将人力资源管理外包给 CAPITA 集团。CAPITA 集团具有丰富的人力资源管理经验，能够帮助斯温顿市公共部门突破逐渐老化的人事管理模式，重新设计和改进工作程序。引进新工作方式，利用最合适技术，应用创新解决方案，建立有效运行的人力资源管理信息系统，从而提高了公共服务效率、水平和质量。

（3）吸收了优秀人才。CAPITA 集团拥有人力资源管理各方面的专家，他们能够更加了解工作人员的个人需求，能够更加合理确定工作人员的福利待遇，能够更加提高工作人员的满意度和优越感，从而能留住并吸引更多的优秀人才。也就是说，通过合理的岗位设置，确保恰当的人，具有恰当的技能，在恰当的时间，获得恰当的报酬。

（资料来源：刘伯饶. 英国斯温顿市公共部门人力资源管理外包[J]. 岭南学刊，2010（2）：98-100.）

思考题：

1. 英国斯温顿市政府人力资源管理外包业务的主要内容是什么？
2. 该案例对我国公共部门人力资源管理有什么启示？

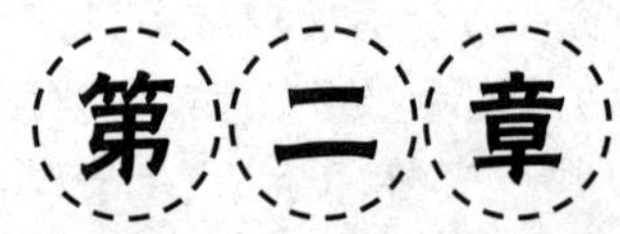

公共部门人力资源战略管理

本章关键词

- 公共部门人力资源环境（Human Resource Environment of Public Sector）
- 公共部门人力资源战略管理（Human Resource Management of Public Sector）

本章目标

- 了解公共部门人力资源战略、战略规划及战略管理的概念、特点
- 熟悉公共部门人力资源战略制定、实施与评价的框架与过程
- 掌握公共部门人力资源战略制定、实施与评价的工具方法

互联网资料

- http://www.sasac.gov.cn
- http://www.scs.gov.cn

第一节　公共部门人力资源战略管理概述

20世纪最后的20余年，为迎接全球化、信息化、国际竞争加剧的挑战，以及摆脱财政困境和提高政府效率，西方各国相继掀起了政府改革（政府再造）的热潮，采取了一系列改革的战略和战术。这场改革使在20世纪占主导地位的传统的公共行政模式向“管理主义”或“新公共管理”模式转变。在这场新公共管理运动中，各国改革的路径也各不相同。但作为公共部门官僚体制的核心（人力资源管理）的改革是当代西方国家公共管理改革的一个重要取向。在公共部门人力资源管理的改革进程中，公共部门人力资源战略管理思想应运而生。

一、战略管理与人力资源战略

战略一词最初应用于军事领域。在英文中，战略一词为strategy，是一个与军事有关的词，意思是：在战争中实行的一套克敌制胜的策略。战略是关系到事物发展全局和长远利益的谋划。它能为组织找出一个新方向，遵循这一方向，组织便有可能实现其理想。因此，战略被用于统一行动、创造一致性或连续性，但最重要的是，它被用来赋予组织一个新的目标。在组织中，战略有很多用途，人们将一般战略作为计划使用，但事实上，战略还可以作计谋、模式、定位与观念。

随着社会、经济、科技的迅速发展，战略的概念被逐渐扩大到其他领域，其意义也逐渐被扩展为对重大的带有全局性问题的谋划和指导。无论在私营领域还是在公共领域，战略思想都得到了广泛的运用。战略关注长远及外部环境，而不仅仅顾及眼前和内部环境，这使得私营部门能获得更为显著的效益。战略在“二战”以后被广泛应用于工商管理领域，经历了长期计划、战略规划和战略管理三个阶段。

长期计划阶段在20世纪50年代盛行，到了50年代末，由于竞争的加剧，社会环境发生了迅速的变化，使得组织目标的实现发生困难。到了20世纪60年代，战略规划替代了长期计划，并兴盛了近20年的时间。战略规划是组织在分析和解读环境的基础上，产生组织战略的过程。正如管理学家明茨伯格所言，战略规划是一个一体化决策系统的形式产生并发出连贯协调的结果的正规化程序。战略规划的目的在于识别环境对组织的挑战，并指导组织对此做出反应，以获取更长期的竞争优势。进入20世纪80年代后，战略规划逐渐衰落，取而代之的是战略管理。战略管理旨在将战略观念贯穿于组织的所有部分，它比战略规划更加精细准确，所包含的内容也比战略规划深远的多。战略管理不但包含了战略规划，它还更关注战略的执行，战略的制定不再是一个部门的活动，而是整个组织的整体配合。

（一）战略管理

什么是战略管理？小汤姆生给战略管理下了这样的定义：战略管理是个过程，在这个过程中，高层管理者确定组织的长期方向，设定特别绩效目标，根据组织相关的内外环境，制定出能达成这些目标的战略，并且卓有成效地实施这些被选定的决策方案。张成福将战略管理定义为：管理者有意识的政策选择，发展能力解释环境，以集中组织的努力，达成目标的行为。然而，安德鲁（Andrews）从组织的决策的角度定义了组织的战略：确定或反映了组织目标、意图的决策，规定组织人事的业务或服务范围的决策；确定组织将要或想要成为何种经济或人力组织的决策；关于组织将要为其服务或托管人、雇员、顾客和社会所做的经济或非经济贡献的决策。保罗·C.纳特等人认为该定义在当今被人们广为接受。

（二）人力资源战略

人力资源战略是科学地分析预测组织在未来环境变化中人力资源的供给与需求状况，制定必要的人力资源获取、利用、保持和开发策略，确保组织在需要的时间和需要的岗位上，对人力资源在数量上和质量上的需求，使组织和个人获得不断的发展与利益，是组织发展战略的重要组成部分。人力资源战略是关于组织人力资源发展的全局利益和长远利益的谋划。就经济和社会发展而言，人力资源战略属于二级战略，从属于经济社会发展战略。其中，史戴斯、顿菲（1994）认为，人力资源战略可能因组织变革的程度不同而产生四种形式：家长式、发展式、任务式和转型式，如表 2-1 所示。

表 2-1 史戴斯和顿菲的人力资源战略分类

变革程度	管理方式	人力资源战略
基本稳定，微小调整	指令式管理为主	家长式
循序渐进，不断变革	咨询式管理为主，指令式管理为辅	发展式
局部改革	指令式管理为主，咨询式管理为辅	任务式
总体改革	指令式管理与高压式管理并用	转型式

（1）家长式人力资源战略。这种战略主要运用于“避免变革、寻求稳定”的组织，其主要特点是：集中控制人事的管理；强调程序、先例和一致性；进行组织和方法研究；硬性的内部任免制度；强调操作和督导；人力资源管理的基础是奖惩和协议。

（2）发展式人力资源战略。当组织处于一个不断变化和发展的经营环境时，为适应环境的变化，组织采取渐进变革式和发展式人力资源战略，其主要特点是：注重发展个人和团队；尽量从内部进行选录；大规模的发展和培训计划；运用内在激励多于外在激励；优先考虑组织的总体发展；强调组织整体文化；重视绩效管理。

（3）任务式人力资源战略。当组织面对的局部变革，战略的制定是采取自上而下的指令方式。此时，组织在战略推行上有较大的自主权，但要对本组织的效益负责。采取这种

战略时依赖于有效的管理制度，其主要特点是：非常注重业绩和绩效管理；强调人力资源规划、工作再设计和工作常规检查；注重物质奖励；内部和外部选录并重；进行正规的技能培训；有正规程序处理劳动关系问题；非常强调组织文化。

（4）转型式人力资源战略。当组织已完全不能再适应经营环境而陷入危机时，全面变革亟不可待，组织在这种紧急情况下没有时间让员工较大范围地参与决策，因为彻底的变革有可能触及相当部分员工的利益而不可能得到员工的普遍支持，组织只能采取强制高压式和指令式的管理，包括组织战略、组织机构和人事的重大改变，创立新的结构、领导和文化。与这种彻底变革相配合的是转型式人力资源战略，其主要特点是：进行影响到整个组织和事业结构的重大变革；调整员工队伍的结构，进行必要的裁员，缩减开支；从外部选录管理骨干；对管理人员进行团队训练，建立新的“理念”和“文化”；打破传统习惯，摒弃旧的组织文化；建立适应经营环境的新的人力资源系统和机制。

二、公共部门人力资源战略管理框架

公共部门人力资源战略管理是指将公共部门战略目标与其人力资源管理制度、政策有机结合起来，使公共部门人力资源管理有机融入公共部门的整体管理，以人力资源战略管理工具推进公共部门及其人员治理能力的发展。公共部门人力资源战略管理具体可分为三个阶段：战略制定、战略实施、战略评价，如图 2-1 所示。

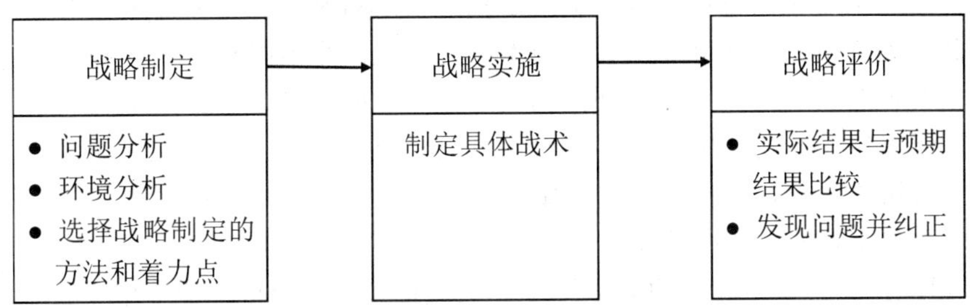

图 2-1　公共部门人力资源战略管理框架

战略制定阶段的工作包括战略问题分析、战略环境分析、选择战略制定的方法和着力点。战略实施是战略管理最重要的阶段，在对战略进行必要的可行性评估之后，根据利益相关者和所需资源的具体情况，制定具体的战术，以便使制定的战略得以贯彻执行。从人力资源战略的角度来看，战略实施贯穿于人力资源管理的每一个环节。战略评价是保障实现战略目标的必要条件，一般分为两部分：一是将预期结果与实际效果相比较；二是发现问题并采取纠正措施。人力资源战略评价应该不定时地、连续地进行，这样才能不断提高战略对组织环境的适应能力。

（一）公共部门人力资源战略规划

公共部门人力资源战略规划包括了战略分析和战略选择等功能活动环节。战略分析的主要内容有：分析组织的历史背景，确定组织的最终目的。在公共组织中，由公共服务、公共主体、管理行动和资源四个成分组成一个系统。公共服务包括服务的对象及所提供的服务；公共主体由利益相关者及公众的期望组成；管理行动是组织实施的战略；资源是组织执行方案时所运用的人力、物力和财力。这四个成分中的任何一个发生变化，组织系统都会发生相应变动，造成公共组织背离原初，形成趋势和方向。通过对公共组织背景的理解，创造出组织要到达的最终目的。它包括最好和最差两个方面。最好方面是组织的前进目标，最差方面是组织力图避免的最后底线。

（二）公共部门人力资源战略实施

成功的战略制定并不能保证成功的战略实施。实际做一件事情总是比最初决定做这件事要困难得多。由于公开性方面的限制、政治影响、权限、监察以及普遍存在的所有权，公共部门人力资源战略的执行则更为困难。战略实施主要是制定出具体措施来实现战略。一般来说，战略实施过程主要包括战略发动、制订行动计划、组织准备、资源准备、战略实验、全面实施、战略控制等环节。公共部门战略实施涉及以下三类活动。

（1）利益相关者管理。在公共活动中，如何对付敌对的利益相关者是管理好利益相关者的关键。而对付敌对利益相关者，主要是找出与敌对利益相关者有紧密联系的不重要和未决的利益相关者中的中立者，从中发现潜在的联盟；采取措施，阻止敌对利益相关者与未决利益相关者的联盟；防止敌对利益相关者在暗中削弱拥护者；对敌对利益相关者进行突袭；预期反对性质并挑选出部分持反对意见的利益相关者，再采取措施；与挑选出的敌对利益相关者讨价还价，获得其至少的中立。除了敌对的利益相关者外，还有潜在的拥护者，未决者及不重要的利益相关者，对于他们都需要采取相应措施应对。

（2）组织结构管理。战略的变化往往要求公共组织结构与之发生相应的变化，组织结构的重新设计应能够促进最终的目的达成。组织结构的演变顺序是一个周而复始的过程：制定新战略、新出现的管理问题、组织绩效下降、建立新的组织结构组织绩效得到改进、制定新战略。明茨伯格设定了六种基本的配置：简单结构、机械官僚化、职业官僚化、分部化、临时委员会和教会型。这虽然最初是针对私营组织战略环境变化而提出的，但经过修整以后也会对公共部门有所启发和借鉴。

（3）资源管理。每个公共组织至少都拥有四种可以实现预期目标的资源：人力资源、物力资源、财力资源和技术资源。资源配置是战略管理活动中的一项中心活动，在不进行战略管理的组织中，资源的配置往往取决于个人的随意性，导致资源配置失当。在实施战略管理的组织中，资源配置依赖于战略管理小组的决议，依赖于所实施的战略。例如，加

强型战略可能就要投入较多的资源，而紧缩型战略耗费的资源就较少。如果某些资源要素匮乏，但对战略实现是关键性的，可以请求那些拥护组织战略的重要利益相关者为组织筹募资金和服务使用费，或从其他项目中再争取一部分资金，从而使组织的战略变得可行。

（三）战略评价

一个完整的战略实施过程，除了科学合理的制定和有效的执行外，还需要对战略执行后的效果进行判断，以确定该项战略的价值，这种活动就是战略评价。在传统的战略管理中，公共部门及其领导者习惯于将重心放在战略方案的制订和实施上，却疏于对战略实施的效果进行科学的评价，对于战略评价的内涵和价值也较少理会。然而，一个具有明显优势的战略得以实施，并不意味着战略分析过程的结束，甚至一项战略在实施之后，疑问可能依然存在，如问题的确定是否合适？是否忽视了问题的某一个重要部分？或者如果有更好、更新的资源可以利用，是否战略选择的结果会不同？这些问题要求我们要对战略实施的全过程进行监督和评价。如果实施的是一项正确的战略，要确信它没有被改变形式的危险，还要确定它是否达到了预期效果，是否需要进行重新设计或修改，或者是否需要马上结束。同时，这一评价过程还应该产生可以用于今后战略分析中设计更好选项的信息。

公共部门的战略评价是一个动态的过程，是一种有计划、按步骤进行的活动。由于评价对象的不同，在具体的操作过程中，评价活动的步骤各有侧重，但一般来说，它包括三项基本活动：考察公共部门战略的内在基础，将预期结果与实际结果进行比较，采取纠正措施以保证行动与计划的一致。其具体的评价步骤为：检查战略基础，考核组织绩效，采取纠正措施。公共部门的战略管理过程既是科学又是艺术。借鉴于私营部门的公共部门的战略管理并非是一蹴而就的，它的运用可以使公共组织从上至下共创未来蓝图，但它并不能保证不犯错误。而如果战略计划和战略管理仅仅只为公共组织提供了某些方向和目标，而这或许正是从公共行政向公共管理的转变过程中必不可少的。

第二节　公共部门人力资源战略环境

公共部门人力资源的内外部环境正在发生一系列的变化，经济全球化、技术革命、社会问题、公众参与、劳动力市场变化等不断地挑战公共部门人力资源的管理模式。公共部门人力资源战略的实施，必须首先对环境因素进行分析，确认关乎战略成败的人力资源管理问题。

任何一个战略的制定都是基于对组织内外部环境因素的分析建立起来的，这些因素既包括组织所处的政治、经济、法律、文化、国际社会等外部环境因素，也包括组织内部人才结构、组织结构、财务状况、创新能力、技术结构、组织文化等内部环境因素。公共部门人力资源环境分析可细化为以下步骤。

（1）尽可能详细列出影响人力资源管理活动的环境因素。列出宏观环境、微观环境因素的清单，找出其中与组织人力资源管理有着密切联系的因素。

（2）对收集到的环境因素信息进行分层分类，分类维度包括外部与内部、可变与不变、可预测与不可预测、独立与非独立、可控与不可控、关键与非关键因素等，以深入了解人力资源管理活动相关的关键可控因素。

（3）把选择出来的各种环境因素制成因素关系图，对每一关键因素做出可能与可行性分析，并对这些因素对组织人力资源管理活动带来的影响做出分析，初步呈现公共部门人力资源的现状与问题。

一、公共部门人力资源战略的环境影响因素

公共部门由于其自身所处的比私营部门更加复杂的内部与外部环境，使其在战略管理过程中需要考虑更多的相关因素及受到更多的力量的牵制。

（一）外部环境影响因素

影响公共部门人力资源战略的外部环境因素具体包括如下几点。

（1）经济环境。经济环境即国家的经济制度、所有制形式、经济发展水平、国民生产总值、人均纯收入、国民生活水平等。这是公共部门人力资源和其他所有人力资源培训开发的物质基础。同时，经济生产的发展对人才的需求是有制约作用的，在经济形势好时会刺激社会对人才的需求，在经济状况不好时则会降低这一需求。对于公共部门而言，经济状况的好坏影响着公职人员的招募和保留，公共职位通常被认为是不易受到经济衰退影响的领域，在经济衰退时，公共职位上可录用的工作申请者数量是增长的，与此同时，经济衰退也减少了公共机构中辞职人员的数量，如表 2-2 所示。

表 2-2　经济状况与人力招募

经济增长时期	经济衰退时期
1. 合格申请者的供给不足	1. 合格候选人的供给过剩
2. 对内部晋升和外部人员招募的高度要求	2. 对内部晋升和外部人力招募的低度需求
3. 开放的和持续的人力招募	3. 由短缺型职业引导人员的招募管理

（2）政治环境。战略总是在一定的政治环境下制定和实施的，政治因素为公共部门战略管理提供了外部的组织环境，因此，战略管理过程的状况如何，在很大程度上受制于现实的政治环境。例如，政治制度的设计、中央与地方的关系模式、区域社会与政治上是否稳定都会在一定程度上影响地方政府的人力资源管理效果。另外，由于公共部门与私营部

门分别处于两个不同的市场内，公共部门的市场由各种监督机构构成，它的形成依赖于监督机构的委托或授权，运营依赖于监督机构的拨款，所以监督机构的要求决定着它的去留。一般来说，公共部门的自主权和灵活性较小，从而使权力限制成为定义其公共性的一个主要因素。例如，一个人力资源管理官员知道怎样可以降低某一部门的人力资源使用成本，但是在得到立法机关或上级主管部门的同意之前却不能对此做出任何调整。

（3）行政法制环境。当前，公共部门的运作方式发生了很大的变化，法律的力量在各个领域开始发挥作用，依法治国、依法行政已成为政府运作的基本要求。行政法制环境即公共部门人力资源管理的立法、执法、守法、司法水平等。公共部门人力资源管理并非一种单纯的技术行为，而是一种社会性行为，在劳资关系、工作时间、工资标准、劳动合同、劳动安全、教育培训、社会保险福利等方面都涉及法制问题。只有依法办事，才能切实维护人力资源管理部门和工作人员双方的合法权益，因此，公共部门人力资源管理必须依法进行。

（4）竞争环境。公共部门历来被认为是工作缺乏效率，服务质量差的组织，其实，从根源上讲都是因为缺乏竞争的缘故。但是，在当今世界经济全球化的发展趋势中，公共部门面临的将不再是一个封闭的、直线性的管理领域，而是一个开放的多元化的管理目标群。国与国之间的竞争日趋白热化，而这种竞争更重要地体现为政府能力的竞争，政府能力的高低最终取决于政府部门的公务员的素质，也取决于政府部门中的人力资源战略组合。因此，政府人力资源管理部门应把每个职位上的公务员以及全社会中可用的优秀专业人才都看成是最重要的资源，进行合理的配置，通过开发使之升值，再进行优化配置，使其发挥最大效用。

（5）文化环境。文化环境包括作用于战略管理系统的历史背景、价值观念、思想道德、行为规范、社会心理等环境条件，是公共部门战略管理的重要制约因素。文化渗透到社会生活的公共领域，发生广泛的作用，对公共部门战略管理具有持久的、潜在的影响。它主要表现为：一方面，公共部门人力资源来自一定社会文化环境，他们所具有的价值观念和行为准则会促使公共部门人力资源管理选择特定的管理方式。另一方面，公共部门及其管理者所接受与形成的社会意识形态、价值观、领导方式会作用于公共部门人力资源管理的实践过程。例如，文化传统的行为准则也深深地影响着公共部门管理者的思想及行为。中国是以儒家思想为代表和中心的东方文化类型，这种思想在近代又掺杂了一些西方文化的东西。这种文化传统比较重视集体的作用，团结同事、与他人和睦相处是东方文化倡导的楷模，以和为贵是受这种文化熏陶的个人在为人处事中常遵循的模式。与其他社会组织相比，公共部门是拥有一定国家权力的国家部门，具有至高无上的地位和权威，中国从历史上来看是一个有着强烈官本位思想的社会，人们往往怀有“学而优则仕”的思想观念，而报考公务员是一个比较好的实现途径，进入政府部门工作就意味着有机会走上仕途，对今后事业的发展有好处。公共职位是一种稀缺资源，当越来越多的大学生有了参与国家管理的意愿时，在分配这种稀缺资源的过程中就不可避免地存在影响人力资源获取功能实现的价值冲突。

（二）内部环境影响因素

影响公共部门人力资源战略的内部环境因素具体包括如下几点。

（1）组织人力资源现状。人力资源战略制定和实施首先要立足于组织现有的人力资源状况，应对现有人力资源状况进行全面了解。利用一定技术与方法，对组织的人力资源数量、质量、结构分布、利用状况等进行认真的统计分析是组织人力资源环境评价的一项基础性工作。一般来说，组织可借助人力资源档案对组织成员的基本资料、工作经验、受教育程度以及其他信息记录进行人力资源盘点。

（2）组织发展战略。公共部门的整体战略对于人力资源战略的影响巨大。整体战略最终要通过组织人力资源的获取与配置进行落实，明确的组织战略将带来明确的人力资源战略。从现实来看，政府制定的各种中长期规划就是总体战略，这将成为政府部门乃至某个地区的人力资源发展规划制定的首要依据。

（3）组织结构。组织的结构会随着组织战略的调整而调整，同时，组织结构的变化也会直接影响人力资源战略的制定和实施。在公共部门内部，部门建立与合并、团队解散与建设、管理层级与幅度调整等都需要人力资源战略进行相应调整，人员的获取、配置、培训开发、绩效考核等活动也会发生相应变化。

（4）组织现有制度。公共部门人力资源管理受到规章制度以及管理文化的极大影响。例如，对于一级政府而言，上级政府要求推行的规章制度是必须接受的；对于职能部门来说，领导班子制定的人员管理细则是必须遵守的。组织在长期运作过程中形成的一套内部办事制度与操作流程及其对人员素质的要求，都会对人力资源战略的形成产生重要影响。

（5）组织文化。组织文化是组织内部普遍认同的组织行为规范，它包括组织主流文化和非主流文化。主流文化是组织的精神动力，包括组织制度、行为规范以及组织倡导的某种精神；非主流文化则蕴涵在组织的具体行为中，包括组织行为的潜规则等。这些文化影响着人力资源战略方案的选择，关系到战略方案能否在组织中顺利实施。

二、公共部门人力资源环境分析工具

在组织管理领域，研究者和实践者开发了许多人力资源环境分析工具，这里主要介绍以下几种较为实用的环境分析工具。

（一）PEST 环境分析法

PEST 分析法是战略外部环境分析的基本工具，它通过政治的（Politics）、经济的（Economic）、社会的（Society）和技术的（Technology）角度或四个方面的因素分析从总

体上把握宏观环境，并评价这些因素对组织战略目标 http://baike.baidu.com/view/60164.htm 和战略制定的影响。

（1）政治要素（Politics）。政治要素是指对组织活动具有实际与潜在影响的政治力量和有关的法律、法规等因素。当政治制度、体制或法律、法规发生变化时，组织的目标战略必须随之做出调整。法律环境主要包括对组织活动具有约束力的法律、法规等，政治、法律环境实际上是和经济环境密不可分的一组因素。

（2）经济要素（Economic）。经济要素是指一个国家的经济制度、经济结构、产业布局、资源状况、经济发展水平以及未来的经济走势等。构成经济环境的关键要素包括 GDP 的变化发展趋势、利率水平、通货膨胀程度及趋势、失业率、居民可支配收入水平、汇率水平、能源供给成本、市场机制的完善程度、市场需求状况等。由于组织是处于宏观大环境中的微观个体，经济环境决定和影响其自身战略的制定，经济全球化还带来了国家之间经济上的相互依赖性，组织在各种战略的决策过程中还需要关注、搜索、监测、预测和评估本国以外其他国家的经济状况。

（3）社会要素（Society）。社会要素是指组织所在社会中成员的民族特征、文化传统、价值观念、宗教信仰、教育水平以及风俗习惯等因素。社会要素既有显性的也有隐性的。构成社会环境的显性要素包括人口规模、年龄结构、种族结构、收入分布、人口流动性等。同时，构成社会环境的隐性要素包括社会的核心价值观和文化，其中社会的核心价值观常常具有高度的持续性，这些价值观和文化传统是历史的沉淀，通过家庭繁衍和社会教育而传播延续，因此具有相当的稳定性。而一些非核心价值观是比较容易改变的。每一种社会文化也都是由许多亚文化组成的，它们由共同语言、共同价值观念体系及共同生活经验或生活环境的群体所构成，不同的群体有不同的社会态度、爱好和行为，从而表现出不同的市场需求和不同的行为方式。

（4）技术要素（Technology）。技术要素不仅仅包括那些引起革命性变化的发明，还包括与组织生产有关的新技术的出现和发展趋势以及应用前景。在过去的半个世纪里，最迅速的变化就发生在技术领域，像技术领先的医院、大学等非营利性组织改变着社会大众的生活方式，比没有采用先进技术的同类组织具有更强的竞争力。

PEST 分析至少可以用于四个方面：第一，它是一种可以系统认识环境的分析方法；第二，它有助于分辨出那些个别的、与某个特定场合相关的关键影响因素；第三，它可以帮助确认一个组织之所以存在的长期驱动力；第四，它是一个纵向历史地并前瞻性地研究外部因素对组织产生不同影响的框架，它有助于对未来的预测，有助于判断在 PEST 因素变化时采取哪些政策和措施是适当的。

（二）战略议题分析法

在《公共和第三部门组织的战略管理：领导手册》中，保罗·纳特和罗伯特·巴可夫将组织中广泛运用的波士顿矩阵（BCG 矩阵）的设计理念应用于公共部门战略议题管理中，即用利益相关者的相对支持和可控性因素分别代替原模型中的市场份额和行业成长性，如表 2-3 所示。

表 2-3　战略议题分析法

类　型	可　控　性	利益相关者的相对支持
Angry Tigers	低	高
Siding Ducks	高	高
Dark Horses	高	低
Sleeping Dogs	低	低

“可控性”和利益相关者这两个变量的不同组合将组织面临的战略议题分成四类。

（1）Angry Tigers。这类问题有较高的“公共支持度”，较低的可控性。从公众角度来看，这类问题需要组织立即采取行动，但由于技术的局限或目标人群的复杂性等原因，这类问题目前根本不可能解决。此时，管理者可以暂缓对此类问题的解决，而把主要精力放在其他问题上。

（2）Siding Ducks。这类问题具有高可控性和高度的公众支持，因而处理这类问题比较容易。此类问题应该是管理者首先应考虑解决的问题。

（3）Dark Horses。这类问题的公众关注度低，但组织有能力把它解决好，管理者应该将此类问题作为战略议题予以解决，并作为战略管理的业绩予以宣传。

（4）Sleeping Dogs。这类问题不在公众的视线里，也不具有可控性，因此，不应纳入管理者的考虑范围。

战略议题分析法是对环境因素进行评估和分析的有效工具。它既能作为组织整体战略议题的分析工具，也能作为人力资源战略等职能战略议题的分析工具。例如，它可关注人力资源管理活动所面向的利益相关者。人力资源管理部门在制定战略或致力于解决某些现实问题时，可以将所有问题进行归类，将主要精力和资源放在那些能够控制并且组织成员关注度高的问题上，这样，管理的效率才能提高，公职人员的成就感才会提高。

第三节　公共部门人力资源战略制定

公共部门人力资源战略作为企业战略的重要组成部分，人力资源战略的制定要以组织总体战略为基础，人力资源战略的合理与否直接关系着组织未来发展的成败。公共部门人力资源战略制定过程中需要综合考虑多种因素，包括战略制定的目标、内容、原则；同时还要综合多种战略分析工具，制定出全面合理的战略制定流程。

一、公共部门人力资源战略制定概述

公共部门作为一个相对独立的组织系统，其人力资源管理的目标与内容从内模式方面来讲就是要根据新一轮政府机构改革和政府职能的转变，结合各地方政府不同的内外环境，进一步完善公务员的获取、激励、培训、评估等一系列管理体制，即不仅要有效地预测政府部门的人才需求状况与结构，为组织选择和提供适当的人才及储备，发展和提升组织及个人的创新能力，还要及时发现人才方面存在的问题，提供综合解决问题的方案，提高公共部门战略性人力资源管理的能力，建立以工作管理和员工管理替代传统职位管理的制度体系就成为各公共部门不可回避的重任。从外模式来考虑，公共部门人力资源战略管理的目标与内容应该是紧紧围绕公共部门如何开发、“借用”好经济发展所需的科技、教育、文化、卫生等各项事业所需的各类人才，建立起公共部门与雇佣人员之间的和谐关系，以高绩效管理和优质服务满足经济社会发展的需要，并满足雇佣人员个人成长、发展、潜能开发和个人价值的自我实现的需要。

（一）公共部门人力资源战略制定的目的与内容

作为战略管理过程的一个环节，战略制定要求公共部门的人力资源管理者首先要对组织内部环境进行分析寻找出发展趋势，分析对组织发展构成的威胁和新的发展机会，以使潜在的利润最大化，战略制定的目的是寻求外部环境和组织的最佳结合，它的侧重点是制定组织的战略或规划组织的行动方案，其目的在于识别环境对组织的挑战，并指导组织对此做出反应，以获取更长期的竞争优势。

如亨利·明茨伯格所言：“战略制定是一个一体化决策系统产生并发出连贯协调的结果的正规化程序”。战略制定的目的在于识别环境对组织的挑战，并指导组织对此做出反应，以获取更长期的竞争优势。一般来说，一个好的战略制定包括四个方面的内容：规定本组织与社会环境因素之间发生作用的范围，即说明要达到哪一方面的目标；资源部署，要阐明部署资源；战略应该说明自身的机会和威胁；最佳协调作用，在战略范围内，要使资源部署与竞争优势相协调。

（二）公共部门人力资源战略制定的原则

人力资源战略作为组织战略的重要部分，在制定人力资源战略的过程中也要遵循一定的原则，公共部门在制定其人力资源战略的过程中只有充分考虑了内外环境的变化、组织现实状况、员工利益、组织整体目标、人力资源战略的系统性及流动性等原则，才能适应需要，真正做到为组织发展目标服务。

（1）充分考虑内部、外部环境的变化。每个组织都处在不断变化的客观环境中，不同的环境对组织会提出不同的要求。公共部门的内外部环境会通过影响其外部市场、内部资源及战略等因素来制约公共部门的人力资源战略制定过程。人力资源战略制定必须要在充分考虑内外部环境的基础上进行，否则组织所制定的人力资源战略就难以在实际管理过程中得以实施。同时，充分考虑内外部环境的变化，了解组织现状及发展前景，可以帮助公共部门明晰现有资源及未来发展机遇和风险，从而制定出更具适应性及灵感性的人力资源战略。

（2）确保组织的人力资源保障。公共部门人力资源战略主要是科学地分析预测组织在未来环境变化中人力资源的供给与需求状况，制定必要的人力资源获取、利用、保持和开发策略，确保组织在需要的时间和需要的岗位上，对人力资源在数量上和质量上的需求，使组织和个人获得不断的发展与利益。因而确保组织的人力资源保障是人力资源战略制定所必须要遵循的重要原则。人力资源保障问题是人力资源规划中应解决的核心问题。它包括人员的流入预测、流出预测、人员的内部流动预测、社会人力资源供给状况分析、人员流动的损益分析等。只有有效地保证组织的人力资源供给，才可能去进行更深层次的人力资源管理与开发。

（3）使组织和员工都得到长期的利益。人力资源战略不仅是面向组织的战略，也是面向员工的战略。组织的发展和员工的发展是互相依托、互相促进的关系。如果只考虑组织的发展需要，而忽视了员工的发展，则会有损组织发展目标的达成。优秀的人力资源战略，一定是能够使组织和员工得到长期利益的战略。

（4）与组织战略目标相适应。人力资源战略是组织整个发展战略的重要组成部分，其首要前提是服从组织整体发展战略的需要。公共部门人力资源战略涉及的范围很广，适用于具体部门或具体工作岗位，同时也适用于整个组织，在制定人力资源战略时，无论哪种战略，都必须与组织整体战略目标相适应，只有这样才能保证组织目标与组织资源的协调，保证人力资源规划的准确性和有效性。

（5）系统性。组织是由不同的网络连接而成的，包含众多的权责结构和协作关系。有效的人力资源战略有利于将不同的人才结合起来，形成一个有机的整体。有效地发挥整体功能与个体功能之和的优势。当组织的人员结构不合理时，组织系统功能遭受破坏，则易产生内部人员的力量相互抵消，不能形成合力；当组织人员结构合理时，组织系统功能会促使员工潜能得到充分发挥。所以公共部门的人力资源战略要具有系统性，才能够促使组织人力资源结构合理化，促进组织员工之间的优势互补。

（6）适度弹性。组织运营过程中免不了人员的流动，好的人力资源队伍是与适度的人才流动联系在一起的，组织员工的流动率过低或过高，都是不正常现象。流动率过低，员工会厌倦过长时间的岗位，而不利于发挥他们的积极性和创造性；流动率过高，说明组织管理中存在问题，使组织花费较多成本培训员工而取得回报的时间较短。保持适度的人员流动率，使人才充分发挥自身潜力，进而提高组织人力资源的利用率。

（三）公共部门人力资源战略制定的特点

公共部门人力资源战略与非公共部门的人力资源战略有许多相同之处，但也有不少独特之处，特殊之处主要有如下三点。

（1）公共部门人力资源战略目标呈多元特点。公共部门的目标是要创造公共利益。而公共利益的目标是抽象的，对于公共组织的服务对象——社会公众来讲，他们既要求公共部门公开、公正，又要求他们承担社会责任，这些目标大部分情况是多元的。作为总战略的从属战略，公共部门的人力资源战略也必须为公共部门的总目标服务，公共部门的目标多元意味着公共部门人力资源战略目标的多元，也意味着在制定人力资源战略时必须考虑更多方面的因素。

（2）公共部门人力资源基础工作较为薄弱。目前，我国大部分公共部门的人力资源管理工作还处于传统的人事管理阶段，人力资源基础工作较为薄弱，难以有效发挥人力资源对公共组织目标实现的战略支持作用。这体现在：首先，公共部门的人力资源管理工作主要凭经验办事，按惯例工作；其次，岗位分析等基础工作还没有得到普及，个人职责界定尚不能完全明晰，个人常常做一些领导临时分派的和本职无关或与本职关系模糊的工作；再次，缺乏专业化的人力资源管理队伍，不少公共组织的人事部门的管理人员没有受过专业教育或专门培训。公共组织薄弱的人力资源基础工作为其制定人力资源战略带来较大的困难。

（3）公共部门人力资源战略制定的制约因素较多。一方面，由于公共部门人力资源战略的制定受法律、规章制度和公共影响等因素的制约较大。以政府部门为例，政府部门的人力资源战略编制需要遵守《国家公务员法》等一系列相关法规、规章及政策性文件，涵盖了公共部门人力资源管理的各个环节（包括录用、工资、考核、轮岗、升降、任免、辞职与辞退、培训、奖励等方面）。另一方面，公共部门人力资源战略制定的影响范围大，所受公众制约因素较多。与企业相比，由于公共部门的一举一动都会引起社会的高度关注，因此，公共部门的人力资源战略（如机关单位精简人员战略）活动可发挥的空间不大，所受制约因素较多。

二、公共部门人力资源战略制定框架与分析工具

公共部门人力资源战略制定是人力资源管理的重要环节。合理的人力资源战略必须要综合运用多种战略分析工具，同时还要遵循健全合理的人力资源战略制定流程。总体而言，公共部门人力资源战略制定过程必须要包含三个阶段：信息输入阶段、战略匹配阶段及决策阶段。而每一个阶段的实施都离不开人力资源战略分析环节。目前，较为常用的战略分析工具有：EFE 矩阵与 IFE 矩阵、SWOT 分析法、IE 矩阵、QSPM 矩阵。

（一）公共部门人力资源战略制定框架

公共部门人力资源战略制定的过程包括以下三个阶段：信息输入阶段；战略匹配阶段；决策阶段（见表 2-4）。这一框架有利于公共部门的人力资源管理者纵观全局。重要的战略制定技术可以被综合于一个三阶段决策系统之中，框架中所包括的各种方法适用于所有规模和类型的组织，并可以帮助战略制定者确定、评价和选择战略。战略制定框架第一阶段中的方法包括 EFE 矩阵和 IFE 矩阵。第一阶段被称作“信息输入阶段”（Input Stage），它概括了制定战略所需要输入的基本信息。其中包括公共部门内部与外部的相关信息。第二阶段被称为“匹配阶段”（Matching Stage），此阶段通过将关键内部及外部因素进行排列而集中进行可行备选战略的制定。第二阶段所采用的方法包括：优势—弱点—机会—威胁（SWOT）矩阵、内外部（IE）矩阵。第三阶段被称为“决策阶段”（Decision Stage），它只包括一种技术，即定量战略计划矩阵（QSPM）。QSPM 用第一阶段输入的信息对在第二阶段认定的可行备选战略进行客观评价。QSPM 可以揭示各种备选战略的相对吸引力，从而为选择特定战略提供客观基础。

表 2-4　综合的战略制定框架

<table>
<tr><th colspan="2">第一阶段：信息输入阶段</th></tr>
<tr><td>EFE 矩阵</td><td>IFE 矩阵</td></tr>
<tr><th colspan="2">第二阶段：匹配阶段</th></tr>
<tr><td>SWOT 分析法</td><td>IE 矩阵</td></tr>
<tr><th colspan="2">第三阶段：决策阶段</th></tr>
<tr><td colspan="2">QSPM 矩阵</td></tr>
</table>

（二）公共部门人力资源战略分析工具

1．EFE 矩阵与 IFE 矩阵

外部因素评价矩阵（External Factor Evaluation Matrix，EFE 矩阵）与内部因素评价矩阵（Internal Factor Evaluation Matrix，IFE 矩阵），是对内外部环境进行分析的工具，其做法是从机会和威胁两个方面找出影响公共组织未来发展的关键因素，根据各个因素影响程度的大小确定权数，再按公共组织对各关键因素的有效反应程度对各关键因素进行评分，最后算出公共组织的总加权分数。EFE 矩阵和 IEF 矩阵的基本分析方法与步骤相同，其中 EFE 矩阵可以帮助战略制定者归纳和评价影响公共组织的外部因素，如经济、社会、文化、人口、环境和政治；IFE 矩阵可以帮助战略制定者归纳和评价影响公共组织的内部因素，如人力资源现状、组织战略、组织发展结构、组织现有制度与文化。建立 EFE 矩阵与 IFE 矩阵的五个步骤如下。

（1）列出在内外部分析过程中所确认的内外部因素，包括影响公共组织的机会和威胁。

（2）依据重要程度，赋予每个因素以权重（0.0～1.0），权重标志着该因素对于公共组

织在服务社会大众中取得成功影响的相对重要程度。

（3）按照公共组织现行战略对各个关键因素的有效反应程度为各个关键因素打分，范围 0～4 分，“4”代表反应很好，“1”代表反应很差。

（4）用每个因素的权重乘以它的评分，即得到每个因素的加权分数。

（5）将所有的因素的加权分数相加，以得到公共组织的总加权分数。

无论 EFE 矩阵还是 IEF 矩阵，所包含的关键机会与威胁数量是多少，所能得到的总加权分数最高为 4.0，最低为 1.0，平均总加权分数为 2.5。若总加权分数为 4.0，反映出组织对现有机会与威胁做出了最优秀的反映。或者说，公共组织的战略有效地利用了现有机会并把内部或外部威胁的潜在不利影响降到了最低限度。若总加权分数为 1.0，则说明组织战略不能利用内外部的机会或回避内外部的威胁。

2．SWOT 分析法

SWOT 分析方法是目前战略管理领域广泛使用的分析方法，介于其实用性，也可在公共部门人力资源管理中应用以帮助公共组织更好地分析内在的特点与自身所处的环境。从某种程度上看，战略乃是将公共组织内部资源因素与外部环境因素造成的机会和威胁、优势和劣势进行合理的有效的匹配。而 SWOT 分析法就是通过了解公共组织自己的优势（strength）与劣势（weakness）并掌握外部机会（opportunity），规避威胁（threads）从而制定良好战略的方法。进行 SWOT 分析，建造 SWOT 矩阵的过程有八个步骤：列出关键外部机会；列出关键外部威胁；列出关键内部优势；列出关键内部弱点；将“内部优势”与“外部机会”匹配，形成 SO 战略；将“内部劣势”与“外部机会”匹配，形成 WO 战略；将“内部优势”与“外部威胁”匹配，形成 ST 战略；将“内部劣势”与“外部威胁”匹配，形成 WT 战略，如表 2-5 所示。

表 2-5　SWOT 分析表

<table>
<tr><td colspan="2" rowspan="6">保持空白</td><td colspan="2">优势—S</td><td colspan="2">弱势—W</td></tr>
<tr><td>1</td><td rowspan="5">列出优势</td><td>1</td><td rowspan="5">列出弱势</td></tr>
<tr><td>2</td><td>2</td></tr>
<tr><td>3</td><td>3</td></tr>
<tr><td>4</td><td>4</td></tr>
<tr><td>5</td><td>5</td></tr>
<tr><td colspan="2">机会—O</td><td colspan="2">SO 战略</td><td colspan="2">WO 战略</td></tr>
<tr><td>1</td><td rowspan="5">列出机会</td><td>1</td><td rowspan="5">发挥优势
利用机会</td><td>1</td><td rowspan="5">利用机会
克服弱点</td></tr>
<tr><td>2</td><td>2</td><td>2</td></tr>
<tr><td>3</td><td>3</td><td>3</td></tr>
<tr><td>4</td><td>4</td><td>4</td></tr>
<tr><td>5</td><td>5</td><td>5</td></tr>
</table>

续表

威胁—T		ST 战略		WT 战略	
1	列出威胁	1	利用优势 规避威胁	1	减少弱点 规避威胁
2		2		2	
3		3		3	
4		4		4	
5		5		5	

SWOT 分析的关键是进行优势与劣势，以及机会与威胁分析，并在此基础上形成行动的战略。考察关键的内部因素和外部因素是进行 SWOT 分析最困难的部分，它要求人力资源管理者有良好的判断力。经过 SWOT 分析，一个公共组织就可以有不同的战略匹配和选择。

3．IE 矩阵

IE 矩阵（Internal-External Matrix，内部-外部矩阵）是在原来由 GE 公司提出的多因素业务经营组合矩阵基础上发展起来的。介于其实用性，可在公共部门人力资源管理中加以应用以帮助公共组织更好地分析其自身社会服务能力以及公众满意度。社会服务能力表明公共组织的竞争能力（内部因素），而公众满意度则表明公共组织所处社会环境的需求方向（外部因素）。

在 IE 矩阵的横坐标中，IFE 加权评分数为 1.0～1.99 代表公共组织内部的劣势地位，2.0～2.99 代表公共组织内部的中等地位，而 3.0～4.0 代表公共组织内部的优势地位。相应地，在纵坐标上，EFE 加权评分数为 1.0～1.99 代表公共组织面临着较严重的外部威胁，而 2.0～2.99 代表公共组织面临中等的外部威胁，3.0～3.99 代表公共组织能较好地把外部威胁的不利影响减少到最小程度，如表 2-6 所示。

表 2-6　IE 矩阵分析表

		IEF 加权评分		
		强（4.0～3.0）	中（3.0～2.0）	弱（2.0～1.0）
EFE 加权评分	（4.0～3.0）高	I	II	III
	（3.0～2.0）中	IV	V	VI
	（2.0～1.0）低	VII	VIII	IX

可以把 IE 矩阵分成具有不同战略意义的三个区间。第一，IE 矩阵对角线第 III、V、VII 格；第二，IE 矩阵对角线左上方的第 I、II、IV 格；第三，IE 矩阵对角线右下方的第 VI、VIII、IX 格。

对落在 IE 矩阵不同区间的不同社会服务内容，公共组织应采取不同的战略。

（1）落入 I、II、IV 象限的社会服务应被视为增长型和建立型（Grow and Build）业务，应采取加强型战略（服务对象开发、服务内容优化）。

（2）落入 III、V、VII 象限的业务适合采用坚持和保持型（Hold and Maintain）战略（服务对象维系、服务内容标准化）。

（3）落入 VI、VII、IX 象限的业务应采取收获型和剥离型（Harvest and Divest）战略或收获、放弃战略（服务对象转移或放弃、服务内容升级或剥离）。

4．QSPM 矩阵

目前，只有一种分析技术是用于确定各可行战略行动的相对吸引力，而不仅仅是得到一个按重要程度排序的战略清单。这一技术便是定量战略计划矩阵（Quantitative Strategies Planning Matrix，QSPM 矩阵），它构成了战略制定和分析系统的第三阶段。这一技术客观地表明了哪一种备选战略是最佳战略。它的优点之一是可以相继地或同时地考察一组战略。第二个优点是它要求战略制定者在决策过程中将有关的外部和内部因素结合在一起考虑。通过建立 QSPM 矩阵可避免关键因素不适当地被忽视或偏重。QSPM 矩阵使人们注意到会影响战略决策的各种关系。虽然在建立 QSPM 矩阵过程中需要进行一些主观性决策，但这些次要的决策可能使最终战略决策质量更佳。最重要的一点是，QSPM 矩阵经过适当修改便可以适用于大型的盈利和非营利性的公共组织。因此，公共部门在制定人力资源战略时也可以考虑运用这一矩阵来作战略决策。

QSPM 矩阵利用第一阶段和第二阶段分析的结果来客观选定战略。也就是说，由 EFE 矩阵和 IFE 矩阵构成的第一阶段和由 TOWS 矩阵（SWOT 分析）和 IE 矩阵构成的第二阶段，共同为建立 QSPM 矩阵（第三阶段）提供了所需信息。QSPM 矩阵是一种使战略制定者基于先确认的外部及内部关键因素来客观评价备选战略的工具。像其他战略制定分析工具一样，QSPM 矩阵也需要有良好的直觉判断。表 2-7 表明了 QSPM 矩阵的基本格式。

表 2-7　QSPM 矩阵的基本格式

定量战略计划矩阵（QSPM）				
关 键 因 素	备 选 战 略			
	权　重	战略 1	战略 2	战略 3
关键外部因素				
经济				
政治/法律/政策				
社会/文化/人口/环境				
……				
关键内部因素				
行政管理				
信息技术				
财务会计				
……				

从理论上讲，QSPM 矩阵根据对关键外部和内部因素的利用和改进程度而确定各战略的相对吸引力。战略组合中各战略的相对吸引力是通过确定各外部及内部关键因素的总体影响而计算出来的。QSPM 矩阵中包括的备选战略的数量和战略组合的数量均不限，但只有在同一组合内的各种战略才可被进行相互比较式评价。下面是具体操作的六个步骤。

（1）在 QSPM 矩阵的左栏列出公共组织的关键“外部机会与威胁”和“内部优势与弱点”。这些信息可直接从 EFE 矩阵和 IFE 矩阵中得到。QSPM 矩阵中应至少包括 10 个外部关键因素和 10 个内部关键因素。

（2）给每个外部及内部关键因素赋予权重，这些权重应与 EFE 矩阵和 IFE 矩阵中的相同。权重标在紧靠外部和内部因素的纵栏中。

（3）考察第二阶段（匹配阶段）各矩阵并确认公共组织可考虑实施的备选战略，将这些战略标在 QSPM 矩阵的顶部横行中，如可能将各战略分为互不相容的若干组。

（4）确定吸引力分数（AS），即用数值表示各组中每个战略的吸引力。吸引力分数（Attractive Scores，AS）的确定方法为：依次考察各外部或内部关键因素，对其提出这样的问题：“这一因素是否影响战略的选择？”如果回答为“是”，便应就这一因素对各战略进行比较。具体地说，即就特定的因素给各战略相对于其他战略的吸引力评分。吸引力的评分范围及含义为：1=没有吸引力；2=有一些吸引力；3=有相当吸引力；4=很有吸引力。如果对上述问题的回答为“否”，则说明这个关键因素对特定的战略选择没有影响，那么就不给该组战略以吸引力分数。用破折号表示关键因素并不影响所进行的选择。

（5）计算吸引力总分（TAS）。吸引力总分（Total Attractiveness Scores）等于将各横行的权重乘以吸引力分数。吸引力总分表示对相邻内部或外部关键因素而言，各备选战略的相对吸引力。吸引力总分越高，战略的吸引力就越大。

（6）计算吸引力总分之和。它是通过将 QSPM 矩阵中各战略纵栏中的吸引力总分相加而得出的。吸引力总分表明了在各组供选择战略中，哪种战略最具吸引力。分数越高说明战略越具有吸引力。这里考虑了所有影响战略决策的相关的外部及内部因素。备选战略组中各战略吸引力总分之和表明了各战略相对于其他战略的可取性。

【实务指南 2-1】举例说明公共部门人力资源战略的制定过程

近年来，在成都市委、市政府领导下，成都市大力实施人才强市战略，人才队伍逐年递增，结构逐步优化，人才开发形势喜人，但仍然存在一些与社会发展不相适应的问题，特别是在实施推进城乡一体化战略中，突显出人才支撑乏力的问题。其中，政府部门在人力资源有限的前提下，如何最大限度地利用成都高校及科研院所较多的人才优势，实现政府部门在编制有限的情况下“借脑”发展的战略问题，即人才共享战略。处理好已有人力资源与可利用人力资源之间的有益补充的问题，由此，形成一个“以城促乡”智力服务的

良好运行机制，服务于乡镇的发展，服务于成都市的协调发展。由于一个好的战略的制定、实施到评价，既需要专门的人员组成又需要利益相关者的参与，同时，还要根据内外环境的变化而不断地对战略进行讨论、修正，是一个综合的互动的过程。因此，对这一案例的分析偏重于理论方面，相对于实践而言只是一个有益的尝试。

一、外部环境分析和评价

（1）经济发展不平衡。近年来，成都市的国民经济发展在经历了“非典”考验后于2004年达到了10年来的最高水平，经济的发展加速了政府、企业、科研院所等部门对人才的需求，同样，城市与乡镇也加大了对人才的需求，但是，农村经济相对落后，造成缺乏对人才的保留与吸引的现状，成为农村经济发展的障碍，在现有人才存量中，明显的是城市人才多，农村人才少，从长远来看，这势必会影响成都经济的总体发展速度。成都市国民经济发展状况如表2-8所示。

表2-8　成都市国民经济发展状况

年	GDP（亿元/人民币）	增　长　率	第三产业增加值（亿元/人民币）	增　长　率
2000	1 310	10.80%	598	11.70%
2001	1 491	13.10%	682	12.40%
2002	1 663.2	13.10%	764.9	13.00%
2003	1 870.8	13.00%	858.5	11.70%
2004	2 185.7	13.6%	995.7	12.50%

（2）财政投入较少。由于乡镇经济的相对落后，靠其自身吸引专家就存在资金上的困难，这就需要政府的财政投入来解决。但是，从财政投入上来看，市政府倾向性专项投入少，全国14个副省级城市有12个城市建立了人才开发专项资金，成都市没有这方面的专项投入，政府以前虽然有局部的投入，但不具备科学性、分散性强、宣传性多、实用性差，没有形成合力。

（3）人才市场对城乡人才流动支撑力度不够。现有人才市场服务、信息和诚信体系不完善，工作网络覆盖率还不充分，服务触角没有延伸到农村，不能满足农村发展的需要。

（4）缺乏有效的政策导向。第一，城乡人才工作未能真正意义上融为一体，至少迄今为止，全市没有一个城乡统一的人才开发规划。第二，促进城乡一体的人才政策未能形成有效运转体系，部门政策没有形成合力，保护农村人才切身利益，鼓励人才到农村创业，促进城乡人才交流的相关政策没有全面出台。

（5）政策透明公开度不够。问卷调查反映，很多人对政府人才政策缺乏了解，答卷人群对目前政府人才工作角色定位有33.2%认为不太准确，29%认为不清楚，认为准确的只有31.2%，认为政府人才政策调控基本到位的有42%，还有58%认为不太到位或看不清，认同政府人才政策效果的有39%，不太认同的有57%。

（6）有丰富的人力资源。在中国城市竞争力排名中，成都的综合区位竞争力仅次于上海、北京和广州排在全国的第四位，这种区位优势使成都成为西南地区人才荟萃之地，不仅劳动力数量较大，科研人员比例也较高，人才整体素质较高，而且成都的教育也比较发达，这就为成都的发展提供了大量的人力资源。

（7）没有形成有凝聚力的部门组织文化。人事管理部门对人才工作的高度重视，城乡人才分布不均衡，没有根据各乡镇经济发展的不同形成灵活多样的专家帮扶形式。

外部环境评价的结果如表 2-9 所示。

表 2-9　人才共享战略的外部影响因素评价表

人才共享战略的外部因素评价			
关键外部因素	权　　重	评　　分	加 权 分 数
机　　会			
1．有丰富的人力资源	0.20	3.00	0.60
2．人事管理部门对人才工作的高度重视	0.10	4.00	0.40
威　　胁			
1．经济发展不平衡	0.10	2.00	0.20
2．财政投入较少	0.15	3.00	0.45
3．人才市场对城乡人才流动支持力度不够	0.05	2.00	0.10
4．缺乏有效的政策导向	0.10	2.00	0.20
5．政策公开透明度不够	0.05	1.00	0.05
6．未形成有凝聚力的部门组织文化	0.15	1.00	0.15
7．城乡人才分布不均衡	0.05	2.00	0.10
8．没有根据各城乡经济发展的不同形成灵活多样的专家帮扶形式	0.05	1.00	0.05
总　　计	1.00	21.00	2.30

其中，不同的权重标志着不同的因素对政府人才共享战略取得成功的影响的重要程度，其中“丰富的人力资源”、“财政投入”和“组织文化”成为影响这一战略的最重要的外部因素，因此，分别获得了 0.20、0.15 和 0.15 的较高的权重。

评分是按照政府现行战略对关键因素的有效反应程度给各关键因素的评分。例如，政府现行的“城乡一体化，人才要先行”的战略体现了政府部门对人才工作的高度重视，因此，对“人事管理部门对人才工作的高度重视”这一因素的评分为最高分 4.00 分；同时，政府计划对人才开发专项资金的投入也是对以前财政投入较少的有效反应，因此，对“财政投入较少”这一因素评分为 3.00 分，表明政府已开始改善财政投入较少的局面了。

总加权分数最高分为 4.00 分，它说明政府部门对现有机会与威胁做出了最出色的反应。换言之，政府的战略有效地利用了现有机会并将外部威胁的潜在不利影响降至最小。而总加权分数为 1.00 则说明政府的战略不能很好地利用"外部机会或回避外部威胁"。此时的加权分数为 2.30 则说明政府部门对现有机会与威胁做出了一定的反应。通过外部分析与外部因素评价可以看出，政府的人力资源管理部门已清楚地认识到了自身的优势（机会），但是对威胁所采取的应对措施还不是很有效。例如，对于权重较大的"部门组织文化"评分较低，说明政府部门还未开始重视这一重要因素。

二、内部环境分析与评价

目前，成都市已建立了"以城促乡"的智力服务机制。但专家服务没有长效机制。现有市、县、乡三级专家服务，由于没有能充分明确责、权、利，没有固定的项目和监督验收机制约束，往往流于形式，成为点缀，专家的能量没有充分发挥出来。这导致农村根据自身需求找专家主动性不够，使对接存在盲目性。同时，专家配置机制也不合理。由于缺乏统一管理和有效分类，出现了专家不对口现象，受学科和专业限制，部分专家不能与农村、农业项目实现有效对接，只能泛泛指导而已，起不到实质性帮扶作用。抽样调查中，有 56.6%认可专家服务，有 43.4%对效果产生疑虑。

最后，"以城促乡"的智力服务的对接机制并不健全。乡镇抽样调查反映，有 71.2%的专家主要是通过业务主管部门推荐，其次是政府人事管理部门，占了 39.4%，而上级部门的推荐还不能和农村实际有机结合。当前已经开展了实地调研，对乡镇人才状况较为了解；高校、科研院所多；没有一个综合的协调运作小组；没有形成对专家系统、有效的激励机制；缺少一个交流的平台；缺乏反馈机制，无法检验帮扶的效果。

内部环境评价的结果如表 2-10 所示。

表 2-10　人才共享战略内部影响因素评价表

人才共享战略的内部因素评价			
关键内部因素	权　重	评　分	加权分数
内部优势			
1. 已建立了"以城促乡"的智力服务机制	0.10	3.00	0.30
2. 开展了实地调研，对乡镇人才状况较为了解	0.10	3.00	0.30
3. 高校、科研院所多	0.15	4.00	
内部弱点			
1. 专家服务没有长效机制	0.10	2.00	0.20
2. 配置机制不合理	0.15	1.00	0.15
3. "以城促乡"的智力服务的对接机制不健全	0.05	2.00	0.10
4. 没有形成对专家系统、有效的激励机制	0.05	2.00	0.10
5. 没有一个综合的协调运作小组	0.20	1.00	0.20
6. 缺少一个交流的平台	0.05	1.00	0.05
7. 缺乏反馈机制，无法检验帮扶的效果	0.05	1.00	0.05
总　计	1.00		2.05

就内部因素的重要性而言，“高校、科研院所多”、“配置机制不合理”和“没有一个综合的协调运作小组”的权重较高，其中，“没有一个综合的协调运作小组”的权重则达到了0.20 分为权重的最高分，这体现了协调小组对人才共享战略的至关重要性。内部因素的评分方法不同于外部因素的评分方法。对内部因素而言，1.00 分代表重要弱点，2.00 分代表次要弱点，3.00 分代表次要优势，4.00 分代表重要优势。在内部优势中，“高校、科研院所多”被评为重要优势，在内部弱点中，“配置机制不合理”、“没有一个综合的协调运作小组”和“缺少一个交流的平台”被评为重要弱点。总权重大大低于 2.50 表示内部状况处于弱势，而总权重大大高于 2.50 则说明内部状况处于强势。总权重为 2.05 说明内部状况不是很好，但相对平均水平不是很远，说明可得到较好的改观。

三、战略分析与选择

组织结构的调整。有什么样的战略就应有什么样的组织结构，再好的战略计划若没有一个有效实施的载体，那也只会是一纸空文，根据外部威胁“已有体制的无效性”与内部弱点“没有一个综合的协调运作小组”相匹配可以看出，为了有效地实施“借脑”战略就要有一个统一协调市、县、乡三级专家服务的工作小组，来克服体制无效性的外部威胁，由工作组根据乡镇企业的实际需要与专家进行交流，它起到桥梁的作用，根据乡镇企业的实际需要统一调配专家与企业间的合作，同时还可以处理双方合作时产生的分歧；每年定期召开企业专家交流会，创造一个双方交流的平台。同时，由于县乡比较了解自身的情况，可由他们来完成专家需求的申报工作，而专家的协调工作则由市一级统一分配，这样不仅可增加合作的权威性，也可做到责权明晰。

制度层面的建设。有效的机制是人才充分涌流的原动力，因此，首先要打破人才单位所有、人才部门所有的界限的理念，在一定范围内实现个人和岗位的最优化匹配。从外部机会“人事管理部门对人才工作的高度重视”与内部弱点“配置机制不合理”、“没有形成对专家系统的激励机制”，外部威胁“政策透明公开度不够”与内部弱点“专家服务没有长效机制”分析得出，在制度建设上需要注意以下几个方面。

（1）互动机制。战略管理强调的是参与性，应通过调研的方式，让乡镇中需要帮扶的对象谈一谈需要什么样的专家，需要什么样的帮扶形式，而不应由政府部门一方说了算，这样可以满足不同个体的需求以提高帮扶效率。

（2）透明机制。对于较大的合作项目可在媒体上公示采取人才招标的形式，由企业自己挑选专家，同时采取专家个人负责制，由专家自己选择建立工作小组，最后再对中标专家的工作成果进行公示。

（3）激励机制。通过调研在充分了解专家的心理需求、价值观的变化及自我实现需要的基础上，综合运用各种手段，实行有效的激励方式。其中包括物质激励、精神激励、政治激励。应重视精神激励和感情投资，大力提倡敬业精神，对做出贡献的人才，给予必要的荣誉称号。政治激励要根据人才综合能力，量才适用，委以重任。以此建立符合市场经济法则的人才分配激励机制，做到智力资源资本化，实现一流人才以一流业绩赢得一流报酬。

（4）竞争机制。每年由工作小组进行区（市）县的城乡一体化人才吸引、使用、培养方面的单项及综合竞争力排名。

组织文化的培养。成都是中国的历史文化名城，历史悠久，早在2300多年前，蜀王（开明九世）就在此建都，取“一年成邑，二年成都”之意而名成都。金沙遗址的发现，又将成都的历史上推了1000多年。因此，从历史上看成都是一个具有深厚文化底蕴的城市，地方政府在吸引人才时就应发挥文化资源方面的优势，同时，政府部门发展到今天已不仅仅是一个工作场所而是一个文化体系，这种文化体系是该部门公职人员的管理理念、共识、态度、价值观和受彼此交往形式影响而形成的特定的行为准则、人际关系、团队精神、进取心和竞争意识，以及对部门的归属感、组织内的团结程度等。它在很大程度上制约着公职人员的行为方式和态度，因而对政府部门人力资源的具体管理战略有着重要的影响。

长期以来重城市轻农村的发展定格，使农村人才工作没有得到足够的重视，在推进城乡一体化工作中，“城乡一体化，人才要先行”的观念还远未树立。外部威胁“没有形成有凝聚力的部门组织文化”与内部优势“已建立了‘以城促乡’的智力服务机制”相匹配，为了将外部威胁变成机会充分发挥内部“已建立了以城促乡的智力服务机制”的优势就需要建立一个吸引专家为城乡一体化建设而奋斗的文化环境。

从文化环境的角度来看，留住人才和吸引人才的最重要的方面就是提高一个组织的凝聚力，它主要包括以下两个方面。

（1）组织对个人的向心力。例如，成都市政府决定将其定位为“规范化服务型政府”，一是突出政府的性质是服务型的，一是强调政府服务的方式是规范的。希望通过规范化服务型政府建设，创新政府公共服务方式，提高行政效率，降低行政成本，把成都建成西部“投资环境最佳、居住环境最优、综合实力最强”的现代特大型中心城市。这在无形中就汇聚成为一股凝聚力，一种责任感，使每个组织成员都希望为达到这一目标而贡献自己的一份力量。

（2）组织内部个人之间的黏合力。和谐是我国传统文化的精髓。“和”的本意是指具有差异的个体之间进行互补、融合，产生一种协同效应。政府部门如果不能很好协调内部的人际关系和各部门间的关系，往往会形成许多内耗，降低政府部门的整体效率。因而，政府部门必须形成开放和谐的文化氛围，以薪酬为物质条件，以凝聚力为基础，培育组织成员共同的价值观，这是一个部门组织文化建设的核心内容。除此之外，还要切实尊重人才发展的客观规律，鼓励他们大胆探索、积极创新，创造一种“鼓励成功，宽容失败”的宽松氛围，动员社会各方面的力量关心人才工作、支持人才工作，积极营造一个尊重劳动、尊重知识、尊重人才、尊重创造的社会环境，使人才充分享有实现自身价值的自豪感，贡献社会的成就感，得到社会承认和尊重的荣誉感。

四、战略方案比较

这种比较方法是参考战略决策阶段的定量战略计划矩阵这一技术，客观地表明了哪一种备选战略是最佳战略。它的优点之一是可以相继地或同时地考察一组战略；第二个优点是它要求战略制定者在决策过程中将有关的外部和内部因素结合在一起考虑，通过建立QSPM 矩阵可避免关键因素不适当地被忽视或偏重。由于在前面通过战略分析与选择所形成的是一组相关的战略方案，而不是不同的备选方案，因此，表 2-11 的战略比较只是对每一个方案的重要性做一个比较，以便在时间与资源有限的前提下有选择、有步骤地实施行动方案。

吸引力总分表明了在各组供选择战略方案中，哪种方案最具吸引力。分数越高说明方案越具有吸引力。这里考虑了所有影响战略方案分析的相关的外部及内部因素。经过比较“组织结构的调整”得到了最高的吸引力分数 4.60 分，这说明，在政府人才共享战略中有一个好的组织结构是最先应该实施的战略方案。战略方案制定分析表如表 2-11 所示。

表 2-11　战略方案制定分析表

关键因素	战略方案						
	组织结构的调整			制度层面建设		组织文化培养	
	权　重	AS	TAS	AS	TAS	AS	TAS
机　会							
1. 有丰富的人力资源	0.20					2.00	0.40
2. 人事管理部门对人才工作的高度重视	0.10	4.00	0.40	2.00	0.20	3.00	0.30
威　胁							
1. 经济发展不平衡	0.10			2.00		1.00	0.10
2. 财政投入较少	0.15			3.00	0.45	1.00	0.15
3. 人才市场对城乡人才流动支持力度不够	0.05	4.00	0.20	3.00	0.15	2.00	1.00
4. 缺乏有效的政策导向	0.10	3.00	0.30	2.00	0.20	1.00	0.10
5. 政策公开透明度不够	0.05	3.00	0.15	4.00	0.20	3.00	0.15
6. 没有形成有凝聚力的部门组织文化	0.15	4.00	0.60	3.00	0.45	4.00	0.60
7. 城乡人才分布不均衡	0.05			2.00			0.10
8. 没有根据各城乡经济发展的不同形成灵活多样的专家帮扶形式	0.05	4.00	0.20	3.00	0.15	2.00	0.10

续表

关键因素	战略方案						
	组织结构的调整			制度层面建设		组织文化培养	
	权重	AS	TAS	AS	TAS	AS	TAS
优势							
1. 已建立了"以城促乡"的智力服务机制	0.10	3.00	0.30	4.00	0.40	3.00	0.30
2. 开展了实地调研，对乡镇人才状况较为了解	0.10	2.00	0.20	4.00	0.20	2.00	0.20
3. 高校、科研院所多	0.15					3.00	0.45
弱点							
1. 专家服务没有长效机制	0.10	4.00	0.40	3.00	0.30	2.00	0.20
2. 配置机制不合理	0.15	4.00	0.60	3.00	0.45	1.00	0.15
3. "以城促乡"的智力服务的对接机制不健全	0.05	3.00	0.15	3.00	0.15	2.00	0.10
4. 没有形成对专家系统、有效的激励机制	0.05	3.00	0.15	4.00	0.20	4.00	0.20
5. 没有一个综合的协调运作小组	0.20	4.00	0.60	3.00	0.60	2.00	0.40
6. 缺少一个交流的平台	0.05	3.00	0.15	3.00	0.15	3.00	0.45
7. 缺乏反馈机制，无法检验帮扶的效果	0.05	4.00	0.20	4.00	0.20	1.00	0.05
总计	1.00		4.60		4.45		4.50

（资料来源：阳夷. 西部人才核心集聚区是如何炼成的？——成都大力实施人才强市战略[J]. 中国人才，2013.）

第四节 公共部门人力资源战略实施与评价

战略管理是一个全面、动态的过程，它包括战略规划、战略实施和战略评价等一系列的功能活动。战略实施是战略管理过程中的重要阶段，对于公共部门人力资源管理者而言，战略规划过程所形成的战略只是书面的，或人们头脑中的东西。只有将战略付诸实施，才能真正发挥作用。据 1993 年的"戈尔报告"（美国政府改革纲要）记载，在 103 个接受审查的战略计划中，只有 9 个取得了预期的结果。因此，在实践上，必须加强对公共部门战略实施过程的控制。而在理论上，有必要加强公共部门战略实施的研究。

一、公共部门人力资源战略实施的影响因素

战略实施是在战略制定完成后，将战略内容变为现实的过程。也就是说，战略实施就

是战略方案的执行，是战略付诸实践，产生现实成效的过程。它是建立和发展行动的能力和机制，一个将战略构想转化为现实绩效的过程。战略实施是公共部门人力资源管理者为实现战略目标，而根据组织内外环境变化调整组织行为模式的动态过程。战略实施不是照搬战略内容，而是根据组织内部能力，适时调整战略，不断修正和完善战略。布莱森指出，在战略实施过程中，应该根据有用的新信息和环境变化来调整行为。

战略实施是建立、发展组织的行动能力的过程。在战略实施中，一方面需要进行目标分解组织结构设计、资源配置等相关工作，来建立组织实施战略的能力；另一方面，通过战略实施，能够增强公共部门成员的个人能力、组织的凝聚力、组织领导的权威和组织在公众中的影响，从而增强组织的影响能力。战略实施有以下作用：实现战略目标；检验战略正确与否；增强组织权威和提高组织能力。

然而，具体影响公共部门战略实施的因素包括以下几个方面。

（一）组织结构

戴尔·麦康基曾说过，有什么样的战略，就应有什么样的组织结构。然而这一真理往往被人们忽视。有太多的组织试图以旧的组织结构实施新的战略。公共部门人力资源战略的变化往往要求组织结构发生相应的变化。其主要原因有两个：第一，组织结构在很大程度上决定了目标和政策是如何建立的。第二，组织在其战略制定后还要根据环境的变化做相应的调整以推动战略的实施。例如，地域型组织结构，其目标和政策将以地域性的术语来表述。组织结构决定了资源的配置。例如，组织结构是按职能性业务领域构造的，那么资源也将按职能领域配置。改变组织结构的侧重点通常为公共部门人力资源战略实施活动的一部分，除非是新的或修改后的战略同原战略所侧重的职能领域相同。钱德勒（Chandler）发现了往往重复出现于公司的发展和战略改变过程中的一种特定的组织结构演变顺序，如图 2-2 所示。

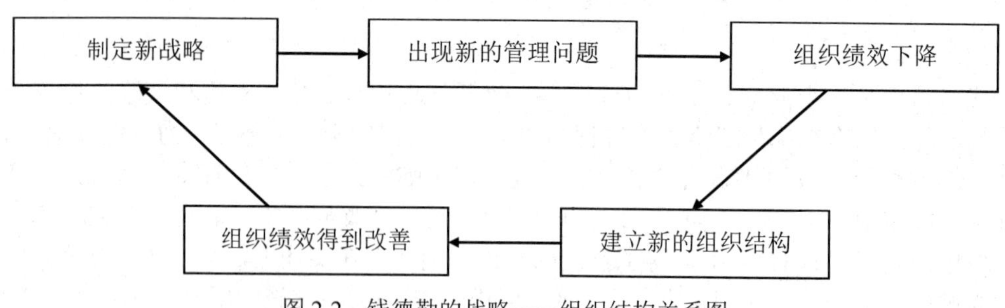

图 2-2　钱德勒的战略——组织结构关系图

组织结构的再造也可用管理熵来做进一步阐述，所谓管理熵：指任何一种管理的组织、制度、政策、方法等，在相对封闭的组织运动过程中，总呈献出有效能量逐渐减少，而无效能量不断增加的一个不可逆的过程。因此，公共部门作为一个相对独立的组织系统，在

战略管理过程中也必须要考虑组织内部对新的战略的适应性及执行能力。鉴于公共部门组织结构在很多方面与企业组织的共性一致，我们可以参考企业组织在结构再造方面的理论。

企业组织结构再造涉及两个层面：首先，是内部组织结构的再造，即将传统的科层式组织代之以过程为中心、以顾客为导向的全新组织；将职能分工下的连续作业方式转变为在同一小组内进行的平行作业（系统理论描述即是将企业要素结构由串联转变为并联联结）；将原有金字塔型的管理层次改变为扁平的管理层次；将传统的决策职能与执行职能的分离转变为团队在过程中的统一。其次，是企业间的价值链再造，即利用IT技术和契约等形式对企业交流的性质及关系进行重新设计和规范，以寻求相互间新的增值。因此，要做好人力资源管理的科学化，有赖于公共部门人力资源管理机构的再造，从而实现组织结构与管理人员自身的科学化。

（二）变革的阻力和人员的沟通与协调能力

没有一个人或组织可以逃避变革。但是变革会使人们产生忧虑，因为人们害怕与之相联系的经济利益的损失、不方便性、不确定性和对通常旧的模式的改变。变革阻力可以被看作对成功实施战略的最大威胁。由于公共部门存在着无所不在的利益相关者，尤其是利益集团、政治家、政府官员，他们的行为直接影响到组织战略的实施。相对于私营部门而言，公共部门战略管理过程附属于政治过程，战略实施活动更多地受到政治因素的影响，有时政治因素可能会使战略的形式和内容发生改变。因此，有必要分析利益相关者行为，通过巧妙运用谈判和政治策略，包括公众舆论、利益集团、官员等的干涉，做出积极回应，达到推动战略顺利实施的目的。当人们被看作动力主机而不是可随意更换的零件时，作为战略实施必要条件的动力、创造力、质量和责任心便会大幅度提高，当然，这需要使尽可能多的管理者和雇员积极参与战略管理。

战略制定好后若不实施就是一纸空文，而其实施的好与坏都将取决于具体的人。实施人员的创新精神、管理水平、个人能力等都是战略得以有效实施的重要条件。而沟通是战略实施过程中各级组织和人员进行信息交流、传递的过程。在公共部门人力资源战略实施过程中，进行有效的沟通，是保证战略实施成功的重要条件。从纵向上看，公共部门的上级机构必须通过有效的沟通渠道将战略目标、任务、执行标准等下达给下级实施机构和人员；而下级实施机构和人员也只有通过沟通渠道才能将战略实施情况上传上级机构。从横向上看，由于战略实施涉及组织之间、组织内部成员之间的分工合作，而在分工合作过程中难免会产生分歧、隔阂和冲突，这就需要彼此间进行信息沟通，相互交换意见和看法，以消除误会，从而增进合作。协调是指组织为了实现管理目标而协调各相关要素间的关系，以谋求组织间的协作分工，从而达到组织的统一和谐的一种行为方式。防止和克服战略管理中的沟通与协调不畅的较好办法，恐怕就是使尽可能多的公共部门人力资源管理者和具体的执行者积极参与战略管理。这一做法尽管花费时间，但它可以增进参与者的理解、信任、投入和拥有感，并减少怨恨甚至敌视。战略制定与实施的真正潜能存在于人。

（三）人力资源管理者所具备的素质

人是组织管理中最重要的因素，一个公共部门的人力资源部门能否制定出有效可行的战略，以及能否对战略进行有效的执行，这在很大程度上都取决于人力资源管理者的素质水平。传统的政府人事管理要求人事主管了解那些规范某一特定制度内活动的法律及规则，以及用以履行人事职能的技术。例如，熟悉有关公务员制度与规章，并了解如何主持和管理考试项目，以及从事各种人事活动等。而现在的人事管理不但要求以上这些技术，而且还有更多的要求。它要求人事管理者具备在一种变动的环境下，解决由不同价值冲突引发的伦理困境的能力。人事规则与程序并非是价值中立的；相反，它们或明或暗都是某一特定公共人事管理制度的具体体现。因此，公共部门人力资源战略实施中迫切需要建设一支具有战略眼光的人力资源管理队伍。

完美可行的公共部门人力资源战略管理少不了所有公职人员的积极参与，但是人力资源管理者却承担了更多的重任。因此，进行人力资源实行战略管理时，必须赋予人力资源主管部门以相应的职权，实现从单纯的行政执行功能为主的传统角色转向公共部门领导者的良好的合作伙伴的角色的转变。同时，在公共部门的最高会议上，人力资源管理部门的管理者不仅仅是以政策执行者的身份出席，而且也应该是以政策制定的主要人员之一的身份出席。通过他们参与决策性的会议，可以把研究业务与培养、考察干部结合起来，发现人才，并从人力资源的角度鉴别平行部门提出意见的真伪对错，提高会议主持人决断的全面性和科学性。他（她）就像是一个掌舵者，错误的航向决定了再多的努力都是徒劳，因此，我国公共部门在建设人力资源管理队伍时，也可以有所取舍地借鉴其他国家的一些比较成熟的标准与经验，以快速提高我国公共部门人力资源战略管理的水平。

例如，澳大利亚的公务员分为初级、中级和高级公务员三个层次，设立高级公务员序列是澳大利亚 20 世纪 80 年代公共行政改革的一项重要内容，其主要目的是为了培养一批具有较高政策水平和综合管理能力的高级管理人员，以加强政府机构的行政能力。高级公务员除要遵守统一的公务员价值观和行为规范外，还要符合公务员与功绩保护委员会制定的“高级公务员能力框架”标准。这一能力框架的基本内容的第一条就是：塑造战略思维的能力。它包括以下几个方面。

（1）能够根据政府的要求勾画出符合本组织实际的前景和目标。能将综合性的战略转化成他人能够理解并可以付诸行动的术语。在整个战略背景下，能够给他人提供行动和优先考虑的问题的整体框架，以及比较清晰的奋斗目标和方向。

（2）用战略眼光进行调整的能力。能够向政府提出本组织的长期发展规划及潜在产出。能够将组织前景与如何实施统一起来。能将本组织的问题放到整个政府体系下进行考虑、

调整。在紧紧抓住“事物应该是什么”的同时，要对事物将来发展的各种可能性和不确定因素进行平衡。

（3）广泛收集信息并能抓住机会。善于获取知识，思维上对新信息和不同的事物是开放的。要重视澳大利亚国内及全球公共和私营部门在实践中好的经验。要具有商业敏锐性，通过对“市场”全面的研究，不断提高服务的质量和获得更大效益。

（4）表现出判断力、智慧和常规思维。能够抓住他人容易忽视的复杂问题和事物。能从不同角度思考问题，并能冷静、客观地分析问题。在利用智慧和经验进行决策前，能够对信息进行批判性的研究和分析。能够对传统假设和做法提出疑问，并能提出自己的原始想法和改革措施。

（四）环境的变化

如今的公共人事管理者倾向于把自己所处的世界看作一种矛盾的、变动的、而非静止不变的环境。面对当今世界发展潮流，如民营化及签约外包等变革趋势已经模糊了传统公共部门与私营部门之间的界限。在公共部门所处的环境中，存在大量复杂而且冲突的法律，涉及弱势群体保护、劳动关系、个人的或职业的责任、隐私权、正当程序，以及薪酬公平等问题。同时，公共领域始终伴随着不停的技术革新，特别是在信息安全、电视电话会议、计算机数据库及报告起草，以及运用互录像技术向新雇员提供培训及适应性训练等。另外，公共部门劳动力构成（人口统计意义上而言）日渐发生变化。例如，机器人及自动化技术的发展，已经替代了许多中层管理和书记员之类的职位，整体劳动力构成逐渐老龄化。

以上的变化导致了公共组织的变迁，如采用实时问题解决方式、分权化及网络化工作等。因此，公共部门人事管理者就需要很多类型的知识、技能和能力，才能很好地完成人力资源战略管理的工作。他们还必须保持自己对法律、技术及定量分析技术的熟练能力，必须以人道主义的视角对待公职人员，并对管理目标持积极的态度，必须与组织内外的其他人事专家存在紧密的工作关系。

二、人力资源战略的实施步骤

成功的战略制定并不能保证成功的战略实施，实际做一件事情总是比决定做这件事情困难的多。由于公开性方面的限制、政治影响、权限、监察以及普遍存在的所有权，公共部门人力资源战略的执行则更为困难。人力资源战略实施主要是制定出具体措施来实现其人力资源战略。一般来说，组织人力资源战略实施主要包括发动、制订行动计划、组织准备、资源准备、战略实验、全面实施及控制等环节。发动阶段主要是对组织人力资源战略的一个宣讲过程，同时鼓励员工积极参与到人力资源战略的实施过程中；制订行动计划是战略实施过程的重要环节，它是组织在综合分析内外环境后对人力资源战略的实施做出一套行动方案；组织准备及资源准备阶段则是为人力资源战略的实施提供有效资源，是人力资源战略实施的基础；实验阶段则是对人力资源战略实施的初步探索，以找出人力资源战略的不足之处；全面实施阶段则是将人力资源战略运用于全组织的过程；控制阶段则是对实施过程的偏差或失误进行及时纠正，以确保人力资源战略得以顺利实施并不断优化。

三、公共部门人力资源战略评价

不管公共部门在制定相关人力资源战略时考虑得多么全面、周详，由于内外环境瞬息万变，总会出现变化快于计划的现象，即使制定和实施得再好的战略也会过时。因此，适时地、客观地、高效地对正在实施的战略进行系统化的检查、评价和控制，并据此采取相应行动，无疑是保证政府部门实现既定目标的必要条件。当然，在战略实施后做评价也是一个有意义的积累经验的过程。

（一）公共部门人力资源战略评价的性质与标准

战略管理决策会对一个组织产生显著的和持久的影响。错误的战略决策会给组织带来严重的打击，而且极难予以扭转。因此，绝大多数战略制定者都承认，战略评价对组织未来的发展有决定性的作用，而及时的评价可以使管理者对潜在问题防患于未然。战略评价主要进行的活动是在分析组织内在基础的前提下将预期结果与实际结果做一个比较以采取纠正措施保证行动与计划的一致。

1．战略评价的性质

公共部门人力资源战略评价的性质具体包括如下几点。

（1）战略评价应能够做到从管理的角度对预期和假设提出问题，引发对目标和价值观的审视，以及激发建立变通战略和判定评价标准的创造性。

（2）充分与及时的反馈是有效战略评价的基石。

（3）评价活动应当连续地进行，而不只是在特定时期的末尾或在发生了问题时才进行。

2．战略评价的标准

证明某种战略是最佳的或者肯定能奏效的几乎是不可能的，然而我们却可以通过评价发现战略的致命弱点。理查德·鲁梅特（Richard Rumelt）提出了可用于战略评价的四条标准：一致、协调、可行和优越。协调与优越主要用于外部评估，而一致与可行则主要用于内部评估。

（1）一致。一个战略方案中不应出现不一致的目标和政策。组织内部的冲突和部门间的争执往往是管理失序的表现，但它也可能是各战略不一致的征兆。鲁梅特提出如下帮助确定组织内的问题是否由战略间的不一致所引起的三条准则：① 尽管更换了人员，管理问题仍持续不断，以及如果这一问题像是因事发生而不是因人而发生的，那么便可能存在战

略上的不一致；② 如果一个组织部门的成功意味着或被理解为另一个部门的失败，那么战略间可能存在不一致；③ 如果政策问题不断地被交到最高领导层来解决，那么便可能存在战略上的不一致。

（2）协调。协调指在评价战略时既要考察个体趋势，又要考察组合趋势。经营战略必须对外部环境和组织内发生的关键变化做出适应性反应。在战略制定中，将企业内部因素与外部因素相匹配的困难之一在于，绝大多数变化趋势都是与其他多种趋势相互作用的结果。

（3）可行。一个好的战略必须做到既不过度耗费可利用资源，也不造成无法解决的派生问题。对战略的最终的和主要的检验标准是其可行性，即依靠公共部门自身的物力、人力及财力资源能否实施这一战略。公共部门的财力资源是最容易定量考察的，通常也是确定采用何种战略的第一制约因素。

（4）优越。战略必须能够在特定的业务领域使公共部门创造和保持竞争优势。竞争优势通常来自如下三方面的优越性：资源、技能、位置。对资源的合理配置可以提高整体效能，这一道理已为军事理论家、棋手和外交家所熟知。位置也可以在战略中发挥关键作用。好的位置是可防御的，即攻占这一位置需要付出巨大的代价，这会阻止竞争者向本公司发动全面进攻。

（二）战略评价

战略评价方法是公共部门人力资源战略管理者进行战略评价的工具或手段，由于公共部门的活动不像企业那样容易量化，但是，近十几年来随着公共部门战略管理的发展，各种新的评价方法也不断涌现，极大地丰富了评价的实践活动。目前，常见的评价方法有前后比较法、专家评分法、模糊评估法、效益成本法以及自评法等。

前后比较法通过将战略实施前后的有关情况进行对比，测度出战略实施的效果及价值，使战略实施前后情况的变化一目了然，不仅可以帮助人们了解战略实施的准确效果，还可以帮助人们认识该项战略存在的误差。由于人力资源战略管理的特殊性，若是在战略实施后再评价会使政府部门付出过高的成本。专家评分法则要求公共部门组织专家审定各项关于战略实施的记录，通过量化战略实施的结果，鉴定战略实施的成效。模糊综合评估可用来对人、事、物进行全面、正确而以定量的评估，它通常帮助管理者处理多种而又复杂的战略方案。效益成本法强调将每个方案的效益与成本分别计算后，再通过比较其效益成本来估计方案的优劣。自评法要求战略执行者自行对战略的影响和实现预期目标的进展情况进行评价。

（三）有效评价系统的特征

战略评价可以及时修正战略实施中的问题，可以对公共部门人力资源战略管理做一个有意义的总结，但是，要做到这些就必须要有一个有效的评价系统作保证，应如何鉴定有效评价的系统？我们可以借鉴企业的有效战略评价系统的特征为参考。有效的战略评价必须满足以下几方面基本的要求。

（1）战略评价活动必须做到经济。太多的信息和太少的信息一样有害，太多的控制也是弊大于利。战略评价活动应当有意义，即应与组织目标直接相关，它还应当向管理者提供有关他们可以控制、影响的公共部门运行的有用的信息。

（2）战略评价应能够真实地反映组织实际运行状况。例如，在经济急速下滑时，服务效率指标可能会大幅度下降，尽管公共部门各级人员都曾更加努力地工作。

（3）战略评价过程不是要主导决策，而是要促进相互理解和信任。所有部门都应当在战略评价中与其他部门进行合作。战略评价活动应力求简单化而不应过于复杂和有过多的约束。复杂的战略评价系统往往使人感到迷惑并很少奏效。

总之，不存在一种理想的战略评价系统，每个组织独具的特征，包括其规模、管理方式、运行目标、问题及优势都将决定战略评价和控制系统的最终设计。同样，公共部门人力资源管理部门由于其各自具有的特点及战略管理内容与过程的不同也不存在一个理想的战略评价系统。

本章小结

本章通过对公共部门人力资源战略管理的理论梳理并与实践相结合，具体介绍了公共部门人力资源战略管理的基本含义、特点、内容、步骤及相关实用技术与方法，并从宏观角度上概括了公共部门人力资源战略管理的整个过程。其中，概述部分，我们对战略、战略管理、人力资源战略管理及公共部门人力资源战略管理的相关含义、特点、框架进行了系统的梳理。对战略的环境影响因素分析方面，我们从内部与外部两个方面全面分析了影响公共部门人力资源战略的环境因素，并提供了相应的分析工具。战略制定的分析，则是着重从战略制定过程的角度，对整个战略制定的过程进行系统的阐述，并辅以大量的实用战略制定与分析工具，在最后，通过一个实战案例对整个战略制定的过程做了生动的演示。战略的实施部分，我们通过侧重讲解战略实施的作用及影响因素，进一步明确了战略实施的重要性及相关注意事项。本章的最后，针对战略评价的性质提出了相应的评价标准，同时提出了战略评价的框架与有效评价系统的特征。从而在整体上形成了完整的公共部门人力资源战略管理的理论与实践体系。

思考与练习

（1）如何准确理解公共部门人力资源战略管理的内涵？其与其他部门的人力资源战略

管理有什么区别和联系？

（2）公共部门人力资源战略的制定分为几个阶段？有什么管理与分析工具？

（3）您是否在公共管理部门工作？如果是，请使用本章提供的战略管理分析工具对您所在的部门进行人力资源战略分析与评价并制定您的人力资源战略。

HR 测评 2-1

你是否具备人力资源管理潜能

测试指导语：请你如实回答下列 60 道题，假设题目中的内容是在一般情况下，或是大多数情况下发生的，请只用“是”或“否”来回答。

（1）买东西喜欢讨价还价吗？

（2）曾在某些集会中担任过主持人吗？

（3）在就餐或买东西时是否曾指责过服务员服务不佳？

（4）曾经率先发动组织集会，或团体活动吗？

（5）曾使兴趣索然的场合变得生气勃勃吗？

（6）在大众面前讲话感到困难吗？

（7）与陌生人说话感到困难吗？

（8）第一次做某件事时会觉得很紧张吗？

（9）常常因犹豫不决而坐失良机吗？

（10）参加集会时常常告诫自己不要出头露面吗？

（11）热衷于有创造性工作时，即使没有朋友支持也能独立进行吗？

（12）让你在跳舞和演戏中选择，你是喜欢选择跳舞吗？

（13）与其共同负责，还不如个人负责更好吗？

（14）受到打击时，宁愿自己一个人承受吗？

（15）做事时更喜欢一个人去完成吗？

（16）写信时需要再重新誊写过吗？

（17）和多数人相比一个人独处更愉快吗？

（18）虽是正当的事但遭到嘲笑会觉得没趣吗？

（19）遇到令人烦恼的事物，希望有他人在你身边吗？

（20）更喜欢运动而不太喜欢看书吗？

（21）很少注意他人的脸色吗？

（22）你已买下的东西过后常会去退换吗？

（23）是否很少担心将来的事？

（24）你充满自信吗？

(25)做没有兴趣的工作时，不需要别人鼓动吗？
(26)事事都有决断力吗？
(27)被人嘲笑时，自己也笑得出来吗？
(28)虽然受他人反对，还会坚持己见吗？
(29)发生了意外事件时，你会立即行动出力协助吗？
(30)你非常喜欢与众人交往吗？
(31)有过羞愧到无地自容的经历吗？
(32)是否经常在积蓄财产？
(33)经常反思自己的过错吗？
(34)因为迷惑常常变更正在进行的事情吗？
(35)与上司相处会觉得拘束吗？
(36)事情受到挫折会很快泄气吗？
(37)你是一个十分敏感的人吗？
(38)工作时有旁观者会觉得不安吗？
(39)在开会时常会言不达意、言不由衷或有言不发吗？
(40)会因为小事受挫而意志消沉吗？
(41)大家聚集一堂你会感到快乐吗？
(42)你讲话时别人会用心听吗？
(43)你愿意承认自己的错误吗？
(44)朋友们会来征求你的意见吗？
(45)是否常常不原谅他人的过错？
(46)常常设法提起他人感兴趣的话题吗？
(47)对大部分事情，可以按自己的想法表达出来吗？
(48)大家讨论问题时，是否站在团体的立场上，听取各人的意见吗？
(49)在决策家庭事务或工作问题之前，是否先设法了解大家的意见？
(50)你认为所谓意见主要是由经验造成的吗？
(51)假若你改变了观点，旁人会认为你是弱者吗？
(52)受到别人批评时会感到不自在吗？
(53)与他人交谈时，你会不注意对方说话吗？
(54)他人不同意你的意见，你会不高兴吗？
(55)你是否限制交朋友的圈子？
(56)寄出信后常会后悔吗？
(57)常常说一些不便让本人知道的话吗？
(58)对一些需要对质的问题不希望当面回答，怕别人指责你的错误吗？

（59）在商量时，常常与人争论，或发出命令式口气吗？

（60）你能承认你的辩论对手也有道理吗？

答案：第 1～5，11～15，21～30，41～50 题各题答“是”者得 2 分，答“否”者得 0 分。第 6～10，16～20，31～40，51～60 题，各题答“否”者得 2 分，答“是”者得 0 分。各题未答者均得 1 分。

满分 120 分，最低分 0 分。反应管理潜能：100 分以上，较优；90～99 分，良好；80～89 分，一般；70～79 分，较差；69 分以下，缺乏。

第 1～10 题中：满分 20 分。反映指挥他人能力：15 分以上，较强；11～14 分，一般；10 分以下，较差。

第 11～20 题中：满分 20 分。反映独立性：15 分以上，较强；11～14 分，一般；10 分以下，较差。

第 21～40 题中：满分 40 分。反映性格内向或外向：30 分以上，外向；21～29 分，中性倾向；20 分以下，内向。

第 41～60 题中：满分 40 分。反映社会性反应：34 分以上，极强；30～33 分，较强；26～29 分，一般；22～25 分，较弱；21 分以下，极弱。

案例学习

SD 集团的人力资源战略管理

面临的问题：SD 集团是一家大型国有综合型电力企业，当前其人力资源的供需矛盾十分突出，一方面是因改革和调整造成的人员“富余”，另一方面企业快速发展电力主体专业人才“稀缺”，人力资源的结构性矛盾突出，员工队伍整体素质偏低，技能型人才配置不够合理等问题更加凸显。目前，正是全公司人力资源需求的高峰期，需要大批技术、管理骨干人才。同时，部分项目将有大量员工面临转岗问题。据测算，约需增加员工 20 060 人，其中管理技术人员 2 300 人，工人 17 760 人。增加的技术管理人员中，电力主体专业技术管理人员约 1 500 人。约需分流安置转岗员工 2 900 人。仅 2010 年—2012 年，集团公司扩张和产业结构调整就约需增加技术管理人员 800 名（其中专业技术管理人员 600 名），技术工人 4 000 名。人力资源配置的时间紧、任务重，加强人力资源开发、储备和利用，科学、合理配置人力资源，从而满足该省内外新区建设发展需求，成为全公司当前和今后一个时期最为迫切的任务之一。

基于此，SD 集团的人力资源管理部门制定了如下人力资源管理发展战略。

（1）指导思想：认真贯彻落实科学发展观，坚持“服务发展、人才优先、以用为本、创新机制、高端引领、整体开发”的指导方针，紧紧抓住培养、引进、使用三个环节，立足激活现有人才、引进外部人才、培养储备人才、合理使用人才，进一步更新观念，完善政策，创新机制，优化人才成长环境，扩大人才总量，改善人才结构，优化人才配置，培养和造就数量充足、结构合理、素质优良的人力资源队伍，确立企业竞争比较优势，为确保实现“十二五”规划目标提供人才支持和智力保障。

（2）总体目标：通过培养培训、选录引进、统筹调配、转岗归队等措施，使专业人才队伍总量扩大、结构优化、素质提升，数量和质量基本适应企业发展战略的需要。到“十二五”末，企业人力资源总量由20 169人增加到40 233人，其中：管理技术人员总数由2 146人增加到4 466人（专业技术管理人才由896人增加到2 400人），工人由18 023人增加到35 767人。专业高级职称、中级职称人员（就专业技术人员总数而言）的比例分别达到10%、20%以上；高级工及以上职业技能等级人员占技术岗位员工总数的比例达到30%左右，技师和高级技师占技术岗位员工总数的比例达6%。

（3）基本思路：围绕集团公司战略发展要求，超前规划，通过内部培养培训、外部选录、转岗分流、内部单位人员合理调配等措施，统筹解决人力资源问题，为企业发展提供人力资源保障。“十二五”期间，引进、培养专业技术管理人才1 500名，其中：高校及社会选录1 000人，定向培养、对口单招300人，与山东科技大学联合办学函授培养200人。培养、选录技术工人18 000人。引进、培养技术管理人才300人；分流、选录技术工人2 700人。引进部分特殊专业技术人才60人。引进、培养财会、劳资、经济管理、市场营销、法律等专业管理人才300人。

统筹解决人力资源问题，必须坚持科学合理、实事求是，紧密结合SD集团实际，紧贴企业发展需要，应当遵循以下原则。

（1）坚持总体规划，分步实施，人才资源开发与项目建设需求相适应的原则。坚持人才资源开发适度超前，满足企业发展、项目建设、生产进展的实际需要，未雨绸缪，科学谋划，立足当前，着眼长远，整体规划，分步实施，保证专业人才开发与实际需求相适应，防止人才供需脱节。

（2）坚持自主培养与外部引进相结合的原则。充分发挥企业教育资源自身优势，大规模培养、培训各类人才，积极盘活用好企业内部人才。同时，要科学合理预测企业人才需求，按照各专业人才需求的轻重缓急，制定相应的人才引进政策，吸引各类优秀人才到矿区创业发展。

（3）坚持扩大总量与培养骨干相结合的原则。采取各种有效形式，加快紧缺专业人才开发，努力扩大人才总量。在此基础上，注重选拔一批可塑之才进行重点培养，努力在培养选拔技术骨干、专业拔尖人才方面取得突破。

（4）坚持统一管理、优化配置、合理流动的原则。老区在管理人员、专业技术人员和技术工人培养、输送上支援新区建设，是企业内部人力资源优化配置的必然要求。进一步

建立健全人力资源管理制度，对全区人力资源实行统一管理，统一调剂余缺，实现人力资源在新、老区的合理流动、科学配置。

（5）坚持提高效益与安置在职员工相结合的原则。坚持集约生产，在提高经济效益的基础上，合理安排转岗人员，防止人力资源闲置，稳定员工队伍。

（6）坚持创新体制，精干高效的原则。以规模、产量、效率为前提，科学设置机构，合理定编定员，新区建设、新上项目努力实现新体制、新机制、新模式运作，尽量减少非生产性机构和人员设置，不再承担企业办社会职能，实现人力资源配置精干、高效。

（7）坚持一专多能与一职多能相结合的原则。按照定位准确、职能清晰、职责明确的要求，科学设置岗位，优化劳动组织，积极推行一岗多责、一职多能，充分挖掘和发挥现有人力资源潜力。

（8）坚持结构合理，突出重点的原则。通过内部培训培养、转岗安置与外部选录引进相结合的方式，逐步实现各层次、各专业、各类人员配备适当，尤其是适合煤炭主业发展的主体专业技术人员、采掘员工队伍力求数量充足、素质优良。

（资料来源：中消研人力资源调研网，http://www.chinacae.cn）

思考题：

1．请运用所学知识，利用相关工具，对SD集团进行人力资源战略分析。

2．SD集团的人力资源管理战略原则的理论依据是什么？

3. SD集团的人力资源管理战略给了你哪些启示？请根据分析与启示为SD集团制定人力资源战略。

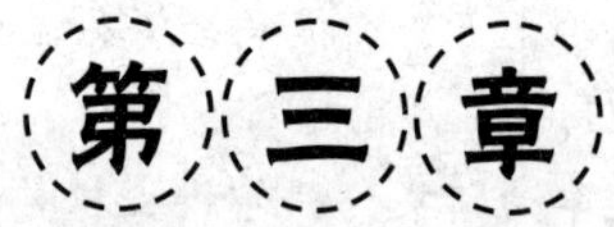

第三章 公共部门职位管理

本章关键词

- 公共部门职位管理（Position Management of Public Sector）
- 公共部门职位分类管理制度（Position Classification System of Public Sector）

本章目标

- 了解公共部门职位管理的概念及特点
- 熟悉中外公共部门职位分类管理制度的演变
- 掌握公共部门职位管理的程序和方法

互联网资料

- http://www.mohrss.gov.cn/
- http://www.mop.gov.cn

第一节　公共部门职位管理概述

一、公共部门职位

职位是在一个特定的组织中、在一个特定的时间内，某一特定主体所负担的一项或数项相互联系的职责集合。职位是社会分工的必然产物，是与人类历史相始终的社会生活条件。可以说，人类结成社会便具备了职位产生的理由。职位总是与组织联系在一起，是组织的基本元素。在人类社会中，人人都生活在一定的组织之中，这句话意味着人人都将拥有至少一个职位。职位对于人的重要性由此可见一斑。

（一）公共部门职位的概念

公共部门职位是指特定的人员在公共组织中经常担任的工作职务及责任。它由职务、职权和责任三个要素构成。职务一般是指将某些任务、职责和责任组为一体而成，是指公共部门职位规定应担任的工作或为实现某一目的而从事的明确的工作行为。这种工作行为可以发生在人与物之间，也可以发生在人与人之间。职权是指公共部门职位范围以内的权利，以保证履行职责，完成工作任务。职权的大小与职位的高低往往是成正比的，即职位越高职权就越大。责任是指担任一定公共部门职务的人对某一工作的同意或承诺，具有约束任职者工作行为的意义，意味着任职者必须做什么或不能做什么。由此可见，公共部门职位应当是职务、职权和责任的集合体。它应当是由公共部门赋予的，其直接形式是上级部门分配的，而不是任职者自己随意确定的。

（二）公共部门职位的特点

职位是随着组织的产生而产生的，是社会政治、经济发展的产物。在不同的政治、经济条件下，职位的特点也不尽相同。在现代公共部门中职位有如下几个特点。

（1）公共部门职位是以事为中心设置的，而不是以人为中心确定的。也就是说，公共部门职位是指工作人员所担任的职务和责任，而不是担任职务和责任的工作人员。一个公共部门中的职位是有限的，职位数量的多少是由公共部门的规模大小、任务多少及工作复杂程度和经费状况等因素决定的。公共部门职位数量的确定应以最低数量为原则。

（2）公共部门职位一般不随人走，同一职位在不同的时间可以由不同的人担任；职位不具有终身的特点。它可以是专任的，也可以是兼任的；可以是常设的，也可以是临时的；可以有人担任，也可以空缺。

（3）公共部门职位是人与事有机结合的基本单元，是公共部门的“细胞”。公共部门职位必须遵循职、责、权相统一的原则，职位既包含着权利，也意味着责任和义务。

二、公共部门职位管理的概念和内容

公共部门行政行为的偏差，使公众不得不思考如何矫正公共部门的行为，并试图提出一些治理办法。不管采用什么样的方法，人们发现这其中都涉及一个最根本的问题，如何管理公共部门的职位，即公共部门的职能如何配置、公共部门的职位如何设置和规范及公共部门各职位之间的关系（工作机制）如何理顺。

（一）公共部门职位管理的概念

公共部门职位管理就是特定的公共部门通过一定的原则、方法和程序，界定各公共部门各职位的职能，控制公共部门职位数量和规模，设置、规范、调整公共部门职位及相互关系的一种管理活动。

由以上定义可以看出，实施公共部门职位管理的主体还是公共部门，但不是一般的公共部门，而是指专门负责公共部门职位管理的部门。为什么不是公众呢？因为公众是虚化的，无法对公共部门职位进行有效的管理，因此，公众仍需委托一个特定的公共部门来对公共部门职位进行管理。而且公共部门具有唯一性。因此，从事公共部门职位管理的部门也必然是特定的，而不可能是多个部门对公共部门职位管理履行同样的职能。由以上定义我们还可以看出，公共部门职位管理需要遵循一定的原则、方法和程序，即公共部门职位管理应是有规律性可循的。同时，也说明公共部门职位管理需要按照规定（法规）来执行，不能是随意的，不能以人的意志为转移。

（二）公共部门职位管理的主要内容

根据定义，可以将公共部门职位管理的主要内容概括为以下四个方面。

（1）公共部门职位的界定，即为什么公共部门需要设置这个职位，设置这个职位干什么，明确其职责，论证其必要性。

（2）公共部门职位规模、数量的控制，即公共部门完成某一职责需要设置多少职位，既要保证公共部门和任职者履行工作职责的质量，也要尽可能地提高公共部门和任职者的工作效率，节省公共部门开支。

（3）对公共部门职位的设置、规范和调整，包括明确公共部门各职位的地位、职责、工作标准和任职条件等，还包括保留、取消、合并、重组、分设、改设、新设公共部门职位等。

（4）公共部门各职位之间的关系，包括各职位之间的位置关系、工作程序流程等。

第二节　公共部门职位管理的一般程序和方法

公共部门职位管理的一般程序是：职位分析；职位设计和规范；职位检查；职位调整。需要强调的是在现实操作中这一过程是不断反复循环进行的。下面按照这一过程分别介绍各环节的内容和方法。

一、公共部门职位分析

（一）职位分析的概念

职位分析也可以称为职务分析，是指通过一系列的程序和方法，找出组织需要设置的职位、职位数量以及相互关系，找出某个职位的工作性质、任务、责任及完成工作所需要的技能和知识的过程。它是一种系统地收集和分析与职务有关的各种信息的方法。这些信息包括各种职务的具体工作内容、每项职务对员工的各种要求和工作背景等。

职位分析被应用于人事管理已有上百年的历史。早在 1881 年，科学管理之父泰勒为了提高工人的生产效率就在米德维尔钢铁公司开始从事运作与工作时间的研究。随着职位分析方法的不断完善，职位分析从车间进到了办公室，又从私营部门传入政府部门。1908 年，美国芝加哥市首先在政府中试行了职位评价制度。1923 年，美国通过了职位分类法，这标志着职位分析在美国政府人事管理中的广泛使用。第二次世界大战后，职位分析作为有效的管理手段在欧洲得到广泛推广。职位分析的基本逻辑出发点是，为完成某一项工作最终会导致组织内一批岗位的出现，而这些工作岗位需要由特定的人员来担任。职位分析就是与此相关的一道程序，通过这一程序，人们可以确定为完成某一工作需要设置的岗位、岗位数量及相互关系，每个岗位的任务和性质是什么，以及哪些类型的人（从技能和经验的角度来说）适合被雇佣来担任这一工作岗位。因此，职位分析的结果提供了与职能本身的要求有关的信息，而且职位分析又是职位规范和雇佣什么样的人来担任这一职位的基础。

需要指出的是，职位分析是随着组织环境、组织职能、人力资源及所采用的工作技术的变化而变化的。因此，不仅在职位还没有明确职责内容和对任职资格做出精确描述时需要进行职位分析，而且在原来的描述已经过时的情况下同样需要进行职位分析。

（二）职位分析的内容

职位分析的内容基本包含以下三个部分。

（1）对公共部门所要履行的全部或某一项职能所涉及的有关方面和环节及其关系给予

完整与正确的说明，因为公共部门任何职位分析所指的职位都是存在于特定的公共部门内的。因此，公共部门职位分析离不开特定的公共部门。公共部门的职能、承担的主要职责决定了公共部门内各职位的职能。

（2）对某一职位应承担的所有职责给予完整与正确的说明。这是公共部门职位分析中最重要的内容。

（3）对胜任该职位的人的任职资格给予完整与正确的说明。我们可以把职位分析的范围概括为“7W”：为什么设置这一职位（Why），即职位的地位和作用；职位职责是什么（What），即职位的性质、任务和内容；如何履行职责（How），即职位职务的程序和要求；履行职责的时间（When），即任职时间；在何地履行职责（Where），即履行职责的条件；谁来任职（Who），即何种人去做，说明任职条件；对谁负责（For Whom），即与其他职位的关系。

（三）职位分析的方法

职位分析的方法有很多。主要包括访谈法、观察法、问卷调查法等。

1．访谈法

访谈法主要是由职位分析专家与被分析工作的任职者就该项工作进行面对面的谈话，主要围绕以下内容进行：工作目标；工作内容；工作的性质和范围；所负责任；所需知识与技能等。为了达到资料的一致性，单位应当找出多位相同职位的员工参与访谈，并有系统地进行。从访谈中，可以得到有关该职务的以下信息：单位设置该职务的理由；对该职务进行报酬的根据；该职务的最终工作成果以及如何评价；该职务的主要工作职责以及任职条件等。

这种方法也有弊端，如耗时较多，成本较高。另外，访谈双方的谈话技巧对效果影响较大。因此，职位分析者在访谈时应注意以下几点：尊重被访谈人，态度要真诚热情，语言恰当；营造良好的访谈氛围，使被访谈人感到轻松愉快；应注意对被访谈人的启发、引导，但应避免发表个人的观点和看法；访谈前应预先准备好相关问题和访谈记录表。例如，访谈记录表如表 3-1 所示。

表 3-1　访谈记录表

<table>
<tr><td>姓名</td><td></td><td>日期</td><td></td><td>地点</td><td></td></tr>
<tr><td>任职时间</td><td></td><td>现任职位和级别</td><td></td><td></td><td></td></tr>
<tr><td>部门</td><td></td><td>组别</td><td></td><td>上级姓名</td><td></td></tr>
<tr><td>工作目的</td><td colspan="5"></td></tr>
<tr><td>主要职责</td><td colspan="5"></td></tr>
<tr><td>次要职责</td><td colspan="5"></td></tr>
<tr><td>使用工具</td><td colspan="5"></td></tr>
</table>

2．观察法

观察法是运用感觉器官或其他工具观察员工的工作过程、行为、内容、特点、性质、工具、环境等，并用文字或图表的形式记录下来，然后进行分析与归纳总结。观察法有其局限性，观察法只适用于一些变化少而动作性强的工作。因此，观察法应该与其他方法一起使用。

首先，观察法的使用原则如下：被观察者的职位应相对稳定，即在一定的时间内，工作内容、程序、对工作人员的要求不会发生明显的变化；适用于大量标准化的、周期较短的以体力活动为主的工作，不适用于以脑力活动为主的工作；要注意工作行为样本的代表性，有时，有些行为在观察过程中可能未表现出来；观察人员尽可能不要引起被观察者的注意，不应干扰被观察者的工作；观察前要有详细的观察提纲和行为标准。

在运用现场观察法时，一定要有一份详细的观察提纲，这样观察才能及时准确。例如，职位分析观察提纲如表 3-2 所示。

表 3-2　职位分析观察提纲

被观察者姓名		日期	
观察者姓名		观察时间	
职位类型		工作部门	
观察内容	1．什么时候开始正式工作？________ 2．上午工作多少小时？________ 3．上午休息几次？________ 4．第一次休息时间从________到________。 5．第二次休息时间从________到________。 6．与同事交谈几次？________ 7．每次交谈大约多长时间？________ 8．室内温度________度。 9．上午抽了几支香烟？________ 10．上午喝了几次水？________ 11．什么时候开始午休？________ 12．出了多少差错？________ ……		

其次，观察法的操作方式有以下几种：职位分析人员可以在员工工作期间观察并记录员工的工作活动，然后和员工进行面谈，请员工进行补充；职位分析人员可以一边观察员工的工作，一边和员工交谈；职位分析人员通过问卷获得基本信息，再通过访谈和直接观察来确认和补充已了解的情况。

再次，观察法职位分析的程序如下。

第一步，初步了解工作信息：① 检查现有的文件，形成职位的总体概念：工作使命、主要任务和作用、工作流程等；② 准备一个初步的任务清单，作为面谈的框架；③ 为在数据收集过程中涉及的还不清楚的主要项目做一个注释。

第二步，进行面谈：① 最好首先选择一个上级领导或有经验的人员进行面谈，因为他们了解工作的整体情况以及各项任务是如何配合起来的；② 确保所选择的面谈对象具有代表性。

第三步，合并职位信息（职位信息的合并是把各种信息合并为一个综合的职位描述）：① 在合并阶段，职位分析人员应该随时补充资料；② 检查最初的任务或问题清单，确保每一项都已经得到回答或确认。

第四步，核实职位描述（核实阶段要把所有面谈对象都召集在一起，目的是确定在合并信息阶段得到的工作描述具有完整性和精确性）：① 核实阶段应该以小组的形式进行，把职位描述材料分发给上级领导和工作的承担者；② 职位分析人员要逐字逐句地检查整个工作的描述，并在遗漏和含糊的地方做出标记。

3．问卷调查法

当职位分析牵涉分布较广的大量员工时，问卷调查法是最有效率的方法。问卷调查法是有关员工对相关工作内容、工作行为、工作特征、工作人员特征的重要性和频次做出的描述或打分。然后对结果进行统计与分析，找出共同的有代表性的回答，并据此写出工作描述，再反馈该职务工作者的意见，进行补充和修改。

问卷调查法对于员工来说是简单易用的方法，但是要设计一份有效的问卷却很困难。为了避免遗漏一些重要的资料，问卷的内容必须详尽和全面，管理者还需考虑是否值得去设计问卷。美国普渡大学的研究员曾经研究出一种数量化的工作描述法——“职位分析问卷”（PAQ）（见表 3-3）。虽然它的格式已定，但仍可用来分析许多不同类型的工作。PAQ 本身必须交由熟悉此职位分析的职位分析员来填写，共有 194 个问题，分为六个部分：资料投入（即指员工在进行工作时获取资料的来源及方法）；用脑过程（即如何去推理、决策、计划及处理资料）；工作产出（即员工该完成哪些体能活动，使用哪些工具器材）；与他人关系（与本身工作有关人员的关系如何）；工作范畴（包括实体性工作与社交性工作）；其他工作特征（其他有关工作的活动、条件与特征）。

表 3-3　PAQ 职位分析问卷

单位名称		职位与职称		日期	
所属部门		所属科室		上级领导姓名	
1．说明工作的主要职责： ____ 2．其他较不重要的职责： ____ 3．请列举你所用的工具： ____					

4．做此工作需要何种教育程度？（请勾列出）

□高中以下

□高中

□大专

□大专以上

____

5．担任此工作需要多少年的有关的工作经验？

□不用经验　　□1 到 3 年　　□10 年以上

□3 个月以下　　□3 到 5 年　　□5 到 10 年

□3 个月到 1 年

____

6．你一个人认为要做好或熟悉此工作，需要多长时间的培训？

□2 周或少于 2 周　　□6 个月　　□2 年

□3 个月　　□1 年　　□3 年

____

7．做好此项工作需要的监督程序如何？

□经常性地监督。除去不重要的差异，其余一并交由主管处置。

□每日几次即可，包括呈报、接受意见及指派工作。按照一定的方式与程序进行。例外事项尤应注意。

□偶尔。由于多数工作皆重复且互相牵连，因此，只以制定规则与标准指引进行管制即可。对于不寻常的问题亦要注意，并时而提供建议与采取行动。

□有限监督。工作一经指派后全权负责，虽有若干工作方法可供采用，不过不妨有自己的一套。

□确定大目标即可。评估工作，可用任何方式，重在整体成效，经常发展一些可获预期成果的方法。

□少量或没有直接监督。工作方法的选择、发展与协调只要在一般政策的范围内容皆可任意行之。

8．你所做的任何独立的决策的范畴与性质如何？

____

你认可的事项在生效前是否经常要经复核？　　如果要，由谁复核？

你拒绝的事项在生效前是否经常要经复核？　　如果要，由谁复核？

____

9．本工作亟须哪一方面的才能、创意，以及（或）进取的精神？

例如：

10．在本工作中可能会产生哪些差错？

____

这些差错如何被发现或检查到？一旦差错发生不被发现，会发生何种后果？

____

11．关于单位事务，该如何与他人进行联系？

____

持续不断　频繁　偶尔　从不　方法（写信、电话等）
其他部门的职工 ______________________
政策执行当局 ______________________
社会大众或同业公会 ______________________
政府机关 ______________________
其他（请指出） ______________________
请列举说明联系的目的：
12．试说明会导致疲惫的肌肉动作、身体移动、工作位置与姿势的改变，并请估计每项因素的时间长短。
____
13．请指出你不愿待的不良工作环境，如脏、嘈杂、湿漉、浊气、热度、外面的天气、单调及危险事故等。
____
14．你每个月整晚开车的天数约多少？怎么安排？
____
15．每个月你大约要跑多少公里？
____
16．如果你负责他人的工作，请回答下列问题。
____
17．本项工作有下列哪些监督职责？
□指导　□分派人员
□派工　□解决员工问题
□核工　□甄选新员工
□规划别人的工作　□调动（推荐□；核准□）
□订立标准　□奖惩（建议□；核准□）
□协调业务　□革职（建议□；核准□）
□加薪（提议□；核准□）
18．请列举在你直接监督下的工作名称及所属人员的数目：
____
19．汇总由你指挥的属员数目：
20．评语：
____
填写人：
主管人员注意要项：你的签名表示你已核阅上述的工作描述。如有必要修正，请以红笔于适当的地点填附，希望能就上述各项分别加以评述。这个项目在定案前仍然会与你交流意见。
在你属下担任此项工作的核阅人：__________
人员有几个？__________　职　衔：__________

职位分析人员在实践中并不仅仅使用一种方法，通常是将几种方法结合起来使用以取

得更好的效果。例如，在分析事务性工作和管理工作时，职位分析人员可能会采用问卷调查法，并辅之以面谈和有限观察的方法。在分析生产性工作时，职位分析人员可能采用面谈法和广泛的观察法来获得必要的信息。

选择职位分析方法时，关键要考虑到方法与目的的匹配、成本可行性以及该方法对所研究情况的适用性。就成本来说，问卷调查法的成本最低，而访谈法成本最高。就对工作情况的适用性而言，职位分析调查表最适合于分析较高层次的工作。但是对适用性问题，必须注意工作中行为的相似性可能掩盖工作之间实际存在的任务差别。

充分完整的职位分析需要投入大量的时间、精力和资金，所以必须对分析方法进行合理选择。考虑各种因素，比较其利弊，从而在进行职位分析时最有效地利用各种资源。

每种职位分析方法都有其各自的优缺点和适用范围，具体分析如表 3-4 所示。

表 3-4　职位分析方法的比较分析

分　类	优　点	缺　点	适用范围
观察法	根据工作者自己陈述的内容，再直接至工作现场深入了解状况，可以了解到广泛的信息，取得的信息比较客观和正确	干扰工作正常行为或工作者的心智活动；无法感受或观察到特殊事故，如果工作本质上偏重心理活动，成效则有限；要求观察者有足够的实际操作经验；不能得到有关任职者资格要求的信息	适用于常规性、重复性的工作，不适用于以智力活动为主的工作
访谈法	易于控制多方面信息；可获得完全的工作资料以免去员工填写工作说明书的麻烦；可进一步使员工和管理者沟通观念，以获取谅解和信任；可不拘形式，问题内容较有弹性，又可随时补充和反问，这是填表法所不能办到的；收集方式简单；适用于对文字理解有困难的人。个别访谈是最有效及最可信赖的搜集信息的方法。所费分析人员工时成本中等	一旦被访谈者对访谈的动机持怀疑态度，则回答问题时就会有所保留，或分析者访谈技巧不佳等因素而造成信息的扭曲；分析项目繁杂时，费时又费钱；分析者的观点影响工作信息正确的判断；占了员工的工作时间，妨碍生产；面谈者易从自身利益考虑而导致信息失真，如把一件容易的工作说得很难或把一件难的工作说得比较容易	对于某些岗位不可能去现场观察或者存在难以观察的情况，或需要进行短时间或长时间的心理特征分析，以及被分析的对象是对文字理解有困难的人时需要采用访谈法
问卷法	比较规范化、数量化，适合于用计算机对结果进行统计分析；调查范围广，可用于多种目的的职位分析；费用低、速度快；节省时间、不影响工作；容易进行，且可同时分析大量员工；员工有参与感，有助于双方计划的了解	设计问卷并进行测量所耗费的钱财和时间较多，很难设计出一个能够收集完整资料的问卷表；设计比较费工，也不像访谈那样可以面对面地交流信息，除非问卷很长，否则就不能获得足够详细的信息，不容易了解被调查对象的态度和动机等较深层次的信息；不易唤起被调查对象的兴趣，一般员工不愿意花时间正确地填写问卷表；调查之前，需说明，否则会因理解不同，产生信息误差	适用于大型企业，岗位较多，同时也是对其他分析方法的一个补充

（四）职位分析的实施步骤

一般来说，职位分析的整个过程要经过以下几个步骤来完成：准备阶段、调查阶段、分析阶段和完成阶段。

1．准备阶段

这一阶段主要完成以下几项任务。

（1）确定职位分析的目的和用途。也就是说，要明确分析的资料到底是要用来干什么的，是要解决什么问题的。职位分析的目的不同，所要收集的信息和使用的方法也会不同。

（2）成立职位分析小组。为了保证职位分析的顺利进行，在准备阶段还要成立一个职位分析小组，从人员上为这项工作的开展做好准备。小组的成员一般由以下三类人员组成：一是组织的高层领导；二是职位分析人员，主要由人力资源管理专业人员和熟悉本部门情况的人员组成；三是外部的专家和顾问，他们具有这方面的丰富经验和专门技术，可以防止在职位分析的过程中出现偏差，有利于结果的客观性和科学性。

（3）对职位分析人员进行培训。为了保证职位分析的效果，还要由外部的专家和顾问对本企业参加职位分析小组的人员进行业务上的培训。

（4）做好其他必要的准备。例如，由各部门抽调参加职位分析小组的人员，部门管理者应对其工作进行适当的调整，以保证他们有充足的时间进行这项工作；在组织内部对这项工作进行宣传，消除员工不必要的误解和紧张。

2．调查阶段

这一阶段需要完成的任务主要有以下几项。

（1）制定时间计划进度表，以确保职位分析能够按部就班地进行。

（2）根据职位分析的目的，选择搜集工作内容及相关信息的方法。

（3）搜集工作的背景资料，这些资料包括单位组织结构图、工作流程图以及国家的职位分类标准，如果可能的话，还应当找来以前保留的职位分析资料。组织结构图指明了某一职位在整个组织中的位置，以及上下级隶属关系和左右的工作关系；工作流程图指出了工作过程中信息的流向和相关的权限，这些都有助于更加全面地了解职位的情况。职位分类标准和以前的职位分析资料也有助于更好地了解职位的情况，但是在使用这些资料时要注意绝对不能照搬照抄，而应当根据组织目前的具体情况，有选择地加以利用。

（4）搜集职位的相关信息，在完成以上的工作之后，就可以正式开始搜集职位的相关信息了。一般来说，职位分析中需要搜集的信息主要有以下几类。

① 工作活动，包括承担工作所必须进行的与工作有关的活动和过程；活动的记录；进行工作所运用的程序以及个人在工作中的权力和责任等。

② 工作中的人的活动，包括人的行为，如身体行动以及工作中的沟通；作业方法，分析其中所使用的基本动作；工作对人的要求，如精力的耗费、体力的耗费等。

③ 在工作中所使用的机器、工具、设备以及工作辅助用品，如电话、计算机、传真机、

汽车、对讲机、仪器以及车床等。

④ 与工作有关的有形和无形因素，包括完成工作所要涉及或者要运用的知识，如组织内的会计需要运用会计方面的知识，法律事务主管需要懂得法律知识等；工作中所加工处理的材料以及所生产的产品或提供的服务等。

⑤ 工作绩效的信息，如完成工作所耗费的时间、所需要投入的成本以及工作中出现的误差等。需要注意的是，这里只是搜集与绩效相关的信息，并不是要制定与各项工作相对应的绩效目标，后者是分析阶段所要完成的任务。

⑥ 工作的背景条件，包括个人时间；工作的地点，如在室内还是在室外；工作的物理条件，如有没有噪声、是不是在高温条件下等。

⑦ 工作对人的要求，包括个人特征，如个性和兴趣；所需要的教育与培训经历；工作的经验等。

上述工作信息，一般要从以下几个渠道来获得：工作执行者本人、管理监督者、顾客、分析专家、职业名称辞典以及以往的分析资料。在通过这些渠道搜集职位分析所需的信息时需要注意：由于各种主观原因的存在，不同的信息源提供的信息会存在着一定程度的差异。例如，工作执行者本人在提供信息时往往会夸大工作的难度；而顾客在提供信息时也往往会从自己的利益出发，从而导致某些信息特别是与绩效有关的信息高于实际的情况。因此，职位分析人员应该站在中立的立场来听取各方面不同的意见，条件允许或者必要的时候还要亲自实践一下有关的工作活动，以期掌握准确可靠的信息。

3．分析阶段

在搜集完与职位相关的信息之后，就要进入到职位分析的下一个阶段，即分析阶段。在这一阶段需要进行以下几项工作。

（1）整理资料。将搜集到的信息按照职位说明书的各项要求进行归类整理，看是否有遗漏的项目，如果有的话要返回到上一个步骤，继续进行调查搜集。

（2）审查资料。资料进行归类整理以后，职位分析小组的成员要以期对所获工作信息的准确性进行审查，如有疑问，就需要找到相关的人员进行核实，或者回到上一个步骤，重新进行调查。

（3）分析资料。如果搜集的资料没有遗漏，也没有错误，那么接下来就要对这些资料进行深入分析，即归纳总结出职位分析的必需材料和要素，解释构成各个职位的主要成分的关键因素。在分析的过程中，一般要遵循以下几项基本原则。

① 对工作活动是分析而不是罗列。职位分析反映的是职位上的工作情况，但却不是一种直接的反映，而要经过一定的加工。分析时，应当将某项职责分解为几个重要的组成部分，然后再将其重新进行组合，而不是对任务或活动的简单列举和罗列。例如，对秘书转接电话这项职责，经过分析后应当这样描述，“按照单位的要求接听电话，并迅速转接到相应的人员那里”，而不应该将所有的活动都罗列上去，“听到电话铃响后，拿起电话，放到耳边，说出单位的名字，然后询问对方的要求，再按下转接键，转接到相应的人员那里”。

② 针对的是职位而不是人。职位分析并不关心任职者的任何情况，它只关心职位的情况。目前的任职者被涉及的原因，仅仅是由于他通常最了解情况。例如，某一职位本来需要本科学历的人来从事，由于各种原因，现在只是由一名中专生来担任，那么在分析这一职位的任职资格时就要规定为本科，而不是根据现在的状况将学历要求定为中专。

③ 分析要以当前的工作为依据。职位分析的任务是为了获取某一特定时间内的职位情况，因此，应当以目前的工作现状为基础来进行分析，而不能把自己或别人对这一职位的工作设想加到分析中去。只有如实地反映出职位目前的工作状况，才能据此进行分析判断，发现职位设计或职责分配上的问题。

根据实践经验，在分析资料的过程中，如果觉得分析起来比较困难，这说明小组成员对职位情况的了解还不够深入，或者搜集的资料还不够全面，也许要返回到上一个阶段，再继续了解和搜集。

4．完成阶段

这是整个职位分析过程的最后一个阶段，这一阶段的任务主要有以下几项。

（1）编写职位说明书。根据对资料的分析，首先，要按照一定的格式编写职位说明书的初稿；其次，反馈给相关的人员进行核实，意见不一致的地方要重点讨论，无法达成一致的还要返回到第二个阶段，重新进行分析；最后，达成一致意见，形成职位说明书的定稿。

（2）对整个职位分析构成进行总结，找出其中成功的经验和存在的问题，以利于以后更好地进行职位分析。

（3）将职位分析过程的结果运用于人力资源管理以及企业管理的相关方面，真正发挥职位分析的作用。近几年来，随着人力资源管理的逐渐升温，很多组织投入了大量的人力和物力来进行职位分析，但是在这项工作结束以后，却将成形的职位说明书束之高阁，根本没有加以利用，这无疑是一种极大的浪费。

需要强调的是，作为人力资源管理的一项活动，职位分析是一个连续不断的动态过程，组织绝对不能有一劳永逸的思想，不能认为做过一次职位分析以后就可以不用再做了，而应当根据组织的发展变化随时进行这项工作，要使职位说明书能及时地反映职位的变化情况。

【实务指南 3-1】提高职位分析质量的要诀

一、进行组织流程和组织结构的分析和优化

开展职位分析活动的前提是：组织结构已确定，并具有相对稳定性；在组织结构基础上，工作流程及部门责任已确定；每个部门应有的工作职位也已明确。如此一来，可以尽量减少因部门和岗位调整而大规模修订工作说明书的情况出现。从另一个角度看，如果部门和岗位设置不是很稳定和完善，那么也就没有太大必要投入大量人力、物力、财力对这些岗位进行职位分析。所以在进行职位分析前，首先要明确组织在一定时期的发展战略是什么，进而进行组织机构调整和部门责任、部门职位的确定，将职位分析与组织流程优化

以及与部门和岗位设置优化结合起来进行，避免出现因实施职位分析之前没有对组织流程以及部门与岗位设置进行充分分析和优化，在实施后又经常对部门和岗位设置进行较大规模的调整而导致工作说明书系列经常被调整和修订的不良状况出现。这样一方面会增加工作量，另一方面则降低了工作说明书的权威性和信服力，从而影响到职位分析的实施效果。

二、争取获得组织高层及全体员工的理解和支持

实践中，我们发现有些组织在开展职位分析活动时由人力资源管理部门单独完成，人力资源管理部门的人员也仅凭个人对组织各个岗位的认识“闭门造车”，编写出工作说明书。就使得职位说明书的质量无法得到保证，也很难在实践中进行应用。实际上，职位分析活动需要上至高层下到每位员工的理解、支持和参与。从高层而言，一方面因为职位分析可能同时涉及组织流程和组织结构的分析和优化，需要听取他们的意见；另一方面让高层充分了解开展这项工作的重要性，并由高层向整个组织安排开展这项工作，可以引起各个层面的人员对这项工作的重视，这就为顺利开展工作创造了良好的条件。从中层而言，他们在这项活动中扮演着非常重要的角色，一方面他们要对自身的工作进行分析，另一方面他们对自己所领导的部门各岗位的情况最为了解，因此，对员工描述的岗位信息可以进行鉴别，再者他们对职位分析活动的认同度也会影响到部门的员工。从基层员工而言，取得他们的认同十分必要。由于人们对职位分析还不了解，所以在实践中员工往往由于害怕职位分析会对其熟悉的工作要求带来变化或者会引起自身利益的损失而对职位分析小组成员及其调查采取不合作甚至敌视的态度，在这种态度的影响下，他们可能会提供虚假信息，或者故意夸大其所在岗位的实际工作责任、工作内容，或者对其他岗位的工作予以贬低等，这种状况不仅影响职位分析的实施过程，而且影响职位分析结果的可靠性及职位分析结果的应用。所以在职位分析开始之前，应该向员工解释清楚实施职位分析的目的，职位分析会对员工产生何种影响，并且尽可能地将员工及其代表纳入到职位分析过程之中。员工只有了解了职位分析的目的，并且参与到整个职位分析过程中之后，才会提供真实可靠的信息。

三、成立职位分析小组并对其成员进行培训

职位分析由于涉及面大、内容多且需要专门的技术，所以在组织开展职位分析活动之前要先成立职位分析小组。一般而言，小组的成员由以下人员组成：一是组织的高层领导；二是职位分析人员，主要由人力资源管理专业人员和熟悉部门情况的人员组成；三是外部的专家和顾问，他们具有丰富的经验并掌握了专门的技术，可以防止在职位分析的过程中出现偏差，有利于结果的客观性和科学性，同时对参加职位分析的小组人员的业务培训也主要由他们完成。为了了解到足够的岗位信息，要应用多种方法，运用一些调查表，研究已有的书面材料，需要专门的技术，所以有必要对小组成员事先进行一些相关的培训活动。这样一方面可以避免出现因小组成员理解上的偏差而带来的信息失真、遗漏的状况，另一方面对所收集资料进行分析同样也需要专门的技术，培训可以使小组成员鉴别出哪些是真

正能够反映各个岗位的主要成分和关键因素的信息。

四、对整个职位分析活动制订周密的计划

为了保证整个活动顺利开展，制订出周密的计划是前提。这一计划一般要考虑以下几个方面的内容：一是职位分析的目的，目的明确以后才能检验职位分析的效果。二是职位分析的范围，哪些岗位应纳入到该次活动的范畴。三是职位分析的流程，一定要明确每一阶段的工作内容、工作目标及要求。四是职位分析的时间要求，不仅要明确总体的时间要求，而且各阶段也要有明确的时间要求。要注意不能在时间安排上过于紧张，否则就会因单纯追求速度而影响职位分析的效果。五是职位分析的方法，职位分析的方法可分为定性的方法和定量的方法。定性的方法主要有观察法、问卷法、面谈法、写实法等。定量的方法主要有职位分析问卷法、职能职位分析法等。组织在开展职位分析活动时，要根据实际情况进行选择。六是职位分析活动中的责任划分，只有将责任落实到人，才能保证整个工作的顺利完成。

五、编写出详细的、相互协调的工作说明书

在职位分析活动中要尽可能形成详细的、各岗位之间相互协调的工作说明书。因为简单的工作说明书只是对岗位职责和任职资格条件的简要描述，由于信息量少，其对招聘、培训、薪酬核定、绩效管理等工作的指导帮助作用就很有限。详尽的工作说明书对岗位的上下级关系、工作的环境条件、岗位职责以及任职者的知识技能条件、教育背景、生理心理素质等都有详尽的描述，对招聘、培训、薪酬核定、绩效管理、职业管理等工作也就能发挥更大的支持和促进作用。

六、在实践中应用工作说明书并及时地进行修正

实践中不仅要注重工作说明书的应用，而且要及时地对工作说明书进行修正。任何组织都要随着客观外界环境的变化进行相应的变革活动，组织结构、工作构成、人员结构等都可能处于不断变动之中，这种动态环境就要求人力资源管理部门制定出相应的审核制度，定期或不定期地对正在使用的职位说明书进行梳理，发现问题，及时修正。只有这样，职位分析才能保持其活力，也才能够适应今后组织弹性化发展趋势的要求。

（五）职位说明书的编写

1．职位说明书编写范例

在编写职位说明书时，一般都要按照一定的格式来进行。例如，几种职位说明书的格式如表 3-5 所示。职位说明书一般要包括两大部分的内容：一是工作描述，它反映了职位的工作情况，是关于职位所从事或承担的任务、职责以及责任的目录清单；二是工作规范，它反映了职位对承担这些工作活动的人的要求，是人们为了完成这些工作活动所必须具备

的知识、技能、能力和其他特征的目录清单。

表 3-5　职位说明书范例

职位编号			职位名称		所属部门	
职位类型			上级职位		编写日期	
职位概要						
履行职责						
履行责任				占用时间	绩效标准	
工作关系	直接下属人数			间接下属人数		
	内部主要关系					
	外部主要关系					
工作条件	工作场所					
	工作时间					
	使用工具					
职位关系	可转换的职位	部门： 部门：		职位： 职位：		
		部门： 部门：		职位： 职位：		
	职位关系图					
任职资格要求						
一般条件	学历			最低学历		
	专业要求					
	资格证书					
	年龄要求			性别要求		
必要知识工作经验	必要知识					
	外语要求					
	计算机要求					
	工作经验					
必要的业务培训						
必要能力工作态度	能力					
	态度					
其他事项						

2．职位说明书编写方法

一般来说，一个内容比较完整的职位说明书都要包括以下几个具体项目：职位标识；职位概要；履行职责；业绩标准；工作关系；使用工具；工作的环境和工作条件；任职资格以及其他信息。这些信息中前七项都属于工作描述，第八项任职资格属于工作规范，下面将结合这些项目来具体解释一下应该如何编写职位说明书。

（1）职位标识。职位标识就如同职位的一个标签，让人们能够对该职位有一个直观的印象，一般要包括以下几项内容：职位编号、职位名称、所属部门、直接上级和职位薪点。

① 职位编号。职位编号主要是为了方便职位的管理，在实际操作中可以根据自己的实际情况来决定应包含的信息。例如，在某组织中，有一个职位前编号为HR-03-06，其中HR表示人力资源部，03表示主管级，06表示人力资源部全体员工的顺序编号。

② 职位名称。在确定职位名称时应当简洁明确，尽可能地反映职位的主要职责内容，让别人一看就能够大概知道这一职位主要是干什么的。职位名称中还要反映出这一职位的职务，如人力资源经理、招聘主管以及培训专员等。在确定职位名称时，最好要按照社会上通行的做法来做，这样既便于人们的理解，也便于在薪资调查时进行比较。

（2）职位概要。职位概要就是要用一句或几句比较简练的话来说明这一职位的主要工作职责，要让一个对这一职位毫无了解的人一看职位概要就知道此职位要承担哪些职责。例如，人力资源部经理的职位概要可以这样描述，“制定、实施人力资源战略和年度规划，主持制定完善人力资源管理制度以及相关政策，指导解决单位中人力资源管理中存在的问题，努力提高员工的绩效水平和工作满意度，塑造一支敬业、团结协作的员工队伍，为实现单位目标和战略意图提供人力资源支持”。而单位前台的职位概要则要这样描述，“承担单位的前台服务工作，接待安排人员的来电、来访，负责员工午餐餐券以及报刊杂志的发放和管理等行政服务工作，维护单位的良好形象”。

（3）履行职责。

① 履行职责的含义。履行职责就是职位概要的具体细化，要描述这一职位承担的职责以及每项职责的主要任务和活动。在实践过程中，这一部分是相对较难的，要经过反复的实践才能准确地把握。首先，要将职位所有的工作活动划分为几项职责，然后再将每项职责进一步地细分，分解为不同的任务。如果将老师看成是一个职位的话，那么来看看这个职位的职责是如何分解的。首先，要将老师从事的活动划分成几项职责，可以划分为教学、研究、学生指导和学校服务等几项。其次，继续对每项职责进行细分，如教学这项职责可以细分为课前备课、课堂讲授、课后批改作业和期末进行考试这四项任务。研究这项职责也可以细分为在刊物上发表论文、编写著作书籍和参加学术研讨会三项任务。

② 任务描述需要注意的问题。将职位的活动分解完之后，就要针对每项任务来进行描述。描述时一般要注意下面几个问题。

要按照动宾短语的格式来描述，即按照“动词+宾语+目的状语”的格式来进行描述。

动词表明了这项任务是怎么进行的；宾语表明了活动实施的对象，可以是人也可以是事，宾语有时也可以是双宾语；目的状语表明了这项任务要取得什么样的结果。例如，“监督和控制部门年度预算，以保证开支符合业务计划要求”，其中，“监督和控制”是动词，“部门年度预算”是宾语，“以保证开支符合业务计划要求”是目的状语；再如，“指导下属制订招聘计划，以保证各部门的人员需求”，在这里，“指导”是动词，“下属”和“制订招聘计划”就是一个双宾语，“以保证各部门的人员需求”是目的状语。在美国劳工部门的职位分析手册中，对这种职责描述的格式有详细的说明，在实际描述中可以作为参考。

使用动宾短语进行描述时，动词的使用是最为关键的部分，一定要能够准确地表示出员工是如何进行该项任务的，以及在这项任务上的权限。动词的使用一定不能过于笼统。例如，“负责单位的预算工作”“负责单位的培训工作”“负责单位的安保工作”等，这些都是国内大多数公共部门在编写职位说明书时常用的语句。虽然这些语句也使用了动宾短语的格式，但是由于动词的使用不准确，因而并没有清楚地揭示出任务应当如何来完成。“负责”这个动词表面上看起来比较清楚，但是深究起来其中有很多问题。例如，“负责单位的培训工作”，“负责”是指导别人来完成培训还是自己亲自完成培训根本没有说清楚。因此，要尽量避免使用“负责”这类模糊不清的动词，根据实际情况来准确地选择和使用动词。如果是人力资源主管，可以将“负责”描述成“制订单位的培训计划”；如果是培训的主管，可以将“负责”描述成“具体实施培训计划”。通过使用“制订”“实施”这样的动词，就清楚地表明人力资源主管和培训主管分别是如何来完成培训这项任务的。

在职位分析中，针对不同的任务和主体，应当选择使用不同的动词，同时在选择使用动词时还应注意，如果有专业术语，就要使用这些术语。例如，职位分析中常见的动词举例如表 3-6 所示。

表 3-6　职位分析中常见的动词举例

对象或主体	动　　词
针对计划、制度	编制、制订、拟订、起草、审定、审查、转呈、转交、提交、呈报、存档、提出意见
针对信息、资料	调查、收集、整理、分析、归纳、总结、提供、汇报、通知、发布、维护管理
思考行为	研究、分析、评估、发展、建议、参与、推荐、计划
直接行动	组织、实行、执行、指导、控制、采用、生产、参与、提供、协助
上级行为	主持、组织、指导、协调、指示、监督、控制、牵头、审批、审定、批准
下级行为	核对、收集、获得、提交、制作
其他	维持、保持、建立、开发、准备、处理、翻译、操作、保证、预防、解决

③ 履行职责需要注意的问题。如果某一职位是由多项职责组成的，那么就要将这些职责按照一定的顺序进行排列，而不能是胡乱地堆砌。在排列职责时有两个原则：按照这些职责的内在逻辑顺序进行排列以及按照各项职责所占用时间的多少进行排列。

按照这些职责的内在逻辑顺序进行排列，是指如果某一职位的职责具有逻辑上的先后顺序，那么就要按照这一顺序进行排列。例如，人力资源部培训主管，这一职位由拟定培训计划、实施培训计划、评估培训效果和总结培训经验等几项职责组成，这些职责在时间上有一个先后的顺序，因此在排列时就要依次进行。按照各项职责所占用时间的多少进行排列，是指有些职位的职责并没有逻辑的顺序，那么就要按照完成各项职责所用的时间多少来进行排列，当然这一时间比例并不需要非常准确，只是一个大概的估计，一般来说以5%作为最小单位。

在实践中，对各项职责所占用的时间进行估计，还有助于衡量职位的工作量是否饱满。如果某一职位的大量时间都分配给了非常简单的职责，那么就说明它的工作量是不饱满的；相反，一些本来应该占用很多时间的职责在某一职位中只被分配了很少的时间，那么说明这一职位的工作量有些超负荷。例如，对于人力资源部的招聘主管，"拟定招聘计划"这项职责占到了全部工作时间的 40%，那么说明这一职位的工作量是不饱满的，因为按照正常的情况，"拟定招聘计划"根本就用不了那么多时间。再如，财务部的会计，"编制会计报表"这项职责只占了全部时间的 10%，在其他职责的时间分配比较合理的情况下，就说明这一职位的工作量超负荷了，因为按照正常的情况，"编制会计报表"这一职责不应该只占用那么少的时间，说明给这一职位分配的其他职责太多了。通过职责占用的时间进行工作量的衡量，必须非常了解这些职责。

逻辑顺序和时间顺序相比较，排列职责是应当优先考虑逻辑顺序，其次再考虑时间顺序。

（4）业绩标准。业绩标准是职位上每项职责的工作业绩衡量要素和衡量标准，衡量要素是指对于每项职责，应当从哪些方面来衡量它完成的好还是不好。衡量标准则是指这些要素必须达到的最低要求，这一标准可以是具体的数字，也可以是百分比。

例如，对于人力资源的薪酬主管，衡量其工作完成的好坏主要看薪酬发放是否准确、及时，因此，其业绩要素就是薪酬发放的准确率和及时性。至于准确率要达到多少、及时性如何表示就是衡量标准的范畴了，可以规定准确率要达到 98%，薪酬迟发的时间最多不能超过 2 天。

（5）工作关系。工作关系是指某一职位在正常的工作情况下，主要与企业内部哪些部门和职位发生了工作关系，以及需要与企业外部哪些部门和人员发生工作关系。这个问题比较简单，需要注意的问题是，偶尔发生联系的部门和职位一般不列入工作关系的范围之内。

（6）使用工具。使用工具就是工作过程中需要使用的各种仪器、工具、设备等。

（7）工作环境和工作条件。工作环境和工作条件包括工作的时间要求、工作的地点要求以及工作的物理环境条件等。

（8）任职资格。任职资格属于工作规范的范畴。对于任职资格的具体内容，学者们的看法是不一致的。罗杰（Rodger）于 1952 年提出了七项基本内容：体貌特征（健康状况和外表等）；成就（教育、资格证书和经历）；一般智力；特殊能力（动手能力、数学运算能力和沟通能力）；兴趣（文化、体育等）；性格（友善、可靠和忍耐等）以及特殊的工作环境（大量的出差等）。此外，芒罗·弗雷泽（Munro Fraser）于1958年提出了另一种工作规范的内容体系，包括五项：对他人的影响力（通过身体、外表和表达方式等）；取得的资格（教育、培训和经历等）；先天的天赋（理解力、学习能力等）；激励水平（设定目标并达成目标的决心）以及调节能力（在压力下保持稳定以及与他人保持良好合作关系的能力）。

综合各方面的研究成果，一般来说，任职资格应包括以下几项内容：所学的专业、学历水平、资格证书、工作经验、必要的知识和能力以及身体状况。需要强调的是，不管任职资格包括什么内容，其要求都是最基本的，也就是说是承担这一职位工作的最低要求。

任职资格要求的规定，有些内容是强硬的，必须遵守国家和行业的有关规定。例如，电焊工必须要持有劳动部门颁发的焊工证书，再如，司机不能是色盲还必须持有相应车型的驾驶执照。其他内容的要求，则可以根据工作的内容和工作的绩效通过两种方法来确定：一是判断的方法，就是根据实际的情况或者主管人员的经验判断来确定任职资格要求；二是统计的方法，就是首先设定影响工作绩效的要素，然后利用统计分析的方法验证这些要素与绩效之间的关系，依此来确定任职资格要求。一般来说，与工作内容有关的要求，如专业、学历水平和身体状况等，应当通过第一种方法来确定；与工作绩效有关的内容，如能力、知识和素质等，应当通过第二种方法来确定。但是第二种方法比较复杂，因此在目前的实践中，与工作绩效有关的内容的要求，也大多是用第一种方法确定的，不过随着人力资源管理在我国的深入发展，使用第二种方法来确定任职资格的要求会越来越普遍。

（9）其他信息。这属于备注的性质，如果还有其他需要说明的，但又不属于工作描述和工作规范范围的可以在其他信息中加以说明。

3．职位说明书编写误区

在编写职位说明书时，一般都出现以下几点误区。

（1）功能错位。在谈及职位描述时，很多单位都能捧出厚厚一叠的文案，但细读之后就会发现，这些文案并不是职位说明书，而仅仅是岗位职责制。单位的岗位职责制并不是职位说明书，岗位职责制侧重于岗位任职者应该完成的职责，并不能全面反映岗位的信息，并没有其行为或工作活动的结果。但是职位说明书则可以全面地反映岗位及其任职者的信息。

（2）职责交叉。为适应外部的竞争环境，许多单位以团队形式来设计工作任务，即同一项工作任务需要几个部门或几个岗位共同完成，这就出现了职责交叉的问题。正确地处理职责交叉有助于发挥协作效应，取长补短，提高工作效率。但很多单位在撰写职位说明书时，对这些职责交叉的工作没有明确各岗位的职责权限以及对工作结果应承担的责任。反而导致工作中岗位职责不清、多头领导，工作中出现问题后各部门间极易互相推诿，降低了整体的工作效率。

（3）职责重叠。实际中对于工作任务性质相同、工作任务量较大的工作，有的岗位不可避免地会出现“一岗多人”的现象。在岗位描述时，是否只需编制一份职位说明书呢？很多单位在描述此类岗位时，采取了简单的“一刀切”的方法，归纳出岗位的共同特征，定义出岗位的共同要求。但是却忽视了岗位不同任职者之间工作任务的差别，以及由此导致的对任职者资格的差异，这显然是不可取的。如果是对岗位进行描述，应该采取“一岗一份”的描述方式，每个任职者持有一份。

（4）闭门造车。目前，不少单位已经认识到了职位说明书的重要性，纷纷开展了职位分析。但其编写出来的职位说明书却并未真正地发挥作用。有的单位对职位分析缺乏正确的认识，盲目“随大流”。要求各个岗位上的任职者都自己编写职位说明书。有的单位由人力资源部闭门造车，使工作描述脱离了单位实际，尤其是对任职者资格的界定缺乏客观的标准。结果使职位说明书无法在实际工作中应用，最终成为案头摆设。

（5）不成体系。职位说明书编写的过程，是一个对单位业务流程重新认识的过程。一套科学、规范的职位说明书，能够对单位的各项工作特别是人力资源管理工作提供很好的依据。但是，不少单位的工作描述都存在不完整、夸大或缩小职责、任职资格主观性强等问题。有的单位为了节约成本，甚至只对关键岗位或部门进行工作描述，导致后续的岗位评价、招聘等人力资源管理相关工作缺乏客观统一的尺度。

HR 测评 3-1

职位说明书编写误区的成因

在职位说明书编写工作中出现这些误区的原因主要有以下几点。

（1）为编写而编写。在一些单位中，由于管理流程不规范或管理者行为不规范，工作中职责不清、任务随意性大、互相推诿等问题频发。不少单位只关注职位说明书的结果或形式，使得职位说明书成为现实工作流程的“再现”。从某种意义上讲，单位职位说明书编写工作的开展，应该侧重于职位分析的过程，把编写职位说明书作为单位现有工作岗位的一次大盘点，或者说是一次业务流程的重组。从而明确各岗位的职责与权限，规范工作流程以实现科学管理的目的。

（2）缺乏专业的技术或培训。职位说明书的编写是人力资源管理工作的一项专门技术。不少单位由于缺乏职位说明书编写的专业技能或培训，所以存在着描述不规范、用语不准确等现象。尤其是在岗位职责的描述上，它应该是关于一项工作最终要取得结果的陈述。因此，清晰地界定岗位任职者应承担的责任、所具有的权限和工作必须达到的目标以规范权责利的关系。但不少企业的职位说明书在描述用语的选择上，笼统地使用“负责、管理”等词语，导致岗位职责的描述“千岗一面”，使岗位职责描述过小或者过大。

（3）宣传不到位。职位说明书的编写应是一个由上而下的过程，涉及单位的各个层面。

编写职位说明书的目的是要使员工明确自己的工作责任及基本要求等，所以在编制过程中应得到全体员工的支持和参与。但是不少单位却把该项工作作为“作业”来应付，并没有与员工充分交流，甚至在职位说明书形成之后忽视任职者的“反馈”或“确认”环节，所以不能起到很好的作用。有的单位由于宣传不到位，员工不知道职位说明书的作用，误认为职位说明书的编写就是要“定员、定编”。这对员工显然是一种威胁，由此出现员工不理解、不利用、不执行的情况，使职位说明书变成可有可无的摆设。例如，按照行业通行的标准对岗位任职者资格进行界定，很多老员工的学历或者技能达不到单位的要求，因此，他们就会认为职位说明书是单位给他们设置的障碍，由此产生敌对情绪。

（4）编写工作定位不明晰。不少单位把编写职位说明书定位于优化单位的工作流程，解决多头领导现象以及改善单位现有的职责划分等。但是在实际工作中常常会面临两难的选择，对单位各个岗位工作现状进行描述的工作职责和权限的变动可能导致员工抵制，在编制的过程中形成一定的阻力。因此，编写工作必须得到管理高层的认同或支持。同时，我国一些单位管理不规范，工作任务的分配通常取决于员工个人的工作能力和领导者的意志，使得基层员工疲于应付上级的命令，“忙的忙死、闲的闲死”，造成“工作无计划、管理打乱仗”的现象。

（5）对职位说明书的管理不及时。随着单位的发展及外部环境的变化，单位业务流程也在不断变化，由此部门职责及岗位工作内容及要求也会不断地发生变化，这在一些新兴行业表现得更加明显。一般而言，职位说明书应该不断地修改，修改的频率应根据行业发展和职责变化的情况灵活掌握。当单位发生重大组织变革和战略调整时，应及时修订职位说明书。然而，一些单位的职位说明书并没有随着单位的发展而变化，使得原有职位说明书在新形势下失去其原本的价值，职位说明书的规范和指导作用也就在单位员工工作过程中难以发挥。

二、公共部门职位设计与规范

公共部门职位分析的目的是为职位设计和规范提供依据。职位设计就是根据职能分析按照一定的原则设立职位。职位规范就是根据职位职能分析的结果对已经设立的职位进行规范说明和要求。

（一）公共部门职位设计的主要原则

公共部门职位设计的主要原则有分级、分类、因事、预算、效率、人本、责任等原则。

1. 分级原则

公共部门是履行公共职能的机器，为了使它有效、协调地运转，需要各职位之间分工合作，加强控制、指挥和沟通。因此，需要对公共部门职位进行准确定位，明确上下级关系，以便于层级节制，使公共部门各职位在统一领导下，有序运转。同时适度分级，有利于明确权责和各职位相互关系，区分职位性质、任务的繁重程度、工作标准和任职条件，加强职责考核和责任追究。一般领导职位、关键职位的级别应定得高一些，以突出他们的重要性。非关键职位和辅助性职位的级别定得低一点，以利于统一指挥、相互配合，为公共部门职能目标的实现尽职尽责。

2．分类原则

公共部门履行的职能是多种多样的，为此需要设立各种各样的职位。不同的职位有不同的职能，负责不同的业务。因此，为了明确职责分工和任职条件，提高工作效率，必须对公共部门职位进行分类。同时对公共部门职位进行分类有利于提高公共部门的专业化水平，有利于公共部门职位管理和人力资源开发。

3．因事原则

公共部门职位的设立要以“事”为中心，因事设职，因职择人。这不仅有利于明确公共部门职位的职能，提高公共部门工作效率，而且有利于控制公共部门职位规模和数量，节约公共部门开支。

4．预算原则

公共部门职位的设立和存在是以公共部门经费预算为前提的。公共部门职位的数量和规模要以公共部门经费预算的总额为限，以保证每个设立的职位能得到履行职位职责所需的经费预算。否则只能造成职位职能的泛化。

5．效率原则

公共部门任何一个职位的设置都要从是否有利于整个公共部门工作效率的提高来考虑。能合并的职能一定要合并，能减少的环节一定要减少。能不新设立职位就不要设立，能撤并的职位一定要撤并。

6．人本原则

公共部门职位设计也要考虑公共部门人力资源状况，尽可能地减少员工对职位变动的负面影响，尽可能地发挥现有公共部门人员的特长和积极性，保证公共部门运转的协调、平衡。

7．责任原则

公共部门设立任何一个职位都要明确职责，有权必有责，权责必平衡。一个职位不能只有权力没有责任，否则必然造成权力的膨胀，职能的泛化，影响整个公共部门的运行机制。一个职位也不能只有责任没有权力，否则任职者无法真正履行自己的职能从而导致整个公共部门效能的损失。

以上原则是公共部门职位设计的基本原则。违反这些原则，公共部门职位的设立、调整都是不可想象的，会给公共部门带来不利的影响。

（二）公共部门职位规范的主要内容

公共部门设置某一职位后，还必须对其进行职位规范，就是通过文字、图表等形式规定、明确其地位、性质、职责、与其他职位的关系、工作标准、任职条件等。公共部门职位规范的内容是非常丰富的，不同的部门，甚至不同的单位都可以根据工作的需要制定不同的职位规范。一般来说，职位规范应当主要包括地位和职责、工作标准、任职条件、工作关系等四个方面的内容。

1．地位和职责

地位和职责主要包括职位所规定的地位、职能与责任。由于有些领导的管理职位往往与权力联系在一起，因此，对这些职位的规范有时还包括工作权限。例如，决定权、保护权、监督权、奖惩权、建议权等。

2．工作标准

工作标准主要是指在某一职位上应当做到哪些，达到什么要求。

3．任职条件

所谓任职条件就是指担任该职务需要具备的基本素质、基本能力和资格要求。主要有品德要求、知识要求、能力要求、经历要求等方面。

4．工作关系

工作关系是指与本职位有直接关联的上下、左右、内外关系。它在复杂的工作联系中为该职位提供了准确的定位，是整个职位规范的一项重要内容。

（三）公共部门职位规范的主要方法

公共部门职位规范的方法也很多，一般方法有：描述法、举例法、图表法。

1．描述法

描述法就是对公共部门某一职位的规范内容通过概括性的描述来加以说明。例如，某县县长这一职位可以描述为：县长是县级人民代表大会及其常务委员会、上级国家行政机关的决议、决定和命令的执行者；是县级人民政府工作的组织者和主持者，是所属各工作部门和乡镇人民政府的领导者。

描述法的优点是文字简练、概括性强，但有时不够明确、具体，只适用于对领导职位、高中级职位和职位地位、性质、标准的说明。

2．举例法

举例法就是将公共部门某一职位内容通过举例来加以说明。例如，某县县长的工作职责和标准可以规范为：熟悉并及时向下级传达党的路线、方针、政策和国家的法律法规，上级行政机关的决议、决定；能联系本县实际情况，组织制订切实可行、具有一定先进性的国民经济和社会发展的长期、中期和年度计划；善于组织和团结县政府领导班子成员一起工作，充分调动他们的积极性，关系融洽、相互支持，对副县长的工作能及时进行指导；能检查、监督县政府工作部门和下级行政机关的工作，经常进行指导帮助，考核他们的工作，纠正他们的工作失误，推广成功的经验；熟悉干部，按照“四化”标准选拔、培养、使用干部，做到量才用人，用其所长，不搞任人唯亲；能定期向县委、县人民代表大会及其常务委员会、上级政府汇报工作，听取他们对政府工作的意见，取得他们对政府工作的指导和帮助，主动接受人民代表的咨询，对人民代表的提案和意见，认真落实并有答复；能依法支持和帮助公民及各种社会组织享受合法权益；能较好地完成上级政府交给的其他任务，及时解决突发性事件，处理好日常行政工作。

举例法的优点是明确具体，但有时过于繁琐，而且很多时候职位规范内容无法一一举例。举例法主要适用于被领导职位、中低级职位和职位职责、工作标准、任职条件的说明。

3．图表法

图表法是指采用图表的形式对公共部门某一职位内容加以说明。例如，某县县长职位与其他公共部门职位的关系如图 3-1 所示。

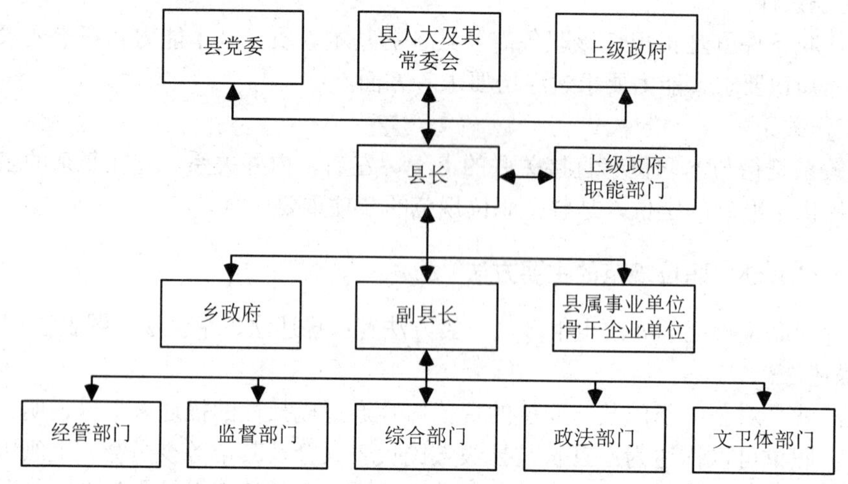

图 3-1　某县县长职位与其他公共部门职位的关系图

图表法的优点是形象、易懂、一目了然，但有时很多职位规范的内容无法完全表达出来，如工作标准、任职条件等。因此，图表法主要适用于对职位地位、工作关系等方面的说明。在大多数情况下，为了有效、准确地对职位进行规范，需要各种方法的综合运用。

三、公共部门职位检查

公共部门职位管理不是一劳永逸的，随着各种有关影响因素的变化，原有的公共部门职位设计和规范会表现出各种不适应。为此，公共部门需要适时对现有职位设计和规范进

行调整。

（一）公共部门职位检查的意义和程序

公共部门职位检查，就是通过对现有公共部门职位设计和规范的评估，检讨存在的问题，分析导致的原因，并重新进行设计和规范的过程。

1．公共部门职位检查的意义

公共部门职位检查对公共部门职位管理具有重要作用。影响公共部门职位管理的各类因素总处在不断地变化过程中，通过公共部门职位检查，可以发现公共部门职位管理中存在的问题，有利于公共部门通过总结经验教训，改进工作目标、方法和内容，加强自身职位管理工作，促进公共部门职位管理的科学化，为公共部门职位的调整提供可靠依据。

2．公共部门职位检查的程序

公共部门职位检查的一般进程是：① 发现公共部门职位管理存在的问题（收集信息）；② 确定评估的目标职位（明确目标）；③ 分析目标职位出现问题的原因（分析因素）；④ 提出改进职位设计和规范的意见和建议（提出方案）；⑤ 进行职位调整（付诸行动）。

（二）公共部门职位检查的内容和方法

1．公共部门职位检查的内容

公共部门职位检查的内容很多，概括起来主要有以下三个方面。

（1）公共部门职位职能的配置。主要评估公共部门职位职能的配置是否符合整个公共部门职能转变和履行的需要；是否符合职位履行职责所需外部环境的变化；职位职权和职责配置是否平衡、相配；职位设计的定性和地位是否合适；职位规范是否明确和严谨。

（2）公共部门效率和成本。主要评估公共部门职位与其他职位的关系是否明确；是否有必要建立关系；现有这种关系是否合适；职位规范规定的工作标准的要求、工作任务的数量是否合适；职位所需预算经费和实际开支是否恰当等。

（3）公共部门职位人员配置。主要评估公共部门职位上现有任职人员是否符合职位设计和规范的要求；现任职人员是否需要接受进一步专项培训和学习；是否有更合适的任职人选。

2．公共部门职位检查的方法

公共部门职位检查的方法有很多，主要有事例法、类比法、实践法、面谈法、问卷法等。

（1）事例法。主要是指公共部门职位管理人员通过对突发事件或典型事件的分析，暴露公共部门现有职位设计和规范中存在的主要问题，并以应对此类事件的要求对公共部门职位管理加以调整的方法。这种方法能比较全面、深入地分析客观原因，但有时可能对人的主观因素考虑不周。因此，这种方法有一定的局限性，最好与面谈法、问卷法等结合起来使用。

（2）类比法。主要是指将相同、相近、相似的职位进行同类比较，分析职位管理存在的问题，并以同类职位中的大多数情况或最高标准，对公共部门职位管理加以调整的方法。这种方法简单、快捷、易操作、易比较，尤其适合对职位管理中有关定量问题的分析。但这种职位检查方法只适用于环境、条件和背景相类似的职位，使用时需要有一定的前提条件，否则将事与愿违。

（3）实践法。主要是指公共部门职位管理人员直接担任所需研究的职位，由此亲身体会和掌握第一手资料，并根据掌握的问题对其职位管理进行调整。这种方法比较直接，但由于受到体验者主观因素的影响，有时不同的实践者对同一职位存在的问题、提出的建议方案会截然不同。因此，这种方法有很大的局限性，最好与其他方法结合使用。

（4）面谈法。对公共部门职位管理中存在的问题，任职者是直接受害者，感受也最深，因此，通过与任职者的面谈收集信息是一种有效的方法，既可以针对个别职位上的任职者进行个别访谈，也可以与同类职位的任职者进行群体访谈，还可以与职位有工作关系的职位上的任职者进行访谈。但这种方法由于受到人主观因素的影响，往往过于偏重对客观因素的归咎，而忽视主观因素的分析。因此，这种方法最好与事例法等结合使用。

（5）问卷法。主要是通过对同类职位或与职位有工作关系的职位的任职者进行问卷调查，从而获取对职位存在问题的信息，进而分析其原因，并进行调整的方法。这种方法能够比较全面、客观地反映职位管理中存在的问题，但在实际操作中针对某一职位进行问卷调查是有一定难度的，不但要考虑问卷的设计，还要考虑不同关系对职位管理问题的认识。需要注意的是，各种方法都有自己适用的条件和优缺点，没有一种方法能够对职位管理存在的问题提供非常完整的信息，因此，通常需要综合使用这些方法。

四、公共部门职位调整

公共部门职位管理评估的目的就是要不断地对公共部门职位设计和规范进行调整，以保证公共部门履行职能的需要，适应公共部门内外职位管理影响因素变化的需要，更好地为公众服务。

（一）公共部门职位调整的概念和意义

公共部门职位调整就是根据公共部门职位检查的成果，对现有公共部门职位体系、数量和职位性质、地位、职能配置、职责、工作关系、工作标准、任职条件等进行更改。

通过公共部门职位调整可以不断适应公共部门内外影响因素的变化，更好地转变、履行公共部门职能，明确各自职责，加强协同和配合，提高工作效率，降低公共部门开支成本，促进公共部门人力资源的开发，从而更好地为公众服务。

（二）公共部门职位调整的内容及形式

1．公共部门职位调整的内容

公共部门职位调整的内容涉及职位的地位、性质、职责、工作关系、工作标准、任职条件和数量的调整。

（1）公共部门职位地位、性质的调整。公共部门职位地位、性质的调整，主要包括职位地位的上升和下降，这主要取决于职位所履行的职能在公共部门和公众心目中的重要程度。如果职位的职能需要强化，此职位的地位就会上升；相反，如果职能被弱化，此职位的地位就会下降。这就是为什么任职者总是强调本职位重要性的原因所在。

（2）公共部门职位职责内容的调整。公共部门职位职责内容的调整，主要包括职能的转变、划入与划出，职权的上交和下放、责任的界定等。职责内容的调整主要取决于公共部门职能的变化，以及履行职能方式、程序的变化。职位应该承担的职责一定要履行好，不该承担的职责要坚决交出去。相近、相同的职能需要合并，应该分开的职能一定要分开，防止职能交叉、滥用职权。

（3）公共部门职位工作关系的调整。公共部门职位工作关系的调整，主要包括上下级关系的调整、各职位履行职责程序的调整。工作关系的调整主要取决于职位地位、职能的调整。不需要的环节要坚决取消，重复的环节要合并，要避免多头管理、政出多门、重复审批的现象发生。

（4）公共部门职位工作标准的调整。公共部门职位工作标准的调整，包括工作要求的提高和降低。这主要取决于公众对公共部门履行职责和服务质量要求的高低。公众对公共部门某一职责或服务需求多或要求提高办事效率和服务质量时，相应职位的工作标准可能就要提高，反之则会降低。

（5）公共部门职位任职条件的调整。公共部门职位任职条件的调整，包括任职条件的提高和降低。这主要取决于职位的地位、性质、职责、工作标准和公共部门人力资源状况。一般来说，职位地位越高、性质越重要、职责越繁重、工作标准越高、公共部门人力资源越丰富，任职条件就越高。相反，职位地位越低、工作标准越低、公共部门人力资源越短缺，任职条件就越低。

（6）公共部门职位数量的调整。公共部门职位数量的调整，包括职位的增加和减少。这主要取决于公共部门的职能经费预算、人力资源状况等。公共部门职能越多、任务越繁重，经费越充足，人力资源越丰富，公共部门职位就会增加；相反，则会减少。

2．公共部门职位调整的形式

公共部门职位调整的形式包括保留、取消、合并、分设、重组、改设、新设等。一是当公共部门仍需履行原有或原有部分职能时，应保留相应的职位；二是当公共部门职能转变和划出，已不需要再履行原有职能，或原有职能已被取消、合并时应取消相应的职位；三是对于同一公共部门内的职能相同、相近、相似的职位，只要工作任务量被允许，应当合并相应的职位；四是当职位职能过于集中、工作任务过于繁重，或为保证职权的正确履行，加强内部监管和保障社会公平，对相应的职能应当予以分开设立不同的职位；五是当公共部门各职位之间工作关系发生变化时，应对相应职位之间的关系进行重新设计和组合；六是当公共部门职位的地位、性质、职能或工作关系发生变化时，应重新设立职位；七是当公共部门需要履行新的职能，或工作需要增加新的人员时，需要设立新的职位。

五、公共部门职位评价

公共部门职位评价是根据公共部门职位分析的结果，按照一定标准对工作的性质、强度、责任、复杂性以及所需的任职资格等因素的差异程度，进行综合评价的活动。

（一）公共部门职位评价的内容

职位评价的内容主要包括工作的任务和责任、完成工作所需要的技能、工作对组织整体目标实现的相对贡献大小、工作的环境和风险等。这些内容恰恰是职位分析所提供的信息，因此职位分析是职位评价的基础。在职位分析中我们要对工作进行系统地研究，工作描述的信息让我们了解了工作的责任大小、复杂程度、工作的自由度和权力大小等，工作规范中的信息让我们了解了对任职者完成工作所需要的技能要求、任职者的任职资格、工作的环境条件等信息。对这些信息进行识别、确定和权衡使我们对工作的相对价值做出恰当的评估。因此可以说，职位分析是职位评价的起点。

（二）公共部门职位评价的原则

公共部门职位评价有以下几点原则。

1. 对事

对事指职位评价针对的是工作的职位而不是目前在这个职位上工作的人。

2. 一致性

一致性指所有职位必须通过同一套评价工具进行评价。

3. 因素无重叠

因素无重叠指职位评价考察的各项因素，彼此间是相互独立的，各项因素都有其各自的评价范围，这些范围彼此间是没有重叠的。

4. 针对性

针对性指职位评价因素应该尽可能地结合企业实际，这需要在实际评价之前，与评价人员进行充分的沟通，尽可能使各类职位评价因素切合公司实际。

5. 反馈

反馈指对于各个职位评价的结果，应该及时地进行反馈，让参与评价的人员能够及时

了解对该职位评价的情况，产生偏差的原因以及其他人的观点，及时调整自己的思路。

6．独立

独立指参加对职位进行评价的人员必须独立地对各个职位进行评价，绝对不允许串供。

7．保密

保密指由于薪酬体系设计的极度敏感性，职位评价的工作程序及评价结果在一定的时间内应该是处于保密状态。在完成整个薪酬制度的设计之后，职位评价的结果应该公开，使全体员工都了解到自己的职位在单位中的位置。

（三）公共部门职位评价的方法

公共部门最主要的职位评价方法有四种：职位排序法、职位分类法、因素比较法、要素计点法。这四种职位评价方法按照量化的程度、评估的对象和比较的方法可以进行一定的归类，具体职位评价方法归类如表 3-7 所示。

表 3-7　职位评价方法归类

评价对象 / 比较方法	职位整体（非量化评价）	职位要素（量化评价）
在职位与职位之间进行比较	职位排序法	因素比较法
将职位与特定的级别标准进行比较	职位分类法	要素计点法

1．职位排序法

职位排序法就是根据一些特定的标准，如工作的复杂程度、对组织的贡献大小等对各个职位的相对价值进行整体比较，进而将职位按照相对价值的高低排列出一个次序。职位排序法实施的程序如下。

（1）获取与职位有关的信息。通过职位分析对职位进行描述，清楚地描述职位的目的、职责、权限、工作关系、在组织中的位置等信息。同时对职位所需要的任职资格标准进行分析，明确职位所需要的教育水平、经验、专业知识以及技能的广度、深度等，使得对职位的排序能够建立在一个比较客观的基础上。

（2）成立职位评价委员会。通常对职位的排序需要把多个评估者的意见进行汇总整合。职位评价委员会中一般包括任职者的代表和管理人员的代表，必要的时候可以邀请外部的专家进行评估。

（3）关键性职位为基准的排序。当组织中选定参与排序的职位比较少的时候，可能就不需要进行选择了，可以直接对所有职位进行排序。但是，如果组织中的职位比较多，那么就不可能对所有的职位都一一进行排序，而是要选择一些关键性的职位作为基准职位。首先对这些基准职位进行排序，然后可以将其他职位往相近似的职位上靠，或者与这些基准职位进行比较。例如，选择了 A、B、C、D 四个基准职位，排列出职位价值的高低顺序为A、B、C、D，X职位是一个非基准职位（可能是一个后来新出现的职位），但它的工作职责、任务难度、所需要的知识技能水平等与C职位大体相近，就可以在确定薪酬水平时将X职位与C职位定在相同的水平。再比如说，Y职位的整体价值水平可能比A职位低一些，又比B职位高一些，因此就可以将它定在A、B两个职位之间。另外，在对职位进行排序时，通常是将同类的职位进行排序。例如，在技术类职位之间进行比较和排序，在行政类职位之间进行比较和排序等。

（4）对排序的标准达成共识。尽管职位排序的方法主要是根据职位的整体价值进行排序的，但也需要参与评估的人员对什么样的值为“整体价值”更高达成共识。一般来说，可以规定几个标准。例如，承担的责任更大、管理的幅度和范围更广泛、工作任务更加复杂、所需要的知识和技能更高、教育水平更高、工作经验更多等。标准不宜过多，只需选择最为重要的因素就可以了。

（5）进行比较和排序。排序的时候基本上有两种做法：一种是直接排序法，即按照职位的说明根据排序标准从高到低或从低到高进行排序；另一种是交替排序法，即先从所需排序的职位中选出相对价值最高的排在第一位，再选出相对价值最低的排在倒数第一位，然后再从剩下的职位中选出相对价值最高的排在第二位，接下去再选出剩下的职位中相对价值最低的排在倒数第二位，依此类推。

（6）评估者各自检视排序的结果，对其中不合理的地方进行调整。

（7）综合评估委员会成员排序的结果，得出最终的排序。

例如，某电力公司的职位排序如表3-8所示。

表3-8 某电力公司的职位排序

职 位	评估者1	评估者2	评估者3	评估者4	评估者5	综 合	名 次
总经理	1	1	1	2	1	1.2	1
生产经理	2	2	2	1	2	1.8	2
车间主任	3	4	3	3	3	3.2	3
工长	4	3	4	4	4	3.8	4
会计	5	5	6	5	5	5.2	5
行政秘书	7	6	5	7	6	6.2	6
出纳	6	7	7	6	8	6.8	7
前台	8	8	8	8	7	7.8	8

职位排序法优点有简单、容易操作、省时、省力等。但其也存在着一定的缺陷：首先，这种方法带有一定的主观性，评估者多依据自己对职位的主观感觉进行排序；其次，仅仅对职位进行排序还无法准确地得知职位之间的相对价值关系，如项目经理职位的价值可能是项目助理职位的三倍，但是在排序法中我们只能知道项目经理职位的价值比项目助理职

位的价值大，到底大多少就不得而知；再次，排序的方法可能只适用于较小规模的组织，因为这样的组织职位数量比较少，而对于大型组织则不是很合适。

2．职位分类法

职位分类法是通过制定出一套职位级别标准，然后将职位与标准进行比较，将它们归到各个级别中去。职位分类法就好像一个有很多层次的书架，每一层都代表着一个等级，例如，把最贵的书放到最上面一层，最便宜的书放到最下面一层。而每个职位好像是一本书，我们的目标是将这些书放到书架的各个层次上去，结果我们就可以看到不同价值的职位分布情况。因此，我们需要建立一个很好的书架，也就是职位级别的标准。如果这个标准建立得不合理，那么就可能出现书架有的层次中挤满了很多书，而有的层次则没有书，并且挤在一起的书会难以分开。

职位分类法的操作步骤如下。

（1）需要对职位进行职位分析，得到职位描述和职位规范信息。

（2）同职位排序法一样，也需要建立一个评估小组对职位进行分类。

（3）建立一个职位级别体系。建立职位级别体系包括确定等级的数量和为每一个等级确定定义与描述。等级的数量没有什么固定的规定，只要根据需要设定、便于操作并能有效地区分职位即可。对每一个等级的定义和描述要依据一定的要素进行，这些要素可以根据组织的需要来选定。最后就是要将组织中的各个职位归到合适的级别中去。

职位分类法也是一种简便的、容易理解和操作的职位评价方法。它有效地克服了职位排序法只能适用于小型组织、少量职位的局限性，可以对大量的职位进行评估。而且这种方法的灵活性比较强，尤其适用于组织中职位发生变化的情况，可以迅速地将组织中新出现的职位归类到合适的类别中去。但是这种方法也有一定的不足，其对职位等级的划分和界定存在一定的难度，有一定的主观性。如果职位级别划分得不合理，将会影响对全部职位的评估。另外，这种方法对职位的评估也是比较粗糙的，只能得出一个职位归在哪个等级中，到底职位之间的价值的量化关系是怎样的也不是很清楚，因此，在用到薪酬体系中时会遇到一定困难。

3．因素比较法

因素比较法是一种量化的职位评价方法，它实际上是对职位排序法的一种改进。这种方法与职位排序法的主要区别是：职位排序法是从整体的角度对职位进行比较和排序，而因素比较法则是选择多种报酬因素，按照各种因素分别进行排序。

因素比较法基本的实施步骤如下。

（1）进行职位分析建立职务说明书，成立职位评价小组。

（2）选择一些在组织中普遍存在的、工作内容相对稳定、具有得到公认的市场工资水平的职位作为基准职位。这些基准职位的薪酬水平是固定的，其他职位的薪酬水平将据此来确定和调整。

（3）分析这些基准职位，找出一系列共同的报酬因素。这些报酬因素应该体现出职位之间本质区别的因素，如责任、工作的复杂程度、工作压力水平、工作所需的教育水平和工作经验等。

（4）将每个基准职位的工资或所赋予的分值分配到相应的报酬因素上。

（5）将待评估的职位在每个报酬因素上分别与基准职位相比较，确定待评估职位在各个因素上的分值或者工资率。

（6）将待评估职位在各个报酬因素上的工资率或分数相加汇总，得到待评估职位的工资水平。

例如，因素比较法评价案例如下所示：

在这次工作评估中，就 5 个因素对职位进行评估。职位 A、职位 B、职位 C 是基准职位，其中职位 A 的市场工资水平为 1 000 元，职位 B 的市场工资水平为 2 000 元，职位 C 的市场工资水平为 4 000 元，职位 X 是待评估职位。首先将职位 A、职位 B、职位 C 按照 5 个薪酬因素进行排序，然后再将职位 X 与这 3 个基准职位进行比较，该案例结果如表 3-9 所示。

表 3-9　因素比较法评价案例结果

因素 工资水平	责任大小	所需技能	任务难度	工作环境	财务影响
100 元/月	职位 A				职位 A
200 元/月			职位 A	职位 B	
300 元/月		职位 A		职位 A	职位 X
400 元/月	职位 B				职位 B
500 元/月	职位 X	职位 B	职位 B		
600 元/月		职位 X	职位 X	职位 C	
700 元/月				职位 X	
800 元/月	职位 C	职位 C			
900 元/月			职位 C		职位 C

职位 X 的月工资水平为：X=500+600+600+700+300=2 700（元）。

因素比较法的一个突出优点就是可以根据在各个报酬因素上得到的评估结果计算出一个具体的报酬金额，这样可以更加精确地反映出职位之间的相对价值关系。但是因素比较法相对比较复杂，使用因素比较法时应该注意两个问题：第一个问题是薪酬因素的确定要比较慎重，一定要选择最能代表职位间差异的因素；第二个问题是由于市场上的工资水平经常发生变化，因此，要及时调整基准职位的工资水平。

4．要素计点法

要素计点法是目前国内外最广泛应用的一种职位评价方法，这种方法也是一种定量化的职位评价方法。要素计点就是选取若干关键性的薪酬要素，并对每个要素的不同水平进行界定，同时给各个水平赋予一定的分值，这个分值也称为“点数”，然后按照这些关键的薪酬要素对职位进行评估，得到每个职位的总点数，以此决定职位的薪酬水平。

要素计点法实施的步骤如下。

（1）进行职位分析，并成立职位评价委员会。

（2）选择薪酬要素，并为这些薪酬要素建立起一个结构化量表。

（3）根据这个评估量表对职位在各个要素上的表现进行评估，得出职位在各个要素上的分值，并汇总成总的点数，再根据总点数处在哪个职位级别的点数区间内，确定职位的级别。

例如，运用要素计点法进行职位评价的案例结果如表 3-10 所示。

表 3-10　要素计点法职位评价的案例结果

要　素	1 级	2 级	3 级	4 级	5 级	6 级	7 级
教育程度	15	30	45	60	75	100	
工作经验	20	40	60	80	100	125	150
责任复杂性	15	30	45	60	75	100	
接受的监督	5	10	20	40	60		
与他人接触	5	10	20	40	60	80	
秘密资料	5	10	15	40	60	80	
心理需要	5	10	15	20	25		
工作条件	5	10	15	20	25		
监督的特点	5	10	20	40		80	100
监督的范围	5	10	29	40	60	80	

第三节　公共部门职位分类管理

没有分类就没有管理。所谓分类，是指将具有一种或者一种以上性质类似的事物归纳在一起，并赋予其统一名称，以使其与其他事物相区别。在人事管理中，对于组织内众多的职位或工作同样需要进行分类定位以进行管理，即职位分类定位制度。职位分类是公共部门人力资源管理的一个基础性环节，在国外已经有近百年的历史实践，形成了比较成熟的知识内容和理论工具，职位分类的知识内容和理论工具对职位分类制度建设具有不可或缺的指导意义。

一、职位分类概念及理论概要

（一）职位分类的内涵及特征

1．职位分类的内涵

职位分类，不同学者有不同的解释，怀特说："公共部门人员分级是将政府官吏就其所任工作性质、内容和责任等作准绳的定义，顺序的排列、公平的估价，作为平等的待遇的根据。"狄特和墨克夫说："职位分级是机关中各种职位的分类记述，而这分类的记述是以相类的工作、责任和所需资格表明其彼此关系。"美国查尔斯·林德布洛姆认为："职位分类是将适合分类的各种职位，按照工作性质、难易程度、责任大小和所需人员的任职资格条件加以分类，并制定职位说明书，作为公共部门人员录用、考核、培训、晋升以及确定其工资福利待遇的依据，以此加强对公共部门人员的管理和控制行政费用。"

不同学者对分类对象也存在不同的看法，有的学者认为分类对象是"人"，即公共部门人员，职位分类就是对公共部门人员进行分类。我们认为，分类的对象是"职位"而非"人"，职位分类是公共部门人员职位的有序化过程。

所谓职位分类，就是按照职位的工作性质、难易程度、责任大小和所需资格条件的不同，把所有职位从纵横结构上划分出不同的类别和等级，在横向结构上按照工作性质的不同而划分为若干职系、职组、职门，纵向结构上根据难易程度、责任大小、所需资格条件的不同而区分为若干职等和职级，从而形成有序的职位类别和等级体系。

2．职位分类的基本特征

职位分类具有以下几个基本特征。

（1）以事为中心，职位分类主要是因事设职，因事择人，因事定级和因事给薪。即按照工作性质、责任、难易程度和任职资格条件的异同，把众多职位在横向结构上区分为不同的职门、职组、职系，在纵向结构上划分为若干职等和职级，由此确定职位在职位分类结构中所处的位置，进行品评归级，从而达到分类管理的目的。

（2）注重工作人员的专业知识和技能。不同于品位分类对通用资格条件的强调，职位分类更注重任职者具备的某一领域的特殊知识或技能。

（3）"官等"和"职等"合一。强调职位本身的特点和要求，人随职位走，任职者的职位流动影响其职务级别和工资级别的变动。

（4）严格的功绩制。主要以工作实绩为标准，并且以此来决定工作人员的职务升降、奖惩、培训、辞退等。

（5）职位分类本身不是目的，而只是人事管理的一种科学方法，旨在通过实行科学的分类，以提高管理效能和水平。

（二）职位分类的程序

职位分类是一项复杂的技术过程，一般包括职位调查、职位分析、职位分类和职位归级四个基本环节。

1．职位调查

职位调查是指以调查的方法获取现有职位的工作内容与职责权限等状况的各种数据资料，其涉及以下三方面信息。

（1）职位本身的性质和特点，如职位的工作性质、业务状况、职务和责任、所需资格条件等。

（2）职位的联系状况，如职位所处环境、职位与其上下级职位之间的关系、工作流程等。

（3）职位调查的其他信息，如相关法规、预算等。职位调查信息可以通过填写职位调查表或个别访谈来获取，也可从有关组织规程、办事细则、工作计划以及其他有关刊物中收集。

2．职位分析

职位分析是职位分类的前提，是职位管理的基础，是在机构职能确定的前提下，为撰写职位说明书而收集、整理和分析有关职位的工作、职责、所需资格条件等方面资料，从而使职位得以清晰出现的过程。职位分析的理论基础是“科学管理之父”泰勒创立的基于时间动作研究的职位分析方法，它假定每个职位均能在组织中（组织图）得到合理安置（横向的和纵向的）。该职位分析方法给企业的组织管理实践注入了活力，大大提高了劳动生产率，后来逐渐发展成职位分析方法，引入政府职位分类中并取得成功，充分说明职位分析是一种科学方法。职位分析的基本程序为：对收集的职位信息进行整理和核对，对职位的数量、类别、内容及其内在的联系，通过比较、分类和综合等分析技术，进行系统分析和综合评定，由此归纳和总结出有关职位的主要成分和关键因素。

3．职位分类

职位分类是在职位调查和分析的基础上，根据基本分类因素的比较，对职位进行区分职系、划定职级和职等的过程，包括横向分类和纵向分级。职位横向分类是指将工作性质充分相似的职位归入同一职系。区分职系是一个由粗到细、由远及近的划分过程，区分职系之前还要对“职门”和“职组”进行划分。例如，将职位分为“行政执法职门和专业技术职门”，再将“行政执法职门”分为一般行政、综合行政、人事行政等职组，最后将综合行政职组划分为计划行政、统计行政、政策法规行政等职系。职位的纵向分级包括区分职级和等级。凡工作性质、难易程度、责任轻重及所需资格条件充分相似的职位便可归入同一职级，凡是程度相当的各职系的职级归入同一职等。职级和职等的划分，使人事工作处理更准确、公平和简化，也有利于实现同工同酬。

4. 职位归级

职位归级是指依据一定的程序，将职位归入适当的职系及职级、职等的过程，具体而言，是将职位说明书中工作项目、所需技能等有关内容，与职系说明书相关内容进行比较，确定该职位所属职系，然后按照职位说明书中工作描述、工作职能、工作标准等内容，与该职位所属职系的职级规范相比较，决定该职位所属职级和职等。

二、国外公务员职位分类管理制度的演变及启示

公务员分类管理，是指按照特定标准、方法和程序，将公务员或其职位分为不同类型，划定为不同层次与等级，以确定公务员的职务与级别，赋予公务员相应的权利、责任与义务，并为公务员职务任免与升降、考核、培训教育、交流与回避、辞职、辞退、退休、工资、保险、福利等制度提供必要的依据。按照分类标准的差异，公务员分类管理可分为公务员品位分类制和公务员职位分类制。品位分类制是以人为中心的公务员分类管理制度，职位分类制是以事为中心的公务员分类管理制度，二者各有利弊。自19世纪中后期以来，英国、美国不断探索、改进、完善公务员分类管理制度。自《中华人民共和国公务员法》实施以来，中国公务员职位分类管理制度改革进展顺利，但也存在一些问题。有必要结合中国公共部门人力资源管理特点，学习和借鉴美英公务员分类管理制度的有益经验，推进中国公务员职位分类制度改革。

（一）美英公务员分类管理制度的演变历程

1. 美国：公务员职位分类制

（1）萌芽时期：1838—1922年。公务员职位分类制度始创于美国。1838年，美国参议院通过议案，要求以工作性质、职责、所需资格条件对公职人员分类，据此确定薪酬。1853年，美国国会通过分级法案，将联邦财政部、内政部、海军部、陆军部、邮政部等5部的700名秘书官划分为适用于不同的薪酬标准的主任秘书官、副主任秘书官、秘书官、助理秘书官等4类职位。1883年，美国国会颁布《彭德尔顿法案》，确立了实行同工同酬的功绩制原则。1886年，美国众议院“吏治革新委员会”重申1853年分级法案，要求同工同酬。随着倡导“职位分析”“工作评价”的科学管理运动的推进，职位分类理念深入人心，并被逐渐运用到政府部门。1896年，美国联邦文官委员会在工作报告中呼吁实行以职务和责任为基础的职位分类制度。1905年，美国总统西奥多·罗斯福设立“部务规程委员会”，致力于研究工作评价和职位分类。1907年，西奥多·罗斯福下令设立“职级薪酬委员会”，专门处理职位分类与公务员薪酬等事宜，并于1908年向国会提交关于公务员统一分类与工资评估的报告。

芝加哥、费城、奥克兰、洛杉矶、匹兹堡、俄亥俄、克里弗兰、纽约等地方政府的职

位分类实践推动了联邦政府职位分类制度的发展。早在1905年，芝加哥市政府就率先确认公务员职位分类原则，即“基于职位分析对职位分类定级，处于同等职位的任职者获得的薪酬一致”。芝加哥市文官委员会制定了公务员职位分类管理方案，并于1911年正式实施公务员职位分类制。1919年，美国国会成立“薪金分类调整联合委员会”，致力于设计职位分类系统，并于1920年向国会提交关于地方政府职位分类实践的调查报告。

（2）发展时期：1923—1977年。1923年，美国国会颁发《联邦政府职位分类法》，成立“联邦人事分类委员会”。该法按照同工同酬等原则，在职务、责任、任职资格条件基础上将美国公务员职位分为5职类，共44职等。1923年的《职位分类法》历经1928年、1930年两次修订，进一步确立分等标准，扩大职位分类范围。1931年，联邦政府调整公务员职位分类结构，分为7职类、81职等、1 633职级。1932年，美国撤销“联邦人事分类委员会”，将其权力转移至文官事务委员会。

1940年，美国国会授权总统将文官委员会的分类权力扩大至附加职位。1949年，美国国会颁布新的《职位分类法》，调整职位结构。按照新法案，美国公务员职位归纳为两大序列：一是一般职位序列（General Schedule，GS），包括专门与科学职务类，次专门职务类，事务行政与财政职务类。根据工作责任大小、难易程度、任职资格条件等，可将一般职位序列分为18职等。二是技艺、保护、保管序列（Grafts Protective Custodial Schedule，GPS），包括技艺与保管职务类，灯塔与仓库职务类，共10职等。本次改革细分职组与职系，划分为27职组（Position Group）、569职系（Position Series）。1954年，技艺与保管序列职位被取消，其部分职位并入“一般职位”序列，另一部分职位经文官委员会核准后作为不适用于职位分类法的例外职位。美国文官委员会于1958年将GS职位削减至23职组、524职系，于1965年再次削减至22职组、439职系。1967年，美国国会组织专门委员会调查职位分类制，美国国会按照报告建议成立“工作评价与报酬审核”专业小组，着手建立改进工作评价和职位分类分级的方法。1972年，文官委员会向美国总统提交报告，建议采用“因素分等法”修改职位分类。

（3）完善时期：1978年至今。随着1978年美国《文官制度改革法》的出台，联邦政府进一步调整公务员职位分类制度，确立了九条功绩制原则。此次职位分类制度改革的主要内容包括：一是构建相对独立的“高级公务员”序列（Senior Executive Service，SES），包括一般职务序列中的16、17、18职等，实行“级随人走”的相对独立的工资制度。二是改革高级公务员之外的一般职务序列的职位分类制度。简化职位分类结构、程序、标准，压缩职等、职组、职系，实行浮动工资制度，简化职位说明书。三是在部分中高级公务员中推行“绩效工资”（Merit Pay System）。对GS序列12～15职等的公务员，自1981年10月1日起，不再根据其工作年限进行等内加薪，而是根据其工作实绩和绩效考评成绩进行加薪，并酌情颁发奖金。

1993年9月7日，戈尔副总统向克林顿总统提交题为《从红头文件到追求结果：产生一个工作更好、花钱更少的政府》的系列报告，其中包含题为《重塑人力资源管理》（Reinventing Human Resources Management）的子报告。该报告在“改革一般职务和基本薪酬制度”部分，提出五项改革措施。与公务员职位分类制度有关的措施包括：一是废除15职等的分类标准；二是授予联邦政府各行政机构职位分类决策权，免除联邦政府人事管理总署对分类的评估和审批权；三是简化标准的分类制度。通过减少工作种类数量、分类标准、分类程序等措施，简化职位分类制度，赋予行政机构和一线管理者更大的职位分类自主权，保持职位分类的弹性和灵活性。按照是否适用于功绩制原则，可将美国政府雇员分为两类：一是适用于功绩制、职位分类制度的政府雇员，包括公开竞争性考试人员（常任文官）；非公开竞争性考试人员（专业技术性）；免试人员（劳工、机要人员、临时工、政策制定者、非考试录取者）。二是不适用于功绩制、职位分类制度的政府雇员，包括民选官员（如总统、副总统、州长等）；特殊委员会委员；部长、副部长、次长等（需经总统提名，参议院同意后任命）；聘任制专家。不适用于职位分类制的人员具体涉及高级行政职位官员、外交官、邮政人员、警察、教师、保密人员、退伍军人机关职员、情报人员等。

按照职业划分，可将美国政府雇员的职业主要分为白领、蓝领职业，适用于不同的职位分类和报酬系统：一是白领职业（White Collar Occupation）。白领职业按照工作内容、难易程度、责任大小、任职资格条件等标准，可以分为专业类、行政类、技术类、文秘类和其他类（即不能划入以上四类的混合白领职业）。绝大部分白领职业职员适用于一般职务序列（GS）及其报酬系统。目前，美国白领职业职员所适用的一般职务序列（GS）中，共分为23个职组，420个职系。二是蓝领职业（Trades and Labor Occupation）。蓝领职业职员，由从事贸易、技艺和体力劳动的不熟练工、半熟练工和熟练工组成。绝大部分蓝领职业职员适用于联邦薪酬系统分类及其报酬系统（Federal Wage System）。蓝领职业职员所适用的联邦薪酬系统职务分类序列中，包括36个工作簇（Job Families）和250种具体职业。

2．英国：公务员品位分类制

（1）萌芽时期：1805—1869年。英国公务员分类管理属于典型的品位分类制。英国最早划分政务官和事务官。1700年，英国《吏治澄清法》规定：“凡是接受皇家薪俸和年金的官吏，除各部大臣和国务大臣外，均不得为议会下院议员。”1805年，英国财政部设立常务次官，到1830年，政府各部门都设立常务次官。1854年，《关于建立英国常任文官制度的报告》建议设立常任文官制度，将政府文官分为高级和低级两类，由于受到保守势力的反对，该报告中关于文官分类的主张并未落实。1855年，英国颁发《关于录用王国政府文官的枢密院令》，决定成立“文官事务委员会”，审查初任的低级文官资格。1860年，斯坦利委员会建议根据公务员学历划分高级事务官（受过高等教育）和低级事务官（未受过高等教育），低级事务官是永远不能晋升到高级事务官的，并按工作性质将文官分类。

（2）发展时期：1870—1967年。1870年英国枢密院颁布法令，将全部文官分为第一等级文官和第二等级文官两等级，第一等级文官必须具备大学学历，第二等级文官无学历限制，但永远不能升入第一等级文官序列。根据泼莱藩委员会的建议，英国政府于 1876 年颁发枢密院令，裁减第一等级人员数量，将第二等级文官分为成年级和学童级，增设抄写级。1890 年，根据理德利委员会的建议，英国政府调整第一等级和第二等级的划分办法，限制第一等级人员的数量，并将第二等级人员划分为 3 级别。

1906 年，英国财政部要求在第一等级文官和第二等级文官之间增设中间级（执行级）。1914 年，英国公务员分类管理体系初步形成。1920 年，根据麦克唐纳委员会和格莱斯顿委员会的建议，英国将三级文官序列改为四级，即行政级（原第一等级）、执行级（原中间级）、文书级、助理文书级。1931 年，英国增设科学官员职类、科学助理职类。1945 年，全国统一将文官分为一般行政人员（包括行政级、执行级、文书级、助理文书级）和专业技术人员。

“二战”后，英国政府调整公务员职位分类制度，增加横向分类，增设专业技术职类。1950 年起，英国公务员分为以下类别：一类是工业人员、非工业人员。其中，工业人员包括 10 职类，涉及在国防部所属兵工厂和海军码头工作的人员、邮政系统工作人员、科研单位技术人员、环保部工作人员；非工业人员包括普通行政人员、专业技术人员、外交领事人员。普通行政人员包括行政、经济、情报、统计等职类，其服务条件由财政部统一规定，涉及行政级、执行级、文书级、助理文书级人员；专业技术人员分为科学（甲类）、技术（乙类）两类，服务条件由各部规定，包含法律人员、统计人员、科学人员、工务人员、医务人员、会计人员、邮政人员等。另一类是编制人员、非编制人员。编制人员享有退休金待遇。非编制人员为各部临时聘用的人员。

（3）改革、完善时期：1968 年至今。1968 年以前的英国公务员分类管理属于典型的封闭式品位分类制度，职类之间壁垒森严、不交叉，不能跨职类交流或晋升。随着经济社会的发展，以品位分类为主、注重“通才”、封闭型公务员分类管理制度难以适应社会分工和公共管理的要求。1968 年，富尔敦委员会发布《富尔敦报告》，尖锐地指出英国品位分类制度的缺点，建议改革僵化、繁琐、封闭的品位分类等级结构，建立公务员职位分类制度，实行基于功绩制的公开结构。按照《富尔敦报告》的建议，英国政府于 1971 年取消原有的等级结构，构建基于职位的公开结构。本次改革将公务员职位结构简化为职类、职组、职等三个层次，全国公务员统一为 10 职类、19 职组，每职组按照工作繁简难易、责任大小和所需资格条件不同分为不同职等。其中，10 职类为综合类、科学类、专业技术类、秘书类、社会保障类、培训类、法律类、警察类、调查研究类、资料处理类。各类职位包括若干职系、职级、职等。

20 世纪 80 年代以来，英国历届政府对英国公务员制度进行了大刀阔斧的改革，以精简结构，裁减冗员，促进职位公开结构扩大化，推动行政人员专业化，鼓励公务员横向、纵向流动。1982 年，英国政府增设“高级执行官一发展类”（Higher Executive Officer Development，HEOD）。1994 年，英国政府发布《英国文官制度的继续与变革》白皮书，建议成立高级公务员管理组织。1995 年，英国颁发《公务员管理法》，其中对高级公务员进行了规定："高级公务员包括各内阁部与执行机构的大多数职员。内阁部和执行机构可以设置高级公务员职位。而且，只要公务员的级别达到 7 级，就可以决定充任高级公务员职位的人选。"英国高级公务员（Senior Civil Service，SCS）包括常务次官、次官、副次官、主管、助理次官等职位的公务员。

（二）美英公务员分类管理制度的演变趋势

英国、美国公务员分类管理制度各有优缺点，适用于不同的行政环境和政治体制。20 世纪中后期，伴随着风起云涌的新公共管理改革浪潮，公务员分类管理制度发生了相应的变革。总体来说，公务员分类管理制度呈现以下发展趋势。

1．融合性

职位分类和品位分类相互交融作为公务员分类管理的两大类型，公务员品位分类制和职位分类制各有长短。品位分类制以"人"为中心，强调人在事先，因人设职；职位分类制以"事"为中心，强调"事在人先"，因职择人。二者的有机整合，促进了公务员分类管理的人、事互动，不仅有助于构建科学、规范、严谨的标准化公共职位体系，也有助于选拔、培养和造就高技能专业化公共管理人才队伍。20 世纪中后期以来，公务员职位分类制、品位分类制呈现相互融合、互通有无、取长补短的趋势。如以公务员品位分类制为主导的英国，自《富尔顿报告》实施以来，吸收和借鉴了美国公务员职位分类制度的特质，引进了以职位、职务、职级、职系、职组等为基本元素的公务员职位分类方法和技术，构建起职位分类、品位分类相融合的公务员分类管理制度。以公务员职位分类制为主导的美国自 1978 年《文官制度改革法》颁发以来，借鉴英国品位分类制的经验，基于"功绩制"原则设立"高级行政职位"，实行"级随人走"的品位分类方法。

2．由繁至简

综观美国、英国的公务员分类管理制度的发展历程，不难发现，公务员分类管理的规则、标准、程序、等级等日益简化。如美国政府自 1923 年实施统一的公务员职位分类管理以来，不断归并公务员的职类，削减职组、职系，压缩职等、职级，简化分类规则、标准和程序，公务员职位分类制度日益明晰、简洁、规范。美国政府于 1980 年启动公共职位分类制度简化实验，"实验的目的在于简化分类结构"，将 18 职等简化为 5 职等，职系、职级、录用程序、工资体系等也进行了简化。"重塑政府"改革期间，在国家绩效评估委员会的指导下，美国联邦人事管理署废除了将近 10 000 页复杂、繁琐的联邦人事手册，以及无所不包、令人厌烦的联邦政府人事履历表等繁文缛节。英国在新公共管理运动过程中，随着雷纳评审、伊布斯评审、公民宪章运动、以竞争求质量运动等改革的推进，以及部长规章信息系统、财务管理信息方案的实施，3E 原则（经济、效率、效能）在公务员分类管理中体现得淋漓尽致，大量设置"执行机构"，部分繁琐复杂的人事管理规章制度被废除，公务员

分类管理规则、程序、标准日益简化。

3．分权化

下放分类管理权力，增加弹性空间集权还是分权，这是公务员分类管理面临的一大难题。总体来说，自 19 世纪中后期以来，英国、美国公务员分类管理权力配置基本上走过了“分权—集权—分权”的历程。公务员分类管理权力配置与调整，与各国的政治制度、行政制度以及公务员管理体制息息相关。例如，实施部外制公务员管理体制的美国，在 19 世纪末 20 世纪初期，因公务员职位分类管理处于探索阶段，致使分类管理权力分散，地方政府、各部门自主设置职位；随着 1923 年《联邦政府职位分类法》的实施，美国政府逐步构建了统一、完备的公务员职位分类管理体系，公务员职位分类管理权限逐步集中在中央公务员管理机构“联邦文官委员会”；20 世纪三四十年代，美国公务员职位分类权力逐渐分散，富兰克林·罗斯福、杜鲁门总统先后发布行政命令，要求分散联邦政府的职位分类、晋升等方面的人事管理权力；1949 年新《职位分类法》实施后，公务员职位分类管理分权力度加大，联邦政府将 1～15 职等中下级行政人员管理权限授予各部门；1978 年《文官制度改革法》实施后，美国联邦人事管理署进一步将一般公务员职位（GS 序列）分类管理权力下放到政府部门及其行政主管，并鼓励和支持地方政府、行政机构开展公务员分类管理试点。

1989 年，美国全国公职委员会建议联邦人事管理署应该向联邦政府所属的机构和部门分权，“人事管理灵活性和适应性的要求同持续的集权是严重对立的，应当考虑允许将权力下放到机构”。“重塑政府”运动过程中，美国联邦人事管理署将大量人事管理权力（包含分类管理权）分散至政府机构。英国政府自《关于建立英国常任文官制度的报告》公布以后，通过持续的公务员分类管理改革探索，颁发了一系列枢密院令，于 20 世纪初构建了集中、统一的分类管理制度；自《富尔顿报告》实施以来，伴随着新公共管理运动的推行，英国公务员分类管理权力也逐渐下放；1996 年以来，英国中央政府的公务员管理体制改革，大部分一般公务员管理权限下放至政府各部门和地方政府，中央政府不再进行统一管理。

总体来说，美国、英国政府通过“放松管制，建立弹性化的管理制度”，实现了公务员分类管理权力分散化，在一定程度上增加了地方政府、各部门及其行政首长在职位设置、公务员招募、职务任免与升降、交流等方面的人事管理权限，有助于优化公共部门人力资源配置，提高人事管理效率。此外，在新公共管理浪潮中，美国、英国等西方国家通过引进“市场模式”和“宽带模式”等企业职位分类管理做法，并结合公共部门的实际情况，不断创新了公务员分类管理方法和技术。

4．“两官分立”

美国、英国等西方国家实行立法、行政、司法三权分立的政治体制，政务官、事务官“两官分立”。政务官是西方国家政党政治的产物，经由政治选举或政治任命而产生，对选民、议会、政党和政治领导人负责，与政党和内阁共进退。事务官保持政治中立，长期任职，不与政党和内阁共进退。“两官分立”在一定程度上有助于增强西方国家公务员队伍的稳定性、持续性、廉洁性，并有利于提升公共管理效能、效率。

5．让管理者管理

20 世纪中后期，随着新公共管理运动的推行，美国、英国等西方国家纷纷设立高级行政职位。奉行“管理主义”的新公共管理运动基于公共选择理论、委托代理理论、交易成本理论，“让管理者管理”成为新公共管理的重要特质，高级行政官拥有充分、积极、显著的自由裁量权。高级行政官与政府部长签订绩效合同，对部长负责，基于功绩制原则获取绩效薪酬，实施绩效管理。随着 1978 年《文官制度改革法》的实施，美国“摈弃将政治从行政中分离出去的传统主张，强调行政不回避政治”，在政务官之下、普通文官之上设置高级行政职位（Senior Executive Service，SES）。按照任职方式，美国高级行政职位可以分为职业任命（Career Appointments）、非职业任命（Non-career Appointments）、限期任命（Limited Term Appointments）、限期紧急任命（Limited Emergency Appointments）四种职位。英国于 1982 年设“高级行政官—发展类”（Higher Executive Officer Development，HEOD）。随着 1988 年《改进政府管理：下一步行动方案》的实施，英国政府开展大刀阔斧的“执行机构”改革，政府各部通过绩效合同强化对高级行政官的绩效管理。上级主管部门基于“政策与资源框架文件”对高级行政官适度控制，高级行政官享有充分自主管理权。

6．开放性

公务员职位结构由封闭至开放长期以来，层级节制的传统官僚制组织的不同部门、职位之间壁垒森严，每一职位都有明确的职责、任务、任职资格条件。公务员的职务、级别晋升机会渺茫，跨职类、跨部门、跨地区公务员流动机制不畅，公务员职业生涯发展通道狭窄，尤其是专业技术人员的发展受到抑制。以品位制为主导的英国公共职位结构经历了“由封闭型逐步转为开放型”的发展历程，公共职位的开放性不断增强。例如，按照 1870 年英国枢密院令，第二等级文官永不能升入第一等级文官序列；1890 年，根据理德利委员会（Ridley Committee）的建议，符合条件的第二等级公务员 8 年后可以晋升到第一等级；1968 年《富尔敦报告》主张构建公共职位公开结构，所有职位面向所有具备任职资格条件者开放；布莱尔政府在《公务员制度改革：服务提供与价值》中，倡导公务员各层次对外开放。

目前，英国所有非工业类公务员职位实行公开结构。以职位分类制度为主导的美国政府虽然早在 20 世纪初就构建了严密、规范的公务员职位分类体系，但公共职位的开放度有限；随着 1978 年美国《文官制度改革法》的实施以及高级行政职位的设置，美国公共职位的开放性大大增强。总体来说，美国、英国公共职位的开放性日渐增强，公务员的任职资格条件日益宽松，同一职类、职组、职系的公务员晋升、交流渠道日益畅通，也为不同职类、职组、职系的公务员拓宽了交流渠道。

（三）美英公务员分类管理制度对中国的启示

1．完善职务与级别相结合的分类管理制度

按照《中华人民共和国公务员法》，“国家对公务员实行分类管理，提高管理效能和科学化水平”。与美国、英国等西方国家相比，中国公务员分类管理制度发展历程相对短暂，分类管理形式单一，职务与级别序列有待规范。因此，有必要结合中国公共部门人力资源特点，构建符合中国国情的以职位分类为主、品位分类为辅的公务员分类管理体系。中国实行公务员职位分类制度，应将公务员职位类别按照公务员职位的性质、特点和管理需要，划分为综合管理类、专业技术类和行政执法类等类别。国家根据公务员职位类别设置公务员职务序列，公务员职务分为领导职务和非领导职务。在实施《综合管理类公务员非领导职务设置管理办法》的同时，探索行政执法类、专业技术类公务员职位分类制度，构建适应不同公务员类别、职务与级别相结合的公务员分类管理制度。

2．简化公务员分类管理规则、标准、程序，规范职位说明书

“精简、统一、效能”是中国行政体制改革的基本原则，也是中国公务员分类管理的基本要求。与美国、英国等西方国家相比，中国公务员职位分类法制化建设相对滞后，分类管理的方法、规则、技术、标准、程序有待改进，职组、职系、职等、职级有待规范，公务员职位说明书有待健全。当前，中国有必要基于《中华人民共和国公务员法》《公务员职务与级别管理规定》，根据中国公务员的结构和职位类别，结合综合管理类、专业技术类、行政执法类公务员的职位特点和工作性质，科学、合理地设置不同职类公务员的职位、职组、职系、职等、职级。有必要整合相关职位分类管理法规、政策，构建规范、统一的《中华人民共和国公务员职位分类法》。随着干部人事制度改革的推进，中国可适度简化公务员职位分类的结构、标准和程序。按照《中华人民共和国公务员法》的要求，适时修订《国家公务员职位分类工作实施办法》，明确、规范公务员职位名称、职位代码、工作项目、工作概述、所需知识能力、转任和升迁的方向、工作标准等相关内容。

3．适度下放公务员分类管理权限，增加分类管理的灵活性

改革开放以来，随着社会主义市场经济体制的发展和干部人事制度、政府机构改革的推进，中国原有的高度集中统一的公务员管理权限逐渐分散，公务员职位分类管理权限也适度下放。中国公务员职位分类管理权限分散化体现在以下几个方面：一是中央综合性公务员管理机构向中央各部委、地方政府授予公务员职位分类管理权力；二是地方各级综合性公务员管理机构向本级政府部门授予公务员职位分类管理权力；三是各级政府部门向直属的下一级机关授予公务员职位分类权力。《中华人民共和国公务员法》实施前后，中国在一些地方政府、工作部门试点公务员职位分类制度改革，以积累经验，完善公务员职位分类制度。例如，自 2008 年起，深圳开展公务员职位分类改革试点，将全市公务员职位归入综合管理类、专业技术类和行政执法类。2010 年 5 月 17 日，福建省交通运输厅厅务会议审

议通过《关于职位分类管理规范权力运行的工作方案》，该单位的公务员职位分类管理改革工作稳步推进。当前，有必要在中央综合性公务员管理机构的宏观调控、指导、监督下，允许和鼓励各部委、地方政府及其工作部门根据部门和地方特点、工作性质、行政职能、服务对象等因素开展公务员职位分类改革。

4．坚持党管干部、德才兼备、任人唯贤原则，不搞政治中立

按照《中华人民共和国公务员法》，中国公务员制度坚持党管干部原则；公务员的任用坚持任人唯贤、德才兼备的原则，注重工作实绩。中国是人民民主专政、议行合一的社会主义国家，实行中国共产党领导下的多党合作和政治协商制度。中国公务员管理遵循“党管干部”原则。具有中国特色的社会主义政治制度、政党制度决定了中国当前不能照搬西方国家所实施的政务官与事务官“两官分立”的做法，公务员不能“政治中立”。当前，有必要按照《中华人民共和国公务员法》《党政领导干部选拔任用工作条例》《2010—2020 年深化干部人事制度改革规划纲要》等法规、政策，坚持党管干部、德才兼备、任人唯贤原则，推进中国干部人事制度改革。在完善党政领导干部选拔任用、考核、纪律、监督、交流与回避、辞职等制度的同时，重点推进中国公务员职位分类、考试录用、职务任免与升降、奖惩、工资保险福利、交流与回避等制度改革。

5．探索政府雇员制，加大聘任制公务员改革的力度

美英等西方国家高级行政职位设置对中国政府雇员制改革和发展具有一定的借鉴意义。目前，中国尚无统一、规范的政府雇员管理办法、条例。近年来，吉林、扬州、深圳、长沙等地相继试点政府雇员制，探索具有中国特色的“高级行政官”。例如，2002 年 6 月出台的《吉林省人民政府雇员管理试行办法》指出：“政府雇员是省政府根据全局性工作的特殊需要，从社会上雇佣的为政府工作的法律、金融、经贸、信息、高新技术等方面的专门人才。”结合中国公共部门人力资源现状，可适时归纳、总结各地试点经验，由国家公务员局制定和实施政府雇员管理办法、指导方针，重点规范政府雇员的任职范围、资格条件、职位、职类、职等、职级、绩效管理、薪酬保险福利待遇、劳动争议仲裁、辞职辞退、奖惩等相关内容。

6．完善公务员职务任免与升降、交流等制度，提升公共职位开放性

美国、英国等西方国家致力于构建公共职位的公开结构，促使公务员有序流动。按照《中华人民共和国公务员法》，公务员的管理，坚持公开、平等、竞争、择优的原则，依照法定的权限、条件、标准和程序进行。近年来，随着中国公务员职位分类制度的发展，中国公共职位结构的开放性不断增强，公务员的职务晋升渠道日益多元化，公务员在不同地区、部门、职位之间的流动日益频繁。当前，有必要进一步完善公务员职务任免与升降、交流、辞职与辞退等制度改革，推动公共管理工作丰富化、扩大化，拓宽公共职位交流空间。同时，在深化综合管理类、行政执法类公务员职位分类制度改革的同时，有必要加大专业技术类公务员职位分类制度改革，鼓励专业技术类公务员合理、有序流动。

三、我国公务员职位分类制度的演变

（一）我国建立公务员职位分类管理制度的历史背景

新中国成立之初，我国的干部都是由中央及各级党委组织部门统一管理。从1953年开始，逐步建立了在中央及各级党委统一领导下、中央及各级党委组织部统一管理的“分部分级”干部管理模式。所谓“分部”，是指干部的归口管理，按不同的部门或行业划分管辖范围，将全体干部划分为九类，由中央统一领导，各级党委分别管理。所谓“分级”，是指中央和地方各级党委分管各级干部的层次，按1953年的中央决定，各级党组织管理的范围是党政机关下属两级机构中担任主要领导职务的干部。这种干部管理模式是在革命战争年代干部制度的基础上形成的，它适应过去高度集中统一的计划经济时代，曾在我国的社会主义革命和社会主义建设中起到了积极作用。但这种干部管理模式有两大缺陷：首先，干部划分没有体现出工作难度、责任和任职资格的差别。从形式上看，这种管理模式具备横向和纵向的划分结构，但其中横向的划分并没有区别不同性质的工作职位，纵向上也仅仅是部门管辖上的分工，没有体现出工作难度、责任和任职资格的差别。其次，国家干部的概念笼统，外延广泛，导致公务员管理混乱。“干部”一词是我国在革命战争年代，从国外引进的、泛指当时投身革命、参加革命组织、从事革命活动并负有一定职务的人员。新中国成立后，“国家干部”的概念笼统，没有一个科学的界定和确切的内含，凡是拿国家工资的人员，除了工人以外都是国家干部，如党和国家机关的工作人员、群众团体的工作人员、企事业单位的管理人员和各类专业技术人员都是国家干部，甚至于运动员、教练员、演员、医院护士、警察、打字员等都成了国家干部。对于这样一支极其庞杂的干部队伍，没有根据人员的工作性质和工作特点以及人员成长的规律来科学地分类和管理，而是不加区别的用一种办法去管理，从而造成我国公务员管理模式和管理制度的单一、封闭、僵化，甚至混乱。为了改变我国公务员管理制度乃至整个人事管理制度的混乱状况，党的十三大报告指出，要进行干部人事制度改革，要对“国家干部”进行合理分解，改变集中统一管理的现状，建立科学的分类管理体制，改变用党政干部的单一模式管理所有人员的现状，形成各具特色的管理制度。同时党的十三大报告还正式确定，在我国建立和推行国家公务员制度。公务员职位分类是推行国家公务员制度的重要基础工作。是公务员管理的基础，为公务员考试录用、考核奖惩、升迁、工资等各项人事管理工作提供客观依据。因此，我国的公务员职位分类制度与国家公务员制度是同时起步建立和实施的。

（二）我国公务员职务分类管理制度的演变

我国公务员职位分类制度的建立和推行始于20世纪80年代，其演变至今经历了三个时期。

第一时期：《国家公务员职位分类暂行规定》的制定和职位分类制度的试点阶段，即1987—1992年。1987年，党的十三大会议上正式确定，在我国建立和推行国家公务员制度。因为公务员职位分类是推行国家公务员制度的重要基础工作，是公务员管理的基础，所以我国的职位分类制度与国家公务员制度同时起步。这一阶段，国家人事部内部专设“职位职称司”，主要负责作为国家公务员制度基础的职位分类制度的研究和设计工作。人事部组织了一批专家、学者，广泛搜集了国外实施职位分类的资料，充分比较了职位分类与品位分类的利弊，论证了职位分类在我国实施的意义和可行性，确立了我国推行职位分类的指导思想，设计出了相对成型的公务员职位分类体系。1990年5月，人事部制定了《国家公务员职位分类暂行规定》。然而，由于种种原因（如这一设计过于“理想化”等），暂行规定最终没有成为法律，相对完善的职位分类体系也未被付诸实施。但它为我国公务员职位分类制度的制定、实施积累了经验，如我国的职位分类制度从一开始就吸收了品位分类的一些因素，职等（级别）不仅仅只是职位的级别，而且既体现职位的等级，也体现职位上“人”的级别，一个职位对应多个职等。这一设计逐渐演变成为后来制度中“职务与级别的对应关系”。

此外，这一阶段也进行了职位分类制度的试点工作，从1989年开始，国家审计署、统计局、环保局、建材局、税务局、海关总署共6个国务院部门和哈尔滨市、深圳市两个地方政府陆续开展了职位分类的试点工作。试点的具体内容包括职位调查、分析评价、列等归级、拟定规范。职位分类制度试点的选择和国家公务员制度的试点是一致的。

第二时期：《国家公务员暂行条例》阶段的公务员职位分类制度，即1993—2005年。1993年4月24日，国务院第二次常务会议讨论通过了《国家公务员暂行条例》（以下简称《暂行条例》），自1993年10月1日起施行。《暂行条例》的颁布标志着我国政府机关人事管理有了一个基本依据。该条例中，我国公务员职位分类制度设计的内容是：在划分领导职务和非领导职务的前提下，职务等次和级别共同组成我国公务员分类制度的结构体系。具体来说就是以是否承担领导职责为职务类型划分的依据，把公务员职务分为领导职务和非领导职务，并规定了公务员的等级序列，明确了职务与级别的对应关系。领导职务序列分为十个层次，非领导职务序列分为八个层次。领导职务和非领导职务序列都对应统一的级别序列。职务与级别的对应采取“一职数级，上下交叉”的方式，如表3-11所示。虽然《暂行条例》明确规定，国家行政机关实行职位分类制度，但实际上，这个时期的公务员职务与级别制度没有根据职位进行分类，也没有职位类别的划分，这是一种没有职位类别区分的简单职务分类。

第三时期：《中华人民共和国公务员法》颁布实施至今的我国公务员职位分类制度，即2006年以后。2005年4月27日，十届全国人大常委会第十五次会议审议通过了《中华人民共和国公务员法》（以下简称《公务员法》），自2006年1月1日起施行该法。该法按照公务员职位的性质、特点和管理需要，横向把公务员职位划分为三个类别：综合管理类、专业技术类和行政执法类。综合管理类是指除专业技术类和行政执法类以外的公务员职位类别。专业技术类是指机关中承担专业技术职责，为实施公共管理提供直接的技术支持和保障的公务员职位类别。行政执法类是指在工商税务质检环保等履行社会管理与市场监管职能的行政执法部门的基层单位的行政执法职位中设置的公务员职位类别。在此基础上，《公务员法》纵向设置两个类型的职务序列，也就是依据公务员是否担任领导责任，把公务员分为领导职务和非领导职务两个类型。公务员领导职务的职务层次包括十个领导职务层次，即国家级正职、国家级副职、省部级正职、省部级副职、厅局级正职、厅局级副职、县处级正职、县处级副职、乡科级正职、乡科级副职。非领导职务在厅局级以下设置，分为八个职务层次，即巡视员、副巡视员、调研员、副调研员、主任科员、副主任科员、科员、办事员。

表 3-11 公务员职务与级别制度

领导职务序列		非领导职务序列	对应级别
总理			1
副总理	国务委员		2～3
部级正职	省级正职		3～4
部级副职	省级副职		4～5
司级正职	厅级正职	巡视员	5～7
司级副职	厅级副职	助理巡视员	6～8
处级正职	县级正职	调研员	7～10
处级副职	县级副职	助理调研员	8～11
科级正职	乡级正职	主任科员	9～12
科级副职	乡级副职	副主任科员	9～13
		科员	9～14
		办事员	10～15

此外，根据《公务员法》和《公务员职务与级别管理规定》，我国的公务员既有职务，又有级别，公务员的职务对应相应的级别，职务和级别的关系是“一职数级，上下交叉”。根据《公务员职务与级别管理规定》，公务员级别由低至高依次为二十七级至一级。公务员领导职务层次与级别的对应关系是：（1）国家级正职：一级；（2）国家级副职：四级至二级；（3）省部级正职：八级至四级；（4）省部级副职：十级至六级；（5）厅局级正职：十三级至八级；（6）厅局级副职：十五级至十级；（7）县处级正职：十八级至十二级；（8）县处级副职：二十级至十四级；（9）乡科级正职：二十二级至十六级；（10）乡科级副职：二十四级至十七级。副部级机关内设机构、副省级市机关的司局级正职对应十五级至十级；司局级副职对应十八级至十二级。综合管理类公务员非领导职务与级别的对应关系是：（1）巡视

员：十三级至八级；（2）副巡视员：十五级至十级；（3）调研员：十八级至十二级；（4）副调研员：二十级至十四级；（5）主任科员：二十二级至十六级；（6）副主任科员：二十四级至十七级；（7）科员：二十六级至十八级；（8）办事员：二十七级至十九级。副部级机关内设机构、副省级市机关的巡视员对应十五级至十级；副巡视员对应十八级至十二级。

本章小结

本章第一节介绍了公共部门职位管理的主要内容、意义等。第二节重点描述了公共部门职位管理的一般程序和方法，包括职位分析、职位设计与规范、职位检查、职位调整和职位评价。第三节介绍了公共部门职位分类管理，先对职位分类的概念、特征及原理做了详细描述，然后分别对国外以及我国的公务员职位分类管理制度的演变进行重点介绍。

思考与练习

（1）公共部门职位有哪些特殊性？其表现是什么？

（2）公共部门职位管理的一般程序是什么？

（3）公共部门职位分析的方法有哪些？

（4）我国公务员职位分类管理经历了怎样的演变？

（5）美英公务员分类管理制度对我国的启示是什么？

HR 测评 3-2

一个著名的测试

1. 你何时感觉最好?

（a）早晨；（b）下午及傍晚；（c）夜里

2. 你走路时是……

（a）大步的快走；（b）小步的快走；（c）不快，仰着头面对着世界；（d）不快，低着头；（e）很慢

3. 和人说话时，你……

（a）手臂交叠的站着；（b）双手紧握着；（c）一只手或两手放在臀部；（d）碰着或推着与你说话的人；（e）玩着你的耳朵、摸着你的下巴、用手整理头发

4. 坐着休息时，你的……

（a）两膝盖并拢；（b）两腿交叉；（c）两腿伸直；（d）一腿卷在身下

5. 碰到你感到发笑的事时，你的反应是……

（a）一个欣赏的大笑；（b）笑着，但不大声；（c）轻声的咯咯地笑；（d）羞怯的微笑

6. 当你去一个派对或社交场合时，你……

（a）很大声地入场以引起注意；（b）安静地入场，找你认识的人；（c）非常安静地入场，尽量保持不被注意

7. 当你非常专心工作时，有人打断你，你会……

（a）欢迎他；（b）感到非常恼怒；（c）在上两极端之间

8. 下列颜色中，你最喜欢哪一颜色？

（a）红或橘色；（b）黑色；（c）黄或浅蓝色；（d）绿色；（e）深蓝或紫色；（f）白色；（g）棕或灰色

9. 临入睡的前几分钟，你在床上的姿势是……

（a）仰躺，伸直；（b）俯躺，伸直；（c）侧躺，微卷；（d）头睡在一手臂上；（e）被盖过头

10. 你经常梦到你在……

（a）落下；（b）打架或挣扎；（c）找东西或人；（d）飞或漂浮；（e）你平常不做梦；（f）你的梦都是愉快的

现在将所有分数相加，再对照后面的分析

答案：

第 1 题：（a）2；（b）4；（c）6

第 2 题：（a）6；（b）4；（c）7；（d）2；（e）1

第 3 题：（a）4；（b）2；（c）5；（d）7；（e）6

第 4 题：（a）4；（b）6；（c）2；（d）1

第 5 题：（a）6；（b）4；（c）3；（d）5

第 6 题：（a）6；（b）4；（c）2

第 7 题：（a）6；（b）2；（c）4

第 8 题：（a）6；（b）7；（c）5；（d）4；（e）3；（f）2；（g）1

第 9 题：（a）7；（b）6；（c）4；（d）2；（e）1

第 10 题：（a）4；（b）2；（c）3；（d）5；（e）6；（f）1

【低于 21 分：内向的悲观者】：人们认为你是一个害羞的、神经质的、优柔寡断的，是需人照顾、永远要别人为你做决定、不想与任何事或任何人有关的人。他们认为你是一个杞人忧天者，一个永远看到不存在的问题的人。有些人认为你令人乏味，只有那些深知你的人知道你不是这样的人。

【21 分～30 分：缺乏信心的挑剔者】：你的朋友认为你勤勉刻苦、很挑剔。他们认为

你是一个谨慎的、十分小心的人，一个缓慢而稳定辛勤工作的人。如果你做任何冲动的事或无准备的事，你会令他们大吃一惊。他们认为你会从各个角度仔细地检查一切之后仍经常决定不做。他们认为你的这种反应一部分是因为你的小心的天性所引起的。

【31 分～40 分：以牙还牙的自我保护者】：别人认为你是一个明智、谨慎、注重实效的人。也认为你是一个伶俐、有天赋、有才干且谦虚的人。你不会很快、很容易和人成为朋友，但是一个对朋友非常忠诚的人，同时要求朋友对你也有忠诚的回报。那些真正有机会了解你的人会知道要动摇你对朋友的信任是很难的，但相等的，一旦这种信任被破坏，会使你很难熬过。

【41 分～50 分：平衡的中道】：别人认为你是一个新鲜的、有活力的、有魅力的、好玩的、讲究实际的、永远有趣的人；一个经常是群众注意力的焦点，但是你是一个足够平衡的人，不至于因此而昏了头。他们也认为你亲切、和蔼、体贴、能谅解人；一个永远会使人高兴起来并会帮助别人的人。

【51 分～60 分：吸引人的冒险家】：别人认为你是一个令人兴奋的、高度活泼的、相当易冲动的人；你是一个天生的领袖、一个做决定会很快的人，虽然你的决定不总是对的。他们认为你是大胆的和冒险的，会愿意试做任何事至少一次；是一个愿意尝试机会而欣赏冒险的人。因为你散发的刺激，他们喜欢跟你在一起。

【60 分以上：傲慢的孤独者】：别人认为对你必须“小心处理”。在别人的眼中，你是自负的、自我为中心的，是个极端有支配欲、统治欲的人。别人可能钦佩你，希望能多像你一点，但不会永远相信你，会对与你更深入的来往有所踌躇及犹豫。世界本来就是层层嵌套，周而复始；不以任何的意志而改变。

案例学习

Y 企业的职位评价

Y 企业是某省一家大型国有企业。近年来，在并购了几家小公司后，规模不断壮大，员工人数大量增加，众多的组织和人力资源管理问题也逐步凸显出来。由于并购，企业现有组织结构设置中存在因人设岗，部门或岗位职能重叠、交叉现象，部门之间、职位之间的职责与权限缺乏明确的界定，扯皮推诿的现象不断发生；有的部门抱怨事情太多，人手不够，任务不能按时、按质、按量完成；有的部门又觉得人员冗杂，人浮于事，效率低下。面对这样严峻的形势，人力资源部开始着手进行人力资源管理的变革，变革首先从进行职位分析、确定职位价值开始，职位分析、职位评价究竟如何开展、如何抓住职位分析、职位评价过程中的关键点，为企业本次组织变革提供有效的信息支持和基础保证，是摆在 Y 企业面前的重要问题。

首先，他们开始寻找进行职位分析的工具与技术。在阅读了国内目前流行的基本职位分析书籍之后，他们从中选取了一份职位分析问卷，作为收集职位信息的工具。然后，人力资源部将问卷发放到了各个部门经理手中，同时他们还在公司的内部网上也发了一份关于开展问卷调查的通知，要求各部门配合人力资源部的问卷调查。据反映，问卷在下发到各部门之后，却一直搁置在各部门经理手中，而没有发下去。很多部门是直到人力资源部开始催收时才把问卷发放到每个人手中。同时，由于大家都很忙，很多人在拿到问卷之后，都没有时间仔细思考，草草填写完事。还有很多人在外地出差，或者任务缠身，自己无法填写，而由同事代笔，此外，据一些较为重视这次调查的员工反映，大家都不了解这次问卷调查的意图，也不理解问卷中那些陌生的管理术语，何为职责，何为工作目的，许多人对此并不理解。很多人想就疑难问题向人力资源部进行询问，可是也不知道具体该找谁。因此，在回答问卷时只能凭借自己个人的理解来进行填写，无法把握填写的规范和标准。

一个星期之后，人力资源部收回了问卷。但他们发现，问卷填写的效果不太理想，有一部分问卷填写不全，一部分答非所问，还有一部分问卷根本没有收上来。辛苦调查的结果却没有发挥它应有的价值。与此同时，人力资源部也着手选取一些职位进行访谈。但在试着谈了几个职位之后，发现访谈的效果并不好。因为，在人力资源部，能够对部门经理访谈的人只有人力资源部经理一人，主管和一般员工都无法与其他部门经理进行沟通。同时，由于经理们都很忙，能够把双方的时间凑一块，实在不容易。因此，两个星期时间过去之后，只访谈了两个部门经理。

人力资源部的几位主管负责对经理级以下的人员进行访谈，但在访谈中，出现的情况却出乎意料。大部分时间都是被访淡人在发牢骚，指责公司的管理问题，抱怨自己的待遇不公等。而在谈到与职位分析相关的内容时，被访谈人往往又言辞闪烁，顾左右而言他，似乎对人力资源部这次访谈不太信任。访淡结束之后，访谈人都反映对该职位的认识还是停留在模糊的阶段。这样持续了两个星期，访谈了大概 1/3 的职位。人力资源部王经理认为时间不能拖延下去了，因此决定开始进入项目的下一个阶段——撰写职位说明书。可这时，各职位的信息收集却还不完全。怎么办呢？人力资源部在无奈之中，不得不另觅他途。于是，他们通过各种途径从其他公司中收集了许多职位说明书，试图以此作为参照，结合问卷和访谈收集到的一些信息来撰写职位说明书。

在撰写阶段，人力资源部还成立了几个小组，每个小组专门负责起草某一部门的职位说明书，并且还要求各组在两个星期内完成任务。在起草职位说明书的过程中，人力资源部的员工都颇感为难，一方面不了解别的部门的工作，问卷和访谈提供的信息又不准确；另一方面，大家又缺乏写职位说明书的经验，因此，写起来都感觉很费劲。规定的时间快到了，很多人为了交稿，不得不急急忙忙，东拼西凑了一些材料，再结合自己的判断，最后成稿。

最后，职位说明书终于出台了。人力资源部将成稿的职位说明书下发到了各部门，同时，还下发了一份文件，要求各部门按照新的职位说明书来界定工作范围，并按照其中规定的任职条件来进行人员的招聘、选拔和任用。但这却引起了其他部门的强烈反对，很多直线部门的管理人员甚至公开指责人力资源部，说人力资源部的职位说明书是一堆垃圾文件，完全不符合实际情况。于是，人力资源部专门与相关部门召开了一次会议来推动职位说明书的应用。人力资源部经理本来想通过这次会议来说服各部门支持这次项目，但结果却恰恰相反，在会上，人力资源部遭到了各部门的一致批评。同时，人力资源部由于对其他部门不了解，对于其他部门所提的很多问题，也无法进行解释和反驳。因此，会议的最终结论是，让人力资源部重新编写职位说明书。后来，经过多次重写与修改，职位说明书始终无法令人满意。最后，职位分析项目不了了之。

人力资源部的员工在经历了这次失败的项目后，对职位分析彻底丧失了信心。他们开始认为，职位分析只不过是“雾里看花，水中望月”的东西，说起来挺好，实际上却没有什么大用，而且认为职位分析只能针对西方国家那些管理先进的大公司，拿到中国的企业来，根本就行不通。原来雄心勃勃的人力资源部经理也变得灰心丧气，但他却一直对这次失败耿耿于怀，对项目失败的原因也是百思不得其解。

（资料来源：南方人才网，www.job168.com.）

讨论题：

1．你认为该Y企业为什么决定从职位分析入手来实施变革，这样的决定正确吗？为什么？

2．在职位分析项目的整个组织与实施过程中，该企业存在哪些问题？

第四章

公共部门人力资源选拔

本章关键词

- 选拔（Recruitment and Selection）
- 人力资源规划（Human Recourse Planning）

本章目标

- 了解公共部门人力资源选拔的目的及意义
- 熟悉公共部门人力资源选拔的程序
- 掌握公共部门人力资源选拔的方法

互联网资料

- http://www.mohrss.gov.cn/
- http://www.hrloo.com/

第一节　我国公共部门人力资源选拔概况

公共部门人力资源的选拔是系统性人力资源管理活动的基础性环节，是促进人力资源形成并增值的前提。

一、公共部门人力资源选拔的含义、目的和原则

（一）公共部门人力资源选拔的含义

人力资源选拔实际上是用来解决“如何得到合适数量和质量的人员”的问题，解决这一问题，不仅需要依赖于技术性较强的人员测评手段和方法，而且还必须按照严密的组织流程有序开展招募、甄选、录用和评估等活动，才能确保人力资源录用的质量。由此，我们认为，公共部门人力资源选拔就是指在公共部门总体发展战略规划以及人力资源预测的基础上，制订相应的职位空缺计划，并决定如何寻找合适的人员来填补职位空缺的过程。总而言之，公共部门人力资源选拔即在一定范围内采取科学的方法，经过一定的程序，挑选出符合标准和条件的人选进入公共部门队伍。公共部门人力资源选拔必须建立在职位分类、职位分析和定编定岗的基础之上。

准确的理解公共部门选拔的含义，需要把握以下几个要点。

（1）选拔活动的目的是吸引人员，也就是说要把相关的人员吸引到本部门来参加应聘，并从这些应聘者中挑选合适的人员。在理解选拔的含义时，这也是最容易出现错误的地方。人们往往将选拔和录用这两个活动混淆在一起。

（2）选拔活动所要吸引的人员应当是选拔部门需要的人员，也就是说要把那些能够从事空缺职位的人员吸引过来，这可以看作对选拔工作质量方面的要求。

（3）选拔活动吸引人员的数量应当是适当的，并不是说吸引的人员越多越好，而是应当控制在适当的范围内，既不能太多也不能太少，与上一点相对应，这是对选拔工作数量方面的要求。

（二）公共部门人力资源选拔的目的

公共部门的运作有别于市场化运作的企业，它往往以公共权利为基础，具有明显的强制性，依法管理社会公共事务。公共部门的公共属性决定了由招募、甄选、录用和评估环节所构成的人力资源选拔工作在整个人力资源管理活动中的目的，具体表现在以下三个方面。

（1）塑造和推广组织形象。选拔过程是组织内的招募者和外部求职者通过一系列活动

相互接触、相互了解的过程，在这个双向沟通的过程中，负责选拔的人的工作能力、选拔过程中对组织的介绍、散发的材料、面试小组的组成、面试小组的性别组成、面试的程序以及选拔、拒绝什么样的人等都会成为应聘者评价企业的依据，此外，组织还采用形式多样的选拔方式，如电视、网络、报纸及广播等开展人力资源选拔活动。选拔过程既可能帮助组织树立良好形象、吸引更多的应聘者，也可能损害组织形象、使应聘者失望。

（2）有效影响组织的人员的流动率。公共部门不仅要能把合适的人员招来，更要能把人留住。能否留住受雇佣者，既要靠选拔后对人员的有效培养和管理，也要靠选拔过程中的有效选拔。那些认可组织的价值观、在组织中能找到适合自己兴趣、能力的岗位的人，在短期内离开组织的可能性就比较小一些。新录用人员在短期内的流动率通常是判断组织人力资源选拔工作有效性的一个客观的度量指标。

（3）履行公共部门的职责。公共部门的职责是组织属性赋予的，也是存在的价值所在。而要想能够很好地履行它的职责和职能，必须要有数量适当和质量合适的人员。公共部门人力资源选拔就是完成这样一个过程，保证有足够数量和质量的人员去完成组织职责，保证公共部门的良好运作。

（三）公共部门人力资源选拔的原则

为了保证公共部门人力资源招募和录用工作的质量，在整个人力资源选拔过程中，必须遵循以下原则。

（1）因事择人原则。因事择人原则要求以公共部门的战略规划和人力资源规划为依据，根据职位的空缺状况和工作说明书进行招募、甄选和录用工作。无论多招了人还是错招了人，都会给组织带来很大的负面作用，除了人力成本、低效率、犯错误等看得见的损失，由此导致的人浮于事还会不知不觉对组织文化造成不良影响，并降低公共部门的整体运作效率。

（2）信息公开原则。选拔信息、选拔方法应公之于众，并且公开进行。这样做，一方面可将录用工作置于公开监督之下，以防止不正之风；另一方面，可吸引大批的应聘者，从而有利于招到一流人才。公共部门要遵循信息公开原则，必须做到：首先，必须确保公共部门的所有空缺职位向社会公开，使得所有符合条件的求职者都有权利通过合法的途径谋求空缺职位。其次，必须确保招考的政策公开、招考程序公开和结果公开。再次，必须确保复核和申诉的程序公开。求职者有复核和申诉的权利，可以对程序的公正性和录用决定产生疑问，借助合法的途径要求对过程进行复核和依法裁决。

（3）平等竞争原则。对所有应聘者应一视同仁，不得人为地制造各种不平等的限制。要通过考核、竞争选拔人才，靠直觉、经验和印象等来进行选人，往往带有很大的主观片面性。应采用平等竞争的方法，以严格的标准、科学的考核方法对候选人进行测评，根据测评结果确定人选，就可以创造一个公平竞争的环境，这样既可以选出真正适合组织的优秀人才，又可以激励其他人员。

（4）匹配原则。每个人的才能和专长等各不相同，所以在选拔中，应尽可能使人的能力与岗位要求的能力达成匹配。从个人能力的角度出发，其能力完全胜任岗位的要求，即“人得其职”；从岗位要求的角度出发，其要求的能力个人完全具备，即“职得其人”。录用的人是不是最好的不重要，重要的是最匹配。如果出现能力和岗位不匹配的情况，可能会影响到公共部门的竞争力，导致人心涣散，这种情况对个人和组织都会产生严重的负面影响。

二、公共部门人力资源选拔的影响因素

在现实中，选拔活动的实施是受到多种因素影响的，为了保证选拔工作的效果，必须对这些因素有所了解。归纳起来，影响选拔活动的因素主要有外部因素和内部因素两大类。

（一）外部影响因素

影响选拔活动的外部因素主要有如下几个。

（1）国家的法律法规。国家的法律法规对社会选拔活动有限制作用，它往往规定了公共部门选拔活动的外部边界。对于公共部门人力资源选拔工作而言，一国的法律环境主要是相关的劳动就业法规、社会保障法以及国家的就业政策等内容。例如，事业单位在选拔条件中都有对应聘者的户籍要求，一般要求拥有本地户籍；有些公共部门人力资源选拔明确规定了年龄限制，一般公务员招考条件都是18周岁以上，35周岁以下，这些都对公共部门的选拔活动起到了一定的限制和约束作用。

（2）外部劳动力市场。由于选拔特别是外部选拔，主要是在外部劳动力市场进行的，因此，市场的供求状况会影响选拔的效果，当劳动力市场的供给小于需求时，吸引人员就会比较困难；相反，当劳动力市场的供给大于需求时，吸引人员就会比较容易。在分析外部劳动力市场的影响时，主要考虑到薪酬水平、工作条件以及工作环境等。公共部门应采取相对灵活的人力资源招募政策并制订严格的选拔计划。

（3）竞争对手。在选拔活动中，竞争对手也是非常重要的一个影响因素。应聘者往往是在进行比较之后才作出决策，如果公共部门的选拔政策与竞争对手存在大的差距，那么就会影响公共部门的吸引力，从而降低选拔效果。由此，在选拔过程中，与竞争对手间的比较优势是非常重要的。一般公共部门的竞争对手包括大型民营企业和实力强劲的外资企业。

（二）内部影响因素

影响选拔活动的内部因素主要有如下几个。

（1）组织自身的形象。一般来说，某公共部门在社会中的形象越好，就越有利于选拔

活动。良好的组织形象会给应聘者产生积极的影响，引起他们对企业空缺职位的兴趣，从而有助于提高选拔的效果。

（2）选拔的预算。由于选拔活动必须支出一定的成本，因此，选拔的预算对选拔活动有着重要的影响。充足的选拔资金可以使企业选择更多的选拔方法，扩大选拔的范围，如可以花大量的费用来进行广告宣传，选择的媒体也可以是影响力比较大的；相反，有限的选拔资金会使公共部门进行选拔时的选择大大减少，这会对选拔效果产生不利的影响。

（3）公共部门的政策。组织的相关政策对于选拔活动有着直接的影响，公共部门在进行选拔时一般有内部选拔和外部选拔两个渠道，至于选择哪个渠道来填补空缺职位，往往取决于组织的政策。有些组织可能倾向于外部选拔，而有些组织则倾向于内部选拔；还有在外部选拔中，组织的政策也会影响到选拔的来源的选择，有些组织更愿意在学校进行选拔，而有些组织更愿意在社会上进行选拔。

第二节　公共部门人力资源选拔程序

公共部门人力资源选拔是一个在资格审查、初选、面试、考试、测验、体检等不同环节、不断淘汰不符合要求者，最后确定最合适人选的复杂过程，如图 4-1 所示。

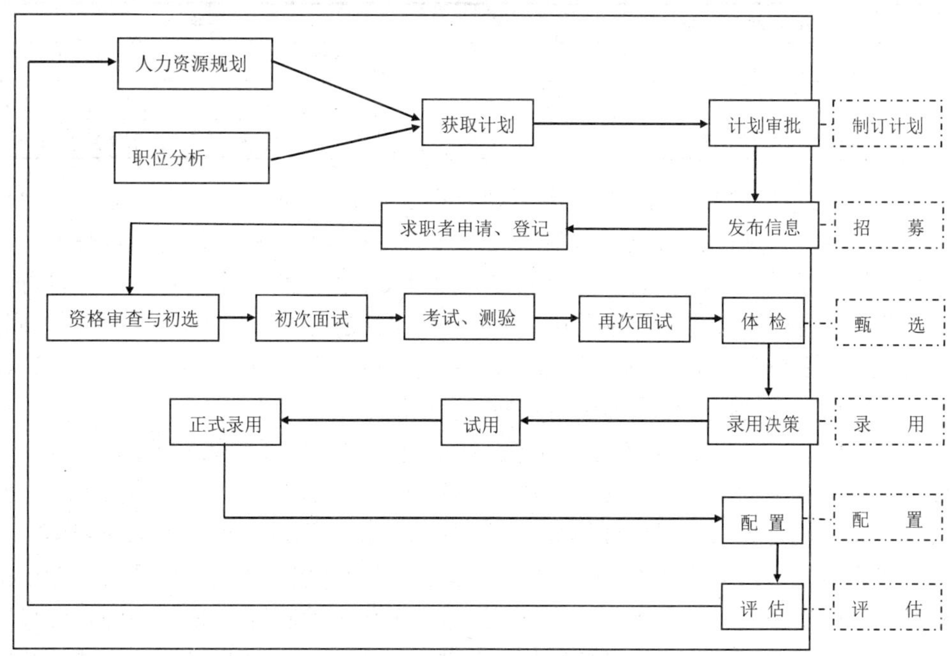

图 4-1　人才选拔录用流程图

一、人力资源预测

人力资源预测是指满足组织未来需求所应配备的人员数量，及其所应具备的技能条件的组合。组织对人力资源的需求大小，受内部和外部许多因素影响。公共部门应在组织人员需求预测的基础上确定招聘的职位和数量。人员需求预测必须以下列工作为基础。

（一）外部环境分析

作为社会系统中的一个组成部分，公共部门中的公职人员的需求和供给状况不可避免地受到其赖以存在的外部环境的影响和制约，如劳动力市场的供需状况、经济环境、法律环境和区域环境等。

（1）经济环境。国家经济状况影响着公共部门公职人员的需求和供给。以美国为例，在经济增长时期，公共职位的合格申请者的供给不足，因而对内部晋升和外部人员招募有着高度需求，采用的招募政策也是开放和持续的；公共职位通常被认为是不易受到经济衰退影响的领域，但实际情况并非如此（见表 4-1）。因此，在制订公职人员招募计划时，应考察当前经济环境对公职人员供需变化的影响。

表 4-1　不同时期对比

经济增长时期	经济衰退时期
1．合格申请者供给不足	1．和各候选人供给过剩
2．对内部晋升和外部人员招聘的高度需求	2．对内部晋升和外部人员招聘的低度需求
3．开放和持续的人力资源招聘	3．由短缺型职业引导人员的招募管理

（2）劳动力市场。劳动力市场反映劳动力的结构和分布特点，直接关系到当地劳动力的供给和需求状况。劳动力市场对公共部门人力资源招募与选录工作的影响在于：当劳动力的市场供给小于其需求时，公共部门应采取相对灵活的人力资源招募政策，将内部招募与外部招募方式有机结合起来，并采取多种多样的灵活的方式，如招聘非全日制公职人员、业务外包等，实现公职人员补充，保证组织目标的达成；当劳动力市场供给大于其需求时，公共部门应制订严格的招募计划确保按时高质量地满足岗位需求。

（3）国家法律法规和政策环境。对于公共部门人力资源招募和选录工作而言，一国的法律环境主要指相关的劳动就业法规、社会保障法以及国家的就业政策等内容。与就业工作相关的法律法规是公共部门制订招募计划的重要依据，同时也约束和制约着其招募和选录行为。在我国，1994 年通过的《劳动法》是指导组织开展招聘活动的重要法律依据，其立法精神就是保障公民的公平就业以及公职人员的工作生活质量。2005 年 4 月 27 日通过的《公务员法》对公共部门人力资源的录用工作规定更明确，直接指导并制约着公共部门的

人力资源招募和选录工作。但相对于就业法律体系较为健全的美国而言，我国的劳动立法工作刚起步，法律法规正在逐步健全和完善。

此外，区域环境的差异性也是制订公共部门人力资源招募计划时要考虑的重要因素。我国地域辽阔，各地区的经济发展水平不平衡，因而在人力资源的供给上也存在着巨大差异。在经济发达地区，如东南沿海地区，人力资源相当丰富、供给充足；而在经济欠发达地区，如中西部地区，人力资源常常供给不足。因而，招募计划的制订必须综合考虑职位所针对的对象范围和招募区域人员的供给情况。

（二）内部环境分析

通过内部环境分析能确定公共职位空缺的数量、结构、任职资格条件、具体的招募途径以及甄选方法等，是制订招募计划过程中的基础性工作，主要包括人力资源规划和职位分析。

（1）人力资源规划。公共部门人力资源规划是制订人力资源招募计划的前提和依据。当组织内出现职位空缺时，必须首先从组织发展的角度考查该项职位空缺是短期的还是长期的，然后进一步决定如何满足该项职位的需求。如果该职位是短期性空缺，可以通过加班、招聘非全日制工作人员或兼职人员，甚至是业务外包和租用的方式满足这种短期性或临时性职位空缺的需求。如果该职位是长期性空缺，则首先可通过重新设计工作来解决，在其不能有效地满足职位需求时，就有必要根据用人单位或部门提出的职位空缺情况制订人力资源招募计划。

（2）职位分析。职位分析是全面获取组织内工作流程、工作构成、工作关系、工作活动等工作资料的过程，它对于科学地制订人力资源招募计划具有重要作用。一方面，通过职位分析，可以了解和获取空缺职位的工作性质、组织地位、工作目的、工作职责、工作环境等工作特性方面的信息，从而有助于科学评价人员定额，最终科学决定招聘数量；另一方面，职位分析为每个职位确立一个最低的资格条件。根据职位分析形成的工作规范书，可以明确满足该空缺职位需求的求职者的任职资格条件（知识、专业技能、工作经验、个性特点等任职资格条件构成了人员招募和录用的基本标准），并据此进一步设计具体的甄选方法。

（3）招募计划的内容。招募计划是把对职位空缺的陈述变成一系列目标，并把这些目标以及相关的求职者的数量和结构具体化。人力资源招募计划主要包括以下内容。

① 招募和选录人员的数量和结构。包括招募和录用人员的数量、专业结构、部门结构、年龄结构等。招募的人员数量往往要多于实际录用的人员数量。

② 人员录用的标准。包括学历、专业技能、工作经验、个性品质、年龄等。人员录用的标准既不宜高也不宜低，应以岗位的实际需要为出发点。

③ 招募和选录的对象、范围和地点。不同职位所面向的目标群体有很大差异，其层次、

人力市场上的供求关系等也不同，因此，有必要根据不同职位的特点选择合适的对象、范围和地点。

④ 针对不同职位的甄选程序与方法。不同职位对求职者的素质和能力等有不同要求，而不同的素质和能力也要有不同的测评方式，以提高甄选过程的可靠性和有效性。

⑤ 招募与选录工作的经费预算。具体包括工资支出、广告费、差旅费、电话费、通信费等。

二、编制选拔计划

选拔计划是在用人部门提出或由人力资源部门预测出的招聘需求，获得上级主管部门批准的基础上，由人力资源部门根据组织的战略目标与实施规划，分析与预测组织内部岗位空缺及合格职员获得的可能性，进而制定的关于实现职员补充的一系列工作安排。

（1）招聘数量与结构。具体包括拟录用新公职人员的人数、年龄结构、专业结构、部门结构以及性别结构等。

（2）录用标准与招聘质量。组织在进行人员招聘时，应将每一个岗位的任职资格进行量化和规范，尽量用专业术语描述出来并在招聘计划书中公开。同时，由于在对招聘质量进行评估时，招聘与录用的标准是一个基本的参照系，因此，招聘标准不宜过高或过低。例如，专科生能干的工作由研究生来干，或者研究生才能干的岗位由本科生来干对组织或个人来说都是一种损失。此外，招聘与录用标准的制定除了要以工作说明书为基本依据外，一定要注意具体用人部门对录用标准的新的建议和意见，如需要有基层工作经验的，或是中共党员等附加要求。

（3）招聘对象、范围和地点。不同公共职位的招聘对象、范围和地点是有区别的，组织应根据不同的职位要求，以及应聘者可能的供给状况和范围来决定相应的招聘方式和招聘地点。一般来说，公务员职位倾向于在全国范围内招聘；主任科员以上的领导职位、中级管理和专业技术职位通常在跨地区的人才市场上招聘；操作人员和办事人员常常在组织所在地的劳动力市场上招聘。

（4）招聘的渠道。应聘者来源渠道主要有组织内部来源和组织外部来源。前者又有内部提升、职业转换和内部竞聘三种渠道；后者则有自荐、公职人员介绍、广告征召、就业机构征召、专职猎头机构征召、大学校园征召和计算机网络征召等多种方式。

（5）甄选的程序与方法。组织中不同的岗位对应聘者的素质和能力有着不同的要求，而不同的素质和能力往往也存在着不同的测评方式。对于一般公务员，心理测验和结构化面试就可以达到甄选的目标；而对于主任科员以上的领导职位的应聘者则应以文件筐、管理游戏、情景模拟等评价中心技术为主。同时选拔计划还必须涉及以下方面的问题：选拔程序需要持续时间、在一定的时间内选拔程序评价应聘者数量、甄选的可靠性和有效性、

选拔程序是否公平、该计划和程序下人员招募的收益与成本的比例是多少等一系列问题。

三、人力资源的招募

所谓招募，是指公共部门为了吸引更多的应聘者所组织的一系列活动，如发布招聘信息、接待应聘者咨询和登记、接受应聘者的工作申请书等。招募是招聘过程的重要组成部分。这一阶段主要包括两项主要活动，即信息发布和接受应聘者申请。

（一）发布甄选和录用信息

1．信息内容

有效的招聘信息通常包括组织的简单介绍，工作或岗位名称，简单清晰的工作职责描述，工作所需能力、技能、知识和经验的说明、工作地点、工作时间、薪酬福利待遇及申请方式。招聘信息应客观实际、简单易懂、没有歧义。

2．信息发布方式

招聘信息的发布应结合公共组织及岗位情况，选择合适的发布传播渠道，如报刊、网络、电视、电台、板报、招聘会和新闻发布会等，除此之外，还有随意传播的形式。不过，总体而言，在发布招聘信息时，应尽可能扩大宣传范围，同时还要做到及时且有层次性和针对性；否则就会降低招聘信息的影响效力和效果。

3．信息发布原则

（1）面广原则。鉴于公共部门人员需求的公众属性，组织人员需求信息发布的面应尽可能广泛，并接受社会公众监督。这样，应聘的比例就会越小，组织招聘到合适人选的概率也就越大。但发布信息的面越广，费用也就可能越大，组织必须在选拔预算的范围内实现二者的均衡。

（2）及早原则。一般情况下，公共部门人员选拔信息应该尽可能早地向有关人群发布，以给潜在的应聘者提供足够的准备和学习时间，这样不仅有利于提高应聘者的素质和技能，而且有利于使更多潜在的公共职位候选人加入到应聘行列中来。

（3）最佳形式原则。发布选拔信息要选择最佳的形式，信息发布的主要形式有网络、报纸、杂志、电视、就业机构推荐、猎头公司推荐、新闻发布会和随机传播等。

（二）接受应聘者申请

在应聘者咨询和登记报名后，公共组织还要让应聘者填写并提交工作申请表。一般来说，公共部门的工作申请表主要包括如下内容：个人情况（如姓名、性别、年龄、民族、政治面貌、家庭地址、婚姻状况等）、文化程度及培训情况（如学历、学位、接受过的培训）、工作经历（如目前任职单位、地址和联系方式、现任职务、以往工作简历、离职原因等）、家庭背景及个人健康状况、曾受过的奖惩、个人兴趣及特长爱好、服役记录、办公设备使用情况和联系方式等。如表 4-2 所示为一张典型的考试报名登记表。

表 4-2 考试报名登记表

报名序号						一寸照
姓名		性别		民族		
出生年月		政治面貌		学历		
学位		籍贯		户籍所在地		
毕业院校		毕业时间		婚姻状况		
工作单位		单位性质		单位所在地		
职务			具有基层工作经历的年限			
所学专业			外语水平		计算机水平	
考生省份		通讯地址				
身份证号				联系电话		
报考部门	部门代码	用人司局	职位名称	职务代码	考试所在地	是否服从调剂
学习经历						
实习经历						
社会工作经历						
奖惩情况	姓名	关系	职务	所在单位		
家庭成员状况						
备注						

四、人力资源的甄选

人力资源的甄选，是指组织为了从求职者中选拔出最有可能胜任某一工作岗位者，采用某些特定方法，通过各种信息途径来确认合格人选的过程。人力资源的甄选是人力资源选录活动的关键环节，也是技术性最强的环节，难度最大，它在很大程度上关系到一次选录活动能否成功。

人力资源的甄选通常包括资格审查、初选、测试（包括笔试、面试和心理测试等）、体检、个人资料审核等几个阶段，每经过一个阶段就会有一些求职者被淘汰。

（1）资格审查阶段。招聘部门主要工作是结合求职者所提交的个人简历、求职信和工作申请表，并参考组织及其空缺岗位的要求，挑选出那些符合要求的人员。

（2）初选阶段。招聘部门的主要任务是从合格的求职者中选出参加雇用性测试的人员。由于决策人员往往只凭个人主观臆断来决定参加下一步测试的人选，带有一定的盲目性，因此，在招聘费用和时间允许的情况下，应尽量让足够多的求职者参加雇用性测试。

（3）雇用性测试阶段。招聘部门或人事部门组织求职者进行笔试和心理测试。笔试的内容通常涉及综合知识、专业知识及岗位所需要的特定知识，通常采用闭卷或开卷的形式。心理测试的内容主要涉及求职者的智力、个性特征、能力倾向、个人价值观和职业兴趣等。通过雇用性测试，不仅可以深入了解求职者的专业素养及其知识能力水平，而且可以了解公职人员的个性特征、职业兴趣及其发展潜力，有利于提高"人岗匹配"的成功率及其效率。

（4）诊断性面试阶段。诊断性面试通常是在雇用性测试基础上进行的，当然，有时也可将诊断性面试置于心理测试之前进行。诊断性面试阶段的工作主要是通过面试来直观地观察、检验和审视求职者的仪表风度、言谈举止、语言表达能力、求职动机、专业知识的深度和广度、反应能力、兴趣爱好、自控能力、人际交往能力，以及工作经验和工作期望等，从而确定求职者与组织及其空缺岗位的匹配程度。

（5）体检和材料核实阶段。为了减少甚至避免因招聘环节所带来的不必要麻烦，就需要公共部门在作出录用决策前对求职者的身体健康状况进行体检，并对其个人资料的真实性进行认真核查。在体检与材料核实阶段结束后，甄选阶段的工作也就基本完成了。

在上述各阶段中招聘人员的选择是非常关键的，招聘人员的性格、品德，以及对结构化面试、评价中心等人员甄选与测评技术运用的水平将最终决定组织人员选拔的效率和质量。招聘人员的标准判断贯穿于甄选的全过程，招聘人员对应聘人的评价是资格审查是否通过、确定录用与否的重要参考指标。如果招聘人以个人的好恶和不公正的标准来评判应聘者时就会给甄选工作带来损失。合格的招聘人员应具有以下基本条件：① 良好的个性品质和修养；② 相关的专业知识；③ 丰富的社会工作经验；④ 良好的自我认识能力；⑤ 善于把握人际关系；⑥ 熟练应用各种面试技巧；⑦ 能有效地面对各种应聘者，控制招聘进程；⑧ 能公正、客观地评价应聘人员；⑨ 熟练掌握相关的人员测评技术。

五、人力资源的录用

甄选过程结束后就是对基本合格的人员进行录用，公共部门人员录用是一个计划性、程序性较强的工作。录用通常包括录用决策、公示、备案或审批、试用安置、正式录用。

（一）录用决策

录用决策是指对通过甄选测试的合格人员进行进一步甄别挑选及确定哪一位或哪几位应聘者被最终录用为公共部门及其空缺岗位任职人员的过程。常见的录用决策模式有两种，即单一决策模式和复合决策模式。单一决策模式是指从多个应聘者中为某一职位或某类性质相似的职位选出一个或若干个任职者的模式。这种决策模式要求决策者在较短时间内从若干个合格的应聘者中选出最合适的人员，而候选人的品行、素质、能力、技能等各方面各有所长，决策有一定难度。决策中常用的方法是对考核因素进行加权平均，然后再根据积分从高到低排序。

即

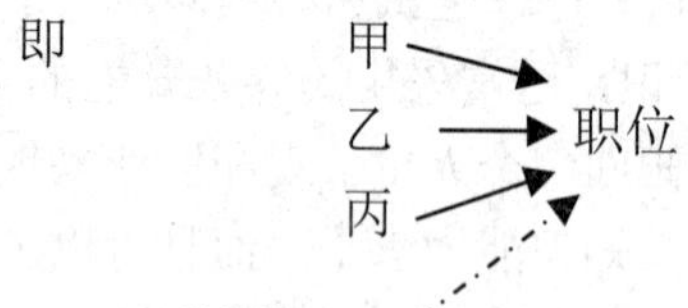

复合决策模式是指分别测定众多求职者，然后从基本合格的人选中确定理想人员，并安排到多种不同性质的职位中去的模式。复合决策模式是职位与人之间进行匹配的过程，既包括对人员的选择，同时也包括对岗位的合理配置，适用于同时招聘多人的情况。但是这种决策既涉及人的差异比较，又要区分职位的差异，难以做到岗人匹配与人岗匹配的有机统一。

即

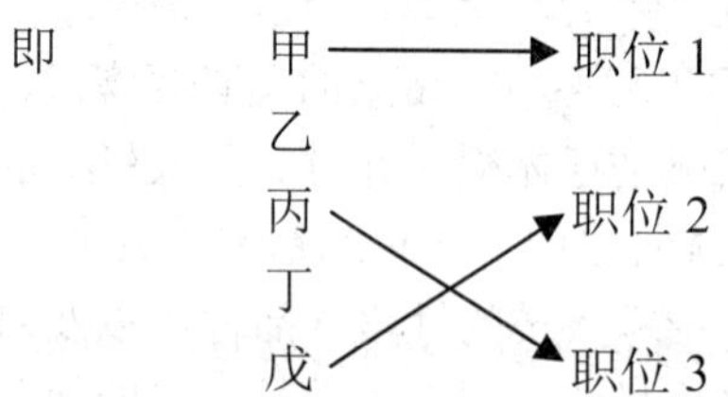

（二）公示

根据拟任职位的要求，综合报考者的考试、考察和体检结果，经招录机关领导研究讨论同意，确定拟录用人员名单。拟录用人员名单由公务员主管部门或招录机关通过网络等适当形式，按照规定予以公示（公示时间一般为 7 天）。报考者和其他知情者对拟录用人员名单的确定有异议，或者发现拟录用人员存在不符合资格条件要求等情形的，可以按照规定向招录机关或录用主管部门举报。招录机关和录用主管部门接到举报材料后，要认真调查核实，确有问题的，应当取消录用。

（三）备案或审批

公示期满不影响录用的，由招录机关将拟录用人员名单按照规定报录用人主管部门审

批或备案。中央机关及其直属机关将拟录用人员名单报中央公务员主管部门审批。根据我国目前的实际情况，县级以下公务员主管部门无权审批录用人员名单。这主要是出于对确保录用工作质量，充分体现公开、平等、竞争、择优原则的考虑。备案或审批同意后，由公务员主管部门印发录用通知，招录机关给报考者办理录用手续。

（四）试用

试用就是根据所录用人员的知识和能力特征，将所录用人员安置到合适的岗位上去进行试用考核。实行试用期制度的主要目的，是为了在考试考核的基础上，在较长时间的实际工作中，更全面、更客观地了解新录用公务员的政治思想、道德品质、业务水平和工作能力等情况，进一步把好公务员素质“关”。我国《公务员法》规定，被录用为政府公务员的人员，试用期为 1 年。我国规定的新录用事业单位职员的试用期最短为 3 个月，最长不超过 6 个月；对新招聘的应届大中专毕业生，试用期最长不超过 1 年。试用期包括在聘用合同期限之内。

（五）正式录用

正式录用是指对试用合格的人员，在事先约定的试用期满之后，正式确定为公共部门公职人员。在进行试用期考核鉴定，并作出正式录用决策后，用人部门及其人力资源管理部门应与正式录用人员签订正式的聘用合同，对正式录用人员进行正式任命或聘任，并办理其他相关手续。

六、人力资源的选拔评估

公共部门进行人员选拔工作的最后一个环节是进行人员选拔评估，它是公共部门对人员选拔的整个过程的评价和总结。主要目的是为了分析和了解本次人员选拔的成本及其效益，以及通过选拔获得的经验和教训，进而为今后的选拔提供信息支持。评估的方法主要包括成本评估、数量评估、质量评估及效率评估四个方面。考虑实际操作性，一般使用成本评估和数量评估这两个方法。

（一）选拔成本评估

选拔成本是指对选拔中的费用进行调查、核实，并对照预算进行评价的过程。如果成本低，录用人员质量高，就意味着选拔效率高；反之，则意味着选拔效率低。选拔的成本主要包括以下内容。

（1）招募成本。招募成本包括招募阶段的直接支出和间接支出两部分。其中，直接支出主要包括宣传广告费、招募人员差旅费、招聘会费用支出、招聘代理和职业中介机构收费、人才推荐奖金、人员接待费及其他相关费用支出；间接支出包括公共部门招聘人员的工资、福利及职位空缺损失等。

（2）甄选成本。甄选成本包括进行考试、心理测试、面试及体检等支出的所有费用。

（3）录用成本。录用成本是指录用阶段的所有费用支出，包括直接费用和间接费用。直接费用主要包括被录用人员的家庭安置费和生活安置费；间接费用主要包括负责录用的人员的工资福利及职位空缺所带来的机会成本。

评估指标主要是总成本效用，即从公共部门招聘的单位支出角度来评价招聘的实际效用，总成本效用可用如下公示表示：

$$\text{总成本效用}=\frac{\text{录用人数}}{\text{招聘总成本}}$$

（二）选拔数量评估

录用人员评估是根据选拔计划对录用人员的数量进行评价的过程。只有录用到的人员全部合格才能说全面完成了选拔工作。为此要计算评价选拔效果量化的有关数据。具体量化指标的计算如下。

（1）录用比。录用比：录用人数/应聘人数×100%。录用比值越小，相对来说录用者的素质就可能越高；反之录用者的素质则可能越低。

（2）招聘完成比。招聘完成比：录用人数/计划招聘人数×100%。招聘完成比等于或大于 100%，则说明在数量上全面或超额完成了招聘计划。

（3）应聘比。应聘比：应聘人数/计划招聘人数×100%。应聘比越大，说明发布招聘信息的效果越好，同时说明录用人员的素质较高。

第三节　公共部门人力资源选拔方法

一、人力资源需求预测的方法

人力资源需求预测，是以与人力资源需求有关的某些组织因素为基础，来估计未来某个时期组织对人力资源的需求。

（一）人力资源需求预测的定性方法

人力资源需求预测的定性方法主要有德尔菲法、访谈法、经验判断法等，其中使用较多的是德尔菲法。德尔菲法是邀请在某一领域的一些专家或有经验的管理人员对某一问题进行预测，有时也称为专家预测法或天才预测法。德尔菲法的主要步骤如下：第一，提出

要求，明确预测目标。向专家们提供有关情况和资料，征求专家意见及补充资料。第二，提出预测问题。由专家们对调查表所提问题进行评价并说明理由，然后由协调人员对专家意见进行统计。第三，修改预测。要求每位专家根据反馈的第二轮统计资料，再次进行判断，并要求持异议的专家充分陈述理由。第四，再次（最后）进行预测，请专家们提出他们最后的意见及根据。该法的难点在于如何提出简单明了的问题，如何将专家的意见归纳总结。

（二）人力资源需求预测的定量方法

（1）工作负荷预测法。工作负荷预测法是根据职位分析的结果算出劳动定额，再按未来的产品生产量目标算出总工作量，然后折算出所需人数。每年（月）所需公职人员数=每年（月）所需工作总量/每年（月）每位公职人员所能完成工作量数=每年（月）所需工作总时数/每年（月）每位公职人员所能完成工作时数。

（2）成本分析预测法。人力资源成本分析预测法是从成本的角度进行预测，其公式如下：$NHR=TB/[(S+BN+W+O)\times(1+\alpha\times T)]$。

（3）发展趋势分析预测法。人力资源发展趋势分析预测法和人力资源成本分析预测法有相似之处，只是前者着眼于发展趋势分析，后者着眼于人力资源成本分析。该法的公式如下：$NHR=\alpha\times[1+(b-c)\times T]$。

（4）回归预测法。其中包括一元线性回归预测法和多元回归预测法。首先介绍一元线性回归预测法，当人力资源的历年数据呈较有规律的近似直线趋势分布时，可用最小两乘法求出直线回归方程 $y=a+bx$，其中

$$a=\frac{\sum y}{n}-b\frac{\sum x}{n}, b=\frac{n(\sum xy)-(\sum x)(\sum y)}{n(\sum x^2)-(\sum x)^2}$$

并以此来预测未来的人力资源需求。

多元回归预测法与一元线性回归法不同的是，多元回归预测法将多个影响因素作为自变量，根据多个自变量的变化来推测与之有关的因变量的变化。组织中人力资源需求的变化总是与某个或某几个因素关联，所以，找出和确定人力资源需求随各因素的变化趋势，就可推测出将来的数值。

二、人力资源供应预测的方法

人力资源供应预测，是对未来一段时间内组织内部和组织外部的人才资源供给情况进行的预测。人力资源供应预测，包括人力资源内部供应预测和人力资源外部供应预测。

（一）人力资源内部供应预测

（1）人员继承法。人员继承法又称人员接替法，是对现有人员的状况进行调查、评价

后，列出未来可能的继任者。该法为国内外许多组织所采用，而且被认为是一种把人力资源规划与组织战略目标有机结合起来的较为有效的方法。它同我国公共组织实施的后备干部选拔和培养计划有相似之处。图 4-2 为一典型的继承图。

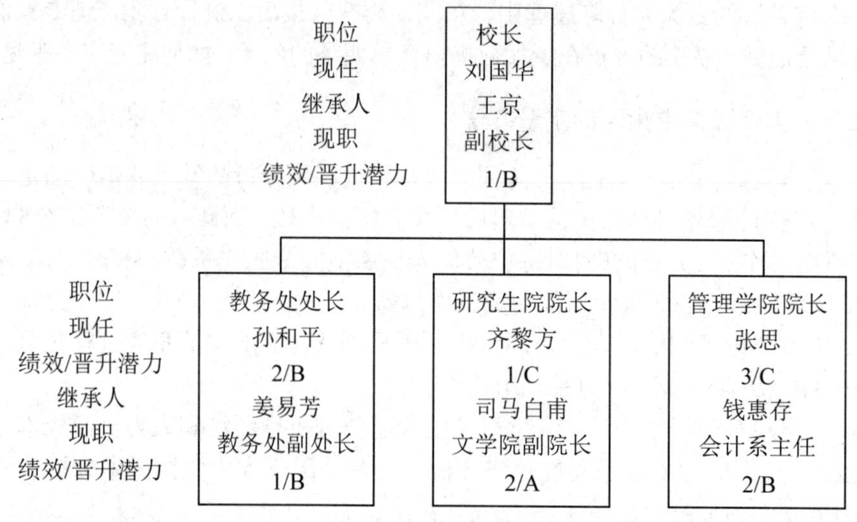

图 4-2 人员继承图

（2）马尔科夫转移矩阵法。马尔科夫（Markov）转移矩阵法最早在荷兰军队里使用，后扩展应用于企业，它用定量方法预测具有相等间隔时间时刻点上各类人员的人数，基本思想是找出过去人事变动的规律，依此推测未来的人员状况。这是一动态的预测技术，其前提条件是：假定各类人员都是严格由低向高移动，不存在越级现象，而且转移率是一个固定的比例。这样，一旦各类的人数、转移率和补充人数给定，则未来人力资源分布就可得出。

该法可用以下公式来描述：

$$n_i(t)=\sum_{j=1}^{k}n_j(t-1)\bullet P_{ij}+r_i(t)$$

其中：$n_i(t)$——时刻 t 时 i 类的人数；

P_{ij}——从 j 类向 i 类转移的人员转移率；

$r_i(t)$——在时间（$t-1,t$）内 i 类人员的补充数量；

i，j=1，2，…；

k 为工作分类数；

t=1，2，…；

若 i 类中存在人员外流，则 $\sum_{j=1}^{k}P_{ij}<1$。

也将写成矩阵方式，定义：

$$N(t)=\left[n_1(t),n_2(t)\cdots n_k(t)\right]$$

$$K(t)=\left[r_1(t),r_2(t)\cdots r_k(k)\right]$$

$$P=\begin{bmatrix} P_{11} & P_{12} & \cdots & P_{1k} \\ P_{21} & P_{22} & \cdots & P_{2k} \\ \cdots & \cdots & \cdots & \cdots \\ P_{k1} & P_{k2} & \cdots & P_{kk} \end{bmatrix}$$

可改写为：

$$N(t)=N(t-1)\bullet P+K(t) \qquad t=1,2,\cdots$$

（二）人力资源外部供应预测

当组织内部供应不能满足人力资源需求时，就必须到组织外部寻找可以供应的资源。外部供应预测是一种宏观资源环境分析，一般通过三种途径：一是关注每年有关学校毕业生的人数及其专业方向；二是各地劳动力市场的情况及其公布的统计资料；三是该组织的外部形象塑造与所处环境中可以直接利用的人员素质、数量。人力资源外部供应预测，说起来容易，做起来很难。

三、人力资源招募的方法

人力资源招募是通过各种途径和方法获取候选人的过程，其成败在很大程度上取决于应聘求职者的多少，应聘者越多，选出与工作岗位匹配者的可能性就越大。

（一）内部招募方法

内部招募就是从组织内部进行选拔合适的人员来填补空缺或补充新设置的岗位。公共部门公职人员的内部来源主要包括内部提拔、调用、工作轮换和内部竞聘等。

（1）提升。即从公共部门内部选拔符合条件的人员，从一个低级岗位晋升到高级岗位。内部提升应遵循以下原则：唯才是用、唯才是举；有利于调动大部分成员的积极性；有利于提高公共部门的组织效率。

（2）调用。即从内部的其他部门选择适当的人员调到需要的岗位上。包括工作调换和工作轮换。内部调用应遵循以下原则：用人所长，各尽其能；事前征询，尽可能征得被调用者的同意；人员调用后，更有利于组织的发展与工作的开展。

（3）内部公开招募。组织内部竞聘通常采用职位公告和职位投标的做法。职位公告是指通过公告或组织的报刊向公职人员通告组织空缺职位的情况。通常，职位公告应该包括职位的职责、义务、必需的资格、工资水平及其他有关信息，如截止申请的日期、申请的程序、测试的内容等。职位投标是指允许那些自认为具备资格的公职人员申请公告中职位的自荐过程。

这种方法提供组织内部公平竞争的机会，有利于调动全体公职人员的积极性，同时也可以实现更高程度的“人职匹配”。但这项制度最大的缺点就是甄选与调用周期较长，延长职位空缺的时间。

（二）外部招募

外部招募对象的主要来源和方法有以下方面。

（1）广告。广告招聘是公共部门外部招聘的最常用方法之一。广告招聘是指组织借助电视、广播、报纸、布告栏及行业出版物等媒体对空缺岗位和新增岗位进行宣传和信息发布，以吸引求职者前来应聘。广告招聘的特点是信息传播速度快、传播范围，应聘人员多，组织选择余地大。对于补充过分热门的职位，采用广告方式是不合算的。因为过多的应聘者会增加招聘工作人员的工作量和费用。遇到这种情况，可采用匿名广告，即在广告中不说明组织的名称，求职者可将申请和个人简历寄到某个指定的地点，再将这些材料转到组织。

（2）校园招聘。大学校园是专业人员和技术人员的重要来源，而中等专业学校、职业技术学校、技工学校等则是基层职工的重要来源。越来越多的组织采取到大专院校招聘应届毕业生或委托培养专业技术人员的做法。校园招聘方式多种多样，像张贴招聘广告、举办招聘会、毕业实习，以及借助毕业生分配办公室来推荐等。

（3）职业中介机构。各种类型的职业介绍所、普通劳动力市场、人才交流中心、人才咨询公司及猎头公司通常扮演着为劳动力供求双方提供信息、牵线搭桥的角色。一般来说，公共服务机构由于担负着促进社会就业的职责和任务，因此，公共服务机构往往带有非营利组织的性质，对求职者是不收费或低收费的；而私人服务机构则大多是收费甚至是高收费的，如猎头公司。这种招聘方式的优点是：应聘者面广；录用后公职人员不易形成裙带关系。缺点是：因对求职者个人信息或对用人单位信息了解不够，人岗不能匹配。总的来讲，公共组织在借助职业介绍机构招聘人才时，应注意选择那些信誉较高的机构，为保证选才的成功，公共组织应对入选的应聘者进行个别测试。同时，要求职业介绍机构提供尽可能正确和详尽的信息。

（4）互联网招聘网站。随着计算机和网络技术的发展，网络招聘对传统招聘方法产生了重大冲击，网络招聘有着显著的特点：效率高、信息量大、传播广、成本低、沟通容易、不受时空限制等。网络技术在用人组织与求职者之间搭建了一个高效、便捷的劳动力市场平台。打破了传统招聘方式的时空界线，从而为劳动力市场的跨区域、跨城乡提供了有益的技术支撑，促进了劳动力的广泛流动，有利于资源的优化配置。当然，网络招聘也有其不足之处，如信息的可信度不高、保密性不好、用人方与求职方的感性认识不够，这些问

题都有可能导致网络招聘的失败，甚至会引发人们对网络招聘的不信任。

（5）特别招募。从特殊渠道招募所需人员，是公共部门招募人员的主要渠道之一，如从转业军人中招募。目前，转业军人已占公共部门工作人员的相当比例，有一些还担任了重要领导职务。他们为公共部门的发展作出了重要贡献，但是由于转业军人大多缺乏公共部门所需的专业知识，任用转业军人会影响工作的效率和质量。因此，专业军人的选录也应通过严格的甄选，不能只靠上级的分配。

（三）内部招募和外部招募的比较

内部招募和外部招募各有利弊，二者基本上是互为补充的，具体如表4-3所示。

表4-3 内部招募和外部招募的比较

	内部招募	外部招募
优点	了解全面，准确性高 鼓舞士气，激励公职人员进取 应聘者可更快适应工作 使组织培训投资得到回报 费用低	人员来源广，选择余地大，有利于获取一流人才 新公职人员能带来新思想、新方法 当内部有多人竞争而难以作出决策时，向外部招募可在一定程度上平息或缓和内部矛盾 人才现成，节省培训投资
缺点	来源局限于组织内部，水平有限 易造成“近亲繁殖” 可能会因操作不公或公职人员心理原因造成内部矛盾	不了解组织情况，进入角色慢 对应聘者了解少，可能招错人 内部的公职人员得不到机会，积极性可能受到影响

四、人力资源甄选的方法

现代组织的甄选方法多种多样，常用的具有代表性的有笔试、心理测试、面试等。

（一）笔试

笔试是让被试者在规定的时间和地点，按照试卷的要求，解答事先拟好的试题，通过卷面评分来评判其掌握知识的程度和综合分析能力、文字表达能力以及逻辑思维能力的一种方式。

笔试的操作步骤包括试卷的设计、报名与资格审查、考场的设置与管理、监考教师、试卷的评阅等。

笔试有以下几个优点：公平；费用较低；迅速；简便。同时，笔试也有以下几个缺点：试题可能不科学；过分强调记忆能力；阅卷不统一；缺乏可比性。

（二）心理测试

心理测验是对行为样组的客观和标准化的测量。根据测验的具体内容，可以将心理测验划分为认知测验与人格测验。认知测验测评的是认知行为，而人格测验测评的是社会行为。认知测验又可以按其具体的测验对象分为成就测验、智力测验与能力倾向测验。成就测验主要测评人的知识与技能，这是对认知活动结果的测评；智力测验主要测评认知活动中较为稳定的行为特征，是对认知过程或认知活动的整体测评；能力倾向测验是对人的认知潜在能力的测评，是对认知活动的深层次测评。人格测验，按其具体的对象可以分成：态度、兴趣与品德（包括性格）测验。

一项科学的心理测验，应该是可信的、有效的，并且是可重复的。这就涉及心理测验中的一系列技术指标。也可以把这些技术指标作为心理测验的标准和原则。

（1）标准化。标准化是指收集信息的条件和程序要有统一的标准，其意义在于，我们应该保证是采用同一个参照框架，用同样的方法收集材料，这样得出的结果比较起来才有意义。

（2）客观化。客观化的工作是为了保证对测验结果的解释的一致性，尽可能地减少评价人的主观性程度，要有一套程序加以保证。

（3）常模化。常模是一种可供比较的普通形式。通常有如下几种：均数；标准分；T分；百分位；比率等。

（4）信度。信度是衡量心理测量质量的指标之一，又叫稳定性或可靠性，指一个人在同一心理测验中，几次测量结果的一致性。心理测验的信度最高可以达到1，当然这是一种理想的状态，在实际中是办不到的。一般的智力测验的信度系数在0.9以上，就可以认为该测验信度相当好。至于个性测验的信度系数通常在0.8以上就认为该心理测验信度相当高。通常有这么几种：折半法；复本法；重测法；内部一致性考验法。

（5）效度。效度是另一个衡量心理测量质量的指标。效度的一般定义是：一个测量工具能够恰当地测量出所欲测量构念的程度。信度是效度的必要条件，但并不充分，效度要进一步解释经验水平的指标与理论构念的联系。常用的效度有如下几种：内容效度；效标关联效度；构念效度。

心理测验在公职人员招聘中有许多优点，主要有以下几点：迅速；比较科学；比较公平；可以比较。心理测验的缺点：可能被滥用；可能被曲解。

1．智力测验

所谓智力测验就是对智力的科学测试，即为一般能力测验。智力的高低以智商IQ来表示，美国斯坦福大学的心理学家克曼教授，提出了心理商数，简称为智商IQ。IQ这个公式就是：IQ=(MA/CA)×100。式中，MA代表智力年龄，或称心理年龄，CA代表实际年龄。

常用的智力测验有以下几种。

（1）奥特斯的心理能力自我测验。奥特斯的心理能力自我测验是甄选人员时最常用的一种测验。

（2）韦斯曼人员分类测验。韦斯曼人员分类测验也是一种集体测验，大约30分钟做完。

（3）韦克斯勒成人智力测验。韦克斯勒成人智力量表包括语文与作业两个量表。由于该测验在提供结果时，不仅可以给出一个可与他人比较的总的智商分数，还可以给出每个分测验的分数及分量表的分数即智力的轮廓，这在人员选拔和培训中是非常有用的。但该测验费时，且对主试要求严格。该量表有中国修订本《中国修订韦氏成人量表》（WAIS-RC）。

（4）瑞文标准推理测验。该测验可适用的年龄、文化背景非常宽，使用方便，结果可靠。既可以个别测验，也可以团体测验，被广泛应用。

2．能力倾向测试

一般可分为一般能力倾向测验、特殊职业能力测验、心理运动机能能力测验等。

（1）一般能力倾向测验。一般能力倾向测验是指同一能力倾向测验中，又包括有若干分测验，每一分测验实际上就是测验某一特殊能力，各分测验既可同时举行测验，也可分段举行。

（2）特殊职业能力测验。特殊职业能力测验是指那些独特于某项职业或职业群的能力。特殊职业能力测验主要有：明尼苏达办事员能力测验、斯奈伦视力测验、西肖音乐能力测验、梅尔艺术测验、飞行能力测验等。特殊职业能力按职业所在行业划分，应用较为专业。

（3）心理运动机能能力测验。心理运动机能能力主要包括两大类：一是心理运动能力，二是身体能力。在人员测评中，对心理运动机能能力的测验，一方面可通过体格检查进行；另一方面则是通过设计各种测试仪器或工具来进行。

3．人格测验

人格测验是为了了解人的人格差异所做的测验。应用人格测验主要是为了考察人格特点与工作行为的关系，有助于在对人员的知识、能力和技能考查的基础上，进一步考查其工作动机、工作态度、情绪的稳定性等心理素质。

人格测验也因心理学家对人格不同的定义有不同的测量，主要可分为自陈式问卷调查法、投射技术测验法、情境测验法、社会测量法及有关兴趣、气质等的单项测验方法。下面主要介绍前三种。

（1）自陈式问卷调查法。具有代表性的调查量表有明尼苏达多项人格测验、加利福尼亚州多项人格测验、吉尔福德-齐默尔曼气质调查表、爱德华兹个人偏爱顺序表、卡特尔人格因素问卷、艾森克人格问卷等。

（2）投射技术测验法。投射技术测验即透射法，是让被试者通过一定的媒介，建立自己的想象世界，在无拘束的情景中，不自觉地表露出其个性特征的测评技术方法。根据被试者的反应方式，可以将投射技术测验分为三类：一是联想法。通常要求被试者说出某种刺激，如单字墨迹所引起的联想，一般指首先引起的联想。二是完成法。要求被试者完成某种材料，如完成语句等。三是构造法。要求被试者编造或创造一些东西或故事、图画等。四是表露法。要求被试者利用某种媒介自由地表露自己的心理状态。五是选择或排列法。要求被试者依据某种原则对刺激材料进行选择或予以排列。

（3）情境测验法。情境测验法是指由主试设计一种情境，通过观察被试与周围社会环境间交流所产生的影响，以及个人在环境的反应，进而判断其人格特征。情境人格测试的目的，是根据个人在已知情境中的反应，去预测他在另一类似环境中也将有类似的反应。情境通常分为三类：社会情境测验、压迫情境测验、作业情境测验。

（三）面试

面试是精心设计的，通过主试与被试双方面对面的观察和交流，来科学测评被试的基本素质、工作动机、发展潜力和实际技能以及与拟录用职位的匹配性的一种测评方法。从面试所达到的效果把面试分为初次面试和诊断面试。从参与面试过程的人员把面试分为个别面试、小组面试和集体面试。从面试的组织形式把面试分为结构型面试、非结构型面试和压力面试。

（1）结构型面试。又称为指示面试，是在面试之前，已有一个固定的框架（或问题清单），主考官根据框架控制整个面试的进行，严格按照这个框架对每个被试分别作相同的提问，同时记录下对方的回答。

（2）非结构型面试。又称为非指示面试，即主考官事先无须太多的准备，没有固定的格式，没有统一的评分标准，所提问题可以因人而异，往往提问一些开放性的问题。

（3）压力面试。是通过事先营造一个紧张的气氛，提出一些敌意或粗鲁的问题，给被试者意想不到的一击，使其处于不愉快或尴尬的情境之中，以观察被试的反应，从而识别被试者的敏感性和压力承受力。

面试的优点：适应性强；可以进行双向沟通；增加人情味；全面、多渠道获得被试的信息。面试的缺点：时间较长；费用较高；受主试主观影响大；不易数量化。

【实务指南 4-1】HR 经理人面试问题大全

★ 影响他人的能力

下面的一些问题能够考核出应聘者在这方面的能力。

No.1. 请你举一例说明你曾经使某人做他并不喜欢做的事情。

No.2. 请描述一下这样一个经历：你使别人参与、支持你的工作，并最终达到了预期目的。

No.3. 假设你发现你的一位工友做了不道德的事情，你会采取什么样的方法来使这位工友改正他的不道德行为？

No.4. 假如管理层要对工作程序进行调整，这会对你的工作造成危害。你会采取什么办法来说服管理层不要这样做？

No.5. 请说说你的这样一个经历：你的一位老板总是在最后一刻才给你布置工作任务。你采取什么办法来改变老板的这种工作方法？

No.6. 我想知道你是怎样使某位雇员来承担更多的责任，或承担他本人认为很难的工作的？

No.7. 我想知道你是否遇见这样的情形：部门的某位员工不愿意干自己的工作。你采取什么措施来改变这种情况的？

No.8. 请说一下你是否想出过某种能够解决你部门问题的主意？你是怎样把你的想法推销给你的老板的？

No.9. 讲讲这样的一个经历：你向员工推出了一个很不受欢迎的想法，你采用什么办法来减少员工对这一想法的反感？

No.10. 描述一下这样一种经历：你手下有一位表现平平的员工。你采用了什么办法来提高他的工作效率？

★ 客户服务类工作

下面一些问题能够问出应聘者对服务他人的理解以及他们的服务能力。

No.1. 请讲一次这样的经历：你使一个非常不满的客户改变了看法。是什么问题？你是怎样使客户回心转意的？

No.2. 讲一次你曾经为了取得与工作有关的目标而做出个人牺牲的经历。

No.3. 你认为质量和客户服务的关系是什么？

No.4. 很多人都把客户服务的重点放到处理客户投诉上，你认为这种策略的问题是什么？

No.5. 给我讲一个你曾经遇到的这样的一个问题：和你打交道的一位客户要求解决问题的方法和公司利益发生冲突。你是怎样解决这个矛盾的？

No.6. 在客户服务中，公司的政策和规定起着什么样的作用？

No.7. 请列举好的客户代表应该具备的四种基本素质。你为什么认为这四种基本素质很重要？

No.8. 如果客户对所发生的事情的判断是完全错误的话，你该如何解决这个问题？

No.9. 统计数字表明，19个客户中，只有1个客户会投诉，而其他18人尽管不满意也不会说什么，但再也不会购买你的产品了。客户服务代表怎样鼓励沉默的客户发表自己的看法？

No.10. 若客户不满，他们能接受的最大的不满程度有多大？

★ 团队意识

下面这些问题可以帮助你考核应聘者的这些素质。

No.1. 你认为一个好的团队管理者的最主要特点是什么？为什么？

No.2. 请你讲出你在团队工作背景下遇到的最具有创造性和挑战性的事情。你用什么方法来鼓励他人和你自己来完成这件事的？

No.3. 管理人员能否不做任何说明就让员工去干某项工作？为什么？

No.4. 请讲一下你对团队工作最喜欢和最不喜欢的地方？为什么？

No.5. 请说出你作为团队者所遇到的最困难的事情。是怎样解决这个困难的？你在解决这个困难中起了什么作用？

No.6. 请告诉我你在什么情况下工作最有效率？

No.7. 你认为怎样才算一个好的团队者？

No.8. 你认为做一个好的员工和当一位好的团队者有什么区别？

No.9. 根据你的经验，若某位员工经常迟到、早退、旷工，或不愿意干活的话，会给整个团队带来什么样的问题？这些问题该怎样解决？作为团队的一员，你是怎样改善这种情况的？

★ 有效的沟通技能

下面一些问题主要用来测试应聘者的沟通技能。

No.1. 请讲一个这样的情形：某人说话不清，但是你还必须听他的话，你怎样回答他的问题才好？

No.2. 一个好的沟通者应该具备哪些条件？

No.3. 请说一下别人是怎样看你的？

No.4. 请你讲一下和一个有非常糟糕习惯的人在一起工作的经历。你是怎样使对方改变他的不良行为的？

No.5. 若让你在公司董事会上发言，你该怎样准备发言稿？

No.6. 我想知道你曾经遇到的最有挑战性的沟通方面的问题。你为什么认为那次经历对你最富有挑战性，你是怎样应对的？

No.7. 你认为最困难的沟通的问题是什么？为什么？

No.8. 你认为良好沟通的关键是什么？

No.9. 假如你的两个同事的冲突已经影响到整个团队，让你去调节冲突，并使冲突双方能够自己解决问题，你会怎样做？

★ 销售能力

下面一些问题可以评估应聘者在这方面的能力。

No.1. 请讲讲你遇到的最困难的销售经历，你是怎样劝说客户购买你的产品的？

No.2. 人们购买产品的三个主要原因是什么？

No.3. 关于我们的产品生产线和我们的客户群体，你了解多少？

No.4. 关于销售，你最喜欢和最不喜欢的是什么？为什么？

No.5. 若受到奖励，你有什么感想？

No.6. 你最典型的一个工作日是怎样安排的？

No.7. 为取得成功，一个好的销售人员应该具备哪四方面的素质？你为什么认为这些素质是十分重要的？

No.8. 电话推销和面对面的推销有什么区别？为使电话推销成功，需要什么样的特殊技

能和技巧?

No.9. 在你的前任工作中，你用什么方法来发展并维持业已存在的客户的?

No.10. 若你给新员工上一堂销售课程，你在课堂上要讲些什么? 为什么?

No.11. 请讲一下你在前任工作中所使用的最典型的销售方法和技巧。

No.12. 讲一个这样的经历：给你定的销售任务很大，完成任务的时间又很短，你用什么办法以确保达到销售任务目标的?

No.13. 你是否有超额完成销售目标的时候，你是怎样取得这样的业绩的?

No.14. 一般而言，从和客户接触到最终销售的完成需要多长时间? 这个时间周期怎样才能缩短?

No.15. 你怎样才能把一个偶然的购买你产品的人变成经常购买的人?

No.16. 当你接管了一个新的行销区或一新的客户群时，怎样才能使这些人成为你的固定客户?

No.17. 在打推销电话时，提前要做哪些准备?

No.18. 你怎样处理与销售活动无关的书面工作?

No.19. 请向我推销一下这支铅笔。

No.20. 你认为推销电话最重要的特点是什么? 为什么?

No.21. 和业已存在的老客户打交道，以及和新客户打交道，你更喜欢那种? 为什么?

No.22. 如果某位客户一直在购买和你的产品相似，但价格却很低于你的产品，你该怎样说服这个客户购买你的产品?

No.23. 具备什么样的素质和技能才能使你从众多的销售人员中脱颖而出?

No.24. 假如你遇到这样一种情况：你的产品和服务的确是某公司需要的，但是那个公司内部很多人士强烈要求购买质量差一些但价格便宜的同种产品。客户征求你的意见，你该怎样说?

★ 工作主动性

下面的问题主要是考核应聘者工作积极主动的方面素质的。

No.1. 说一个你曾经干了些分外工作的经历。你为什么要承担那么多的分外工作?

No.2. 请讲这样一个经历：你获得了很难得到的一些资源，这些资源对你完成工作目标特别重要。

No.3. 你前任工作中，都干了哪些有助于你提高工作创造性的事情?

No.4. 在你前任工作中，你曾经试图解决了哪些与你工作责任无关的公司问题?

No.5. 讲讲这样的一次经历：在解决某一难题时，你独辟蹊径。

No.6. 工作中使你最满意的地方是什么?

No.7. 在你前任工作中，因为你的努力而使公司或部门发生了什么样的变化?

No.8. 你认为工作中什么被视为是危险的情况?

No.9. 你最后一次违反规定是什么时候？

No.10. 若你干这个工作的话，你怎样决定是否需要一些改变？

No.11. 哪些经历对你的成长最有用？你怎样确保在这儿也会有同样的经历？

No.12. 为了做好你工作分外之事，你该怎样获得他人的支持和帮助？

★ 适应能力

下面的问题能够考核应聘者适应方面的能力。

No.1. 据说有人能从容避免正面冲突。请讲一下你在这方面的经验和技巧。

No.2. 有些时候，我们得和我们不喜欢的人在一起共事。说说你曾经克服了性格方面的冲突而取得预期工作效果的经历。

No.3. 请讲一下你曾经表现出的灵活性的经历。

No.4. 当某件事老是没有结果时，你该怎样做？

No.5. 讲一个这样的经历：你的老板给你分配了一件与你工作毫不相干的任务，这样，你的本职工作就无法完成了，你是怎样做的？

No.6. 假如让你干一项工作，这个工作估计一周就能够完成。干了几天后，你发现，即使干上三周也没法完成这个任务。你该怎样处理这种情形？为什么？

No.7. 讲一个这样的经历：本来是你自己的工作，但别人却给你提供了很多帮助。

No.8. 你觉得你对公司的其他部门的人还有什么责任吗？若有，该怎样履行这些责任？

No.9. 请讲述一个你本来不喜欢，但公司却强加给你的一些改变。

No.10. 请讲述这样一个经历：为了完成某项工作，你有很多需要学的东西，但是时间又特别紧。你用什么方法来学会这些东西并按时完成了这项工作？

★ 正直

下面一些问题能够了解应聘者在正直方面的情况。

No.1. 请讲一个你曾经遇到的不忠于公司和主要客户利益的人，你是怎样对待他的？

No.2. 请讲一下这样一个经历：尽管其他人反对，但是你还是坚持自己的观点，并把事情继续做下去。

No.3. 在日常生活和工作中，什么行为才能表现出一个人的正直来？

No.4. 若平时你发现你办公室的人或你的下属偷窃了少量的办公用品，你会制止他们吗？如果会的话，你该怎样做？

No.5. 讲一个你的正直受到挑战的经历。

No.6. 假设公司规定不许在办公楼里赌博，如果你是新来的部门负责人，你发现该部门的老员工总是在办公楼运动室里赌博，他们这种活动已经进行了好几年了，你会怎么办？

No.7. 讲讲这样一个经历：别人让你给客户撒个谎（如说某批货已经发了，其实订单还在办公桌上呢），你会怎么办？

No.8. 假如你的一位工友给你讲了一件十分重要的事情或秘密，你觉得你的老板也应该

知道这件事，你该怎么办？

No.9. 请你讲一个这样的经历：你的请假要求本来很合理（如去看医生），但是你的老板却拒绝了。你是怎样办的？

No.10. 请你举一个你的同事很不道德的一件事，你认为那该怎么办？

本章小结

公共部门人力资源的甄选和录用是公共部门人力资源管理的一项基本任务，它是在人力资源规划与预测的基础上，为组织吸收、任用和提升新的合格人才，以维持组织人员自然循环的需求，保证组织任务的完成和目标的实现。甄选和录用是公职人员进入公共部门的“入口”。其制度设计一方面关系到能否将社会中的精英人才选拔到公共部门中，体现着公共部门人力资源管理政治价值、管理价值的平衡；另一方面则关系到任用的人员在知识、能力和技能上是否能够满足公共部门的要求。在本章中，对公共部门人力资源选拔的功能、人力资源甄选和录用的基础、人力资源甄选和录用的程序、方法等领域进行深入的剖析，构建了一个既有理论又有实践指导价值的公共部门人力资源甄选和录用体系。

思考与练习

（1）公共部门人力资源的选拔应该遵循怎样的基础原则？

（2）试比较内部招募和外部招募的优缺点。

（3）公共部门人力选拔有哪些程序？

（4）试描述人力资源甄选和录用的有效性评估的方法与重要性。

案例学习

山东省某市公务员考录工作创新探索

近年来，山东省某市大力推进、积极探索公务员考试录用工作，在把好国家机关“入口”、提高公务员队伍素质方面取得了显著成效。在2005年进行的一次市、县(区)、乡(镇)三级机关国家公务员和机关工作者面向社会公开考试录用工作中，该市在报考条件、考试内容和办法等方面进行了积极有益的探索。

为了提高透明度，扩大选才面，市人事局进行了较为充分的宣传。一是印制了大量的招考公告，在市区县人才市场、各招考单位、全市所有乡镇进行张贴；二是在当地有影响的报纸和该市的人才市场网站上公布招考简章，广而告之，传递信息；三是召开新闻发布会，邀请电视台、广播电台、记者等新闻媒体人员参加，广泛宣传，鼓励符合报考条件人员积极报考；四是改变报名方式，采取网上报名与集中报名相结合，方便考生，服务社会。结果全市共近 5 000 人报考，创下该市历次报考人数之最。

为了贯彻“公开、平等、竞争、择优”的原则，真正做到不拘一格选人才，该市放开报考条件，采取“四突破”策略，即突破身份、地域、所有制和就业限制，不论是干部，还是农民；不论是省内还是省外人员；不论是哪种所有制职工，甚至不管是否就业，只要符合学历和年龄等条件均可报考。在公务员考录过程中，强调公开透明、阳光操作、强化监督。考录工作每个环节实行公示制。笔试成绩、参加面试考生、总成绩、参加体检人员、体检合格人员等，均在市人事局、人才市场张榜公布，特别是笔试成绩还在电信信息台公布，考生可以热线查询。整个招考工作接受“四个监督”，即充分利用新闻媒体，宣传招考公务员的政策、办法，自觉接受舆论监督；公布招考电话，自觉接受社会监督；在每个招考环节请纪检监察部门参与，自觉接受组织监督；制定招考纪律规定，自觉接受纪律监督。例如，考录工作，从报名资格审查到笔试、面试、体检、录取，都邀请纪检监察部门到场监督和指导。从录取的 400 多人看，有公务员、企事业职工、待业青年。其中工人 8 人、社区干部 17 人、待业青年 98 人、教师 40 人，而且在参考的 935 名农村青年中有 42 名农民在赛场脱颖而出考上了公务员。

这次招考录用工作从总体上看，程序严格、方法创新、招考实行“五项全能”、综合“赛马”。除了笔试与面试两关外，还要考计算机操作技能、普通话水平和加试写作三关。最后以综合成绩从高到低确定录取对象。同时，由于招考职位不同，考试应试对象素质的侧重点也相应不同，即招考副科级以上领导职位侧重组织协调领导能力方面考查，招考一般职位侧重基础知识、基本技能的考查。他们在招考的分值计算中，对不同职位采用了不同的比例。具体办法是，招考副科级以上领导职位按笔试成绩、面试成绩各占 50%计算总成绩；招考一般职位按笔试成绩占 70%、面试成绩占 30%计算总成绩。

（资料来源：新民网，http://www.xinmin.cn.）

思考题：

1. 你如何评价本案例中该市的这次公务员招聘工作？
2. 本案例中该市公务员的招考工作体现了公共部门人员选拔的哪些原则？
3. 你认为公务员招聘工作应包括哪些环节？

公共部门人力资源培训

本章关键词

- 公共部门人力资源培训（Human Resources Training of Public Sector）
- 公共部门人力资源培训模式（Human Resources Training Mode of Public Sector）

本章目标

- 了解公共部门人力资源培训的含义、意义、机构的分类和发展趋势
- 熟悉公共部门人力资源培训的原则和模式
- 掌握公共部门人力资源培训的实施流程和方法

互联网资料

- http://www.nsa.gov.cn
- http://www.gwypx.com.cn

第一节　公共部门人力资源培训概述

自从泰勒的科学管理理论开创了员工培训理论研究的先河以来，许多人对培训的定义进行了广泛的探讨。英国人力资源服务委员会对培训的定义是：培训是通过设计有计划实施的活动，帮助个人和团队更加有效地完成某一工作或任务。诺伊认为，培训是公司有计划地实施有助于提高员工学习和工作相关能力的活动。这些能力包括知识、技能或对工作绩效起到关键作用的行为。培训的目的在于让员工掌握培训项目中强调的知识、技能和行为，并且让他们可以将其应用于日常工作之中。米尔科维奇和布德罗把培训看作一个系统工程。他们指出，培训是一个培训技能、规则、理念或态度的系统工程，其结果有助于在员工个性（人格）和就业要求之间达到较完美的结合。赵曙明把培训看成一个过程，认为培训是为员工提供信息、技能和对组织及其目标理解的过程。

英国人力资源服务委员会和诺伊的定义注重强调培训的目的，但对目的的论述不够全面；米尔科维奇和赵曙明的定义突出了培训的系统性和过程性，但没有强调培训对组织的作用。因此，我们把培训定义为：组织为了弥补内部缺陷，以适应当前发展要求，增加和改进组织内部人员的知识、技能和能力的过程。从定义中可以看出：首先，培训的目的是为了弥补组织内部的缺陷，适应当前发展要求；其次，培训主要注重提高员工的三个能力，包括知识、技能和能力；再次，培训是一个过程。

一、公共部门人力资源培训的含义及特点

公共部门人力资源培训是为了造就一支优化、精干、廉洁稳定的公职人员队伍，使公职人员的思想水平、政策水平、工作责任心、进取精神、业务能力和业务行为规范化等方面得到提升，从而有助于使他们在较短的时间里掌握新的理论，获取新的信息，更新观念，从而提高公共部门服务水平，满足社会公众需求。对国家公职人员的培训是能力的开发和头脑资源的开发，是国家最为重要的投资。

（一）公共部门人力资源培训的含义

公共部门人力资源培训，是指公共部门根据国家经济和社会发展的需要，根据公共部门实际工作的需要以及工作人员自身发展的需要，对公职人员进行的有计划、有组织的培养、教育和训练活动。因此，接受培训，既是公职人员享有的一项基本权利，也是公职人员必须履行的一项义务。为了明确公共部门人力资源培训的含义，有必要将培训和常规教

育加以区分。培训和常规教育的区别主要有以下几点。

（1）从培训的性质看，公共部门人力资源培训属于成人教育和职业教育的范畴，是一种继续教育。对于公职人员是终身的和不断进行的过程，是一个接受再教育的过程。它伴随着公职人员职业生涯的始终，成为“常规”教育和延续人们在小学、中学以至大学所受的教育，是第一教育过程，其主要任务是学习一般的知识和技能。

（2）从培训的目的看，公共部门人力资源培训是以任职人员为主要对象、以工作为中心的定向培训。其目的是使受训者掌握履行岗位职责所必须具备的知识、能力和技巧。从而使之提高工作效率和工作水平，改进工作方式。而学校常规教育则是以一般人为对象，以传授知识为中心，目的在于提高人们各个方面的素质。

（3）从培训的内容看，公共部门人力资源培训是多元化培训和针对性培训的统一。公共部门人力资源培训是一种多学科、多层次的教育训练活动，它包含的内容极其丰富，几乎涵盖所有文化、管理和科学知识。同时，公共部门人力资源培训又有很强的针对性和实用性，在职业培训中，在向受训者传授专业知识和特殊技能时，要考虑社会和经济发展的需要，要以部门的工作需要为着眼点，还要考虑接受培训者自身职业发展的特点等。而常规教育则是为新生一代未来进入社会生活所进行的基本素质上的准备，从德、智、体、美、能几个方面入手，对受教育者进行全面的、综合的、通用的教育，以使人获得全面发展。

（4）从培训的形式看，公共部门人力资源培训不像学校常规教育那样整齐划一，它可根据需要和具体条件采取灵活多样的培训形式。培训的时间可长可短，既可以进行定期培训，也可以进行不定期培训；既可以采取脱产培训又可以进行在职培训；既可以进行部内培训和部际培训，又可以在部外采取委托培训的方式。在培训的方法上，既可以进行课堂讲授，又可以采取研讨实地考察和实际操作等手段，伸缩性较强。尽管公共部门人力资源的培训具有区别于常规教育的特点，然而随着社会的进步和人们观念的更新，两种类型的教育相融合，界限较以往已经非常模糊。如今公共部门人力资源培训的发展趋势是：既要满足部门和工作发展的需要，又要注重对公职人员综合素质的培养，使以往承担常规教育的部门越来越多地利用自身的优势承担培训公职人员的义务。

（二）公共部门人力资源培训的特点

公职人员培训的目的是培养管理国家、服务社会的人才，这就要求所提供的培训内容能够产生更具有社会性、专门性和非功利性的结果，因此，公共部门人力资源培训制度就具备了相应的社会性、专门性、非功利性的主要特点。

（1）社会性。对公职人员进行系统培训，既有利于公职人员德、才综合素质的全面提升，也有利于促进整个社会协调、和谐地发展，从而影响到社会层面。因为公职人员是所有政策制定和实施等政府活动的承担者，政府的效能发挥质量在很大程度上取决于政府公职人员素质的高低，而对公职人员队伍素质的提高有着举足轻重作用的公共部门人力资源培训则是公职人员人力资源开发的重要环节之一，只有这种培训的有机开展才能使公职人员实现服务特定国家政府机关的社会功能。

（2）专门性。正因为公职人员的特殊身份，其工作环境、服务对象的特定性，使其具备的素质具有特殊性，因此，对其的培训就必须具有专门性和针对性。这种专门性体现在培训主体的专门性，不是所有的培训机构都能成为公职人员队伍的培训主体；培训课程的专门性，各国基于政府职能和各部门对公职人员素质、技能要求的不同规划不同的培训内容；培训结果运用范围的专门性，公共部门人力资源培训都是有的放矢，培训的结果与其工作绩效直接挂钩，因绩效引致的人事变动在职位纵向和横向上的反映相当明显。

（3）非功利性。由于公职人员所在组织为政府机关、事业单位等，属于非功利性组织，属于非营利性组织（NPO）。非功利性来源于它的社会责任和存在理由，公共组织存在的目的是解决政党政治下的整个社会问题，而不是各个经济利益体的局部问题，追求社会的最终平衡和整体效益。公职人员是纳税人所得供奉的对象，所以他必须为纳税人提供优质的服务并解决人为的不公平问题。因此，它存在非功利性特点，在培训上也体现得相当明显，培训的费用一般都由国家从财政经费中单列和报销，专款专用。

（4）实质是回归的继续教育模式。继续教育培训模式是对常规教育的发展和延续，这体现了现代教育的终身教育理念。按照公共部门人力资源的工作性质、职业特点和要求进行终身教育，教育培训贯穿了公共部门人力资源管理的全过程。由于受训对象一般是已经具有比较丰富的实践经验，也掌握着丰富的专业知识和操作技能，所以对他们的培训是更新和延续的再教育形式。

（5）核心是提高公共人力资源的工作效率。日益复杂的社会问题强化了提高公共事务管理效率的要求，公共人力资源在面临这些问题时需要能通盘考虑，把握问题的轻重缓急，同时要有准确判断和有效解决问题的能力。另外，科技革命、信息社会和知识经济时代的到来，人类知识更新的速度大大加快，传统的工作学习方式被智能化和网络化所取代，公共人力资源所掌握的知识和技能是促进社会发展的主要工具，所以公共人力资源需要接受教育培训，改变陈旧的知识结构，不断更新知识技能、转变工作方式，用新的工作方式从事公共事务的管理活动，更好地为公众提供服务。

（6）实施形式上具有灵活多样性。由于受训人员一般都是在岗的工作人员，他们本身的工作任务重，相对来说集中学习的时间很少，而且受训人员的学历层次和专业等方面也各不相同，所以在培训模式的实施方面具有较大的灵活性。在培训模式的实施形式方面，因为受训人员的参与意识和主体意识比较强，所以自学、研讨等不同培训形式都可以选择性的进行使用。另外，在培训时间方面，根据受训人员的实际工作情况对培训时间段的选择和总体规划都具有很强的伸缩性。

二、公共部门人力资源培训的目的和意义

（一）公共部门人力资源培训的目的

公共部门开展人力资源培训主要是基于以下几点目的。

（1）适应外部环境的发展变化。公共部门不是一个封闭的系统，而是一个不断与外界相适应的升级系统，这种适应并不是静态的机械的适应，而是动态的积极的适应，这就是所谓的系统权变观。公共部门的生存和发展要归结到人的作用上，具体可落实到如何提高公职人员素质、调动公职人员的积极性和发挥公职人员的创造力上。公共部门作为一种权变系统，作为公共部门主体的人也应当是权变的，即公共部门必须不断培训公职人员，才能使他们跟上时代，适应技术及经济发展的需要。

（2）满足公职人员自我成长的需要。公职人员希望学习新的知识和技能，希望接受具有挑战性的任务，希望晋升，这些都离不开培训。因此，通过培训可增强员工满足感。事实上，这些期望在某种情况下可以转化为自我实现诺言。期望越高，受训者的表现越佳。反之，期望越低，受训者的表现越差。这种自我实现诺言现象被称为皮格马利翁效应。

（3）提高公共组织绩效和公职人员素质。一方面，公职人员通过培训，可在工作中减少失误，降低因失误造成的损失。同时，公职人员经过培训后，随着技能的提高，可以提高公共部门的工作质量和工作效率。另一方面，公职人员通过培训，知识和技能都得到提高，这仅仅是培训的目的之一。培训的另一个重要目的是使具有不同价值观、信念，不同工作作风及习惯的人，按照时代及公共部门要求，进行文化养成教育，以便形成统一、和谐的工作集体，使劳动生产率得到提高，人们的工作及生活质量得到改善。要提高公共部门竞争力，公共部门一定要重视教育培训和文化建设，充分发挥由此铸就的公共部门精神的巨大作用。

（二）公共部门人力资源培训的意义

公共部门人力资源培训作为公职人员素质的更新机制，不论对人力资源开发，对公共部门的建设，还是对社会和经济的发展，对民族富强，都具有重要的意义。

（1）公共部门人力资源培训是提高公职人员整体素质和业务能力的基本途径和重要保证。公职人员在进入公共部门之前已经具备一些基本素质，进入公共部门后，还需通过实际工作和进一步的培训去发展和提高。尽管在进入公共部门之前，工作人员已具备一定的学识并具有一定的智力水平，但他们还需掌握和熟悉处理某项工作的特殊技能。基于此，对部门新录用人员的培训就显得十分重要。

（2）随着现代科学技术的发展，公职人员所涉及的业务内容和处理方法也处在不断更新和变化之中，一些新的理论和科学技术越来越多地渗透到公共管理中。例如，系统论、控制论和信息论等现代管理理论日益广泛为管理部门所用，先进的计算机和互联网技术、通信技术以及办公自动化设备也广泛地应用于公共部门之中。这些变迁给公职人员提出了挑战，要求他们更新知识结构，通过快速的学习，运用新的方法从事公共管理活动，以跟上社会发展和时代进步的潮流。

（3）公共部门人力资源培训是充分开发人才资源的重要渠道，是公职人员自身职业发展的重要台阶。人的品德、智力、知识、技能和体力具有很大的可塑性和发掘潜力，培训便是发掘人的潜能和塑造人才的有效途径。高质量的人才资源不是自然形成的，它是开发的结果。对公职人员进行系统培训，有助于开阔视野，提高工作情趣，激励进取精神，提高领导、计划与协调能力，从而为公职人员职务的晋升和未来的发展创造条件。

（4）公共部门人力资源培训是公共部门管理职能调整和转变的要求。20 世纪以来，各国政府的职能不断扩大。政府的活动几乎遍及社会生活的方方面面，伴随着政府职能的扩大，政府管理的内容也发生了巨大的变化。作为政府管理的主体，政府的公职人员承担着繁重的管理职责。为此，及时对公职人员进行培训，使之认清形势做到称职合格，便势在必行。当今世界各国的行政发展和普遍进行的行政改革对政府公职人员提出了越来越高的要求，行政改革和发展意味着政府职能和管理角色的转变，政府成为服务的政府，而不是单纯实施统治的政府。在与市场、中介组织和自治组织的关系中政府将成为指导者而不是直接的管理者，政府职能的转变和调整，要求政府公职人员必须跟上这一步伐。在这一过程中，公共部门的人力资源培训在塑造具有现代管理理念并掌握现代管理手段的公职人员队伍方面举足轻重。

总而言之，公共部门人力资源培训是造就一支优化、精干、廉洁稳定的公职人员队伍的重要措施，它有助于提高公职人员的思想水平和政策水平，提高公职人员的工作责任心，并激励其进取精神。有助于提高公职人员的业务能力，使其业务行为规范化，有助于使他们在较短的时间里掌握新的理论，获取新的信息，更新观念。对国家公职人员的培训是能力和头脑资源的开发，是国家最为重要的投资。各国的经验表明，有效的人力资源培训能够促进国家经济的发展，反之，国家经济的发展也能够为人力资源的培训提供更为充足的物质保证。一个国家和民族的昌盛，国民素质起着决定性的作用。国家公职人员是国家公共部门构成的主体，是国家权力和公共职责的履行者，他们素质的高低就显得更为重要，因此，加强和改善公共部门人力资源的培训机制对于一个国家走向繁荣和富强具有重要的战略意义。

三、公共部门人力资源培训的发展趋势

（一）培训的国际化趋势

科学技术的发展使全世界在时间和空间上的距离缩短，现代化的交通与电信技术使全

球化的进程加快，国际组织日益涌现，超越国家范围的管理事务也日益增多，这就促进了公共部门人力资源培训领域的国际合作与交流，使公共部门人力资源培训日益呈现出国际化的发展趋势。培训的国际化趋势表现在若干方面，首先，从培训内容上看，许多国家的培训教育机构增加了国际关系课程和时事专题课程，甚至专门为外国公职人员设置某些培训项目。其次，从培训方式上看，跨国、越洋的远程教学日益增多。再次，从培训机构上看，国际培训机构逐渐增多，如亚洲东部地区公共行政组织在韩国设立的管理发展中心，在日本自治大学设立的地方政府中心均为专门培训亚太地区各国公职人员的机构。各国培训教育机构之间相互合作与交流、信息共享、取长补短，不断完善各自的培训体系。各国还互派人员进行对等交流或派人员到他国培训教育机构接受培训。

（二）培训机构的多元化和社会化趋势

公共部门人力资源培训机构的多元化和社会化趋势包含两个方面的含义。

（1）培训机构趋于多元化。培训教育机构日益朝政府导向与市场导向相结合的方向发展。公共部门人力资源培训以隶属于国家的公共培训机构为基础，然而，随着国家公职人员数量的增多和国家公共管理职能的发展变化，以及科学技术知识更新速度的加快，仅靠原有国家正规培训机构已无法胜任培训工作的要求。因此，高等院校和各种社会团体越来越多地参与到公职人员的培训中，与原有国家正规培训教育机构一起，形成了公共部门人力资源培训的网络，在这个过程中，公共部门购买培训的观念逐渐形成。

（2）培训机构趋于社会化。在法国，公共部门人力资源培训是政府行为，政府对培训工作进行统一规划和管理，但由于培训任务重、工作量大，许多具体事情政府管不过来，于是引入市场机制，政府成为培训市场的购买者，对政府管理职能部门提出更高的要求。要购买到好的培训，就要了解培训市场、熟悉培训市场、培育培训市场、管理培训市场，各培训机构在市场竞争中优胜劣汰，降低培训开支，提高了整体的培训能力和培训质量。此外，隶属于国家的培训教育机构也逐步走向市场，参与到市场机制的运作中，这样既减轻了国家的财政负担，又从单纯的公共部门人力资源培训发展到面向社会的培训，在提高全民素质发挥方面起着重要作用。目前，在世界大多数国家中，隶属于国家的公共部门人力资源培训教育机构仍以国家财政为全部或主要资金来源，与此同时部分国家已开始尝试依托市场机制进行运作，国家行政学院的经费由国家财政全额拨款，但行政学院在为公职人员举行短、中期培训的同时，积极努力开拓培训市场，利用自身资源，独立开展其他形式的培训。此类班次是以市场导向为主，兼顾社会效益与经济效益面向社会的培训，成为学院局部性依托市场机制运行的尝试。

许多其他国家的公共培训教育机构，如法国国家行政学院、德国联邦行政学院、日本人事院公职人员研修所、加拿大管理开发中心等。也在不同程度上依托市场机制进行运作。目前，美国、俄罗斯、葡萄牙、英国、新加坡，已经部分或全部采用以市场为导向的运行机制，其中较为典型的是英国文官学院。英国文官学院以公共培训为主，同时为一些个人和私人机构提供服务。英国文官学院奉行“学员至上”准则，为学员提供专家咨询，提供满足客户需求的培训服务学院，设置了 500 个以上的课程题目供学员选择，如若学员没有发现符合自己需要的课程，学院则可以根据需要为学员制定专门的培训开发项目，形成顾客驱动、定制服务的模式。

（三）在职培训与学位教育相结合的趋势

将在职培训与学位教育相结合成为当今各国公共部门人力资源培训的一个发展趋势，使公职人员通过培训提高自身的素质和能力水平，最终不仅有助于改善公职人员队伍的学历结构和知识结构，也在一定程度上解决了以培训评估中缺少客观性和规范性标准的问题。从目前世界各国的情况看，最适合于公职人员的学位教育是公共管理硕士学位。20 世纪 70 年代以后，美国的 MPA 教育进入规范化的发展时期，各高等院校开始建立共同的组织、相互联系、相互学习、建立统一的 MPA 课程标准。对开办 MPA 的单位进行审核与评估，据统计，现在全美开设 MPA 课程的院校有 220 多所，学生有 30 000 多人，发展势头很好。我国国务院颁布的《200l—2005 年国家公共部门人力资源培训纲要》中，特别强调“积极开展公共管理硕士专业学位教育”，以“培养一批高素质、复合型的行政管理人才”，显示了我国政府对 MPA 教育的重视。MPA 教育目前已成为我国公共部门人力资源培训的一个重要项目，它也将成为我国公共部门人力资源的重要源泉。

（四）网络化、分散化

国际互联网技术的发展打破了时间和空间的限制，能很方便地满足即时的和不同步的学习需求。通过互联网多方位的技术，在电脑空间里能满足学习的三种基本途径：自学、集体交流和教师讲授。互联网上丰富的学习资源能让不同水平的学习者，通过整合互联网学习资源，实现学习目标，并且可以节省大量的时间和金钱。网上学习将给培训业带来根本性的变革。

同时，培训不再是仅面向公职人员，受训者应该包括供应商、消费者、协作人员等庞大的群体。这一趋势意味着培训的权责从集中管理向分散的工作场所转换，过去处于中心位置的培训者将成为学习顾问，帮助、指导并支持所有在岗人员的工作，同时应更加关注如何将学习和企业战略计划相结合等问题。

（五）团队学习、终身学习

一方面，个人知识和技能的局限性以及面临问题的复杂性，使得团队得到很大的发展，人们将按团队工作，尽管他们工作和居住的地点可能并不邻近。随着通信技术的发展，团队的性质将发生变化，企业将由大量不断变化的小型组织完成其工作。培训者基本职责之

一是指导团队学习和项目管理，提供专家或工具帮助团队发展。

另一方面，在旧的经济体系里，人们的一生分为学习和工作两大阶段。在知识经济体系中，工作和学习合二为一，当你在从事知识性工作时，你就是在学习；同时，也必须随时随地不断学习，才能有效执行知识性的工作。终生学习在过去似乎更是一种人生的修养，而在今天，它成了人们生存的基本手段。

（六）培训与咨询相结合、自主化和社会化相结合

为了使培训具有针对性和有效性，必须对受训者进行需求分析。通过对受训者进行咨询诊断，明确需要改善的方面，并通过培训提供帮助。另外，在现代咨询中，学习是作为追求的主要目标之一，在选择工作方法和客户合作中，咨询师力图将个人诀窍和经验传授给客户。咨询师将培训作为其关键的实际操作工具，并不断使用它。许多咨询师以兼职教员或培训工作者身份与工商学院或其他教育机构进行合作，在某些教育和培训机构中，咨询已变为组织的一项功能，由专门的咨询部门和通过项目来组织实施。总之，培训与咨询互为融合、互为促进。

同时，培训的自主化也是当今企业培训的主流。但是，企业培训往往要求多、层次广，有许多类型是企业无法做到的，于是，培训的社会化应运而生。中小企业由于自身实力和培训资源的有限性，其培训需求往往由社会性培训机构来满足。

（七）规范化和标准化

培训需求的多样化和培训技术的多样化，使得培训服务的品质参差不齐，没有衡量的标准将不利于培训业整体提升。国际质量标准认证体系在培训业中的推广运用，将极大推动培训的规范化和标准化，以及提高培训产品和服务的市场竞争力。标准化的培训产品传播广泛，市场占有率高，规范化的培训服务能极大提高客户满意度。

第二节　公共部门人力资源培训模式

当前我国公共部门的培训模式有两个特征，即“自上而下”与“以学科为中心”。“自上而下”的培训模式具有重教轻学的特点，“填鸭式”教学是这种传统的单向培训模式的主要形式；“以学科为中心”的培训模式也已不再适合现代人力资源开发的新要求，它忽视了受训者的接受能力和实际解决问题的能力。另外，在传统的培训模式下，培训工作常常被看作人力资源管理家族中的“非亲生子”。在公共部门紧缩开支时，培训所需要的经费往往被视作“奢侈”项目的开支而遭到缩减。同时，传统培训模式还存在着诸如培训内容无针对性、培训机构单一、培训评估走形式等问题，这使得公共部门人力资源培训模式的创新

呼之欲出。

一、公共部门人力资源培训模式概述

从界定培训模式的概念入手，对公共部门人力资源培训模式的内涵进行阐述，进而分析公共部门人力资源培训模式的特点并介绍各类培训模式的具体内容。

（一）公共部门人力资源培训模式的内涵

对“培训模式”概念的界定在理论界尚没有统一的定论。“模式”一词常常出现于各类学科之中，“模”是有模式、标准的意思，“式”是指范式、式样。《国际教育百科全书》中提到：“模式可以被建立和被检验，并且如果需要的话，还可以根据探究进行重建。”我国著名学者查有梁对“模式”的概括是：模式是一种重要的科学操作和科学思维方法。它是为解决特定的问题在一定的抽象、简化、假设条件下，再现原型客体，构建新型客体的一种科学方法。从实践出发，经概括、归纳、综合，可以提出各种模式，模式一经被证实，即有可能形成理论；也可以从理论出发，经类比、演绎、分析提出各种模式，从而促进实践发展。模式是客观实物的相似模拟（实物模拟），是真实世界的抽象描写（数学模式），是思想观念的形象显示（图像模式与语义模式），因此，模式可以理解为对某项活动的理论概括，是可作为范式加以借鉴和运用的操作方法，是介于理论和实践之间的桥梁，即“既是理论的应用，又是实践的概括”。不难看出，模式一方面是对现实原型的抽象和提取；另一方面，模式也提供了对现实原型的操作改造方法。

当前学界“培训模式”的概念经归纳可以概括为以下几种观点：一是“培训形式论”。根据培训过程中所采用的培训形式定义培训模式，如在岗培训、脱岗培训和半脱岗培训等培训形式。二是“培训方法论”。将培训过程中主要采用的培训方法等同于培训模式，常见的培训方法包括讲授法、视听技术法、讨论法、案例研讨法、角色扮演法等。三是“培训流程论”。它着眼于培训过程的运作程序，是对整个培训过程中各不同要素的有机整合。由于培训工作的整体性、动态性和系统性，它包括如培训需求分析与规划、制订培训计划、培训实施、培训评估及培训的外部保障机制等各个过程。

我们认为，对“培训模式”的定义不能仅从培训形式或培训方法等单一的方面进行考虑，每一种培训模式都是对培训形式和培训方法等方面的有机综合，是在以培训流程为核心的基础上产生的培训管理系统。培训模式可以认为是人们对现实的培训过程各要素的概括和抽象以及对现实培训过程的理论分析，它再现了培训过程，又通过简化、假设、抽象、模拟等提供了培训工作的操作和行为方式。

公共部门是与私营部门相对而言的，在西方国家公共部门主要包括行政机构、国有工业、公用事业以及辅助部门，这相当于我国的政府组成部门及相应的职能部门、国有企业、

公共事业单位等。它是以公共权力为基础，受到公众的信任和支持，不以市场取向和盈利为存在的目的，也不存在利益的偏私，因此，公共部门是指负责提供公共产品或者进行公共管理，致力于增进公共利益的各种组织和机构。公共人力资源也就是在公共部门从事生产和服务的工作人员，主要依靠国家财政支付其工资。公共部门人力资源培训模式就是对公共人力资源培训实际工作中的内外部要素及其实施过程进行抽象和概括，并能为公共部门的培训工作提供借鉴范式，架构公共人力资源培训的操作框架。在该模式系统中，公共部门根据实际情况对组织内人员的培训进行总体规划和管理，每个单独的培训项目之间、单独的培训项目与培训总体规划之间都是相互联系的有机体，同时每个项目的选择都是在系统的支持下进行的，对培训的实施和管理在系统中处在有机、动态的循环中。因此，公共部门人力资源培训模式的学习有利于公共组织的培训工作有步骤、有计划的实施，实现培训工作的系统化和计划化，进而更好地与公共人力资源的职业生涯发展相联接，提高公共部门人力资源的职业能力、拓展其发展空间、满足其自我发展的需要，在提高个人绩效的同时能更好地实现组织的目标。

（二）公共部门人力资源培训模式的特点

公共部门人力资源培训模式的主体是负责组织培训工作的培训机构和培训的接受者即受训人员，其中受训人员就是指在公共部门从事生产和服务的公共人力资源，提高他们的思想意识和业务技能是进行培训工作的目的所在，他们的培训需求是制定和规划培训系统的依据，他们在评估培训效果中也起着重要的作用。公共人力资源是所有人力资源的一部分，但国家政府职能部门、国有企业和公共事业单位的性质决定它还具有特殊性，因此，私营领域在人力资源管理上的一些理念和技术并不能照搬进公共领域，而要针对公共领域的特殊性进行移植，也就是在引进到公共领域时必须要适应其明显的政治色彩。

公共人力资源的特点主要包括：首先，公共人力资源的政治觉悟和道德品质高于整体人力资源的平均水平。我国的公共人力资源管理深深扎根于中国社会经济发展的现实国情中，由于存在政治倾向、文化特色以及民族个性特征和传统习惯的特点，公共部门人力资源的政治性要远远高于私营领域，许多公共部门的行为选择或是出于国家全局利益，或是出于社会长远发展的考虑，而不仅从成本、技能和管理等方面考虑。因此，公共部门人力资源的行为选择关系着公共组织的形象和合法性，具体反映为公共人力资源必须拥有较高的理论水平、政策水平、法治观念、政治品质、道德觉悟，以及为人民服务的热情、态度、作风和能力。其次，公共人力资源的能力和文化层次较高。公共部门主要的工作是向公众提供服务和管理，且这样的服务和管理要求着眼于社会发展的整体和长远利益，因此，公共人力资源必须要具备相关的专业技能和精湛的管理水平。而日趋复杂的社会问题要求公共人力资源不仅要有准确和有效解决问题的技能能力要求，而且也要掌握先进的处理问题的技术手段。公共部门的管理职责在当今市场经济条件下要求更为突出，而管理能力相对业务技能来说，具有更强的综合性和操作性，所以公共人力资源是高层次的人力资源。最后，社会对公共人力资源的期望值要高于一般的人力资源。由于公共管理与服务具有垄断性，加之管理与服务中主体与客体的信息不对称，公众对公共管理提供服务的质量和数量期望往往寄托于公共人力资源自身所具备的公众意识。而公众意识则意味着要将个人的发展与整个社会的发展相衔接起来，把社会的整体利益放在首位。

公共部门人力资源培训模式是以公共人力资源为主体的，为公共部门人力资源培训提供系统的培训操作框架。公共部门人力资源的特性决定了其培训模式的特点。

（1）公共部门人力资源培训模式的实质是回归的继续教育模式。继续教育培训模式是对常规教育的发展和延续，这体现了现代教育的终身教育理念。按照公共部门人力资源的工作性质，职业特点和要求进行终身教育，教育培训贯穿了公共部门人力资源管理的全过程。由于受训对象一般是已经具有比较丰富的实践经验，也掌握着相应的专业知识和操作技能，所以对他们的培训是更新和延续的再教育形式。

（2）公共部门人力资源培训模式的核心是提高公共人力资源的工作效率，改进其工作方式。日益复杂的社会问题强化了提高公共事务管理效率的要求，公共人力资源在面临这些问题时需要能通盘考虑，把握问题的轻重缓急，同时要有准确判断和有效解决问题的能力。另外，科技革命、信息社会和知识经济时代的到来，人类知识更新的速度大大加快，传统的工作学习方式被智能化和网络化所取代，公共人力资源所掌握的知识和技能是促进社会发展的主要工具，所以公共人力资源需要接受教育培训，改变陈旧的知识结构，不断更新知识技能、转变工作方式，用新的工作方式从事公共事务的管理活动，更好地为公众提供服务。

（3）公共部门人力资源培训模式在实施形式上具有灵活多样性，在实施范围和时间上具有伸缩性。由于受训人员一般都是在岗的工作人员，他们本身的工作任务重，相对来说集中学习的时间很少，而且受训人员的学历层次和专业等方面也各不相同，所以在培训模式的实施方面具有较大的灵活性。在培训模式的实施形式方面，因为受训人员的参与意识和主体意识比较强，所以自学、研讨等不同培训形式都可以选择性的进行使用。另外，在培训时间方面，根据受训人员的实际工作情况，对培训时间段的选择和总体规划都具有很强的伸缩性。

（三）公共部门人力资源培训模式的类别

（1）“系统型培训”模式及其发展。“系统型培训”模式的雏形是美国陆军部队培训新兵所用的方法。20 世纪 60 年代，英国的博伊代尔对这一模式进行了系统的研究并提出了十个步骤的循环系统，从此该培训模式开始受到了广泛的运用。“系统型培训”模式就是通过一系列符合逻辑的步骤、有计划地实施培训。它归纳起来可以分为五个阶段：分析培训需求、设计培训课程、制订培训计划、实施培训及评估培训效果。“系统型培训”模式将这一

系列的环节看作一个系统的连贯的步骤，同时又将培训需求的确定引入到了培训循环中。它使培训者和组织的管理人员认识到有结构、有规则的从事培训的重要意义，更重要的是它强调了评估培训效果在整个培训活动中的重要地位及对其他培训环节的好处。“系统型培训”模式如图 5-1 所示。

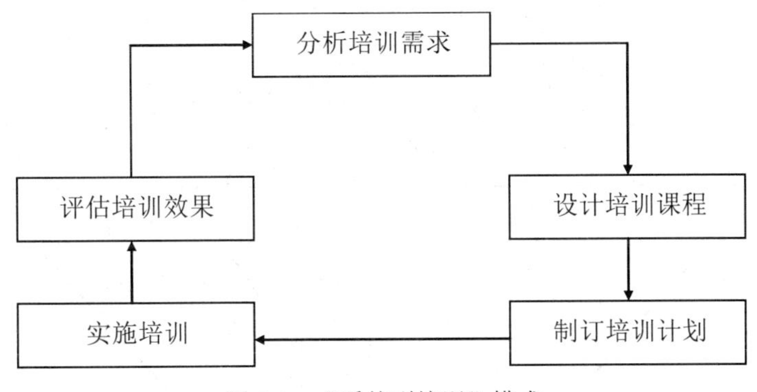

图 5-1 “系统型培训”模式

20 世纪 60 年代末，迫于组织间的竞争压力及对工作效率的关注性的不断提高，英国工业局对系统培训模式进行了改善，衍生后的变形模式较原来的培训模式有了极大的促进和完善。

随后，哈利·泰勒在保留了“系统型培训”模式的指导作用的基础上，又将培训置于更加广泛的组织背景下，提出了“过渡型培训”模式。“过渡型培训”模式是关于组织战略和学习的双环路，内环是“系统型培训”模式，外环是战略和学习，内环受到外环的影响。远景（期望设想）、使命（组织存在的意义）、价值（对前两者的易理解的解释），都必须在关注具体目标之前确定。泰勒的“过渡型培训”模式揭示了组织作为一个整体，培训工作应当与其战略相适应。“过渡型培训”模式将培训置于更广泛的组织背景中，所以它指出，公共组织作为一个整体应与其战略发展相适应。“过渡型培训”模式如图 5-2 所示。

尽管“过渡型培训”模式较原有的系统培训模式有了较大的完善，但仍然存在双环的严密性程度不足的情况，尤其是外环不够完善，实用性较差的缺陷。因此，在 1987 年英国的“国家培训奖”大会上提出了一种新的模式，它的作用是在“国家培训奖”中参赛评委们试图寻找那些证明培训对提高组织绩效确实起到作用的数据，而且要根据一个特征体系来考查参赛人员，这一体系对数据作系列性排列，并对培训作有效评估。后来这样的培训模式就被称为“国家培训奖”模式，该模式的右侧是简化了的“系统型培训”模式，主要表现在培训目标是组织战略要求的转换，这一转换是有效一致的；同时培训是一个系统连续的过程，结果具有可考核性。这些都表明“国家培训奖”模式是对“系统型培训”模式的相当认可。它虽然是对“系统型培训”模式的发展，但是更具有实际操作性，它将培训系统作为组织中的一个独立分支，与广泛的组织战略之间有着某种程度的联系。另外该模式的突出特点是：它明确认识到了培训目标与组织需要相结合的必要性和培训结果并不仅仅是专业人员的事情，而且是组织关注的事情。“国家培训奖”模式如图 5-3 所示。

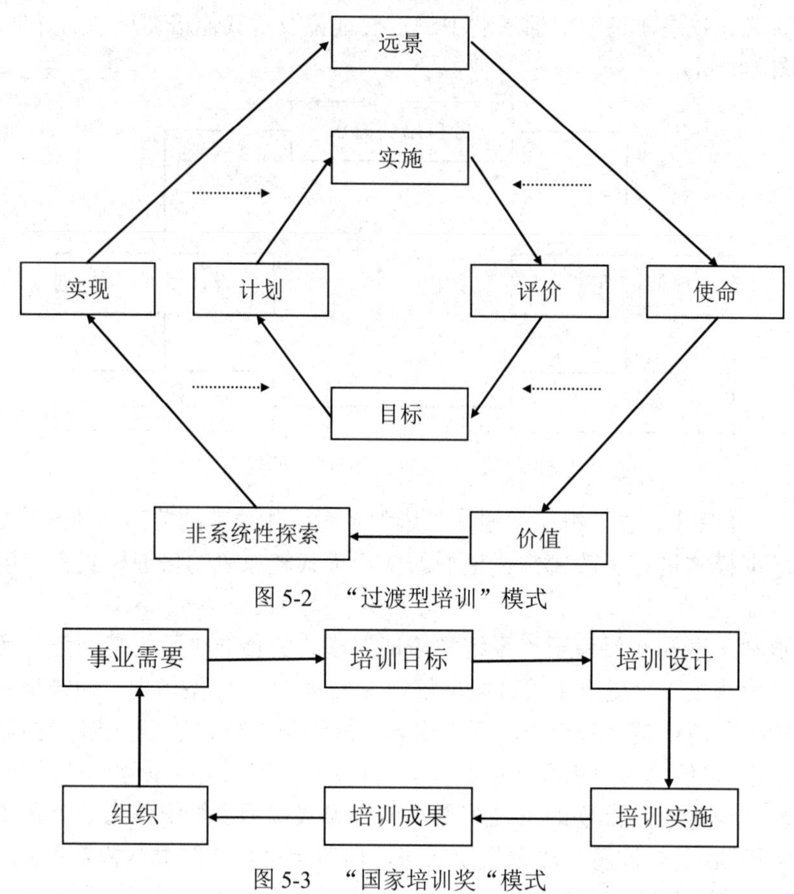

图 5-2　“过渡型培训”模式

图 5-3　“国家培训奖“模式

（2）“咨询型培训”模式及其发展。随着提供顾问培训服务的职业机构大量涌进市场，为顾客提供服务，“咨询型培训”模式也随着产生。它是以协议或合同的方式固化组织的需要和待解决的问题，然后展开调查分析，在此基础上实施相关的培训，一旦项目评估完成随即解除协议或合同。“咨询型培训”模式既可以用于组织外部顾问，也可以用于组织内部顾问。外部咨询对员工做什么，如何做，在哪里做，何时做等进行了更好的控制；而内部咨询是受训者的未来工作方向，这种工作方向不仅可以提供组织所需要的灵活性和应对力，还能提高个人的满足感和能力。内部咨询能够提出有针对性的解决问题的办法，而外部咨询所获得和利用的知识，技能和经验在合同或协议解除后仍然可以保留在组织中，这样组织就会从中受益。这种培训模式对受训人员技能的提高作用尤为明显，它可以分为四个阶段：获准进入、调查分析、完成、推出。“咨询型培训”模式如图 5-4 所示。

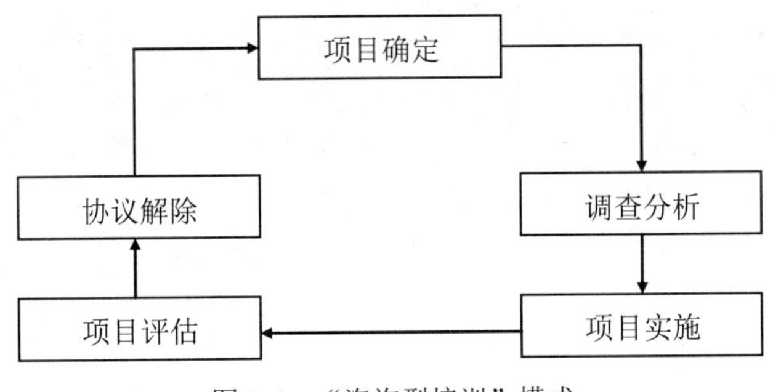

图 5-4　“咨询型培训”模式

在不断完善向顾客提供服务的过程中，“咨询型培训”模式得到了改良，改进后的咨询培训模式与改进前的相比，有两点鲜明的区别：一是对培训模式的各环节进行了细化，更为具体化的培训环节使培训过程衔接得更加紧密；二是它将“评估”列为整个培训循环的核心，凸显了培训评估在整个培训过程中的重要性。将培训评估作为培训的核心是培训模式发展的重要一步，体现出组织评估为培训服务的迹象，这种观念的改进为更先进的培训模式的提出提供了思路。“咨询型培训”的发展模式如图 5-5 所示。

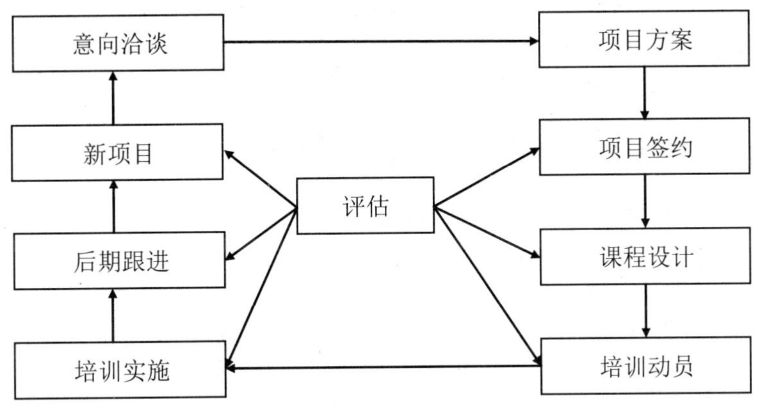

图 5-5　“咨询型培训”的发展模式

（3）“阿什里德培训”模式及其发展。“阿什里德培训”模式又称为“阶段型培训”模式，这一培训模式是阿什里德管理学院在 1986 年所承担的一个研究项目中提出来的，它将组织的培训活动按等级水平划分了三个阶段：离散阶段、整合阶段以及聚集阶段。离散阶段的“离散”指的是培训对象所接受的培训不能满足工作需求，从而使培训效果基本处于无效状态的培训。在这个阶段中，培训在组织中居于次要的地位，组织将培训视为支出与费用，不认为培训是一种投资或期待其回报。在整合阶段，对培训重要性的关注程度大大提高，与组织内各项活动的联系更加紧密，这主要表现在培训开始与人力资源的需求相结合，与评价系统形成一体，在内容的传授上既强调基础知识又强调技能知识。“阿什里德培训”模式提供了一个培训的理想状态，即在聚集阶段，培训的效能的发挥是最充分的，培训成为组织的内在机能，并且是一个完全连续的过程。在这个阶段培训立足长远发展，并且从系统论角度对培训对象进行培训，使其适应未来社会发展需求的培训。

（4）“持续发展型培训”模式及其发展。“持续发展型培训”模式是英国人事管理学会基于组织内部的理想培训环境和组织发展的背景在《持续发展宣言》中提出来的，它着力于培训技能的长期强化和提高问题，因而更能满足组织的需要。这个模式提出了七个活动领域，都是实现组织学习和持续发展必不可少的因素：政策；责任与角色要求；培训机会及需求的辨识和确定；学习活动的参与；培训计划；培训收益；培训目标。“持续发展型培训”模式强调将培训置于更为广泛的组织背景中，并与组织内其他活动过程相联系，它要求组织的高层管理人员必须重视组织持续发展的投资，就像重视新产品开发和设备的投资一样。另外它还提出了通向持续发展终极之路的一系列相关活动内容。

二、国外公共部门人力资源培训模式的借鉴

日本、美国、英国等发达国家的公共人力资源培训模式随着人才竞争激烈程度的加深得到了不断的完善。通过剖析国外公共部门人力资源培训模式，对于构建我国公共部门人力资源培训模式具有重要的借鉴意义。

（一）国外公共部门人力资源培训模式

1．日本的研修培训模式

日本是较早组织进行公共部门人力资源培训的国家之一，在第二次世界大战以后，行政环境相比战前发生了很大的变化，原有的行政模式已经不能再适应新形势的需求，在投入了大量的资金进行大规模改革的同时，公共部门的人力资源培训模式也悄然发生了变革。在大规模的资金投入的支撑保障下，日本已经形成了较为成熟的公共部门人力资源培训模式。在日本，对人力资源的培训一般被称为“研修”，相对应的培训机构就是“研修所”。日本的研修培训模式在经过了半个多世纪的发展，已形成了自身的特色，最突出的体现在其培训内容方面。

日本研修模式下的培训内容除了对专业的知识和技能的培训外，更侧重的强调对人力资源素质和能力的提升。公共人力资源素质的要求在培训内容上体现为对职业伦理的强调。日本人事院对公共部门人力资源提出的基本培训内容是：要培训学员开阔的视野、柔软的管理、与其他组织和行业相融的能力、与其他职员的亲近感、信赖关系的形成能力、高尚的伦理观、国际感觉、国民视点等。

在对伦理研修内容的培训方面，一般采用讲义、演习和讨论等方式进行，其中讲义是指根据学员的实际需要开设一般的课程；演习是指由培训老师组织讨论或专题的研究，在

完成讨论和研究后，需要以论文的形式展现演习的成果。例如，要求学员展示演习如何形成信任感和亲近感的形成、讨论基本的职业伦理等。课长级的行政研修还进行古典伦理名著的阅读讨论，开展“古典读书研究”，如开设“武士道”、《论语》、古希腊伦理思想等内容研修，这是日本研修所近年来颇具特色的培训方法之一。在日本，根据各学员的职位级别和职务的类别不同，在职业伦理方面研修的内容也不相同，这就形成了具有层次性的职业伦理素质培训的体系。

在能力的培训方面，日本非常重视将培训内容与实践相结合，“学以致用”一直是日本培训所追求的主旨。日本国内有相关的法律、法规明确规定了培训的内容必须是与现任的职务或预计以后将担任的职务密切相关；另外，还着重强调学员的组织协调能力、危机管理能力、指挥领导能力等方面能力的培养。日本研修培训模式的特色还表现在培训机构和培训对象的甄选上。在日本有专门对公共人力资源培训进行管理的机构——人事院，它负责所有有关公共部门人力资源培训的事项，包括对培训计划的制订和监督培训的实施情况。人事院专设的研修所和国家的进修中心、各省厅的研修所和进修中心、东京大学之类的高等院校承担着培训任务。

在培训对象方面，日本实行的是分类培训，分类培训的分类依据是职位的高低和职务的不同。常见的分类主要是任职前的培训、在职的培训及晋升的培训。职前培训的目的是要求学员能够尽快地适应和熟悉新的工作环境、新的业务技能；在职的培训目的是为了适应新形势的变化和新的社会需求，使公共组织能够更好地为公众和市场服务；晋升培训的目的则是为了使学员能够胜任更高级的职务或职位而进行的培训，这类培训旨在挖掘人的潜能。日本的分类培训针对不同类别的对象进行培训能够克服各级别学员教学内容雷同的缺陷，更能改变培训者的角色，有利于提高培训的效果。

2．美国的开放型培训模式

在美国公共行政管理中，十分重视人员培训，其目的是要把人力资源转化为人力资本，他们认为这是公共行政管理的核心。美国对公共人力资源的培训模式探索始于 20 世纪 30 年代，1930 年通过总统令颁布了文官事务委员会和各部举办文官训练班的要求，此后，公共人力资源的培训开始受到重视。与日本的“封闭式”培训相比，美国的公共人力资源培训模式具有开放型的特点。开放型特点主要表现在公共部门的人力资源培训中，创新性地借鉴和引进了企业领域的成功经验，实现了公私领域的互动。美国一直秉承“服务型管理”的宗旨，这种服务型管理要求能够对公众的需求做出迅速准确的回应，因此，美国公共组织正是借鉴企业领域追求利润最大化，追求高效率的管理理念，大胆地吸收企业领域优秀的培训经验，引进竞争机制，提高公共部门的培训效率。

美国公共部门人力资源培训模式的开放型特点还体现在它率先开始倡导电子学习（E-learning）。电子学习于 20 世纪 90 代，先在惠普、摩托罗拉等一些西方发达企业广泛采用的，由于它具有低成本、学习时间灵活、资源共享和可重复使用等方面的优势，电子学习很快被广泛地引用到美国的政府及其他的公共部门。在追求高效率的培训理念下，同时利用信息化基础较好的优势，发展到目前，美国在公共组织中进行电子学习的比重较大，联邦行政学院、管理发展中心、门户学习网站，都提供大量的远程或在线培训。发展电子学习，把高科技融入人力资源管理，进行在线培训，是美国公共行政管理中做得最为成功的地方之一。据华盛顿著名管理和人力资源咨询公司研究，采用网上培训，对人力资源开发更加有效，培训效益（信息量）可以增加 5 倍，培训支出反而下降 700%。当前公共组织在面临着财政压力巨大、服务职能增强、培训任务不断加重等问题下，采用低成本且高效率的电子培训是世界各国都值得学习和借鉴的地方。

在美国，开放型培训模式的实施以健全的法律、法规作为保障。1936 年，《乔治恩法》就规定各州要定期地举办公共部门人力资源培训，并提出对各州的培训给予适当的经费补助。1958 年 7 月，美国国会通过的《公共部门人力资源培训法》，这部法律对培训的内容、范围及方式等都做了详细的规定，如它规定在职人员应当接受培训，要求公共部门举办各种形式的培训活动来提高联邦机构内外公职人员的素质和工作效率，并提出政府部门可以利用外部的机构进行培训。1970 年的《公职人员法》对美国联邦和州一级的公共部门人力资源培训的相关事项做出了详细的规定，使公共部门人力资源的培训扩大到了州及地方。1974 年的《雇员综合培训法》对被辞退的公职人员的培训做出规定。至此，美国已形成一套完整的公共组织培训的法律体系，为目前成功的培训模式奠定了基础，提供了法律保障。

3．英国的以能力为本位培训模式

“能力本位培训”模式最早起源于“二战”期间的美国，是一种注重提高素质能力和培训结果的培训模式。这是人本管理培训发展的新阶段，围绕组织和个人的共同发展，将能力作为培训目标的培训模式能够有效地挖掘人的内在潜能，也能够有利地消除人情关系等消极因素在人力资源管理中的影响。英国作为发达的资本主义国家，历来重视人力资源管理与开发工作，为此还专门制定人力资源管理与开发宪章，宪章除了强调人力资源开发的重要性外，还制定了包括政府官员在内的公共组织工作人员的九条能力标准。20 世纪 80 年代初期，英国政府将“能力本位培训”引入职业教育改革方案，90 年代将高级公职人员的培训重点放在“能力本位”上，并开发了统一的能力基准。

在能力为本位培训模式的理念指导下，英国成为了世界上第一个建立官员分类管理制度的国家，这是开创人事管理工作的先河之举，培训依据不同类别分为高、中、初三级培训，不同类别的培训内容不同，各具特色，这为此后英国拥有一直高效、廉洁的公共人力资源队伍奠定了基础。另外，由于它在人力资源培训方面起步早，与培训相配套的机制完善，发展较为成熟，这些优势使它成为其他西方国家竞相效仿的对象。早在 1613 年，英国就设立了第一个培训政府官吏的专门机构——海莱柏瑞学校，该校先后培训了政府官吏 2 000 多名，成为公共部门人力资源培训历史上的典范。1970 年，英国在富尔顿委员会的建议下，创办了文官学院，这是由中央政府主办的复杂高、中、初三级的文官培训，隶属内阁办公厅管理；除了中央级别的负责培训文官的机构外还有各公共部门自己主办的专业培训学校，这些培训学校承担着绝大多数的培训任务。

随着公共部门私有化脚步的加快，英国的公共部门也逐渐开始引进私营领域的效率观念，随之而来的是公共部门人力资源培训也进行市场化的改革。1996 年，英国的管理与政策研究中心成立，负责对最高级的公职人员进行市场化的培训。英国由于很重视人员的培训，所以在培训经费的投入方面也是有保障的。例如，柏明翰市政府，年投入 680 万英镑用于培养人才，年人均参训 2.4 天，年人均培训费 175 英镑。培训费按规定占行政经费的 1.5%，实际投入占行政经费的 1.6%。

英国以能力为本位的培训模式在长期的发展中，已经取得了巨大的成效。一方面，它着眼于提高受训对象的实际能力，培训的知识要求能够运用到实际的工作中，并结合了职位分类中工作评价因素和品位分类中人员素质因素，是职位所需资格条件、技能与人员所具有资格条件、技能的结晶体。所以在以能力本位的培训模式下，对培训者同样提出了要求，即必须转变角色和意识，应鼓励受训对象积极性和创造性的发挥。另一方面，能力本位培训模式也强调培训效果的反馈，强调培训效果评价与培训过程同样重要。这不仅凸显了培训评估的重要性，而且表明能力本位培训模式运作的完整性、系统性，培训评估是培训模式的一个有机组成部分，对培训效果的评价不仅能为培训提供培训的反馈，也能为下次培训提供经验。

随着经济全球化的不断发展，世界各国普遍感到人才竞争的压力，纷纷将工作的焦点集中到组织内部人力资源的开发上来。“人的潜能靠开发”“培训人才的投资才是最有价值的投资”等理念不仅被企业界广为奉行，而且得到政府等公共组织的巨大关注。除了以上所提及的日本、美国、英国三个国家的公共人力资源培训模式的经验借鉴外。欧盟各成员国的培训也有值得借鉴之处，尤其是法国、比利时、荷兰、瑞士等在培训法制的健全、培训经费的保障、培训机构的设置、培训过程的运作方面都可供我们借鉴，有助于弥补目前我国公共人力资源培训现状的不足，完善公共人力资源开发的工作。

（二）国外经验对我国的启示

笔者认为，以上国外公共部门人力资源培训经验对我国公共部门人力资源培训工作具体有以下几点启示。

（1）培训保障法制化。从 20 世纪四五十年代开始，各国纷纷认识到培训是开发人力资源的重要手段，是影响经济和社会发展的一个重要因素，所以各国公共部门的人力资源培训都有较为健全的法律保障，实现了公共部门人力资源培训工作有法可依，培训工作的开展走上了法制化的轨道。例如，日本在 1947 年的《国家公务员法》中规定，各省及其外局有责任掌握公共人力资源的培训需求，并在此基础上制订和实施培训计划。另外，日本对公共人力资源培训的法律法规除了中央级的外，地方级别同样有地方的培训法规。法国在 20 世纪六七十年代先后颁布了《公职人员总章程》和《继续教育法》，对公共人力资源培训做了专门的规定，规定中指出培训既是公职人员的权利又是他们的义务。美国在培训立法的方面起步更早，正如前文所提及的，早在 20 世纪 30 年代就已经有了专门的法律对培训做出规定。其他的欧盟各国在立法中对必须参加培训的时间、经费等做出了详细的规定。

（2）培训经费预算化。人力资本投资是回报率最高的投资，而培训是人力资本投资的主要形式。既然是投资，就必定涉及经费的使用，没有经费的保障，那么培训就是一场空忙。许多的欧盟国家将培训经费纳入财政预算，如比利时联邦公务员年培训经费为 500 欧元，超过 500 欧元部分需经高层领导审批；荷兰规定公共部门工作人员的培训经费为工资额的 7%，按他们平均工资 5 万欧元计算，那么人均的培训费达 3 500 欧元；法国规定培训费用为工资额的 1.2%，而经考试进入国立行政学院的，费用全部由国家承担。英国也是通过财政预算来保障培训经费的投入。将培训经费纳入组织的财政预算，设置专款专用，能够为培训工作的顺利展开奠定坚实的物质基础，也能减少培训经费在组织的资金缺乏的情况下而常常被随意挪作他用的现象。

（3）培训机构职业化。法国在 1945 年就创立了著名的国立行政学院，随着多年的发展，培训机构呈现出了职业化和多元化的特点，从中央到地方的不同级别与不同专业的两个纬度形成了庞大的培训机构网络；英国有文官学院负责高级的公职人员的培训，初级与中级公职人员的培训由各部门的培训中心承担培训任务；美国的培训机构除了有公共部门专门设置的外，还有利用社会力量，如科研机构和高等院校等。培训机构的职业化是提升培训师资的载体。大多的发达国家的培训师资都具有灵活性的特点，基于公共部门职业的特点，一般培训机构的教师都是采用的临时聘用制，没有固定的师资。在师资力量的组成方面，大部分是公共部门的在职人员，他们一般都是具有丰富经验的该职位的突出者，同时还有一部分教师是社会培训界的知名人士或是高校在该领域有深远研究的教授等。

（4）培训形式多元化。各国在培训形式上一般都是根据培训内容的需要采用较为灵活的方式，如日本在公职人员研修中采用讨论、演习的方式进行；美国在培训形式上一向都注重创新，根据培训对象的特殊性和培训需求的不同，创造性地采用敏感性培训、工作循环培训、游戏和模拟培训等。另外，美国紧跟时代的步伐，投入大量的资金进行了网络化建设，大力发展电子学习，电子学习突破了时空的限制，有效地提高了培训效果。

（5）培训内容实效化。从各国的培训内容不难看出，各国在培训内容上不偏重于政治思想知识，而是在重视理论知识的培训的同时也很重视技术型、管理型等实践知识的培训。前文所提及的日本的培训不仅要求公职人员对传统的文化知识进行研修，十分注重职业道德和行为规范的培训，还针对各不同职位强调管理和协调能力的培养；美国的培训内容还涉及工作环境、管理等方面的知识，也常常安排受训对象进行实践学习；法国的行政学院规定的培训内容有技术型、管理型、应用型方面的知识，还安排学员到政府部门或企业实习，使学员在不长的时间内获得经过锻炼的丰富的工作经验。

（6）培训运作有机化。公共部门人力资源培训模式是一个系统的过程，包括培训需求分析、培训设计与实施、培训效果评估等一系列的环节。各发达国家在进行培训实施时，各环节不是相互孤立的，而是紧密相关的，如美国的培训形式是根据培训对象和培训需求来确定的。培训运作的有机化不仅表现在培训的内部各环节，在培训的外部环节上同样也体现有机化的特性，主要体现在培训结果与受训对象的晋升及考核的有机结合。例如，欧盟的比利时明确规定接受培训的时间必须达到一定的时限才能晋升；法国则是规定在公职人员晋升前必须要接受严格的脱产培训；美国将培训与公职人员的试用相结合；其他的一些发达国家虽没有在这方面明确的法律法规规定，但公职人员的晋升往往与他们的能力提升密切相关。

以上所提及的各国家的培训模式，显然因各国的具体国情不同而有一些差异，但在历经多年的发展后，可以说已初见成效，正所谓“他山之石，可以攻玉”，所以从借鉴的角度来看，在以上六个方面对解决我国公共部门人力资源培训模式存在问题和探索新的培训模式有借鉴之处。

第三节　公共部门人力资源培训的要素构成

由于近年来对培训压力的考虑以及对培训质量的关注，我国逐步放松并支持和鼓励社会所有部门参与，调动社会力量和培训资源，形成了以国家行政学院为主体，包括各级地方行政学院、经国务院人事部门和省级政府确认的具有相应资格的各类培训机构、高等院校以及各级党校等在内的多元国家公共部门人力资源培训网络。那么，这个网络上究竟有哪些节点呢？

一、公共部门人力资源培训机构

西方资本主义国家举办公共部门人力资源培训的机构，大体可分为下列三种：人事主管机关所设的机构；各部门及机关自行设置的培训机构；代办培训的政府或民间的学术机构。而我国公共部门人力资源直接或间接机构培训可划分为：负责管理与调配生源工作的机构，如中央组织部的培训司、国家人事部的培训司及中央、国家机关，各省市自治区业务主管部门的培训机构；培训施教的业务机构，如各级党校、行政学院；教育系统领导或指导下设在普通高校的成人培训机构；管理与调配生源合一的培训机构；企业事业单位的培训机构。下面重点介绍在同级政府人事部门的业务指导下具体实施培训的教育机构，包括隶属于各级政府的行政学院、各职能部门的管理学院、培训中心和各类高等院校。

（一）行政学院

当今各国随着公共部门人力资源培训事业的发展，公职人员教育培训的组织体系也日益发展和完善，逐渐形成网络并趋于职业化。目前，成立国家和地方行政学院对公职人员进行培训已成为各国培训事业发展的共同趋势，行政学院成为各国公共部门人力资源培训的主要基地。下面将向大家介绍法、英、美三个国家的国家行政学院的办学经验。

法国国家行政学院每年举行两次全国性的招生考试。一次是针对大学毕业生所举行的外部招生考试，另一次是专为在职公职人员举办的内部招生考试。外部考试的报考条件是：年龄在 25 岁以下，持有文科、理工科或法学硕士文凭的大学毕业生。内部考试的报考条件是工作 5 年以上的政府在职人员。考试向所有符合报考条件的人开放，分为笔试和口试。考试科目包括法律、地理历史、统计、语言、世界经济、世界政治和外语等。学院每年择优录取 70～150 名学员，法国国家行政学院的培训强调理论与实践相结合，课堂学习和实习时间各半。实习又分为国内外的行政实习和国内的社会实习两部分，行政实习期通常为 1 年。学员被分配到国家行政部门，地方行政机构或驻外使馆，有的被分配到国际组织甚至其他国家的地方政府机构中实习。参加部门的实际工作，包括参加会议、处理文件、起草报告和计划等。实习中要明确实习指导人，从而给实习生以直接的指导。实习期间，实习生要担任所在部门的不同职务，在实习部门领导的直接指导下负责实际工作。实习结束后，要撰写实习论文，并由实习部门的负责人根据学员的工作表现写出书面鉴定。实习鉴定经学院审核后存档，由学院的实习部门进行打分。社会实习的目的是使学员了解与公私企业建立良好关系的重要性，让学生接触社会基层，学会与群众交往。

英国中央政府的文官学院是于 1970 年根据富尔顿委员会的建议所创办的，学院由文官事务部直接领导。英国文官学院为政府官员开设各种课程和研究班，所开设的课程主要有三类：一是为高等执行官和行政人员设置的管理课程，其中包括为行政人员开设的统计、经济、法律行政、人事管理和财务管理等课程。行政人员毕业后服务满 5 年即可升任高等执行官。该培训除了要求学员学习有关课程外，还要对一些重要的专题进行较深入的考察和研究；二是为中下级年轻文官开设的专业技术课程；三是为高级文官开设的研究班，此类培训方式是开设高级管理课程和研究班，进行行政学和其他学科的研究，并与国内和其他国家的官员进行工作交流。

美国于 1963 年成立联邦高级行政官员学院，设置的课程有国家建设、外交、经济发展、司法行政、国会系、预算决算、管理程序领导行为等。新任主管领导培训班，培训新任主管，设置的课程有公共行政组织与管理领导方法、国家建设等。

从以上介绍来看，行政学院在公共部门人力资源培训方面的主要特点如下。

（1）国家行政学院直接隶属于中央政府学院，院长由中央政府任命，由国家重要官员兼任，充分体现了此类机构的重要地位，反映出国家对公共部门人力资源培训的重视。

（2）行政学院是公共部门人力资源培训的专门性机构。它能够根据公共部门人力资源培训的特点，联系实际采取多种形式和灵活的培训手段，采用实践性较强的培训方式，使培训适合公职人员的实际工作需要。在教学上，采用案例分析、角色扮演和合作研究等多种方法，培训期限也可根据不同需要确定。

（3）行政学院的教师采用专职和兼职相结合的配备模式。专职教师在长期的教学中摸索出成人教育的规律，归纳出比较系统的教学方法，有助于提高教学水平，兼职教师多来自政府的实际工作部门，丰富的实践经验使他们能结合实际进行授课，有助于学员开阔视野，增强对行政工作的感性认识。

（4）行政学院是隶属于政府公职人员的培训机构，资金比较雄厚，教学设备精良，培训的硬件设施也相对比较完备。

（二）各职能部门的培训

经各级政府人事管理部门的认定，各级政府的职能部门可以建立培养本部门、本行业人员的教育机构。各部门的培训教育机构一般实行双重管理体制，在人事行政关系以及财务关系上隶属于上级职能部门；在业务和一些管理事项方面，如教师职称的评定和培训证书的发放等，则接受国家教育管理机构的指导和控制。各职能部门的培训教育机构的特点是培训内容针对性强、专业性突出，使受训人能够较快地掌握本部门所需的知识和信息。近年来，我国各级政府职能部门建立了一些管理干部学院，其中部分学院已具备一定的规模，配备了一定的教学设备和师资力量。尽管如此，此类学院的培训仍存在办学时间短、办学经验不足的问题，亟待整顿规范，提高办学质量。

其他国家在政府职能部门中也设有相应的培训教育机构，如法国的经济与财政部有全国海关学校、全国税务学校，邮电部有全国邮电行政管理人员学校，内政部有全国警察学校等；美国的司法部有联邦调查学院，国防部有国防大学和陆军参谋学院等；前西德在文官委员会下设有公职人员研究院；英国在文官部下设有公职人员学院，在伦敦地区并设有培训中心；新加坡的公职人员学院及日本在人事院设有的公职人员研究所均属其列。

（三）以高等院校为主的其他培训教育机构

如今，普通高等院校在公共部门人力资源的培训中扮演着日益重要的角色。各国的公共部门大多借助于高等院校丰厚的知识资源，包括完备的教学设施和雄厚的师资力量等培养各部门的人才。美国哈佛大学的肯尼迪政府学院建立于1935年，是一所专门培养政府高级官员的学院，也是世界上最为著名的公共管理学院。该学院提供公共管理硕士学位（MPA）、公共政策硕士学位（MYY）、城乡规划硕士学位（MTCP）等，该学院每年还为国会和行政部门的议员和官员进行短期培训。肯尼迪政府学院与政府关系密切，是美国联邦政府的智囊团，它为政府高层决策机构提供大量的信息、参考性政策方案和政策方案的理论根据，为政府进行各种政策的超前研究。政府在对国际政治和经济等重大问题进行决策前，常委托该学院进行论证并预测政策结果，请该学院的学者为政府提供政策咨询。该学院的一些教授曾在联邦政府中担任过高级职务，有的教授在从事教学研究的同时还兼任政府高级顾问，这使他们十分熟悉政府的工作，可以现身说法进行教学。这种学术和政治的紧密结合，不仅加强了政府决策的科学性和合理性，也使教授们能够将理论与实践紧密结合，使该学院无论在政府决策和政府管理的实践中，还是在理论研究和教学方面都占有绝对优势地位。该学院还邀请各政治派别的代表人物、国内外政府高层领导人和高级官员以及国内外著名学术专家和知名人士来学院演讲，以扩大学员的信息量，增进他们对国内、国际问题的了解。在美国承担公共部门人力资源培训的大学还有南加州大学的公共管理学院，宾夕法尼亚大学的商学院，麻省理工学院的斯隆管理学院以及各大学的管理学院或管理系。

法国政府也充分利用普通高等院校、学术研究机构和私人企业的培训资源为政府培养人才。著名的高等院校包括巴黎政治学校、国际公共行政学院、欧洲经济管理学院、巴黎高等商学院等。其中成立最早的是巴黎政治学校，建立于1795年，该校原为私立学校，“二战”后改为国立学校，专门培养军政部门和国有企业高级技术人员。

二、公共部门人力资源培训的类型和形式

（一）公共部门人力资源培训的类型

从世界各国看，公共部门人力资源培训的类型很多，分类角度和分类方法也不尽相同。根据培训对象和培训目的的不同，可以把公共部门人力资源培训分为以下几种类型。

1．初任培训

初任培训是指对新录用人员或调入新职前公职人员的培训。培训的目的在于使新进公职人员了解自己即将从事的工作的性质和内容，熟悉工作环境、条件和工作程序，掌握一般的工作方法和技巧，树立履行职责、完成本职工作的基本思想，以尽快适应所担任的工作。培训内容主要是学习即将任职的岗位所必须具备的基本知识和技能。初任培训是公职人员职业生涯开始时或任新职时所经历的第一种类型的培训，又被称为职前培训、入门培训。初任培训一般采取下列两种方式。

（1）工作实习。即组织新录用人员在有经验的公职人员的指导下，到即将从事工作的环境中了解工作的基本性质、特点、程序、熟悉工作环境、积累工作经验。这种培训方式经济、简便易行且易于组织实施，但若组织不当，容易流于形式。

（2）集中进行理论和业务培训。即把新录用人员集中起来办培训班，或送往培训基地受训，使新进人员对国家的大政方针、法律、法规有所了解，使新进人员建立努力工作的

理想和信念，懂得任新职所应该具备的工作作风，掌握从事未来工作所应该具备的知识技能。这种培训方式实施过程较复杂、耗资较大，但可以使公职人员受到较为全面、系统的训练。

我国政府公职人员的初任培训是指对经考试录用进入政府部门、担任主任科员以下非领导职务且尚未正式任职的人员进行的培训。初任培训在试用期间进行，时间不少于 10 天。初任培训合格者方能任职定级，不合格或未参加培训者不得任职定级。目前，我国的初任培训除了采用上述方式外，还采取网上培训的方式。从 2001 年开始，中央国家机关新录用公职人员的初任培训，就通过网上培训的形式由中国国家培训网组织实施。网上培训是一种新的培训模式，它不受空间、时间地域等环境限制，可以扩大培训规模、减少工学矛盾、节省开支、提高培训效益。网上培训是一个新的尝试，还需要在实践中不断总结完善。

世界各国一般都重视对公职人员的初任培训，英国称这类培训为职前培训，既包括对新进人员的培训，也包括对在公共部门工作公职人员以及对有一定工作经验的公职人员调入新职位前的培训。

2．专业培训

专业培训是指公共部门根据工作需要，对公职人员进行的与任职岗位相关的专门知识和业务技能培训。培训对象可以是新录用的人员，也可以是有一定工作经验的工作人员。培训目的主要是使受训者掌握专项工作所要求的特殊知识和技能，此类培训在时间和方式上视工作需要而定，多为脱产培训。为保证专业性质较强的部门和岗位的工作质量，未经专业培训或培训不合格者不得上岗。

3．知识更新培训

知识更新培训的对象包括全体在职人员，目的在于更新公职人员的知识结构，使他们掌握新的知识和技能以适应形势发展的要求，提高公共管理的能力。培训方式主要有两种：一是分期分批地将受训者选送到各种学习班中进行系统化的理论学习；二是经常举办知识讲座，邀请专家、学者到公共部门做报告。人事部每年提出知识更新培训科目，此期间个人若任意退出培训，则需偿还所有培训费用。培训后受训者一般应回本部门服务，也可在一定条件下流动到私营部门。

我国公共部门人力资源培训类型按照培训对象的角度分为以下几种。

（1）新录用人员的初任培训。对新进公职人员队伍的人员进行培训，主要侧重职业道德、基本业务知识、基本业务技能和政治、经济、文化与社会发展的培训。这种培训对象主要是经过国家公职人员考试考核合格已被录用的人员，它的培训内容主要是学习公职人员岗位所必须具备的基本知识的技能，它的培训目的主要是使新进入国家公职人员队伍的人员了解自己即将从事的工作内容和工作程序，掌握一般的工作方法，为正式上岗做准备。

（2）晋升领导职务的任职培训。任职培训的对象是晋升领导职务和调换领导岗位的人员，培训内容围绕公职人员拟晋升新的领导职务所须具备的政策水平、组织领导能力和专业知识能力来确定。其培训目的就是通过培训为公职人员晋升一定领导职务做好充分准备。

（3）根据专项工作需要进行的专门业务培训。培训对象是从事专门业务工作的国家公职人员，培训内容根据各机关需要，侧重部门规范知识、岗位技能的训练等方面。专业培训由各单位或企业自主组织，组织部和人事局培训处负责对培训工作提供咨询和必要的指导，培训的目的主要是为了适应专项工作的需要，培训方式多属于脱产培训，集中性、临时性较强。

（4）在职公职人员更新知识的培训。对象为所有公职人员，内容侧重了解重大社会信息（包括新的政策、法律、理论等）、掌握新的工作技能和工作手段以及个人的自修提高。根据国家有关政策和法律的规定，有计划、有领导地分期分批进行，一般采取离职培训方式。培训内容要根据公职人员的岗位职责确定，强调培训与使用相结合，以期收到预期效果。培训目的主要是为了更新公职人员的知识结构，使其掌握新的知识和技能，以适应形势发展的要求，提高现有行政管理水平。

（5）发展提高培训。对象是经组织人事部门挑选的处级以上公职人员和市、区属企业的领导人员及年轻后备公职人员。

4．岗位技能培训

岗位技能培训是指按照岗位职务需要，有针对性地对在岗在职人员进行岗位专业知识和实际技能的在职培训。它要求培训内容与岗位需要相吻合，其目的是帮助干部及时获得适应工作发展所必需的知识和技能，完备上岗任职资格。按照培训的对象可以分为新录用工作人员的适应性培训和在职工作人员的强化性培训。适应性培训主要是针对初任的工作人员及转换岗位的工作人员，它是以示范实习为平台的传帮带培训，完成新录用人员的适应性培训就能够基本胜任当前的工作。它的培训内容主要围绕专业领域的基础知识和技能，通过培训能够使受训对象具有专业的背景知识理论，能够熟练地操作该职位所必须掌握的工作方式和操作技能。强化性培训是指对专门人才的培训，主要针对职位具有较强专业性的工作人员，专业领域的知识、操作技能及工作方式的更新换代都会要求强化性培训的实施。通过培训使受训人员不仅掌握和更新满足时代社会新发展要求的岗位技能，更有利于他们才能的发挥和潜能的挖掘，调动他们的创造性和积极性，也有利于培训对象的职业生涯规划，为日后职业生涯中的晋升、深造等机会奠定基础。

随着现代社会教育和科技事业的快速发展，新的业务技能和新的工作方式频频推出，公共部门针对岗位技能的培训越来越受到重视。当前的岗位技能培训呈现出以下特点。

（1）岗位技能培训目标具有明确性。岗位技能培训的目标是保证公共部门工作人员能够胜任专项工作的需要。培训需求的分析、培训内容的确定、培训方案的制定及培训效果的评估都要围绕明确的培训目标展开。

（2）岗位技能培训形式具有创新性。在组织内部开展岗位技能培训主要是依据各岗位、

各专业对组织内部工作人员的文化知识和专业技能的具体要求，所以受训对象接受培训的内容一般都是在平时工作中用得上的实际操作技能。培训内容的特殊性要求培训形式要从以传统的课题讲授为主转变为以技能的现场操作为主，培训形式的转变大大增强了培训的实效性。

（3）岗位技能培训标准的层次性。培训对象决定了培训标准的层次性，如适应性的岗位技能培训主要是指基础类的培训，它以基础理论和基本专业技能的传授为主要标准；而强化性的岗位技能培训则是在基础培训基础上的继续培训，它以提高受训对象的职业素养、更新和完善他们的知识结构为主要标准。

在公共组织开展岗位技能培训是实现公共部门人力资源保值增值的主要途径。与其他培训相比，它具有如下的优势：首先，岗位技能培训的成本较低。负责培训的教师大多是来自组织内部的先进工作人员，一般是以以老带新传授工作经验的方式进行的，这大大节省了师资方面的培训开支。其次，岗位技能培训时间和方法较灵活。大多的岗位技能培训是以不脱产的形式进行的，也就是受训对象在接受培训期间仍然是在职人员，仍然要负责在职的工作，将培训放在工作中进行，实现培训工作两不误。在培训方法方面，专题研讨、专业技术操作示范等方法都可以灵活地选用以确保培训效果。再次，岗位技能培训实用性强。岗位技能培训纠正了传统培训对知识学习的强调而对受训人员实际工作能力的忽视问题，它将理论知识与操作实践有机地结合在一起，更突显了它具有实践性的优势。

（二）公共部门人力资源培训的形式

公共部门人力资源培训有多种形式，包括长期培训、中期培训和短期培训、脱产培训和不脱产培训、国家和地方行政学院的培训、公共部门内部的培训及学校培训等。下面仅就部分内容进行阐述。

1．部内培训

部内培训是指各职能部门内部自设培训机构，根据本部门工作的需要对本部门人员进行培训，培训的要求、课程的设置和培训时间均由各部门自己确定。部内培训的机构主要是各部门设置的培训中心或附属学校，英国、法国、美国、日本等都有此类培训中心和学校。此类培训的最大优点在于针对性较强、容易实施，也比较容易取得实效。

2．部际培训

部际培训是指由若干职能部门横向联合举办的培训。这种跨部门举行的培训班，或由各职能部门共同组织，或由学会或学校帮助组织。参与部际培训的各部门共同承担培训费用，为相同专业或同一层级的公职人员提供某些共同的课程。参与部际培训的部门常常有一些相似的工作，因此，可以对其人员进行具有相同内容的培训。各部门举办联合培训有助于增进部门之间的相互联系和信息交流，并有助于节省培训经费。在日本，政府的部际培训由人事院集中组织，美国政府也经常举办官员参加的培训班。

3．交流培训

交流培训是指通过部门之间、地区之间人员的交流对公职人员实行的培训，有时也表现在公共部门和私营部门之间的相互调任或借调，目的在于帮助公职人员扩大知识面，增强在各种环境中处理问题的能力。我国公共部门目前有沿海地区和内地、富裕地区和贫困地区、大型企业和政府部门之间、上级政府和基层政府之间各种形式的人员交流。英国也有联邦政府和州政府之间、地方政府不同部门之间公务人员的交流，也有公共部门和私人部门之间的人员交流。交流培训还包括研讨性的培训形式，即通过研讨、集会演讲乃至部门间人员的相互交谈，就公共管理的某些问题或专门技能问题进行磋商和探讨。这种方式将不同行业、不同部门和不同层次的人员集中到一起相互交流，有助于人们开阔视野，增强应对所面对的现实问题的能力。我国公共部门经常举办有关管理的经验交流会，所组织的各种实地考察学习等均属此类。美国的州政府代表会议全国城市联盟、城市财政官员协会、国际人事管理协会等组织所举办的各种活动也具有同样的性质。

4．工作培训

工作培训是指在实际工作中对公职人员所进行的训练，通过政府高层领导或公共部门中经验丰富的人员的言传身教和具体帮助指导，使新进人员、下级工作人员从中获得经验，增长才干。日本政府特别提倡和鼓励这种工作培训，建立了实际指导培训制度。日本的人事院规定，各省厅的行政首长是职员的监督者和教育者，同时任何职员都可以在自己的工作岗位上向身边经验丰富的前辈和领导学习。由于工作培训类似于企业中的“学徒制”，因此又被称为学徒式培训。它有利于部门工作经验的传授和良好人际关系的维系。

5．学校培训

学校培训是指由各部门选送部分有培养前途的公职人员，委托国内外的高等院校对之进行培训。或者指公职人员依据有关规定，通过考试到公共部门的高中级行政学院或国内外高等院校脱产研修的形式。在学校培训中，行政学院的培训是政府部门公职人员最基本的培训形式，隶属于中央政府的行政学院或文官学院，通常担负着培养国家高中级公职人员的职责。我国的国家行政学院、法国的国立行政学院、英国的文官学院、美国的联邦高级行政官员学院和中级行政宫员培训中心、德国的联邦行政学院、加拿大的公共部门人力资源培训中心、日本的公职人员研修所等均属此类。许多国家还设有隶属于地方一级政府的地方行政学院，承担培训地方中、初级公职人员的职责。高等院校具有完备的教学设施和雄厚的师资力量，因而成为公共部门对公职人员进行培训的重要场所。公共部门经常委托高等院校对公职人员进行培训，如美国哈佛大学的肯尼迪政府学院、麻省理工学院的斯隆管理学院、日本东京大学、宾夕法尼亚大学的工商学院、法国的国立工学院、国立矿学院和技术专科学校等，均为公共部门培养公职人员的重要基地。

6．选择培训

选择培训是指公职人员根据自己的知识结构状况和兴趣，自由选择培训专业方向进行培训的形式。具体又表现为两种情况。

（1）公职人员利用闲暇时间到学校补习和进修，学费由公共部门承担。我国一些公职人员根据自己的需要，在工作单位的支持下参加有关院校的函授和夜大学习属于此种情况。

（2）公职人员向工作单位申请培训假期、进行脱产学习。例如，法国公职人员申请假期接受培训的方式。

7．MPA 教育培训

公共管理硕士（Master of Public Administration，MPA）学位教育是国际公认的高层次职位研究生教育之一，它起源于 20 世纪 20 年代的美国，由于具有一套完整的公共行政和公共管理的教育体系，在许多的发达国家和地区的公共人力资源管理中起了积极的促进作用。随着我国社会主义市场经济的建立健全，公共部门在市场运作中角色的变化，我国大胆借鉴国外教育的成功经验和先进做法，通过大力建立和创新我国的 MPA 教育体系，培养面向国际的、适应新时期发展需求的高素质管理人才。1999 年，国务院学位委员会、教育部、人事部组织来自国内一流大学的专家、学者开始对在我国设置和开办公共管理硕士专业学位进行了可行性的研究论证。同年 5 月，在国务院学位委员会的第十七次会议上审议通过了我国公共管理硕士专业学位设置方案及说明。2000 年 8 月，清华大学、北京大学、浙江大学等 24 所国内高校被确定为首批 MPA 试点培养单位。2001 年 2 月，国内专业的指导协调机构——全国公共管理硕士专业学位教育指导委员会正式成立。2001 年，中国首批 24 所 MPA 培养院校在全国招生，10 月统一联考，2002 年 2 月学生陆续入学，学校实行弹性学分制，2～4 年完成学业。经过长期的发展和完善，我国的 MPA 培养高校已达百所。

以上说明，我国 MPA 的专业学位教育已经步入快速稳定的发展轨道。我国的 MPA 教育已走过了十余年的发展历程，从无到有，从不成熟到成熟，渐渐形成了自身的特点。

（1）培训目标方面。基于我国的政治体制及政治、经济、社会、文化对公共人力资源的素质要求，我国提出了具有中国特色的 MPA 教育培训目标：造就德、智、体全面发展，德才兼备，适应我国改革开放和现代化建设需要，能够担当起 21 世纪中华民族复兴的领导与管理重任的新型高层次公共事务、政府管理和政策研究与咨询的高级人才，为公共部门特别是党政机关和群众团体及企事业单位培养具有现代公共事务、公共管理和公共政策理论素养、掌握先进分析方法及技术、精通某一具体公共管理或政策领域的领导者、管理者、政策分析者及其他公共服务人才。

（2）招生对象方面。MPA 的招生对象为大学本科毕业，具有学士学位，年龄在 45 周岁以上，4 年以上实际工作经验的政府部门及非政府公共机构的工作人员。

（3）课程设置方面。全国公共管理硕士专业学位教育指导委员会对我国的 MPA 课程设置做了如下的规定：MPA 课程包括专业核心课程、专业方向必修课和选修课三类。其中专业核心课程实行“9+1”形式，即9门专业核心课程是教育指导委员会指定的，另外一门是学校根据自身的学科情况确定的。专业方向必修课是根据公共管理学科特点和领域，设置了五个专业方向，每个专业方向列出了若干专业方向必修课，培养对象自行选择一组作为专业方向必修课。

（4）教学方法方面。MPA 教育培训主要实行启发式、参与式的教学，尤其是涉及能力提高的课程一般都是采用案例分析的教学方法。设定情景、分派角色、组织开展教学游戏或现场模拟活动的教学方法也常常在 MPA 教育培训中使用。

（5）师资队伍方面。从事 MPA 教育的专职教师必须具备国内外著名大学或研究机构的博士学位，可以说是政治学、管理学、经济学、社会学、法律等学科的专家。另外，从事MPA 兼职教师的是在公共管理部门中有实际管理工作经验的工作人员和资深专家。此外，国外一些知名大学教授也会应邀为 MPA 同学上课，开拓了学生的国际视野。

MPA 教育发展至今，虽然时间较短，但取得了显著的成就。首先，它创建一个新学位，填补了中国研究生教育在公共管理领域的空白，既借鉴发达国家的先进经验和做法，又适应中国国情和公共管理实践的需要，形成了具有中国特色的MPA 专业学位研究生教育制度。其次，加强了公共管理人才的能力建设。这表现在 MPA 教育培训的学科领域扩展了很多，公共政策、人力资源管理、教育管理、医药卫生管理、土地资源管理等都被纳入到教育体系中。再次，院校、学科间的交流合作促进了公共管理知识的融合与创新。全国 MPA 教育指导委员会每年都定期举办各式的研讨会、论坛等学术交流。最后，加强学校与政府间的联系，公共管理的理论与实践更加紧密结合。MPA 教育的师资队伍中既有各学科的专家、学者，又有具有实际丰富工作经验的公共部门工作人员。公共管理专业硕士学位教育是适应公共部门职业化趋势和满足提高行政效率的要求产生的，它是现代社会发展的产物，目前正朝着国际化、专业化、本土化的方向发展。

8．跨国培训

随着改革开放的深入和经济全球化的进一步发展，为了适应新形势发展的要求，学习和借鉴西方一些发达国家的成功经验，各类跨越国家界限的公共部门人力资源培训不断地涌现。在成功体验国外优秀的培训方式、学习先进的公共管理理论和技术的同时，跨国培训也拓展了公共部门人员的视野，为培养国际化的公共管理人才提供了机会。根据培训投入机制、委托方和受托方的类型，当前公共部门人力资源培训中的跨国模式可分为“一中一外受托机构”与“国外受托机构”两种，其中“一中一外受托机构”根据国内受托方的不同，又可以分为国内直属的党校行政学院与国内高校两种。“国外受托机构”的模式是委托方将公共组织人力资源的培训完全委托给国外非政府受托机构，这类受托机构一般为国外的高校或专业培训机构。

2007 年 3 月，吉林省白山市组织的城市建设管理培训考察班一共分为三个批次：第一批是城市规划与管理班；第二批是旅游开发班；第三批是经济管理班。相继抵达新加坡南洋理工大学进行学习。通过与国外的大学或研究机构建立合作办学关系，将公共人力资源培训完全委托给国外方的模式正在被我国各公共部门广泛采用，完成国外培训的人数大大增加。跨国培训大胆地借鉴和吸收了国外公共管理的优秀经验，我国在引进时结合了本国的特点，大大地提高了我国的公共部门人员的管理素质和能力。另外，加强国内外的合作，能够有效地利用教育资源，实现教育资源共享。

2006 年由四川省委组织部、四川省人事厅和四川行政学院的组织安排的第五期公共管理专题中美研修班的学习培训就属于“一中一外受托机构”的跨国培训，该培训的整个培训过程分成两个阶段：第一阶段从 2006 年 10 月 12 日～27 日在国内受托机构即四川行政学院参加学习，第二阶段从 2006 年 11 月 5 日～23 日赴美实地学习培训。在第一阶段一般以理论学习和课堂讨论为主，学习的课程主要涉及美国公共行政概论、公共政策分析、社区发展、地方政府结构与管理等，通过这些新理念和新信息的学习为第二阶段打下了良好的基础。在美国学习的第二阶段，主要学习内容包括对美国的乔治亚州进行了参观学习、安排，如在城市管理官的陪同下与当地的规划局人员进行了座谈、了解当地政府如何处理城市发展中的各种矛盾等各类实地学习的活动。这类分阶段进行的不同形式的学习各有所长、相互促进、不足之处也能相互弥补，对培训对象来说，所获得的培训效果也会比较好。

20 世纪 90 年代末以来，中共中央组织部便陆续派出各级官员至海外接受有关专业学术机构的中短期培训。其中，最为著名的就是中国官员“哈佛培训计划”。根据中国国务院发展研究中心、清华大学和哈佛大学肯尼迪政府学院签订的三方协议，从 2002 年起的 5 年内，三方共同开办针对中国政府官员的“公共管理高级培训班”，每年一期，每期培训约为 60 名中国中高级干部。按照计划，入选的学员首先在清华大学接受一个半月的培训，然后入读肯尼迪政府学院。这种国内受托方为国内著名高等院校的跨国培训大多是以国内著名高校为平台，与国外公共管理组织进行交流和合作，通过实践得到了普遍的肯定和赞扬。

三、公共部门人力资源培训的内容和方法

（一）公共部门人力资源培训的内容

从世界范围看，各国公共部门人力资源培训包括综合性培训和专业性培训，内容各不相同。

1．综合性培训

公共部门人力资源综合性培训的内容一般包括政治理论教育、法律法规和政策教育公共管理知识教育、职业道德和行为规范教育及行政能力培训等。政治理论教育即对公职人员进行政治理论和政治素养的教育，此方面教育在公共部门人力资源培训中占有重要地位。国家公职人员是国家政权系统的中坚，负有维护国家机器正常运转、确立和保持政府的合

法地位。维护政府的合法性必须重视对国家公职人员政治素质的培养，提高他们的政治理论水平。法律、法规和政策教育是公共部门人力资源培训的重点内容。国家公职人员是法律的执行者，在很多情况下还是法律、法规的解释者，因此他们的法律意识和法律素养的高低，关系到能否依法行政。因此，许多国家的公共部门人力资源培训，都把法律作为重要的培训内容。

我国对公职人员的法律知识培训又分为通用法律知识培训和专门法律知识培训两方面内容。通用法律知识主要包括行政法制理论、依法行政的基本原理、宪法和法律规范等。我国有关公共行政管理的法律包括行政诉讼法、行政复议法、国家赔偿法、行政处罚法和行政监察法等。专门法律知识主要是与公职人员职位有关的规范专门行政管理的法律、法规知识。

2．专业性培训

公共部门管理专业性培训的主要内容是提升公职人员的公共管理知识水平。公共部门管理知识是指同国家公共管理相关的管理。现代社会的公共管理事务日益复杂，对公职人员的管理知识和能力的要求也越来越高。因此，公职人员必须掌握公共管理的理论、准则方式与方法，必须掌握公共管理的一般规律，并洞悉当今世界各国行政改革的发展趋势。通过公共管理理论知识的学习和管理活动的实践，开拓公职人员的视野，在理论和实践两个方面培养他们领导下属、运筹决策、协调冲突和融洽关系的能力，从而提高公共部门的效能。

我国公共部门人力资源培训的内容大体包括以下四个部分。

（1）政治理论的学习。我国是一个社会主义国家，我国的公职人员制度是建立在社会主义制度基础之上的，有着鲜明的政治性和阶级性，不能实行也不可能实行西方所谓的“文官中立”原则。我国公职人员必须接受中国共产党的领导，坚持党的基本路线，在政治上同党中央保持一致，积极参与政治活动。通过政治理论的学习培养公职人员较高的思想政治素质，主要是指政治方向、政治立场、政治观点、政治纪律、政治敏锐性、政治鉴别力和政治责任感等。因此，我国的公职人员必须学习马克思主义的基本理论，学习党的路线、方针、政策，使他们能用马克思主义的立场、观点去分析问题、解决问题，使他们能树立起为社会主义服务，为人民服务的思想。要养成良好的作风，培养廉洁自律、勤政敬业、发扬民主、求真务实、联系群众、团结协作的好作风。要提高政治鉴别力和抵御腐朽思想侵蚀的能力，培育和发展社会主义市场经济的组织领导能力、依法行政能力、专业化行政管理能力、调查研究能力、创新能力和学习能力。

（2）专业知识的培训。根据专项工作需要进行的专门业务培训。培训对象是从事专门业务工作的国家公职人员，培训内容是根据各机关、事业单位、企业的专业性质和业务需要，侧重部门规范知识、岗位技能的训练。

（3）管理才能的培训。即通过理论知识的学习和管理活动的实践开拓公职人员的视野，在理论和实践上培养他们领导下属、运筹决策、协调冲突、融洽关系的能力。

（4）职业道德的培训。即培养公职人员的职业道德和行为规范。主要包括忠于国家、忠于政府、忠于职守、严守国家机密，不得从事与本部门业务有关的营利活动等。

（二）公共部门人力资源培训的方法

培训方法是培训机构按照一定的教育思想，根据实际需要所设计的对公职人员进行知识和技能培养的形式和具体手段。公共部门人力资源培训是成人职业教育的组成部分，公职人员的特性使公共部门人力资源培训的方法不同于常规教育。具体表现有：公职人员一般具备一定的思想理论水平、文化水平和专业技能，多数人有一定的阅历和经验积累。随着年龄的增长，他们中一部分人机械记忆力减弱，但理解分析能力增强。公职人员的自我意识相对较强，他们学习目的明确，具备一定的自我指导的能力，知道技能的重要性，学习动力较大，乐于接受培训。

公共部门人力资源具体培训方法有如下几种。

（1）研讨式培训法。研讨式培训法是如今广泛运用于职业培训的方法，其基本程序是：首先，教师提出问题；其次，学员根据问题查阅有关资料；再次，在查阅资料的基础上，在教师的指导下，学员进行交流和研讨。通过研讨提高学员对问题的认识，或寻找到相应的解决问题的办法。具体的研讨形式可以有较大的灵活性，可以由教师主持，也可以由学员主持。目前，此种培训方式的效果较为明显。组织研讨要制订研讨计划，明确研讨的目标和内容，设计研讨的基本方式。进行研讨的问题要有理论意义和现实意义，一般应该能够引起争论研讨。可以根据具体情况采用演讲，如讨论式、小组讨论式、系列研讨式、沙龙式等不同形式。研讨中教师要善于引导，使学员较快地投入，并能围绕某些点进行讨论。要善于总结学员提出的观点，把握讨论的节奏，处理讨论中的冲突。

（2）案例分析培训法。案例分析培训法是目前公共部门人力资源培训中普遍采用的方法。案例分析法的优点在于它提供了具体复杂的管理情景，让学员进行有针对性的分析。在这种培训中，分析研究的主体是学员自身，通过学员的独立思考和讨论，提高其解决问题的能力。

（3）角色扮演培训法。角色扮演培训法是指事先设计制造一种情景，由受训者分别扮演模拟情境中的不同角色，从事指定的活动，通过此种方法训练学员在复杂情况下处理问题的能力，角色扮演培训法常常用于对管理人才的培训。采用角色扮演培训法，教师担任编剧和导演，精心策划情景引导事件和情节的合理展开，情景的设计要符合情理，富有逻辑性，使之有可能逐渐展开，要使学员能够在情景的发展中运用所学的理论知识，提高学员的积极性，引导学员主动进入角色并能站在所扮演角色的角度思考和处理问题，从而真正经历一次有益的、解决实际问题的练习。

（4）人格拓展训练培训法。人格拓展训练培训法是指由教师设计出模拟的惊险情景或极限训练方法，让学员参与其中。通过此种训练培养学员的忍耐力和克服障碍、实现目标的意志力，此种方法源于野外生存训练，以后逐步扩展到心理训练等方面。它强调对学员意志品质和心理承受能力的培养和训练，有助于培养学员的团队精神和合作态度，培养他们对环境的适应性和积极进取的人生态度。人格拓展训练培训法是一种体验式的教育方法，具有较强的实际意义。公共部门的人力资源培训还包括自学法、目标法、敏感性训练法、领导成就训练法，还可采取运用现代科技手段的视听技术培训法和计算机培训法。

（5）体验式培训法。体验式培训法是区别于传统认知式培训的方式，人力资源开发提供了新的视角，它是指通过设定特殊困难场景，让个体成员通过在活动中的充分参与获得个人经验，然后在培训师的指导下，团队成员共同交流，分享个人经验，提升认识。它与传统培训模式的最大区别是强调成员的充分参与和经验的共同分享，从而有效提高参与者解决实际问题的能力，改善人际关系，达到预期的培训效果。体验式培训是以“量体裁衣”的方案设计和严格的流程为主要特征的完善的体验式培训。首先会开展社会需求调查，分析被培训单位的战略发展目标与现状之间的偏差，评估出员工培训的需求；其次在需求分析的基础上，设定可衡量的培训目标；再次根据目标，设计培训计划，同时针对培训对象的性质，选择培训课程中使用的方式方法；最后在培训结束后，通过调查问卷或面对面访谈的形式，评估培训效果，帮助培训对象最大限度地将知识技能等运用到工作和生活中，促进个人和组织共同进步。因此，对公共部门而言，引入体验式培训可以克服传统培训缺少战略规划、容易脱离实际的缺点。然而，体验式培训在中国毕竟还是新事物，自身也还有待改善，在培训中体验到的积极进取的心态和团队合作的精神将是公共部门最大的精神财富，有助于公共部门文化的形成，是增强公共部门竞争力的原动力。一方面，体验式培训在我国企业培训领域的成功运用为体验式培训引入公共部门提供了契机。另一方面，国外对体验式培训的领域进行了广泛开发，这为把体验式培训引入我国公共人力资源开发这一领域提供了可借鉴的经验。

第四节　公共部门人力资源培训管理流程及其实施

由于培训活动的成本无论从费用、时间与精力上来说都是不低的，所以必须精心设计与组织。要有效地做好这一工作，应把它视为一项系统工程，即采用一种系统的方法，使培训活动能符合公共部门的目标，让其中的每一环节都能实现个人及其工作和部门本身三方面的优化。图 5-6 的人力资源培训系统（简称 HRT）模型便显示了这样一个系统，它代表了由五个环节构成的一个循环过程。这五个环节分别是：确定培训需求，设置培训目标，拟定培训方案，培训成果转化，效果评估。

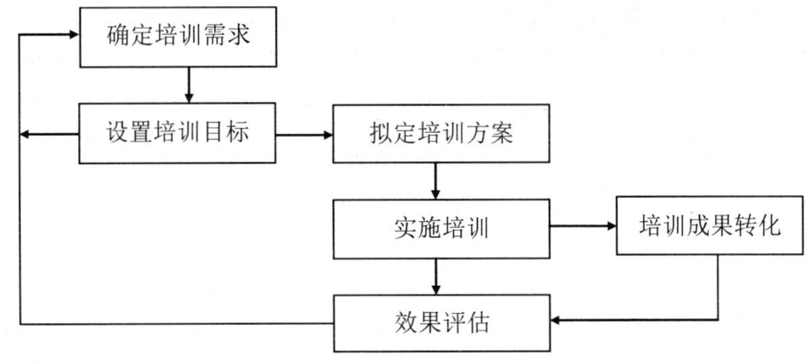

图 5-6　人力资源培训系统模型

一、确定培训需求

确定培训需求的程序如下。

（一）确认工作行为差异的存在

工作行为差异是指实际的工作行为与公共部门所期望的工作行为或绩效的差异。

（1）资料来源包括：公职人员档案；培训要求；调职要求；离职理由；工作意外记录；员工申诉记录；绩效评估；工作描述；工作规范；职位分析报告。

（2）收集上述资料可以使用以下方法：个别人员面谈；集体面谈；问卷调查；意见箱；观察；职位分析；绩效评估；测试；研究各项书面记录。

当工作行为或绩效差异对企业产生负面影响时，企业便要对这些差异进行分析，以确定培训的需要。

（二）培训需求分析

公共部门人力资源培训的需求分析，是指公共部门在从事培训活动之前，要从培训的长远目标和近期目标出发，采用各种方法和技术，对公共部门及其成员的现有素质结构、知识结构和技能种类进行系统的鉴别与分析，以明确培训的方向和内容。培训需求分析是整个培训工作流程的出发点，它直接影响整个培训工作的有效性，既注重按照党和国家大政方针和发展战略的要求，研究干部教育培训的需求，也重视对培训对象的分析，把握学员的思想脉搏和需求要点，努力把中央的要求和公职人员的需求结合起来，把满足学员的学习需求和引领学员的需求发展结合起来，从而做到在设计教学方案和配套教学资源时，更具有针对性和导向性。培训需求分析是我国公共部门人力资源培训的一个短板，而这个短板，如果任其发展，就会出现管理学上所说的“水桶理论”。加强公职人员的培训是修补这个短板的正确途径。传统的计划式培训已经不能适应不断发展的市场经济要求。商品的供应由供给主导向消费主导转变，培训就是投资。

培训既然是投资就要以现实的需求作为出发点，公共部门人力资源培训就要从过去供给主导向消费主导转变。过去的计划式培训是一种供给主导的活动，培训机构根据培训机构内部培训师的知识结构，结合党校（行政学院）自身的职责（简言之"党校姓党"），安排培训的课程，制订培训计划，然后按照培训计划实施培训，是一种从上而下的培训。而我们现在所倡导的消费主导的培训方式就是需求导向型的培训，即培训机构以参训者和参训结构（公职人员和政府）的需求为基础和目标来设计并开展培训活动。培训课程、内容的设计是根据参训学员的需求而定，是一种从下而上的培训。在规划与设计培训活动之前收集相关的信息，采用一定的分析方法对组织、员工和工作进行分析，确定组织是否需要培训、为什么需要培训以及需要什么内容的培训的过程。

培训需求分析需要考虑组织、任务和人员三个层面，具体内容如表 5-1 所示。

表 5-1　培训与开发需求分析的三个层面

分析层面	分析内容	分析结果
组织层面	组织战略	揭示哪个职能或部门需要培训与开发以及在何种战略背景下进行培训与开发
任务层面	工作任务	揭示为了有效地完成工作任务，必须做什么以及如何做，需要什么样的知识和技能
人员层面	人员 KSA	揭示对谁进行培训与开发，培训与开发什么，采取何种培训与开发对策

组织层面包括组织发展目标分析（战略分析）、组织运营问题分析（效率、成本、产品、投诉等）、组织层面人员状况分析、组织文化；人员层面包括公职人员个人情况，培训前对自身各方面素质的了解；任务层面针对组织层面分析的问题，落实到具体的岗位，如何明确或完善岗位职责，提升岗位任职资格等。

培训规划是指根据部门发展目标和公职人员的培训需求状况，制订部门培训计划。培训规划的制定以培训需求分析为基础，成为培训需求分析的最终成果。它使培训需求不再限于某种认识和思考，而是付诸于实践，通过培训规划使培训目标具体化。培训规划的制定应该既具有现实性，又具有超前性。培训规划的制定要在需求分析的前提下，立足于公职人员的素质现状，使培训规划符合现实要求，具有可操作性。培训规划的制定还要具有前瞻性，要根据社会发展的趋势和部门发展的长远需要来制定。培训规划的内容一般包括：培训目的和对象；培训内容和方法；培训教育机构；培训师资队伍的来源以及专业结构和知识水平；培训经费。

公共部门在进行培训需求分析时要力求获得多种信息，并从个体、组织、战略角度进行分析。

1．个体培训需求分析

此类分析的目的在于了解公职人员个体现有的知识和能力状况，发现差距，据此确定需要接受培训的个体情况以及需要接受培训的种类。在公共部门中，对公职人员进行需求分析的主体为公职人员个人、部门主管和培训管理机构的人员。公职人员通过自我评价的方式，认定自己是否需要接受培训以及需要何种培训。在一般情况下，公职人员都有接受培训的需要，只要公共部门建立了培训与个人发展紧密联系的机制，个人职业生涯发展的需求会使公职人员对培训产生极大的兴趣。听取部门主管和培训管理机构的意见，是培训需求分析过程中的重要环节，部门主管根据部门的工作性质、各职位的特点和部门工作绩效，考虑本部门人员培训的必要性和培训方向，使其意见具有全局性。培训管理机构的人员则是通过专业化的需求，分析技术来评估培训的必要性，分析培训实施的预期效果。

2．组织培训需求分析

此类培训需求分析的目的在于，通过对公共部门总体目标、资源和环境的分析和判断，发现部门工作中存在的问题，明确公共部门人员应该具备的素质结构以及现实差距，说明培训能否有效地解决现有问题。组织培训需求分析应该纳入到公共部门人力资源的总体规划中，与人力资源规划的总体要求相一致。

组织培训需求分析的具体内容包括以下几个方面。

（1）确定公共部门在一定时期内的发展目标。组织发展目标的明确是决定培训目标和培训内容的前提。发展目标明确后，通过组织需求分析说明培训对于实现既定组织目标的必要性，分析应采取的培训形式、培训规模并进行培训支出预算。

（2）分析组织可提供的培训资源状况是培训目标实现的基础。

（3）分析培训的内容是否与其工作环境所要求的行为相一致，分析影响培训工作实施的因素。

3．战略性培训需求分析

培训需求分析不仅要考虑现实的状况，还要分析未来的可能性。战略性培训需求分析是对公共部门未来发展中人力资源变化情况的预测，从而制定具有预见性的培训规划，通过培训适应公共部门未来发展的纲要。

培训需求分析的进行要运用一定的技术方法，具体有以下几方面。

（1）问题分析法。这是一种较为有效并被广泛运用于培训需求分析的方法，也称绩效差距分析法。它在找出公共部门及其成员存在的差距的基础上，分析造成差距的症结和根源，论证培训对于解决问题和提高组织绩效的有效性。问题分析法的具体步骤为：发现问题，即找出部门工作中存在的差距，通过收集资料、观察、面谈和问卷等各种方式，发现部门中存在的问题；分析问题，即分析存在问题的主要原因；论证培训需求的必要性，说明为解决部门工作中的问题所需要的培训种类、培训内容和培训方式。

（2）全面分析法。即通过对公共部门全面、系统地调查和分析，确定工作部门现实状况与理想状态间的差距，从而明确培训的必要性以及培训内容的分析方法。全面分析法强调对组织运转的各个方面进行考察，而非仅仅针对某方面问题进行分析。需要投入较多的资金和时间，此法通常在任务相对简单的部门中采用。但此种分析方法有利于比较全面地分析和认识问题，分析的结果也可以用于人力资源管理的其他环节。

（3）社会调查法。此种方法实际是进行培训需求分析的具体方法，包括直接观察法、民意测验法、问卷调查法、关键人物访谈法、文献调查法、小组或专家讨论法等。

（三）确认培训是否为最好的方法

当工作行为或绩效差异是因为个人能力不足，或因员工态度信念不配合，或是因为主管不积极参与员工培训所引起，培训便能有助于消除差异。此外，也要比较培训的成本和绩效差异所造成的损失，计算培训和发展是否有效益。

培训需求分析在培训中的作用有以下两点：一是培训需求分析是确定培训目标的前提，也是制定公共部门人力资源培训规划的基础；二是培训需求分析是公共部门人力资源规划的有机组成部分。是实现人力资源规划的必要手段之一。通过需求分析可以发现差距，进而做出规划，实行有针对性的培训。以实现人员素质和组织目标的统一培训需求分析，运用事实说明培训是否必要及其价值所在，因此能够决定培训的价值和成本。

符合实际的科学的培训需求分析，能够运用具体的资料和数据，论证培训的必要性，因此具有较强的说服力，使培训的实施比较容易获得部门内外的支持。除了激发公职人员主动提出培训需求分析外，公共部门人力资源培训需求信息收集的方法还包括行为观察法、问卷调查法、访谈法、关键事件法、头脑风暴法、资料档案收集法、绩效差距分析法、自我分析法等。一套行之有效的培训需求分析体系主要包括五个环节：发现培训“压力点”、培训需求必要性分析、培训需求四因素分析、培训需求整合、培训需求排序。第一步就是发现培训“压力点”。所谓培训“压力点”就是培训需求的原因，如法律法规要求、工作业绩较差、新技术的应用、新的政策状况出现等，要求政府要对公职人员进行基本能力和核心能力的培训。第二步就是培训需求必要性分析。找到培训的“压力点”只是出现培训需求的可能，并不能代表培训就一定是解决问题的正确途径。只有当出现的问题能够通过培训得到有效的解决，培训才能成为必要。第三步就是要进行培训四要素分析，即从战略、组织、工作任务、人员四个方面分析并区分真正的培训需求与假象的培训需求、普遍需求与个别需求、短期需求与长期需求等。第四步就是对培训需求进行整合。第五步就是以培训资源的最优化配置为基础，结合重要程度和紧迫程度对整理好的培训需求进行排序。

二、设置培训目标

设置培训目标将为培训计划提供明确的方向和依循的构架。有了目标，才能确定培训对象、内容、时间、教师、方法等具体内容，并可在培训之后，对照此目标进行效果评估。

培训目标可分为若干层次，从某一培训活动的总体目标到某项学科直至每堂课的具体目标，越来越具体。设置培训目标必须与企业的宗旨相容，要现实可行，要用书面明确陈述，其培训结果应是可以测评的。

培训目标主要有以下几大类。

（1）技能培养。掌握技能离不开思维活动。在较低层的职工中，需要涉及具体的操作训练，在高层中，则主要是思维性活动了。例如，分析与决策能力要涉及具体的技巧训练，如书面与口头沟通能力、人际关系技巧等。

（2）传授知识。包括概念与理论的理解与纠正、知识的灌输与接受、认识的建立与改变等，都属于智力活动。理论与概念必须和实际结合，才能透彻理解，灵活掌握，巩固记忆。

（3）转变态度。这当然也必须涉及认识的变化，所以有人把它归入上述“传授知识”这一类中，但态度的确立或转变还涉及感情因素，这在性质与方法上就不同于单纯的传授知识了。

三、拟订培训方案和实施培训

拟订培训方案就是培训目标的具体化与操作化，即根据既定目标，具体确定培训项目的形式、学制、培训课程设置方案、培训课程大纲、培训资料、培训者、培训方法、考核方式、辅助培训器材与设施等。制订正确的培训计划必须兼顾许多具体的情景因素，如人员特点、技术发展水平与趋势、国家法规、组织文化等，而最关键的是组织对培训重要性的认识。

培训方案应主要包括下述内容。

（一）培训时间选择

（1）对受训者来说，什么时候是最好的受训时间？什么时间培训能与工作配合？什么时间最可行？

（2）倘若受训者是企业的一组重要成员，当他们接受培训时，是否会打乱组织的正常工作？对别的成员的工作会有影响吗？

（3）什么时候进行培训能取得督导人员或培训人员的合作？这些人还有其他业务吗？他们能否将精神集中放在培训工作上？

（4）什么时候能够获得培训必需的设备，如会议室和投影机？

（二）培训者

培训者的选择是培训实施的一项重要内容，培训者选择的恰当与否对于整个培训活动的效果和质量有着直接的影响。培训者必须有良好的品质、完备的知识、丰富的经验，还要善于沟通，优秀的培训者往往能够使培训工作更加富有成效。

培训者的来源一般来说有两个渠道：一是外部渠道，二是内部渠道。从这两个渠道选择培训者各有利弊，表 5-2 就是对各自的利弊所作的一个简单比较。

表 5-2　两个渠道选择培训者的利弊比较

渠　道	优　点	缺　点
外部渠道	培训者比较专业，具有丰富的培训经验 没有什么束缚，可以带来新的观点和理念 与本部门没有直接关系，员工比较容易接受	费用比较高 对公共部门不了解，培训的内容可能不实用，针对性不强 责任心可能不强
内部渠道	对本部门情况比较了解，培训更有针对性 责任心比较强 费用比较低 可以和受训人员进行更好的交流	可能缺乏培训经验 受部门现有状况的影响比较大，思路可能没有创新 员工对培训者的接受程度可能比较低

近年来，我国各地出现了大量的专业培训机构，以满足公共部门日益膨胀和不断变化的培训需求。这些机构通常只有固定的办公地点，没有正规学校所具备的教学场所和设施。它们通常没有专职的教学培训人员，但以合同的方式聘请许多专业培训师。这些机构根据公共部门的培训需求，开发和设计出相应的培训方案和教材，主要以“公开课”和“内训”两种方式为企业提供培训服务。

“公开课”是培训机构以广告方式向众多企业邀请相关人员参加的集中性的短期培训，或周末两天，或一周，或一个月，培训地点通常是在宾馆、饭店的会议室，每次参加人数可以是几十人或几百人。“内训”则是培训机构为某一企业专门提供的短期培训项目，通常在组织进行，没有外部人员参加。两相比较，利弊显而易见。“公开课”有利于来自不同组织部门的人员交流，学习和借鉴其他企业的经验，且费用较低，但针对性较差，各个部门派去参加的人数有限。“内训”相反，培训内容对部门而言可以比较具体和有针对性，参加人员可以比较多，讨论问题也能深入，不必忌讳外泄机密或“家丑”，但费用较高，而且不能与除培训师外的外部人员交流。

四、培训成果转化

（一）培训成果转化的影响因素

培训成果转化是指受训者将在培训中所学到的知识、技能和行为应用到实际工作当中的过程。一般来说，培训成果转化效果受转化氛围、上级的支持、同事的支持、技术支持及自我管理（动机、能力）等方面因素的影响。

（1）良好的氛围。这是培训成果转化的环境因素，良好的外部氛围将有助于员工培训成果的转化。

（2）上级的支持。这是影响培训成果转化的最重要的因素，一般来说，上级的支持程度越高，培训成果就越有可能得到转化。上级的支持表现在以下几个方面：鼓励受训者在工作中运用培训所学到的内容；在受训者没有意识到的时候，提醒他们在工作中运用培训所学到的内容；要给受训者提供机会，使他们能够在工作中运用培训所学到的内容；在受训者运用从培训中所学到的内容时，及时给予指导和反馈等。

（3）同事的支持。这里的同事不仅包括一起参加培训的同事，还包括那些没有参加此次培训的同事。这种支持主要表现为：在一起相互讨论培训成果转化的体验，分享成功的经验，接受失败的教训，从而使培训成果的转化更有成效；其他同事在运用从培训中所学到的内容时，提供必要的帮助；鼓励其他同事在工作中运用从培训中所学到的内容等。

（4）技术支持。这是培训成果转化的硬件条件，如果员工通过培训后在学习过程中有新的创意与设计，但企业的技术支持不到位的话，只会是徒劳。

（5）运用所学技能的机会。员工通过培训学到的技能必须要有“用武”之地，才能转化为生产力，所谓熟能生巧，技能在运用的过程中也会不断地提高，相反，如果不能运用的话，将会变得生疏，甚至失去该技能。

（6）自我管理能力。这是员工的主观行为，参加了培训后如何进行知识技能的巩固与提高，如何更进一步地提高自己的能力从而将培训成果转化到企业的生产力中来，关键还是要看员工自我管理的能力。

（二）培训成果转化的推动因素

公共部门要提高培训的成果转化，应注意下列因素。

（1）理论。受训者需要知道培训的理论根据，明白和接受训练的程序和方法。这是转移效果的主要环节之一。

（2）示范。倘若在培训过程中有专人示范传授的概念、技巧或方法，而受训者亦有观察和参与讨论传授的概念、技巧或方法的机会，这会增加实用性，使受训者能灵活地运用传授的概念、技巧或方法。

（3）操练或模拟。受训者若有机会亲自操练或模拟所学习的技巧或方法，在工作上将这些技巧或方法应用出来的可能性也相应提高。操练或模拟可以使受训者做出有关的行为，感受当中的滋味，并了解其中的困难和经历克服困难所带来的成功感。受训者可以从中增加应用技巧和方法的信心。因此，在进行操练或模拟之后，应进行讨论和回应，帮助受训者解决问题和克服困难，加强学习效果。

（4）实际应用机会和回应。受训者若有机会在工作上应用所学到的技巧，加之专人在旁边指导和给予回应，他便能有效地应用所学到的技巧，并持之以恒。

（5）实际应用加上专人指导。将培训和工作实习联系起来的最好方法就是将上述实际应用和回应的时间延长，使受训者长时期在专人指导下将所学的应用出来。邀请受训者的直属上司、专业顾问或者他部门的称职训练者出任导师。要记住，不是所有的上司都是合适的导师。让管理人员知道他们有担任培训和开发的责任，除了培训和开发部门负责培训人员外，直属主管也应是一位培训者和辅导者。

五、效果评估

培训投资从一定意义上来讲就是对人力资本进行投资。对公共部门人力资本投资活动进行效果评估和研究有着十分重要的意义，特别是对培训效果的评估，培训效果评估实质上是对培训活动实际效用的系统考察。从项目评估的历史和管理的实际需要来看，培训效果评估是项目评估诸内容中最为重要的部分。

（一）培训效果评估

“评”是评价、评判、评定之意，即弄清对象的价值高低、质地优劣。既然是评定，也就是可以判断，但是这种判断是建立在揣测、推测基础上的，也就是说评估是一种定性评价和模糊的定量评价。有的学者认为培训效果评估是组织对培训需求、培训过程和培训结果的评估过程，也叫培训评估，在本书称之为广义的培训效果评估定义。另外一些学者认为培训效果评估应该是培训评估的一个部分，培训评估分为培训需求评估和培训效果评估，在本书称之为狭义的培训效果评估定义。本书所论述的培训效果评估属于狭义的定义范畴。下面是理论界比较有代表性的对培训效果评估的定义。

泰勒认为，培训效果评估是将学员的表现与行为目标相比较的过程，即评价受训者改变状况。

凯利认为，培训效果评估可以判断一个人工作贡献的价值、工作的品质和数量、未来发展的趋势以及为达到目标所需要的帮助。

斯达夫彼姆认为，培训效果评估是对教育培训方案的确定、获取以及提供资料，作为决策参考的过程，最重要的目的在于改善现状。

雷蒙德·A.诺伊将培训评估定义为：“培训评估是指收集培训成果以确定培训是否有效的问题”。

杰克·J.菲利普斯将评估描述为：“评估是一个用来确定某个活动的价值或意义的系统过程”。

戈尔斯坦在定义中指出：“企业培训效果评估是系统地收集必要的描述性和判断性信息，以帮助做出选择、使用和修改培训项目的决策”。

克利戈尔认为：“培训效果评估可以确定培训是否值得，指出需要改进的地方，审核目

标达成的情况，决定培训是否继续存在，找出更好的训练方法并建立未来培训指导方针”。

英国的管理服务委员会（MSC）将培训效果评估定义为：“来判断培训是否达到既定目标的过程，包括审定和评估”。

根据以上定义，可以把它们分为三类：第一类定义注重评估培训对受训者的行为改变上，如泰勒的定义；第二类定义注重评估培训的需求上，如凯利的定义；第三类定义注重评估培训项目本身，如斯达夫彼姆、雷蒙德•A.诺伊、杰克•J.菲利普斯的定义。

我们把培训效果评估定义为：通过一系列的方法来评估接受培训的工作人员将要或已经获得的意识、知识、技能、态度等方面的程度，并把这些意识、知识、技能、态度应用于工作后给组织和社会带来的经济效益和社会效益的大小。它包括对受训者的评估、对培训项目的评估、对组织的评估、对社会效益的评估。

（二）培训效果评估内容、层次及原则

1．培训效果评估的内容

评估，一般认为是与评价相近的概念。在实践中，评估与评价常常被人们当作同一概念在同一意义上加以使用。评价（evaluate）即评判价值，就其内涵来说，它与价值这一概念有关。在英语中，评价一词由词干“valu”加上词头“e”和动词性词尾“ate”组成。其中“valu”意为价值，词头“e”的意义等同于“out”，意为引出。评价即为引发和阐发价值。从本质上说，评价是一个价值判断的过程。什么是评估呢？我们认为，“评”是评价、评判、评定之意，即弄清对象的价值高低、质地优劣。本来，既然是评定，也就是可以断定了，但是，这种断定又只是属于揣度、推测、估价、估量，只能说“估计是如此”，还不能说“绝对必然地就是如此”。这就是“评估”的含义，即“评价与估量”。这就是说，评估是一种模糊定量的评价。在科学管理中，评估起着一种特殊的信息反馈机制的作用，它通过对现状与目标之间距离的判断，有效地促使被评对象，不断逼近预定的目标，不断提高工作质量。

公共部门人力资源培训效果评估，是指公共部门人力资本投资项目完成一段时间后，以实际情况为基础，依照一定的标准，对公共部门人力资源开发活动的项目决策、设计实施、实际收效等全过程进行系统评价的一项经济活动，是投资项目管理的一个重要内容。通过投资项目评估，判定是否达到了预期的目标，具体活动中计划、组织、实施与调控工作的绩效如何，各部门、各环节的协调状况等，以便总结经验和教训，提出建议和改进工作，不断提高项目决策水平和投资效果，更好地做好公共部门人力资源培训与管理工作。效果评估是组织培训开发工作的一个重要环节，是贯穿于整个培训开发过程的管理控制活动，因此，它是涉及多个方面内容的复杂工作。

一般来说，效果评估的内容大致有这么几项：实施的培训开发计划基本符合组织人力资源发展的需要；培训开发计划能否起到基本的作用；培训开发的内容是否按原计划顺利

完成；受训者实际接受程度如何，是否对实际工作有指导意义；受训者接受培训后有什么变化；培训师的授课水平如何；培训的场地与时间是否合适；培训教材的质量如何；培训的方式是否合适；培训投资与收益的分析；培训中的成功与失败之处，还需作何改善等。

以上内容大体可以分成两个方面：一是对培训开发活动过程的评估；二是对培训开发活动结果的评价。对于前者，通常可以随着培训开发工作的展开随时进行。对于后者，往往需要待培训开发活动结束后，甚至在结束一段时间以后才能进行。因为培训开发人员行为及业绩的影响往往要经历一段时间才能显现出来，这是由学习的一般规律所决定的。从人们接触新知识、新信息，到将这些新知识应用于实践往往要经历一段时间，以便对新知识进行消化、吸收和理解，在此基础上才能熟练运用。过程评价和结果评价同为人力资源培训开发效果评估不可分割的两个方面。前者控制着培训开发的目标，后者控制着培训开发过程不偏离目标。

2．培训效果评估的层次

对培训效果评估通常可以分为四个层次展开。

第一个层次是对受训者反映水平进行评估，即由学员对培训开发的内容、教学方式、教员讲授水平等进行评估，这是效果评估的最低层次。例如，他们认为培训开发内容是否有用、清晰有趣，培训教材、培训速度是否合适，培训方式是否能调动他们的积极性，培训环境和设施是否满足需要等。由于学员是接受培训的主题，他们是培训开发效果评估环节的重要信息来源，在效果评估过程中，应当注意收集这方面的信息。一般可在培训项目结束后，向学员分发培训评价表来收集这方面的信息。培训评价表可以根据培训的具体情况进行设计。一般地，一份优秀的培训评价表至少应具备这样几个特点：与培训目标联系；包括培训的主要环节与因素。例如，培训的时间、场地、设施、教材、培训者等；还要鼓励受训者真实反映结果。

第二个层次是对受训者学习水平的评估，即评估学员参加培训开发活动的学习成绩，通过测试和评估，确定他们是否学到预期应该学到的知识与原理等。通常是在培训即将结束之前，通过对受训者在培训期间所学知识的直接测试获取他们的学习成绩，以此为指标衡量培训开发的效果。测试可以采取书面测试、等级模拟等方法。主要测试受训者与受训前比较，是否掌握了较多的知识和技能，是否改变了态度。

第三个层次是评估受训者的工作与行为水平，以培训后学员的工作、行为变化为指标。主要是了解通过这个培训开发计划，受训者的工作行为是否发生了变化，如公共部门的公职人员对待来信来访的民众是否比过去更加友善，服务是否比过去更加周到等。

第四个层次评估培训开发计划是对受训者个人及组织绩效产生的影响进行评价。即根据预先设计的培训开发目标，衡量培训开发计划所取得的最终成果是什么，可用效率、工作准确率成本、质量、缺勤率、事故率等作为评价指标。绩效的提高是非常重要的。根据受训者的反映、知识的增长以及工作行为的变化，可以判定某个培训开发计划是否成功，

如果绩效没有改进和提高，那么最终分析就说明该培训开发没有实现目标。

以上培训开发培训效果的几个层次中，第一、第二层次主要是对培训开发法过程的评估，这两个层次的评估通过对学员进行调查测试比较容易获得，评估的难度较小。目前，许多组织的培训开发工作都展开了这方面的评估。这两个层次的评估结果反映了培训开发活动受学员欢迎、认可的程度，也可以反映出学员通过培训开发学到了什么知识。但要衡量培训开发对组织的贡献，仅仅进行第一、第二层次的评估是远远不够的，还要进行第三、第四层次的评估，第三、第四层次的评估主要是对培训开发所取得的实际成效的评估。

由于工作行为的变化和绩效水平的指标比较难得到，同时他们也受到培训开发以外的许多其他因素的影响，因而第三、第四层次的评估难度较大，许多组织尤其是公共部门，也因此没有对培训开发所带来的工作行为的变化及绩效水平的变化进行认真评估。而事实上一个培训开发项目只有能够导致人员行为的改变、组织绩效的提高，才是真正有效的。为此，培训开发效果评估的重点应该放在第三、第四层次上，通过对比培训开发活动前后人员工作行为与组织绩效来评估培训开发取得的成效。当然，在进行这两个层次的评估时，应该注意将其他因素引起的人员工作行为和组织绩效变化区分开来，真正反映培训开发项目对组织所作的贡献。

3．公共部门人力资源培训效果评估的原则

公共部门人力资源培训效果评估的原则应是调节培训各相关部门在评估中的相互关系、规范评估行为和业务准则，面向公共部门人力资源培训的评估涉及面广、政策性强，要做到公平合理。而且经过评估对公共部门人力资源培训工作起到促进与监督作用，就必须遵循一定的原则。培训效果评估的原则对制定效果评估指标体系、开展效果评估活动、提高效果评估质量、发挥效果评估功能都有重要意义。应该从以下几方面考虑。

（1）定量评估与定性评估相结合的原则。为了避免单纯定性评估的主观性，克服单纯定量评估的机械性，因而必须坚持定量与定性评估相结合，形成一个完整的评估过程。进行培训成果评估时，在第一阶段先进行定量分析，将培训成果分解为多项评估要素，再给每大项要素确定好权重值，最后计算出培训成果的得分，就可在相当程度上反映培训成果的水平与价值；定量评估是定性评估的基础和依据，定性评估是培训成果评估的第二阶段，最后是定性与定量的充分结合，准确把握确定性因素与不确定性因素的影响。这个阶段要对培训成果的整体水平做出判断、确定出培训成果的优劣，此时做出的评判结论是可靠的、可比的。

（2）实用性与可操作性的原则。评估的指标设计要能客观地反映公共部门人力资源培训的实际运行情况，为政府行政主管部门全面了解、掌握公职人员培训动态和科学决策提供依据。同时，通过公共部门人力资源培训效果评估反馈信息、发现问题、找出差距、完善自我。评估所选用的标准、程序、范围和资料必须符合国家有关规定，评估所需费用和时间要比较合理，评估方法要简单易行、操作方便，评估要有利于降低成本，总之，评估要切实可行。所以评估不能走极端，不能为了获得资料与信息，把评估变成科学研究，把评估复杂化。评估人员没有必要像科学家那样，总是进行复杂的分析，应努力使资料的收集和分析明晰易懂。

（3）客观性与准确性的原则。为便于对评估结果进行纵、横比较，在指标设计的内容上应尽可能把握好不确定因素的影响，把不可比因素转化为可比因素，并将评估的数据进行标准化处理，力求评估数据准确可靠。客观性原则即实事求是的原则。是指评估人员在进行检测评估时，一定要坚持实事求是的态度，排斥主观臆断，真实地反映出培训的客观效果。这条原则是最重要的原则。因为评估的实质是对所实施的培训活动的效果进行科学的判断，这种判断如果是客观的、实事求是的，对培训活动的价值判断才有可能符合实际，从而推动培训计划的有效开展和组织目标的实现。反之则不然。

（4）评估标准的科学性与系统性的原则。正确地评估培训效果是一个很复杂的过程。这是因为培训效果具有多因素、多变量、界限模糊等特点，科学地进行定量分析是比较困难的。坚持评估标准的科学性就是要努力做到合理分解评估项目与要素；合理确定各项评估指标的权重。评估标准不但要具有科学性，而且还要与系统性结合。因而，既要结合具体情况，又要力求系统、全面地反映公共部门人力资源培训工作的实际效果和质量。在评估过程中对特定目标，能够选择适用的标准和科学的方法，制定科学的评估方案，使评估结果准确合理。

（5）协作性与连续性的原则。培训效果评估要求所有人力资源开发培训的成员都积极参与协作评估。因为效果评估远远不只是收集、测量一些数据以及提供改进了绩效的统计分析，而是包括投资者、组织者、培训者、受训者等每个人都发挥着重要的作用。第一是受训者，他们必须理解、掌握材料，付诸实践，获得预期结果；第二是培训者必须以有效的方式来操作培训以便让内容为受训者所了解；第三是培训项目设计者和专家必须制定一个和受训者的需要休戚相关的培训计划；第四是投资者和管理人员的支持将对评估工作产生积极的影响。连续性原则是指评估应是长期的、连续的，只有这样，评估才能真正发挥作用，给予管理者、受训者、培训者以持续的动力和压力。评估如果是“一次性”的，其建设性远远不如破坏性。

4．公共部门人力资源培训效果评估的意义

（1）体现了国际管理科学的发展趋势。人类社会正在经历一场根本性的转变，传统的工业社会已经或正在被后工业社会和信息时代所取代。伴随着社会性质的根本性变化，人类的管理活动也在经历由传统管理模式向新型管理模式的转变。新型管理模式的一个突出特征是对管理活动实际效果的关注，而管理模式转变的一个重要方面是从投入、过程为本的管理到结果为本的管理。这一模式转变在公共部门管理实践中尤为突出。传统行政管理模式注重的是投入，而不是结果，由于不衡量效果，也就很少取得效果。而现代政府则是以结果为本的讲究效果的政府。

培训活动是一项有组织的社会活动。任何社会项目都会耗费大量的财力、物力和人力资源。人们付出了巨大的投入和代价，必然期望获得一定的效用和回报。效果评估活动在现实生活中比比皆是。例如，一个家长聘请家教辅导自己的孩子，他必然会根据辅导以后孩子在学业方面的长进来对家教的工作做出评价，并依据评价结果做出相应的决定。现实生活中只投入而不关注效果的家长是不多见的。作为有组织的社会活动，培训活动所耗费的资源比单个家庭的家教活动要大得多。因此，仅仅只关注投入而不关注效果的做法是不可思议的。

（2）是公共部门人力资本含量测定及其对经济增长贡献的衡量手段。按照全要素生产函数的分析观点，一定的生产要素的某种组合会产生一定的产出率；经济增长不是各要素变动率的简单相加，而是各要素变动的某种组合。这里，人力资本投资起着很重要的作用。只有高资本含量或高素质的劳动力，才能建立各生产要素的较佳组合；才能在一定的生产要素的某种组合中产生巨大的能量。发展中国家一般较注重非人力资本即物质资本的投资，而忽略人力资本的投资。这样，在人力资本含量较低的条件下为维持一定的经济增长率，只能付出巨大的物质资本投资的代价，这显然不符合经济高速度发展的要求。而且从长远看，人力资本不足也不可能带来经济增长质的飞跃。

（3）人力资本投资评估延伸的“要素替代分析”，将为经济内涵增长开辟新的发展途径。按照经济学原理，同一产出率可由不同的资金与劳动投入的组合比例来完成。这里的劳动投入是指劳动力付出的实际有效的劳动量。若较多劳动力的投入并没有产生其应有的较多劳动量的投入，那么这部分“短缺的劳动量”就必须由资金来替代。反之，若较少劳动力的投入不但能产生其应有的劳动量的投入，而且还能创新出更多的劳动量的投入，那么这部分创新产生的劳动量就能替代一部分的资金。在我国人口相对过剩、资源匮乏、资金短缺的情况下，强调劳动量的实际有效投入，强调人力资本对经济增长推动的主导作用，将有利于国民经济由外延增长向内涵增长的转变。

（4）有助于树立效果为本的意识。要实现由投入和过程为本的管理向效果为本的管理的转变，必须使每个管理者和公职人员牢固树立效果为本的意识。“效果为本”意识的树立不能仅仅依靠宣传和说教，而需要有一套有效的机制。培训效果评估就是这种机制的核心部分。管理学中有一句名言：测定的任务最容易完成。这是因为，只有当公职人员知道自己的工作效果将被评估时，他们才会关注自己的工作结果；当他们知道自己的工作结果将从哪几个方面进行测定时，他们就会把自己的主要精力集中在这几个方面，以便充分展示自己的工作绩效。这就是培训效果评估的引导功能。

（5）是提高培训质量的有效途径。培训效果评估就是培训活动实际绩效的考察和测定。培训活动的任何环节出现问题和不足，都会最终影响到培训的质量问题并表现为培训效果的不佳。因此，培训效果是检验培训活动成败的主要标准，培训效果评估所获得的信息又是改善培训决策的主要依据。如果评估认为培训活动没有达到所期望的实际效果，这对培训管理者是一个警示，它会促使培训管理者重新审视培训计划和培训过程，从中找出问题、不足和薄弱环节，寻求改进的途径和方法，提高培训质量。同时，培训效果评估不仅能对培训效果做出恰当的评价，而且评估过程能帮助管理者发现培训环节中的具体问题，从而把改进培训的计划和措施建立在科学的基础上，确保培训的质量。

假如培训效果评估结果是培训活动达到了所期望的目标和效果，那么说明培训活动是科学的、合理的，从而使培训工作得到肯定，培训效果评估仍然具有重要的意义。如上所述，培训效果评估的一个重要任务是确定项目活动的作用机制，即项目的干预活动与实际效果之间的转换机制。这也就是说，培训效果评估不仅能够确认培训活动是否成功，而且能够确认导致培训成功的主要因素。培训效果评估总结的经验不仅有助于该培训管理者进一步提高培训的质量，而且对其他培训管理者具有指导和借鉴意义。

（三）公共部门培训效果评估的基本内容

为什么要评估培训效果，杰克·J.菲利普斯给出了他的答案。他认为培训效果评估的目标可以分解为以下：一是确定是否成功地实现了培训项目的培训目标；二是评估人力资源开发过程中的优缺点；三是比较人力资源培训项目的成本与利润；四是确定谁将参加将来的培训；五是衡量各种测验案例和练习是否清楚有效；六是确定哪些学员在本次培训项目中的收获最大；七是能够强化学员所学到的主要内容；八是收集数据，以便将来推广其他的培训项目；九是确定某个培训项目是否能够满足某种特殊的要求；十是建立数据库以便帮助上级领导做出决定。

英国学者伊斯特比·史密斯认为，培训效果评估有四个目的：一是说明培训和发展的所有成就；二是确保培训活动比当前水平有所改进；三是确保培训者的行为及授课情况与主设计者的目的一致；四是视评估为学习过程不可分割的一部分。我们认为培训效果评估的目的有两个：一个是对培训活动组织情况的评估，一个是对培训有效性的评估。第一个目的包括以下几个方面：培训方案设计的合理性；培训期间组织的合理性、有效性；培训的成本。第二个目的主要包括三个方面：员工对培训的接受情况；培训的迁移情况；培训的收益情况。

1．培训效果评估的主体

在现代的组织中，一个培训活动至少有四种人是需要知道培训效果的。第一，培训的主管和培训师，通过评估改进培训项目；第二，组织管理层，通过评估为下一步决策提供参考；第三，受训者，通过评估知道自己的提高程度；第四，受训者的直接上级，通过评估结果了解下属的情况，为以后工作提供指导。但在实际效果评估中，对不同客体的评估有相应合适的评估主体。

培训效果评估的客体培训效果评估既对人评估，也对组织评估。培训效果评估的客体可以总结为以下三点：一是培训的过程，包括培训需求、培训目标、培训内容、培训形式、

培训手段、培训设备等；二是培训效果，包括反应效果、学习效果、行为效果、业绩效果、培训效益等；三是培训管理，包括培训组织、培训实施、培训系统、培训人员等，如表 5-3 所示。

表 5-3　培训评估的主体

培训评估的主体	
评估标准	最适合的评估者
快乐/兴趣	学员
知识或行为改变的结果	培训师/学员/经理
学习方法、培训决策的效果	学员/管理人员
培训与工作的相关性	学员/管理人员
个人开发/成长	学员
绩效指标	管理人员
成本收益比较	培训师
培训政策与组织战略的一致性	培训师/管理人员

2．培训效果评估的分类

培训效果评估是培训工作最后的环节，可以分析培训工作是否取得预期效果，也可以为以后的培训工作提供参考性意见等。培训效果评估是按评估实施的时间来划分的，可以分成培训前的评估、培训过程中的评估和培训结束后的评估。培训前的评估主要是指对培训安排和预算的评估等；培训过程中的评估指的是培训内容和方法的评估、培训课程设计和师资选择的评估、受训者接受状态的评估等；培训结束后的评估则指对受训者培训效果评估、对组织收益评估、培训工作的成本收益评估等。具体情况如图 5-7 所示。

（四）公共部门培训效果评估的模型简介

自从柯克帕特里克在 1959 年提出对培训效果评估方法进行研究开始，培训效果评估的研究开始进入快速发展阶段。目前，可利用的评估模型有很多都是建立在柯克帕特里克模型基础上的。我们将列举六个比较有代表性的模型进行论述。就模型而言，他们是通用的，也就是说在企业和公共部门都可以采用，只是实际应用中需要根据组织的特点进行相应变化。

1．柯克帕特里克模型（1959）

柯克帕特里克的四层次模型是最著名的评估框架。该模型认为评估必须回答四个方面的问题，从四个层次进行评估，即受训者的反应（受训者满意程度）、学习（知识、技能、态度、行为方式方面的收获）、行为（工作中行为的改进）、结果（受训者获得的经营业绩）对组织的影响。具体情况如表 5-4 所示。

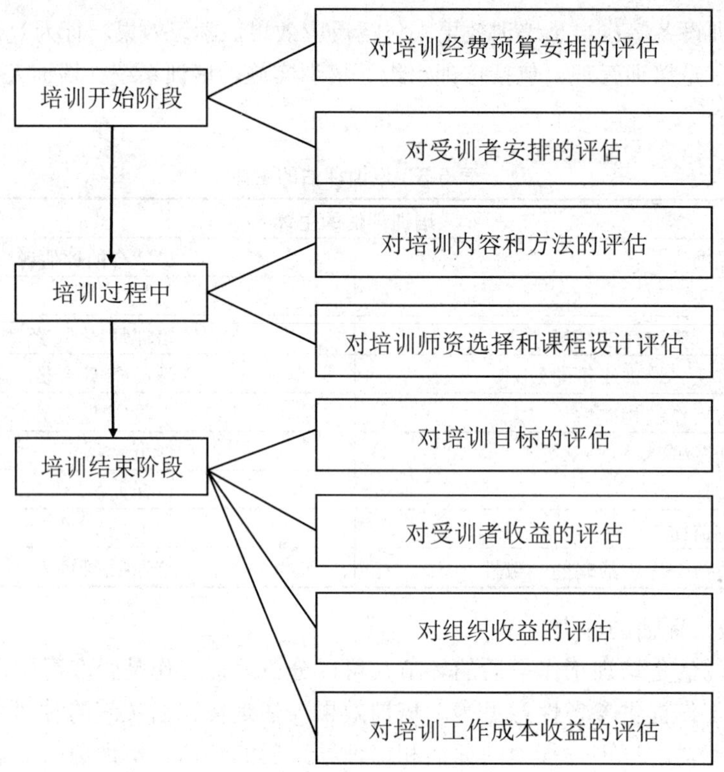

图 5-7　培训效果评估各阶段评估分类图

表 5-4　柯式培训效果评估模型

层　　次	可以问的问题	衡量的方法
反应层面	对培训课程是否有兴趣，对培训师的评价，对培训形式是否满意	问卷形式、面谈
学习层面	受训人员在培训前后，知识及技能、态度方面是否有所收获	问卷形式、角色扮演
行为层面	培训后，受训人员工作行为是否有所改进，是否将培训的内容运用到实践中	360 度评估
结果层面	培训给公共组织带来多大的回报	问卷形式、比较法

反应层面评估是培训效果评估首先应考虑的，这是最普遍、最基本的评估。这个层面的评估主要集中在对培训内容是否能激发起受训对象的学习兴趣、培训方法是否能让受训对象参与其中、培训形式是否为受训对象感到满意、培训教师能否有效地控制课堂气氛等一些在培训实施中最浅显的评估，因此，对反应层面的评估需要直接的与受训对象接触，一般通过问卷或面谈的形式收集评估信息。

学习层面评估是发生在培训结束前的评估，评估的内容侧重于培训所教授的知识、技能和态度，这个层面的评估往往能有效地督促受训对象在培训中认真地参与其中并且接受

所培训的新内容。若是对知识培训的评估，往往是通过书面的理论考试来实现的，而对技能和态度方面的评估，则通过提供实际的情景模拟，让受训对象在模拟的真实状态下做出形成测试。

行为层面评估是在受训对象回到工作岗位，根据受训对象在实际工作中的表现进行评估。评估的侧重点是受训对象能否将培训所获得的知识、技能、态度转化为实际的工作行动。对行为层面的评估信息一般通过受训对象的主管、同事、服务对象等渠道获得，因为信息获得的渠道较多，所以对信息的整理也较为复杂。

结果层面评估是四个评估层面中最困难的，它着眼于培训给整个组织带来的收益，而对组织收益的评估就更为庞大和复杂，它往往涉及组织预期的目标、工作的完成情况等。由于公共部门的特殊性，对结果层面的评估往往是主观衡量与客观测量相结合进行的。

公共组织的投入与产出是不易量化的，因此，在进行培训效果评估时也大多只能做到定性评估，即便如此，在进行实际操作时也应该尽量对评估指标的设计做到清楚、规范。

2．CIPP 模型（1965）

与柯克帕特里克的四层次培训评估模型不同，斯塔夫尔贝姆将培训项目本身作为一个对象进行分析。根据项目组织过程的规律，提出关于培训效果评估的 CIPP 模型。他认为，培训效果的评估包括四个方面：情景评估、输入评估、过程评估和成果评估。

（1）情景评估。主要用来确定目标。对环境进行描述和分析，发现机会与需求，并对特殊的问题进行诊断，包括政策背景、环境背景以及需求背景的评估。

（2）输入评估。主要是用来决定何种资源可用来实现目标，包括工作计划、所需设备、经费预算和人力资源等。另外，也要对资源进行分析，确定资源配置使用的策略。

（3）过程评估。主要为实施培训项目的负责人提供信息反馈，包括可能存在的问题、潜在的失败因素等。

（4）成果评估。主要对培训的结果进行衡量，并与培训的目标进行比较分析，找出原因，为以后培训项目提供依据。CIPP 模型更侧重于对培训项目的评估，其目的不单是对培训效果的评价，而且还用来指导培训的优化设计。

3．汉姆布林模型（1965）

汉姆布林认为，培训效果评估应该增加两个方面，一是对行为产生的结果进行成本效益分析，二是要评估培训结果对组织战略目标的影响。他把培训评估划分为五个层次。

（1）反应评估。主要了解学员对培训相关要素的看法，通常在培训过程中以及培训结束后进行该项评估。

（2）学习效果评估。主要了解培训对学员的影响，在培训项目之前和培训之后进行测评，评价学员的知识、技能和态度的进步。

（3）工作行为评估。确认由培训项目导致的学员在工作中行为表现的变化，一般在培训项目之前和之后进行。

（4）执行评估。量化培训项目给学员所在的部门、组织带来的影响，多数情况下采用成本—收益分析法评估。

（5）组织目标评估。评估培训项目对组织盈利能力和对抗危机能力的影响，对培训结果和组织战略目标一致性进行检验，以评估组织培训是否达到预定的效果。汉姆布林模型的特点是提出培训评估对组织战略目标的影响，提高培训设计的针对性与战略的一致性。

4．CIRO 模型（1970）

CIRO 模型是沃尔、伯德和雷克汉姆提出的一种四层次评估方法。与其他模型类似，CIRO 模型描述了四种基本的评估层次。

（1）情景评估。审查培训项目运行的基本条件，确定培训需求、培训最终要克服的问题，以及实现的培训目标。在这个过程中，又包括三个目标层次：最终目标（培训项目将消除或克服组织内部的特殊缺陷）、中间目标（未达到最终目标而需要改变的员工行为）、直接目标（为改变行为而必需的新知识、新技能和观念态度的变化）。

（2）输入评估。对组织的资源，包括内部资源以及外部资源进行分析，为需要完成的培训项目进行适当的资源配置，以最经济、最有效的方式实现培训目标，为培训投入提供可行性论证。

（3）反应评估。主要收集培训过程中以及培训后学员的主观信息，并依据这些信息对培训中可能出现的问题进行调整。

（4）输出评估。收集培训项目所产生的结果，并将结果与最初的目标设定进行比较，评估培训项目的完成情况，并用这些来改进以后的培训项目。

5．考夫曼的五级评估模型（1995）

考夫曼拓展了柯克帕特里克的评估模型，他认为培训能否成功，培训前的各种资源的获得是至关重要的，因而应该在模型中加上这一层次的评估。考夫曼发现，第一级的评估，即反应层级的评估应增加一部分关于培训项目背景方面的评估，主要是关于培训项目实现目标所需要的资源基础和条件的分析，包括人力、物力、财力的有效性等。除此之外，还应该评估培训对组织周边环境的影响，主要包括客户、供应商，甚至是竞争对手的影响。具体情况如表 5-5 所示。

表 5-5　考夫曼五级评估模型

级　别	评　估
1a 可能性	人力、财力和物力的有效性；可用性和质量
1b 反应	方法、手段和程序的接收情况和效用情况
2 掌握	个人和小组的掌握能力情况
3 应用	在组织中个人和小组（产品）的应用情况
4 组织效益	组织的收益和报偿情况
5 社会效益	社会和客户的反映、结果和报偿情况

6．菲利普斯模型（1996）

1996 年，杰克·J.菲利普斯在柯克帕特里克四层次模型基础上增加了一个层次，即财务评估层。他认为对财务评估主要是评估 ROI（投资回报率）。ROI 是对培训效果的一种量化测定，是通过财务数据来说明培训对组织经济利润的影响，它通常运用培训的货币收益和培训成本的比较。运用较广泛的是下列公式：$TE=(EZ-EI)\times Ts\times T-C$。其中，TE 表示培训收益；EZ 表示培训后每个受训者一年产生的收益；EI 表示培训前每个受训者一年产生的收益；Ts 表示培训人数；T 表示培训收益可持续的年限；C 表示培训成本。

以上模型除了在时间上的先后顺序外，还可以根据它们的侧重点把以上六个模型分为两类，一类是属于终结性评估模型，即评估模型侧重于对结果的评估，柯克帕特里克模型、汉姆布林模型、考夫曼五级评估模型、菲利普斯模型属于这一类；一类是过程性评估模型，即评估模型侧重于对评估过程的评估，CIPP 模型和 CIRO 模型属于这一类。

（五）培训效果评估的常用方法

培训效果评估的具体方法有很多，可以简单分为定性和定量两类，我们归纳了国内外的实际应用情况，总结了几种比较常用的评估方法。

1．观察法

观察法是指在工作中观察受训者并记录受训者行为的变化情况。观察员可以由人力资源开发人士、受训者的直接上级或是同一小组的成员、外部第三方人员构成。

2．问卷+访谈方法

这是最为常用的培训效果评估方法。问卷一般是指根据要考察的目标，设计相关的题目让受训者作答，以达到预期的目标。问卷一般分为两种：知识态度问卷和行为表现问卷。访谈法是通过调查者和受训者进行对话的方式，使培训主体了解培训的需求和效果。在培训前，需要设计调查问卷和对受训者的直接上级或高层管理者进行访谈。主要是调查受训者的培训需求和培训的目标。培训后也要进行问卷调查和访谈，目的是调查受训者对培训的感受、意见和收获，并以这些问卷和谈话记录为基础进行培训总结、计算培训效果和对以后培训提出改进意见。

问卷调查的优点是：可以使受训者大脑中的信息在保持新鲜的情况下提供快速反应；易于实施。问卷调查的缺点是：调查的结果是主观的，并且与受训者测试时的意见和情感有很大关系，往往受个人偏见的影响；受训者由于礼貌而评分趋于中性；调查结果的正面性并不能保证实际运用中的有效性。访谈方法的优点是可以收集工作记录以外或者难于通过书面问卷和观察得到的数据。缺点是访谈只是代表个人意见，并会受个人偏见影响。

3．集中小组讨论法

集中小组讨论法是一种交互式的评估方法，能够深入而彻底地回答复杂的问题。一般来说，集中小组讨论法由 8～12 个参加同一个培训项目的人组成，针对某个问题（如培训的收获等）进行深入的探讨，可以通过头脑风暴法来充分发表个人的思想和观点。这样有助于收集不同角度、不同方面的信息。集中小组讨论法的优点是：有益于取得定性的信息，形成共同的看法；成本低廉，便于实施；灵活性较强，并往往可以获得超出预期的结果。

4．测试比较法

测试比较法是国内很多公共部门和机构在进行培训效果评估时最为常用的方法。但目前的做法很多都是事后的测试，缺少培训前的测试，因此也就没有最终的比较。测试比较法可以采取以下几种形式。

（1）简单的测试比较法。一般比较简单的测试比较法应该做培训前测试和培训后测试，对受训者参加培训前和培训后分别进行内容相同或相近的测试，体现培训的差别。

（2）复杂的测试比较法。如果组织的人力、财力和物力足够，还可以进一步进行更精确的测试比较法：在培训前进行多次评估，取平均值，培训后评估多次，取平均值，两次的平均值的差距即为培训取得的效果。

（3）分组测试比较法。以上介绍的两种方法能体现出个体在培训前后的变化，而不能体现出参加培训的人员和未参加培训的人员的差别。因此，可以将素质相同的人员分为两组，一组参加培训，另一组不参加培训。然后同时对两组采用培训前和培训后的测量，通过两组测量结果的差别来衡量培训的效果。

（4）所罗门测试比较法。分组测试比较法依然会出现误差，可能受训者因为有机会参加培训而提高自身工作的积极性，而与培训的关系不大。因此，所罗门提出了“四小组比较方案”，如表5-6所示。

表5-6　所罗门“四小组测试”

小　组	培　训　前	培　　训	培　训　后
培训组	测量	是	测量
对照组1	测量	否	测量
对照组2	不测量	是	测量
对照组3	不测量	否	测量

5．目标评价法

目标评价法要求在制订培训计划时把培训应该学到的知识、技能和应达到的标准写明，培训后对比受训者实际的测试成绩是否达到各个目标。因此，目标评价法需要有详细的培训需求分析作基础。一般有两种方法来制定培训目标。一个是任务分析法，详细记录有关工作任务和工作技能信息，包括各种任务的频率和绩效标准等；一个是绩效分析法，绩效分析法要求组织内部有比较完善的考核体系，一般在培训后一段时期内（3个月、6个月或1年）对受训者进行绩效考核，并对比以前的考核结果来衡量培训的效果。

6．第三方反馈法

所谓第三方反馈法，就是运用关键人物对受训者工作情况进行评估。关键人物是指与

受训者在工作上接触较为密切的人，可以是他的上级，也可以是他的下级或者顾客等。一般比较习惯采用关键人物法与360度评价法相结合的方式。

7．硬指标与软指标结合评估方法

硬指标就是定量的分析方法，软指标就是定性的分析方法。硬指标的分析一般采用培训成本—收益评估。培训成本—收益评估一般有两种方法：直接用培训的成本减去培训的收益，即$\Delta TR=TR-TC$"；用收益率表示培训的收益性，$R=\Delta TR/TC=(TR-TC)/TC$。若$R>1$，培训收益是正的；若$R=1$或$R<1$，培训是徒劳的（除非培训有其他作用）。

软指标主要是指员工满意度。员工满意度的评估可以从以下几个方面进行：首先评估受训者对培训的意见反馈，如培训内容是否实用，培训方法是否有效；其次评估受训者对所学知识技能的掌握程度；最后评估受训者的工作态度的变化，如培训前后的流失率的变化，如图5-8所示。

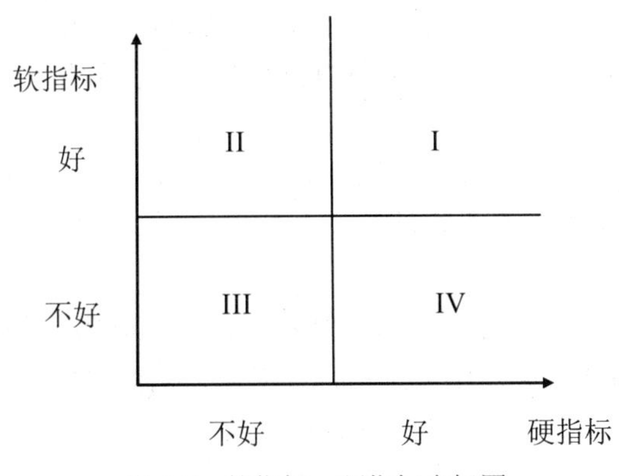

图5-8　软指标、硬指标坐标图

（六）培训效果评估的步骤

培训效果评估的开展是有一定的步骤的，通常可分为五个步骤：明确评估目标、确定评估参与者、确定评估指标、选择评估方法和撰写评估报告。

1．明确评估目标

这是在评估真正展开之前进行的，它是整个评估工作开展的“指挥棒”，所有评估的行为都是围绕这个中心进行的，它对接下来的四个步骤都起着决定性的作用。在多数情况下，评估目标是与之前所确立的培训目标相关联的，基于某个层面的评估大多是评估是否实现了培训目标的某子目标。

2．确定评估参与者

这里所说的参与者不仅包括评估的主体，还包括评估过程中所涉及的人员，如受训对象的主管、同事等。评估的主体就是指负责评估的人员，他们对评估结果的客观性起着较大的影响，因此，在选择评估人员时要遵循多元化和人员结构科学化的原则，也可以由专业的评估机构来组织。

3．确定评估指标

评估指标是根据培训内容所确定的，也就是要在评估时明确评的是什么，它是保证评估结果有效性的重要前提，因为在评估过程中所收集的数据信息、评估对象的选择等都是按照评估的指标进行的。培训评估标准的设定可以有多种方法，比较直接的一种是计算培训的投资回报率，即计算培训所带来的利润与培训所支付的成本（包括时间边际费用）之间的比例关系。由此来评价培训的效果，投资回报法有一定的使用空间，但由于公共部门产出具有非量化性和非标准化的特点，一般不采取此种方法。因此，公共部门更多地将培训后工作人员的工作情况，对培训目标加以对照分析来评估培训的效果。

4．选择评估方法

评估方法的选择往往是根据评价目标来决定的。培训效果评估方法有很多种，如问卷形式、面谈形式、观察形式、比较形式等，这些方法的选择及方法的组合使用都关系着评估所需的数据信息的准确性。培训效果评估可以采用多种手段，具体如下。

（1）培训过程评估。即培训评估贯穿于培训规划的制定、培训的实施乃至培训的全过程。考察培训过程的各个环节、以评估培训是否符合培训目标，其中包括分析培训规划的合理性和可行性，考察培训教育机构的组织与管理情况等，以便在评估过程中及时发现问题，并加以解决。

（2）培训结果评估。即对受训者经培训后的能力，一般可从以下几个方面进行。

① 听取受训者的自我反应。学员是培训的对象，他们对培训的效果有切身的感受，因而成为培训评估的重要信息来源。受训者对培训内容、教材、教师、教学设施等的看法以及对培训效果的自我评价是培训组织管理状况和效果进行评估的依据之一，可采用问卷调查等方式进行信息的收集。

② 考察受训者的学习成果。通过对受训者培训期间所学知识直接考察，了解培训效果，可采用书面考试、实际操作和角色模拟等。

③ 考察受训者的工作表观。通过对受训人在培训后一段时间内工作情况的考察，了解培训对工作人员工作行为所产生的影响。它所反应的是受训者所学知识和技能对实际工作的适应性和有效性。把受培训的人员分为受训组与对照组。分别进行培训前后工作行为和工作绩效的比较，以求较为准确地评价培训所产生的工作行为的变化。可以采取部门主管直接观察法、问卷调查或与受训者面谈等方式进行评估。

④ 考察组织绩效。提高组织绩效是人力资源培训的最终目标。因此，对组织绩效的评估是对培训结果进行考察的重要内容。对组织绩效的评估可以从主客观两个方面进行：一是通过确定一系列的考察标准，如培训后的工作准确率、提供公共服务的质量等，去考察培训是否促进了组织绩效的提高；二是通过部门主管和公职人员的体会和个人观察来发现组织的绩效变化。

5．撰写评估报告

评估报告是在整理信息的基础上进行的，因此，在撰写评估报告前要对所收集来的数据信息进行处理，对定性和定量的数据进行归档和分析。报告的撰写要求真实、清晰、完整。报告的内容应由培训的背景、实施、结果的分析等方面组成。

【实务指南 5-1】A 区公共部门人力资源培训体系设计

一、A 区公共部门人力资源培训体系设计依据的原则

（1）以提升能力为核心原则。培训是使受训者知识、能力、态度不断改善和提高的一个过程。结合 A 区处级领导干部的实际情况以及当前区域发展的目标对处级领导干部提出的全新要求，处级领导干部的培训内容应着重突出对能力的培养。知识、态度、理论的培训都应该为能力培训服务，并最终达到让受训者在参加培训之后有胜任相应工作的能力。

（2）实用性原则。围绕能力培训，结合公共部门发展的需求，强化培训内容的实用性，相对淡化概念和推理，针对不同领域的培训对象需要灵活处理，不能一概而论，培训内容的分解和具体化都要体现实用性为主的原则。

（3）满足公共部门和处级领导干部同步发展的原则。处级领导干部培训是为了满足公共部门发展的需要，培训内容必须与相应岗位要求相适应，但同时也要考虑处级领导干部个体方面的因素，优秀的培训内容对其今后的事业发展应该有帮助。

（4）方便管理评价原则。培训内容设计既要便于主管部门的宏观管理，又要有利于培训机构微观管理的实施，既要体现培训的规范性，又要呈现较强的灵活性。

（5）超前性原则。处级领导干部培训是为公共部门服务的，培训内容要能满足公共部门在人力资源方面的需求。而公共部门所处的社会大环境也在不断变化之中，对处级领导干部能力的要求也在不断地提高，因此这就要求设计培训内容时，必须对未来公共部门发展趋势、未来处级领导干部的需求做出准确的分析和预测。

二、培训体系的内容要素

A 区处级领导干部培训应当根据区域经济社会发展需要，按照加强党的执政能力建设和先进性建设的要求，结合岗位职责要求和不同领域干部的特点，以政治理论、政策法规、业务知识、文化素养和能力训练等为基本内容。

（1）政治理论。政治理论培训重点是进行马列主义、毛泽东思想、邓小平理论和“三个代表”重要思想的培训，树立和落实科学发展观、正确政绩观的培训，党的历史、党的优良传统作风、党的纪律的培训，引导处级领导干部坚定其共产主义理想和中国特色社会主义信念，坚持马克思主义的世界观、人生观、价值观和正确的权力观、地位观、利益观，找准自身定位，夯实理论基础、开阔世界眼光、培养战略思维、增强党性修养，提高处级领导干部的政治鉴别能力。

（2）政策法规。政策法规培训重点是加强党的路线方针政策和国家法律、法规的培训，进行党和国家在经济、政治、文化、社会、外交、国防等方面的重大部署和要求的培训，提高处级领导干部科学执政、民主执政、依法执政的能力。

（3）业务知识、文化素养和能力训练。业务知识培训重点是加强履行岗位职责所必备知识的培训，提高处级领导干部的实际工作能力。文化素养培训和能力训练应当按照完善干部知识结构、提高处级领导干部综合素质的要求进行。

根据 A 区未来几年的发展规划对处级领导干部提出的最新要求，应对处级领导干部着重加强政治鉴别、科学决策、组织指挥、沟通协调、知人善任、开拓创新、攻坚克难、应对突发事件等能力的培训。

三、培训体系设计的方法

处级领导干部培训内容的设计应考虑以下三方面：评价培训内容在改变受训者知识、能力、态度等方面的重要性；培训内容在知识、能力、态度等方面的常用性；培训内容在知识、能力、态度等方面的风险性。据此原则，处级领导干部培训内容的设计模式应有三种：必须学习模式、应当学习模式和选择学习模式。

所谓必须学习模式是指该模式在知识、能力、态度等方面，具有高度的重要性和常用性，同时风险性较低。所谓应当学习模式是指该模式在知识、能力、态度等方面，或具有高度的重要性，或具有高度的常用性，同时风险性较低。所谓选择学习模式是指该模式在知识、能力、态度等方面，或具有较低的重要性和常用性，或具有较高的风险性等，具体情况如表 5-7 所示。

表 5-7　学习模式分类

分类		重要性	常用性	风险性
必须学习	模式一	高	高	低
	模式二	高	中	低
	模式三	中	高	低
应当学习	模式一	高	低	低
	模式二	低	高	低
	模式三	中	中	低
选择学习	模式一	高	高	高
	模式二	低	低	低
	模式三	中	中	高
	模式四	低	高	高
	模式五	高	低	高
	模式六	中	高	中
	模式七	高	中	中

处级领导干部培训内容设计的原则应优先考虑“必须学习”，其次是“应当学习”，对于属于“选择学习”模式的内容应当慎重考虑。另外，根据培训内容深入程度的由浅入深，可以采用适应型模拟法、深度型模拟法和结构型优化法的培训内容设计方法来设计处级领导干部的培训内容。

（1）适应型模拟法。即以现有适应工作岗位或达到任职资格标准、具备职务要求达到的学识、能力水平，对于培训的处级领导干部进行培训内容设计。这种设计通常根据缺什么补什么的原则进行，不再培训受训者普遍具有的某些能力。

（2）深度型模拟法。即把一个深度的培训目标按一个个台阶，选择几个由浅到深的不同的课程内容对处级领导干部分步实施培训。经过边进修、边实践、边提高的培训过程，逐步完成一个个台阶的培训任务，达到某一深度的能力水平的目标。用此法设计的内容，既符合成人学习专业知识的智力特征，又可以缓解工作与培训的矛盾。

（3）结构型优化法。即不断优化结构的内容设计。能力结构的优化是一个综合效应的过程，使受训者的能力结构趋向合理。由于受到受训者能力结构等个体差异的影响，因而在设计这类内容时应遵循以下原则：在开始阶段，从基础能力、急需能力入手，以达到初步适应的目的。完成开始阶段任务后，从关键能力、综合能力结构的深度入手，促进综合水平的不断提高，以达到改善能力结构的目的。

四、A区处级领导干部培训流程模式设计（见图5-9）

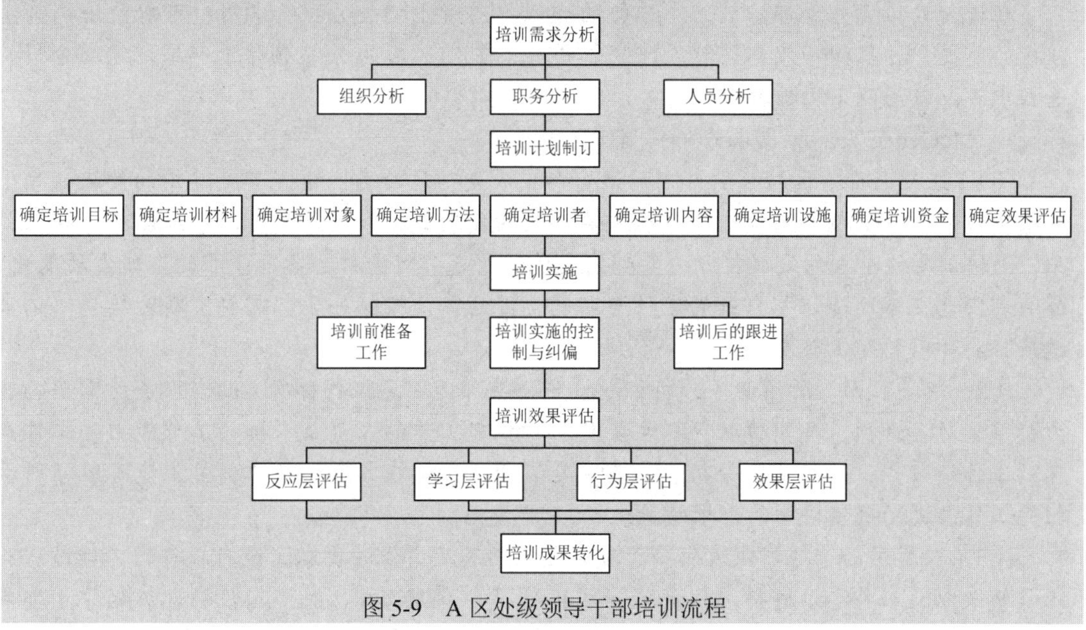

图5-9　A区处级领导干部培训流程

（一）培训需求分析

处级领导干部培训需求分析的含义及特点如下。

所谓处级领导干部培训需求分析，指的是培训机构在规划和设计每一项培训活动之前，采用各种方法和技术，对各类公共部门的目标及处级领导干部的知识、能力、态度等方面进行系统的考察与分析，以确定是否需要进行培训进而确定培训内容的一种活动或过程。它既是确定培训目标，设计培训规划的前提，也是进行培训评估的基础，因而成为培训活动的首要环节，主要目的是区分哪些是真正的需求、哪些是假象需求、哪些是长期需求、哪些是目前需求、哪些是未来需求，只有进行了需求分析才有可能制订科学的培训计划。

从需求分析的对象来看，具有多层次性，即要通过对公共部门及其处级领导干部的目标、知识、能力、态度的分析，来确定个体的现有状况与应有状况的差距、公共部门的现有状况与应有状况的差距及公共部门与处级领导干部的未来状况。

从需求分析的核心来看，就是通过对公共部门及其处级领导干部的现有状况与应有状况之间差异的分析，来确定是否需要培训以及培训的内容。

从需求分析的方法来看，具有多样性，既可以采用全面分析法，也可以采用绩效差距分析法等。

从需求分析的结果来看，具有很强的指导性，即它既是确定培训目标、培训规划的前提，也是进行培训评估的基础。

（二）培训需求分析的原理

在进行处级领导干部培训需求分析的过程中，对于相关原理的采用，可以使培训需求分析的前提、过程和结果更科学，可信度更高，在进行 A 区处级领导干部培训需求分析的过程中可以应用以下几种理论。

1. McGehee Thayer 需求分析模型（见表 5-8）

（1）组织层面。区域公共部门的运行和发展是通过公务人员尤其是其中的处级领导干部来实现的，处级领导干部应该了解公共部门的发展目标和这一目标与个人发展之间的关系，而培训要使个人的发展符合公共部门发展的要求。随着社会各项事业的不断发展变化，公共部门也在不断地调整自身的定位与职能，因此，处级领导干部需要不断地接受培训来适应公共部门的变化与发展。

（2）职务层面。所谓职务分析，即按照公共部门职务工作标准，担当职务所需要的能力标准，对各部门、各岗位状况，主要是指对担当工作的人员及人员的工作能力、工作态度、工作绩效等，进行比较分析，以确定处级领导干部在各自的工作岗位上能否胜任所承担的工作，进而确定培训的需求结构。

（3）人员层面。培训处级领导干部，使他们满足岗位的要求，应对人员的工作过程和工作绩效以及工作态度进行考核评价，尤其对那些关键工作、关键岗位的处级领导干部要进行素质测评，以确定需要培训的内容和人员。

表 5-8　McGehee Thayer 需求分析模型

组 织 分 析	职 务 分 析	人 员 分 析
判断组织的培训目标	判断岗位的培训内容	判定谁该培训和需要什么培训
根据组织策略判定培训需求方向 制定认识持续规划，对人员进行素质审查 评价培训组织环境	进行职位分析，分析完成任务所需的知识、能力、行为和态度 通过绩效考核，分析造成绩效差距的原因	对人员进行需求调查，了解培训期望 收集和分析关键事件，确认人员发展的合理取向

2. 胜任素质模型（Competency Model）

胜任素质（Competency）是从组织战略发展的需要出发，以强化竞争力，提高实际业绩为目标的一种独特的人力资源管理的思维方式、工作方法、操作流程。著名的心理学家、哈佛大学教授麦克里兰（McClelland）博士是国际上公认的胜任素质方法的创始人。1973年，麦克里兰博士在《美国心理学家》杂志上发表了一篇文章，他引用大量的研究发现，说明滥用智力测验来判断个人能力的不合理性，并进一步地说明人们主观上认为能够决定工作成绩的一些人格、智力、价值观等方面因素，在现实中并没有表现出预期的效果。因此，他强调离开被实践证明无法成立的理论假设和主观判断，回归现实，从第一手材料入手，直接发觉那些能够真正影响工作业绩的个人条件和行为特征，为提高组织效率和促进个人事业成功做出了实质性的贡献，他把从中发现的、直接影响工作业绩的个人条件和行为特征称为“胜任素质”，确定胜任素质的过程需要遵循两条基本原则。

（1）能否显著地区分工作业绩，是判断一项胜任素质的首要标准。也就是说，在实际工作中，表现优秀与表现一般的人员必须在所确认的胜任素质上有明显的、可以客观衡量的差别。

（2）判断一项胜任素质能否区分工作业绩必须以客观数据为依据。任何主观判断、理论假设和过去的经验必须有客观数据的支持才能成立。在确定胜任素质后，组织还需要建立能客观衡量个人胜任素质水平的测评系统。同样，测评系统的有效性也必须经过客观数据的检验。测评的结果必须能显著地区分工作业绩。

（三）培训需求信息的收集及分析方法

根据培训需求的内容分析，可以从人员、工作和组织三个方面收集公共部门内外部对处级领导干部的培训需求信息，如表 5-9 所示。

针对不同的培训目的、不同的分析层面和不同的分析内容，处级领导干部培训需求信息的收集方法也各不相同。就结合 A 区的实际情况而言，对于较高的面向战略层面的分析，一般可采用外部专家、高层领导、重要人物访谈法、预测法、调查法来进行；而面对公共部门内部当前绩效改善的微观层面的分析可主要采用数据分析法、问卷调查法、观察法、测评法、自我申报法、访谈法、自我评价法、人事考核法、绩效评估法等。

A 区在进行处级领导干部培训需求分析时，应充分比较各种方法自身的优缺点，结合区域干部培训的实际，尽量选择那些操作简便、行之有效的方法，如问卷法、关键人物咨询法、群体讨论法、印刷媒介法等，对于访谈法、观察法、测验法这些需要耗费大量时间、精力、财力的方法应慎重应用。

表 5-9　培训需求信息

需求来源		组织内部	组织外部
人员	个人	受训者 受训者上级 受训者平级 受训者下级 培训者	其他组织的培训者 外部顾问
	群体	工作群 专业群	职业或行业协会 管理或服务对象 培训刊物出版商
工作		人事的改变 绩效评价标准的改变	职业或行业协会 外部顾问 法律法规
组织		组织任务的改变 组织结构的改变 组织气氛的改变	外部顾问 外界竞争的压力 环境的压力

（四）培训计划制订

所谓培训计划是按照一定的逻辑顺序排列的记录，它是从组织战略出发，在全面、客观的培训需求分析基础上做出的对培训时间（When）、培训地点（Where）、培训者（Who）、培训对象（Whom）、培训方式（How）和培训内容（What）等预先系统地加以设定。处级领导干部培训计划必须满足公共部门和处级领导干部两方面的需求，兼顾公共部门组织资源条件和处级领导干部能力基础，并充分考虑人才培养的超前性及培训结果的不确定性。同时，还应该清醒地认识到，不管多么完美的计划总有预想不到的地方，因此培训计划需要信息反馈及修正。任何计划的编制都要遵循一定的程序，这如同开发一种新产品一样，处级领导干部培训不能盲目进行，否则会给公共部门带来不必要的损失，A 区处级领导干部培训计划制订可按照如下程序进行。

1. 确定培训目标

制定 A 区处级领导干部培训目标应当按照四个步骤来进行：一是提出目标。在设计工作开始之前，就应为培训提出明确的目标，但要注意的是，这一工作并不是一次完成的，它是一个在整个培训过程中根据不断增加的对培训人员的了解而不断修改的过程。二是分清主次。在需求调查中，可能探知处级领导干部有很多培训需求，在确定目标时，对这些

需求要分清主次，区别对待。哪些是处级领导干部必须掌握而且可能掌握的？哪些是应当掌握而且是可能掌握的？只有完成了“必须掌握”的目标之后，才能考虑“应当掌握”的。同时还得注意，不能在顾及处级领导干部个人目标之时，将组织期待的培训目标给忘了，完成组织的培训目标是首要的，然后才能兼顾个体的培训目标。三是检查可行性。根据处级领导干部的情况、时间等条件，检查是否能完成目标并做出调整。只有具有可行性的目标才能被纳入培训计划之列。四是设计目标层次。即使是具有可行性的目标，仍然有一个层次问题。对于参训的处级领导干部而言，要将主要时间和精力放在最高层次的目标之上。

2. 确定培训时间

确定培训时间包括两个方面的内容：一是选择培训时机，二是决定培训持续的时间。培训时机选择是有讲究的，鉴于机关工作的特性，应当把组织需要培训的时机和便于开展培训的时机相结合，合理确定培训时机。而不同的培训所需的培训持续时间可以有所差异，制订培训计划时应当综合考虑培训内容、培训资金、学员素质、学员工作与休闲时间的分配等因素来确定培训的持续时间。在一般情况下，处级领导干部的集中培训可安排在每年的二季度或三季度，避开年初或年终的工作任务高峰，培训持续时间掌握在一个月左右，既能保证培训的系统性、规范性，同时又能比较好地处理培训与工作的关系，做到培训、工作两不误、两促进。

3. 确定培训对象

一般来说，处级领导干部要求全员培训，但就某一具体培训活动而言，由于组织的资源有限，不可能提供足够的资金、人力、时间让所有的处级领导干部都来参加这一培训，所以必须有针对性地挑选适当人员来参加培训。根据A区处级领导干部及培训的实际情况，应当优先考虑以下三种人员参加培训：缺乏该所培训能力的人。按照“缺什么补什么”的原则，改善提高受训者在这一方面或领域的能力。可以改进目前工作的人。使他们更加熟悉自己的工作和业务。有潜力的人。期望他们能掌握各种不同的知识和能力，目的是让他们进入更高层次、更重要、更复杂的岗位。

4. 确定培训内容

培训内容应服务于培训要达到的目的和目标。

5. 确定培训者

这里所称的培训者主要是培训讲师，作为处级领导干部的培训讲师。

6. 确定培训方法

适用于A区处级领导干部培训的方法有多种，根据他们的特点，可归纳为三大类：演示法、传递法、创新方法，每一大类中又包含了多种具体的培训方法，如图5-10所示。

（五）培训实施

培训实施以前的各个阶段都是为培训的实施做好准备，做铺垫，整个培训活动的直接效果也体现在实施培训的阶段。厉兵秣马千日，只为作战一时，培训部门应切实做好处级领导干部培训实施过程中的准备、掌控和跟进工作。

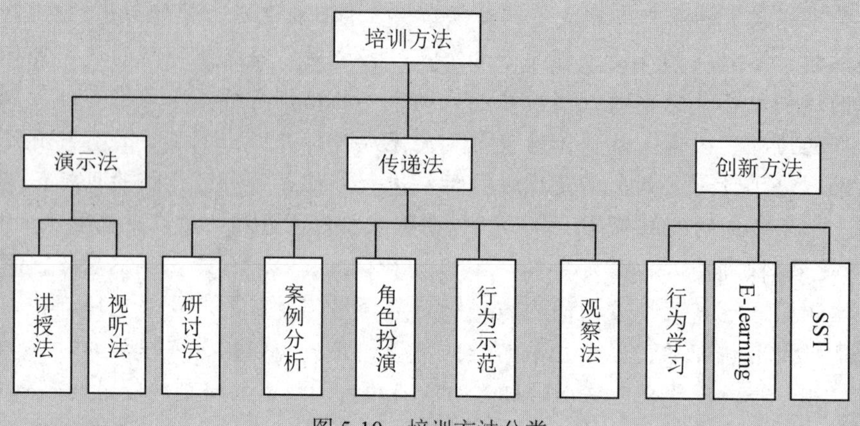

图 5-10　培训方法分类

1. 培训实施前的准备工作

在培训实施前所需要准备的工作有很多，包括培训氛围准备、培训者的准备以及培训设施及工具的准备等。根据处级领导干部培训的特性，这里主要来研究一下培训氛围准备工作。良好的培训氛围可以使得一切活动具有积极的导向性，最终培训也会取得最佳的效果。为形成这样的氛围，培训部门应做好两方面的工作：一是让受训的处级领导干部感到培训的必需性，二是为处级领导干部营造一个良好的培训环境。对于培训活动，A 区的部分处级领导干部仍然存在诸多思想误区，因此有必要让受训者感到培训的必要性，这样做的好处甚多。培训部门应当通过多种激励措施来引导处级领导干部接受培训，应让干部感到培训不仅能够提高公共部门的绩效，还可以对处级领导干部本身的发展有较大帮助，一旦形成积极参与的局面，受训者就会有强烈的培训愿望，培训兴趣也会越来越浓厚，参与培训将更为主动，甚至可能会产生一种“鲶鱼效应”，即部分受训者积极参与培训会对那些不积极者、驻足观望者形成强烈的触动，从而在公共部门内营造积极追求个人进步的良好风气，对公共部门的组织文化建设起到积极的推动作用，并最终在工作上形成你追我赶、互相帮助的良性循环局面。同时，为培训实施所营造的环境要让受训者感到安全，没有太大的压力，并且受训者之间、培训者与受训者之间是相互尊重的。让受训者能自由表达自己的观点，无太多的拘束，同时还应具有一种合作性而不是竞争性。受训者乐于相互分享知识和能力，而不是怀有保守、猜疑，深怕他人超过自己的狭隘意识。有了这样的培训环境，受训者就能积极主动地参与培训，使培训取得更好的效果。

2. 培训实施的控制与纠偏

培训实施要控制和纠偏得好，就必须以培训计划为依据，同时收集相关信息来比较现状和计划之间的情况，从而采取一定的措施来弥补没有达到的地方。A 区处级领导干部培训实施的控制与纠偏应当包括以下五个步骤，如图 5-11 所示。

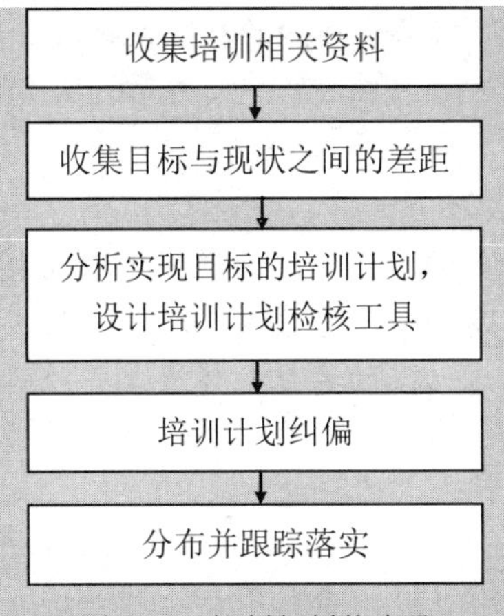

图 5-11　控制与纠偏步骤

步骤一：收集培训相关资料。

培训相关资料的收集是给予培训实施者必要的信息，根据这些信息才能知道哪些地方出了问题，有多严重的问题，该怎么去处理等。需要收集的资料大致包括以下几类：培训计划方案、以往的培训实施计划方案及其评估报告、培训需求评估报告、培训实施计划方案、来自上级领导的意见、在培训实施计划中拟订的课程大纲、在培训实施计划中拟邀请的培训师资料、在培训实施计划中拟订的培训地点及设施情况介绍等。

步骤二：比较目标与现状之间的差距。

通过所收集的信息能比较出目标与现状之间的差距，这个差距就是实施计划所要解决的问题。

步骤三：分析实现目标的培训计划，设计培训计划检核工具。

培训计划制订也许非常合理，但在实施阶段就必须考虑现实的情况和条件。一些培训计划中合理的事项，但在实际情况下却无法实现，这是没有任何意义的，这就是设计培训计划检核工作的意义所在。分析实现目标的培训计划、设计培训计划检核工具、掌控培训进程的主要标准在于培训计划是否符合实现目标所要具备的条件，同时对照实际情况看一下是否存在或可创造这些条件。

步骤四：培训计划纠偏。

在这个步骤中，通常会面临三种情况。

情况一：培训实施完全符合要求，不需要进行纠偏。

情况二：轻度纠偏。这种情况是培训实施过程中发现原定计划中有些地方欠妥，这种情况下一般只要对培训计划进行必要的修改即可达到要求。

情况三：重度纠偏。出现这种情况就是培训计划与现实情况严重不符，如果不及时得当处理就会对培训活动造成不可估量的损失。出现这种情况时，就要召开培训计划专题讨论会议，讨论解决方法，并同时对培训计划的相应部分做出修改。

步骤五：跟进并公布落实了解有关情况后，不但要及时处理，同时也要及时公布，并做好跟进工作。

（六）培训实施后的跟进工作

培训之后的跟进工作最重要的作用就是能增强培训效果以及为下次培训提供参考。除此之外还有获取受训者反馈信息，激发学员参与培训的积极性等作用。应当关注受训者对培训的感受，听取受训者对培训活动的意见与建议，并以此为改正的依据，使得培训活动开展地更为有效。培训实施后的跟进工作应从三个方面去进行，即获取受训者反馈信息、受训者交流心得、跟踪观察受训者工作情况。

（七）培训效果评估

培训评估是一个相当复杂的系统，根据不同的分类标准，可以将培训评估区分为不同的种类。以评估进行的时间来分类，可以分为培训前评估、培训中评估、培训后评估；以评估的目的来分类，可以分为建设性评估、总结性评估；以评估的方式来分类，可以分为正式评估、非正式评估；以评估的对象来分类，可以分为培训机构评估、培训者评估、受训者评估等。

（八）培训效果评估的四个维度

在判断处级领导干部培训效果是好还是坏的时候，需要从相关度、信度、区分度、可行性四个方面去衡量。

（1）相关度：相关度是培训结果与培训计划所强调的应该学习的能力之间的相关性。培训所强调的各种能力要和从事一项工作所需的能力保持一致，是所收集的成果具有相关性的一个方法，要根据该项目的学习目标来选择结果，学习目标能够决定预期行为、受训者实施行为所需的条件及绩效的水平或标准。

（2）信度：信度是指一项测试结果的可信程度、稳定程度。例如，通过对一名处级领导干部在培训前后两次分别做过的测试进行比较，如果受训者对测试题目的理解和解答在经过一段时间后并没有发生改变，可以说信度很高，反之，前后差距很大，就需要考虑是什么因素影响了这一变化。

（3）区分度：区分度是指受训者取得的结果能真正反映绩效的差别。例如，要衡量处级领导干部所掌握的各种业务知识，那么就可以通过培训后的测试发现不同对象（参加培训和未参加培训的）业务知识掌握水平的差异，进而判断培训效果。

（4）可行性：可行性是指收集培训测量结果的难易程度。很多公共部门无法做好培训效果评估的原因就在于收集相关数据是件费时、费力的事情。

（九）培训效果评估的方式

对A区处级领导干部培训活动进行效果评估可以采用以下几种评估方式。

（1）“后测”。是指只对培训后的信息进行收集。这种方式得到的信息可以了解受训者

的学习效果，但由于不知道培训前受训者的能力和水平，所以很难判断出受训者产生的培训成效是培训的效应。

（2）“前测”和“后测”。是对培训前后的信息都进行收集。这里没有对照组，这使得这种方式很难排除环境条件或其他因素对变化的影响。

（3）有对照组的“后测”。是指既有受训者也有对照组，但收集的是两个小组培训后的信息。这种设计的假设前提是：受训组、对照组在培训前没有差异，如果受训者的进步大于对照组，就可以说明是培训发挥了作用。

（4）有对照组的“前测”和“后测”。是指既有受训者也有对照组，同时收集两个小组培训前后的信息。如果受训者的进步大于对照组，那可以充分说明是培训导致了这种差距，这种方式可以剔除一些其他因素的变化的影响。

（5）所罗门“四小组方式”。所罗门“四小组方式”综合运用了以上各种设计，分别对一个受训组、一个对照组进行培训前后的结果测量，然后再对另一个受训组、一个对照组只进行培训后测量。这种方式可以把干扰培训效果的其他因素的影响减少到最低程度。

（6）时间序列。时间序列是指在培训后每隔一段时间检测一次培训效果的方式。这种方式也可以增加对照组，好处在于它可以对培训结果进行长期稳定的分析。表 5-10 对几种培训效果评估方法进行了比较。

表 5-10　培训效果评估方法比较

<table>
<tr><th rowspan="2">评估方法</th><th rowspan="2">小　组</th><th colspan="2">测　量</th></tr>
<tr><th>培　训　前</th><th>培　训　后</th></tr>
<tr><td>“后测”</td><td>受训者</td><td>×</td><td>√</td></tr>
<tr><td>“前测”和“后测”</td><td>受训者</td><td>√</td><td>√</td></tr>
<tr><td rowspan="2">有对照组的“后测”</td><td>受训者</td><td>×</td><td>√</td></tr>
<tr><td>对照组</td><td>×</td><td>√</td></tr>
<tr><td rowspan="2">有对照组的“前测”和“后测”</td><td>受训者</td><td>√</td><td>√</td></tr>
<tr><td>对照组</td><td>√</td><td>√</td></tr>
<tr><td rowspan="4">所罗门“四小组方式”</td><td>受训者</td><td>√</td><td>√</td></tr>
<tr><td>受训者</td><td>×</td><td>√</td></tr>
<tr><td>对照组</td><td>√</td><td>√</td></tr>
<tr><td>对照组</td><td>×</td><td>√</td></tr>
<tr><td>时间序列</td><td>受训者</td><td>×</td><td>√</td></tr>
</table>

五、推行 A 区处级领导干部培训体系应注意的问题

（一）加强培训配套制度建设

要想彻底地贯彻公共部门的培训政策，必须要有一定的配套制度作保障。根据机关工

作的特性，下面就来研究一下公共部门在实施处级领导干部培训过程中哪些制度是必需的。A 区在推行处级领导干部培训时，应从建立健全上岗制度、奖惩制度、经费单列制度、档案管理制度等方面入手，不断完善培训配套体系。

（1）培训上岗制度。应该重视把新上岗处级领导干部的培训作为一项硬性制度来执行，只有通过规定时间的培训，且培训合格后，方能上岗。

（2）培训奖惩制度。为了更好地激励处级领导干部参加培训，提高对培训的重视程度，应当把培训结果与奖惩挂钩，把是否接受培训以及受训学习情况的好坏作为提拔晋升的重要依据。对于达不到培训要求者，要给予一定的惩戒。

（3）培训经费单列制度。应当对处级领导干部的人均培训经费、培训经费占财政支出的百分比做出明确的规定。培训经费要随着公共部门的发展、财政收入的增长逐步提高。

（4）培训档案管理制度。培训的档案管理工作包括建立培训档案和对各类培训资料进行分类分档，以便决定今后的培训以及为组织人事部门进行处级领导干部考核、提拔、晋升、奖惩提供重要依据。

（二）注重培训成果转化

受训者在培训活动中所学到的知识、能力、态度等要真正对工作有帮助，为公共部门服务，还必须要有一个将培训成果进行转化的过程。将培训转化过程控制好了，培训的成效就能直接体现出来，有些公共部门人力资源培训做了不少，但没有看见什么成效，因此对培训的作用产生怀疑，其中重要的原因之一就是没有将培训成果转化彻底落实。培训成果转化是指受训者有效且持续地将所学到的知识、能力及其他东西运用于工作中的过程。

1. 影响培训成果转化的因素

现实环境下还存在诸多因素影响着处级领导干部培训成果的转化，主要包括转化氛围、自然遗忘和惯性思维三大部分。

（1）转化氛围。转化氛围是指受训者对各种能够促进或阻碍培训成果应用的工作环境特征的感觉，这些特征包括上级与同事的支持、应用所学的机会及应用所学的后果等。

① 上级支持。主要包括受训者的上级管理人员积极支持其下属参加培训，支持受训者将所学的知识、能力、态度运用到工作中去。有了上级的支持，培训转化也就有了政策上的保证。

② 同事支持。受训者同事对其培训转化的支持，可以方便受训者的练习、研究等工作。并且同事之间可以进行交流，也是受益匪浅的事情。同事支持可以使用建立支持网络的措施，这对强化培训成果的转化有非常重要的推动作用。支持网络是指两个或两个以上的受训者自愿组成一个小群体，在一起定期讨论，再将培训中学到的东西转化到实际工作方面取得的进展。同时，支持网络也可以让其他没有受过一样培训的同事参加进来，他们可以作为旁观者提出一些有用的建议。

③ 应用所学的机会。应用所学的机会也就是操作机会、执行机会，指向受训者提供或由受训者主动寻找机会来应用培训中所学到的知识、能力、态度和行为方式的机会多少的程度。应用所学机会包括应用广度、活动水平及任务类型。应用广度指可用于工作中的培训内容的多少。活动水平是指在工作中运用培训内容的次数和频率。任务类型是指工作中执行的培训内容的难点和重点。

④ 应用所学的后果。应用所学的后果是指受训者在实际工作中应用培训中所学到的知识、能力、态度或行为方式后所得到的结果，包括正强化（肯定）、副强化（否定）两个方面。在研究 A 区处级领导干部培训时，应更多地关注那些有助于处级领导干部培训成果转化的积极氛围的特点。

（2）自然遗忘。德国著名心理学家艾宾浩斯认为记忆的保持在时间上是不同的，有短时记忆和长时记忆两种，据此，艾宾浩斯提出了一条提示遗忘规律的曲线——艾宾浩斯遗忘曲线。如果将培训所学内容遗忘了，当然也就无法将其转化到工作中去。因此，人的记忆能力也是影响培训成果转化的因素之一。

（3）习惯思维。习惯思维是指旧行为或旧模式的惯性。要改变一个人的习惯是很困难的，克服旧行为或旧模式的惯性作用应将所学的内容多加练习思考，努力去发现现有行为及模式的优点，多去感受这些优点带来的好处，这样就会减轻改变旧有行为和模式的痛苦。

2. 成果转化机制

从操作角度来讲，处级领导干部培训成果转化机制可由以下三个子机制组成。

（1）设计子机制。为了加速培训成果的转化，培训机构在进行培训项目设计时，应充分考虑工作环境特征、学习环境及受训者的特点等对成果转化的影响，根据有利于成果转化的理念，设计培训方案和让受训者培训转化的环境，尽量使受训者将所学顺利地转化到工作中去。

（2）激励子机制。建立对人员培训成果转化的物质激励和精神激励的机制。精神激励主要是对受训者的培训结果给予精神上的奖励，物质激励是把人员的培训结果和他们的提职提级结合起来，这能有效地促进人员参加培训的积极性，提高人员将培训成果转化为工作能力的主动性。

（3）反馈子机制。在处级领导干部参加培训之后，培训机构有义务将其培训成绩、培训结果通过书面材料、会议或网络等方式反馈给他们，让他们了解自己的参与是否发挥了应有的作用，同时还可以帮助他们进一步了解公共部门的培训目标和所期望的绩效水平。

本章小结

本章第一节介绍了公共部门人力资源培训的含义、原则和意义等。第二节重点介绍了公共部门人力资源培训的模式。第三节介绍了公共部门人力资源培训机构，并介绍了我国的公职人员培训类型的划分。第四节是需要重点掌握的章节，介绍了公共部门人力资源培训的实施步骤，包括确定培训需求，确立目标，拟定培训方案、实施培训、培训成果转化、效果评估。本章内容从理论到实践，将公共部门人力资源培训的各块内容都做了较为详细的介绍，可以帮助学习者充分认识公共部门人力资源培训的重要性。

思考与练习

（1）怎样理解公共部门人力资源培训的含义？
（2）为什么要进行公共部门人力资源培训的需求分析？它包括哪些内容？
（3）公共部门人力资源培训包括哪些种类和方式？
（4）为什么要对公共部门人力资源培训的效果进行评估？怎样进行评估？

案例学习

某军工企业失败的培训

某军工企业人力资源部的培训人员韩林和部门经理黄学谊来到公司下属的一家工厂，来培训必须参加该培训课程的所有车间管理人员。在上午培训班的开学仪式上，公司分管人力资源管理工作的副总经理吴豪添说："虽然我不知道黄学谊为本次培训做了哪些安排，但是我知道人员培训是非常重要的，感谢黄学谊和韩林为本次培训所付出的辛勤劳动！我希望公司从现在开始实施的管理人员培训中获得巨大收益，因此希望每个人都尽最大努力完成这一周的培训。"之后吴豪添就离开了会场，黄学谊主持完该仪式后也离开了。第一课上，韩林主讲怎样有效地管理工人，但是他发现整个教室里的人都对这堂课缺乏兴趣。

下午快下班时，黄学谊接到韩林打来的电话："黄经理，那些车间管理人员根本不想参加培训，当我利用上午课间休息与二车间主任吕安福谈话时，他居然说：'20 多年来我在管理工人方面早就有一套，根本不需要你们那些书呆子发明的方法。'而且下午的计算机基础知识课，很多人根本没来。黄经理，你看我应该怎么做？"

参加这次培训的所有车间管理人员都是中专及以下文化程度（高中、技校、职业中专、职业高中），目前工作绩效不错，是工厂的中坚力量，但是他们基本上不会操作计算机，大多数人也不懂现代生产运作管理知识。公司马上要引进计算机管理系统来提高生产管理效率，正好利用这一周机器维修的时间进行生产管理基础知识与计算机简单应用培训。如果此次培训不力，可能会造成非常严重的后果，总不能把他们全都换掉吧？

第二天上午快下班时，黄学谊接到生产部经理马全打来的电话："黄经理，你能不能重新派一个培训员？那些参加的车间管理人员说，'韩林出生之前我就在管理工人，可是突然间我们做的都是不文明的了，我们倒是希望有机会教一下这个乳臭未干的大学生怎么管理工人。'而且今天上午我们的优秀车间主任蓝田基问他电脑方面的问题时，他根本不屑于回答，扭头就走。"韩林是去年刚从某名牌大学管理信息系统专业本科毕业，进入公司人力资源部工作刚满一年，今年22岁。因为工作表现不错，这次被黄学谊派到工厂独自培训车间管理人员。但是培训期间，常常台上他在讲课，台下那些老工人在议论他。这简直是一种精神折磨，他甚至怀疑这次培训是否会真的提高员工素质，带来工作改进。

（资料来源：中国人力资源论坛，http://www.chinahrbbs.cn.）

思考题：

1．你认为这次培训存在哪些不合理的地方？

2．如果你是该军工企业的人力资源经理，你会怎样安排这次培训？

公共部门绩效管理

本章关键词

- 公共部门绩效（Public Sector Performance）
- 公共部门绩效管理（Performance Management of Public Sector）

本章目标

- 了解公共部门组织、员工绩效管理的内涵、意义
- 熟悉公共部门组织、员工绩效评估的方式、流程
- 掌握公共部门组织、员工绩效评估的技术、方法

互联网资料

- http://www.sass.org.cn
- http://www.ppirc.org

第一节　公共部门绩效管理概述

一、绩效管理概述

绩效管理或者是绩效评估是人力资源管理部门历来最头疼的问题，一方面被考核者对绩效管理普遍存在着误解，另一方面是考核者也并没有真正理解绩效管理的内质，存在着较多的认识误区，造成在实际运用过程中操作不当。只有对绩效管理有一个准确的理解，才能消除在绩效管理过程中所遇到的操作困惑和误区，发挥绩效管理在组织发展中的作用。

（一）绩效管理的相关概念

由于绩效管理是基于绩效来进行的，因此首先要对绩效有所了解。在一个组织中，广义的绩效包括两个层次的含义：一是指整个组织的绩效；二是指个人的绩效。本章讨论的主要是后者，即个人的绩效。

1．绩效

（1）绩效的含义。绩效（performance）在英文中的原意是“履行、执行、表现、行为、完成”，引申为“作为、成就、成果、业绩”。对于绩效的含义，人们有着不同的理解，最主要的观点有两种：一是从工作结果的角度出发进行理解；二是从工作行为的角度出发进行理解。应当说，这两种理解都是有一定道理的，但都不很全面。因此，我们主张应当从综合的角度出发来理解绩效的含义。

所谓绩效，就是指员工在工作过程中所表现出来的与组织目标相关的并且能够被评价的工作业绩、工作能力和工作态度，其中工作业绩就是指工作的结果，工作能力和工作态度则是指工作的行为。

理解这个含义，应当把握以下几点：一是绩效是基于工作而产生的，与员工的工作过程直接联系在一起，工作之外的行为和结果不属于绩效的范围；二是绩效要与组织的目标有关，对组织的目标应当有直接的影响作用，如员工的心情就不属于绩效，因为它与组织的目标没有直接的关系；三是绩效应当是能够被评价的工作行为和工作结果，那些不能被评价的行为和结果也不属于绩效，如员工培训时的专心程度就不能直接作为绩效来使用，因为它很难被评价；绩效还应当是表现出来的工作行为和工作结果，没有表现出来的就不是绩效。

（2）绩效的特点。一般来说，绩效具有以下三个主要的特点。

① 多因性。多因性就是指员工的绩效是受多种因素共同影响的，并不是哪一个单一的因素就可以决定的，绩效和影响绩效的因素之间的关系可以用一个公式加以表示：$P=f(K, A,$

M, E)。在这个关系式中，f 表示一种函数关系；P（performance），就是绩效；K（knowledge），就是知识，指与工作相关的知识；A（ability），就是能力，指员工自身所具备的能力；M（motivation），就是激励，指员工在工作过程中所受的激励；E（environment），就是环境，指工作的设备、工作的场所等。

② 多维性。多维性就是指员工的绩效往往是体现在多个方面的，工作结果和工作行为都属于绩效的范围。例如，一名操作工人的绩效，除了生产产品的数量、质量外，原材料的消耗、出勤情况、与同事的合作以及纪律的遵守等都是绩效的表现。因此，对员工的绩效必须从多方面进行考察。当然，不同的维度在整个绩效中的重要性是不同的。

③ 变动性。变动性就是指员工的绩效并不是固定不变的，在主客观条件发生变化的情况下，绩效是会发生变动的。这种变动性就决定了绩效的时限性，绩效往往是针对某一特定的时期而言的。

2．绩效管理

人们对绩效管理（Performance Management）的理解和定义主要持两种基本观点：一是绩效管理是管理个体绩效的系统；二是绩效管理是管理组织绩效的系统。

美国学者罗伯特·巴特沃认为，绩效管理是一个持续交流的过程，该过程由员工和其直接上级领导之间达成的协议来保证完成，并在协议中对未来工作达成明确的目标和理解，并将可能受益的组织、管理者及员工都融入到绩效管理系统中来。美国国家绩效评估小组的定义是，绩效管理是利用绩效信息协助设定统一的绩效目标，进行资源配置与优先顺序的安排，以告知管理者维持或改变既定目标计划，并报告成功符合目标的过程。国内亦有学者认为，绩效管理是围绕绩效提高目标，界定组织目标，确定绩效目标，监测和反馈组织绩效状况，并对实现结果进行系统评估的过程。学界对绩效管理涉及范围的认识不尽相同，但他们都有一个共同点：绩效管理是一个包括绩效评估在内的综合性体系。

绩效管理中的绩效和很多人通常所理解的“绩效”不太一样。在绩效管理中，我们认为绩效首先是一种结果，即做了什么；其次是过程，即是用什么样的行为做的；第三是绩效本身的素质。绩效管理所涵盖的内容很多，它所要解决的问题主要包括：一是就目标及如何达到目标需要达成共识；二是绩效管理不是简单的任务管理，它特别强调沟通、辅导和员工能力的提高；三是绩效管理不仅强调结果导向，而且重视达成目标的过程。

3．绩效评估

正如对绩效和绩效管理的界定一样，到目前为止，在各种进行绩效评估的组织中，对绩效评估尚未形成一致的定义。其中具有代表性的观点主要有：美国学者格朗斯纳认为，绩效评估是基于事实，有组织地、客观地评估组织内每个人的特征、资格、习惯和态度的相对价值，确定其能力、业务状况和工作适应性的过程。美国学者韦恩·蒙迪和罗伯特·M.诺埃等学者认为，绩效评估是定期考察和评价个人和小组工作的一种正式制度。中国学者吴国存认为，绩效评估是对雇员与职务有关的业绩、能力、业务态度、性格、业务适应性

等诸多方面进行评定与记录的过程。国内学者范柏乃将绩效评估定义为：运用科学的标准、方法和程序，对个体或组织的业绩、成就和实际作为做尽可能准确的评价。绩效评估是绩效管理的核心，是人力资源管理中技术性最强的环节，其设计和实施是一个系统工程，不能从单一层面来理解。随着个体和组织活动的日益复杂化和影响的深远化，绩效评估也呈现出多样化的特点。

（二）绩效管理循环系统

绩效管理是一个完整的系统，绩效管理的过程通常被看作一个循环。这个循环的周期通常分为四个步骤，即绩效计划、绩效的实施与管理、绩效评估与绩效反馈面谈。

（1）绩效计划。制定绩效计划的主要依据是工作目标和工作职责。绩效计划是一个双向沟通的过程。管理者与被管理者需要在对被管理者绩效要求的问题上达成共识。在共识的基础上，被管理者对自己的工作目标做好承诺。管理者和被管理者共同的投入和参与是进行绩效管理的基础。在员工的绩效计划表中至少应包含如下内容：一是员工在本次绩效期间内所要达到的工作目标是什么？二是制定绩效计划的主要依据是工作目标和工作职责。达成目标的结果是怎样的？这些结果可以从哪些方面去衡量，评判标准是什么？三是从何处获得关于员工工作结果的信息？员工的各项工作目标的权重如何？

（2）绩效的实施与管理。制订绩效计划后，在实施与管理的过程中主要需要做两件事：一是持续的绩效沟通；二是对工作表现的记录。

（3）绩效评估。在绩效期结束时，依据预先制订好的计划，上级领导对下属的绩效目标完成情况进行评价。评价的依据就是在绩效期间开始时双方达成一致意见的关键绩效指标。同时，在绩效跟踪与管理过程中，所收集到的能够说明被评价者绩效表现的数据事实，可以作为判断被评价者是否达到关键绩效指标要求的证据。

（4）绩效反馈面谈。绩效管理过程并不是到绩效评价打出一个分数就结束了，上级领导人员还需要与下属进行一次面对面的交谈。通过绩效反馈面谈使下属了解上级领导对自己的期望，了解自己的绩效，认识自己待改进的方面。

经过上面的四个环节，就经历了一个绩效管理的循环。

（三）绩效管理与绩效评估的区别

绩效管理是评估人和被评估人的对话过程，目的是为了帮助被评估人提高绩效能力，使被评估人的努力与组织的远景规划和目标任务相一致，使被评估人和组织实现同步发展。绩效评估是对被评估人一段时间的工作、绩效目标等进行评估，是前段时间的工作总结。同时，评估结果拟为相关人事决定（晋升、解雇、加薪、奖金）等提供依据。它们的区别如表 6-1 所示。

表 6-1　绩效管理与绩效评估的区别

绩效管理	绩效评估
一个完整的管理过程	管理过程中的局部环节和手段
侧重于信息沟通与绩效提高	侧重于判断和评估
伴随管理活动的全过程	只出现在特定的时期
事先的沟通与承诺	事后的评价

绩效管理是一个完整的系统，绩效评估只是这个系统中的一部分；绩效管理是一个过程，注重过程的管理，而绩效评估是一个阶段性的总结；绩效管理具有前瞻性，能帮助公共部门前瞻性地看待问题，有效规划人员的未来发展，而绩效评估则是回顾过去的一个阶段的成果，不具备前瞻性；绩效管理有着完善的计划、监督和控制的手段和方法，而绩效评估只是评估的一个手段；绩效管理注重能力的培养，而绩效评估则只注重成绩的大小；绩效管理注重事先的信息沟通和绩效提高，而绩效评估则偏重事后的评价。

二、公共部门绩效管理概述

（一）公共部门管理中的绩效概念

公共部门绩效一般是指行政机关利用法律、政策等手段进行社会管理活动和自身管理活动所产生的工作成就以及积极效果。一般来说，公共管理的绩效概念包含三方面的内容。

（1）公共管理的成本或目标。公共管理成本指的是行政活动中消耗的人力、物力、财力、信息、空间、时间、权威、信誉等各种有形与无形资源的总称。与其他很多资源一样，公共管理的资源也是稀缺的。因此，公共管理绩效一定会受到成本的限定和约束，公共管理成本必须与可能产生的绩效联系起来考虑。公共管理的目标则是指公共部门通过自己的管理活动希望达到的预期结果。

（2）公共部门的产出与效益。公共部门的产出是指公共管理活动所形成的结果，它可以是有形的，也可以是无形的。公共管理的效益指的是公共部门的产出对社会所产生的影响。公共管理效益可以分成不同的类型。第一，根据时间跨度，可以将其分为近期效益、中期效益和远期效益；第二，根据内容和范围，公共管理效益可以分为经济效益、政治效益和社会效益；第三，根据效益的方向，公共管理效益可以分为正面效益和负面效应；第四，根据人们的认识程度，可以将公共管理效益分为显性效益和隐性效益。

（3）公共管理成本（或目标）与收益（或后果）的比较。公共管理绩效是将公共管理的产出或效益与公共管理成本（或目标）相比而得到的结果。

（二）公共部门人力资源绩效的特殊属性

与私营部门绩效特征相比较，公共部门的绩效明显地呈现出以下几个特殊属性。

（1）评估标准的多元性。公共部门职能范围的复杂性决定了其不可能与企业一样仅仅将利润最大化作为基本目标，另外，私营部门提供的产品和服务是可以用一定价格来衡量的，而公共部门所提供的产品或服务一般是无法用一定价格来测量的，也不能像私营部门那样将利润作为唯一目标。因此，基于公共部门管理职能的特殊性，单从某一方面对其工作评价是很难的，也可能是不科学的。

（2）产出的难以衡量性。公共部门的产出大多属于服务型的产出，而不是有形的可以量化的物质产品，缺乏可度量性和确定性，因此，公共部门的产出具有无形性和间接性，其产出常常滞后于最终的社会效果，投入多少无法在产出中直接反映出来。

（3）评价信息的缺乏性。公共部门上级领导对下级公共部门进行评估，必须依靠下级公共部门提供相应的资料和数据，信息的选择甚至制造权都掌握在下级公共部门中，而下级人员出于自身的考虑往往上报虚假信息，从而影响评估工作的客观、准确。

（4）认知的偏差性。公共部门人力资源的绩效评估是一种价值判断活动，不可避免地受到评估者主观认知的影响。而认知效应的偏差性，直接影响评价主体的思维方式和评估的价值取向，进而影响绩效评估的信度和效度。

（三）公共部门绩效管理的功能作用

所谓公共部门的绩效管理（Performance Management）是在设定公共服务绩效目标的基础上，对公共部门提供公共服务的全过程进行追踪监测，并做出系统的绩效评估的过程。绩效管理是公共管理者的主要职责。

绩效管理过程一般包括三个最基本的功能活动：绩效指标化（Performance Measurement）、绩效监控（Performance Monitoring）和绩效评估（Performance Evaluation）。总之，公共部门的绩效管理是由收集绩效信息、确定评估目标、划分评估项目、进行绩效测定、使用评估结果的行为体系，是持续提高管理绩效、不断促进有效管理的过程。

1．公共部门绩效管理的功能

公共部门绩效管理基本上有如下几点功能作用。

（1）效用功能。公共部门绩效管理从某种程度来讲，是公共管理者的主要职责。公共管理学者夏弗里茨和卢赛尔看来，绩效管理是组织系统整合组织资源达成其目标的行为，绩效管理区别于其他方面纯粹管理之处在于他强调系统的整合，它包括了全方位控制、监测、评估组织所有方面绩效。从某种意义上来说，绩效管理代表着组织全方位的管理工作，因为管理工作的目的便是提高绩效。

（2）评估功能。绩效评估是指一个组织试图达成某种目标，如何达成以及是否达成目标的系统化过程。绩效评估可以是组织的绩效、计划的绩效、个人的绩效。但对公共部门而言，现在比较重视的是对组织绩效的评估，绩效评估是如何利用追踪与评估组织绩效的过程。

（3）衡量功能。为了进行绩效衡量，管理者必须设计一套足以衡量组织目标实现的指标系统，也就是衡量组织绩效的标尺，这样才能进行不同机关与不同时期的比较。

（4）追踪功能。对组织的绩效进行持续性的检测、记录与评估，以作为改进组织绩效的基本依据。

（5）约束功能。绩效管理是推动公共管理的主要约束机制。绩效管理的精华在于落实责任。责任与利益直接相关（不管是组织利益还是个人利益），因此责任就需要一定的推动机制。虽然绩效评估本身只是一种工作结果的综合反映，但是，绩效评估与设定的组织目标是有一定联系的，通过纵向对比，可以看出实际与计划之间的差距。而且，一个部门的绩效信息是可以拿来与其他部门的绩效进行比较分析的，这样一种横向对比，也可以发现许多问题。有比较就会有压力，公开更加剧了工作压力。重要的是，绩效评估结果与工作奖惩是直接关联的，评估为奖优罚劣、奖勤罚懒提供有力的依据。通过规范化、制度化的评估工作，可以在很大程度上推动公共部门对社会、公民的需求及时快速做出反应，改善公共服务的质量与效率，使其对管理结果负责。

2．公共部门绩效管理的作用

公共部门进行绩效管理具体有如下几点作用。

（1）绩效管理是一种有效的管理工具。在一个系统管理过程中，要想提高组织绩效，首先必须确立一整套贯通机制、了解机制。公共部门的绩效管理不仅要了解部门内部的静态结构（如管理内部机构比例、人事匹配、领导职数等），更要了解管理的动态过程，包括管理制度执行状况，管理目标的实现程度，公民对政府行为的真实感受等。如果没有这样一套机制，我们既不知道管理部门和管理人员是否在工作，也不知道他们工作质量与效果的好坏，自然也就不会有什么绩效。评估可以作为这样一个了解机制来应用，通过真实有效的评估，可以帮助我们比较全面客观地把握一段时间来管理过程的有关信息。

美国著名公共管理学家马克·霍哲指出："为了对政策制定者和服务对象强调他们从税款中得到了什么收益，机构需要能够评估，并衡量和报告他们完成了什么。"戴维·奥斯本和特德·盖布勒在《改革政府》一书中概括了评估的基础作用：测量能推动工作，如不测定效果，就不能辨别成功还是失败；看不到成功就不能给予奖励；不能奖励，就有可能是在奖励失败；看不到成功，就不能从中学习；看不到失败，就不能纠正失败；展示成果，就能赢得管理公众支持。

（2）绩效评估可以调节目标导向。绩效评估的功能不仅在于对过去工作的反映，通过评估，我们能够发现问题，找出差距，从而重新为整合资源、调试目标起到承上启下的作用。可以这么说，绩效评估是一个管理过程的结束，又是一个新的发展阶段的开始。

（3）绩效管理凸显公共管理的价值取向。公共部门绩效管理可以分解为市场取向、社会取向、效率取向等不同的价值取向，其最根本的价值取向还是服务取向。传统行政管理以过程为中心，以权力行政、命令行政为特征，追求内部管理效率，重点在于管制取向。

1999 年，在英国召开的国际行政学会第一次专门国际会议上，对公共部门绩效管理做了一个概括，认为它是一个包括新公共管理、目标管理、绩效评估、绩效审计等在内的结构体系，从广义上揭示出了现代公共行政管理的新方式，其实只是以结果为本，以目标为准，以低成本取得高效益，设立一系列方法（评估指标）来评估行政过程。绩效评估是对绩效目标实现程度的测量，是对部门工作状况、工作业界的结果评定，追求过程与目标、过程与结果的统一。评估追求服务对象至上的原则，奉行公民满意为基本主题，在评估的要素、模式、组织结构中，都可以看到明确服务对象、了解服务需要和促进满意程度的理念设计。

三、公共部门绩效评估与私营部门绩效评估比较分析

公共部门和私营部门同属社会公共组织，是相对应的组织形式。公共部门绩效评估是由私营部门绩效评估演变而来的，是私营部门绩效评估的发展。从本质上说，组织是为实现一定目标而建立起来的开放性社会单位，它包括静态的组织结构、动态的组织行为、生态的组织环境和心态的组织意识四个方面。组织的这种本质决定了公共部门绩效评估和私营部门绩效评估作为组织绩效评估，具有同一性。但是，公共部门和私营部门的组织性质、所处环境有较大差异，这也决定了它们的绩效评估有种种不同，与私营部门绩效评估相比，公共部门绩效评估具有更强的复杂性、艰巨性。

（一）公共部门与私营部门绩效评估的相同点

绩效评估是从私营部门引入公共部门的一种管理手段。虽然在现代社会管理条件下，私营部门和公共部门之间存在众多差异，但在绩效评估领域，公共部门经常从私营部门吸收与借鉴先进的、行之有效的方法。追寻绩效评估的发展历程，可以发现两者在许多方面有共同点。也正是因为存在诸多共同性，私营部门的绩效评估才能进入到公共部门的管理活动之中。

（1）评估应用的理论依据基本相同。公共部门绩效评估理论主要是从私营绩效评价理论发展而来，因此二者应用的理论依据存在着不可割裂的联系。例如，委托代理理论、权变管理理论、系统管理理论等都是两者的理论依据。

（2）评估采用的技术方法基本相同。由于评估的技术与方法具有较强的普适性，公共部门绩效评估与私营部门绩效评估之间的关系可能更多的体现在技术与方法上。公共部门绩效评估是从私营部门绩效评估发展而来的，因此二者的绩效评估技术与方法具有强相关性。通常，公共部门会将企业绩效评估中的先进技术和方法经过充分改良，然后运用到绩效评估的过程。例如，企业中普遍使用的平衡计分卡技术，学者们为了使平衡计分卡技术更加适应公共部门的绩效评估需要，将企业对财务的重视调整为政府对公众的重视。目前，平衡计分卡的理念和技术在公共部门绩效评估过程中已经起着举足轻重的作用。从价值观

来说，平衡计分卡的精髓与公共部门追求的终极价值是切合的。

（3）实施评估的导向性基本相同。不论对于公共部门或是私营部门，绩效评估是目标导向的，其目的是促进组织目标的实现。组织目标是组织争取达到的一种未来状态，它是开展组织活动的依据和动力，它决定着组织行为的方式和组织发展的方向。私营部门的组织目标是获得一定的利润，利润目标的实现状况可以有效地评判其绩效。同私营部门相比，公共部门的组织目标要更为复杂，它包括了提供公共产品和公共服务等多个方面。可以说，公共部门与私营部门都把组织目标作为开展绩效评估工作的依据。再者，所有的绩效评估都是管理手段，是工具导向的。在部门实现目标的过程中，能使用的工具和手段是多种多样的，行政命令、权威引导、协商合作等都是可以运用的手段。绩效评估只是这些众多手段、工具中的一种。同时，公共部门和私营部门的绩效评估都是结果导向的。以往的管理过程，重视行为，绩效评估是重视行为和过程的结果。因为只有形成结果，部门的绩效才能最终体现出来。结果导向中已经包括效率、效益和经济这些绩效要素。绩效评估重视过程的结果，实际上也是重视服务对象的需求满足。因为无论是公共部门，还是私营部门，都需要生产产品和提供服务。产品和服务最终都是服务对象来享用的，只有产品和服务的享用者的满意程度，才能说明结果的优劣。

（二）公共部门与私营部门绩效评估的不同点

公共部门和私营部门是两种不同的社会组织形式，它们共同组成了一个完整意义上的社会组织体系。公共部门具有自身的特殊属性（公共性），掌握和运用公共资源，提供公共产品和公共服务；而私营部门以盈利为主要目的，具有竞争性，它为社会所提供的产品属于非公共物品，具有排他性。公共部门与私营部门绩效评估的差异性主要体现在价值取向、评估主体、评估客体和评估难易这几个方面。

（1）价值取向的差异。价值取向是指行为主体在价值选择和决策过程中的一定倾向性，行为主体自觉地、有目的地为自己行为方向进行的选择和把握，所以它具有自觉性和能动性的特点。由于组织文化的核心是价值观，因此，公共部门与私营部门文化的差异必然导致二者绩效评估的价值取向不同。

（2）评估主体的差异。目前，公共部门绩效评估的主体仍然比较单一，多数是公共部门内部评估，社会公众的参与度不够；而政府内部主要是上级对下级的评估，部门的自我评估比较薄弱；专业评估机构的参与更是特例。私营部门绩效评估的主体比较宽泛，可以是企业的资产所有者或人力资源部门，也可以是专门评估机构。私营部门对组织成员的评估方法如“人力资源 3P 评估系统”和“360 度个人绩效评估体系”等都出现了评价主体多元化的趋势。

（3）评估客体的差异。管理目标是组织为自己确定的、在特定时间范围内，利用各种可利用的资源要求取得的成效。从一般意义上说，管理目标是组织行动的基础和依据，当

然也是组织绩效评价的基本标准。公共部门和私营部门作为不同性质的社会公共组织，其管理目标的不同也决定了绩效评估的客体不同。公共部门的特性决定了管理目标的多元性和多重性。例如，在特定条件下，政府需要把追求政治效率，即权力的绝对有效性放在首位，有时又需要同时追求政治的、经济的、社会的等多重目标，保证社会的和谐有序。因此，公共部门绩效评估的目的就要求在提高效率和管理能力的同时，提高其公共服务质量，建立和完善公共责任机制，提高社会的满意度，改善公众对公共部门及其政策的支持和信任。私营部门的盈利性质决定了它们的绩效管理目标总是围绕经济效益设定。为了实现可持续发展，企业也会兼顾社会效益的目标，但总体上还是比较简单的。对任何盈利性组织而言，利润和获取利润的能力是其赖以生存和发展的生命线，而这又是通过企业的整体实力与其对市场的占有潜力等来体现和综合评价的。

（4）评估难易的差异。公共部门进行绩效评估相对比较困难。公共部门的产出有其特殊性，一是它的无形性，如提高人们素质、实现社会公平等大多数是无形的服务，难以科学、恰当地确定哪些因素可以构成绩效评估的标准和指标，各标准和指标之间的相互关系及权重更难科学、准确地确定。二是公共部门的产出具有垄断性和非营利性，这种垄断性和非营利性使其产出进入市场的交易体系时，很难甚至于不可能形成一个反映其生产机会成本的货币价格，这使其缺乏确定性和可度量性，使公共部门绩效评估的客观指标难以确定。另外，公共政策的特殊性也是评估困难的原因之一，有时一项公共政策的实施和效果的获得并不是同步的，这并不符合政府年度评估等制度习惯，加大了公共部门绩效评估的难度。私营部门在本质上是一个经济组织，在参与市场经济的过程中，其投入、生产、管理和产出都可以由货币来量化，对其投资获益率、资金周转率、市场占有率等都可以制定清晰的量化标准，而且其产品或服务质量可以通过其销售总额和社会口碑以及大众反馈情况来确定，公众的消费心理、选择偏好等都让他们热衷于谈论消费品并互相交流对企业的评价和口碑，使私营部门便于得到市场回馈。

第二节　公共部门绩效管理的实施

在实践中，公共部门绩效管理是按照一定的步骤来实施的，这些步骤可以归纳为四个阶段：准备阶段、实施阶段、反馈阶段和运用阶段。下面就按照这一流程来对绩效管理的实施过程进行介绍。

一、准备阶段

准备阶段是绩效管理过程的开始，这一阶段主要是完成绩效计划的任务，也就是说通过评估者和被评估者的共同讨论，确定出被评估者的绩效评估目标和绩效评估周期。

（一）绩效评估目标

绩效评估目标，或者叫做绩效目标，是对公职人员在绩效评估期间的工作任务和工作要求所做的界定，这是对公职人员绩效评估时的参照系，绩效目标由绩效内容和绩效标准组成。

1．绩效内容

绩效内容界定了公职人员的工作任务，也就是说公职人员在绩效评估期间应当做什么样的事情，它包括绩效项目和绩效指标两个部分。绩效项目是指绩效的纬度，也就是说要从哪些方面来对公职人员的绩效进行评估，按照前面所讲的绩效的含义，绩效的纬度，即绩效评估项目有三个：工作业绩、工作能力和工作态度。

绩效指标则是指绩效项目的具体内容，它可以理解为是对绩效项目的分解和细化，如对某一职位，工作能力这一评估项目就可以细化为分析判断能力、沟通协调能力、组织指挥能力、开拓创新能力、公共关系能力及决策行动能力等六项具体的指标。对于工作业绩，设定指标时一般要从数量、质量、成本和时间四个方面进行考虑；对于工作能力和工作态度，则要具体情况具体对待，根据各个职位不同的工作内容来设定不同的指标。绩效指标的确定，有助于保证绩效评估的客观性。确定绩效指标时，应当注意以下几个问题。

（1）绩效应当有效。就是说绩效指标应当涵盖公职人员的全部工作内容，这样才能够准确地评价出公职人员的实际绩效，这包括两个方面的含义：一是指绩效指标不能有缺失，公职人员的全部工作内容应当包括在绩效指标中；二是指绩效指标不能有溢出，指责范围以外工作内容不应当包括在绩效指标中。为了提高绩效指标的有效性，应当依据工作说明书的内容来确定绩效指标。

（2）绩效指标应当具体。就是说指标要明确地指出到底是要评估什么内容，不能过于笼统，否则评估主体就无法进行评估。例如，在评估大学教师的工作业绩时，“授课情况”就是一个不具体的指标，因为授课情况涉及很多方面的内容，如果使用这一指标进行评估，评估主体就会无从下手，应当将它分解成以下几个具体的指标：“上课的准时性”“讲课内容的逻辑性”“讲课方式的生动性”，这样评估时就更有针对性。

（3）绩效指标应当明确，就是说当指标有多种不同的理解时，应当清晰地界定其含义，不能让评估主题产生误解，如对于“工程质量达标率”这一指标，就有两种不同的理解，一是指“质量合格的工程在已经完工的工程中所占的比率”；二是指“质量合格的工程在应该完工的工程中所占的比率”，这两种理解就有很大的差别，因此，应当指明到底是按照哪种含义来进行评估。

（4）绩效指标应当具有差异性。这包括两个层次的含义：一是指对于同一个公职人员来说，各个指标在总体绩效中所占的比重应当有差异，因为不同的指标对公职人员绩效的

贡献不同，如对于办公室主任来说，公关能力相对就比计划能力重要。这种差异形式是通过各个指标的权重来体现的。二是指对于不同的公职人员来说，绩效指标应当有差异，因为每个公职人员从事的工作内容是不同的，如体育局局长的绩效指标就应当和税务局局长的不完全一样。此外，即便有些指标是一样的，权重也应当不一样，因为每个职位的工作重点不同，如计划能力对秘书的重要性就比对一般行政人员的要大。

为了使大家能够对绩效指标的差异性有更加直观的理解，我们来看一个例子，如表6-2所示。

表6-2　绩效指标差异性举例

职位名称	绩效指标（工作能力）	权　重
水利局局长	计划能力	15%
	组织领导能力	20%
	沟通协调能力	10%
	分析判断能力	15%
	谈判能力	20%
	决策行动能力	10%
	培育部属能力	10%
行政办公室主任	计划能力	10%
	组织领导能力	15%
	沟通协调能力	20%
	分析判断能力	10%
	公共关系能力	20%
	文字表达能力	15%
	培育部属能力	10%

（5）绩效指标应当具有变动性。这也包括两个层次的含义：一是指在不同的绩效周期，绩效指标应当随着工作任务的变化而有所变化。例如，某事业单位在下个月没有招聘的计划但是有对新员工培训的计划，那么人力资源经理下个月的业绩指标中就不应当设置有关招聘的指标，而应当增加有关培训的指标。二是指在不同的绩效周期，各个指标的权重也应当根据工作重点的不同而有所区别，职位的工作重点一般是由企业的工作重点决定的。例如，某市自来水公司在下个月准备重点提高居民用水的质量，那么在整个绩效指标中，质量指标所占的比重就应当相应地提高，以引起员工对质量的重视。

2．绩效标准

绩效标准明确了公职人员的工作要求，也就是说对于绩效内容界定的事情，公职人员应当怎样做或者做到什么样的程度。绩效标准的确定，有助于保证绩效评估的公正性，否则就无法确定公职人员的绩效到底是好还是不好。确定绩效标准时，应当注意以下几个问题。

（1）绩效标准应当明确。按照目标激励理论的解释，目标越明确，对公职人员的激励效果就越好，因此，在确定绩效标准时应当具体清楚，不能含糊不清，这就要求尽可能地使用量化的标准。为了便于大家的理解，我们来看一个例子。某事业单位对人力资源部招聘上级领导的绩效标准是这样规定的：收到其他部门的人力资源需求后，能够迅速地招聘到合适的人员；确保人员的招聘成本较低。这样的绩效标准就非常不明确，“能够迅速地招聘到合适的人员”，到底什么是迅速，一个星期还是两个星期，根本没有说清楚。“招聘成本比较低”，怎么样才算低，也没有规定具体。量化的绩效标准应当这样来规定：收到其他部门的人力资源需求后，在 5 个工作日内招聘到合适的人员；人员的招聘成本应控制在每人 150～200 元。

量化的绩效标准，主要有以下三种类型：一是数值型的标准，如“投诉的人数不超过 5 人次”等；二是百分比型的标准，如“每次培训的满意率为 90%”等；三是时间型的标准，如“接到任务后 3 天内按要求完成”等。绩效标准量化的方式则分为两种：一种是以绝对值的方式进行量化，如上面所举的几个例子；另一种是以相对值的方式进行量化，如“成本每个降低 5 元”。这两种方式的本质其实是一样的，只是表现形式不同而已。此外，有些绩效指标不可能量化的成本比较高，主要是能力和态度的工作行为指标。对于这些指标，明确绩效标准的方式就是给出行为的具体描述，如对于谈判能力，就可以给出五个等级的行为描述，从而使这一指标的绩效标准相对比较明确，如表 6-3 所示。

表 6-3　谈判能力的绩效标准

等　级	定　义
S	谈判能力极强，在与外部组织或个人谈判时，能够非常准确地引用有关的法规规定，熟练地运用各种谈判的技巧和方法，说服对方完全接受我方的合理条件，为单位争取到最大的利益
A	谈判能力较强，在与外部组织或个人谈判时，能够比较准确地引用有关的法规规定，比较熟练地运用各种谈判的技巧和方法，能够说服对方基本接受我方的合理条件，为单位争取到了一些利益
B	谈判能力一般，在与外部组织或个人谈判时，基本上能够准确地引用有关的法规规定，运用了一些谈判的技巧和方法，在做出一些让步后能够与对方达成一致意见，没有使单位的利益受到损失
C	谈判能力较差，在与外部组织或个人谈判时，引用有关的法规规定时会出现一些失误，运用的谈判的技巧和方法比较少，在做出大的让步后才能够与对方达成一致意见，使单位的利益受到一定的损失；有时会出现无法与对方达成一致意见的情况
D	谈判能力很差，在与外部组织或个人谈判时，引用有关的法规规定时出现相当多的失误，基本上不会运用谈判的技巧和方法，经常无法与对方达成一致意见，造成单位的利益受到大的损失

（2）绩效标准应该适度。就是说制定的标准要具有一定的难度，但是公职人员经过努力又是可以实现的，通俗点讲就是“跳一跳就能摘到桃子”。这同样是源自目标激励理论的解释，目标太容易或太难，对公职人员的激励效果都会大大地降低，因此，绩效标准的制定应当在公职人员可以实现的范围内。

（3）绩效标准应当可变，这包括两个层次的含义：一是指对于同一个公职人员来说，在不同的绩效周期，随着外部环境的变化，绩效标准有可能也要变化，二是指对于不同的公职人员来说，即使在同样的绩效周期，由于工作环境的不同，绩效标准也有可能不同。对于绩效目标的设计要求，我们将其概括为“明智”（SMART）原则：绩效目标必须是具体的（specific），以保证其明确的牵引性；绩效目标必须是可衡量的（measurable），必须有明确的衡量指标；绩效目标必须是可以达到的（attainable），不能因指标的无法达成而使公职人员产生挫折感，但这并不否定其应具有挑战性；绩效目标必须是相关的（relevant），它必须与公共部门的战略目标、部门的任务及职责相联系；绩效目标必须是以时间为基础的（time-based），即必须有明确的时间要求。

（二）绩效评估周期

绩效评估周期，也可以叫做绩效评估期限，是指多长时间对公职人员进行一次绩效评估。由于绩效评估需要耗费一定的人力、物力，因此评估周期过短，会增加组织管理成本的开支；但是，绩效评估周期过长，又会降低绩效评估的准确性，不利于公职人员做绩效的改进，从而影响绩效管理的效果，因此，在准备阶段，还应当确定出恰当的绩效评估周期。

绩效评估周期的确定，要考虑到以下几个因素。

（1）职位的性质。不同的职位，工作的内容是不同的，因此，绩效评估的周期也应当不同。一般来说，职位的工作绩效是比较容易评估的，评估周期相对短一些，如一般人员的评估周期相对就应当比管理人员的要短。其次，职位的工作绩效对组织整体绩效的影响比较大的，评估周期也要相对短一些，有助于及时发现问题并进行改进，如管理职位的绩效评估周期相对就应当比后勤职位的要短。

（2）指标的性质。不同的绩效指标，其性质是不同的，评估的周期也应当不同。一般来说，性质稳定的指标，评估周期相对要长一些；相反，评估周期相对就要短一些。例如，工作能力比工作态度相对要稳定一些，因此，能力指标的评估周期相对比态度指标就要长一些。

（3）标准的性质。在确定评估周期时，还应当考虑到绩效标准的性质，就是说评估周期的时间应当保证公职人员经过努力能够实现这些标准，这一点是和绩效标准的适度性联系在一起的。

在准备阶段，应当采取互动的方式，让公职人员参与到绩效目标的制定过程中来。按照目标激励理论的解释，只有当公职人员承认并接受某目标时，这一目标实现的可能性才比较大。通过互动的讨论，公职人员对绩效目标的接受程度就会比较高，从而有助于绩效目标的实现。

二、实施阶段

准备阶段之后就是实施阶段，这一阶段主要包括三大步骤，即绩效沟通、绩效实施与管理和绩效评估。

（一）绩效沟通

绩效沟通是指在整个评估周期内，考评人就绩效问题持续不断地与被考评人进行交流和沟通，给予被考评人必要的指导和建议，帮助被考评人实现确定的绩效目标。绩效沟通包括制订绩效计划，而绩效计划是一个双向沟通的过程。在双方形成共识的基础上，并可达成绩效契约。

1．绩效契约

在公职人员的绩效契约中，至少应该包括以下几方面的内容。公职人员在本次绩效期间内所要达到的工作目标是什么？达成目标的结果是怎样的？这些结果可以从哪些方面去衡量，评判的标准是什么？从何处获得关于公职人员工作结果的信息？公职人员的各项工作目标的权重如何？

为了便于大家进一步了解什么是绩效契约，特举例如表 6-4 所示。

表 6-4　某市地铁维护保障公司车辆分公司总经理的绩效契约

<table>
<tr><td colspan="6">绩效契约</td></tr>
<tr><td colspan="3">职位名称：</td><td colspan="3">合同编号：</td></tr>
<tr><td>关键绩效指标维度</td><td>权重</td><td>绩效目标</td><td>需要得到的支持</td><td>评估结果</td><td>备注</td></tr>
<tr><td>内部运营维度</td><td></td><td></td><td></td><td></td><td></td></tr>
<tr><td>财务维度</td><td></td><td></td><td></td><td></td><td></td></tr>
<tr><td>服务对象维度</td><td></td><td></td><td></td><td></td><td></td></tr>
<tr><td>学习与成长维度</td><td></td><td></td><td></td><td></td><td></td></tr>
<tr><td colspan="6">说明：内部运营维度，未达成基本目标扣总得分 5 分。</td></tr>
<tr><td colspan="3">发约人：</td><td colspan="3">受约人：</td></tr>
<tr><td colspan="6">评估周期：　　年　　月　　日　至　　年　　月　　日</td></tr>
<tr><td colspan="6">签订日期：</td></tr>
</table>

上面这个例子就是某市地铁维护保障公司车辆分公司总经理的绩效契约。制定了绩效契约之后，就需要按照契约中规定的工作目标和标准履行自己的职责。

2．双向沟通

建立绩效契约的过程是一个双向沟通的过程。在这个双向沟通的过程中，管理人员主要向被管理者做出解释和说明。例如，组织整体的目标是什么？为了完成这样的整体目标，我们所处的业务单元的目标是什么？为了达到这样的目标，对被管理者的期望是什么？对被管理者的工作应该制定什么样的标准？完成工作的期限应该如何制定？

被管理者应该向管理者表达的是：自己对工作目标和如何完成工作的认识；自己所存在的对工作的疑惑和不理解之处；自己对工作的计划和打算；在完成工作中可能遇到的问题和需申请的资源。

3．参与和承诺

社会心理学家研究发现：当人们亲身参与了某项决策的制定过程时，他们一般会倾向于坚持立场，并且在外部力量作用下也不会轻易改变立场。人们坚持某种态度的程度和改变态度的可能性主要取决于两种因素：一是他在形成这种态度时卷入的程度，即是否参与态度形成的过程；二是他是否为此进行了公开表态，即做出正式承诺。在生活中有很多容易理解的例子。例如，陪人购衣、签名活动等。

（二）绩效实施与管理

绩效计划、绩效评估和绩效反馈都可以在短短的几天时间内完成，而耗时最长的是中间的绩效实施与管理，它贯穿着整个绩效期间。然而绩效实施与管理的过程往往容易被人们所忽视，在这个过程中还存在着一些误区。

误区一：绩效管理重要的是计划和评估，中间的过程是公职人员自己工作的过程。不少管理者认为对于绩效管理来说，重要的是事先做好计划以及在绩效期结束时对绩效进行评估，而中间的过程则不需要进行过多的干预。这样做是很危险的。

误区二：对公职人员绩效的管理就是要监督、检查公职人员的工作，要时刻关注公职人员的工作过程。有些管理人员总是表现出对公职人员不放心的态度，总担心公职人员无法很好地完成工作，因此，过多的去关注公职人员的工作细节。其实绩效管理往往是一种目标管理，管理人员应该花主要精力关注公职人员的工作结果，也就是工作目标的达成情况，对于具体的工作过程，不必过分细致的关心。而有的管理人员不但关心公职人员做出了什么结果，还关心公职人员是怎样做出这样的结果的。公职人员认为既然给自己设定了目标，那么自己应该有一定的权力决定如何达到目标，管理人员不必事无巨细地干涉自己的行动自由。如果管理人员管得过细，公职人员就会有不被充分信任的感觉。

误区三：认为花费时间做记录是一种浪费。在绩效实施的过程中不做记录，一方面在绩效评估时对工作表现的记忆力不够清晰，容易造成对事实的歪曲；另一方面，在与公职人员进行沟通时，没有足够的事实依据在手中，容易引起争议。

绩效实施与管理具体包括以下几点内容。

1．持续的绩效沟通

持续的绩效沟通的具体类型和内容如表 6-5 所示。

表 6-5　持续性绩效沟通

类　型		内　容
绩效沟通目的		适时调整计划
		帮助公职人员执行绩效计划
绩效沟通内容		工作进展
		工作方向
		工作障碍或困难
		工作调整
		工作支持
绩效沟通方法	正式	书面报告、会议、面谈
	非正式	走动式管理、开放式办公、非正式沟通

（1）沟通的目的。其目的是：为适应环境变化的需要适时地对计划进行调整；帮助公职人员在执行绩效计划的过程中需要了解两类信息，即如何解决工作中遇到的困难和障碍，以便及时获得相应的资源和帮助，实现在工作中能不断地得到关于自己绩效的反馈信息；使管理人员得到其需要得知有关的信息。

作为管理人员，也并非是与公职人员一起制订了绩效计划之后就可以等待收获成功的果实了。他们需要在公职人员完成工作的过程中及时掌握工作进展情况的信息，了解公职人员在工作中的表现和遇到的困难，协调团队中的工作。如果管理人员不能通过有效的沟通获得必要的信息，那么也就无法在绩效评估的时候对公职人员做出评估了。另外，及时了解信息还可以避免发生意外事情时措手不及，可以在事情变得棘手之前进行处理。因此，无论从公职人员的角度还是从管理者的角度都需要在绩效实施的过程中进行持续的沟通，因为每个人都需要从中获得对自己有帮助的信息。

（2）沟通的内容。沟通的内容主要有：工作进展情况怎么样？公职人员和团队是否在正确的达成目标和绩效标准的轨道上运行？如果有偏离方向的趋势，应该采取什么样的行动扭转这种局面？哪些方面的工作进行得好？哪些方面遇到了困难或障碍？面对目前的情境，要对工作目标和达成目标的行动做出哪些调整？管理人员可以采取哪些行动来支持公职人员？

（3）沟通的方式。沟通的方式分为正式沟通和非正式沟通。正式沟通包括书面报告、会议沟通和面谈沟通。其中书面报告又分为工作日志、周报、月报、季报、年报。非正式沟通包括：走动式管理，是指上级领导人员在公职人员工作期间不时地到公职人员的座位

附近走动，与公职人员进行交流，或者解决公职人员提出的问题；开放式办公，上级领导人员的办公室随时向公职人员开放，只要没有客人在办公室里或正在开会时，公职人员随时都可以进入办公室与上级领导人员讨论问题；工作间歇时的沟通，利用各种各样的工作间歇（如共进午餐时）与公职人员进行沟通。非正式会议，如联欢会、生日晚会等各种形式的非正式的团队活动进行沟通。

2．绩效信息的收集

（1）收集的方法。观察法，指的是上级领导直接观察公职人员在工作中的表现并对公职人员的表现进行记录。工作记录法，指的是用日常的工作记录来体现绩效情况。他人反馈法，指的是当公职人员的工作是为他人提供服务或与他人发生关系时，就可以从公职人员提供服务的对象或发生关系的对象那里得到有关的信息。

（2）收集绩效信息的内容。通常来说，收集的绩效信息的内容主要包括：工作目标或任务完成情况的信息；来自服务对象的积极的和消极的反馈信息；工作绩效突出的行为表现；绩效有问题的行为表现等。在收集的信息中，有相当一部分是属于“关键事件”的信息。关键事件是公职人员的一些典型行为，既有证明绩效突出好的事件，也有证明绩效存在问题的事件。

（3）收集信息中应注意的问题。一是让公职人员参与收集信息的过程。作为上级领导人员，不可能每天 8 小时地盯着一个公职人员观察，因此，上级领导人员通过观察得到的信息可能不完全或者具有偶然性。那么，教会公职人员自己做工作记录则是解决这一问题的一个比较好的方法。但值得注意的是，公职人员在做工作记录或收集绩效信息时往往会存在有选择性的记录或收集的情况。有的公职人员倾向于报喜不报忧，他们提供的绩效信息中体现成就的会比较多，而对于自己没有做好的事情，则持回避态度。有的公职人员则喜欢强调工作中的困难，甚至会夸大工作中的困难。所以，当上级领导人员要求公职人员收集工作信息时，一定要非常明确地告诉他们收集哪些信息，最好采用结构化的方式，将公职人员选择性收集信息的程度降到最小。二是要注意有目的地收集信息。如果收集来的信息最后发现并没有什么用途而被置之不理，那么这将是对人力、物力和时间的一大浪费。三是可以采用抽样的方法收集信息。常用的抽样方法有固定间隔抽样法、随机抽样法、分层抽样法。

（三）绩效评估

绩效评估就是指在评估周期结束时，选择相应的评估主体和评估办法，收集相关的信息，对公职人员完成绩效目标的情况做出评估。

1．评估主体

评估主体是指对公职人员的绩效进行评估的人员，评估主体一般包括五类：上级、同事、下级、公职人员本人和服务对象。

（1）上级。这是最为主要的评估主体，上级评估的优点是：由于上级对公职人员承担直接的管理责任，因此，他们通常最了解公职人员的工作情况；此外，用上级作为评估的主体还有助于实现管理的目的，保证管理的权威。上级评估的缺点在于评估信息来源单一，容易产生个人偏见。

（2）同事。由于同事和被评估者在一起工作，因此，他们对公职人员的工作情况也比较了解；同事一般不止一人，可以对公职人员进行全方位的评估，避免个人的偏见；此外，还有助于促使公职人员在工作中与同事配合。同事评估的缺点是：人际关系的因素会影响评估的公正性，和自己关系好的就给高分，不好的就给低分；大家有可能协商一致，互相给高分；还有可能造成相互的猜疑，影响同事关系。

（3）下级。用下级作为评估主体，优点是：可以促使上级关心下级的工作，建立融洽的公职人员关系；由于下级是被管理的对象，因此，最为了解上级的领导管理能力，能够发现上级在工作方面存在的问题。下级评估的缺点是：由于顾及上级的反应，往往不敢真实地反映情况；有可能削弱上级的管理权威，造成上级对下级的迁就。

（4）公职人员本人。让公职人员本人作为评估主体进行自我评估，优点是：能够增加公职人员的参与感，加强他们的自我开发意识和自我约束意识；有助于公职人员对评估结果的接受。缺点是：公职人员对自己的评价往往容易偏高；当自我评估和其他主体评估的结果差异较大时，容易产生矛盾。

（5）服务对象。就是由公职人员服务的对象来对他们的绩效进行评估，这里服务对象不仅包括外部服务对象，还包括内部服务对象。服务对象评估有助于公职人员更加关注自己的工作结果，提高工作的质量。它的缺点是：服务对象更侧重于公职人员的工作结果，不利于对公职人员进行全面的评价；再有就是，有些职位的服务对象比较难以确定，不适于用这种方法。

由于不同的评估主体收集评估信息的来源不同，对公职人员绩效的看法也会不同，为了保证绩效评估的客观公正，应当根据评估指标的性质来选择评估主体，选择的评估主体应当是对评估指标最为了解的。例如，“协作性”由同事进行评估，“培养部属能力”由下级进行评估，“服务的及时性”由服务对象进行评估等。由于每个职位的绩效目标都由一系列的指标组成，不同的指标又由不同的主体来进行评估，因此，每个职位的评价主体也有多个。此外，当不同的评估主体对某一个指标比较了解时，这些主体都应当对这一指标做出评估，以尽可能地消除评估的片面性。

2．评估方法

实践中，进行绩效评估的方法有很多，公共组织应当根据具体的情况来选择合适的方法，在第三节中将对这些方法进行详细介绍。

3．绩效评估内容选择的基本导向

在 20 世纪 70 年代时，对评估内容的选择，主要侧重于工作者自身的品质、性格特征等主体因素，如忠诚、勤奋、判断力、分析力、与人共事能力和创造力等。一般在评估中，负责测评的组织或员工列出15个左右的个人品质特征。然后依据不同品质的可能表现方式，纵向划分为不同等级（优、良、中、差或者五级制评分体制）。

以此方法选择评估内容，比较简单易行，成本较低，能够在一定程度上反映员工的素质、品质。但是，在现代功绩制为本的人事行政管理体系中，这种方法存在着许多不尽人意的地方。首先，个人品格只代表了个人行为方式的趋向。在实际评估中，特定的品质同员工的工作行为与工作结果之间并未体现出明确的正相关关系，即二者的关联度并不高；其次，评估结果的信度也不高。原因是评估者对品质因素的理解有出入。例如，两个领导者可能对忠诚的内涵和外延理解并不一致，这就影响了评估尺度的把握，可能造成被评估员工的待遇不公平。再次，比较性的个性特征评估，在对员工提出忠告方面并不怎么有用，因为它们既没有确认什么是令人满意或不满意的绩效，也没有建议哪些方面是有待改进的。

为了进一步发掘比较全面、客观、统一的评估指标，近年来，现代公共部门人力资源管理对员工的业绩评估制度做了较多的探索，逐渐采用了改进式的评估指标体系。这种体系将个人绩效评价取向纳入评估中，实行个人品质与绩效考察相结合的评估方式。这种方式具有以下几种特点。

（1）继承传统个人品质评估的优势，仍将其作为评估指标体系的组成部分。同时，将注意力更多地放在对品质的理解和统一界定上。

（2）改进后的指标以测量员工与工作相关的各种行为和行为的结果为中心。对这些指标的评估侧重于员工在公务活动中实际的工作表现及其工作的成果。换句话说，组织依据员工的工作态度和工作的质量等级对其做出鉴定。而工作质量等级的标准又是来源于职位分析对职位工作要求的具体描述。这使得测量标准比较统一、客观。

（3）为体现功绩制的精神，现代的员工绩效测评更加注重对行为结果的评价，即重视成果的管理，将业绩成果作为员工发展的主要依据。这使得绩效管理有了比较扎实的标准。近年来，各国公务员制度都加大了功绩评估的比例和力度，就是一个明证。

（4）将员工的个人评估与组织目标管理结合在一起。现代公共部门人力资源管理将绩效管理纳入了目标管理的体系，使其成为组织管理系统的有机组成部分。目标管理不仅吸引员工参与管理，而且它引导着员工行为的方向，促进组织、个人、目标、行为、发展之间的一体化的进程，也推进了绩效管理的发展、完善。

4．公共部门人员绩效评估的内容

通常，将绩效评估的内容分为工作能力评估、工作业绩评估和工作态度评估。随着人力资源管理在组织中的地位越来越重要，为了实现一定的人力资源管理目的，人们将潜力评估也纳入员工绩效评估系统中。

（1）工作能力评估。工作能力是从事本职工作所需具备的基本能力和应用能力。通俗地说，就是员工对于完成其职责范围内的工作所能使用的方法的多寡和好坏。工作能力包括体能、知识、智能、技能等。第一，体能，取决于年龄、性别和健康状况等因素。现代社会快节奏的工作环境往往要求员工的精神高度集中、反应敏捷、判断准确，同时还要求有持续的耐久力。第二，知识，包括学历、专业知识水平、工作经验等项目。第三，智能，包括记忆、分析、综合、判断、创新等能力。第四，技能，包括操作、表达、组织等能力。

（2）工作业绩评估。工作业绩就是员工职务行为的直接结果。考评的内容以工作效果为主，着眼于“干出了什么”，重点在结果，而不是行为。这个评估过程不仅要说明各级员工的工作完成情况，更重要的是通过这些评估知道员工能否有计划地改进工作，以达到组织发展的要求。在绩效评估实践中，我们可以看到许多词被用来表示工作业绩（结果）。第一，责任（应负责任），指职位或部门应承担的为部门或组织目标服务的任务，它的重点是结果。第二，目标，它直接反映了工作的先后顺序，是对在一定条件下、一定时间范围内所达到的结果的描述。第三，指标，是指衡量任职者工作执行状况的尺度，指标强调的重点与焦点在于产出或结果，而不是投入或努力。第四，任务，一项应该完成的工作。第五，关键成果领域，是活动的重要领域，这些领域的成就决定或表明成功。以上这些词在绩效评估中常常出现，可见评估工作业绩是评估的重头戏。因为评估工作业绩只是评估员工职务行为的直接结果，而不是工作过程，所以评估的标准容易制定，并且评估也容易操作。但是这种评估具有短期性和表现性的缺点。它对从事具体生产操作的员工较适合，但对事务性员工却不太适合。

（3）工作态度评估。工作态度主要指纪律性、协作性、积极性、主动性、服从性、执行性、责任性、归属性、敬业精神、团队精神等。工作态度是影响工作能力发挥的个性因素，也就是说，好的工作能力并不一定产生高绩效，高绩效要在个体良好的工作态度下，并具有内外部条件的支持才能实现。因此，在绩效评估中应增加对员工工作态度的评估，以鼓励员工充分发挥现有的工作能力，最大限度地创造优异的工作业绩，并通过日常工作态度评估，引导员工增强工作的热情，避免“出工不出力”的情况。

（4）潜力评估。近年来，绩效评估不再只是“追溯过去”“评估历史”，它开始强调员工潜能与绩效的关系，关注员工素质、关注未来发展。在公共部门中，知识工作者占一定比例，他们的工作具有创新性的特点，创新是试错的过程，所以潜力评估弥补了只评估结果（只看当前做了什么）的弊端，关注将来能够做什么。潜力评估要通过各种手段，了解员工的潜力，从而找出阻碍员工发挥潜力的原因，更好地将员工的工作潜力发挥出来，将潜力转化为现实的工作能力。工作能力评估是对员工通过职务行为反映出来的能力进行评估，而潜力评估针对的则是员工在工作中没有机会发挥出来的能力。

5．绩效评估中的误区

绩效评估是一种人对人的评价，在这一过程中往往会出现一些错误，从而影响评估的效果。为了避免这些错误，首先应当知道这些错误是什么。绩效评估中容易产生的误区，一般有以下几种。

（1）光环效应。当一个人有一个显著的优点的时候，人们会误以为他在其他方面也有同样的优点。这就是光环效应。在评估中也是如此，如被评估人工作非常积极主动，评估人可能会误以为他的工作业绩也非常优秀，从而给被评估人较高的评价，但实际情况可能并非如此。这种错误就是指以公职人员某一方面的特征为基础而对总体做出评价，通俗地讲就是“一好遮百丑”。举一个简单的例子，大家可能都是这样的经历，在学校时，学习成绩好的学生总是能够当选“三好学生”，尽管有些人在“德”和“体”方面并不符合要求，这就是光环效应造成的结果。

（2）逻辑错误。这种错误是指评估主体使用简单的逻辑推理而不是根据客观情况来对公职人员进行评价。例如，按照“口头表达能力强，那么公共关系能力就强”这种逻辑，根据公职人员的口头表达能力来对公共关系能力做出评价。

（3）近因误导。一般来说，人们对最近发生的事情记忆深刻，而对以前发生的事情印象浅显。评估人对被评估人某一阶段的工作绩效进行评估时，往往会只注重近期的表现和成绩，以近期印象来代替被评估人在整个评估期的绩效表现情况，因而造成评估误差。例如，在一年中的前年工作马马虎虎，等到最后的几个月才开始表现较好，照样能够得到好的评价。例如，评估周期为半年，公职人员只是在最近几周才提前上班，以前总是迟到，评估主体就根据公职人员的最近的出勤情况评为优秀。

（4）首因效应。这种错误和近期误差正好相反，是指评估主体根据公职人员起初的表现而对整个绩效评估周期的表现做出评价。例如，公职人员在评估周期开始时非常努力地工作，绩效也非常好，即使他后来的绩效并不怎么好，上级还是根据开始的表现对他在整个评估周期的绩效做出了较高的评价。

（5）对比效应。评估人不自觉地将被评估人与自己进行比较，以自己作为衡量被评估人的标准，这样就会产生自我比较误差。若评估人是一位完美主义者，他可能会放大被评估人的缺点，给被评估人较低的评价；若评估人自己有某种缺点，则可能无法看出被评估人也有同样的缺点。将和自己相似的就给予较高的评价，与自己不同的就给予较低的评价。例如，一个作风比较严谨的上级对做事一丝不苟的公职人员评价比较高，而对不拘小节的公职人员评价比较低，尽管两个人实际绩效水平差不多。

（6）溢出效应。这种错误就是指根据公职人员在评估周期以外的表现对评估周期内的表现做出评价。例如，某事业单位人员在评估周期前出了一次事故，在评估周期内他并没有出现问题，但是由于上次事故的影响，上级对他的绩效评价还是比较低。

（7）宽大化倾向。这种错误就是指评估主体放宽评估的标准，给所有公职人员的评估结果都比较高。与此类似的错误还有严格化倾向和中心化倾向，前者指掌握的标准过严，给公职人员的评估结果比较低；后者对公职人员的评估结果比较集中，既不过高，也不过低。

（8）理解差异化。由于评估人对评估指标的理解的差异而造成的误差。同样是“优、良、合格、不合格”等标准，但不同的评估人对这些标准的理解会有偏差，同样一个公职人员，对于某项相同的工作，甲评估人可能会选“良”，乙评估人可能会选“合格”。

（9）折中主义。评估人倾向于将被评估人的评估结果放置在中间的位置，这主要是由于评估人害怕承担责任或对被评估人实际情况不熟悉所造成的。

（10）感情用事。人是有感情的，而且不可避免地把感情带入他所从事的任何一种活动中，绩效评估也不例外。评估人喜欢或不喜欢（熟悉或不熟悉）被评估人，都会对被评估人的评估结果产生影响。评估人往往会给自己喜欢（或熟悉）的人较高的评价，而对自己不喜欢（或不熟悉）的人给予较低的评价。

为了减少甚至避免这些错误，应当采取以下措施：第一，建立完善的绩效目标体系，绩效评估指标和绩效评估标准应当具体、明确；第二，选择恰当的评估主体，评估主体应当对公职人员在评估指标上的表现最为了解，这两个问题在前面已经做过详细的阐述。避免让不同的评估人对相同职务的公职人员进行评估，尽可能让同一名评估人进行评估，公职人员之间的评估结果就具有了可比性。避免对不同职务的公职人员评估结果进行比较，因为不同职务的评估人不同，所以不同职务之间的比较可靠性较差；第三，选择合适的评估方法，如强制分布法和排序法就可以避免宽大化、严格化和中心化倾向；第四，对评估主体进行培训，评估开始前要对评估主体进行培训，指出这些可能存在的误区，从而使他们在评估工程中能够有意识地避免这些误区；第五，修改评估内容，让评估内容更加明晰，使能量化的尽可能量化。这样可以让评估人能够更加准确地进行评估。

【实务指南 6-1】江苏省公务员量化考评模式

依据机关目标责任的实施程度、机关层次和工作性质以及重要的环境因素，按联合矩阵法的规则，江苏省设计了全省公务员量化考评测评体系的三套体系模式，一是基本模式，二是动态模式，三是简约模式，以量表形式分别表达其体系框架，供各地、各部门选择运用。

一、基本模式

基本模式一般适用于市（含市）以上机关中，尚未实行政府目标责任制的部门和单位。测评体系设计包括四部分。

（1）制定考评指标体系，包括德、能、勤、绩四方面。考虑到公务员考评工作的实际需要与可能，将考评指标分解为二级，有条件的部门和单位可以制定三级指标。二级指标的确定，主要满足考评的有效性与可测性，兼顾可行性。二级指标维度（亦称“考评因素”“考评目标”）的数量要适宜。目前实施量化考评的单位，二级指标维度最少的为 10 个，最多的为 25 个。

（2）一级指标权重的确定，主要依据是组织目标与价值取向。行政机关对公务员的要求与经济组织有显著区别，对公务员“德”有严格的标准。所以，“德”应在指标体系中占重要的位置和一定的权重。目前，公务员考评“以实绩为导向”已成为广泛的共识。一般来说，机关级别越低，越贴近经济和社会生活的第一线，公务员工作实绩的表现就越具体，考评指标体系由“绩”的权重就越大。江苏省实施公务员量化考评的部门，“绩”的权重均占35%以上；一些基层单位其权重占到40%～60%以上。

（3）二级指标权重的确定，与公务员职位的高低及性质有关，以职位分析为依据。从职位高低看，二级指标“理论学习、政策水平、组织协调、应变能力、工作效率、总体绩效”的权重，领导职位高于非领导职位；“团结协作、诚信服务、调研能力、完成任务、数量质量”的权重，领导职位低于非领导职位（详见附表1）。对专业性较强的部门和单位而言，与专业工作直接有关的指标，其权重相应高一些。

附表1 中国公务员量化考评测评参考标准表

一级指标	二级指标	考评指标	领导职位等级分值				非领导职位等级分值			
			A	B	C	D	A	B	C	D
德	理论学习 政策水平	学习政治理论及业务知识有成果；准确却理解，认真执行党和国家政策；能正确运用本职工作有关政策法规	12	10	7	5	9	7	6	4
	清正廉洁 遵纪守法	依法办事、自觉遵守党和国家廉正规定，遵守《国家公务员暂行条例》纪律规定	9	7	6	4	9	7	6	4
	团结协作 诚信服务	顾全大局、善于与同志协作；诚实守信，处事公正，为群众服务有效	9	7	6	4	12	10	7	5
能	创新能力 调研能力	工作有预见性、有特色、有影响；在调研工作中能独立分析、综合问题，有调研成果	12	10	7	4	13	10	8	6
	组织协调 应变能力	能协调好与本职工作有关的人际关系；善于处理突发事件和临时任务	9	7	5	3	8	6	4	2
	表达能力	熟练掌握机关公文写作技能、口头表达准确	4	3	2	1	4	3	2	1
勤	工作态度	工作积极主动、认真务实、尽职尽责	6	5	4	3	6	5	4	3
	出勤情况	遵守出勤制度、积极参加集体和公益活动	4	3	2	1	4	3	2	1
绩	完成任务 数量质量	能按照机关工作目标和职位职责的要求完成本职工作和领导交办的事项	20	17	13	9	23	20	14	9
	工作效率 总体绩效	办事快捷、处事稳妥、绩效明显	15	12	9	6	12	10	8	5

（4）确定考评指标的等级分值，是指将所有的考评指标按照统一的规格，分为若干档次，并对各个档次赋予固定的分值。各地做法不同，有的分为4档，有的分为0档；各档

次分值之间的极差，有的是等量的，有的则不是；分值的表达，有的是百分比，有的是百分制。这些做法之间并没有原则的区别。不过，由于目前量化考评的精确度还达不到10个档次的程度，而且公务员考评结果也就4个档次，所以一般分为4个档次。

基本模式二级指标的数量与内容、一级指标和二级指标的权重、指标等级分值，由同级政府人事部门确定。

二、动态模式

公务员量化考评测试体系的动态模式一般适用于县、乡镇机关和已经实施政府目标责任制的部门和单位。它是在基本模式的基础上，通过较大的修改与变动形式的。其依据有以下几个方面：第一，实施政府目标责任制的单位，机关管理已经发生重大的变化，量化考评必须与其相配套。第二，基层机关与上级机关工作特点的重大区别是面向经济生活第一线，工作目标易受经济变化的影响，突发性、临时性任务较多，公务员绩效对经济和社会产生较直接的影响。第三，基层部门和单位的类别较多，工作性质比较复杂，人员考评呈现多样化特征。

基于以上因素，江苏省对基本模式做了下述改动。

（1）在量表中增设了“动态指标”栏。该栏目中的各指标，可以根据需要，合理增减。该栏目的指标不占“百分考评”的权重，其指标个数、分值占年度考评的比例一般由同级政府人事部门规定，以“加分”或“减分”挤入年度考评总分。

（2）政府目标责任制的内容包括两部分：地方政府年度重点工作任务及职能部门目标和责任。并将“职能部门的目标和责任”并入考评指标“绩”；增设考评指标“地方政府重点任务”。其权重一般由同级政府人事部门规定。

（3）增设考评指标“关键事件”，列入“动态指标”栏。

（4）增设考评指标“考评计划外任务”，列入“动态指标”栏。

（5）由同级政府人事部门对“关键事件”“考评计划外任务”的范围做出规定。

三、简约模式

公务员量化考评体系的简约模式是在动态模式的基础上，进行修改和简化。该模式适用于试点或实施量化考评时间不长的部门，也适用于以绩效为主导，注重实现当期目标的单位。

其主要依据是：第一，绩效管理以“结果为本”理念作为基础，以市场机制作为依据，强调组织中的人在实现组织目标的过程中，已经将自身的德与能“内化”到组织绩效中，故以考评人做的事来反映和折射人的“德”与“能”是现实有效的途径。第二，目前在实际工作中，对“德”只能作定性的评价，对“能”的定量测量在多数部门和单位还缺乏条件；量化考评在试点单位应以循序渐进，先易后难的方式展开。考虑上述因素，江苏省撤掉来年规划考评指标体系中的指标“德”与“能”，单独作定性评价，评价得出的等次折算

为相应的分值，纳入年度考评的总分，其比例由同级政府人事部门规定。

三、反馈阶段

实施阶段结束以后，接着就是反馈阶段，这一阶段主要是完成绩效反馈的任务，也就是说上级要就绩效评估的结果和公职人员进行面对面的沟通，指出公职人员在绩效评估期间存在的问题，并一起制订出绩效改进的计划。为了保证绩效的改进，还要对绩效改进计划的执行效果进行跟踪。表 6-6 是一个绩效反馈面谈表的例子。

表 6-6　绩效反馈面谈表

面谈对象		职位编号	
面谈者		面谈时间	
面谈地点			
绩效评估结果（总成绩）：			
工作业绩：	工作能力：		工作态度：
上期绩效不良的方面：			
导致上期绩效不良的原因：			
下期绩效改进的计划：			
面谈对象签字		面谈者签字	
绩效改进计划执行的情况：			
记录者签字		时间	

（一）绩效反馈应注意的问题

为了保证绩效反馈的效果，在反馈绩效时应当注意以下几个问题。

（1）绩效反馈应当及时。在绩效评估结束后，上级应当立即就绩效评估的结果向公职人员进行反馈。绩效反馈的目的是要指出公职人员在工作中存在的问题，从而有利于他们在以后的工作中加以改进，如果反馈滞后的话，那么公职人员在下一个评估周期内还会出现同样的问题，这就达不到绩效管理的目的。

（2）绩效反馈要指出具体的问题。绩效反馈是为了让公职人员知道自己到底什么地方不足，因此，反馈时不能只告诉公职人员绩效评估的结果，而是应当指出具体的问题。例如，反馈时不能只告诉公职人员“你的工作态度不好”，而应该告诉公职人员到底怎么不好，比如说“你的工作态度很不好，在这一个月内你迟到了 10 次，上周开会时讨论的材料你没提前读过”。

（3）绩效反馈要指出问题出现的原因。除了要指出公职人员的问题外，绩效反馈还应当和公职人员一起找出这些问题的原因并有针对性的制定出改进计划。

（4）绩效反馈不能针对人。在反馈过程中，针对的只能是公职人员的工作绩效，而不能是公职人员本人，这样容易伤害公职人员，造成抵触情绪，影响反馈的效果。例如，不能出现“你怎么这么笨”“别人都能完成，你怎么不行”之类的话。

（5）注意绩效反馈时说话的技巧。由于绩效反馈是一种面谈，因此，说话的技巧会影响反馈的效果。在进行反馈时，首先要消除公职人员的紧张情绪，建立起融洽的谈话气氛；其次，在反馈过程中，语气要平和，不能引起公职人员的反感；再次，要给公职人员说话的机会，允许他们解释，绩效反馈是一种沟通，不是在指责公职人员；最后，该结束时一定要结束，否则就是在浪费时间。

（二）绩效反馈效果的衡量

在绩效反馈结束以后，管理者还必须对反馈的效果加以衡量，提高以后的反馈效果。衡量反馈效果时，可以从以下几个方面进行考虑：此次反馈是否达到了预期的目的？下次反馈时，应当如何改进谈话的方式？有哪些遗漏必须加以补充？又有哪些无用的内容必须删除？此次反馈对公职人员改进工作是否有帮助？反馈是否增进了双方的理解？对于此次反馈，自己是否感到满意？

对于得到肯定回答的问题，在下一次反馈中就应当坚持；得到否定回答的问题，在下一次反馈中就必须加以改进。

四、运用阶段

绩效管理实施的最后一个阶段是运用阶段，就是说要将绩效评估的结果运用到人力资源管理的其他职能中去，从而真正发挥绩效管理的作用，保证绩效管理目的的实现。

绩效评估结果的运用包括两个层次的内容：一是直接根据绩效评估的结果做出相关的奖惩决策；二是对绩效评估的结果进行分析，从而为人力资源管理其他职能的实施提供指导或依据。第二个层次的有关内容，在第一节中已经作了详细的阐述，这里重点是对第一个层次做出说明。

按照期望理论的解释，当公职人员经过个人的努力取得了一定的绩效后，组织应当根据绩效的结果给予相应的奖励，这样他们才会有继续工作的动机，当然这些奖励要能够满足公职人员的需要才行。此外，强化理论也指出，当公职人员的工作结果或行为符合企业的要求时，应当给予正强化，以激励这种结果或行为；当工作结果或行为不符合企业的要求时，应当给予惩罚，以减少这种结果或行为的发生。因此，组织应当根据公职人员绩效评估的结果给予他们相应的奖励或惩罚。这种奖惩主要体现在两个方面：一是工资奖金的变动；二是职位的变动。

为了便于评估结果的运作，往往需要计算出最后的评估结果，并将结果区分成不同的等级。当适用于不同的方面时，绩效项目在最终结果中所占的权重也应当有所不同，一般

来说，用于第一个方面时，工作业绩和工作态度所占的比重应当相对较高；用于第二个方面时，工作业绩和工作能力所占的比重要相对较高。例如，规定绩效评估结果用于奖金分配和工资调整时，在最终结果中，工作业绩占 60%，工作态度占 30%，工作能力占 10%；而用于职位调整时，工作业绩占 50%，工作态度占 10%，工作能力占 40%。

此外，还要将最终计算出的评估结果划分成不同的等级，据此给予公职人员不同的奖惩，绩效越好，给予的奖励就要越大；绩效越差，给予的惩罚就要越大。例如，在百分制下，规定 90 分以上为 A 等，80～89 分为 B 等，70～79 分为 C 等，60～69 分为 D 等，59 分以下为 E 等。用于工资调整时规定，评估结果为 A 等，工资增长幅度为 10%；B 等，增长幅度为 5%；C 等不变；D 等，工资要下调 4%；E 等，下调 8%。用于职位调整时规定，连续三年为 C 等以上才有资格晋升；连续两年为 D 等，公共部门有权解除劳动合同。

为了更好地对绩效不同表现者进行管理，也可参考以下的人才矩阵模型，如图 6-1 所示。

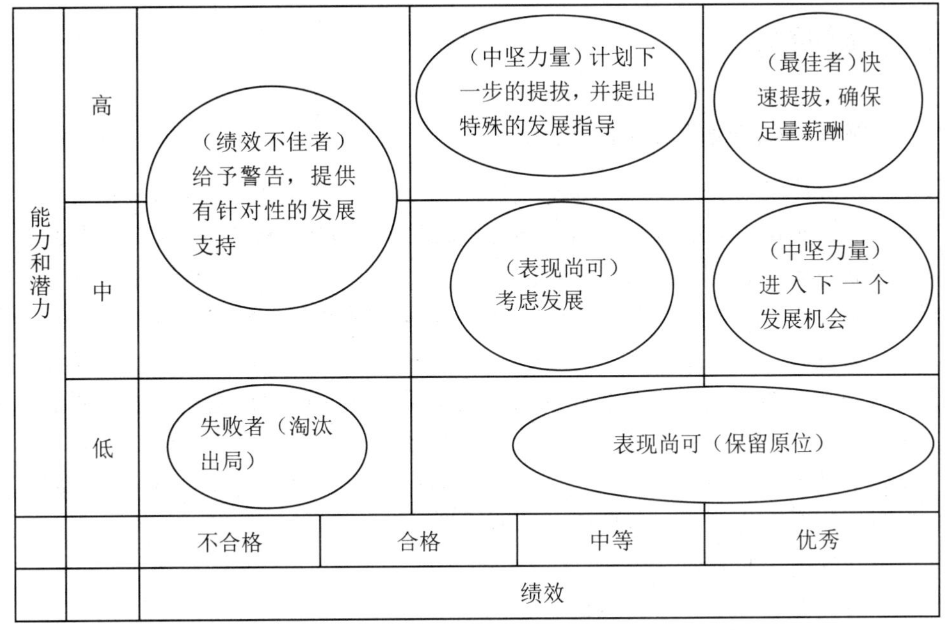

图 6-1　人才矩阵模型

第三节　公共部门绩效评估方法体系

目前，国内通用的评估方法有经济责任审计法、目标责任制考核法和公民评议法三种，但是，这三种方法在评估理念、指标体系设计、评估程序、法律机制保障等方面都存在不足之处：评估带有自发性、盲目性、形式化、滞后化的倾向，无法真正发挥出全面促进公共部门服务意识和竞争意识觉醒以及引导公共部门行为、提升公共部门效能的作用。

而国外政府绩效评估起源发展比较早，目前最具代表性的评估方法主要有三种：3E 评价法（经济性、效率性、效果性）、标杆管理法和平衡计分卡法，它们分别代表了政府绩效评估的三个不同发展阶段。3E 评价法是政府绩效评估在方法探索上的开端；标杆管理法预示着对政府绩效全面评估的开始；平衡计分卡法明确提出政府要以长远的眼光规划社会的发展愿景，思考其在社会发展中应承担的使命，指导政府绩效评估。除了以上三种主要评估办法外，还有“全面质量评估法”“360 度绩效评估法”“目标管理法”等，每一种方法均有各自的优点和不足。在众多的评估方法中，如何从中选择适合本组织的方法，这使大部分公共组织相当为难。下面着重介绍标杆管理法、目标管理理论以及平衡计分卡法在公共部门绩效考核中的应用。

一、标杆管理法

（一）标杆和标杆管理的概念及廓清

《牛津高阶英汉双解词典》对“标杆（benchmark）”的解释是“make cut in rock，concrete post，etc. by surveyors for use in measuring comparative levels，etc.”，中文即“测绘人员为测量相对高度而由此在岩石、混凝土立柱等建筑物上刻画出的标记，也就是基准点，喻意即用于比较之用的样板或参照点”。实质上，标杆最早就是运用在测绘领域。由于社会科学知识体系的相互融通性，在 20 世纪 70 年代，标杆的含义不仅仅只局限在测量参照的范畴，更多地使用在其他的领域。如今的标杆，已立足于广义的理解，是指可供参照的标准或者基准。帕特里夏·基利指出，“标杆是标杆管理机构所建立的绩效或绩效水准”。此定义说明标杆隶属于绩效的范畴之内，通过建立标杆的形式达到改进绩效的效果，标杆的实质就是绩效问题。标杆无处不在，并且随时随地可见。

1.“标杆管理”的概念

标杆管理是随着标杆广泛使用而诞生的一个名词，是随着市场经济不断发展应运而生的，是历史发展的产物。就标杆管理定义而言，目前不同领域的专家和学者对标杆管理定义都不同。从静态的角度来理解，是指一种管理的工具；从动态的角度来理解，是指一种过程。由此根据侧重点的不同，在此将标杆管理分为两大类。

（1）工具类。工具，是指在生产劳动时所使用的器具，引申为用以达到目的的事物。罗伯特·坎普将标杆管理定义为“寻找能够带来超常业绩的行业最佳做法。罗伯特·坎普对标杆管理的理解落脚点在最佳做法，也就是方法工具。罗伯特·坎普是较早研究标杆管理的学者，此定义应用到不同类型的管理领域中，甚至于跨行业、跨国度，质量评估的工

具。认为其是一种适用于寻找自身组织与最佳实践组织之间绩效方面的差距，从而提高绩效水平的改进工具；一种能指导并教会组织如何进行改进的方法；可帮助组织通过对外部核心的业绩引入内部组织后，对自身组织的服务和工作流程等不断进行系统的、全方位的比较。

（2）过程类。过程，是指事情进行或事物发展所经过的程序。前施乐公司首席执行官大卫·T.科恩斯认为："标杆管理就是持续不断地将自己的产品、服务以及管理实践活动与最强的竞争对手，或那些被认为是行业领袖的组织的产品、服务以及管理活动进行对比分析的过程。"由于标杆管理最早在施乐公司实行并取得成效，所以此定义对其他学者都存在导向性的作用。

美国生产力和质量控制中心（American Productivity and Quality Control Center，APQC），认为标杆管理是一个评估过程，通过系统的、持续性的学习，不断地与优秀组织当中流程、管理、服务领先的环节进行比较，从而改善组织的经营绩效。由美国权威机构所公开的定义体现了标杆管理的主题就是比较学习，目的是为了改善绩效。

帕特里夏·基利总结许多学者的定义，认为标杆管理是一个组织向最佳组织学习并使用其最佳做法以提高绩效的过程，并且这个过程是变化的、不断演进的。综合上述不同领域和学者对标杆管理的定义，在侧重点上都有所不同和发展，但他们都有共同因素，就是比较、学习与应用。笔者综合学者们的定义将其归纳为标杆管理就是在行业内外找出最佳实践者，通过比较评价找出绩效差距，从而不断持续学习的一种应用的方法和过程。

2."标杆"的廓清与"目标"的异同点

根据《现代汉语词典》对"标杆"的解释为"测量的用具，用木杆制成，上面涂有红白相间的油漆，主要用来指示测量点"；另外"目标"是"射击、攻击或寻求的对象"。从字面意思理解，"标杆"的用途是作为测量之用的，测量的木杆上根据红白相间的油漆，显示测量木杆具有不同的测量点，也就是说测量木杆有不同的"标杆"。在实际操作测量中，每一个测量任务都会有一个不同的"标杆"，从整个测量任务来看，具有间断性和间接性。而"目标"则是直接攻击或寻求的对象，从目标实施的主体和客体来看，二者之间存在连续性和直接性。

另外，从标杆管理的定义进行分析，由于标杆管理是一个过程，所以标杆是在根据组织内部的实际情况不断调整，整体上处于一种变化的状态。根据标杆管理的实施过程，笔者将"标杆"分为"过程标杆"和"终极标杆"。标杆管理的实施主体将整个过程分为不同的阶段，每一个阶段当中所树立的标杆就是"过程标杆"，而当整个过程即将完成，某一个项目即将完成，最后一个阶段的标杆就是"终极标杆"，也就是我们通常理解的"目标"。所以，"标杆"和"目标"之间，是不同的概念，虽然"标杆"与"目标"二者之间有一定的重合，但是"标杆"比"目标"具有更为深入的内涵。

（二）标杆管理的类型

由于标杆管理具有普遍适用性，在不同的行业不同的职能部门都可以得到合适的运用，通过管理不同类型的标杆管理来确定最佳实践，从而提高管理绩效。所以从原则上来说，只要是带有竞争性质的活动都可以采用标杆管理，为了能够更好地运用标杆管理，一般根据标杆管理所选取对象的范围分为五大类。

（1）内部标杆管理。内部标杆管理从字面意思理解，就是以组织的内部为基准进行标杆管理，它是相对简单而且容易操作的一种方式，因为同一个组织的内部信息相对容易获得，能够搜集到大量的信息。组织确定内部标杆管理的目标，可以通过目标管理法将指标任务层级分级，完成最佳实践，然后可以推广到组织中的其他部门，资源共享。但是内部标杆管理容易产生封闭性思维，最好能够同其他的标杆管理方法一起使用。

（2）竞争性标杆管理。竞争性标杆管理是应用在相同部门中，具有竞争性的类似服务的比较来确定自己的地位。竞争性标杆管理主要体现在服务的可靠性、质量、价格等其他的特性。这种标杆管理的重点是在业绩上，将竞争性的服务定为基准，实施“逆向工程”，把服务通过推导、研究，分析运行数据，找出差距，从而提高竞争优势。

（3）职能标杆管理。职能标杆管理突破了同部门的竞争，是指在不同部门中具有相同职能的业务或者流程进行比较评估，从而提高自身的管理方式。这种标杆管理方式扩大了标杆管理的视野，不存在同行业的竞争关系，因此，在信息共享、相互协作方面具有优势，能够搜集到较为具体和全面的资料。

（4）流程标杆管理。流程标杆管理是关注以离散的运行系统和工作流程为重点，如选录流程、服务对象抱怨处理流程、审批流程、流水作业流程等。流程标杆管理的最大益处是能够在短时间内取得收益，得到业绩的改善，并且这些业绩容易量化，如通过行政效率的提高、公众投诉率的降低等，尤其是将核心业务流程进行改善之后，短期内的其他指标都会有所提升。因此，许多组织为了能够在短期内取得效益，通常会采取此种方式。

（5）战略标杆管理。战略标杆管理从广义上来说，是研究组织如何竞争的。这种标杆管理不只局限于本部门，更需要跨部门，由此找到业绩良好的战略。战略标杆管理注重长期竞争模式，其好处也需要时间的积累。战略的规划和部署对战术具有极大的导向作用，对组织文化、发展方向、关键绩效都有重要影响。由于战略通常是组织高层进行策划实施的，所以对高层素质要求比较高。以上的标杆管理都是从不同的角度和侧重点所进行的归类，每一个标杆管理都有自己的适用范围，因此，组织根据自身所需选择合适类型的标杆管理，以改善组织的绩效。大部分的管理活动都不是只采取某一种标杆管理，而是多种标杆管理相结合，组织的多个部门甚至是所有部门的积极参与，才会取得成效。

（三）标杆管理的流程

标杆管理在不同的行业和组织都有所应用，但是每一个组织在运用中都存在一定的差异，一些组织采用四步流程，而另外一些组织采用八步，甚至更多，这些差异都只是表面的，实质上都是为了找出最佳实践而开展的一系列的活动。战略计划学会（Strategic Planning Institute，SPI）的标杆管理委员会（Council on Benchmarking）成员提出一个简单一致的模型，利用简短的五个措辞概括了标杆管理流程的精髓。

SPI 标杆管理模型的简单和宽泛，其实，SPI 模型是从战略层面给实施标杆管理的组织指明方向，而在实际的操作过程中，需要填充更多的步骤才能够将标杆管理落到实处，如图 6-2 所示。

图 6-2 SPI 标杆管理模型

（1）发起标杆管理项目活动。在第一步中，首先需要了解组织打算对哪些项目进行标杆管理，明确界定问题，同时为开展标杆管理活动争取决策层的支持。最重要的是选择可以为此进行比较的组织单位，制定测评方案，并与当地专家一起审定计划。

（2）组织人员实施内部数据搜集与分析。在这个步骤中，最初就搜集与分析组织中内部公开的信息，根据信息的相似度选择潜在的内部标杆管理合作伙伴，适当的时候可以在组织内部实施访谈或者问卷调查。如果是规模较大的标杆管理活动，涉及许多部门，可以建立内部标杆管理委员会以帮助方案的继续执行。

（3）考察外部标杆对象。这个步骤中，主要就是对标杆对象进行一系列的数据搜集，包括标杆对象公开发表的信息，甚至是尚未披露的信息。如果能够获得标杆对象的合作与支持，即使是带有竞争性质，也能够准确得到和掌握最有价值的信息。

（4）消化内外部数据并形成改进建议。通过上述步骤获得的信息，将其整合，形成相关操作方法、促进因素直至提出改进建议。在细化过程中，可以运用具有代表性的指标进行度量，对流程、业绩进行比较，从而确定未来业绩及发展目标，并由相关专家进行方案评估。

（5）实施并持续改进绩效。在方案得到评估之后，首先需要得到决策层通过，然后开始执行方案并时时跟踪，评估其影响，如在方案中出现预想中的偏差，需要适时调整。为以后能更好实施标杆管理，可以建立标杆管理数据库，为持续改善绩效做好充分准备。

（四）标杆管理的实施困境

（1）对自身及标杆对象认识不足。应用标杆管理方法，如何设定标杆很重要。设定标杆之前，组织需要对自身有个清醒的认识，但很多组织并不是先认识到自己有哪些问题需要解决后才开始实行标杆管理，而是看到其他组织取得了一定成绩或好评就去效仿，缺乏详细的分析、判断、取舍。标杆管理不是应用于公共部门管理的全部流程，而是应用于管理过程的某一方面或某一职能部门，而且是具有可比性的管理过程和职能部门。公共部门具有公共服务性，有些部门产出的服务是差异化服务，可比性不大，甚至有些可能根本就不具有可比性，所以不能笼统地来进行比较、效仿。

（2）标杆管理的流程不清晰。我国公共部门中经常会有一些考察参观、交流经验等活动，这可以看作标杆管理的开始环节，即了解自己，确定标杆管理的内容及对象，但之后的数据收集、分析，指标拟定等环节则模糊不清或者干脆被省略。即使有按照流程实施，政府职能部门的指标设置也存在线条较粗，缺乏细化、量化的标准的问题。

（3）标杆管理实施控制不足。标杆管理是一个系统的方法，政府机构在执行过程中会遇到很多障碍，这些障碍不利于标杆管理者开展工作，如组织成员不愿与新政策合作；组织内部在对标过程中产生“学不了”的情形和想法等。这些障碍的产生可以归结为组织对标杆管理的实施控制不足。要实施标杆管理，必须保证全体成员都能理解、支持组织开展标杆管理并主动参与其中。标杆管理是一项长期、动态的活动，一旦开始就不应该终止，因此，组织必须采取强有力的措施保证计划顺利实施。对实施的控制可以有硬性的制度控制，也可以用软性的培训沟通保证，总之，应该用各种方法来确保标杆管理的开展。但很多地方政府并没有意识到实施控制的重要性，这就使得标杆管理中间“流产”或实施效果不佳。

二、目标管理理论

（一）目标管理的内容及特点

目标管理（Management by Objective，MBO）是管理专家德鲁克 1954 年在其名著《管理实践》中提出的。

1．目标管理的内容

目标管理的主要内容是：组织的最高领导层根据组织面临的形势和社会需要，制定出一定时期内组织经营活动所要达到的总目标，然后层层落实，要求下属各部门上级领导人员以至每个员工根据上级制定的目标和保证措施，形成一个目标体系，并把目标完成的情况作为各部门或个人考核的依据。简言之，目标管理就是让组织的上级领导人员和员工亲自参加目标的制定，在工作中实行“自我控制”并努力完成工作目标的一种管理制度或方法。组织中的上下级共同制定目标，所以目标的实现者也是目标的制定者。在确定目标的过程中，首先确定出总目标，然后对总目标进行分解，逐级展开，通过上下协商，制定出各部门甚至单个员工的目标。上下级的目标之间通常是一种“目的—手段”的关系，上级

目标需要通过下级一定手段来实现。用“总目标”引导“分目标”，用“分目标”保证“总目标”，从而形成一个“目标—手段”链。

2．目标管理的特点

目标管理的特点有如下几点。

（1）共同参与。目标管理是参与管理，上级与下级共同确定目标，目标的实现者同时也是目标的制定者。

（2）系统导向。目标管理用“总目标”引导“分目标”，用“分目标”保证“总目标”，形成一个目标手段链。

（3）自我控制。目标管理强调自我控制，通过对动机的控制达到对行为的控制。

（4）授权导向。目标管理促使下放过程管理的权力。

（5）结果导向。目标管理注重成果第一的方针。

上级每年给下属制定一个具体目标，最后以完成的百分比来衡量他们的绩效，这是目标管理吗？准确地说，这是结果管理，级级定目标，下达指令目标，不能称目标管理。目标管理是制定目标、过程管理、结果评估与反馈的全过程管理，制定的目标是上下级主动沟通的结果，结果管理既没有制定目标这一环，也没有过程管理这一环，不能称目标管理。

3．目标管理的步骤

目标管理的步骤可以不完全一样，但一般来说可以分为以下四步。

（1）建立一套完整的目标体系。这项工作是从部门的最高上级领导部门开始的，然后由上而下的逐级确定目标。上下级的目标之间通常是一种“目的—手段”的关系，某一级的目标需要用一定的手段来实现，而这个实现的履行者往往就属于这级人员的下属部门之中。同时，目标体系应与组织结构相吻合，从而使每个部门都有明确的目标，每个目标都有人明确负责。这种明确负责现象的出现，很有可能导致对组织结构的调整。从这个意义上说，目标管理还有搞清组织结构的作用。

（2）组织实施。目标既定，上级领导人员就应放手把权力交给下级人员，而自己去抓重点的综合性管理。完成目标主要靠执行者的自我控制。上级的管理应主要体现在指导、协助、提出问题、提供情报以及创造良好的工作环境方面。

（3）检查和评价。对各级目标的完成情况，要事先规定出期限，定期进行检查。检查的方法可灵活地采用自检、互检和责成专门的部门进行检查。检查的依据就是事先确定的目标。对于最终结果，应当根据目标进行评价，并根据评价结果进行奖罚。

（4）确定新的目标，重新开始循环。

目标管理实施的主要工具是目标管理卡和目标跟踪卡，通过领导与下级人员之间的目标沟通填写目标管理卡，同时按照目标管理卡的要求，按照一定的进度对目标完成情况进行检查，并填写目标跟踪卡。通过目标跟踪卡，检查目标完成的情况，并找到未能完成目标的原因，同时寻求解决办法。对于设置不合理的目标，在目标跟踪卡中进行及时的修正。

表 6-7 就是个某事业单位目标管理的例子。

表 6-7　××事业单位××部门目标跟踪卡

原定目标	原定工作计划	原定进度（月）%											
		1	2	3	4	5	6	7	8	9	10	11	12
修正目标	修正工作计划	修正进度（月）%											
		1	2	3	4	5	6	7	8	9	10	11	12
修正原因													
审核													

目标管理的流程如图 6-3 所示。

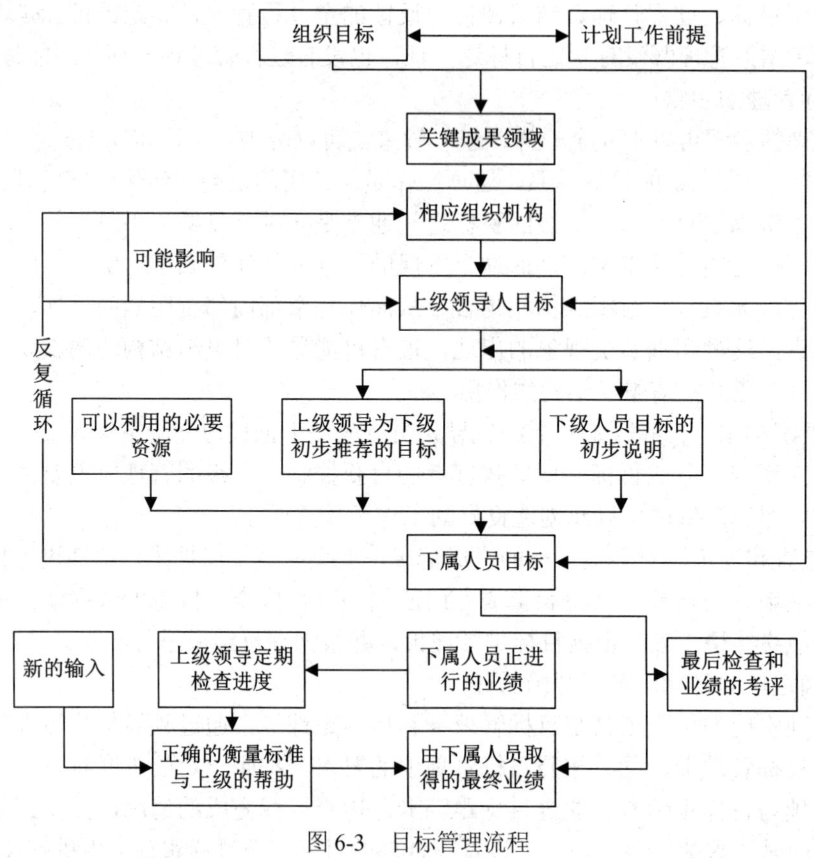

图 6-3　目标管理流程

（二）我国公共部门实施目标管理的历史进程

国外目标管理的兴起和推行，引起了我国管理学者、工商企业界和政府工作者的关注。从国际经验来看，对政府管理活动进行绩效评估是一个普遍的趋势，甚至可以说政府绩效评估是人类社会行政管理新的文明成果。20 世纪 60 年代中期，目标管理开始传入我国，最初在一些工商企业应用，称为“方针目标管理”。进入 20 世纪 80 年代后，国家经委在对一些大中型企业试点取得经验的基础上，将目标管理作为 18 种现代管理方法之一，向全国工矿企业进行推广。企业将生产经营方针分解制定成具体的经营目标，按照不同的岗位分级负责的方法，把目标管理与岗位责任制有机结合起来，推行方针目标管理，初步形成了具有我国特色的目标管理体系。

我国党政机关目标管理，是在国有大中型企业推行目标管理责任制取得明显成效的基础上，由少数省市试行后在全国展开的。机关岗位责任制最早在辽宁省等一些省级机关试行，继而逐渐在各地展开。1982 年 12 月，劳动人事部发出了《关于建立国家行政机关员工岗位责任制的通知》；1984 年 1 月，中央组织部、劳动人事部联合召开了全国党政机关岗位责任制座谈会；1985 年、1986 年，劳动人事部先后在吉林、四川、湖南三次召开全国岗位责任制和人事制度改革理论研讨会，认真总结机关责任制的经验，深入探讨岗位责任制的理论和实践问题。此后，机关目标管理以责任制的形式在机关中广泛推广。到 2002 年，有包括 20 多个省会城市在内的 200 多个城市采用了目标管理。

回顾我国机关目标管理工作的发展历程，大致可以分为三个阶段。

1．起步阶段（1992—1997）

1992 年，邓小平同志“南方谈话”后，由于机关干部工资福利较低，部分机关干部“下海”经商办企业，给机关干部队伍的稳定带来了一定的影响。为了把推进机关工作与调动机关员工积极性有效地结合起来，浙江、辽宁、上海等地在机关范围内开始推行目标管理责任制。具体的方法是：每年年底或次年年初，市级机关按系统召开各单位负责人会议，由参会人员将本单位一年的工作情况在会上进行介绍，参会人员根据介绍的情况进行投票，选出先进单位。考核结束后，对先进单位进行表彰，给所有参评单位发放目标责任制考核奖。当时，对于先进单位的表彰，主要以精神鼓励为主，先进荣誉未同物质奖励挂钩。各单位在目标考核奖金额度上未拉开差距。

2．发展阶段（1998—2003）

经过部分城市几年的实践，实施目标管理对推进机关部门的工作，确保完成政府提出的工作目标任务，起到了积极的作用，也使机关干部收入有了一定的提高。但是，这一考核办法存在的目标完成情况与奖罚不够紧密、激励作用不足、考核流于形式、考核目标设置不够科学等问题日益暴露。为进一步完善考核办法，有效发挥目标考核的激励作用，1998 年，杭州市在学习其他目标考核办法的基础上，结合杭州实际，提出了具有杭州特点的目标管理考核办法，并以市委办公厅、市政府办公厅名义正式下发了《关于进一步完善市级机关目标管理责任制工作的通知》（市委办[1998]57 号）。这一考核办法主要在以下三个方面做了重大调整：一是对考核内容做了调整，对每个市直单位设置职能目标和共性目标两部分；二是对考核的方法做了调整，取消了系统投票的考核方式，改为由市目标办联合系统牵头单位，采取“平时考核和年终考核相结合，按项评估、以项计分、综合平衡”的百分制考核方法；三是把考核结果与奖惩挂钩，适当拉开奖金的额度。由此，杭州市的目标管理工作步入了基本成型的阶段。

2003 年，青岛市按照党的十六大关于“进一步转变政府职能、改进管理方式、提高行政效率、降低行政成本”的精神和市委“创新目标机制、创新督查机制、创新考核机制和创新激励机制”的要求，借鉴发达国家目标管理绩效评估管理先进理念和经验，市委、市政府督查室会同有关部门对党的十五大以来全市实行的目标管理体系进行了进一步的完善和整体创新，努力探索建立具有时代特征、青岛特色、符合全球化竞争和市场经济发展需要的党务政务管理新模式，以市委文件正式下发了《关于加强目标管理绩效评估的意见》，并在全市组织实施，构建起以“科学民主的目标化决策机制、责任制衡的刚性化执行机制、督查考核的制度化监督机制、奖惩兑现的导向化激励机制”为核心的目标绩效管理体系，这个体系融合三大文明建设于一体，形成了推动干部群众抢抓机遇、干事创业、争创一流的长效机制，对全市的经济、社会等各方面的全面协调发展起到了“推进器”的作用。

3．深化阶段（2004—至今）

根据市委、市政府领导关于进一步深化完善目标管理工作要求，杭州市机关目标管理工作在目标设置、考核办法等方面进行了新的探索：一是按照“突出重点、分类管理”的要求，对目标设置进行了调整，将工作目标分为三类，并把“满意不满意”评选活动中征集到的群众意见的整改工作纳入了目标考核的内容。二是按照“干在实处、走在前列”的要求，2005 年又在目标设置中增设了创新、创优工作目标。三是研究目标考核与群众评议相结合的办法。2006 年市委专门设立重点调研课题，市目标办、满意办、市委组织部、宣传部等部门，对开展的机关目标管理和“满意不满意单位”评选等工作进行系统的研究，探讨群众评议与组织考核、定量考核与定性考核相结合的新路子，促进机关单位既能保质保量地完成市委、市政府提出的目标任务，同时又能达到让人民群众满意的根本目的。

三、平衡计分卡法

21 世纪面临充满挑战的竞争环境，组织者需要一个组织战略和组织基础架构以使他们能够更加有效地制定和实施组织的战略。“平衡计分卡是一个非常强大的管理工具，尤其是适用于中国的平衡计分卡，可以用来帮助建立战略管理的基础架构”。通过这个基础架构，管理者能够“实施战略、从所得效果中学习以及明确组织战略的重点”。平衡计分卡是现代组织所面临的许多挑战而产生的行之有效的工具，并在绩效评估领域发挥了重要作用。那么，究竟什么是平衡计分卡，它又是怎样发挥作用的呢？

（一）平衡计分卡的内涵

1990 年，哈佛大学会计学教授罗伯特·卡普兰和波士顿公司的管理咨询师大卫·诺顿两人共同对 12 家公司进行了一项研究，以寻求新的绩效评价方法。这项研究的起因是人们越来越相信绩效评价的财务指标对于现代企业组织而言是无效的。卡普兰和诺顿经过多次研究讨论，决定用计分卡这种囊括整个组织各方面活动（包括服务对象、内部业务流程、员工活动和股东利益）的绩效评价系统，即平衡计分卡。随后，平衡计分卡进入了广泛应用的阶段。《哈佛商业评论》在庆祝创刊 80 年之际，隆重评选出了“过去 80 年来最具影响力的十大管理理念”，由哈佛商学院罗伯特·卡普兰教授和其同事大卫·诺顿教授发明的平衡计分卡名列第二。当时，世界 500 强中已有 80%的企业在应用平衡计分卡，足见其影响之广。

在实施平衡计分卡之前，企业绩效衡量的指标主要是通过财务指标来衡量。在过去的几百年间，财务指标系统取得了较大的成功和进展。但进入 21 世纪后，企业的竞争环境发生了剧烈变化，许多人对绩效评价的财务指标开始产生怀疑和批评。这些批评包括以下方面。

（1）有形资产不再是企业价值的首要驱动因素。企业员工的知识素质、服务对象关系以及企业创新精神都将成为现代企业价值的体现。

（2）财务指标是对企业过去成绩的评估，而这并不代表企业现在及未来的绩效会如何？财务成果只能代表过去的成绩，并不能预示未来的绩效，也不可能对未来绩效产生作用。

（3）按照职能部门编制的财务报表抹杀了员工个人参与团队的积极性，对于那些跨部门的工作会缺乏积极性和参与性。而在现代组织中，大量工作是跨部门团队合作完成的，财务报表的绩效评估忽视了这种团队合作。

（4）缺乏长远的思考。许多组织在面临资金问题时首先考虑的问题就是削减员工培训和发展支出，甚至裁员。这种做法符合财务指标衡量的标准，但就企业长期发展看，就可能丧失形成长期优势的最有价值的资源。

传统的财务指标衡量引发了企业管理的许多问题，对企业员工绩效的提高也形成了某种障碍。由于几乎完全依赖于财务指标，管理者无法了解组织的整体情况，评价受到限制，也使得企业战略实施受到许多障碍。在这种情况下，就产生了一种新的驱动绩效的评价指标体系（平衡计分卡）。

平衡计分卡（Balanced Scorecard，BSC）是以信息为基础，系统考虑企业业绩驱动因素，多维度平衡评价的一种新型的企业业绩评价系统。同时，它又是一种将企业战略目标与企业业绩驱动因素相结合，动态实施企业战略的战略管理系统。它由四个部分组成：财务方面、服务对象方面、内部营运方面及学习和成长方面。

（1）财务方面。公司财务性指标能够综合地反映公司业绩，可以直接体现股东的利益。财务指标一直被广泛地应用来对公司的业绩进行控制和评价，并在平衡计分卡中予以保留。常用的财务性指标主要有利润和投资回报率。此外，还可以采用营业收入、销售成本和经济附加值（剩余收益）等。

（2）服务对象方面。用户是上帝，服务对象是实现公司财务目标永不枯竭的源泉。公司只有更好地满足服务对象需要，才能拥有更多的服务对象，创造出公司更好的经济效益。平衡计分卡中服务对象方面的指标主要有服务对象满意程度、服务对象保持程度、新服务对象的获得、服务对象获利能力、市场份额等。

（3）内部营运方面。公司财务业绩的实现，服务对象各种需求的满足，以及股东价值的追求，都需要靠其内部的良好经营来支持。这一过程又可细分为创新、生产经营和售后服务三个具体过程。创新主要表现为确立和开拓新市场，发现和培育新服务对象，开发和创造新产品和服务，以及创立新的生产工艺技术和经营管理方法等。生产经营过程是指从接受服务对象订单开始，到把现有产品和服务生产出来并提供给服务对象的过程。售后服务过程是指在售出、支付产品和服务之后，给服务对象提供的服务活动过程。它包括提供保证书、修理、退货和换货，以及支付手段的管理等。

（4）学习和成长方面。企业的学习和成长主要来自三个方面的资源：人员、信息系统和企业的程序。前面财务、服务对象和内部营运过程目标，通常显示出在现有的人员、系统和程序的能力与实现突破性业绩目标所要求的能力之间的差距。为了弥补这些差距，企业就要投资于培训员工，提高信息系统技术，组织好企业程序。其中提高员工能力、激发员工士气尤为重要。反映员工方面的指标主要有：员工培训支出、员工满意程度、员工的稳定性、员工的生产率等。

平均计分卡的模型如图 6-4 所示。

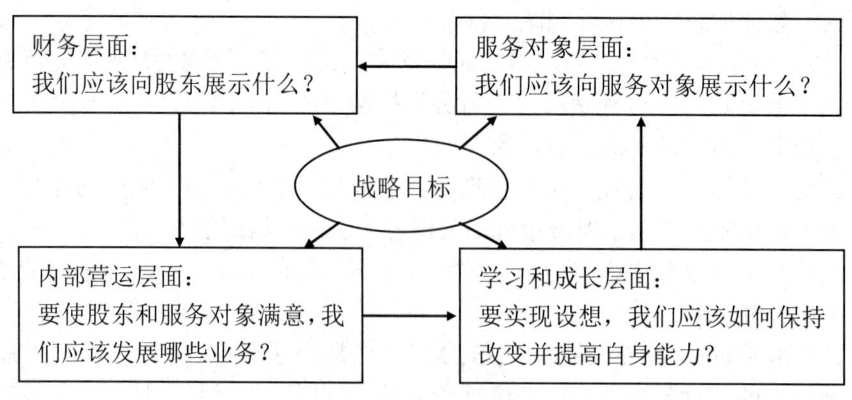

图 6-4　BSC 模型

平衡计分卡为组织衡量绩效提供了四个基本维度。为了能使平衡计分卡在实践操作层面上得以更广泛的应用，很多组织针对这四个基本维度设计了符合自身特点的具体指标体系。当然，就企业组织来看，符合这四个维度的指标设计还是有着通用之处的，具体如表 6-8 所示。

表 6-8　平衡计分卡的企业实际应用

平衡计分卡把长远利益和短期利益平衡统一起来			
平衡计分卡让经理人从四个方面观察企业	指标类别	指标侧重	指标名称
我们怎样满足股东	财务指标	财务收益状况	净资产收益率、销售营业利润率、成本费用利润率、资本保值增值率
		资产运营状况	总资产周转率、流动资产周转率、存货周转率、应收账款周转率
		偿债能力状况	资产负债率、流动比率、速动比率、长期资产适合率
		发展能力状况	销售营业增长率、总资产增长率、三年利润平均增长率、三年资本平均增长率
服务对象如何对待我们	服务对象指示	价格状况	价格波动比率
		服务状况	促销效益比率、服务对象满意度、服务对象档案完整率、三年资本平均增长率
		品牌状况	产品上架率、动销率、货款回笼率、销售收入完成率、相对市场占有率
我们必须擅长什么	内部运营指标	质量状况	原辅料采购计划完成率、原料质量一次达标率、正品率、工艺达标率
		成本状况	采购价格综合指数、原辅料耗损单位成品、原辅料成本
		效率状况	配送及时率、设备有效作业率、产品供货周期、生产能力利用率
我们能否继续提高并创造价值	学习与创造指标	学习指标	培训覆盖率、核心人才流失率、人才适配率、新业务收入、内部员工满意度
		创新指标	技术与产品储备度、产品创新程度、部门协作满意度

1．平衡计分卡的基本思想

平衡计分卡的核心思想就是通过财务（Financial）、服务对象（Customers）、内部营运过程（Internal Business Progress）、学习与成长（Learning and Growth）四个方面指标之间相互驱动的因果关系（cause-and-effect links）展现组织的战略轨迹，实现绩效评估—绩效改进以及战略实施—战略修正的目标。平衡计分卡中每一项指标都是一系列因果关系中的一环，通过它们把相关部门的目标同组织的战略联系在一起；而“驱动关系”一方面是指计分卡的各方面指标必须代表业绩结果与业绩驱动因素双重含义，另一方面计分卡本身必须是包含业绩结果与业绩驱动因素双重指标的绩效评估系统。之所以称此方法为“平衡（Balanced）”计分卡，是因为这种方法通过财务与非财务考核手段之间的相互补充“平衡”，不仅使绩效评估的地位上升到组织的战略层面，使之成为组织战略的实施工具，同时也是在定量评价与定性评价之间、客观评价与主观评价之间、指标的前馈指导与后馈控制之间及组织的短期增长与长期发展之间及组织的各个利益相关者的期望之间寻求“平衡”的基础上完成的绩效评估与战略实施过程。

2．平衡计分卡的特点

平衡计分卡，表明了财务与非财务衡量方法之间的平衡，长期目标与短期目标之间的平衡，外部和内部的平衡，结果和过程的平衡，管理业绩和经营业绩的平衡等多个方面。所以能反映组织综合经营状况，使业绩评价趋于平衡和完善，利于组织长远发展。

平衡计分卡方法因为突破了财务作为唯一指标的衡量工作做到了多个方面的平衡。平衡计分卡与传统评价体系比较，具有如下特点。

（1）平衡计分卡为企业战略管理提供强有力的支持。随着全球经济一体化进程的不断发展，市场竞争的不断加剧，战略管理对企业持续发展而言更为重要。平衡计分卡的评价内容与相关指标和企业战略目标紧密相连，企业战略的实施可以通过对平衡计分卡的全面管理来完成。

（2）平衡计分卡可以提高企业整体管理效率。平衡计分卡所涉及的四项内容，都是企业未来发展成功的关键要素，通过平衡计分卡所提供的管理报告，将看似不相关的要素有机地结合在一起，可以大大节约企业管理者的时间，提高企业管理的整体效率，为企业未来成功发展提供坚实的基础。

（3）注重团队合作，防止企业管理机能失调。团队精神是一个企业文化的集中表现，平衡计分卡通过对企业各要素的组合，让管理者能同时考虑企业各职能部门在企业整体中的不同作用与功能，使他们认识到某一领域的工作改进可能是以其他领域的退步为代价换来的，促使企业管理部门考虑决策时要从企业出发，慎重选择可行方案。

（4）平衡计分卡可提高企业激励作用，扩大员工的参与意识。传统的业绩评价体系强调管理者希望（或要求）下属采取什么行动，然后通过评价来证实下属是否采取了行动以及行动的结果如何，整个控制系统强调的是对行为结果的控制与考核。而平衡计分卡则强调目标管理，鼓励下属创造性地（而非被动）完成目标，这一管理系统强调的是激励动力。一方面，因为在具体管理问题上，企业高层管理者并不一定会比中下层管理人员更了解情况、所做出的决策也不一定比下属更明智。所以由企业高层管理人员规定下属的行为方式是不恰当的。另一方面，目前企业业绩评价体系大多是由财务专业人士设计并监督实施的，但是，由于专业领域的差别，财务专业人士并不清楚企业经营管理、技术创新等方面的关键性问题。因而，无法对企业的整体经营的业绩进行科学合理的计量与评价。

（5）平衡计分卡可以使企业信息负担降到最少。在当今信息时代，企业很少会因为信息过少而苦恼，随全员管理的引进，当企业员工或顾问向企业提出建议时，新的信息指标总是不断增加。这样，会导致企业高层决策者处理信息的负担大大加重。而平衡计分卡可以使企业管理者仅仅关注少数而又非常关键的相关指标在保证满足企业管理需要的同时，尽量减少信息负担成本。

3．平衡计分卡的功能

平衡计分卡的四个衡量维度体现了现代企业发展的综合要求，并对各个维度下需要衡量的指标进行了具体说明。通过对平衡计分卡在绩效评估方面作用的了解，我们可以掌握，平衡计分卡是作为财务评价系统的补充而产生的，本身就是一套绩效指标的评估体系。作为评价系统的平衡计分卡在现代企业绩效评估过程中发挥了重要作用，但同时也应该看到，平衡计分卡不仅仅是一种评价工具，也是“组织战略管理系统和沟通的工具”。因此，平衡计分卡的作用主要体现在四个方面。

（1）将财务指标与非财务指标相结合，体现出现代企业的价值观，综合反映了企业的业绩，并为企业未来发展提供了方向和借鉴。传统的业绩评价系统以财务指标（如利润、投资回报率）为主，但并不能揭示业绩的动因或业绩改善的关键因素，忽视了对外部环境（如服务对象、市场）的分析，对企业未来发展缺乏一种远景规划和预测。平衡计分卡则通过财务、服务对象、内部营运、学习和成长等 4 个维度的测量，做到了财务指标和非财务指标的有机结合，实现了公司内部和外部之间、财务结果和这些结果的执行动因之间、公司现在的发展与未来发展之间的动态平衡。

（2）为现代企业价值观的实现提供了基本动力。传统的财务评价主要是利润分析，忽视了员工学习成长因素对企业发展的影响。平衡计分卡为企业绩效评估注入了新的因素，即学习成长因素和服务对象因素。一方面，企业为员工个人提供了学习成长的机会，并把员工学习成长的程度纳入绩效评估的指标体系，使员工能够获得充分学习成长的机会，进而激励员工为自我成长和组织创新而努力学习；另一方面，注重服务对象在企业组织管理和员工绩效测评中的作用，敦促员工主动寻找服务对象需要和满足服务对象需要，进而提高企业的综合服务水平和服务对象满意感，使企业在现代竞争中立于不败之地。

（3）平衡计分卡除了起到评价作用以外，其本质属性是组织的一种战略管理。随着平衡计分卡在许多组织的大规模运用，它不再是一种评价机制，更多的则上升为企业战略管理系统，成为企业战略管理的重要内容之一。通过平衡计分卡，企业组织得以克服一些所谓的“远景障碍”“人员障碍”“资源障碍”“管理障碍”，并从战略高度为企业发展提供了一套长远发展的思路。平衡计分卡以一种深刻而一致的方法描述了战略在公司各个层面的具体体现，从而具有独特的贡献和意义。在开发战略计分卡之前，管理人员缺乏一套被普遍接受的，用来描述战略的框架，而无法描述的东西是难以实施的。平衡计分卡通过战略图和计分卡来简单描述组织战略，成为一种新战略管理的运作体系，为组织实施战略管理提供了现实操作方法。从这个意义上来说，平衡计分卡对组织管理有着根本性的战略意义。

（4）平衡计分卡作为一种沟通工具对组织管理起到了重要作用。正如前面所说，平衡计分卡最初是作为绩效评估工具而产生的，随着组织实践则逐渐转化为战略，并能够根据平衡计分卡的内容向员工说明自己应该承担的责任、工作要求和目标。这即是平衡计分卡的沟通功能。传统的绩效指标过于笼统、模糊。员工对自己的绩效目标和绩效任务没有形成清晰的认识，也就无法为既定的绩效目标而努力工作。平衡计分卡方法突破了传统绩效指标的这种缺陷，能够通过绩效评价指标清楚地描述出所制定的组织战略，使之能为组织成员所理解和接受，并为之努力。因此，平衡计分卡对组织绩效管理实施起到了一定的沟通作用。

4．运用平衡计分卡的前提

通过理论探索与实践检验，要运用平衡计分卡，一般应具备以下四个前提条件。

（1）运用平衡计分卡的前提之一是组织的战略目标能够层层分解，并能够与组织内部的部门、工作组、个人的目标达成一致，其中个人利益能够服从组织的整体利益，这是平衡计分卡应用的一个重要前提。

（2）运用平衡计分卡的前提之二是计分卡所揭示的四个方面指标——包括财务、服务对象、内部营运过程、学习和成长——之间存在明确的因果驱动关系。但是这种严密的因果关系链在一个战略业务单位内部针对不同类别的职位系列却不易找到，或针对不同职位类别的个人，计分卡所涵盖的四个方面指标并不是必需的。

（3）运用平衡计分卡的前提之三是组织内部与实施平衡计分卡相配套的其他制度是健全的，包括财务核算体系的运作、内部信息平台的建设、岗位权责划分、业务流程管理以及与绩效评估相配套的人力资源管理的其他环节等。

（4）运用平衡计分卡的前提之四是组织内部每个岗位的员工都是胜任各自工作的，在此基础上研究一个战略业务单位的组织绩效才有意义。

（二）平衡计分卡在我国公共部门的应用及其意义

美国政府在平衡计分卡问世不久于 1993 年制定了《政府绩效与结果法案》，在该法案的影响下，所有联邦政府机构都要设立组织目标并且要衡量其进展；副总统戈尔在克林顿总统的委托下，也于 1993 年进行对政府绩效方面长达半年之久的研究。在此基础上，出台了《国家伙伴关系式的政府再造法案》，法案的要求更为详细，联邦政府机构都要设立“内部绩效目标”“使命宣言”“组织外在影响目标”，且有相关的指标进行评价。美国政府根据该法案要求美国各部门进行以“服务对象导向的政府”为主的绩效评估。在这种政府变革浪潮的推动下，美国联邦、州、市政府等引入平衡计分卡进行绩效管理，而且效果显著。

美国交通运输部的采购部为最早实施平衡计分卡的公共部门之一，于1996年引入平衡计分卡，美国北卡罗纳州夏洛特市是使用平衡计分卡方法取得成功的典型例子，新加坡的地区法院在世界司法界最先使用了平衡计分卡。之后，平衡计分卡在其他西方国家的公共部门中也备受关注。

1. 我国公共部门应用平衡计分卡方法的意义

平衡计分卡最早于1996年被引入到中国企业进行管理，由上海博意门咨询公司的创始人毕意文博士和孙永玲博士首先给中国介绍使用，他们认为平衡计分卡的“平衡”理念是与中国文化即表现阴阳平衡的太极标志相符的，经过对原始平衡计分卡进行本土化调整之后，形成了与我国国情相适应的平衡计分卡。但是他们主要介绍了适应中国商业环境的平衡计分卡，对于平衡计分卡在公共部门的应用只是涉及而已。他们认为，平衡计分卡可以被运用于政府机构或非营利组织中，而对于中国（或其他国家），必须提高的一个重要方面就是政府如何购买产品和服务。同时，将平衡计分卡应用于我国党政机关进行绩效管理时应重视以下四个方面：服务对象层应该置于顶端；形成绩效管理战略框架；参照部门职责设计评估维度和指标；要关注组织层面、部门层面和个人层面的有机联系。

平衡计分卡在世界范围内的应用，无论是私营部门还是公共部门，都取得了令人瞩目的成绩，这是不争的事实。面对这样一个出色的管理理论，我们作为正在学习和发展中的国家，理应首先考虑将其也引入到我国的公共部门中，让其在我国的环境中发挥其独特的作用。这对于我国公共部门的发展具有不同寻常的意义。

（1）平衡计分卡可以促成我国的公共部门明确使命，为战略管理奠定基础。保罗·R.尼文先生在其提出的公共部门平衡计分卡中，最大的改变就是提出了公共部门的组织使命问题。我国公共部门在这方面一直比较欠缺，普遍存在着对于使命的认识模糊，界定不清等问题，部门战略就更无从谈起。平衡计分卡的应用无疑可以从组织使命和战略的高度对于我国公共部门的发展起到催化和推动作用。

（2）平衡计分卡为我国公共部门的绩效管理提供了战略框架。在日常组织运作中，以绩效评估的方式代替绩效管理全过程，以绩效评估的结果作为组织成员全部工作表现的唯一衡量尺度。这样，不但缺乏时效性，不利于发现问题和持续的改进组织绩效，而且即使绩效评估本身也缺乏客观性，无法起到良好的效果。平衡计分卡引入我国公共部门的可以从战略的高度来引领整个绩效管理活动，使得整个绩效管理过程指向组织战略，绩效评估的目的性和针对性也得到了增强。

（3）平衡计分卡方法促进了我国公共部门的学习和变革。平衡计分卡将组织的学习与成长提高到了组织战略最终实现的重要组成维度，关注组织成员的学习，组织自身的学习能力就得到了提高，正如彼得·圣吉提出的学习型组织的理论，无论对环境的适应性，还是组织自身变革的动力，都在持续性地得到加强，也使组织成员真正认识到学习和成长对于组织成功的重要意义。

（4）平衡计分卡有助于协调和理顺我国公共部门之间的关系，缓解相互间的矛盾。从整个社会的角度来看，没有哪一个组织个体内部或组织之间不存在分歧。尤其是部门之间的分歧尤为明显。我国公共部门，由于相互间层次较多，关系复杂，更是容易产生这方面的问题。平衡计分卡通过在部门之间建立相互关联、相互支持的目标，加强部门与部门之间的联系沟通，实现信息的共享。从而达到了消除部门间的隔阂、缓解部门间矛盾的目的。

2．建立以平衡计分卡为核心的公共部门绩效管理机制的意义

"中国公共管理是需要战略思维的"，将平衡计分卡引入公共部门绩效管理能够促使公共部门以战略为中心，将宏观战略目标转化为可执行的、具体的目标。从这一点来说，平衡计分卡能够层层分解公共部门的战略目标和目标所对应的任务，并在分解过程中起到了管理和监督的作用。所以说，在我国公共部门引入平衡计分卡进行绩效管理的是有一定价值的。

（1）从服务对象角度来讲，平衡计分卡有利于建设服务型政府，因为在公共部门平衡计分卡的模式中，服务对象角度得到了提升。平衡计分卡使用比较量化的目标，再加上一些定性的评估，使服务对象维度指标和组织目标得到了比较不错的结合，从而使组织的绩效管理以战略为导向而展开。因此，公共部门应根据内外部环境变化制定和调整以"服务对象"为导向的战略。

（2）从内部流程角度来讲，平衡计分卡有利于改善公共部门内部运行机制。内部流程作为平衡计分卡的重要维度，它的战略框架包含了组织、部门和个人三个层次的目标，强调对组织流程的改进和再造。良好有序的内部管理流程是保证公共部门绩效水平优良的关键，只有内部业务流程运作规范、高效，它所提供的产品才能得到公众的认可，进而才能增加公众对其的满意度。所以说，公共部门要不断地调整自身行为，加强产品创新意识，加快办事、优化人力资源结构等，以吸引更多的公众，并得到他们的高度认可。

（3）从学习与发展角度来讲，平衡计分卡有利于学习型组织的形成。目前，企业与公共部门都把创建学习型组织作为其进行管理的目标。平衡计分卡把学习和成长作为实现组织战略的一个重要维度，因此说，它的引入推动了公共组织进一步的学习和发展。管理层和基层公务员都可以以与自己相对应的层级目标为依据对自己的工作绩效进行检验，不断地学习和改进，最后总会形成一个持久的学习型组织。

（4）从财务角度来讲，平衡计分卡有利于建设节约型政府。公共部门应该在预算约束的前提下给社会公众提供产品，尽量提高资金的使用率。公共部门在财务层面的体现一般表现为收、支两条线，运用财务指标可以考察到公共部门战略管理实施过程中的财务运行状况。因此说，平衡计分卡的财务层面与公共财政绩效管理相切合，这样可以有效地核算出公共资源的使用效率和节约程度。

（三）公共部门实施平衡计分卡的前提条件及可行性、必要性分析

自平衡计分卡方法提出以来，西方国家部分政府机构和非营利性组织开始逐渐引入平衡计分卡这项管理工具，其中美国国会于 1993 年借鉴平衡计分卡的理念制定的《政府绩效和结果法案》是最具有影响力的，将政府的绩效评估以法律的形式来推行，使其成为一种制度来约束政府的行为。如今，越来越多的政府机构和公共组织在应用平衡计分卡进行绩效管理，但是，如何在我国公共部门中应用平衡计分卡进行绩效管理是需要认真思考的问题。

1．平衡计分卡应用于公共部门的可行性分析

（1）组织理论角度。从组织理论的角度来讲，企业和公共组织具有同一性。彼得·德鲁克指出："管理在企业和公共组织中所解决的问题有 90%是一样的。管理因组织使命、愿景和结构的不同而不同……所有管理者都要面对作人事决策和与人沟通的问题，人的问题大同小异。在所有组织之中，不同的只是 10%的问题，因为这 10%是与这个组织特定的使命、文化和语言相适应的。那么，若一个人能领导好一个企业，他也会成为非营利性机构的一个优秀领导者，反之亦然。"彼得·德鲁克先生的这段管理名言表明企业管理与公共部门管理具有相当多的共性特征，二者的管理原理和管理方法同样具有同一性。

政府绩效管理起源于企业绩效管理，其思路和实施办法多是基于企业绩效管理，这是因为组织的同一性决定了这种借鉴和发展。由于政府绩效管理和企业绩效管理同属于组织绩效管理，所以它们在管理方法上也是相通的，因为"管理是一种实践其本质不在于'知'，而在于'行'；其验证不在于逻辑，而在于结果；其唯一权威就是成就"。

（2）价值取向角度。平衡计分卡的理念是保持组织与个人绩效、长期与短期目标、前置与滞后指标、结果与过程目标等方面的平衡。具体而言，平衡计分卡是要实现过去业绩和预期业绩、外部组织满意程度和服务对象满意程度等方面的平衡。现代组织的发展壮大，需要这种平衡，尤其是政府部门和公共组织，其工作对象是社会、公民以及公共物品，而当前社会发展的复杂性以及公民诉求的多元化使得政府工作必须更加全面细致，追求一种"平衡"中的发展。因此，平衡计分卡可以促使组织以服务对象为导向对各部门的功能进行整合，从而优化结构，提升绩效。

（3）战略角度。平衡计分卡的引入可以使公共部门以战略为导向进行绩效管理。我国传统公共部门绩效管理缺乏整体的战略规划，缺乏持续性，走过场现象比较严重，重"显绩"轻"潜绩"，重短期目标，轻长远目标。并且由于具有滞后失效性，传统和现有的绩效管理手段已经无法承受目前公共部门绩效管理体现出来的各种价值取向。而平衡计分卡以战略为导向的绩效管理模式，能够很好地解决这个问题，它强调组织战略与绩效管理之间时间上的持续性与因果关系上的紧密性，将组织战略具体化，转变为可操作的评价指标，再通过相应的制度来确保通过员工的行为能够将这些目标完成，最终实现组织战略。公共部门引入平衡计分卡进行绩效管理，可以推动目标的顺利实现。

2．平衡计分卡在公共部门修正的必要性分析

归根结底，平衡计分卡是诞生于私营部门的理论，尽管我们已经深入分析了平衡计分卡在公共部门的绩效管理中同样具有其独特的优势和很强的适应性。然而，并不能以此作为将平衡计分卡生搬硬套地引入公共部门的“公理”。

（1）公私部门绩效管理存在本质区别。我们必须承认公共部门与私营部门在在绩效管理方面具有某些相似性，这种相似性是将平衡计分卡应用于公共部门的前提条件。但是，在承认这种相似性的基础上，更重要的是要意识到，公共部门与私营部门在绩效管理上仍然存在本质的差别。最为明显的区别仍然还是绩效管理中最为重要的环节（绩效评估）。利润和成本的比值可以作为私营部门绩效评估的标准。对于公共部门而言，业绩的评价和价值的衡量是其进行绩效评估的重要内容。公共部门在依靠公共权力的基础上向社会提供公共产品和服务，但它因提供产品的不同所产生的绩效并不都是物质的，而且提供过程具有非市场性的特点；获益对象是不确定的，并且获益效益不能很快地显现出来，这就决定了我们在公共部门应用平衡计分卡的时候，不能只是“依葫芦画瓢”的移植，必须有所变动，有所修正，这样才能真正适应公共部门绩效管理的需要。

（2）公私部门管理要素存在区别。平衡计分卡包括财务、服务对象、内部营运和学习与成长四个基本维度。如果将私营部门的平衡计分卡应用结果简单地移植到公共部门中，也不可能产生完全一样的效果，因为毕竟二者是性质不同的部门领域，刻意的追求管理要素的一致性也会存在问题。下面逐一进行分析。

① 战略维度。战略学家波特说过：“战略就是制造竞争中的取舍效应；战略的本质是进行选择，若无取舍，企业则无须选择，战略也就不存在。”许多成功的私营部门都是由于制定了正确合理的战略。然而对于公共部门特别是具有多个职能的公共部门来说，战略选择似乎相对于私营部门的战略的确定要复杂的多，确定战略也确实是让他们感到为难的事情。如果要使平衡计分卡在公共部门中发挥其真正的价值，就必须能够提出这一公共部门的战略。要指出的是，公共部门必须很好地理解战略概念，如有些地区政府部门提出“加快经济发展”“提高居民素质”等，这些并不能看成是战略，这是政府部门所应履行的政府职能，是政府本应肩负的使命。

② 财务维度。在私营部门中，财务维度处于关键的地位。因为无论如何，高效率地工作和低成本地创造价值以追求利润对私营部门来说，都是最重要的事情。然而对于公共部门来说，采用成本控制就非常困难，因为公共行为的成本难以估量。例如，很难说一个政策的制定究竟成本有多大。财务维度应该被公共部门看作其他维度实现成功的前提条件或者是约束机制。因为公共部门的最终目标不在于取得财务上的成功，而是完成公共部门应尽的公共职能，以满足服务对象的要求。

③ 服务对象维度。对于私营部门而言，服务对象是产品或服务的最终消费者，对于服务对象范围的确定，相对要容易得多。而公共部门通常面对这样的困惑：到底谁是自己的

服务对象？这是公共部门在应用平衡计分卡时无法回避的一个复杂问题。与私营部门不同，公共部门产品或服务的生产者、提供者、最终获益者和实际的付款者可能是不同的群体，这就使公共部门在决定其服务对象面临巨大的难题。

④ 内部流程维度。私营部门的内部流程维度是与财务维度息息相关的。财务维度的良好表现需要靠内部流程维度的推动。公共部门的内部流程维度，最终目标是要与服务对象维度所内在要求的公共性相契合，内部流程的出色完成才可能增加服务对象维度方面良好的表现。不仅仅关注于工作流程本身的效率，还应该考虑这些工作流程究竟对于实现“为公共部门的受众服务”这一基本要求做出了多少贡献，起到了多大作用。

⑤ 学习与成长维度。要想实现组织内部流程维度、财务维度和服务对象维度方面的目标，组织的最基本元素（员工素质）的发展是首要考虑的因素。公共部门培养员工的综合素质提升，注重员工学习能力与技能发展，从而形成整个组织的学习与成长氛围。这种组织的良好氛围又带动着员工积极工作。从而提高业务流程的顺利运转，控制公共活动成本，实现服务对象对于组织的要求，同时顺利地执行战略。在这一点上，公共部门与私营部门差别不大，所不同的是公共部门由于公共性的特点，学习效果的体现不是及时的。

（四）平衡计分卡的公共部门应用模型分析

1．平衡计分卡在公共部门绩效评估应用中修正的必要性

平衡计分卡，并不是普遍适用于所有企业或组织的标准模式。政府绩效评估与企业绩效评估存在着本质的差别。企业绩效评估可以直接通过企业产品的市场销售利润与生产成本的比率来衡量。虽然随着知识经济的发展和企业内部经济条件和外部经营环境的变化，企业的服务对象需求、市场信息的获取以及自身学习和成长对企业绩效的影响和制约越来越明显。企业绩效评估需要考虑的因素和面对的问题日益复杂，但是其绩效交换和表现的途径并没发生根本性的变化。

政府绩效评估的核心是对其业绩的认定和价值估量问题。作为掌握公共权力、为社会和公众提供公共产品和公共服务的地方政府，其绩效具有产出内容的非物质性，受益对象的非特定性、实现过程的非市场性以及获益效果的滞后性等特点，决定了政府绩效评估不同于企业绩效评估。应根据地方政府绩效的内在属性和地方政府绩效评估的自身特殊要求来构建科学的绩效评估指标体系，选择科学的绩效评估方法和模式来进行评估。平衡计分卡作为企业绩效评估的科学方法，应用于公共部门，特别是应用于地方政府绩效评估时，应该按照公共部门的发展战略，修正和整合平衡计分卡的结构和指标。

2．修正后的公共部门平衡计分卡

平衡计分卡系统设计的初衷是改善盈利性企业的绩效管理，企业和公共部门有诸多本质区别，因此，一旦将平衡计分卡应用到公共部门，就必须重新调整其基本框架，构建适合公共部门自身特征的平衡计分卡模式。公共部门平衡计分卡修正模型如图 6-5 所示。

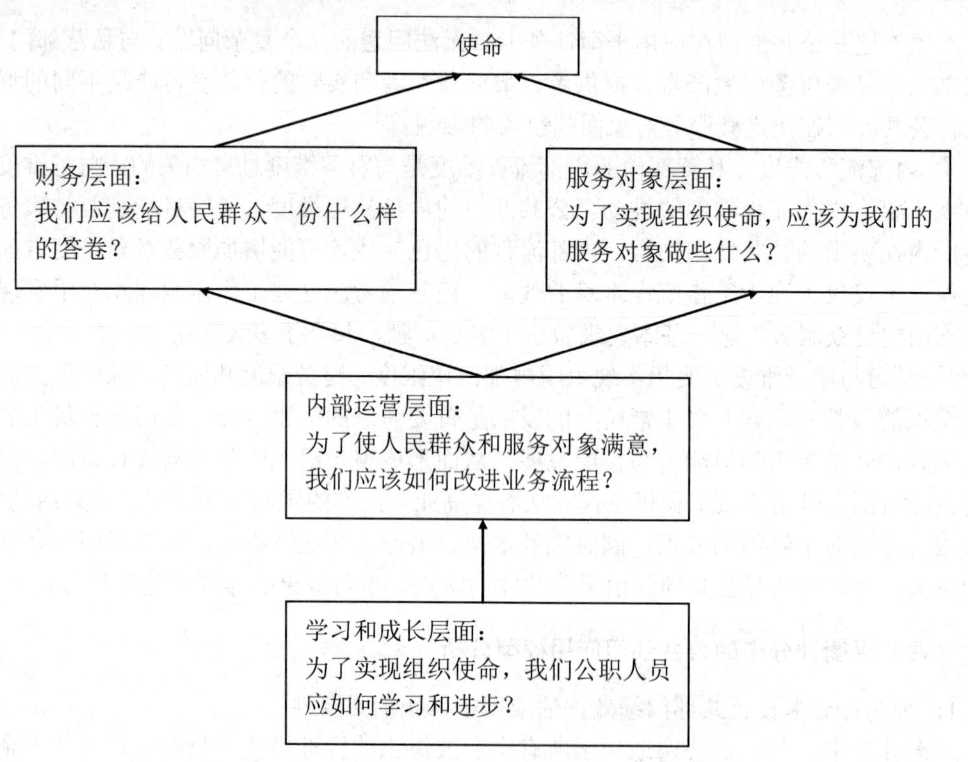

图 6-5　公共部门 BSC 修正模型

如图 6-5 所示，公共部门的平衡计分卡模型有以下几个显著特征。

（1）该模型将组织使命置于平衡计分卡系统的顶端这一点，就明确区分了私营企业和公共部门在运用平衡计分卡系统的区别。组织使命是指组织的目标定位及存在价值，是组织战略的基础和宗旨。而与之直接相关的就是组织的服务对象，即公共部门必须明确谁是自己提供服务的对象，以及如何完全满足他们的需求，从而实现组织使命。

（2）在公共部门中，各种财务指标被视为既是服务对象成功的促进因素，也是完成使命的限制条件，而财务维度的衡量指标是对传统财务指标的改进，即以服务对象服务导向为财务衡量的指标，以此确定组织资源的分配和使用，并不断提升其有效性。这方面的指标设计对公共部门的业务性质而言，可能存在预算约束和业务扩展两类情况。公共部门和私人企业一样，越来越倾向于用作业管理方法确定真正的成本动因，并使未来支出最小化。

（3）公共部门的各种内部流程指标应来源于服务对象维度所体现的价值定位，以服务对象价值为导向，引导组织向着既定目标迈进，其着眼点在于获取内部和外部服务对象的满意。随着政府部门与第三方订立合同、与供应商合作提供服务的趋势增强，又增加了获取内部业务流程指标的渠道，各种绩效指标应根据这个重大变化做出相应的调整。

（4）为了实现上述三个维度目标，公共部门必须在职员学习和成长方面订立指标，以

确保取得有利的成果。当前，那些有动力的、具备综合技能的职员，运用各种技能和工具，在追求持续改善的氛围下工作，乃是在财政预算限额下驱动流程改善并最终满足服务对象要求和驱动成功实现使命的关键条件。

（五）公共部门平衡计分卡的实施流程

公共组织如何实施平衡计分卡，总结成功实施计分卡公共组织的经验，可以将平衡计分卡的实施流程概括为以下七个步骤。

（1）战略分析。我国公共组织面临多种内外环境的挑战，尤其是外部瞬息万变的社会环境形势，以及与日俱增的公众期望。因此，面临的关键问题是，如何在充满挑战的动态环境中立于不败之地。首先需要全面分析所有的内外部因素，制定清晰的公共组织战略，包括以下领域进行分析、讨论并取得共识：SWOT 分析，即优势、劣势、机会和威胁的分析；目标使命的价值定位。在我国，许多公共组织过去都没有经过这类系统、全面的分析过程。有些公共组织主要凭借过去行政或市场垄断的先天优势。然而，随着我国社会的变化和竞争的不断加剧，单靠既得的资源已不可能取得长期成功。这一步骤的分析过程对这类公共组织的长期发展十分有益。

（2）形成并确定战略。高层应该基于以上的分析结果，确定公共组织的愿景、使命和战略。这项活动应用研讨会的形式进行。公共组织成功的关键环节之一在于：为关键服务对象制定一个制胜的价值定位。优秀的公共部门或经常在非本职的领域基本达到服务对象要求，而在本职领域占有绝对优势。因此，需要根据公共组织的价值定位确定几年后的战略重点。

（3）公共组织目标的设定。在定义或明确了公共组织使命之后，高层开始制定公共组织的战略绩效目标，通常从四个角度展开：财务、服务对象、流程、学习和成长。在开发平衡计分卡时运用战略图。战略图可以反映出高层对公共组织战略要素中因果关系的假设。具体实施时要制定具体的指标、目标值和行动方案，以实现关键目标。最后应该定出每个行动方案的任务，对每一项任务进行跟踪，确保落实和执行。这是战略实施的关键环节之一。

（4）目标分解。平衡计分卡的制定者负责把战略传达到整个组织，并把绩效目标逐层分解到下级单位，直至个人。在分解公共组织平衡计分卡的过程中，要注重构建组织内部的协调统一。如前所述，必须精心设计公共组织的结构、系统和流程，使它们相互之间协作有方，并适用于公共组织的战略。这对成功实施战略事关重大。同时，各分支或部门首先应该考虑公共组织的战略、目标、指标和目标值，然后把公共组织目标分解到分支或部门的平衡计分卡，并把内部服务对象的需求包括在内，以建立横向的联系。

（5）建立平衡计分卡的部门评价指标体系。评价指标体系的选择应该根据不同部门和单位的实际情况，以及按照公共组织使命来制定。

（6）将公共组织与部门平衡计分卡向个人延伸。按照设计部门平衡计分卡同样的原理与程序设计个人的平衡计分卡。个人平衡计分卡包含三个不同层级的衡量信息，从而使得所有公职人员在日常工作中，能轻易看到这些战略目标、测评指标和行动计划。

（7）战略监测、反馈与修正。战略监测这是任何一个绩效管理工具都能做得到的，平衡计分卡也不例外。平衡计分卡不同于关键绩效指标、目标管理等绩效管理工具的地方就在于其能够提供战略反馈与实施战略的修正。

平衡计分卡各指标之间存在一定的因果关系，我们可以分析改善公共组织绩效的计划是否已经达到？公职人员们是否接受了相应培训？如果这些都未达到，可能是执行力不够？但是如果这些改善业绩的计划都得到了实施，目标都达成了，那么问题可能就严重了，因为未能实现预期的结果可能说明公共组织的战略的理论基础有问题。那么这个时候可能就要能重新审定当初做战略分析与选择时所做的调查与一些假设。最后会得出两种结果：要么肯定当前战略而修改或调整关键成功因素（CSF）与测评指标，要么重新制定战略或者对战略进行调整。大部分组织每年会更新一次平衡计分卡，但随着组织环境的变化和对平衡计分卡的学习深入，公共组织会根据每月的跟踪调整一些目标、指标和目标值。平衡计分卡的一个基本要点：根据环境变化及时做出调整，以确保战略的成功执行。

本章小结

本章从现代人力资源绩效管理的基础理论出发，首先从绩效与绩效管理的概念入手，重点分析了绩效的基本特征、公共部门绩效的特殊属性以及公共部门绩效管理的主要功能。其次，针对公共部门人力资源管理的内容和流程进行了具体的阐述。在此基础上，又对绩效考核的内容及具体的流程做了详细阐述。第三节介绍了公共部门绩效考核的方法体系。

思考与练习

（1）公共部门绩效管理的含义是什么，与公共部门绩效考核有何区别？

（2）公共部门绩效考核有哪些方法，在实际工作中如何选择绩效考核的方法？

（3）公共部门绩效考核的基本流程包括哪几个方面？

（4）公共部门绩效考核的误差有哪些？如何控制绩效考核中的误差？

案例学习

我国政府绩效管理的经验探索

随着我国政府机构改革的不断深入，政府绩效问题也同样成为各级政府普遍关注的问

题。目前，许多地方都尝试进行政府绩效管理和评估的实践活动。这些尝试，取得了一定的成功；同时也出现了一些问题。但无论如何，都为我国政府开展绩效管理积累了宝贵的经验。山东省烟台市推行的“社会服务承诺制度”是近几年在我国出现的政府绩效管理的典型案例。

一、背景

1994 年 6 月，烟台市针对广大市民反映强烈的城市社会服务质量差的问题，借鉴英国和中国香港地区社会管理部门的做法，率先在烟台市建委试行“社会服务承诺制”。从 1995 年 1 月 1 日起，市建委系统所属 28 个企事业单位开始全面推行社会服务承诺制度。到 1996 年，烟台市建委实行承诺的内容达到 81 项、服务标准 117 条，基本上包含了建委系统工作的主要内容，覆盖了从城市建设、管理维护到居民生活服务的方方面面。经过半年的实践，社会服务承诺制度在烟台市收到了明显的成效，达到了“三促进、两提高、一降低”的社会效果。“三促进”是：促进了公仆意识的树立，把过去的部门权力转变为义务；促进了服务水平的提高；促进了内部管理的加强。“两提高”是：提高了服务质量；提高了工作效率。“一降低”是：降低了服务方面的事故。总体上讲，“社会服务承诺制”的推行取得了良好的社会效果，服务质量的提高赢得了市民的充分肯定。

1998 年以后，烟台市决定将社会服务承诺制度的范围进一步扩大，将承诺服务变成政府管理的一种自我运转方式，使承诺服务更加让人民群众满意。在市委、市政府的有力推动下，各部门主动配合，承诺制开始由对工作本身的承诺，向前、向后、向内、向外实现了全方位拓展、延伸，承诺服务的方式得到不断创新。

所谓向前延伸就是搞好“前置服务”，如工商部门必须让市民知道，申请办理营业执照需要具备哪些条件，准备哪些材料。所谓向后延伸就是搞好“后置服务”，如果需要，各部门必须让市民了解，在办理本部门相关的手续后还需要到哪里去办理，给群众办事提供最大的方便。所谓向外延伸就是搞好“外置服务”，如果需要，有关部门必须能够做到免费主动上门服务，如有关职能部门针对新颁布的法律、法规或政策等，必须主动到相关单位做好上门宣传工作。所谓向内延伸就是搞好“内置服务”，各部门必须从内部管理入手，为服务者提供服务，第一线的工作人员代表本部门或单位向市民提供承诺服务，承担违诺责任；各机关单位内部管理人员必须向第一线的工作人员提供承诺服务，承担违诺责任；为第一线的工作人员提供充足的条件，从而使他们能够更好地实现服务承诺。

为了进一步完善内部管理和社会监督机制，确保承诺兑现，1999 年 4 月，烟台市在承诺部门实行了“办事效率监督卡”制度，以便于群众进行监督。各部门根据自身的工作性质不断探索让人民满意的服务方式，如公安系统实行的警务公开的“阳光作业”和“123”专线投诉电话；市工商局实行的“首接责任制”，谁接手谁负责到底，为群众创造更加方便的办事条件。许多部门还创造了“一次讲清办事手续”“一个窗口服务”“一条龙办公”“缺人不缺档的AB角制”等承诺服务方式。

二、承诺制的基本做法

社会服务承诺制度，就是承担社会服务职能的组织，按行业要求，把服务内容、标准、程序、时限、责任向社会公开做出承诺，在社会的监督下组织实施，违背承诺要承担法律和经济责任的一种具有契约性质的社会服务机制。

烟台市的承诺制主要在以下三种类型的部门推行：一是公共服务部门，如自来水、公交、邮电、电业等部门，这是推行承诺制的重点部门；二是与基层联系比较多的行政执法部门，如工商、税务、公安等部门；三是关系国计民生而竞争又不充分的商业服务部门，如银行、粮食、医药等部门。承诺制的基本内容：公开办事内容、办事标准、办事程序，确定办事时限，设立监督机制和举报电话，明确赔偿标准，未实现承诺的责任单位和责任人要按照规定给当事人以赔偿。它把各项服务内容量化、细化、具体化，其核心是在社会服务范围内向社会公开承诺。

第一，承诺的内容向社会公开。各有关单位把自己所担负的社会服务项目、服务内容通过各种形式向社会公开。通过公开服务内容，让市民知道在某一领域、某个范围内，自己拥有哪些权力，应当享受哪些方面的服务。

第二，承诺的标准向社会公开。各单位按照承诺的内容，制定具体的服务标准并向社会公开。例如，管道煤气公司承诺，成片开发生活区的新开用户 150 天内完成设计安装供气任务，在已通气区域一个月内供气；灶具维修，一般故障随到随修，大修理在 4 小时内修补不好的，免费借用备用灶具，保证不误用户做饭等。通过公开服务标准，让市民知道自己所享受的服务质量标准应当达到什么程度。

第三，承诺的投诉程序向社会公开。承诺制度规定，市民如对服务不满意，可直接向承诺单位的责任部门投诉。责任部门接到投诉后，须在规定时间内予以处理。投诉方对责任部门处理结果不满意的，可直接向承诺单位投诉，承诺单位在接到投诉后必须明确答复处理意见。投诉人如仍有不满，可向建委社会服务承诺制度监察小组投诉。通过公开投诉程序，让市民知道如果服务达不到标准，应当找谁，到哪里去找个“说法”、讨个公道。

第四，承诺的违约责任向社会公开。在承诺制中明确规定，各单位如果违背承诺，或未能按期给予投诉人答复、处理而给用户造成损失的，必须承担赔偿或补偿经济损失的责任。例如，出租汽车公司规定，如确因该公司违背承诺给用户造成经济损失由公司承担，如公司自接受投诉起 5 日内没有给予答复，每延期一天赔偿 5 元，补给投诉人，并包赔因延期造成的经济损失。通过公开违诺责任，让市民知道因服务单位违诺给自己造成损失的应得到什么补偿或赔偿。

承诺制是由承诺、内部践诺机制、社会监督、应诺（违诺处罚）等环节组成的有机整体，其根本目的就是提高服务质量和水平，使老百姓得到利益和实惠。烟台市政府认为，社会服务承诺制度的核心就是真正把政府的公共服务置于社会监督之下，把监督权交给群众，动员全社会的力量来监督政府公共部门的工作，提高政府部门的服务水平。

三、推行承诺制的效果

（1）服务质量和办事效率明显提高。在城市公共服务方面，过去公交车的正点率不到70%，实行承诺制以后提高到98%以上，乘车难的问题得到较好的解决。在行政执法部门，一些手续的审批过去需要20天左右的时间，现在一般缩短到一周以内。

（2）行业服务风气明显好转。群众反映，过去办事首先想到的是托人、送礼，现在凡是承诺的事情，按照承诺时限和标准就可以办妥。自来水公司等单位过去每年反映职工“吃拿卡要”的投诉有上百起，现在基本上没有这方面的投诉。1997年8月，一位市民带着孩子乘坐公交车，由于司机刹车太急，小孩的眼镜被挤坏，司机主动道歉并赔偿100元，市民修好眼镜后，专门给公交公司写了一封表扬信，并把修眼镜剩余的22元钱一并寄到了公司，使可能发生的一起投诉变成了一起表扬。这种服务人员与市民之间互相理解、互相尊重的做法，形成了良好的社会风气。

（3）内部管理进一步加强。在社会力量的广泛监督之下，违诺了就要承担责任，受到处罚，因此必须加强内部管理。例如，市排水管理处在查处违诺上，坚持“一事一档”“三不放过”，即出现问题查不清责任不放过；有关责任人不提高认识不放过；对有关责任者不处理不放过。从而使越级投诉大大减少，投诉处结率达100%，市民满意率达95%以上。

（资料来源：刘旭涛. 政府绩效管理：制度、战略与方法[M]. 北京：机械工业出版社，2005.）

思考题：

1. 烟台市的社会服务承诺制反映出我国政府的绩效评估在实践中取得了哪些进步？
2. 你认为以上案例中的社会服务承诺制还需要在哪些方面加以改进？
3. 你如何看待干部实绩考核制度引起的争论？结合案例谈谈你的看法。

公共部门薪酬福利管理

本章关键词

- 薪酬（Compensation）
- 薪酬结构（Compensation Structure）
- 薪酬水平（Compensation Level）
- 福利制度（Welfare System）
- 社会保险制度（Social Security System）
- 公共部门薪酬管理（Compensation Management of Public Sector）

本章目标

- 了解公共部门薪酬以及薪酬管理的含义、内容
- 熟悉公共部门薪酬制度及薪酬体系设计流程
- 掌握公共部门宽带薪酬体系设计的基本思路及各个工资制度的基本特点

互联网资料

- http://www.scs.gov.cn
- http://www.gov.cn

第一节　公共部门薪酬管理概述

国家人事部2005年曾公布的一份名为《中央国家行政机关公务员流失问题不容忽视》的调研报告显示，市场热门专业的人才流失相对严重，这些人才易将专业优势转化成市场价值。在市场环境下，他们获取更高收入的机会显然多一些。另外，我国公共部门在薪酬标准、薪酬结构、薪酬体系和薪酬形式以及考核、晋升等方面的激励机制建设还不够完善，没有发挥有效的激励作用，也是一个很重要的原因。为了解决公共部门薪酬制度激励性不足的问题，深化公共部门薪酬制度改革势在必行。

一、薪酬管理概述

（一）基本概念

1．报酬

经济市场在本质上是一种交换经济。在为一个组织或雇主工作的时候，劳动者之所以愿意付出自己的劳动（包括时间、技能等），是因为他们期望自己能够获得与个人劳动价值相符的回报。通常情况下，我们将一个员工因为为某个组织工作而获得的所有各种他认为有价值的东西统称为报酬。这也是最容易与薪酬相混淆的一个概念。报酬一般可分为内在报酬和外在报酬两大类。内在报酬通常指员工由工作本身所获得的心理满足和心理收益，如决策的参与、工作的自主权、个人的发展、活动的多元化以及挑战性的工作等。外在报酬则通常指员工所得到的各种货币收入和实物，它包括两种类型，一种是财务报酬；一种是非财务报酬，如宽大的办公室、私人秘书、动听的头衔以及特定的停车位等。财务报酬又可分为两类，一是直接报酬，如工资、绩效奖金、股票期权和利润分享等；二是间接报酬，如保险、带薪休假和住房补贴等各种福利。报酬的构成如图7-1所示。

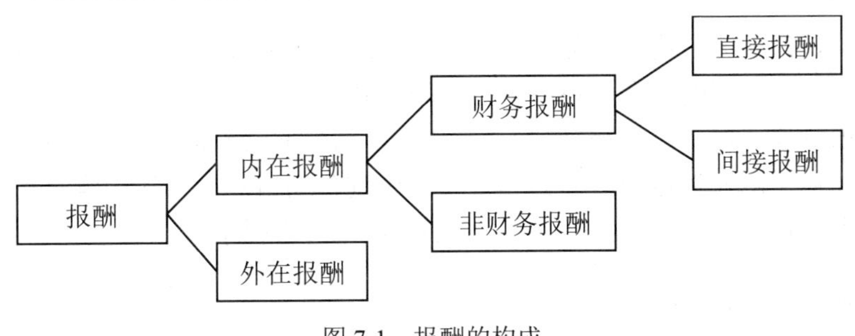

图7-1　报酬的构成

而薪酬则是报酬的一部分，是指员工从企业那里得到的各种直接的和间接的经济收入，简单地说，它就相当于报酬体系中的货币报酬部分。

2．薪酬

薪酬的中文含义是煮饭用的柴火和水，英文 compensation 指平衡、弥补、补偿。美国著名薪酬专家乔治·T.米尔科维奇这样定义薪酬：薪酬是指雇员作为雇佣关系中的一方所得到的各种货币收入，以及各种具体的服务和福利。总薪酬包括直接以现金形式支付的工资（如基本工资、绩效工资、激励工资、生活水平调整增资），或者通过福利和服务（如养老金、医疗保险、带薪休假等）支付的薪酬。

在企业中，员工的薪酬一般由以下三个部分组成：一是基本薪酬；二是激励薪酬；三是间接薪酬。基本薪酬指企业根据员工所承担的工作或者所具备的技能而支付给他们的较为稳定的经济收入；激励薪酬则是指企业根据员工、团队或者企业自身的绩效而支付给他们的具有变动性质的经济收入，这两个部分加起来就相当于货币报酬中的直接报酬部分，也就是以现金形式支付的工资，这构成了薪酬的主体。间接薪酬就是给员工提供的各种福利，与基本薪酬和激励薪酬不同，间接薪酬的支付与员工个人的工作绩效并没有直接的关系，往往具有普遍性，通俗地讲就是“人人都有份”。

3．工资

工资一般是货币形式或可以转化为货币形式的报偿，薪酬则还包括一些完全非货币形式的报偿，如终身雇佣的承诺（职业保障）、安全舒适的办公条件、参与决策的机会、反映个人兴趣和爱好的工作内容等；工资指单位耗费一定的经济资源支付给员工的，薪酬则还包括员工从工作本身所得到的报偿。工资是员工薪酬的主要组成部分。基本工资是指按照工资等级标准支付且在一定时间内固定不变的工资。工资等级标准一般以劳动技能、劳动责任、劳动强度和劳动条件等因素为依据，根据员工实际完成的劳动定额、工作时间或劳动消耗而决定。奖金是根据员工的工作努力程度和工作绩效大小而决定的劳动报酬。由于基本工资在一定时期内固定不变，难以及时反映员工的实际工作努力程度及工作绩效的变化，因此需要以奖金来补充基本工资，对员工的突出表现和超额贡献进行回报。

4．薪酬体系

薪酬体系是指薪酬的构成，即一个人的工作薪酬由哪几部分构成。薪酬体系是组织的人力资源管理整个系统的一个子系统。它向员工传达了在组织中什么是有价值的，并且为向员工支付报酬建立起了政策和程序。一个设计良好的薪酬体系直接与组织的战略规划相联系，从而使员工能够把他们的努力和行为集中到帮助组织在市场中竞争和生存的方向上去。一般而言，薪酬包括基本薪酬、奖金、津贴、福利四大部分。

（二）薪酬管理的内容

薪酬管理是指组织在战略和发展规划的指导下，综合考虑内外部各种因素的影响，确

定自身的薪酬水平、薪酬结构和薪酬形式，并进行薪酬调整和薪酬控制的整个过程。

全面理解薪酬管理的含义，需要注意以下几个问题。

（1）薪酬管理要在组织发展战略和规划的指导下来进行，作为人力资源管理的一项重要职能，薪酬管理必须服从和服务于组织的战略，要为组织的战略实现提供有力的支持，决不能狭隘地来进行薪酬管理。

（2）薪酬管理的目的不仅是让员工获得一定的经济收入，使他们能够维持并不断提高自身的生活水平，而且还要引导员工的工作行为、激发员工的工作热情，不断提高他们的工作绩效，这也是薪酬管理更为重要的目的。

（3）薪酬管理的内容不单是及时准确地给员工发放薪酬，这只是薪酬管理最低层次的活动，由上述的含义可以看出，薪酬管理涉及一系列的决策，是一项非常复杂的活动。

其中，薪酬管理主要包括以下几个方面的内容。

（1）确定薪酬管理目标。薪酬管理目标根据组织的人力资源战略确定，具体地讲包括以下三个方面：建立稳定的员工队伍，吸引高素质的人才；激发员工的工作热情，创造高绩效；努力实现组织目标和员工个人发展目标的协调。

（2）选择薪酬政策。所谓薪酬政策，就是管理者对组织薪酬管理运行的目标、任务及手段的选择和组合，是组织在员工薪酬方面所采取的方针策略。组织薪酬政策的主要内容包括：薪酬成本投入政策（如根据组织发展的需要，采取扩张劳动力成本或紧缩劳动力成本政策）；工资制度（是采取稳定员工收入的策略，还是激励员工绩效的政策？前者多与等级和岗位工资制度相结合，后者与绩效工资制度相结合）；工资结构以及工资水平（是采取向高额工资倾斜的工资结构，还是采取均等化，或者向低额结构倾斜的工资政策？前者要加大高级员工比例，提高其薪酬水平；后者要缩减高薪人员比例，降低员工薪酬水平）。

（3）制订薪酬计划。一个好的薪酬计划是组织薪酬政策的具体化。所谓薪酬计划，就是组织预计要实施的员工薪酬支付水平、支付结构及薪酬管理重点等。组织者在制订薪酬计划时，要通盘考虑，同时要把握一系列原则。

① 与组织目标管理相协调的原则。在组织人事管理非规范化阶段，员工的薪酬管理也缺乏科学性。例如，一些组织不是根据组织自身发展的需要选择工资制度和薪酬标准，而是在很大程度上模仿其他组织。事实上，并不存在一个对任何组织都适用的薪酬模式。对此，一些组织明确指出，组织薪酬计划应该与组织的经营计划相结合。例如，在工资支付水平上，很多组织都不再单纯考虑与同行业工资率的攀比，而主要取决于三个要素的综合考虑：其一，该水平是否能够留住组织优秀人才；其二，组织的支付能力；其三，该水平是否符合组织的发展目标。

② 以增强组织竞争力为原则。工资是组织的成本支出，压低工资有利于提高组织的竞争能力，但是，过低的工资又会导致激励的弱化。所以组织既要根据其外部环境的变化，也要从内部管理的角度，选择和调整适合组织经营发展的工资计划。任何工作计划都不是

固定的，必须在实施过程中根据需要随时调整。

（4）调整薪酬结构。薪酬结构是指组织员工之间的各种薪酬比例及其构成。主要包括：组织工资成本在不同员工之间的分配；职务和岗位工资率的确定；员工基本、辅助和浮动工资的比例以及基本工资及奖励工资的调整等。对薪酬结构的确定和调整主要掌握一个基本原则，即给予员工最大激励的原则。公平付薪是组织管理的宗旨。要避免员工的报酬不是给得过多，就是给得太少的现象。给多了会造成不称职员工不努力工作；给少了会造成高素质的人才外流。同时，对薪酬结构的确定还必须与组织的人事结构相一致，如组织中高级员工占的比重较大，那这一块的工资成本就高。

（三）薪酬管理的意义

作为人力资源管理的一项主要职能活动，薪酬管理具有非常重要的意义，这主要表现在以下几个方面。

（1）有效的薪酬管理有助于吸引和保留优秀的员工。这是薪酬管理最为基本的作用，组织支付的薪酬，是员工最主要的经济来源，是他们生存的重要保证。一项调查的结果显示，在组织各类人员所关注的问题中，薪酬问题排在了最重要或次重要的位置（见表 7-1）。薪酬管理的有效实施，能够给员工提供可靠的经济保障，从而有助于吸引和保留优秀的员工。

表 7-1　各类人员关注的问题

排　　序	管理人员	专业人员	事务人员	临时人员
1	薪酬	晋升	薪酬	薪酬
2	晋升	薪酬	晋升	稳定
3	权威	挑战性	管理	尊重
4	成就	新技术	尊重	管理
5	挑战性	管理	稳定	晋升

（2）有效的薪酬管理有助于实现对员工的激励。按照心理学的解释，人们的行为都是在需要的基础上产生的，对员工进行激励就是要满足他们没有实现的需要。马斯洛的需求理论指出，人们存在着五个层次的需求，有效的薪酬管理能够不同程度地满足这些需要，从而可以实现对员工的激励。员工获得的薪酬，是他们生存需要满足的直接来源；没有一定的经济收入，员工就不可能有安全感，也不可能有与其他人进行交往的物质基础；此外，薪酬水平的高低也是员工绩效水平的一个反映，较高的薪酬表明员工具有较好的绩效，这也可以在一定程度上满足他们尊重和自我实现的需要。

（3）有效的薪酬管理有助于改善组织的绩效。由上面的分析可以看出，薪酬管理的有效实施，能够对员工产生较强的激励作用，提高他们的工作绩效，而每个员工个人绩效的改善将使组织整体的绩效得到提升。此外，薪酬管理对组织绩效的影响还表现在成本方面，

对任何组织来说，薪酬都是一项非常重要的成本开支，在通常情况下，薪酬总额在组织总成本中占到40%～90%的比重，通过有效的薪酬管理，组织能够将自己的总成本降低4%～60%，这就可以扩大产品和利润空间，从而提升组织的经营绩效。

（4）有效的薪酬管理有助于塑造良好的组织文化。良好的组织文化对于组织的正常运转具有重要作用，而有效的薪酬管理则有助于组织文化的塑造。首先，薪酬是组织文化建设的物质基础，员工的生活如果不能得到保障，组织文化的建设就是一纸空文。其次，组织的薪酬政策本身就是组织文化的一部分内容，如奖励的导向、公平的观念等。再次，组织的薪酬政策能够对员工的行为和态度产生引导作用，从而有助于组织文化的建设。

二、公共部门薪酬制度

（一）公共部门薪酬

1．公共部门薪酬的含义

公共部门薪酬是公职人员在为社会公众提供所需的行为和服务时，从组织获取的工资、奖金和其他经济性补偿或间接性货币收入。狭义上是指单位按月发放给公共部门职员的固定部分，包括基础工资、年终工资、岗位津贴以及按国家规定的几项福利补贴；广义上还应包括国家其他福利待遇，单项奖励与奖金等。对于公职人员来说，薪酬是其付出劳动和提供服务的回报，是对个人人力资本使用的报偿，是个人经济收入和经济安全的主要来源，也是维持个人和家庭生活的重要决定因素之一。正如丹尼斯所说：“公职人员和他们的家庭依靠工资来维持生活的开支，同时薪酬也是体现其个人价值的重要方面”。因此，对于公共部门来说，薪酬的含义和功能与企业的薪酬相似，只不过薪酬的对象有所不同。

2．公共部门薪酬的特点

公共部门的主体还是政府机构以及事业单位，这就决定了公共部门的薪酬体系特点与企业相比有很大的不同，主要体现在以下几个方面。

（1）薪酬主要由政府决定。在公共部门中，员工的薪酬主要是由政府决定的。在企业中，员工的薪酬主要来源于公司的利润，而公共部门员工的薪酬主要来源于政府的税收。这也是公共部门的员工薪酬比较特殊的地方。

（2）薪酬水平相对稳定。相对于企业员工的薪酬，公共部门员工的薪酬比较稳定，属于薪酬模式中高稳定的类型。因为在公共部门员工的工作偏向事务性工作，不像企业员工由于工作内容和性质的原因，浮动工资占很大部分。

（3）薪酬制度规范性强、透明度高。公共部门属于国家政府或者事业性单位，无论在制度还是流程方面都比其他企业更加严谨、更加规范，特别是由于政府部门的性质是为人民服务，公共部门的员工在一定程度上都是人民的公仆，他们的薪酬也是来源于人民的纳税，因此，在薪酬这一方面，会更加规范、更加透明。

（4）直接报酬相对较低，其他报酬相对较高。现在很多人无论是刚毕业的大学生还是已经参加工作的年轻人都喜欢考公务员，主要原因是，虽然公务员的直接报酬比较低，但是其他的报酬比较高。相对于外在报酬，公共部门的员工的社会地位很高，员工会有很高的心理满足感，同时，公务员的工作相对清闲，并且有很好的福利和社会保障，这都是公共部门薪酬的特点。

（二）公共部门薪酬制度构成

公共部门薪酬制度基本由以下内容构成。

（1）工资制度。工资的定义是国家依据按劳付薪的原则，以货币形式对公职人员劳动付出的报酬。它有几个部分，各个部分分别有侧重地执行着不同的功能。由于经济发展水平等因素，各国公共部门工资构成不尽相同。一般工资主要包括基本工资、奖金、津贴、补贴。基本工资是员工工资主体部分，同时是计算其他工资性收入的基础，较全面体现工资各项职能，保障员工最基本的生活需要，促使员工完成工作。奖金是给予通过绩效考核而出现的优秀个人或集体的效益工资，目的是激励员工努力工作，以更好地实现组织目标，它突出工资激励职能。津贴是对特殊工作环境中工作的员工发放的附加工资，以补偿他们因工作条件较差而造成的健康和精神损失。补贴是为了保证员工实际工资和生活水平的稳定，或者鼓励员工安心本身岗位、本单位、本地区工作而发放的补助性工资，如物价补贴等。

（2）福利制度。福利有广义和狭义之分。广义上，凡是与改善人们物质文化生活的公益性事业和所采取的措施都可称为福利。狭义上，福利是指社会保障体系中除了社会保险、社会救济、社会优抚之外改善人们物质文化生活的事业和措施。公共部门的福利是除工资和社会保险外的一切物质报酬，是公共部门为改善和提高员工的物质文化生活所采取的一切措施。它一般不以货币形式直接支付，而经常以服务或者实物的形式兑现。公共部门福利形式多种多样，大部分是经济性的，也有非经济性的。经济性福利通常以货币、实物形式存在。主要包括住房性福利、交通性福利、饮食性福利、教育培训性福利、探亲休假性福利、文体旅游性福利、金融性福利、集体生活福利等。非经济性福利大多采用服务和环境改善的形式，通常不涉及金钱、实物。主要包括咨询性服务、保护性服务、工作环境保障等。

（3）社会保险制度。社会保险，就是以国家为主体，通过立法对社会劳动者在暂时或永久丧失劳动能力，或者虽有劳动能力而无劳动机会，从而失去收入来源的情况下，给予一定程度的收入损失补偿，使之享有基本生活保障，从而保障劳动再生产和扩大再生产，维持社会安定的社会事业。一般来说，社会保险制度主要包括养老保险、失业保险、医疗保险、工伤保险和生育保险等。

三、我国公职人员薪酬制度的演变

我国建国初期，国家机关工作人员工资制度是一个初步建立和逐渐完善的过程。1949年，国家机关和事业单位工作人员实行工资制和供给制并存的待遇制度。当时实行供给制主要是解放以前参加工作的人员（包括从老解放区来的和解放前从事地下工作的人员）；全国解放后参加工作的人员，按本人意愿，也有一部分人实行供给制。据中央人民政府直属机关和华北人民政府的统计材料，在366 620人中，实行供给制的占83.17%，可见当时实行供给制的占绝大多数。

1950年至1952年2月，供给制的标准曾做过几次调整，但供给制度没有重大改革。当时供给制包括伙食、服装、津贴三部分。伙食标准分为大、中、小灶三种，小灶标准最高，是大灶的1.8倍。服装标准分为“普通”和“特别”两种。“普通”津贴每个工作人员都有，按职务分四级，“特别”津贴只限于国家部长级以上领导干部享用。两种津贴标准的高低差别最初为8.58倍，到1952年2月扩大为27.5倍。伙食、服装、津贴三部分合在一起计算的高低差别，到1952年2月，由原来的2.6倍扩大到5.4倍。

1952年3月，国家机关的供给制做了一次重大的变革，把供给制改为“包干制”。其主要内容是将伙食、服装、津贴三部分合并为一个统一的标准，并予以适当提高，供给、伙食、服装全部折成货币发放，并改为以“工资分”为计算单位；取消或改变了个人生活费以外的一切待遇。这一标准在1952年7月提高了一次，1954年6月又做了一次调整。在当时国民经济已有了好转，最低工资有了相当提高的基础上，调整原则做了适度改变，改为根据按劳分配原则适当扩大差别，高低差别由原来的19倍扩大到22.64倍，但是职务等级未做改革。同时，从1952年起，有计划地逐步减少了实行“包干制”的人数，增加了实际工资制人数。

1955年7月，国务院发布命令，国家机关工作人员全部实行货币工资制，废除供给制和“工资分”办法。这一重大变革标志着供给制、“包干制”完成了它的历史使命。1955年7月，全部人员实行统一工资制时，工资级数由29级改为30级。

（一）1956年“职务等级工资制”

第一次改革是1956年的工资制度改革，在机关建立了“职务等级工资制”，机关的工资标准分为30级，其中行政人员从1级至27级；一个职务对应数级，上下交叉。这次的工资改革奠定了我国工资制度的基础，实现了向单一工资制度的转变。职务等级工资制运行了近30年，由于客观环境的变化和制度本身存在的问题，在运行中逐步暴露出“职级不符”“劳酬脱节”和工资标准过于繁杂等弊端。国务院根据按劳取酬的原则，为克服平均主义，适应当时经济发展状况，出台了关于工资改革的规定。这一规定根据职工工资提高必须与劳动生产率的提高相适应和劳动生产率提高的速度又必须超过工资提高的速度的原则，确定1956年企业、事业和国家机关职工的平均工资提高14.5%（如包括1956年新增人员在内，则为1 306左右）。同时规定对现行工资待遇比较低的小学教员和乡干部应有较多提高；此外，对现行工资水平较高的沿海城市和其他地区某些单位的工资，一般的也应该稍有提高。

这次的工资改革措施包括：取消“工资分”制度和物价津贴制度，实行直接用货币规定工资标准的制度，以消除“工资分”和物价津贴给工资制度带来的不合理现象。根据各地区发展生产的需要，物价生活水平和现实工资状况，规定不同的货币工资标准。对于物价高的地区为了避免出现过高的工资标准，可以采取工资标准以外另加生活费补贴的办法。生活费补贴应该随着物价的调整而调整。对于事业单位和国家机关中有重要贡献的高级科学技术人员和其他高级知识分子，除了按照他们的工资标准发给工资以外，还应该加发特定津贴。除了提高工资水平外，一些工资标准也有较大的变动。行政人员的工资标准贯彻“中级多增、高级少增或不增、低级适当增加的原则、缩小最高与最低工资差距”的精神，体现为正副处长级提高最多11%～12%，最高低工资倍数由31.11缩小为28倍。

（二）1985年“结构工资制”

1985年，进行了全国性的第二次工资制度改革，在机关事业单位建立了以职务工资为主的“结构工资制”，将工资分为基础工资、职务工资、工龄津贴和奖励工资四个部分。这次的工资制度改革的作用是解决了“职级不符”的弊端，同时实现了企业工资制度和机关事业单位工资制度脱钩，理顺了工资关系，具有一定的积极意义。但是结构工资制在实际运行中也暴露出一些问题：首先，结构工资制以职务工资为主，不能反映国家机关工作人员因具体工作内容和工作特点不同而应在待遇上有所不同，难以实现同工同酬、按劳分配；其次，结构工资制不能随着物价的变化而自动调节工资的机能，这就使得基础工资部分在实际运作中无法发挥保障作用；再次，奖金的发放不具有实际意义，成为平均主义的产物，没有起到激励的作用。

1985年，工资制度改革主要是建立新的工资制度，初步理顺工资关系，为今后逐步完善工资制度打下基础。这次改革明确提出贯彻按劳分配原则，适当体现奖勤罚懒、奖优罚劣，体现脑力劳动与体力劳动、熟练劳动与非熟练劳动等差别。其次是把工作人员的工资同本人的工作职务、责任和劳绩密切联系起来，以利于工作人员提高政治业务水平和工作效率，促进人才的合理流动。改革要使工作人员的工资普遍有所增加，职级不符的中年骨干要适当多增加一些，并建立起正常的晋级增资制度，逐步提高国家机关、事业单位工作人员实际工资水平。

这次改革的主要内容包括国家机关行政人员、专业技术人员均改为以职务工资为主要内容的结构工资制，即将现行的标准工资加上副食品价格补贴、行政经费节支奖金，与这

次改革增加的工资合并在一起，按照工资的不同职能，分为基础工资、职务工资、工龄津贴、奖励工资四个组成部分。其中基础工资以大体维持工作人员本人的基本生活费计算，现行六类工资区定为40元。从领导干部到一般工作人员，均执行相同的基础工资。职务工资按照工作人员的职务高低、责任大小、工作繁简和业务技术水平确定。每一职务涉及各等级的工资标准，上下职务之间的工资适当交叉。工作人员按担任的实际职务确定相应的职务工资，并随职务的变动而变动。中央、省、自治区、直辖市国家机关行政人员和专业技术人员的职务工资标准由国家统一规定，省辖市、行署、县、乡国家机关行政人员和专业技术人员的职务工资标准由省、自治区、直辖市在不超过国务院附发的职务工资标准前提下自行安排。

（三）1993年“职级工资制”

1993年，我国进行了第三次工资制度改革，改革首先分离了国家机关和事业工资制度，国家机关实行国家公务员制度，公务员工资由国家根据经济发展状况并参照企业平均工资水平确定和调整，事业单位实行不同的工资制度和分配方式。改革原则中提出了贯彻按劳分配原则，建立符合机关特点的工资制度。机关工作人员工资应根据国民经济发展，有计划的增长，并在此基础上建立正常增资制度。根据这一时期市场经济的发展，各类型企业员工工资大幅度提高而导致的机关工作人员工资明显低于企业引发的人才流失现象，提出了机关工作人员的平均工资水平要与企业相当人员的平均工资水平大体持平，保持合理的比例关系原则。同时提出机关工作人员工资应根据职工生活费用价格指数变动情况定期进行调整，保障工作人员的实际生活水平不因物价上涨而降低，同时，将现行发放的工资外补贴纳入工资。此外，明确提出了改革地区工资类别制度和津贴制度，根据不同地区自然环境、经济发展水平和物价等因素，实行不同的地区津贴；对在特殊岗位上工作的人员实行岗位津贴，以发挥工资导向和激励作用，鼓励人们到边疆、艰苦地区和艰苦岗位工作，改革人才不合理流动现象。

对公务员制度和工资制度两项改革进行了部署，并实行新的工资制度，实现了机关和事业单位工资制度的脱钩。公务员开始实行与其职业特点相适应的“职务级别工资制”。所谓职务级别工资制，就是按照公务员的职务、职级、年功和实际贡献确定工资标准。按照工资的不同职能，职务级别工资制由基础工资、职务工资、级别工资和工龄工资组成，其中，职务工资和级别工资是职级工资制的主体。“职务级别工资制”是我国公务员薪酬制度建设的重要里程碑。

首先，基础工资是国家对公务员最低生活水平的保证，不同级别公务员基础工资都相同。其次，职务工资是按照公务员的职务高低、责任大小、工作难易程度来确定的工资，并随职务的变动而变动。每一职务对应若干工资档次，上下职务之间的工资适当交叉。再次，级别工资主要体现工作人员的能力和资历。共设置了15个级别，每个级别设置一个工资标准。公务员可以不通过提升职务而通过晋升工资级别来提高工资待遇。同一职务层次的公务员由于工作年限、资历、能力等不同，在级别工资上也有差别。最后，工龄工资主要体现公务员积累的经验。工龄每增加一年，工资相应增加一元，直到本人退休为止。

（四）2006 年 “新职级工资制”和“岗位绩效工资制度”

1. 新职级工资制

2006 年 7 月 1 日，我国公务员开始实行新的工资制度，这是新中国成立以来经历的第四次工资制度改革。2006 年正式实施的《公务员法》对公务员工资构成有了新的规定。《公务员法》第 74 条规定公务员工资包括基本工资、津贴、补贴和奖金四部分，即取消了作用不大、数额较低的基础工资和工龄工资，而将职务工资、级别工资综合并入基本工资内，工资结构有了简化。职务工资主要体现公务员的工作职责大小，一个职务对应一个工资标准。为体现岗位职责的差别，领导职务和非领导职务对应不同的职务工资标准。级别工资主要体现公务员的资历、职务和工作实绩，每一个级别设若干个工资档次，公务员根据所任职务、德才表现、工作实绩和资历确定级别和级别工资档次。此次工资制度改革，对县乡党政主要领导实行工资政策倾斜。县乡党政主要领导任职满 5 年便高定一级，既可以适当提高这部分人员的工资待遇，又使其能更早享受级别与工资等待遇挂钩的政策，鼓励他们安心基层工作。

2. 岗位绩效工资制

随着社会主义市场经济体制逐步建立以及各项改革的不断深入，机关事业单位工资制度激励作用不明显，工资管理体制不健全等问题日渐凸显，2006 年 7 月进行工资制度改革。改革的总体目标是建立符合事业单位特点、体现岗位绩效和分级分类管理的收入分配制度，完善工资正常调整机制，健全宏观调控机制，在制度形式和运行机制上与机关公务员工资制度脱钩，逐步实现事业单位收入分配的科学化和规范化。

事业单位改革的基本内容包括以下方面。

（1）建立岗位绩效工资制度。岗位绩效工资由岗位工资、薪级工资、绩效工资和津贴补贴四部分组成，其中岗位工资、薪级工资为基本工资。岗位工资主要体现工作人员所聘岗位的职责和要求。事业单位岗位分为专业技术岗位、管理岗位和工勤技能岗位。薪级工资主要体现工作人员的工作表现和资历。对专业技术人员和管理人员设置 65 个薪级，对工人设置 40 个薪级。绩效工资主要体现工作人员的实绩和贡献。国家对事业单位绩效工资分配进行总量调控和政策指导。事业单位在核定的绩效工资总量内，按照规范的程序和要求，自主分配。事业单位实行绩效工资后，取消现行年终一次性奖金，将一个月基本工资的额度以及地区附加津贴纳入绩效工资。规范特殊岗位津贴补贴管理。对事业单位苦、脏、累、险及其他特殊岗位工作人员，实行特殊岗位津贴制度。

（2）实行工资分类管理。对从事公益服务的事业单位，按照事业单位分类改革所确定的不同类型，实现不同的绩效工资管理办法。

（3）完善高层次人才和单位主要领导的分配激励约束机制。完善高层次人才分配激励机制；建立事业单位主要领导收入分配激励约束机制；逐步建立事业单位主要领导的分配激励约束机制，探索多种分配形式，规范分配程序，合理确定收入水平，加强对事业单位主要领导收入分配的监督管理。

（4）加强收入分配宏观调控机制。实行工资分级管理。明确中央、地方和部门的管理权限，完善收入分配调控政策，规范工资收入支付方式，加强工资收入支付管理，建立统分结合、权责清晰、运转协调、监督有力的宏观调控机制，将事业单位工作人员的工资收入纳入调控范围。加强监督检查，健全纪律惩戒措施，维护国家收入分配政策的严肃性。

第二节　公共部门薪酬体系设计

在为公共部门员工提供高收入的同时，还需要建立一套科学有效的薪酬支付体系，即进行科学的薪酬体系设计，为员工提供一个公平的、规范的、可靠的薪酬管理环境。因此，掌握一些薪酬体系设计的基本原则、方法和技巧，对于公共部门薪酬管理者来说是十分必要的。

一、薪酬体系设计的原则和步骤

薪酬作为分配价值形式之一，薪酬体系设计的目的是建立科学合理的薪酬制度，设计时应当遵循按劳分配、效率优先、兼顾公平及可持续发展的原则。

（一）薪酬体系设计的原则

作为公共部门薪酬体系设计一般应遵守以下原则。

（1）按劳分配原则。按劳分配体现在薪酬中即按劳动量付薪，确定公职人员薪酬时，应以其工作职责和贡献作为基本依据，同时适当考虑年功贡献、地区因素、本身素质等。

（2）比较平衡原则。与企业相比，公共部门的工作性质、劳动特点均不同，应该实行不同的薪酬制度，但薪酬水平要适当。比较平衡原则即在确定公职人员薪酬时，应参考企业员工的薪酬水平，力求使公共部门的薪酬水平与企业员工的大体平衡。

（3）定期增资原则。定期增资原则即依照有关法律、法规规定和社会经济发展水平，政府财政预算必须保证一定经费用于公职人员薪酬定期增长。此原则是保持公职人员薪酬外部平衡和内部公平合理的重要机制。目前，我国事业单位采用的正常增加薪级工资制度就属于定期增资原则的体现。定期增资既能使公职人员实际薪酬水平随国民经济发展而提高，又能使职务相同而工作年限、任职年限不同的员工之间，在薪酬上合理拉开差距，更好地激励员工尽职工作。

（4）物价补偿原则。物价补偿即政府根据物价变动情况，定期调整公职人员薪酬，使薪酬增长率大于等于物价上涨指数，以保证实际薪酬水平不因物价而下降。例如，我国在2006 年事业单位工资制度改革中涉及的国家将根据经济发展、财政状况、企业相当人员工资水平和物价变动等因素，适时调整事业单位工作人员基本工资标准，调整基本工资标准和津补贴标准，就属于物价补偿原则的体现。

（5）同工同酬原则。此原则是斯密公平理论在薪酬体系设计中的运用，强调要在公共部门薪酬体系设计时保持内部平衡，即内部公平性。组织内部薪酬不合理，会造成相同或不同部门间员工之间产生不公平感，所以，公共部门确定员工薪酬时，对从事同样工作的员工，应给予大致相同的薪酬待遇。

（6）法律法规保障原则。公职人员必须承担相应的责任义务，同时享有相应的权利，除国家法律、法规和政策规定外，任何机构不得以任何形式增加或扣减公职人员薪酬，即公职人员薪酬增减必须按国家有关规定，并依照一定程序进行。

（7）竞争原则。根据调查，高薪对优秀人才具有不可替代的吸引力，因此，组织在市场上提出较高的薪酬水平，无疑会增加组织对人才的吸引力。但是组织的薪酬标准在市场上处于一个什么位置，要视该组织的财力、所需人才的可获得性等具体条件而定。竞争力是一个综合指标，在薪酬方面只要满足外在公平性的要求也能吸引一部分优秀人才。另外，劳动力市场的供求状况也是我们在进行薪酬体系设计遵循竞争原则时需要考虑的重要因素。就我国而言，劳动力市场的供求状况总的趋势是供大于求，但就某种类型的人才来说，可能会出现供不应求的情形。反映在薪酬方面，这两类资源不仅有较高的货币性要求，而且有较多的非货币性要求和其他类型的要求。因此，在进行薪酬体系设计时要充分考虑到这种类型人力资源对薪酬体系设计的独特性要求。但是在公共部门中，由于公共部门的特殊性，虽然直接报酬不高，但是员工的心理满足程度还有社会地位以及完善的福利保障制度都会使其在劳动力市场中有较强的竞争力。

（8）经济原则。薪酬制度的主要目的是吸引和留住人才，一方面除了薪酬以外，吸引优秀人才的条件还有很多，有时候如果其他条件不能满足人才需求，高薪也很难吸引、更难留住人才；另一方面，也是最主要的方面，还要计算人力成本的投入产出比率，在公共部门中虽然不会像其他企业那样，对于成本控制严格，但也需要衡量投入和产出的比值。在现在很多的公共部门中，往往存在员工冗余的现象，雇佣过多的员工，花费大量的成本，但是却创造不出同等级的绩效，对公共部门来说也就失去了意义。因此，薪酬体系设计要遵循经济原则，进行人力成本核算，把人力成本控制在一个合理的范围内。

（9）激励原则。外在公平是和薪酬的竞争原则相对的，内在公平则和激励原则相对应。一个人的能力是有差别的，因而贡献也是不一样的，如果贡献大者与贡献小者得到的报酬

一样，表面上看是平等的，但实质上是不公平的。因此，要真正解决内在公平问题，就要根据员工的能力和贡献大小适当拉开收入差距，让贡献大者获得较高的薪酬，以充分调动他们的积极性。

（二）薪酬体系设计的流程

公共部门薪酬体系设计的流程和企业薪酬体系设计流程的基本思路是一致的。那么一个规范的薪酬体系设计基本流程到底应包括哪些步骤和操作程序？表 7-2 清晰地描绘了这一流程。

表 7-2　公共部门薪酬体系设计的基本流程

基 本 流 程	主 要 职 责
制定薪酬原则和策略	确定反映公共部门使命的薪酬分配策略
职位设置与职位分析	绘制公共部门的岗位结构图，形成职位说明书体系
职位评价	评估公共部门各项工作的相对价值
薪酬调查	分析市场的薪酬水平以及公共部门雇员的薪酬需求
确定薪酬水平	结合公共部门内部和外部环境确定薪酬水平
薪酬结构设计	描绘各项工作的相对价值及其对应的实付薪酬之间的关系
薪酬预算与控制	遵守国家和地方相关规定，做好公共部门薪酬预算和控制工作

（1）制定薪酬原则和策略。薪酬策略是人力资源策略的重要组成部分，而人力资源策略是人力资源战略的落实，说到底是基本运行战略、发展战略和文化战略的落实。因此，制定公共部门的薪酬原则和策略要在国家、地方以及部门的各项战略的指导下进行，要集中反映各项战略的需求。薪酬策略作为薪酬体系设计的纲领性文件要对以下内容做明确规定：对公职人员本性的认识。对公职人员总体价值的认识、对管理骨干即高级管理人才、专业技术人才的价值估计等核心价值观；基本工资制度和分配原则；工资分配政策与策略，如工资拉开差距的分寸标准、工资、奖金、福利的分配依据及比例标准等。

（2）职位设置与职位分析。配合公共部门的组织发展计划做好岗位设置，在做好岗位设置的基础上，进行科学的职位分析，这是做好薪酬体系设计的基础和前提，通过这一步骤将产生清晰的岗位结构图和职位说明书体系。

（3）职位评价。职位分析反映了部门对各个岗位和各项职位的期望和要求，但并不能揭示各项职位之间的相互关系，因此，要通过职位评价来对各项职位进行分析和比较，并准确评估各项职位对企业的相对价值，这是实现内在公平的关键一步。

（4）薪酬调查。公共部门要吸引和留住员工，不但要保证部门工资制度的内在公平性，而且要保证部门工资制度的外在公平性，因此，要组织力量开展薪酬调查。要通过调查，了解和掌握本地区的薪酬水平状况，特别是私营部门的薪酬状况。同时要参照同地区企业的薪酬水平，及时制定和调整本部门对应工作的薪酬水平及企业的薪酬结构，确保工资制度外在公平性的实现。

（5）确定薪酬水平。薪酬调查结束后，应结合组织内部和外部环境确定薪酬水平。

（6）薪酬结构设计。薪酬结构设计是对薪酬的内部一致性和外部竞争性两种薪酬有效性标准之间进行平衡的结果。一个完整的薪酬结构中主要包含薪酬等级、薪酬等级内部变动范围和相邻薪酬等级间关系等。

（7）薪酬预算与控制。公共部门薪酬体系设计具有特殊性。相对于私营企业来讲，因为具有公共部门特性，因而在薪酬体系设计上首先要遵守国家和地方相关规定，中央制定总体薪酬政策和准则，各政府部门和地方政府也承担薪酬政策的制定和管理权限，各类公共组织要在这个大框架内设计本单位薪酬体系。与企业相比，要受更多限制。

二、我国公务员薪酬体系的现行框架

目前，我国公务员薪酬体系的决策权和管理权高度集中。中央国家机关、各省、自治区、直辖市国家机关公务员的工资标准由国家统一规定。省辖市、行署、县、乡国家机关则由省、自治区、直辖市在不超过国家规定的省辖市、行署、县、乡国家机关行政人员职务工资标准与国家安排的工资增长指针范围内制定。五级政府预算各自负责本级公务员的工资性支出。

（一）竞争性薪酬

我国公务员的薪酬制度贯彻按劳分配的原则，公务员的工资水平与国有企业相当人员的工资水平基本持平，实行职级工资制，即职务级别工资制。它是在总结我国 40 多年来实行的职务等级工资制与以职务工资为主的结构工资制的经验教训并吸收了国外公务员工资制的优点的基础上制定的，其构成可分为职务工资、级别工资、基础工资和工龄工资四个组成部分，其中职务工资和级别工资是职级工资构成的主体。

职务工资是按公务员的职务高低、责任大小和工作难易程度确定工资标准，是职级工资制中体现按劳分配的重要内容。在职务工资标准中，每一职务层次设若干的工资档次，公务员按担任的职务确定相应的职务工资，并随职务及任职年限的变化而变化。级别工资是指对担任同一职务不同级别的公务员按其级别支付的工资。级别工资也使一部分公务员在不能晋升职务的情况下，得以通过晋升级别提高薪酬水平。公务员的级别共分为十五级，一个级别设置一个工资标准。基础工资是按大体维持公务员本人基本生活费用而确定的，各职务人员均执行相同的基础工资，保障公务员的基本生活不因物价上涨而下降。工龄工资是按公务员的工作年限确定工资标准，主要体现公务员的积累贡献。除此之外，公务员的工资制度还包括地区津贴和岗位津贴，如图 7-2 所示。

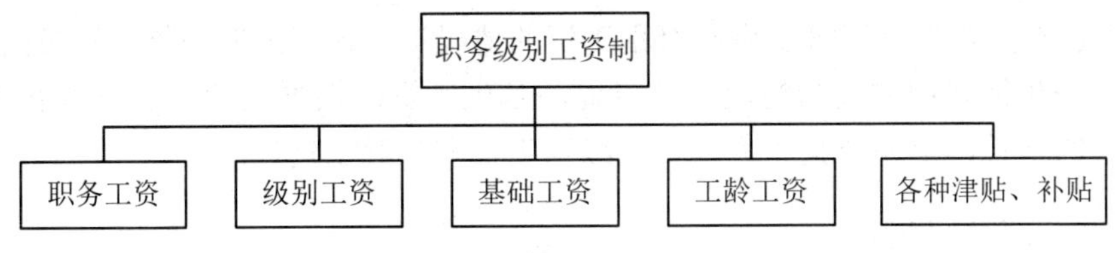

图 7-2　职务级别工资制示意图

我国公务员实行定期增资制度。凡在年度考核中被确定为优秀、称职的，可以按照规定晋升工资和发给奖金。我国公务员工资制度遵循以下原则。

（1）正常增资原则。所谓“正常增资”，就是国家定期增加公务员的工资，即政府在每年的财政预算中，按法律规定保证必要的经费用于增加公务员工资。随着国民经济的发展和劳动生产率的提高，公务员的工资水平也不断提高；同时，随着公务员年功的增加，公务员的工资水平也有所增加。一方面，定期、全面地调整公务员工资标准，通过对公务员的考核，定期给公务员增加工资。另一方面，实行正常增资原则，一方面为了使公务员的工资水平随着国民经济的发展而相应提高，使职务相同而任职年限或工作年限不同的公务员之间能在工资报酬上拉开差距，以激励他们更好地尽职尽责。

（2）平衡比较原则。国家确定公务员的工资水平时，将企业职工的工资水平作为参照系以不断调整公务员的工资水平，使公务员的工资水平与国有企业职工的工资水平大体持平。这一原则意在使工资分配中的公平合理原则在各部门、各行业之间得以实现，并吸引优秀人才进入公务员队伍。

（3）物价补偿原则。即国家根据物价指数的变动，适时调整公务员的工资，使工资增长率高于或等于物价上涨率，以保证公务员的实际工资水平不因物价上涨而下降。公务员的工资是经过法定程序调整的，各行政机关不能根据物价上涨的情况自发地进行调整。在这种情况下，要保证公务员的实际工资水平不因物价上涨而下降，就需要实行物价补偿制度。

（4）法律保障原则。除国家法律、法规和政策规定外，国家行政机关不得以任何形式增加或者扣减公务员的工资，也不得提高或者降低公务员的保险和福利待遇。也就是说，增加公务员的工资及保险福利待遇，必须是在公务员遇有晋级、晋职、定期晋升工资档次、调整工资标准、调整保险福利待遇等情况时，才能按照规定进行。减少公务员工资及保险福利待遇，必须是在公务员遇有受到降级处分、降低职务等情况时，才能按有关规定进行。公务员正常增资的途径有三种：第一，晋升职务工资档次。公务员正常晋升职务工资档次要在严格考核的基础上进行。考核优秀和称职的，可在本职务工资标准内晋升一个工资档次；考核不称职的，不得晋升工资档次。第二，晋升职务工资、级别工资和增加工龄工资。公务员随职务、级别的晋升和工作年限的增长相应增加工资。公务员职务提升后，按新任职务工资标准执行；晋升级别的公务员，均可相应增加级别工资，公务员的级别达到本职务最高级别后，不再晋升；公务员随工作年限的增长，相应增加工龄工资。第三，定期调整工资标准。在正常晋升职务工资和级别工资的情况下，国家定期调整公务员的工资标准。根据城镇居民生活费用的增长情况，适当提高基础工资；根据国家经济发展和企业相当人员工资水平的增长，定期调整职务工资、级别工资和工龄工资标准。

（二）非竞争性薪酬

我国公务员的福利是国家行政机关为改善和提高公务员的物质文化生活水平，在工资报酬和劳动保险以外，通过举办集体福利设施、提供服务以及发放补贴等形式，给予公务员的一种生活保障和生活享受，用以满足他们带有共同性或普遍性的消费需要，解决公务员个人或家庭难以解决的某些困难。公务员福利经费来源，按工资总额的比例，从行政经费中提取。

公务员的保险是指国家通过立法程序建立的对暂时或永久丧失劳动能力的公务员给予物质帮助的制度，是社会主义条件下个人消费品分配的一种辅助形式。其目的在于满足公务员在丧失劳动能力后的基本生活需要。公务员的保险制度与公务员的福利制度一样，都是个人消费品分配的一种辅助形式，都是公务员的一种受法律保护的权利。

公务员保险的作用体现在以下几方面：第一，为部分暂时丧失劳动能力的公务员提供必要的物质帮助，使他们能够尽快恢复劳动能力。第二，在很大程度上可以确保公务员健康地工作并解除公务员的后顾之忧，有利于调动公务员的工作积极性，使他们全身心地投入到工作当中。第三，可以使公务员体会到社会主义制度的优越性，使他们更加自觉地为人民服务。

公务员保险制度的主要特征：一是公务员保险的对象是丧失劳动能力的公务员以及应当由他们供养的直系亲属；二是建立公务员保险制度的目的主要是为了满足丧失劳动能力或待业原公务员的基本生活需要；三是保险的组织与实施都是社会化的。从公务员保险制度的这些特征看，公务员保险制度所遵循的是物质保障原则。

三、公共部门宽带薪酬体系设计

（一）宽带薪酬理论的兴起

1．宽带薪酬理论兴起的背景

概括来讲，宽带薪酬的兴起其背景主要有以下几个方面。

（1）是组织变革的发展需要。在组织扁平化和柔性化的趋势下，薪酬的总体级数减少，是组织变革直接导致的晋升，因而只能在薪酬每个等级中加大变化幅度。虽然员工在级别上未获得晋升，但薪酬水平却有充足的发展空间，能充分激励员工。

（2）是适应科学管理制度的客观需要。传统薪酬管理模式中，薪酬与员工在组织中所

处的地位、等级相匹配，员工为了获得薪酬提升就只能尽力“向上爬”。同时，在低一级职位上表现出色的员工，在高一级职位也必然出色，结果出现管理学家劳伦斯·彼得在《彼得原理》一书中所阐述的情形：在企业及其他各种组织中都存在把员工晋升到一个其所不胜任的职位上去的总体倾向。为了避免此类倾向出现，就要改变传统薪酬体系中注重岗位晋升的激励机制，出现了以“绩效比岗位重要”为核心理念的宽带薪酬管理模式。

（3）是组织适应其所处的内外环境的客观需求。为了组织更好的发展就需要留住优秀人才，宽带薪酬通过在级别内拉大薪酬的差距激励优秀员工，从而一定程度上弥补岗位固定带来的负面作用。同时，传统薪酬结构等级多、级差小，员工注重薪酬等级提升而非自身技能的提高，优秀员工难以获得有效激励。基于上述原因，宽带薪酬便应运而生了。

宽带薪酬对于现代企业来说是为了适应组织变革的需要，在公共部门中，宽带薪酬也体现出了良好的适应性，有助于促进员工的全面发展，弥补职位晋升空间有限的困境。在组织扁平化情况下，组织内的等级数目大大压缩，那么员工的晋升级数和职位数量就相当有限，无法保证以传统晋升工资体制为激励机制的薪酬管理激励效应的发挥。即薪酬等级的垂直方向变化在组织总体级数减少，导致晋升机会随之减少的客观现实中受阻，只能在薪酬各个等级的水平方向上加强变化幅度。而宽带薪酬结构设计的最大特点就是压缩等级，将原来薪酬等级中的几十个压缩成几个，因此，宽带薪酬模式很符合公共部门组织结构和现状的现代薪酬管理模式，它的兴起有着客观的动力机制和组织支撑。

2．宽带薪酬理论的提出

纵观薪酬管理发展脉络，薪酬管理模式随着“以人为本”管理思想的逐渐建立，其薪酬管理体系也在不断完善和发展。传统薪酬体系设计主要从对员工“偷懒”行为约束出发，现代薪酬体系设计结构则强调对员工主动性、协作性和创造性的发挥，对薪酬的定位并不简单地认为只是对员工贡献的承认和回报，它已成为部门战略目标和价值观转化的具体行动方案，是支持员工实施这些行动的管理流程，宽带薪酬管理模式正是基于现代薪酬管理思想及现代企业组织改革潮流应运而生。

宽带薪酬最早的提议来自爱德华·罗勒（Edward E. Lawler，1951）等人的新薪酬体系（海氏薪酬制），在其中，“宽带的工资体系”被摆在了第一位。例如，美国强生公司等私有部门，比公共部门要早十多年左右推行宽带薪酬。有研究认为，相对于宽带薪酬而言，传统的“窄带薪酬”弊端较为明显：职位决定了员工的工资。因此，员工追求高工资的渠道就是竞相谋求高职位。这种压力下，许多组织可能就会增设高级职位，但这又破坏了组织的良性发展。刘昕的观点是，宽带薪酬制度的实施效果比较明显：节约了管理成本，改善了组织绩效；管理人员和普通员工的满意度上升；政府的吸引力强了，绩效高的员工辞职率下降，而绩效低的员工流动率上升。

在工业经济中，雇主希望雇员就像机器中的螺钉，按照雇主为他们制定的职务说明，不折不扣地执行工作任务。因此，雇员的职位说明书往往不是几个段落，而是几页、几十页的篇幅。而雇员如果很好地执行了他或她该做的事务，他或她的工资就会随着工龄的增长而增加。但是，爱德华·罗勒认为，传统的工资管理模式已不适应知识经济的要求，它的弊端主要表现为以下几个方面：一是传统工资管理强化了职务等级的重要性，因此，如果一个组织非常推崇团队作业就会受到限制。二是大多数员工按工龄会自动获得增薪，员工容易产生对工资增长“理所当然”的期望，因此，在财政困难的情况下停止增薪，员工们的怨恨情绪就会出现。三是若遇机构改革，人事官员需要耗费大量精力重新界定包括职务和工资等级的事务，传统工资管理模式将给机构改革增添阻力。四是传统工资管理模式增加直线管理人员，在一个规模很小的行政单位，直线管理人员就是机构的负责人。而如果是在一个规模较大的机构，如部委机关，直线管理人员就是职能部门的负责人，和人事官员之间会有矛盾。从人事官员来说，他们需要保护的是一个以职位为核心、逐年提薪的稳定的人事制度，但是直线管理人员却希望能够奖优惩劣，促进员工的绩效，传统工资管理给直线管理人员的权力并不够。

3．宽带薪酬理论在公共部门的应用

宽带薪酬自从在美国“中国湖”（China Lake）的一个海军研究机构试行以来，已经波及到许多政府部门，包括规模庞大的国土安全部。宽带薪酬以及更灵活的薪酬体系也成为欧美公共部门工资领域最热门的话题之一。事实上，一些国家，包括中国在内，都意识到传统工资管理的弱点。但他们都试图在旧的制度框架内进行修修补补，如淡化职务作用等。此外，公共部门与私有部门相比，改革的影响面更大，因此，如果不是外界因素的刺激，官僚队伍自身是没有足够动力去推行有“革命”意味的新型薪酬体系的。新公共管理运动的改革氛围和压力促使西方的人事管理官员移植了私有部门的新制度——宽带薪酬。

政治家，而非职业公务员，发动了这一场已影响全球二十余年的新公共管理运动。一方面，有逐年提薪保障的职业公务员已越来越不听“政治家”的指挥。另一方面，政府开支逐年上升，也引起选民的极大不满。因此，新公共管理运动的核心就是提供价廉物美的公共服务。例如，1979 年英国保守党政府之所以会当选，一个很重要的原因就在于承诺控制公共开支，缩小公共部门规模。

新公共管理运动由三个核心要素组成：一是重构财政制度；二是再造公务员队伍；三是重新制定公务员和其他公共部门员工的工资和福利制度。三者是紧密关联的。一般来说，第一项和第二项有可能先做，但是，如果没有第三项，工资管理制度的重新厘定，前两项就不可持续。

传统上，直线管理人员负责提供员工绩效的数据，但最终还是由人事官员根据已有的报酬政策来确定员工的工资。因此，工资管理的窘境就出现了：最接近员工的管理者在工资决策方面发挥很小的作用；而离一线员工比较远的人事官员却在工资决策中发挥重大作用。因此，在受到新公共管理运动影响的宽带薪酬制度中，直线管理人员不仅被赋予聘用、解雇雇员的权力，还有工资管理权。相应地，人事官员的权力受到限制。

当然，新公共管理运动是个宏观的背景。细化到各国，具体原因又不尽相同。例如，刘昕认为，之所以美国试点宽带薪酬，就在于以下背景：职位评价系统存在着僵化的问题，公私部门薪酬差距过大，直线管理人员和人事官员的矛盾等。而具体到某个项目，具体的原因可能又不同。海军“中国湖”宽带薪酬起因于两个公共部门进行合并，重新进行职位评价费时过久，不利于机构合并后马上开展工作。在此情形下，主管人员创造性地从私有部门引入宽带薪酬制。但是，无论具体的实施原因是什么，新公共管理运动创造的变革氛围无疑有助于“革命性”制度的引入。

从 2003 年以来，虽然有不少中国的学者试图把宽带薪酬的概念引入中国。但是，目前的研究还大多停留在对宽带薪酬的概念介绍。从总体上说，他们忽略了新公共管理运动对工资管理产生的影响，对宽带薪酬的弊端也介绍不足。更重要的是，我国自 2006 年 7 月启动公务员工资改革，事实上是强化了传统工资管理模式，在这种背景下，如何评价中国的工资改革，也是一个需要正面应对的实践和理论问题。因此，宽带薪酬的背景、优势及缺点何在？它对中国的工资管理有何启示作用？如何评价 2006 年中国公务员工资改革？

（二）宽带薪酬模式的基本含义和特征

目前，社会各界对于宽带薪酬模式的定义基本相同。宽带薪酬或薪酬宽带实际上是一种新型的薪酬结构设计方式，是对传统上那种带有大量等级层次的垂直型薪酬结构的一种改进和替代。美国薪酬管理学会的定义是，宽带薪酬结构就是指对多个薪酬等级以及薪酬变动范围进行重新组合，从而变成只有相对较少的薪酬等级以及相应较宽的薪酬变动范围。宽带薪酬模式中薪酬等级的提升通常根据个人能力、绩效、贡献或市场薪酬水平来确定。具体来说，就是将原来十几甚至二十几、三十几个的薪酬等级压缩成几个级别（一般不超过 10 个），同时，将每个薪酬级别所对应的薪酬浮动范围拉大，形成一种新的薪酬管理系统及操作流程。

在公共部门宽带薪酬体系设计中，也是把原来部门中层级非常多的薪酬等级进行缩减。一般情况下，每个薪酬等级的最高值与最低值之间的区间变化比率要达到 100%或以上，而在传统薪酬结构中，薪酬区间的变化比率通常只有 40%～50%。在宽带薪酬体系设计中，公职人员不是只沿唯一的薪酬等级层次垂直往上走，相反，他们在自己职业生涯的大部分或所有时间里可能都只是处于一个薪酬宽带中，公职人员在组织中的流动是横向的，随着能力的提高，他们将承担新的责任，只要在原有岗位上不断改善自己的绩效，就能获得更高的薪酬，甚至即便是被安排到低层次的岗位工作，也一样有机会获得较高的报酬。从这个意义上说，宽带薪酬突破了传统行政职务与薪酬的联系，传达着一种绩效比岗位更重要的薪酬价值理念。与传统的薪酬结构模式相比，宽带薪酬模式具有五个方面的特点和作用。

（1）注重业绩，使职位概念逐渐淡化。宽带薪酬的特点，即大幅削减职位的级别数、精简薪酬等级的同时，增大每一级的薪酬浮动范围，业绩决定薪酬。即使在低级别职位上工作的员工也能通过提供工作业绩，获得超过高级别员工的薪酬。员工不再试图通过级别的晋升获得薪酬的提高，转而注重自己的业绩，职位概念逐渐淡化。

（2）引导员工注重个人技能的增长和能力的提高。传统等级薪酬结构下，员工的薪酬增加往往取决于职务的晋升而非其能力的提高，因为受到职位的限制，即使能力达到了较高的水平，员工仍然无法获得与能力相对应的薪酬。而在宽带薪酬体系中，组织为员工提供的薪酬变动范围远远超越了传统的薪酬等级中五个甚至更多个级别所可能带来的薪酬增长空间，从而引导员工更注重个人技能和能力的提高。

（3）有利于职位轮换和培养复合型人才。传统薪酬体系中，同一职位级别的职位轮换不能引起薪酬水平的变化，却需要员工接受新的工作挑战，学习新知识，等于增加了工作难度，因而员工并不愿意接受职位的同级轮换。同级别内职务轮换不能实现，培养复合型人才就缺乏相应环境。而在宽带薪酬体系中，薪酬高低由能力而非由职位决定，因而员工愿意通过相关职能领域里的职位轮换来获得自己能力的提升，从而获取更丰厚的薪酬。

（4）支持扁平型的组织结构，改善个人和组织绩效。宽带薪酬打破了传统薪酬体系一直强化的等级观念，减少了工作之间的等级差别，有利于组织提高效率以及创造学习型的组织文化，使组织的整体绩效获得提升。

（5）提高公共部门内部和公众的满意度。宽带薪酬理论应用有效提高了组织的核心竞争力和整体绩效，使组织和员工个人都获得了更好的发展，在宽带薪酬体系中，上级对下级员工的薪酬有更大的决策权，从而增强组织的灵活性和创新性思想的出现，有利于提高组织适应外部环境的能力。通过宽带薪酬体系的运用，员工不再一味追求职位晋升，转而关注自身业绩和能力提高，是对传统薪酬体系的有效改善，不仅对企业，对公共部门整体绩效提高也有积极作用。

（三）宽带薪酬的优点和不足

美国审计署总审计长戴维·沃克（David Walker）在国会曾以美国的“中国湖”项目为例，宣称宽带薪酬的优势在于三个方面：最好的员工能够获得更好的报酬；员工的报酬不再依赖资历而更多是绩效；人员流动便利度提高。

1．宽带薪酬的优点

综合来说，宽带薪酬的优点大体上可以归纳如下。

（1）改善组织和个人的绩效。在其中，个人的能力更加凸显，森严的上下级观念得到弱化，因此，宽带薪酬有利于个人发挥其聪明才智，也有利于组织动员员工从事某项工作。

（2）更容易控制工资的总成本。一方面，通过控制工资总量，管理成本得以控制；另一方面，组织和个人的绩效上升后，也无形增加了组织的产出，降低了成本。在新公共管理运动之前，许多发达国家的政府受困于工资总额不断膨胀的问题。尽管有一些公务员退休，在职的员工随着工龄增长而引发的增薪给政府的财政带来很大压力，同时也引发选民

的不满。在宽带薪酬体系下，政府的财政和预算部门有可能给各个机构、部门设定一个工资总额的上限。直线管理人员就可以在权限范围内分配天花板下的报酬。

（3）职位轮换更加便利，优才得到厚待。道理比较简单，宽带薪酬中，公共部门人员的薪水等级不多，职位轮换时大多数不改变原有等级。这样，附带的一些人事调整工作，如社保资金的缴纳，就变得更加便利。此外，即使优才的工资等级不变，直线管理人员也可以大幅提高他或她的工资，因此，优才可以得到优待。

（4）公共部门的员工和公众满意度可能上升。此外，外界对公共部门的评价也有可能上升。原因在于：一方面，政府有效地控制了管理成本，满足了外界对政府控制成本的期待；另一方面，随着组织和个人绩效的上升，政府的总体效能提高了，所谓的公共供给价廉物美就有可能形成。此外，许多员工，特别是有能力、有抱负的人员，工资待遇相应上提，因此，员工的满意度提高。不过，肯定也有一些员工的工资大幅下调，不满意的情形也会出现。

2. 宽带薪酬的不足

但是，宽带薪酬的弊端也不少。戴维•沃克认为宽带薪酬制度有两大缺点：一是员工的工资不再随着工龄而自动逐年上升，因此，每年的重新评估也颇费工夫。二是实施宽带薪酬体系后，一些直线管理人员抱怨心理压力增大。形象地说，原来他们如果遇到下属抱怨工资分配问题，就简单地答复说，“这都怪人事处长”。现在，他们就得自己去面对员工的抱怨。此外，在许多发达国家中，直线管理人员担心他们的行为会“无意”中犯了种族歧视和性别歧视。因此，从这一角度来说，一些人认为宽带薪酬制度也很“昂贵”。

不过，这些缺点还是可以修补的。但是，宽带薪酬制度有个潜在的缺陷，这个缺陷在欧美等公共行政较为成熟的国家里表现不明显，但在发展中国家却可能得到放大。在传统的工资体系中，人们之间的工资差大多数是由于工作年限差别所致；在新工资体系中，工资差往往是由于直线管理人员的管理行为所致。也就是说，在新工资体系中，工资的数额更多取决于直线管理人员的“软”行为，而不是员工工作年限等“硬”条件。因此，“报酬唯亲”的可能性增大。从相反的角度来看，传统工资管理模式虽然有僵化的缺点，但是至少保持了人事官员和直线管理人员之间相互制约的机制。而在宽带薪酬制度下，直线管理人员的权力制约不够。因此，一个国家在引进宽带薪酬时还需要注意该国公共部门直线管理人员是否有任人唯亲、“报酬唯亲”的倾向。

（四）宽带薪酬在公共部门的实施过程

通常情况下，宽带薪酬的引入和实施包括四个阶段。

（1）准备阶段。通常来说，具体的宽带薪酬在一个机构的引入，大多出现在机构发生变革的时期。例如，机构合并或裁减、机构领导人发生变更，或者出现其他旨在改善机构运行效率的事件。在这个阶段中，机构的领导人往往在一系列的可选择方案中进行挑选。

（2）动员阶段。这个阶段分为三个层面：一是管理层的动员。有些机构只在管理层中实施宽带薪酬。这个例子还不少，不管是英国还是美国，公务员队伍中的高层与低层可能适用的是不同的工资表和工资协商程序。不过，不管是否仅限于管理层，宽带薪酬的推行都需要管理层的支持和认可。二是对普通公务员的动员。一般来说，普通公务员意见的征集和动员的方式有好多种，如大机构可以发调查问卷，而员工人数较少的机构可以进行一对一面谈。而收集员工对薪酬制定的建议也是非常重要的前期工作，最好将建议是否受采纳的结果反馈给员工。三是组成一支政策制定团队。这个团队的组成要跨部门。他们可以代表不同的利益，可以反映各方面的呼声。最后，政策制定团队将会提出一个初步的薪酬方案，这个方案不仅需要由高级管理人员批准，还要征求普通公务员的意见。

（3）培训阶段。在这个阶段中，有些公共部门外聘一些专家进行授课。一般来说，培训也要分阶段进行。最早是对未来掌握工资管理权限的直线管理人员进行培训，给他们提供薪酬管理的基本常识，当然也要提供一些法律风险的建议。在一些发达国家，比较典型的就是避免种族、性别歧视的问题。而在后续步骤中，普通员工也可能被邀请参加培训。这个培训一方面是让他们认识宽带薪酬的运作规律，另一方面也是告知他们今后投诉的程序。

（4）执行阶段。在这个阶段，传统的职位评价被弱化，而外部比较，即市场定价功能增强。“职位评价”早年也是受“科学管理”的思路所影响。在西方公共行政发展的早期阶段，公共部门并没有一套行之有效的工资标准。因此，工资决定往往受到各种不当的影响，其中包括了与长官的个人关系等。

1902 年，美国联邦政府层次开始考虑职位评价。而地方政府，如芝加哥地区和伊利诺斯州在 1912 年正式引入职位评价的制度。职位评价制度迄今为止已发展成为一个完备的制度，目的就是使公务员工资的核定标准化，同工可以同酬。但是，在公共行政高度发达的一些国家，职位评价也逐渐呈现出一些弊端。最突出的是职位评价费时很长，美国公共部门的第一例宽带薪酬的产生就与此有关。当时海军的两个研究机构进行合并，如果重新进行职位评价，将会费时三年。因此，指挥官在决定采用宽带薪酬时就向员工宣布，“如果你们有一些疑虑，现在就要提出来。一旦我们离开这个房间，争议就不可再被提出，你们要全心支持这个计划。”这个带奇闻轶事色彩的说法并不足信，但是这段话透出的含义就是宽带薪酬体系可以在很短的时间内得以建立。另一项对职位评价的质疑就是，并不是所有公共部门岗位都可以进行量化评价。此外，职位评价后每个岗位都已经被赋值，无形中也会弱化直线管理人员的权限。因此，在大多数机构实施宽带薪酬之后，职位评价的作用就会逐步被淡化。不过，在这一点上，国内学界可能有点误解。

但是，职位评价的功能弱化后，另一个问题就产生了，在宽带薪酬中，难道直线管理人员就可以随意决定一个员工的工资吗？事实并不是如此。市场比较和定价的功能将逐步凸显。通常来说，在传统的工资管理模式中，主管公务员工资事务的部门也会进行外部工资调查。但是这个外部调查与宽带薪酬制度中的市场定价还是有区别的。在传统工资管理

的外部调查中，人事官员通常是给出一个增资的平均数，然后全面上调。简单来说，如市场调查的结果是，热门的政策分析师平均工资增长率是 10%，而互联网维护工程师的平均工资增长率是 8%，文秘的工资增长率是 0%。此后的工资上调可能就根据简单的平均数惠及大多数员工。但是，在宽带薪酬的制度中，可能公共政策分析师的加薪幅度就是 10% ，而文秘不获加薪。在经过以下的程序之后，正式的宽带薪酬工资表就会出台。

第三节 公共部门工资等级制度

公共部门的工资等级制度主要有：结构工资制、岗位技能工资制、技术等级工资制、职务工资制、岗位（职务）等级工资制和职能等级工资制。

一、结构工资制

（一）结构工资制的含义

结构工资制是指基于工资的不同功能，划分为若干个相对独立的工资单元，各单元又规定不同的结构系数，组成有质的区分和量的比例关系的工资结构。结构工资制的构成一般包括六个部分：一是基础工资，二是岗位工资，三是技能工资，四是效益工资，五是浮动工资，六是年终工资。图 7-3 为某事业单位员工结构工资体系。

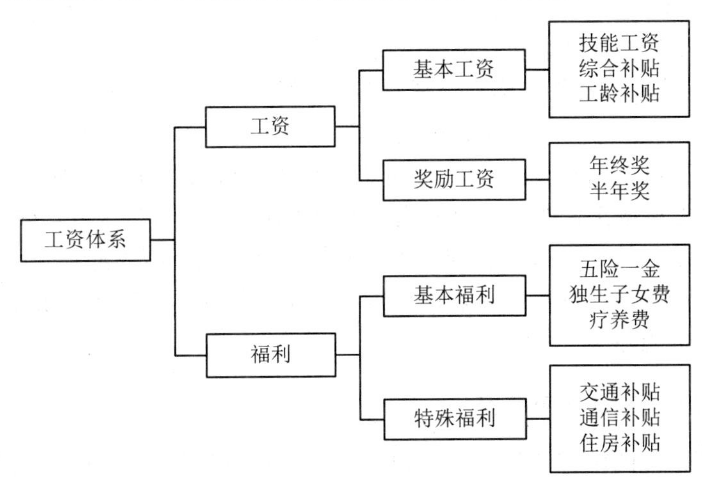

图 7-3 某事业单位员工结构工资体系

结构工资制有四大优点：一是工资结构反映劳动差别的诸要素，即与劳动结构相对应，并紧密联系成因果关系。劳动结构有几个部分，工资结构就有几个相对应的部分，并随前者变动而变动。二是结构工资制的各个组成部分各有各的职能，并分别计酬，可从劳动的不同侧面和角度反映劳动者的贡献大小，发挥工资的各种职能作用，具有比较灵活的调节功能。三是有利于实行工资的分级管理，从而克服“一刀切”的弊病，为改革工资分配制度开辟了道路。四是能够适应各行各业的特点。但是，结构工资制也有缺点：一是合理确定和保持各个工资单元比重的难度较大，二是由于工资单元多且各自独立运行，工资管理工作较复杂。

（二）结构工资制的实施步骤

实施结构工资制一般要经过以下几个步骤。

（1）建立健全人力资源的基础工作。将全体员工的人数、工资、工作年限、学历、职称、技术等级、生产（工作）岗位、职务等登记造表，进行综合分析，对员工劳动进行归类分析。

（2）设计结构工资制的基本模式。确定设立工资单元的数量和每个工资单元所占比重。

（3）确定各个工资单元的内部结构。即按照岗位测评办法，确定岗位工资单元中各类岗位的岗位顺序。若实行“一岗一薪”的，需确定各岗位之间的“岗差系数”；若实行一岗多薪的，还需确定每类岗位内部各等级的工资系数。同时根据各个工资单元内部结构的安排，规定相应的技术业务标准、职责规范条例、劳动定额等各项要求，并拟定具体的考核办法。

（4）确定各个工资单元的最低工资额和最高工资额。各单元最低工资加上奖金和一部分津贴的总和不能低于本地区执行的最低工资标准。

（5）测算、检验并调整结构工资制方案。通过以上几个步骤，在结构工资制雏形基本形成的情况下，再做进一步的模拟、试运转，并进行适当的修改调整。

（6）结构工资的实施、套改。在原有工资制度的基础上进行结构工资制度的改革的，一般是按照员工原标准工资的一定百分比就近套入岗位（职务）工资，或套入技能（技术）等级工资。如工资结构中设置了基础工资单元的，则原工资应先冲掉基础工资部分，再套入上述各单元。岗位变迁者，应按新岗位确定工资，然后再分别确定员工的年功工资，并确定计提效益工资的办法。

（三）结构工资制的适应范围

结构工资制是我国国有部门在工资制度改革过程中创造出来的一种新的工资制度。工资改革之初，为了打破旧的工资体制，在政府允许的自主权范围内，进行内部的工资制度改革，就是在保留原有的工资制度的基础上，引进新的分配机制，建立了新的工资单元，逐步形成了兼顾各方面关系、体现各种劳动因素的结构工资制。结构工资制的适用范围较

广，目前我国有很多部门包括一些国有部门、民营部门和三资部门都实行了这种工资制度。从严格意义上讲，岗位技能工资也属于结构工资制。我国公共部门在 1985 年以后采用过以职务为基础的结构工资制。

二、岗位技能工资制

（一）岗位技能工资制的含义

岗位技能工资制是以按劳分配为原则，以劳动技能、劳动责任、劳动强度和劳动条件等基本劳动要素评价为基础，以岗位和技能工资为主要内容的基本工资制度。岗位技能工资制充分突出了工资中岗位与技能这两个结构单元的特点。它更有利于贯彻按劳分配的原则，更能够调动员工努力提高技术业务水平的积极性。

（二）岗位技能工资制的实施步骤

岗位技能工资制包括劳动评价体系、基本工资单元和工资标准的确定、辅助工资单元的设置等方面。其中，基本工资单元由岗位工资与技能工资两大部分组成。实施岗位技能工资制，大致要经过以下几个步骤。

1．建立岗位劳动评价体系

岗位劳动评价是将各类岗位（职位）、职务对职工的要求和影响归纳为劳动技能、劳动责任、劳动强度、劳动条件四个基本要素，通过测试和评定不同岗位的基本劳动要素，对不同岗位的规范劳动差别进行评价，并把它作为确定工资标准的主要依据。四大要素进行分解、细化以后，就成为便于具体测评的若干子要素，即岗位劳动评价指标。

（1）劳动技能要素评价。主要反映不同岗位、职务对员工整体素质和专门技能的要求，评价指标包括学历、实践经验和实际工作能力等。根据不同岗位的需要，还可以再将指标细分，如学历可分为硕士、本科、大专、中专、高中等不同层次。

（2）劳动责任要素评价。主要反映不同岗位（职位）、职务对员工工作责任的要求，评价指标主要指工作对部门经营的影响程度，包括产品质量、数量、成本以及安全卫生等方面。

（3）劳动强度要素评价。主要反映不同岗位（职位）、职务的繁重程度，主要通过劳动紧张程度、劳动疲劳程度、劳动姿势和工时利用率等指标衡量。

（4）劳动条件要素评价。主要反映不同岗位职务的危险程度、危害程度以及自然地理环境和不同工作班次对员工生理、心理的损害程度。

岗位劳动评价是一个系统，评价指标、评价标准、评价技术与评价方法等子系统组成该系统，其构成方式和运作程序如图 7-4 所示。

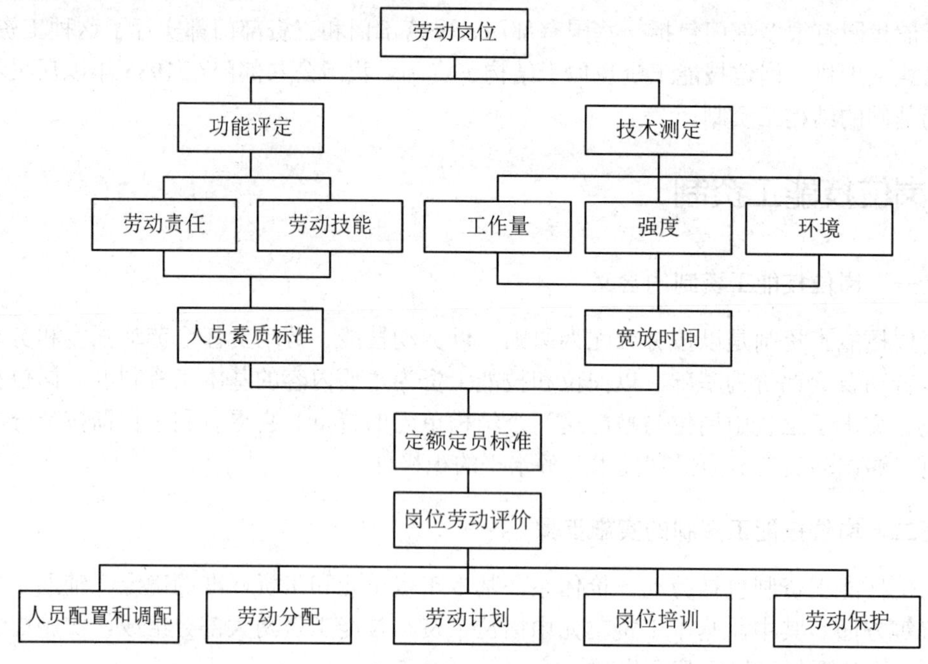

图 7-4　构成方式和运作程序

2．确立岗位工资单元

岗位工资是根据职工所在岗位或所任职务、所在职位的劳动责任轻重、劳动强度大小和劳动条件好差并兼顾劳动技能高低确定的工资。

3．确立技能工资单元

技能工资是根据不同岗位、职位、职务对劳动技能的要求，同时兼顾职工所具备的劳动技能水平而确定的工资。

一般来说，在确定技能工资时，可将部门职工分为技术员工、非技术员工以及管理与专业技术人员三类。技能工资的等级和档次设置可采取纵横结合的形式，即技术员工等级纵向可按初级、中级、高级和技师、高级技师设置。

非技术员工（普通工、熟练工等）的技能工资视其岗位对劳动技能的要求程度原则上参照初级技工的技能工资档次确定。为鼓励普通工、熟练工钻研提高技能水平，其技能工资最高可延伸到中级技工的技能工资档次内。

管理和专业技术人员可按初、中、高级技能要求区别设级。各级横向可设若干档次。如何再细划等级、档次，由行业、部门根据需要确定。技术等级考试考核合格者可择优纵向升级，常规考核合格者可横向晋档。

需要注意的是，技能工资单元是根据岗位（职务）对员工的技术要求以及员工的实际劳动技能确定的，它与员工实际所在的岗位（职务）有时并不一致。确定员工的技能工资

单元，有助于激励员工努力提高技术与业务水平，以适应各岗位（职务）对劳动技能的不同要求。

4．岗位技能工资标准的确定

（1）合理确定基本工资的最低、最高工资标准。要综合考虑的因素：一是员工现行工资水平，最低、最高工资的比例关系及近期预测变化趋势；二是部门员工现行工资结构情况及调整趋势；三是城镇居民月平均生活水平及近期预测；四是关于个人所得税的起征点等。

（2）科学确定岗位工资单元与技能工资单元的比重。其原则是：一要从行业生产经营特点出发，技术要求较高，以劳动技能为主要劳动因素的行业。部门，其技能工资的比重可以大一些；而劳动强度大、劳动条件差的行业和部门，其岗位工资单元的比重可以大一些。二要从有利于发挥工资的激励职能出发，调动职工提高技术、业务水平的积极性和到技术要求高、责任大以及苦、脏、累、险及有毒有害岗位工作的积极性。

（3）合理确定各类人员基本工资的区间及技能工资、岗位工资各档次的工资标准。其确定原则是：一要符合对劳动技能、劳动责任、劳动强度、劳动条件的测评结果；二要妥善安排不同类型、规模部门同类人员的工资关系；三要妥善安排部门内部主要岗位（职务）和其他岗位（职务）以及同岗位（职务）人员内部的工资关系；四要恰当处理相关人员的工资标准的衔接和交叉程度。

5．辅助工资单元设置

实行岗位技能工资制时，除了岗位工资与技能工资这两个基本工资单元，各部门还可以根据实际需要，设置一些辅助工资单元，如保障员工基本生活需要的基本工资单元或工龄工资单元等。

（三）岗位技能工资制的适应范围

岗位技能工资具有极强的适应性，各种部门，不论大小，均可采用岗位技能工资制，特别是对生产性部门和技术含量较高的部门，采用岗位技能工资制更能显示其优越性。例如，农林、水利、地震等部门需要采取以岗位技能为基础的工资制度。

三、技术等级工资制

（一）技术等级工资制的含义

技术等级工资是员工工资等级制度的一种形式，其主要作用是区分技术工种之间和工种内部的劳动差别和工资差别。

技术等级工资制是按照员工所达到的技术等级标准确定工资等级，并按照确定的等级工资标准计付劳动报酬的一种制度。这种工资制度适用于技术复杂程度比较高、员工劳动差别较大、分工较粗及工作物不固定的工种。

技术等级工资是一种能力工资制度，它的优点是能够引导部门员工钻研技术，提高个人的技术水平，缺陷是不能把员工的工资与其劳动绩效直接联系在一起。

（二）技术等级工资制的组成要素

技术等级工资制由工资标准、工资等级表和技术等级标准三个基本因素组成。通过对这三个组成要素的分析和量化，给具有不同技术水平或从事不同工作的员工规定适当的工资等级。

1．工资标准

工资标准，就是按单位时间（小时、日、周、月）规定的工资数额，表示了某一等级在单位时间内的货币工资水平。我国公共部门员工的工资标准大部分是按月规定的，部门可根据需要，将月工资标准换算为日或小时工资标准。按照规定的工资标准支付的工资，是员工完成规定的实际工作时间或劳动定额后所支付的工资，称为标准工资。

技术等级工资标准的确定需要四个步骤：第一步，根据劳动的复杂程度、繁重程度、精确程度等因素确定和划分等级；第二步，对工作物进行分析比较，纳入相应的等级；第三步，规定技术等级标准，即确定最高等级和最低等级工资的倍数以及各个工资等级之间的工资级差；第四步，确定各等级的工资标准和制定技能工资等级表。

表 7-3 是一个根据八级标准模拟的技术等级工资表，采用等比级差的工资标准确定，假定一级工资标准为 100 元，其他各级计算公式为：某一等级工资标准=最低等级标准×等级系数。

表 7-3　技术等级工资表

工资等级	11	2	3	4	5	6	7	8
等级系数	1.000	1.181	1.395	1.647	1.945	2.279	2.713	3.204
级差/%	—	18.1	18.1	18.1	18.1	18.1	18.1	18.1
工资标准	100	118	140	165	195	230	271	320

2．工资等级表

（1）工资等级表概述。工资等级表示用来规定员工的工资等级数目以及各个工资等级之间差别的一览表。它由工资等级数目、工资等级差别以及工种等级线组成。它表示不同的劳动熟练程度和不同工作之间工资标准的关系。

工资等级数目是指工资有多少个等级。工资等级是员工技术水平和员工技术熟练程度的标志，其数目多少是根据生产技术的复杂程度、工作强度和员工技术熟练程度的差异规定的。凡是生产技术比较复杂、繁重程度及员工技术熟练程度差别较大的产业或工种，工

资等级数目就相应多一些。

级差是指各个工资等级之间的差别，具体指相邻两个等级的工资标准相差的幅度。级差有两种表示方法：一种是用绝对金额表示；另一种是用工资等级系数表示。所谓工资等级系数，就是某一等级的工资标准同最低级工资标准的对比关系，它说明某一等级的工资比最低级工资高出多少倍，某一等级的工作就比最低等级的工作复杂多少倍。知道最低等级的工资标准和某一等级的工资等级系数，就可以通过系数换算求出某一等级的工资标准。

工种等级线是用来规定各工种（岗位）的起点等级和最高等级的界线。起点等级线是熟练工、学徒工转正定级后的最低工资。最高等级线是该工种在一般情况下不能突破的上限。凡技术复杂程度高、责任大以及掌握技术所需要的理论知识水平较高的工种，等级的起点就高，等级线长；反之，则起点低，等级线短。一些技术简单而又繁重的普通工种，由于体力消耗大，其等级起点较高，但等级线不宜过长，如图 7-5 所示。

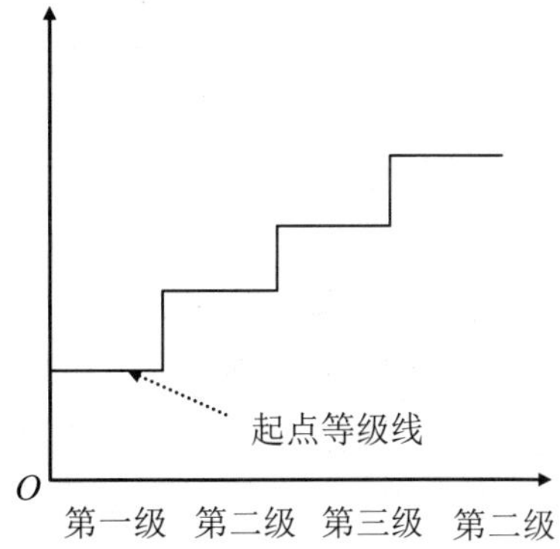

起点等级线

O

第一级　第二级　第三级　第二级

图 7-5　工资等级线

（2）制定工资等级表的步骤。具体工资等级表的步骤如下：确定等级数目；划分工种等级线；确定工资等级表幅度；制定工资等级系数；对工资等级表进行修正。

（3）工资等级系数的确定。制定工资等级系数，先确定级差百分比，后算出各等级的工资系数。工资等级系数，可以是等比系数、累进系数、累退系数或不规则系数。

等比系数的特点是，“级与级”之间相差的百分比相同，但“级与级”之间工资绝对额是逐步扩大的。有明显的物质鼓励作用。

累进系数的特点是，级差的百分比是逐级扩大的。等级越高，级差的绝对金额也越大。这种系数的物质鼓励作用更强，但由于相差悬殊，在我国极少采用。

累退系数，又称递减系数，其特点是“级与级”之间的级差系数逐渐缩小，但“级与级”之间的工资差额绝对相等。

不规则系数的特点是：“级与级”之间相差的百分比无一定规律，忽高忽低。目的是随着工资等级的提高，使工资绝对金额逐级稳步提高，不会导致“级与级”之间差别过大。

3．技术等级标准

技术等级标准又称技术标准，是按生产和工作分类的所有技术工种员工的技术等级规范，是用来确定员工的技术等级（简称员工等级）和员工工资等级的尺度。它包括“应知”、“应会”和“工作实例”三个组成部分。

“应知”是指完成某等级工作所应具有的理论知识。也可以同时规定员工应达到的文化水平。“应会”是指员工完成某等级工作所必须具备的技术能力和实际经验。“工作实例”是根据基本知识和专门技能的要求，列举不同技术等级员工应该会做的典型工作项目或操作实例，对员工进行培训和考核。

技术等级标准有国家标准，部门、行业标准和部门标准等几个级别。国家标准着重通用技术工种标准的制定，是指导性的；部门和行业标准主要是为了在本行业和部门中统一标准；部门标准根据本部门内部的需要制定。等级标准的制定遵循一定的程序进行。

4．技术等级工资制实施步骤

技术等级工资制实施步骤主要有以下四步。

（1）划分与设置工种，并进行定义。

（2）确定技术等级标准。部门可根据国家统一颁发的技术等级标准，按照工资等级数目的要求，分别将初、中、高级技术标准做相应的细化，以适应员工等级考核和确定工资等级的要求。

（3）对员工进行技术等级考核，确定其技术等级。按照各等级技术标准对员工进行考核，并以员工达到的技术等级确定其工资标准。严格按技术标准对员工考核定级。考核升级是技术等级工资制的灵魂。

（4）制定工资等级标准表。首先，确定工资等级系数。规定工资等级系数必须考虑部门的工资结构。如果采用单一的技术等级工资制，那么工资等级系数应将劳动条件及责任大小考虑在内；如果采用的是技能工资加津贴复合型工资结构，那么工资等级系数就可单纯依据技能等级的复杂程度确定。其次，计算工资等级标准。工资等级标准要依据工资等级系数、各等级员工数及预算内的工资总额计算，并结合薪资市场的行情。计算公式如下：

一级工资标准=用于技能工资的工资总额/本部门工资等级系数之和（式中：工资等级系数之和=$\sum$每级工资等级系数×每一等级员工数；各等级工资标准=一级工资标准×各等级工资等级系数）

5．制定技术等级工资制实施细则

细则在对上述内容进行详细规定外，还需将重点放在保证其健康运行的机制上，如规定明确的技术等级考核周期和考核办法、工种转换的工资确定办法、工资标准随劳动生产率和物价调整的周期和办法等。

在公共部门中技能工资相对较少，但是在对技能要求很高的部门也适用技能工资。

四、职务工资制

所谓职务工资制，是首先对职务本身的价值做出客观的评估，然后根据这种评估的结果赋予担任这一职务的从业人员与其职务价值相当的工资的这样一种工资制度。这种工资体系建立在职务评价基础上，职工所执行职务的差别是决定基本工资差别的最主要因素。职务工资制主要依据职务这一不含任何个人特征的因素来决定工资的主体部分，因而被称

为“属职工资”。

（一）职务工资制的实施条件

在实施该制度时，应该设立一个 5～20 人的职务工资制推行委员会。参加这一委员会的人选，一般由人事劳资部门的职员以及现场作业、事务、技术等部门的一些富有经验者参加。

采取职务工资制所需具备的条件是：职务内容已经明确化、规范化、标准化，具备进行职务分析的基本条件；职务内容已基本趋于安定，职务意识清楚，工作序列关系有明确的界限，不会导致因为职务内容的频繁变动而使职务工资体系的相对稳定性和连续性受到破坏；必须具有按个人能力安排工作岗位的机制；在部门中职务性质不同的级数应相当地多，不会产生很快就无法升级的情形，从而阻塞工资提升的道路，加剧提职的竞争；工资应处于较高水准，从而使即使是处于最低职务级别的人也能领先其社会同一职位的平均工资。

（二）职务工资制的特点

职务工资制主要有以下特点：职务工资制是对于从业人员现在所担任的职务的工作内容（价值）进行工资支付的制度，因而能够比较准确地反映劳动的质与量，贯彻同工同酬的原则；职务工资制要求对职务必须有严密的客观的分析，并且在对每一职务进行分析的基础上还要进行分级，称为职务等级（有时略称“职级”）的划分；在职务工资制下，虽然每种职务下可划分为数级，但经过几次工资提升之后，便会达到本职务的最高限额，在这种情况下，如果从业人员在职务上得不到晋升等，也就是职务仍然不变动的话，工资也不会得到提升，因此，职务工资制是以晋升等提薪为基本原则的；在职务工资制下，工资是根据职务确定的，工资的考订必须要考虑到与职务有关的各种要素，并加以客观的分析、评价，由于未掺杂容易导致偏好的个人因素，因此，客观性较强。

（三）职务工资制的优缺点

任何一种工资制都有优缺点，职务工资制也不例外。职务工资制的主要优点有以下三点：一是实现了同种劳动，同种报酬，实际是按劳分配的一种具体实现方式；二是有利于按职务系列进行工资管理，同时使责、权、利有机地结合起来；三是有利于鼓励从业人员提高业务能力和管理水平。

职务工资制的缺点主要体现在以下两个方面：首先，当采用职务工资制时，会抑制部门内部人员的配置和职务安排；其次，由于职务与工资挂钩，因此，当职工在部门内晋升无望时，也就是没有机会提资，这样，这些职工就会丧失进取的动力，劳动积极性会受到很大挫折，从而使部门流动率过高，生产发展受阻。

五、岗位（职务）等级工资制

岗位等级工资制，简称岗位工资制，它是按照员工在生产中的工作岗位确定工资等级和工资标准的一种工资制度。它是劳动组织与工资组织密切结合的一种工资制度。岗位等级工资制与职务等级工资制的性质基本相同，职务工资制是简化了的岗位工资制。职务工资制和岗位工资制的主要区别在于：岗位不仅表达出层级还表达出工作性质，如人力资源主管、财务部部长等就是岗位；然而，职务仅仅表达出层级，如主管、经理以及科长、处长等。职务工资制在国有部门、事业单位及政府机构得到了广泛应用。

职务工资制只区分等级，事实上和岗位工资制具有本质的不同。岗位工资体现不同岗位的差别，岗位价值综合反映了岗位层级、岗位工作性质等多方面因素，是市场导向的工资制度；而职务工资仅仅体现层级，是典型的等级制工资制度。相对于岗位工资制，职务工资制的最大特点是：根据职务级别定酬，某些人可能没有从事什么岗位工作，但只要到了那个级别，就可以享受相应的工资待遇，这是对内部公平的最大挑战。

岗位等级工资制是等级工资制的一种形式，它是根据工作职务或岗位对任职人员在知识、技能和体力等方面的要求及劳动环境因素来确定员工的工作报酬。员工工资与岗位和职务要求挂钩，不考虑超出岗位要求之外的个人能力。

（一）岗位等级工资制的特点

其特点表现在以下几个方面。

（1）按照员工的工作岗位等级规定工资等级和工资标准。岗位工资知识按照各工作岗位的技术复杂程度、劳动强度、劳动条件、责任大小等规定工资标准，不是按照员工的技术能力规定工资标准。员工在哪个岗位工作，就执行哪个岗位的工资标准。在这种情况下，同一岗位上的员工，尽管能力与资历可能有所差别，执行的都是同一个工资标准，就是所谓的以岗定薪。

（2）员工要提高工资等级，只能到高一级岗位工作。岗位工资制不存在升级问题，员工只有变动工作岗位，即只有到高一等级的岗位上，才能提高工资等级。但这并不等于说，一个员工不变动岗位，就不能提高工资标准。在部门经济效益提高，国家政策调整，或社会整体经济水平增长以及物价上涨过快而工资等级数目不变的情况下，对于不能上升到高一级岗位上工作的员工，就必须通过提高岗位工资标准的手段来提高工资。

（3）员工要上岗工作必须达到岗位既定的要求。虽然岗位工资制不制定技术标准，但各工作岗位都规定有明确的职责范围。必须达到对应的标准和要求才可以上岗。

（二）岗位等级工资制的形式

岗位等级工资制主要有以下三种形式。

1．“一岗一薪”制

即一个岗位只有唯一的工资标准，凡是同一岗位上的员工都执行同一个工资标准。岗位工资标准由低到高顺序排列，形成一个统一的岗位工资标准体系，它反映的只是不同岗位之间的工资差别，反映不出岗位内部的工资差别。其特点是一职一薪，同职同薪，标准互不交叉，提职才能增薪。劳动者只要达到岗位和职务要求，才能取得标准工资；岗位变动，工资也随之变动。试行“一岗一薪”制，岗内不升级。新员工上岗采取“试用期”或“熟练期”办法，期满经考核合格后正式上岗，即可执行岗位工资标准。

“一岗一薪”制强调在同一岗位上的人员执行统一的工资标准，具有以下三个方面的优点：保证员工在最佳年龄、最佳技术、付出劳动量最多的时候得到最佳报酬；简化工资构成，工资外津贴减少；“一岗一薪”，岗动薪动，对员工的激励性大，且操作简便灵活。“一岗一薪”制比较适用于专业化、自动化程度较高，流水作业、工作技术比较单一和工作物等级比较固定的行业及工种。

“一岗一薪”制也有缺陷，主要是不便于体现同岗位员工之间由于经验、技术熟练程度不同而产生的劳动差别以及新老员工之间的差别，因此同样职务、岗位或工种内部缺乏激励。

2．“一岗数薪”制

即在一个岗位内设置好几个工资标准，以反映岗位内部不同员工之间的劳动差别。岗内级别是根据岗位内不同工作的技术复杂程度、劳动强度、责任大小等因素确定的，工作的确定有时主要对事，其次对人，即在岗位内部，对技术熟练程度较高的员工规定较高的工资标准。由于“一岗数薪”，高低相邻的两个岗位之间的工资级别和工资标准产生交叉是很正常的。

实行“一岗数薪”制，员工在本岗位内可以小步考核升级，直至达到本岗最高工资标准。

由于“一岗数薪”融合了技术等级工资制和岗位工资制的优点，可以反映生产岗位之间存在的劳动差异和岗位内部不同员工之间的劳动熟练程度的差异，使劳动报酬更为合理。“一岗数薪”制适合岗位划分较细、同时岗位内部技术要求有些差异的工种。

3．复合岗薪制

复合岗薪制即每一个职务内设置若干个工资标准，但不同职务的工资标准有部分等级交叉。其特点是一职数薪，同职可不同薪，标准适当交叉，不同职亦可同薪，不升职亦可增薪。

（三）建立岗位等级工资制实施步骤

实施步骤主要有以下几个方面。

（1）设立组织，配备人员，进行培训。设立岗位等级工资制的组织可由人力资源部门牵头，邀请有关工程技术人员和经营管理人员以兼职形式参与，请有关专家对参与人员进行职位评价技能的专业培训。

（2）工作标准化。即把部门各个岗位的工作加以改进并实行标准化，为了实现高效率，最好进行方法研究和时间研究。这项工作应由专门人员完成。

（3）职位分析。在部门中，工作是由部门组织为达到目标必须完成的若干任务组成。而职位分析是指确定各项工作所需技能责任的系统过程，职位分析给出一项工作职责与其他工作的关系，所需的知识和技能以及完成这项工作所需的工作条件。工作实际情况被集中起来并加以分析，并加以科学系统的描绘，最后做出规范化记录，制成工作说明书。

（4）职位评价。即在职位分析的基础上，对不同内容的工作，以统一的尺度（标准）进行定量化评定和估价，对工作进行分类和分级，从而确定各项工作的相对价值。在这一步骤中，应先就各项工作的性质做横的划分，即将工作性质、工作内容相同或相近的归为一类，初步确定岗位种类，然后再将同类性质的若干工作，根据对其评价的结果做纵的划分，以决定其岗位属于什么等级。

（5）货币转换。即根据岗位的工资总额、岗位等级、岗位数目三类数据计算岗位工资标准。

（6）与市场工资率平衡。岗位工资标准测算之后，还必须结合薪资市场上流行的工资做相应的调整。

（7）制定实施细则。岗位工资实施细则的内容包括：新工资标准的运用、职位评价的日常维护和定期检查等。

六、职能等级工资制

职能等级工资制是西方国家所实行的公职人员工资制度，以美国为代表。职能等级工资制是根据职工所具备的与完成某一特定职位等级工作所相应要求的工作能力等级确定工资等级的一种工资制度。

（一）职能等级工资制的特点

其特点表现在以下几个方面。

（1）职能等级决定个人工资等级。决定个人工资等级的最主要因素是个人相关技能和工作能力，即使不从事某一职位等级的工作，但经考核评定其具备担任某一职位等级工作的能力，仍可执行与其能力等级相应的工资等级，即职位与工资并不直接挂钩。

（2）职能等级及与其相应的工资等级数目较少。其原因是，对上下相邻不同的职位等级来说，各职位等级所要求的知识和技能的差别不是很明显。所以，可以把相邻职位等级按照职位对工作能力的要求列为同一职能等级。这样制定出来的职能等级一般只有职位等级的一半，甚至更少。

（3）要有严格的考核制度配套。一方面，由于决定工资等级的是个人能力等级，所以要确定一个员工的工资等级，首先要确定其职能等级。这就需要制定一套客观、科学而完整的职位等级标准和职能等级标准，并按照标准对个人进行客观、准确的考核与评定。否则，职能等级就很容易只按照资历确定。另一方面，由于员工的能力是不断提升的，但速度是不一致的。所以需建立长期的考核制度，定期对员工的职能等级进行考核。

（4）人员调整灵活，有很强的适应性。这是由第一个特点决定的。由于职能工资等级不能随着员工的职位等级的变动而变动，因而有利于人员的变换工作和调整，能够适应部门内部组织机构随市场变化而做相应调整的要求。

（二）职能等级工资制的形式

按照每一职能等级内是否再细划档次，职能等级工资制可以分为“一级一薪”制、“一级数薪”制和符合岗薪制三种形式（参照岗位等级工资制）。按照员工工资是否主要由职能工资决定，职能等级工资制可以分为以下两种形式。

（1）单一型职能工资制。即工资标准只按职能等级设置，职能等级工资几乎占到工资的全部。然而实践中，职能工资也包含了年龄或工龄因素，如“一级数薪”制。在同一职能等级内，个人的工资级别或档次主要由工龄长短来决定。当然这里的工龄被认为是与能力正相关的。

（2）多元化职能工资制。即按职能设置的职能工资与年龄要素或基本生活费用确定的生活工资或基础工资并列存在，如在全部工资中，职能工资占 25%，生活工资占 65%。一般趋势是：对新进人员，生活工资占较大比重，职能工资的比重较小。随着工龄的增加，生活工资的比重逐渐下降，职能工资的比重提高，直到职能工资占绝大部分。严格来说，多元化的工资已不全部由工作能力所决定了。

（三）建立职能等级工资制的操作步骤

实行职能等级工资制，可按以下步骤进行。

1．准备工作

建立机构，配备人员；工作标准化；职位分析，将职位分析的结果制成工作说明书；职位评价，划分职位等级。以上各步与建立岗位等级工资制的步骤一样，故在此不再赘述。

2．具体实施

实施的步骤主要有以下几个方面。

（1）编制职能等级资格标准表。职能等级资格标准表是在划分职位等级的基础上，将所有不同等级职位及完成等级职位工作相应要求的任职能力资格条件，按升级或降级顺序统一列示的一览表，其作用是为评价个人的职能等级提供标准尺度。编制职能等级资格标准，最常使用的就是分类法。

（2）进行职能分析，建立职能基准表。职能分析的对象是人，即在职位评价的基础上，根据职位的要求，收集能够说明和体现个人对工作的基础知识、技能以及解决问题的能力的资料，并通过分析和整理建立起个人职能基准表。职能基准表内容主要是列示个人职能要件。职能要件按其内涵包括员工具有的工作能力、员工表现的工作能力及员工具有的工作潜力等三个方面的内容。

职能分析的目的是通过收集、分析和整理个人的工作能力资料，为其建立职能基准表，来说明员工具有完成哪些职位等级的工作能力。

（3）进行职能评价并确定职能等级。职能评价的对象依然是员工个体。这一步的工作就是把刚刚建立起来的个人职能基准，以职能资格等级标准为尺度，一一对照衡量后，把员工逐一归到不同的职能等级中。员工职能等级一旦确定，相当于员工职能工资等级也随之确定。

（4）制定职能等级工资标准表。与岗位等级工资制一样，职能等级工资标准要根据用于职能的工资总额、职能等级数目、职能等级系数以及各职能等级人数计算。

（5）制定实施细则。职能等级工资实施细则应当包括以下内容：指导思想与原则、适用范围、职能等级确定的根据和方法、职能考核周期和考核方法、职能等级晋升的考核和职能工资标准的调整等。

每种工资制度都有各自的优缺点，在公共部门制定工资制度时，可以根据部门内部具体的情况来设置不同的岗位工资制度。

第四节　公共部门福利和社会保险制度

在我国，公务员享受的保险和福利是按照《国家公务员管理条例》的规定执行的；事业单位人员享受的保险福利是按照国家有关的社会保障规定执行的，要逐步实行社会化。一般来说，公务员享受的福利待遇比事业单位的人员要好一些。公务员和事业单位的社会保险和福利制度大体是一致的，因此，本节主要介绍公务员的福利制度。

一、公务员福利制度

公务员福利制度就是国家行政机关为改善所属公务员的生活，通过专项会计科目开支设立的对公务员个人生活补助的规定。它可以起到吸引优秀员工、激励并提高公职人员的生活水平、降低公职人员的流动率及提高公共部门的工作效率的作用。

（一）国外公务员福利制度简述

（1）英国公务员福利制度。英国是世界上最早建立公务员制度的国家，也是一个社会福利比较完善的国家。英国政府始终有专门的机构来负责公务员的紧急加薪以及福利退休等事宜。英国公务员福利制度针对对象是英国国家公务员，仅指中央政府各部门的工作人员。从福利制度看，英国是一个经济发达的高福利国家，福利保障水平较高。英国的公务员福利制度是以退休金为主要内容的，其惠及面广也较为完备。同时，英国还设立了福利支出的咨询、协调和监控机构。在保证公务员福利的同时可以预防腐败。英国政府把公务员的培训费用也列在公务员福利系统中，通过培训公务员可以更有效率的工作，同时满足自身价值需要。一些培训同时和公务员的绩效联系在一起，这样就很好地激励公务员更努力的工作，提高政府的办事、办公效率。

（2）美国公务员福利制度。美国公务员的福利制度也算是比较完善的，自 1993 年克林顿所倡导的“重塑政府”运动之后公务员的福利制度更加完善。其中，我国最应该借鉴的就是美国公务员的工作时间制度，美国公务员在一个集中工作时间全体人员都到齐，以便开会或者讨论问题，其余工作时间可以按照自己的需求自行安排。由于这种工作制度，在给公务员提供诸多便利的同时，可以有效地缓解交通拥堵问题。而且在美国公务员失业时，国家会给予一定的失业救济金，期限为 26 周。良好的公务员福利保障制度为提高公务员的办事效率起到良好的推动作用。

（3）法国公务员福利制度。法国是一个典型的福利制国家，法国国民几乎有全面的福利体系。公务员的福利待遇更加优厚。同时，法国对于公务员的福利制度规定也是细致入微的。法国对于低收入的年轻公务员，在初任职时给予一定的安置补贴。在生活上公务员享有家庭负担补助，用以抚养子女。法国对于人才流动是很重视的，如公务员可以停薪留职去企业工作一段时间，然后再回到原单位，这对于促进人才流动，提高社会生产水平具有很重要的意义。法国细致的公务员福利制度，在吸引公务员为国家效力方面起到非常重要的作用。

（二）我国公务员福利制度的内容

我国公务员福利制度的建立是为了改善公务员的精神文化水平，同时减轻公务员的生活负担。我国公务员福利主要包括以下内容。

（1）为满足公务员共同需要、减轻公务员的家务劳动、方便生活并使公务员获得优惠服务而建立的集体福利设施。例如，食堂、托儿所、幼儿园、浴室、理发室、疗养院等。

（2）为满足公务员文化生活需要并且提高其身体、文化素质而建立的文体福利设施。例如，文化宫、俱乐部、图书馆、游艺厅、体育场、游泳池等。

（3）为满足公务员的不同需要、减轻其生活负担而设立的福利补贴。例如，上下班交通补贴、防暑降温费、洗理费、房租补贴、生活用品价格补贴以及生活困难补助等。公务员的生活困难补助，分为定期补助和临时补助两种。定期补助是对生活费用低于一般水平，不能维持正常生活的公务员，确定补助金额，按月发给；临时补助是对公务员发生一些特殊困难而自己又无力解决的，如因疾病、死亡、天灾、人祸等造成生活困难的，给予临时性的补助，补助对象只限于本人或所供养的直系亲属。另外，国家公务员还可享受公费医疗待遇、病假待遇、产假待遇和年休假待遇等。公务员福利经费来源，按工资总额的比例，从行政经费中提取。表 7-4 为某国家机关福利支出一览表。

表 7-4　中央国家机关某单位的福利项目明细

工资条 1	在京中央国家机关适当补贴	住房提租补贴	住宅公务电话包干费	高级干部保姆自雇费	独生子女保健费	其他津补贴	无线通信工具补贴	住房公积金	
工资条 2	特殊通信费	午餐补助	菜篮子补助	伙食补助	交通费	班车补助	住房提租补贴	购房补贴	通信补贴
	住房公积金	困难补助	医疗费	婴儿补助					

我国公务员福利制度的建立遵循的原则：一是公务员福利所满足的主要应是公务员共同的物质和文化生活需要；二是公务员福利的待遇水平要与本部门的经济状况相适应；三是要正确处理公务员福利和工资的关系，保证按劳分配收入在公务员收入中占主要部分。

（三）我国公务员福利制度发展历程

我国公务员福利制度的发展历程大致可以分为五个阶段。

（1）初步建立阶段。在建国初期，我国实行共产主义的供给制，向所有国家机关企事业单位的职工供给必需品。例如，服装、食品、津贴等，虽然在 1956 年我国对工资制度进行过一次重大的改革，但是此时的中国福利制度是典型的救济式福利，仅仅是为解决人民温饱而发放福利。

（2）停滞阶段。“文革”十年中福利制度被删去，福利机构解散，主张发放福利的知识分子受到迫害，福利设施也遭到很大的破坏。在这十年中我国的公务员福利制度几乎停滞不前，甚至出现倒退迹象。

（3）恢复发展阶段。在邓小平确立党的领导地位以后，我党的工作重心开始逐步向经济发展方向转变。十一届三中全会后，我党确立了改革开放的基本政策，此时的中国经济开始飞速发展，社会的各项事业也随之复苏，经济发展势头一片大好，为我国公务员福利制度的建立奠定了良好的经济基础。1985 年，国务院在全国范围内进行第二次工资制度改革。此次改革使得公务员可以获得教育、医疗、住房以及单位为员工提供的集体福利设施。虽然此时的公务员的工资很低，但是福利确实是比较广泛的，而且此时的福利不是为保障

公务员的基本温饱而发放，而是为改善和提高公务员的生活水平而发放。

（4）转变阶段。1993 年，我国建立新的工资制度和运行机制。根据我国社会主义市场经济的要求，我国把公务员福利性补贴逐步纳入工资，使得公务员的收入工资化、货币化，这次的工资改革使得离休和退休人员的工资水平都有所提高。国家改变曾经的福利分房和公费医疗制度，实行住房公积金制度和医疗保险制度。公务员个人也需要承担一定的比例。

（5）全面发展阶段。2006 年我国出台《公务员法》，公务员实行国家统一的职务与级别相结合的工资制度。国家根据发展水平提高公务员的福利待遇，从此国家开始大力推进社会保障体系建设，公务员的福利制度是其中的重要组成部分，在很大程度上解决了贫富不均的问题。

（四）我国公务员福利的种类

组织中的福利项目包括两大类：一类是法律政策规定的福利项目，即法定福利；另一类是组织自身提供的福利项目，即自主福利。世界各国的福利项目大同小异，但是具体内容却相差很大。下面是我国的一些福利项目。

1．法定福利

（1）带薪年休假。我国《职工带薪年休假条例》《机关事业单位工作人员带薪年休假实施办法》规定：机关、团体、部门、事业单位、民办非部门单位、有关的个体工商户等单位的职工连续工作满一年以上的，享受带薪年休假。职工累计工作已满 1 年不满 10 年的，年休假 5 天；已满 10 年不满 20 年的，年休假 15 天。单位应该保证职工享受年休假。职工在年休假期间享受与正常工作期间相同的工资收入。对职工应休未休的年休假天数，单位应该按照该职工日工资收入的 300%支付年休假工资报酬。国家规定的法定休假日、休息日、探亲假、婚丧假、产假的假期等不计入年休假的假期。

（2）法定休假日。我国法定休假日共 11 天，即元旦 1 天、春节 3 天、“五一”劳动节 1 天、“十一”国庆节 3 天；清明节、端午节、中秋节各 1 天（农历遇到闰年，以第一个月为休假日）。

（3）公休假日。我国目前实行的是每周 2 天的休息制度。

2．自主福利

自主福利是指根据组织自身发展的需要和员工的需要有选择地提供的福利项目。由于各单位具体情况不同，自主福利的具体内容和标准也没有一定的模式，弹性福利、多达几十项的菜单式福利已成为发展趋势，主要有以下几种。

（1）福利费。这是为解决员工的生活困难问题而建立的一种专项费用。由福利费的提取比例和使用范围两部分的规定组成。福利费的提取，有的是按工资总额的一定比例，有的是按基本工资的一定比例。福利费的使用以解决员工及家属的生活困难为主。福利费也适用于适当补助单位幼儿园、托儿所、理发室等的零星物品的购置，以及慰问住院员工等。

福利费如有结余，可转下年继续使用。

（2）住房补贴。这是指组织为了有一个好的居住环境而提供给员工的一种福利，主要包括以下几种：根据职位不同，每月提供住房公积金；组织购买或者建造住房后免费或低价租给或者卖给员工居住；为员工的住房提供免费或者低价装修；为员工购买住房提供免息或者低息贷款，全额或部分报销员工租房费用。

（3）交通费。这是指组织专门为员工上下班提供交通方便而设立的一种福利，主要包括组织派车到员工家接送上下班；组织派车按一定的路线行驶，上下班员工到一些集中的地点候车；组织按规定为员工报销上下班交通费；组织每月发放一定数额的交通补助费。

（4）工作午餐。是指为员工提供的免费或者低价的午餐。有的组织虽然不直接提供工作午餐，但提供一定数额的工作午餐补助费。

（5）商业保险。是指组织全额资助或者部分资助的保险项目。例如，人寿保险、大病住院险等。

（6）有偿假期。这是指除法律规定外的、员工在有报酬的前提下，不来上班工作的一种福利项目。主要有脱产培训、病假、事假、旅游等。

（7）生活福利。这是指组织为员工的生活提供的其他各类福利项目，主要有为员工提供的法律服务、心理咨询服务、贷款担保、各种生活设施、内部优惠商品、搬迁补贴、冬季宿舍取暖补贴、探亲休假、子女教育费等。

此外，自主福利还有人寿保险、补充养老保险、职工援助计划、年金等。现在随着人才流失率的加剧，很多部门都自主设置了适合自己部门的福利制度。公共部门的福利也越来越多样和丰富了。

由于我国公务员制度建立和发展的时间还很短，社会主义国家公务员制度的实践也不成熟，因此，我国公务员福利制度还存在相当多的问题，主要有以下方面。

（1）我国公务员实行的是“低工资、多补贴、泛福利”的模式。由于这种模式有相当一部分公务员的劳动报酬以物质形式提供给公务员，不计入公务员工资，使得公务员的薪酬不能充分体现，这种模式也是与社会主义市场经济体制不相符的。

（2）生活性福利水平的不平等、不确定。由于我国公务员的生活性福利是由各级政府提供，同时我国各个政府部门和不同地域间的经济状况差别很大，这就造成公务员所能得到的福利差别很大，这种现象对公务员来说是不公平的。

（3）福利形式过于社会化。我国公务员的一部分福利是通过建立集体生活设施和文化设施来体现的，而这些设施是可以通过社会的服务来实现和获得的。这就导致很多福利基金投入到社会服务设施当中，这将在很大程度上增加国家的财政负担。经常会产生很多福利设施的利用率很低甚至几乎无利用，这就造成国家福利资金的浪费。

（4）我国的公务员福利资金绝大部分来自国家财政，这就造成国家财政负担沉重，而沉重的经济负担将导致我国很多社会保障制度改革进程延缓。

（5）由于我国没有统一的公务员福利标准，各地区、各部门都是自行制定标准，统一发放，由于我国区域和部门之间的经济发展不平衡，自行制定的标准相差很多，造成我国现行公务员福利津贴的混乱。

我国公共部门的薪酬福利制度相对于非公共部门，有很大的优势和弹性，这也是公共部门比较吸引人的一个重要方面。但是正因为如此，也带来了很多诸如上述的问题，因此，公共部门的福利制度还需要进一步改善。

二、公共部门社会保险制度

公共部门的社会保险制度以国家公务员的社会保险制度为代表，是指国家依法对因生、老、病、伤、残、死等暂时或永久丧失劳动能力的员工给予物质帮助的一种保障制度，它是公共部门制度的一个重要组成部分，也是社会保障制度的一种类型。

（一）社会保险的概念和作用

社会保险是国家通过立法而建立起来的，旨在保障劳动者在暂时或者永久丧失劳动力时在工作中断期间的基本生活需求而建立的一种保险制度。社会保险是社会保障制度的核心内容，以保护全体劳动者为目的，运用保险技术，并按照一定的标准，向失业、遭受劳动灾害、残疾、死亡以及年老的社会成员发放生活费，提供医疗和社会保险，并帮助其恢复和提高劳动能力。其经营主体是国家，社会保险费用的一部分由国库承担，一部分要求劳动者自己以及劳动者的使用者承担。社会保险是社会保障体系的重要组成部分。

在我国，社会保险具有一定的强制性，主要是因为社会保险对于员工生活和工作起到一定的保障，在公共部门也不例外。因此，公共部门的社会保障作用也主要表现在以下几点。

（1）在一定程度上确保员工健康地工作并解除他们的后顾之忧，员工遇到生、老、病、死、伤、残时，本人及其家庭生活可以得到基本生活保障。这对调动员工的工作积极性，使他们把全部精力投身于工作之中，具有重要作用，也有利于维护社会的安定。

（2）员工的保险为部分暂时丧失劳动能力的公务员提供了基本生活保障和必要的物质帮助，使他们能尽快地恢复劳动力，减轻国家和社会的负担，促进经济的发展。

（3）员工的保险可以增加其对所在单位的信任感，促使他们提高工作效率，积极努力，尽职尽责地为国家工作。

公共部门员工社会保险的内容，是指员工出现生、老、病、死、伤、残、待业等保险事项时所应享受的保险待遇。我国公共部门员工社会保险的项目主要包括养老保险、失业保险、医疗保险、工伤保险、生育保险。

（二）养老保险

养老保险是指劳动者达到国家规定的退休年龄，或因年老丧失劳动能力，退出劳动领域，由社会提供经济帮助，保障其生活，以使其安度晚年的社会保障项目。老年是每个社会成员生命周期的最后阶段，因而养老保险所覆盖的人数最多，被保险人享受待遇的时间也比较长，养老保险与每个人的利益都密切相关。

我国公共部门员工的养老保险模式主要有以下几种。

（1）个人储蓄型养老保险。个人储蓄型养老保险是指由职工根据个人收入情况自愿参加的一种养老保险形式。个人储蓄型养老保险由职工个人自愿选择经办机构，个人储蓄性养老保险金由个人所有。

（2）法定养老保险。我国各地都有养老保险的地方性规定。相对于企业的养老保险制度，我国公共部门养老保险制度改革稍显滞后。目前，我国大部分地区的国家机关、事业单位、企业（国有企业和市、县、区主管的集体企业）仍实行退休养老制度。退休养老制度主要有退休条件和离退休待遇等方面的规定。

关于退休待遇的规定：工人与干部退休，按其工龄长短，按月领取退休金，其标准一般为本人工资的 60%～70%，领取到死亡为止；特殊行业，如护士、教师退休时工龄达到 30 年者，领取原工资 100%的定额退休金；对于做出特殊贡献者，或者在革命和建设中有特殊贡献的职工，或曾在部队上有英雄称号的转业、复员军人，退休时仍然保持荣誉者，可享受较高的退休待遇，其标准可以高于一般退休标准的 5%～15%。

关于离休待遇的规定：1949 年中华人民共和国成立以前，参加革命工作、享受供给制待遇的干部和在国民党统治区从事地下工作或参与民主党派的成员，以及 1948 年底以前在解放区工作、享受政府薪金待遇的干部，男满 60 岁，女满 55 岁，离开工作岗位以后享受离休待遇，发给本人退休前工资 100%的养老金，并且根据不同时期加发生活补贴。

我国公共部门的退休养老制度始于新中国成立初期，是在传统计划经济体制下逐步完成的，在很长的一段时间内发挥着保障离休人员基本生活、稳定干部队伍、维护社会稳定的积极作用。但随着我国经济社会的发展，过分强调公平而忽视效率的退休养老制度面临着很多困境和危机，因此迫切需要改革，实行基本养老制度和退休年金相结合的方式。

（三）失业保险

根据失业保险的目的和范围不同，各国的失业保险制度可以分为国家强制性失业保险、非强制性失业保险、失业补助制度和综合型失业保险。失业保险待遇主要包括以下几个方面。

（1）失业基本津贴。失业基本津贴是失业保险待遇的主要成分，是规定期限内失业者赖以生存的主要来源。

（2）失业救助金。失业救助金分三种情况：一是对失业津贴给付期结束后，仍未就业的领取失业救助金；二是对于没有就业的新成长劳动力和在基准期内没有就业经历或投保记录的重返劳动力市场的劳动者在就业之前给付失业救助金；三是对所有失业者均给付失业救助金，没有给付期限，如澳大利亚和新西兰等。

（3）附加失业津贴。附加失业津贴是失业者供养的直系亲属的津贴，被供养者越多，津贴额也越多。附加津贴常以固定金额形式或失业者原工资的一定比例给付。

（4）补充失业津贴。补充失业津贴是用人单位为员工提供的津贴，用以提高员工失业后的生活水平。此外，大多数国家都有失业培训，帮助失业者尽快就业，培训经费由财政资助或来源于失业保险基金。

（四）医疗保险

医疗保险是指劳动者因患病而暂时失去劳动能力和收入来源，国家和社会给予一定的医疗服务、假期和收入补偿，以促其恢复劳动能力，尽快投入劳动过程的社会机制。医疗保险待遇是指参加医疗保险的被保险人遭受疾病困扰时所获得的各种补偿、服务与帮助，包括以下内容。

（1）疾病津贴。疾病津贴是劳动者因病而暂时离开劳动岗位、失去收入来源时所获得的能维持其基本生活的收入补偿。疾病津贴的计发方式有三种：一是与患病前工资挂钩，患病初期疾病津贴为原工资的100%，随着患病期的延长，比例逐渐下降；二是与工龄挂钩，即工龄越长，给付比例越高；三是按统一标准给付。关于疾病津贴的领取等待期，国际劳工组织建议不超过三天。领取的期限并非无限期，国际劳工组织建议，每次患病的疾病津贴最长时间为26周；若给付期结束后疾病仍未痊愈，应该改为社会救助金。

（2）医疗服务。医疗保险包含患者的医疗服务。患者的医疗服务是医疗保险的主要内容，包含门诊、检查、医治、用药、住院等。被抚养者的医疗服务是医疗保险向被保险人抚养的家属提供的医疗服务。

（3）被抚养者补助。劳动者患病以后暂时失去收入来源，会影响其配偶及未成年子女的生活。医疗保险除向病患劳动者给付疾病津贴外，还应向其抚养的亲属给付一定数额的现金补助，但数额应该低于疾病津贴。

（4）病假。病假也是医疗保险待遇的一部分，其期限同领取疾病津贴的期限相同。在此期间，劳动者因患病而无法工作，用人单位应保留其工作机会，不得将其解雇。

根据国务院的有关规定，国家公职人员的病假待遇如表7-5所示。

表7-5　公职人员的病假待遇

A（年） R（%） B（月）	A<10	A≥10	1949年9月2日之前参加工作
B≤2	100	100	100
3≤B≤6	90	100	100
B≥6	70	80	90

病假待遇根据工作年限和病假长度分段确定：若一名工作人员的工作年限少于 10 年，病假为 2 个月，则每月可领取全额的原工资；若病假超过 2 个月，则从第三个月起，每月领取原工资的 90%；若病假超过 6 个月，则从第七个月每月领取原工资的 70%。获得省部级以上劳动英雄、劳动模范称号并保持荣誉的工作人员，其病假期间的工资可以适当提高。

（五）工伤保险

工伤保险是指对因工受伤（包括职业造成的伤害）而暂时或永久失去劳动能力的劳动者给予经济补偿和帮助，保证其基本的社会机制。

工伤保险的待遇主要分为以下四个方面。

（1）医疗服务。工伤保险的医疗服务包括挂号、诊断、治疗、药品、检验、手术、住院费、医疗期间的膳食费、就医交通费以及疗养、康复、安装假肢等辅助器具等多项内容，其涵盖面要比医疗保险更多、更全面，带有褒奖性质。

（2）短期负伤津贴。这是对受伤者在康复或者评残之前失去的收入（主要是指工资收入）的补偿，一般按负伤前一段时间的平均工资的一定比例给付，其标准一般高于普通疾病津贴，给付等待期一般为 1～3 天，给付最长时间一般为 26～52 周，若最长领取期限结束后仍未痊愈，经伤残鉴定后领取残障恤金。但也有一些国家没有规定具体期限，如日本、卢森堡等国的负伤津贴没有期限规定，一直领到痊愈为止。

（3）残障恤金。残障是指机体器官受到损害，发生功能障碍或智力退化，对医疗与护理依赖程度较高，而且不能复原的一种状态。劳动者遭受工伤和职业病，医疗期终结后经劳动能力鉴定，可确定残障性质，评定残障等级，按等级享受相应的残障恤金待遇。

（4）丧葬费与遗属恤金。因工伤死亡的，亲属可获得办理后事所需的丧葬费与遗属恤金，一般以固定形式支付。根据国务院 2003 年 4 月发布的《工伤保险》第二条的规定，应该参加工伤保险的单位为我国境内的“各类企业、有雇主的个体工商户”，公职人员暂未纳入工伤保险覆盖范围，只在《工伤保险条例》附则中规定“公务员和参照公务员所管理的事业单位、社会团体的工作人员因工作遭受事故伤害或患职业病的，由所在单位支付费用”。一般来说，公职人员因工负伤后，执行的是国家机关工作人员伤残抚恤办法，由民政部门按照伤残等级发给伤残抚恤金，抚恤金待遇由地方政府具体规定。但是，随着社会保险制度的完善与机构改革的深入，需要建立统一规范的工伤保险体系，这就要求扩充工伤保险覆盖范围，同时根据不同部门的风险水平，确定合适的缴费率，实现更大范围的互助互济、分担风险，以维护公共部门的正常秩序，保障公职人员的合法权益。

（六）生育保险

生育保险是指妇女因怀孕、分娩等生育行为而暂时丧失劳动能力、失去收入来源时给予其物质帮助的保险制度。目前，全世界已有 80 多个国家正式建立了生育保险制度，保险

费的筹措由用人单位同员工共同承担，或由用人单位、国家财政承担。生育保险的实施能保障妇女在生育期间获得收入补偿，维持基本生活水平；能保证生育妇女身体健康与劳动能力恢复，以及新生儿的健康成长，促进劳动力的健康成长，促进劳动力的再生产和扩大再生产；能为妇女广泛参与社会经济活动创造条件；有利于贯彻、执行国家的人口政策。

生育保险的待遇包含医疗服务、生育假期、生育津贴、新生儿补助等内容。我国生育保险的待遇主要包含四部分。

（1）医疗服务。医疗服务包括检查、接生、手术、住院、用药等项目，超出规定项目的医疗服务和用药费用由本人承担，生育出院后，因生育引起的疾病医疗费用由生育保险支付；小产或者流产，经单位所在地计划生育部门证明，其流产费用也由生育保险支付。

（2）产假。产假为 90 天，其中产前休假 15 天，产后休假 75 天，如为难产，则增加 15 天。多胞胎生育的，每多生一个婴儿，增加 15 天。怀孕满 4 个月流产的，根据医务部门意见，给予产假 15～30 天；怀孕 4 个月以上流产时，给予产假 12 天。生育妇女职工产假期满后因为疾病需要再休息治疗，则自产假结束时起，按病假规定确定休假期限以及经济待遇。

（3）生育津贴。生育妇女在产假期间，按照所在单位上年度员工平均工资的 100%领取生育津贴。

（4）哺乳期待遇。有不满一周岁婴儿的女职员，在其每天工作时间内有两次哺乳时间，每次 30 分钟。多胞胎生育的，每多哺育一个婴儿，每次哺育时间增加 30 分钟。哺育时间应算作上班时间。女职员在哺乳期内，其所在单位不得安排其从事国家规定的第三级体力劳动强度的劳动和哺育期禁止从事的劳动，不得延长其劳动时间和安排从事夜班劳动。

【实务指南 7-1】奖金的设计技巧

在大多数企业中，奖金是非常有效的激励手段。然而奖金到底怎样设计才能发挥应有的效果？其中却包含着许多技巧。

1. 一般奖金的设计

一般的日常奖金，如月或季度奖金，与员工本身效率的提升和部门的绩效相关。在每月或每季度做绩效评估时，如果员工的贡献较大，整个部门的绩效也会有比较大的提高，员工得到的奖金相应的就多。如果设计的是项目奖金，就与项目是否达到期待的标准密切相关。

2. 业绩奖金的设计

一般奖金的设计都与业绩相关。业绩奖金设计时需要注意的地方很多，这里特别提出以下三点，请部门经理在设计业绩奖金时注意。

（1）明确业绩达标率。达标率是一个很好的客观标准，如果规定业绩的达标率在 95%

以上才可以拿到一定的季度奖金，那么 95%就是要求的达标率。但是达标率在 95%以上还要分出几个等级，对每个等级的奖励情况都要定义的非常清楚。

（2）注意与其他部门的配合。奖励设计也应该考虑与其他部门协调合作的评级标准。过去设计业绩奖金的时候，很多企业太过于偏重业绩达标率了，致使许多员工只在乎业绩达标，从未想到配合其他部门，结果给其他部门造成很大的困扰，更为甚者，有的员工为达目的不择手段，给企业造成一些不必要的损失。只有把业绩奖金与部门间、员工间的配合相结合，这才是比较合理的。

（3）考虑回款率。在业绩奖金设计中要特别注意的，就是回款率。不能只会卖东西，只有与客户的交易货款到账之后，整个交易才算完成。所以公司在给付员工业绩奖金时，不能只看营业额。如果是员工完成了营业额就马上给他提成，把营业额当作提成的唯一标准，这是有风险的，因为所卖货款可能一两个月之后才会打入公司的账户，甚至会有赖账的风险。所以部门经理在奖金设计时就要注意，为了减小企业的成本风险，可以先发一半提成，另外一半到账款全部回收之后才能发放。否则如果员工发现客户在赖账，他认为反正业绩已经到手了，奖金也提前拿到了，他可能不会很积极地帮助公司去催款。

总之，部门经理在薪酬方面需要知道的不多，但是所期待的是对得起本部门的员工，让他们知道在调薪和发奖金的时候是公平的，这是对部门经理的最高要求；另外，还要对得起公司，公司会因为部门经理适当的风险规划，在整个经营风险的承担上降低损失的概率。

在整个薪酬体系的建立中，部门经理除了搜集准确而有说服力的资料并非及时地提供给人力资源部门外，还必须掌握内部的公平性，也就是让部门员工知道经理所分配的奖金是公平合理的。另外，凡是涉及调整薪资，一定要让员工知道是以能力和贡献为标准的。这样，部门经理带领员工所走的方向才是正确的方向。

一、如何建立有效的奖金计划

管理专家们在实践中总结出了以下一些要点可以使你的奖金计划更加有效。

1. 保证努力程度与薪酬有直接的关系

一方面，一套奖金计划能否成功的要素之一便是使员工相信经过自己的努力可以获得相应的奖金。所以，奖金计划的奖励标准必须根据员工的实际生产力状况来制定，必须制定合理，而且一般员工都可以完成，同时也要为员工提供相应的培训、设备、工具等。另一方面，员工对于整个工作过程可以控制，自己的努力程度越高，工作绩效也相应提高，从而增加报酬。如果针对团体实行的奖金计划其努力程度与报酬的关联程度不如个人奖金计划清楚，最好使用后者较为有效。

2. 薪酬本身必须受到员工重视

个性需求的不同，必然导致一定结构的薪酬对不同的员工有不同的吸引力，为此，你必须调查员工的需求，有针对性地实行奖励。当一个员工对其他需求，如成就感、认同感期望较为殷切时，金钱的支付对他工作表现的影响就有可能微乎其微。

3. 奖金计划建立在审慎的工时研究上

精确的工作方法的研究通常要通过工业工程人员、工时工效研究专家及其他方面的管理专家共同参与，从而制定客观公正的、标准的工时定额。

4. 奖金计划明了且易于计算

对于一个工厂里的工人来说，这一天生产了多少产品，他马上可以算出来会得到多少奖金，如果已经超过了定额，他会马上加快进度，提高效率，以便拿到更多的奖金。对于一个大区的销售经理来说，如果奖金计划明白易懂，他不用计算广告投入、销售成本及其他费用就可以知道自己的销售小组会拿到多少红利。这样的奖金计划再有效不过了。

5. 设立有效的标准

奖金计划所依据的标准必须固定，要规定什么情况下这样的标准有效；奖金标准还必须明确，而不能含含糊糊，如要求属下"尽你的所能"；奖金标准还必须周密，不可只重视数量而忽视品质。

6. 使员工建立对标准的信心

在管理规范、规模较大的企业里，也许这种现象不会存在，因为一旦确定了奖励的标准，管理者便不能随意提高标准或者降低工资率。但在中小企业里，特别是那些经营观不健康的企业里，业主的品质很差，信誉很低，致使工人的效率低下，即使有了奖金计划，也难以发挥有效的作用，最终导致互不信任的恶性循环。

7. 建立并完善规章制度

管理的制度化，法制化会使员工增加对企业的信任、减少疑惑。对于管理人员而言，也清楚明确，便于管理。

8. 员工参与奖金计划的制定

因为员工对自己的薪酬需要和自己完成工作目标的可能性有很清楚的认识，因此让员工参与奖金计划的制订会增加奖金计划的效力。下面的实验很清楚地说明了这一问题。某一商场的服务人员工作积极性不高，已经成了严重的问题。后来征得总经理的同意，人力资源部允许三层服装销售部的五个小组中的三个小组自订奖金计划（共同参与），来激励工作人员的积极性，提高销售业绩，其他两个小组仍然按照商场统一的奖金计划。这项制度实施10个星期以来，由组员参与制订奖金计划的三个销售小组的销售业绩均提高了40%、38.5%、58%，而其他两组则未见改善。再经过一段时间以后，自订组中的两组取消自订奖金计划，这两组的销售额很快便掉了下来，由此结果可证明让员工参与制订奖金计划卓有成效。

二、工龄的计算

如今“工龄”一词出现的频率已较以往大为减少，但其作用在劳动管理的过程中仍不可低估。

就目前情况而言，计算“本企业连续工龄”只需掌握如下要点即可。

（1）企业经转让、改组或合并，原有职工仍留企业工作的，其在转让、改组或合并前后的本企业工龄，应连续计算。

（2）职工因工负伤停止工作的医疗期间，应全部作为本企业工龄计算。

（3）职工因患疾病或非因工负伤停止工作的医疗期间，在6个月以内者，作为本企业连续工龄计算；超过6个月病愈后仍回原企业工作者，除超过6个月的期间不作为工龄外，其前后本企业工龄仍应合并计算。

（4）职工留职停薪期间、留用察看期间，应计入本企业工龄。

当然，还有许多其他情况，由于不具代表性和典型性，在此不再罗列。

本章小结

公共部门薪酬制度是公共部门员工生活保障机制的核心内容，是公共部门制度体系中最为敏感的一个环节，也是实施员工管理过程中一个无法回避的现实问题。薪酬的高低直接影响着员工及其家庭成员的生活水平。科学合理的薪酬制度不仅可以保证内部员工及其家庭的生活水准对调动公务员工作积极性、创造性，提高服务效率具有激励作用，也对员工的流动及政府部门的人力资源配置发挥导向作用。正因为如此，公共部门薪酬制度历来为各国政府所重视。本章通过公共部门薪酬管理概述，介绍了我国公共部门薪酬管理的大体情况。同时具体介绍了公共部门薪酬体系设计的原则以及具体流程。通过工资制度、福利制度以及社会保障制度全面介绍了公共部门员工的薪酬体系。

思考与练习

（1）公共部门的薪酬以及薪酬管理的含义是什么？

（2）公共部门薪酬的来源是什么，与企业有什么不同？

（3）公共部门薪酬体系设计的原则是什么？具体有哪些流程？

（4）公共部门员工的工资主要有哪几种类型？

案例学习

公务员工资

一、工资条：超80%是津补贴

陶磊是某中央党群机关的一名公务员，本科学历，9年工作经验，正科级，2013年1月的工资条显示：统发合计1 173元，包括职务工资480元、级别工资498元、工改补贴45元等；工作津贴3 250元，交通补助200元，通信补助130元，提租补贴80元，购房补贴1 000元；此外，住房公积金扣款500元；基础工资和工龄工资为0元；应发5 833元，实发工资5 259元。这份工资条基本的工资仅1 173元，超过80%是津补贴，其中工资的一半主要来源于工作津贴。这也源于1993年工改提高津贴补贴占比的结果。事实上，现行机关工作人员（包括事业单位）工资制度是1993年工资制度改革时建立的。即公务员实行职务工资和级别工资为主的职级工资制。公务员工资主要由职务工资、级别工资、基础工资、工龄工资构成。这次的工资改革在国家层面提出建立"地区津贴制度"，各地可根据本地经济发展水平、财力状况制定自身的"津补贴"。2006年实行新的公务员工资制度后，公务员工资分为四块，由职务工资、级别工资、工作津贴、生活补贴共同构成。其中，前两项实行全国统一标准，由中央财政支付；后两项由地方财政或各部门财政支付。类似陶磊这种工作补贴，都是按照国家规定的标准统一发放的，各个单位可能名称不一样，但同级别公务员发放的额度是一样的，前述林姓工作人员称他们单位将工作补贴等统一称为补贴。

现在的工资构成中，已没有工龄工资。陶磊称，刚参加工作时，记得工龄工资是每年涨一元，这一元工资也成为同事间的笑谈。据公开资料显示，在1993年《国务院关于机关和事业单位工作人员工资制度改革问题的通知》中，工龄工资的执行标准是这样规定的："工龄工资按工作人员的工作年限确定，工作年限每增加一年，工龄工资增加一元，一直到离退休当年止。"一元工龄工资后来引发不少争议，2006年再次工资改革后，干脆取消了公务员的工龄工资。不过现在的工资构成中，也有一些几元的项目。例如，有小孩的公务员，2岁以内的小孩有奶粉补贴，每月2元。

二、级差八九百，国家主席月薪大概1万多

据陶磊介绍，各项津补贴按级别和职务差别而有不同，如提租补贴（对租住公有住房的职工，因租金提高而由单位给予的补贴），正部级240元/月，副部级210元/月，正司级130元/月，副司级115元/月，处级100元/月，科级80元/月，科以下70元/月。陶磊说，每个级别的工资总差也就在八九百元左右，如处级要比科级高八九百元左右。如果依此类推，在中国，国家主席的工资估计也就 1 万余元。不同级别的公务员其他方面的待遇也会不一样。据前述林姓工作人员介绍，如医疗报销的比例，一般国家规定的能够报销的医药费，公务员的报销比例能达到 90%。但 50 岁以上的副司局级且有领导职务的公务员可享受副司局级医疗待遇，有专门的医疗蓝卡。以北京为例，具体来说就是可在指定医院的干部门诊就医，可报销的病房标准和床位标准要比普通公务员更高等。

2006 年实行新的工资制度后，各地陆续开始清理合并公务员收入中的各类津贴补贴，原先"不上台面"的收入被取消或变成"明补"，这也被称为"阳光工资"改革。北京则早在这之前就推进了工资改革。即传说中的"3581"。本刊早前曾做过相关报道（2004 年 34 期），"3581"传说指科、处、局、部级干部月薪分别为 3 000 元、5 000 元、8 000 元以及 1 万。但记者向权威人士求证的说法是，"3581"出台之初的考虑是指年薪，也就是科、处、局、部的年薪达到 3 万、5 万、8 万和 10 万。

"我一直觉得按照级别来定工资不合理"，陶磊直言。一个单位，能当上官的毕竟只有少数。处级干部、厅级干部只有那么几个人，其余的都是普通工作人员，结果是有职务的比没职务的拿得多，而工龄长的老公务员比工龄短的拿得多，可能一个有 30 年工龄的老公务员的工资不如一个有 10 年工龄有职务的领导。这样的后果可能是大家都处心积虑想当领导，可能真正干实事的人就少了。

而公务员的升职都有一定的程序，从正科级到副处级按程序至少需要 3 年，而极少有人能在 3 年内完成这一转变。不过，现在的公务员工资已有一定的增长机制，只是增长额不高。如 2006 年工改后，工资实行滚动晋级。据前述林姓工作人员介绍，年度考核累计 5 年称职的公务员职务晋升一个级别，年度考核累计 2 年称职的公务员则晋升一个级别工资档次，也就是常说的"5 年一晋级，2 年一晋档"。这样，即使职务没有变动，工资也会有所增长，避免了几年不涨的尴尬局面。一般升一个档级工资可能会涨 100 元左右。

月薪 5 000 多在北京是什么水平？国家统计局公布的 2011 年城镇单位在岗职工平均工资显示，北京职工月平均工资为 4 672 元/月。而根据此前的一个统计数据，当时达到平均工资以上的职工只占到全部职工人数的 39.3%，没有达到职工平均工资的人数占 60.7%。这么说来，月薪 5 000 已经属于平均以上的少部分了。

陶磊还告诉记者，自己还算幸运的，刚参加工作时还有单位提供集体宿舍，现在刚进来还没转正的公务员每月扣完税也就 1 000 多元，也没有集体宿舍，北京房租这么高，根本不够生活开销。好在早饭与午饭有单位食堂免费提供。

"公务员的隐性收入应该不少吧？"对于记者的问题，陶磊表示自己是最基层的公务员，单位也是"清水衙门"，没有钱也不会乱发钱，并没有任何的隐形收入。说到这，陶磊还有点激动。他说，2006 年工资改革，（中央）提出"限高、稳中、托低"，"我们这种低水平的工资在那次后都涨了，我自己的大概涨了 1 000 多元，但是那次改革并不彻底，'限高'

因为触及太多利益，反对声音很大。一些（“有钱部门”）滥发钱的现象并未遏止，我们（公务员）内部意见也很大。”

说起2006年工资改革绕不开1993年的改革。1993年公务员薪资制度改革，国家层面提出建立“地区津贴制度”，各地可根据本地经济发展水平、财力状况制定自身的“津补贴”。之后，国家并未出台统一政策。在此背景下，地方发放公务员津贴补贴的名目逐渐失序，地区、部门、单位的工资外收入基本处于失控状态。复旦大学博士孙琳曾专门研究过中国的公务员薪酬问题，据其不完全统计，各地擅自发放的津贴补贴名目达到300多项。

2006年，新一届领导上来后，在全国推行了一场轰轰烈烈的改革。此次公务员（包括事业单位）工资改革的重点为“限高、稳中、托低”，高收入人群的补贴将遭削减。具体做法是：第一规范补贴，设定上、中等收入的政策范围，收入超过平均线的要削减；第二是稳中，即中间的收入层次者工资水平可以继续保持，也可以适当增加；第三就是托低，即要用3年时间提高低工资收入人群收入，使其达到平均水平。据悉，2006年工资制度改革时国家对公务员津补贴标准出台了一个范围，平均值不能低于每年2.1万元，也不能高于4万元。

对于现在的月薪，陶磊并不满意，他觉得自己毕竟工作了9年，当年考上公务员也是很不容易的。但工资水平在同学中已不算高。“现在一讲到公务员，大家都觉得工资高，其实我们还觉得冤呢。”陶磊还透露，2010年底，国家曾有给基层公务员加薪的计划，陶磊称之为“试探性增长”。当时媒体的报道也证明确有此事。《21世纪经济报道》2010年11月的一篇报道曾指出：“人力资源和社会保障部知情人士透露，该部正在组织研究、拟订完善公务员工资制度方案和深化事业单位收入分配制度改革的工作方案……此番公务员工资制度改革，重点之一即提高基层公务员的收入水平，缩小系统内收入差距。”

“但由于舆论的反对声特别大，这次涨薪后来就不了了之。”说到这，陶磊认为，民众反对的原因之一在于前一次的改革没有彻底。“如果那一次的改革（2006年）把一些单位乱发津贴的风气给正过来了，之后的涨薪应该不会有那么大的阻力。” 据媒体报道，2011年，审计署对2010年度中央部门预算执行和其他财政收支审计中发现，82个所属单位采取截留收入、虚列支出等方式，套取和私存私放资金4.14亿元。陶磊直言：“我赞成高薪养廉，但是必须双管齐下，管住腐败贪污漏洞。我希望有好的制度，让好人能有好报。”

（资料来源：新浪网，http://www.sina.com.cn.）

思考题：

1. 陶磊的工资属于哪种类型，这样设置是否合理？
2. 公务员的工资制度相对于企业的工资制度有哪些特点？
3. 对于陶磊所说的“高薪养廉”你有什么看法？

公共部门人力资源激励

本章关键词

- 公共部门人力资源激励（The Human Resource Incentive of Public Sector）
- 公共部门人力资源激励理论（The Human Resource Incentive Theory of Public Sector）

本章目标

- 了解公共部门人力资源激励的概念、功能
- 熟悉公共部门人力资源激励的原则和理论依据
- 掌握我国公共部门人力资源激励机制的设计

互联网资料

- http://www.nsa.gov.cn
- http://www.gwypx.com.cn

第一节　公共部门人力资源激励概述

管理是发生于人际间的社会互动活动，通过改善人际间的交流、缩短人际沟通的距离提升生产的效率，从某种程度上讲，管理服务于生产效率。西方人本管理思想的提出有着划时代的意义，舒尔茨笔下的人力资本突破了资本实物、自然资源和劳动力的束缚，成为解释经济增长的核心因素。而人力资本理论的产生是建立在对“人”关注的基础之上的，发挥人力资本的动力性因素在于人，阻滞性因素同样在于人。社会科学研究视域下的人有理性与非理性之分，人的社会行动同样受制于此类因素的影响，换句话说，人的行动既受事理本身的影响又受制于感情、价值观、思想的影响。价值观、感情等主观性的因素又受制于客观因素的制约，激励理论的出现立竿见影地带动了客观因素见诸于主观性因素。激励理论的核心在于通过客观因素改善人们对客观事物的主观评价和主观意识，以此使组织中的人始终保持旺盛的士气和较高的工作热情，产生更高的工作绩效。

一、激励

在我国，最早使用“激励”一词的文献是《资治通鉴》，“贼众精悍，操兵寡弱，操抚循激励，明设赏罚，承间设奇，昼夜会战，战辄禽获，贼遂退走。”可见，在中文中，“激励”是指激发、鼓动、鼓励之意。“激励”的英文是 motivation，意思是“推动”。从心理学的角度来讲，激励就是根据人的需要，运用科学的外部刺激，激发人的动机，使人在兴奋的状态下，朝着期望的目标积极行动的心理过程。在组织行为学中，激励主要是指激发人的动机，使人有一种内在的动力，朝着所期望的目标前进的心理活动过程。

（一）激励的概念

在人力资源开发中，激励通常指借助于信息沟通，以适当的外部奖酬形式和工作环境，调动员工的工作积极性，激发和鼓励员工达到组织目标的过程。我们认为激励，就是某个组织或个人通过设计适当的外部奖酬形式和工作环境，以一定的行为规范和惩罚性措施，借助信息沟通来激发、引导、保持和规划组织成员的行为，以有效地实现组织目标和个人目标的系统活动。这一定义包含以下几方面的内容。

（1）激励是一个过程，是调动员工积极性和挖掘员工潜能的过程。

（2）激励的出发点是满足组织成员的各种需要，即通过系统地设计适当的外部奖酬形式和工作环境，来满足员工的外在性需要和内在性需要。

（3）科学的激励工作需要奖励和惩罚并举，既要对员工表现出来的符合组织期望的行为进行奖励，又要对不符合组织期望的行为进行惩罚。

（4）激励贯穿组织员工工作的全过程，包括对员工个人需要的了解、个性的把握、行为过程的控制和行为结果的评价等。因此，激励工作需要耐心。

（5）信息沟通贯穿激励工作的始末，从对激励制度的宣传、组织员工个人的了解，到对员工行为过程的控制和对员工行为结果的评价等，都依赖于一定的信息沟通。组织中信息沟通是否通畅、及时、准确、全面，直接影响着激励制度的运用效果和激励工作的成本。

（6）激励的最终目的是实现组织或个人的目标，当然在实现组织或个人预期目标的同时，也能让组织成员实现其个人目标，即达到组织目标和员工个人目标在客观上的统一。

（二）激励的主要功能

1．目标导向性功能

激励能够在目标蓝图与现实操作间建立起桥梁。激励是有目标的，激励的目标直接指向组织活动所要实现的某种变革或者组织有效运作的治理状态。激励可以创制某种潜在的动力机制，推动员工不断完善自己，提升自身的业务素质，去适应或者去做一些挑战性的工作。这些基本素质可能是组织员工本身所不具备的，但是通过外部的刺激却又能够达到，这种吸引力看似抽象，组织行为学中却不能忽视，它直接影响着人们的行为结果。

人的行为都受制于动机因素的制约，动机寄予在客观事物中的一种特殊情势，它依赖于人们的各种需要，人的需要是各种创造性活动的源泉，外部的刺激施加于个体的动机便会产生行为性的因素。激励是改善组织成员行为的一种有效手段，通过激励能够优化人们的做事风格并改变做事的态度。在激励的体制下，人们更倾向于用沟通、合作、平等的语言来进行问题的解决，而不是采用盲目的抵抗、抑制或者其他强硬的行为风格。

2．工作动力激发功能

古人有云："明察秋毫而不见车薪，是不为也，非不能也。"这句话表述的是假使一个人的眼睛能对细微的毫毛都看得非常清楚，遇事却总辩解说自己看不见一整车的柴火，那么原因只有一点，不是他缺乏能力，而是他根本不具备做事的良好态度。这诠释了这样一个道理：能力强的人本身没有足够动力，如果同时也缺乏外界激励因素的制约，那么即使能力再强也可能徒劳无功；反之，能力一般的人有主动行动的意愿同时又有外部激励因素的刺激，在此情势下人的主观能动性会得到相当程度的带动，也必然会有出色的表现。由此可见，激励对组织成员积极性的调动有着极为重要的影响。

哈佛大学的威廉·詹姆士（William James）教授研究表明，员工一般仅需发挥出20%～30%的个人能力，就足以保住饭碗而不被解雇；如果受到充分的激励，其工作能力能发挥出80%～90%，其中50%～60%的差距是激励的作用所致。心理学家丹尼尔·卡兹曾在密西根州大学调查研究中心的研究基础上指出，职工的工作积极性和士气至少取决于四个方面：对所做工作感到兴趣；对所在工作团体感到光荣；对所获工资及在部门内获得提升机会感

到满意；对所在工作团体目前及未来的目标感到合意。

3．组织凝聚功能

各部门统一的激励标准有助于推动组织整体竞争氛围的形成，当然必须强调的是统一标准，而且在实践中又有统一的标准适用。此种良性激励环境下可以营造温馨的人际氛围和良好的生活环境、工作环境，从而增强凝聚力和创造力。组织凝聚是当前组织行为学研究的一个热门的议题，组织凝聚一方面是组织文化建设的子课题，另一方面又是组织生产的软件保障。凝聚力较高的组织，组织成员对于彼此之间有较高的文化认可，一个较为狭窄网络内发生频繁的互动，形成双方相互依赖的路径，高频次互动产生彼此之间的信任，在社会资本理论学家看来，信任是组织构建的一种文化资本，信任又降低了交易成本，彼此之间会以合作议事的态度交往，而这种信任范式的形成基础便是“平等普适”的激励机制。

（三）激励的方式

适当的激励在管理活动中能够产生正向的引导，但激励机制的实现总是以一定的手段或方式为载体实现。通过文献研究，作者得出了在公共行政管理中所常用的激励方式，这些激励方式对于提高行政效能有着较高效度的影响。

1．物质激励

物质激励是一种最为传统的激励方式，激励理论产生于近现代的西方，但是激励的思想古而有之，如古代中国皇帝对于有功之臣的分封，满清八旗制度之初对于战利品的划分。在当前的企业或者政府管理实践中同样是应用最为广泛的一种激励形式，在实践运作中一般通过发放奖品、奖金，以弹性制的工资待遇吸引外部员工稳固本组织的人员结构。人存在的初始目的是要解决生存问题，物质就是限定性的条件。根据马斯洛的需求层次理论，物质需求属于较低层次的需求，但同时也是更高需求得以实现的束缚性需求。物质奖励解决了组织成员此类的需求，物质需求也是通往更高领域的必经之路，同时也引发了人们对于精神需求的更高向往。

2．精神激励

物质奖励总是存在一定限度的，我们认为限度就是人们基本温饱满足，而且随着小康水平的实现，人们对于物质的追求边际效应总是呈现出一种递减的趋势。当物质需求程度达到一定水平时，人们在精神方面的需求也就随之增大，而且伴随着这些需求的满足，能够更有效地激发人们的积极性。企业或者公共部门在实际运作中经常采取的精神激励方式有：经常表扬员工或发放荣誉奖章、工作职务的晋升，以使人们在物质条件基本满足的情况下能够获得更多的成就感，在工作中组织员工会有更强的主人翁意识，随之调动了组织成员的积极性。当然，随着社会发展的演进，物质激励和精神激励也在逐渐地融合，并且呈现出多种多样的形式。例如，企业对于工作绩效突出的营业小组以集体旅游作为福利优惠，此类的政策一方面依托物质基础，另一方面又落脚于组织成员精神境界的满足提高。

3．目标激励

目标是组织工作开展的启明星。缺乏目标的组织存在合理性危机。几乎所有的组织在运作之中都会围绕着组织的宗旨设定相关的目标，目标既有一个时期的又有一个阶段的，既有长期的又有短期的。所谓目标激励是充分发挥目标设定的作用，通过设定目标来规范组织成员的行动准则，以使组织成员“照章办事”。我们认为，目标激励的难点在于如何实现个人目标与组织目标的有效对接，个人目标是个人基于自身的人生或者职业、生活规划而制订的发展计划，个人目标制定过程中更多的考虑的是个人的兴趣爱好及亲友的影响；组织目标是组织围绕其存在的使命而制定的体现其存在价值的整体规划，组织目标通常根据不同时期的主要矛盾细化成不同的阶段目标。因此，个人目标与组织目标的匹配程度就成为影响组织发展的重要因素。二者相结合表征个体对于组织发展目标的认同，在这种情况下个体能够自觉地按照组织的目标来行动，发自内心的认同也同时增加了组织管理的合法性。

4．领导激励

领导激励与其说是一种激励方式不如说是一种激励的途径。领导是组织工作开展的核心，领导有着丰富的工作经验和专业的工作技术，尤其是领导自身积淀的领导艺术对于组织的运作有着极其重要的影响。现代组织行为学中通常强调领导的示范作用，领导亲力亲为，一方面能发挥自身“帮、传、带”的作用，以及引导组织内的其他员工；另一方面，领导以身作则能够感染周边的工作人员，在公共部门中，领导如果能够做到谦虚民主、廉洁自律、以身作则，也势必会引导组织其他的员工效仿。

5．公平激励

“公平”一词的产生如同人类历史一般悠久，从先贤亚里士多德开始人们就一直探寻什么是公平，怎样来实现公平。对于激励而言，有张力的公平就显得尤为重要，我们认为，在此应该有所“公”也有所“不公”，具体表现在对于同样的贡献，毫无疑问衡量的尺度应该是公平的，而有所不公具体指涉及激励机制或者具体说薪酬机制的弹性问题，一味的公平只能是吃大锅饭，公平而没有效率。在此，激励机制的设计是指在各种待遇上公平对待每一个员工而产生的激励作用，以合理的度来评估贡献，在贡献与成果之间建立起可靠的评价标准，多劳多得，使所有的人能够依靠自己的贡献分享劳动所带来的成果。

（四）激励的手段

激励的方式多种多样，如何将多种方式协调起来，使多种方式相互协调产生作用是一个大问题。同时，组织成员对于不同的激励方式又有不同的适应性，因此，在工作过程中激励的手段就表现为多种多样，而且还具有相当程度的不确定性和复杂性。

1．物质激励与精神激励结合

物质激励侧重于满足个体较为低层次的需要，但这是一种初始的、必不可少的需要，较高的精神层次需求也是建立在此种类型基础之上；精神激励更突出一种保障性的激励，通过满足个体的精神层面追求来达到个体对组织的认可。随着社会事务的日益复杂和当前对于人才的竞争，单纯的激励方式已经不能满足需求，取而代之的是更加多元的激励方式，物质刺激与精神刺激相结合成为一种必然趋势。

2．正激励与负激励结合

正激励是以鼓励为出发点，当个体的行动取向与集体有较高的匹配度，且取得较高工作绩效时，组织管理人员以奖赏的方式来支持和强化这种行为，使这种好的工作趋势进一步得到延续，在工作中创造出更高的工作绩效。与之相对应的概念就是负激励，立足于抑制消极的行为取向，以消极惩罚性的措施应对不符合单位行为标准的活动。正负激励良好的结合，有利于产生积极的效果。然而同时又要注意的是，负激励容易产生逆反的心理，使个体的工作绩效降低，因此，此种激励方式应当谨慎应用。

3．整体激励与个别激励结合

组织是由整体与部分组合而成。组织绩效的取得取决于组织成员的团结协作。作为一个整体，组织要做到团结、高效，就必须有一定的激励员工共同奋斗、努力实现组织目标的方法。因此，在激励过程中，或在绩效考评的前期要有对于整体绩效的评估，使报酬与成员对组织的贡献相适应，正所谓多劳多得，少劳少得。组织内分配的公平能够消除员工的不满情绪；彼此信任信条的形成可以激励员工自主决策、自我管理，实现组织整体运作绩效的提高。另外，由于每位员工都是有差别的，需求也不尽相同。因此，针对于不同人，激励方法也就不尽相同，使每个员工的独特需求与一定的激励方法相结合，才能真正达到激励的效果。

（五）公共部门人力资源激励的概念及特征

1．公共部门人力资源激励的概念

激励从一开始应用于企业的研究相对较多，最早可以追溯到泰勒的科学管理理论，而且当前激励理论在企业的应用更加成熟，相比之下，公共部门的激励显示出了相当滞后性。新公共管理的实践向我们昭示，企业管理的成功因素同样可以应用于公共管理之中，并且能够取得相似的成效。而且，公共部门尤其是政府部门的工作效率的提升又有着相当现实的意义。政府的权力来源于公民，这同样又是一个还权于民的过程，对公共部门员工施以激励，能够实现这种效应。工作效率的提升会为人民谋取更多福祉。

在人力资源管理理论中，人力资源管理有四个基本目标：吸引、保留、激励、开发，激励是这四个基本目标中的核心。激励可以被认为是一种心理的力量，它决定了组织中人的行为方向、努力程度及在困难面前的耐力。从管理学的角度阐述，公共部门人力资源激励就是公共部门通过设计适当的外部奖酬形式和工作环境，通过一定的行为规范措施，借助信息沟通来激发、引导、保持和规范组织员工的行为，以有效地实现组织及员工个人目标的系统活动。

2．公共部门人力资源激励的特征

“公共部门”是与“私人部门”相对的概念，二者的区别主要在于是否以实现公共利益为根本目标。公共部门是以实现公共利益为目标的，公共部门除了传统观念上的政府组织外，还包括采取各种形式进行公益性、互益性活动的民间非营利组织和政府创办的非营利组织。由于公共部门的性质以及其在社会经济发展中的地位和作用决定了公共部门人力资源激励具有不同于一般组织人力资源激励的特征。

（1）公共部门人力资源激励主要致力于社会效益。实现社会效益是公共部门的使命和职责，而保证政治回应和社会公平性是公共部门的天然价值理念。由于公共部门尤其是政府组织要从政治、经济、社会等诸多方面对公众负责。因此，对公共部门职员的激励尤其要强调公职人员的政治道德的忠诚度和对公民的责任性，这样才能够使公职人员尽最大努力实现社会效益的最大化，从而实现社会公平、公正。

（2）公共部门人力资源激励的分配形式规范。公共组织作为公民的代理人，受全体公民的委托并且对民众负责。对公职人员的激励必须严格按照国家统一的法律条文规定执行，各管理部门不能各自为政、制定所谓的适合本部门的措施激励本部门人员。同时，激励的程序与措施必须一丝不苟、按部就班，才能真正确保激励的公平性与公正性。

（3）公共部门人力资源激励的绩效考核指标综合化。公共部门是一种特殊的公共权力组织，是一个集综合性和复杂性的社会服务体系，其产出或服务具有垄断、非营利和不可分割性的特点，这些非商品性的特点决定货币价格很难反映其生产机会成本。同时，公共部门的产出具有综合性特征，一项公共政策或是一种公共产品是在公共部门群体的作用下完成的，这将很难区分哪位工作人员起的作用更多。此外，公共部门所创造的社会效益通常需要很长的周期才能显现，由此导致其激励又具有滞后性。可见公共部门激励的绩效考核需要采取综合化指标去衡量。

（4）公共部门人力资源激励的模式较温和。公共部门人力资源激励主要以社会总体效益为目标，其特别强调公职人员政治道德上的忠诚度与对民众的责任。公共部门受制于既定的法律条文规定，激励的灵活性比较低，在激励模式上，相对于私人部门快速激进的激励模式而言，公共部门的激励模式显得更为缓慢平和，这是由于两部门的不同社会属性造成的。私人部门的逐利性要求职员快速把握市场动态提高工作效率，公共部门的激励模式为追求公平与责任而趋向保守与温和，它更多的是强调约束与稳定。

二、激励机制

在组织的管理中，要真正地使激励持续地发挥作用，必须形成激励机制。

（一）激励机制的概念

简单地讲，激励机制是由“激励”与“机制”两个词组成。“机制”一词来源于古希腊语，主要指机器运转过程中的各个零部件之间的相互联系、互为因果的连接关系及运转方式。在管理学或经济学中，机制是指一个经济或管理系统内各子系统、各构成要素之间相互制约、相互联系、相互作用的联结关系及其整体功能。

所谓激励机制则是在组织系统中，激励主体系统地运用多种激励措施，使之规范化和相对固定化，并与激励客体相互作用，相互制约的方式、关系及演变规律的总和。激励机制的内涵就是构成这套制度的几个方面的要素。激励机制包括激励形式、激励时机、激励强度、激励频率及激励针对性。

1．激励形式

从不同角度，激励形式可以有以下几种不同的划分。

从激励内容上划分，激励分为物质激励与精神激励。物质激励是从满足人的物质需要出发，对物质利益关系进行调节，从而激发人的向上动机并控制其行为的趋向。精神激励是从满足人的精神需要出发，对人的心理施加必要的影响，从而在较高层次上产生激发力进而影响人的行为。

从激励方向上划分，激励分为正向激励、反（负）向激励和零激励。正向激励是当一个人的行为符合社会的需要时，通过奖赏的方式来鼓励这种行为，以达到持续和发扬这种行为的目的，其表现形式有发放工资、资金、津贴、福利等。反向激励是当一个人的行为不符合社会的需要时，通过制裁的方式来抑制这种行为，以达到减少或消除这种行为的目的，其表现形式有罚款、处罚、没收及批评、淘汰、降职和开除等。零激励是撤销对原来某种行为实施的正激励或反激励，使这种行为在一段时期内连续得不到任何强化，从而达到减少或增加这种行为反应频率的目的，这是一种不施以任何激励的激励。

从激励的内外性上划分，激励可分为内在性激励与外在性激励。内在性激励是指由“内酬”引发的、源自于工作人员内心的激励。“内酬”指工作任务本身的刺激，即在工作进行过程中所获得的满足感，它与工作任务是同步的。外在性激励是指由“外酬”引发的、与工作任务本身无直接关系的激励。“外酬”是指工作任务完成之后或在工作场所以外所获得的满足感，它与工作任务不是同步的，如加班费、资金及其他额外津贴。“内酬”所引发的内激励，会产生一种持久性的作用，“外酬”引发的外激励是难以持久的。内在性激励的效果要大于外在性激励。外在性激励只有转化为被激励者的自觉意愿，才能取得有效的激励效果。

2．激励时机

激励时机指激励的时效性。根据时间上快慢的差异，可分为及时激励与延时激励。根据时间间隔是否规律，激励时机可分为规则激励与不规则激励。根据工作的周期，激励时机可分为期前激励、期中激励和期末激励。选择不同的激励其作用与效果是有很大差别的。

"雪中送炭"和"雨后送伞"效果是不一样的。

3．激励强度

激励强度指激励量的大小，即奖赏或惩罚标准的高低。激励强度不能过高也不能过低。超量激励和不足量激励不但起不到真正的激励作用，有时甚至还会起反作用，造成对工作热情的严重挫伤。例如，过分优厚的奖赏，会使人感到得来轻而易举，用不着进行艰苦的努力；过分严厉的惩罚，可能会导致人的破罐破摔心理，使他们失去上进的勇气和信心；过于吝啬的奖赏，会使人感到忙碌半天结果徒劳一场，从此消沉下去，提不起工作干劲；过于轻微的惩罚，可能导致人的无所谓心理，认为小事一桩、无足轻重，不但不思悔改，反而变本加厉。

4．激励频率

激励频率指在一定时间里进行激励的次数，它一般是以一个工作周期为时间单位的。激励频率的高低是由一个工作周期里激励次数的多少所决定的。激励频率的选择，受多种客观因素的制约，这些客观因素包括工作的内容和性质、任务的明确程度、激励对象的素质、劳动条件和人事环境等。一般来说，对于工作复杂性强、比较难以完成的任务，激励频率应当高；对于工作比较简单、容易完成的任务，激励频率应当低；对于任务目标不明确、较长时期才可见成果的工作，激励频率应该低；对于任务目标明确、短期可见成果的工作，激励频率应该高；对各方面素质较差的工作人员，激励频率应该高；对各方面素质较好的工作人员，激励频率就低；在劳动条件和人事环境较差的部门，激励频率应该高；在劳动条件和人事环境较好的部门，激励频率应该低。

5．激励针对性

激励针对性指针对什么样的对象、目标来实施激励方案，它对激励效果也有显著影响。美国心理学家马斯洛的需要层次理论表明，激励针对性与激励作用的发挥有着非常密切的关系。不同的激励机制会"自动"地导致激励客体的不同行为，呈现出某种规律性。要建立有效的激励机制，就要分析能调动员工积极性的各种激励资源，在对员工需求进行调查、分析的基础上设计各种激励方案。同时还要建立行为导向制度，也就是规范员工的努力方向、行为方式和应遵循的价值观等。行为导向强调全局观念、长远观念和集体观念，建立起合理的行为导向制度有利于使个人目标与组织目标的内涵达成一致。在组织中，从各个相对独立的激励措施和激励制度演进到一个完整的激励内容上的转变，激励只有形成机制，才能持续有效地发挥作用。所以，激励机制的建设和完善，已成为组织中管理者有待解决的一个重要管理问题。

（二）激励机制的结构和功能

1．激励机制的结构

激励机制所涉及的内容比较广泛，既包含内部的激励机制，又包含外部的激励机制。

外部激励机制是指消费者、履行社会管理职能的政府部门、社区公众对政府部门的激励，此种激励模式体现出更多管理过程中的被动性，是置于社会监督视角下的一种激励研究。内部激励机制是公共部门最为常见的激励机制，主要是指公共部门内部通过制度设计刺激工作人员（主要指公务员）以提高行政效率更高效的服务于民。内部激励机制的设计同样是一个复杂的系统，牵扯到对于不同部门的人以及对于同一部门中不同资历工作人员的衡量，再加之公共服务供给本身就是一个输出评价性比较差的系统，在此对其进行衡量还存在很多困难。

2．激励机制的功能

组织的激励机制一旦生成，它就会自然地作用于组织系统自身，使组织处于一定的状态，而且这种激励机制的影响存在路径依赖，也就是说，如果之前的制度设计是成功的，那很有可能沿着这条成功的路径一直往前走。同样，路径依赖也存在消极的路径影响，初始制度设计存在问题，在之后的制度演进中就会呈现出更多的惰性，改变需要投入更多的精力。科学的激励机制一方面有利于调动员工的积极性，充分挖掘员工的创造力，提升从业员工对部门发展的责任感和使命感。所以只有通过建立科学的激励机制，才能使公共部门充满活力，其持续发展才有科学的管理制度作保证。另一方面，由于激励机制的本质就在于通过设置与人的需要相适应，并保证个人需求目标的合理实现，它的作用集中表现为通过激励个人提高工作绩效，实现组织发展。总体来讲，激励机制在公共部门人力资源管理中所起的作用主要体现在以下几个方面。

（1）动机强化作用。动机用形象化的语言表述就是对象化了的需要。激励是强化动机的主要手段。公务人员在日常工作开展中，经常会面临多重需求，这些需求是改善公务员行为方式的动力，在此期间，激励机制的作用就是通过一系列制度性保障因素的建立，将公务员的积极表现不断强化，通过激励内化为公务员的日常行为，并且在这一过程中不断促使动机的行为转化，从而推动行政工作的展开。

（2）潜能开发作用。在大多数民众看来，公务员的工作就是喝茶、看报纸，即使这样的认识可能存在误区，但是不可否认的是公务员的工作所具备的特征，如过度稳定性、工作程式化、实地操作性差的特点使得公务员潜能的开发成为一个难度较大的问题。由此引发了人们对于这个问题的研究，激励机制便是其中一个激活公务员内在潜能的一种特定的有效工具，对于公务员提供的公共服务进行量化分析成为一些西方理论家关注的焦点。同样对这一问题的深入研究也能推动公务员潜能的进一步挖掘。

（3）吸引和保留人才作用。公务员和大多数的公民一样，在自己头脑中也存在着成本—效益分析，在有限的时间内能够取得多大的收入成为很多人考虑的问题，尤其是在当下，监督制度的完善逐渐消除滋生灰色收入的土壤空间，因此，简简单单为权而存在的基层公务员少之又少。良好的激励条件能够解除公务员在基本待遇方面的后顾之忧，使其全身心地投入到工作中来，同时在客观上也为破除公务员经商的现象奠定了一定的基础。吸引和留住人才的同时为政府的发展提供了保障。

（4）竞争环境创造作用。竞争环境或竞争氛围产生于组织个体主动性的发挥，正如前文所述，激励机制唤醒了竞争的氛围。在公平的激励机制下，组织成员能够预测到自己积极的或者消极的行动所带来的影响，因此，也就在潜意识中去规避这些消极的后果。激励机制唤起了人的内在积极性与创造性，这种人的内在力量发挥又形成外部的竞争环境。科学的激励机制中所孕育的竞争精神能在一定程度上推动公务员之间的公平竞争。

（三）激励机制的制定原则

激励机制需在一定原则的指导下架构才能在实践中产生相关效力，我们在文献梳理的基础上总结出以下激励机制制定的基本原则。

1．适度原则

激励程度是影响激励机制的重要因素之一，因此与激励效果也有着极为密切的联系。总体来讲，激励程度需要遵循或发挥一个“度”的问题。既然提及度，也就意味着高位的激励不一定总能带来正向的结果，超量的激励反而会因为棘轮效应在激励突然退出时使本应有的激励效应完全丧失。与此同时，激励不足的消极影响也是显而易见的，它容易使组织个体对于整个组织的评价体系丧失信心，从而在组织之外寻求自己的生存之路。这些都不利于组织的进一步发展。

2．公平原则

古语有云，“不患寡而患不均，不患贫而患不安”。公平是激励机制中的一个基本的出发点，同时也是一个落脚点。如果得不到公正处理，奖和罚都不会得到应有的好处，不仅收不到预期效果，反而可能产生许多消极后果。公正就是赏罚分明而且赏罚适度，赏罚严明就是铁面无私、无论亲疏、不分远近、一视同仁。

3．目标原则

作为激励机制制定原则的目标，在此处更多体现的是对组织自身发展和主旨成员有一个总体性的认识，能够把握组织整体的发展方向。在激励机制设置中，目标是其中的一个核心关键点，目标设置一方面必须体现组织目标的要求，否则激励将脱离方向的同时失去现实的意义；另一方面，目标设置还必须能满足组织成员的需要，得到组织成员的认可，当前很多组织中实行的参与式管理具有较强的理论和实践上的说服力，以组织的目标统领个体发展的方向，在此基础上能够创造出更多令人信服的工作绩效。

（四）公共部门激励机制的内涵与功能

1．公共部门激励机制的内涵

就公共部门激励机制而言，公共部门本身作为激励主体，其员工为激励客体，公共部门激励机制可以做如下定义：公共部门将物质激励和精神激励的内容以激励标准的形式规

范下来，通过向工作人员传播激励标准进而引导其行为方式和价值观念，以实现共同的行政目标。

2．公共部门激励机制的功能

公共部门激励机制一旦形成，通过激励手段改变工作人员的工作态度和价值观念，员工积极的工作态度和对组织价值的认同是有效的激励机制作用于组织产生内驱力的一种表现。设定激励机制，首先应了解员工需要的是什么，当然不是无限制的满足任何需要，而是确定员工的合理需要目标，然后让员工知道自己如何做就可以获得需要的满足，变被动的“要我做”为主动的“我要做”，而员工在实现自己合理需要目标的过程中其绩效水平、对组织产生归属感和使命感要高于组织未给予满足需要承诺的情况，个人绩效和忠诚度的提升最终有利于组织发展，这是有效激励机制的表现，反之，设定的激励机制是不科学的。可见公共部门激励机制在公共部门人力资源管理中起到的功能有以下几个方面。

（1）强化个人动机，使个人愿意完成组织要求的工作。激励是把人潜在的需要变为可实现的需要目标，激发人对实现目标的内心渴望，内心的追求会强化人的行为。公共部门激励机制的功能就是把物质激励和精神激励手段通过一系列理性的制度固化下来，激发公务人员的工作积极性，进而强化动机的行为转化，保证趋近或实现组织目标。

（2）工作不再是例行公事，从而表现出创造性和革新精神。绝大多数公务人员的工作内容是事务性的，具有较强的程序性，机械枯燥，容易使人丧失工作热情，有效的公共部门激励机制会起到调节公务人员工作情绪的作用，激发其创造性思维，不再机械的“照本宣科”地盲目执行，而会在工作中思考执行的制度的可操作性和合理性，可以创造性地提出建设性意见，这可能改变整个系统的工作绩效。

（3）挖掘公务人员潜力，提高个人素质。知识经济时代，终身学习已经成为一种必要，公共部门工作的稳定性要远高于其他行业。从具体业务上来看，对学科前沿知识的把握的要求亦不算强烈，导致公务人员的学习动力不足，要改变这种现状就要通过有效的激励手段以提升其学习、工作的动力，进而提升个人整体素质。

（4）吸引人才加入公共部门，并把他们保留下来。“理性人”的思维模式对公务人员同样适用，他们会关心自己的收入水平，会考虑自己获得晋升机会的几率等，公共部门只有结合自身优势设定出有效的激励机制，才能保证在与其他行业对人才的争夺中不会一直处于劣势，也能保证公务人员队伍中的优秀人才不至于因待遇差等原因流失，巩固公共部门人员队伍的稳定性。

（五）公共部门激励机制与其他部门激励机制的区别

公共部门人力资源与私营部门人力资源在激励机制的基础理论、具体应用上，有诸多相似之处。尤其在新公共管理（New Public Management，NPM）运动的推动下，公共部门倡导“师法企业”，塑造“企业家精神”，主张学习私营企业的管理精神和技术手段，强化管理主义，以提高公共部门人力资源管理的有效性。格雷厄姆•艾利森（Graham Allison）就指出，不论是公共事业管理还是私营企业管理，一些普遍性管理工作的主要职能是共同的，而不是孤立的、隔离的。但是，由于公共部门与私营部门的人力资源、组织环境有着显著的不同，致使在激励机制的建立和使用上有诸多不同。

1．目标导向

任何形式的正式组织都可以通过定义自己的使命和目标来明确自己的努力方向。企业可以围绕利润去制定目标；公共部门则主要致力于社会效益。这一区别预示着在公共部门中把组织目标与个人目标统一起来更为困难。企业员工的所得往往与企业的经营状况密切相关，因此，企业的员工比较容易理解他们的利益和企业的利益是高度一致的；然而，由于公共部门的分配属于再分配环节，直接与国家财政关联，故而员工的所得与其所在部门创造的社会效益难以建立一种直接、灵敏、有效的联系。因此，若要将组织目标根植于公共部门的员工心中，必然意味着艰巨的努力。

2．激励方式

相对于企业而言，公共部门的激励手段灵活性较低，企业可以依据员工的实际需要采取相应的激励方式，可以根据自己的情况量身定制薪酬体系，而公共部门则不能。例如，在薪酬激励上，公共部门往往受制于既定的法律、政策、规定，通常同一系统、同一部门要遵循相同的规范。

3．绩效的评价

由于企业是独立核算的经济实体，因此，企业员工绩效的评价通常可以采用相对直接的指标，个人对组织的贡献也能相对清楚地反映在公司的业绩上；但公共部门作为一个庞大的社会服务体系，其员工的绩效评价往往只能采取一些间接性的指标，因为公共部门所创造的社会效益通常要在一个比较长的周期内才能体现出来，且有时无法以货币性的指标去衡量。

4．约束机制

一个成功的组织离不开对员工不尽职（甚至渎职、败德）行为的约束。这里涉及两个问题，一个是对这类问题的有效发现，一个是对这类问题的有效惩戒。对于第一个问题，公共部门解决起来可能更为困难，因为对公职人员的行为进行监督往往代价高昂，且难以靠一个部门本身来完成。而企业却可以直接去考察结果，再从结果推出问题。对于第二个问题，企业和公共部门在手段上的取向也有所不同，公共部门倾向于采取行政性处分，而企业在更多情况下倾向于采取经济性的处罚。

第二节　公共部门人力资源激励的理论依据

公共部门人力资源的激励是建立在正确地分析和理解激励理论的基础上，激励的基本内容是针对激励理论中探讨的核心问题制定而形成。激励理论是激励机制建立的依据，激励机制是激励理论的体现和现实的总结。因此，要正确认识公共部门人力资源的激励机制就必须正确地分析和理解激励理论，沿着理论发展的脉络，在理论源头中探寻现行激励机制的精彩与不足，为完善公共部门人力资源的激励机制提供理论背景和依据。

一、激励的基本过程

简单地说，激励就是激发人内在的行为动机并使之朝着既定目标前进的整个过程。由此可见，激励是与人们的行为联系在一起的，因此，首先要简要了解一下行为的形成过程。心理学的大量研究表明，人们的行为都是由动机决定和支配的，而动机则是在需要的基础上产生的。当人们产生了某种需要而这种需要又没有得到满足时，就会出现一种紧张和不安的情绪，为了消除这种紧张和不安，人们就会去寻找满足需要的对象，从而产生进行活动的动机。在动机的支配下，人们会进行满足需要的行为，在需要不断得到满足的过程中，动机会逐渐减弱，当人们的需要完全得到满足时，紧张和不安的心理状态就会消除，然后就会产生新的需要，形成新的动机，引发新的行为，如图 8-1 所示。

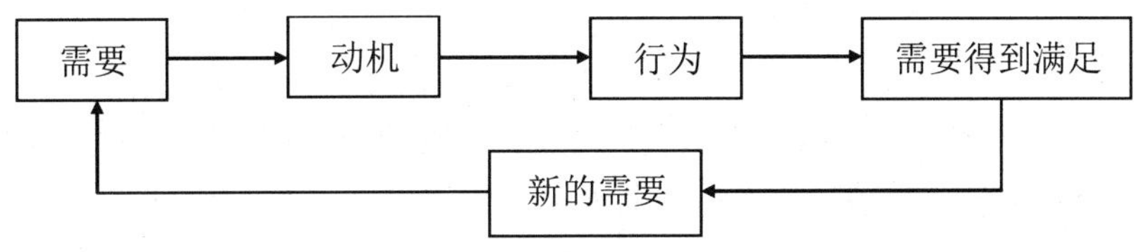

图 8-1 行为的形成过程

根据行为的形成过程，美国管理学家 A.D.希拉季、M.J.华尔斯把激励的过程分为七个阶段，如图 8-2 所示。

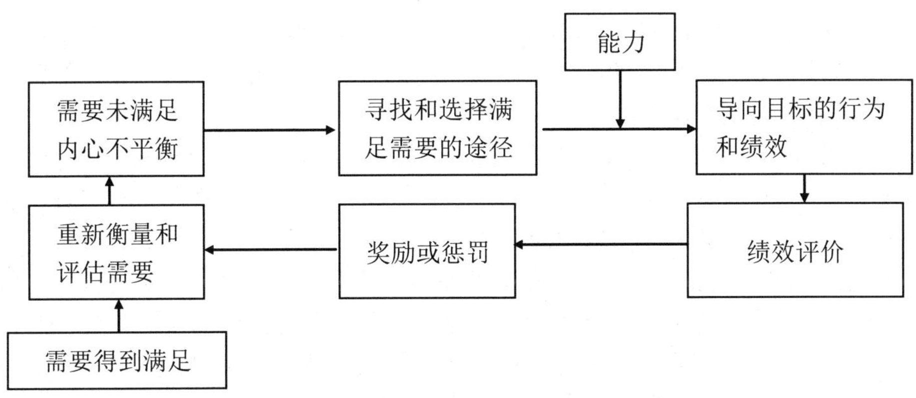

图 8-2 激励的基本过程

由图 8-4 中可以看出，激励过程中的七个阶段分别是：需要的产生，在人的内心产生不平衡，引起心理上的紧张；个人寻找和选择满足需要的对象和方法，当然在选择满足需求的途径时，要以自身的能力为基础来进行，不能选择那些不现实的方法；个人按照既定的目标去行动，为实现目标而努力；组织对个人在实现目标方面的绩效进行评价；根据绩效考核的结果进行奖励或惩罚；根据奖励和惩罚重新衡量和评估需要；如果这一激励过程满足了需要，个人就会产生满足感，如果需要没有得到满足，激励过程就会重复，可能要选择另一种不同的行为。

二、内容型激励理论

管理心理学认为，需要是激励过程的起点，即从人的动机、行为之源头（人的需要）出发，试图阐述引起、维持并指导某种行为去实现目标的人的种种内在因素。内容型激励理论主要是研究激励的原因和起激励作用的因素的具体内容，马斯洛的需求层次理论、阿尔德弗的 ERG 理论、赫茨伯格的双因素理论和麦克利兰的成就激励理论是最为典型的几种内容型激励理论。

（一）需求层次理论

美国心理学家马斯洛在 1943 年出版的《人类激励的一种理论》一书中首次提出了需求层次理论，1954 年在《激励与个性》一书中又对该理论作了进一步的阐述。他将人们的需要划分为五个层次：生理需要、安全需要、社交需要、尊重需要和自我实现需要。

（1）生理需要。这是人类维持自身生存所必需的最基本的需求，包括衣、食、住、行的各个方面，如食物、水、空气和住房等。生理需要如果得不到满足，人们将无法生存下去。

（2）安全需要。这种需求不仅指身体上的，希望人身得到安全、免受威胁，而且有经济上的、心理上的以及工作上的等多个方面，如具有一份稳定的职业、心理不会受到刺激或者惊吓、退休后生活有所保障等。

（3）社交需要。有时也称作友爱和归属的需要，是指人们希望与他人进行交往，与同事和朋友保持良好的关系，成为某个组织的成员，得到他人关爱等方面的需求。这种需求如果无法满足，可能就会影响人精神的健康。

（4）尊重需要。包括自我尊重和他人尊重两个方面。自我尊重主要是指对自尊心、自信心、成就感和独立权等方面的需求，他人尊重是希望自己受到别人的尊重、得到别人的承认，如名誉、表扬、赞赏、重视等。这种需求得到了满足，人们就会充满信心，感到自己有价值，否则就会产生自卑感，容易使人沮丧、颓废。

（5）自我实现需要。这是最高层次的需求，指人发挥自己最大的潜能，实现自我的发

展和自我的完善，成为自己所期望的人的一种愿望。

按照马斯洛的观点，人们的这五种需要是按照生理需要、安全需要、社交需要、尊重需要、自我实现需要的顺序从低级到高级依次排列的。满足需要的顺序也同样如此，只有低一级的需要得到基本的满足以后，人们才会去追求更高一级的需要；在同一时间，人们可能会存在几个不同层次的需要，但总有一个层次的需要是发挥主导作用的，这种需要就称为优势需要；只有那些未满足的需要才能成为激励因素；任何一种满足了的低层次需要并不会因为高层次需要的发展而消失，只是不再成为行为的激励因素而已；这五种需要的次序是普遍意义上的，并非适用于每个人，一个人需要的出现往往会受到职业、年龄、性格、经历、社会背景以及受教育程度等多种因素的影响，有时可能会出现颠倒的情况。

马斯洛的需求层次理论将人们的需求进行了内容上的区分，揭示了人类心理发展的一般规律，这对于管理的实践具有一定的指导意义，但同时也存在一些问题。马斯洛自己也承认，这一理论并没有得到实证研究的证明。此外，他将需求层次看成是固定的机械上升运动，没有考虑到人们的主观能动性；他认为满足的需求将不再成为人们的动机，但是对于满足的意义解释却不是很明确；在现实中，当一种需要得到满足以后，很难预测到哪一种更高层次的需要会成为下一个必须满足的需要。

（二）ERG 理论

ERG 理论是美国心理学家克雷顿·奥尔德弗提出的一种理论，他在大量研究的基础上，对马斯洛的需求层次理论进行了修正，认为人的需要主要有三种：生存需要（existence）、关系需要（relatedness）和成长需要（growth），由于这三个词的第一个英文大写字母分别是 E、R、G，因此又被称为 ERG 理论。

（1）生存需要。这是人类最基本的需要，包括生理上和物质上的需要，这类需要相当于马斯洛提出的生理需要和安全需要。

（2）关系需要。指与他人进行交往和联系的需要，这相当于需求层次理论中的社交需要和尊重需要中的他人尊重部分。

（3）成长需要。指人们希望在事业上有所成就，在能力上有所提高，不断发展、完善自己的需要，这可以与需求层次理论中的自我实现需要以及尊重需要中的自我尊重部分相对应。

奥尔德弗认为，各个层次的需要得到的满足越少，人们就越希望满足这种需要；较低层次的需要得到越多的满足，就越渴望得到较高层次的需要；如果较高层次的需要受到挫折、得不到满足，人们的需要就会退到较低层次，重新追求低层次的需要。据此奥尔德弗提出，在满足需要的过程中，既存在需求层次理论中提到的“满足—上升”趋势，也存在“挫折—倒退”趋势。此外，他还指出，人们所有的需要并不都是天生就有的，有些需要是经过后天学习和培养得到的，尤其是较高层次的需要。

应当说，奥尔德弗的ERG理论并没有突破马斯洛的需求层次理论，只是将后者的需求层次进行了简化，并没有做出更加符合人们心理状态和行为表现的解释。根据他的理论，在公共部门人力资源管理过程中，为了调动员工的工作积极性和主动性，管理者必须首先明确员工的哪些需要没有得到满足，以及员工最希望得到的是哪些需要，然后再有针对性地来满足员工的这些需要，这样才能最大限度地刺激员工的动机，发挥激励的效果。

（三）双因素理论

双因素理论，又称作“激励—保健因素”理论，这是美国行为科学家弗雷德里克·赫茨伯格（Frederick Herzberg）提出的一种激励理论。20世纪50年代末，赫茨伯格同时对匹兹堡地区9家工业企业的200多位工程师和会计师进行了访谈，调查被访者对工作感到满意和不满意的原因分别是什么，在调查研究的基础上，他提出了这一理论。

调查的结果表明，使员工感到满意的因素往往与工作本身或工作内容有关，赫茨伯格将其称为“激励因素”，包括成就、认可、工作本身、责任、晋升和成长共6个方面。而使员工感到不满意的因素则大多与工作环境和工作条件有关，赫茨伯格将其称为“保健因素”，主要体现在公司政策和行政管理、监督、与主管的关系、工作条件、薪金、同事关系、个人生活、与下属的关系、地位以及安全保障共10个方面。

对于保健因素，如果不具备，往往会引起员工的不满或消极情绪，对这些因素进行改进以后则会消除员工的不满，但却并不能使员工感到满意，而对于激励因素，如果员工得到满足以后，往往会使员工感到满意，使他们具有较高的工作积极性和主动性，而当这些因素缺乏时，员工的满意度会降低或消失，但是并不会出现不满意的情况。也就是说，保健因素只会导致不满，却不会产生满意，而激励因素则只会产生满意，却不会导致不满，这两个因素是彼此相对独立的。

据此，赫茨伯格针对传统的工作满意和不满意的观点，提出了自己不同的看法。传统的观点认为，“满意”的对立面就是“不满意”，因此消除了“不满意”就会产生“满意”。赫茨伯格则认为，“满意”的对立面是“没有满意”，“不满意”的对立面是“没有不满意”，消除“不满意”只会产生“没有不满意”，并不能导致“满意”。

赫茨伯格的双因素理论与马斯洛的需求层次理论有相似之处，他提出的保健因素就相当于马斯洛提出的生理需要、安全需要和社交需要等较低级的需要，激励因素则相当于受人尊敬的需要、自我实现需要等较高级的需要，但这两个理论解释问题的角度是不同的。相比需求层次理论，双因素理论也更进了一步，它使管理者在进行激励时的目标更加明确，也更有针对性。

当然，这一理论同样也有不足的地方。首先，它进行调查的样本的代表性不够，工程师和会计师等白领和一般工人还是存在着较大差异的，因此，调查得到的结论并不具有广泛的适用性。其次，人们总是把好的结果归结于自己的努力，而把不好的结果归结于客观

条件或他人身上，问卷调查没有考虑到这种一般的心理状态。

赫茨伯格的双因素理论对于人力资源管理的指导意义是，管理者在激励员工时必须区分激励因素和保健因素，对于保健因素不能无限制地满足，这样做并不能激发他们的动机，调动他们的积极性，而应当更多地从激励因素入手，满足员工在这方面的需要，这样才能使员工更加积极主动地工作。此外，在公共部门人力资源管理过程中要采取有效的措施，将保健因素尽可能转化为激励因素，从而扩大激励的范围。例如，工资本来是属于保健因素的，但是如果将工资与员工的绩效水平挂钩，使工资成为工作结果好坏的一种反映，那么它就会在一定程度上变为与工作本身有关的激励因素，这样就能使工资发挥更大的效用。

【实务指南 8-1】“双因素理论的运用”

一、双因素理论的运用

1. “保健”因素的运用

赫茨伯格指出，“保健”因素对调动员工工作积极性而言具有重要的保障作用。不断改善与保健因素相关的工作环境，可以极大地缓解或避免职工产生不满意的情绪，保持工作的积极性。反之，则可能使员工工作积极性和热情下降，从而影响工作效率。哈罗德·孔茨认为，管理的任务在于设计和维持一个良好的工作环境，使员工在这个环境里能积极而主动、热情而高效并愉快地工作，使组织有效地完成任务。因此，公共部门应该重视为员工创造一个良好的工作环境，即努力做好“保健”因素方面的工作。具体举措主要包括以下五点。

（1）薪酬分配方案应“效率优先，兼顾公平”，体现公平、公正、公开、按劳分配的原则，鼓励多劳多得。在社会主义初级阶段，劳动还仅仅是作为生存手段，所以薪酬是“保健”因素中最基本的因素，对员工而言也是较为敏感的因素之一，分配方案是否合理，对员工积极性影响极大。同时应该先通过公正的考核确定员工工资和津贴的多少，并根据按劳分配“效率优先、兼顾公平”的原则，确定薪酬方案，使员工的薪酬能够起到鼓励员工的作用。

（2）平等的人际关系，构建和谐的上下级关系。员工之间良好的人际关系可以使员工相互团结、齐心协力，有助于实现组织目标，同时也使员工保持积极健康的心态，达到“双赢”。消除人为的不平等和歧视，为公共部门的每一位员工提供平等的机会，一视同仁地对待每一位职工，激发员工工作积极性和奋发向上的精神风貌。

（3）公共部门人力资源管理部门要经常进行员工访问，以便准确把握员工的需要。了解情况后，通过研究分析，根据员工具体的需要，给予满足，这样才能激发员工的内部动机，引致积极行为。

（4）创造“团结进取，乐于奉献”的公共部门核心文化。管理实践表明，公共部门核心文化在公共部门发展过程中起着非常重要的作用。公共部门应树立“团结进取，乐于奉献”的公共部门核心文化，提倡团队合作精神，增强组织凝聚力，树立“乐于奉献”的价值观念。

（5）建立有效的激励机制，提高公共部门人力资源管理效率。“双因素”理论认为，各种需要的满足所引起的激励深度和效果是有差别的。具体而言，满足员工的物质需要是必需的，没有它将会产生不满的情绪，由于物质需要的满足，作用往往也是很有限的、不能持久的，所以要想调动员工的积极性，不仅要注意其物质层面的利益以及工作条件等外部因素，更重要的是要量才录用，把适当的人放在适当的岗位，从精神层面对员工进行鼓励，经常对其工作表示认可并给予表扬，注意给予员工成长、发展以及晋升的机会。最后必须通过工作本身来强化员工的责任感和成就感。随着外部因素的改善，这种内在的激励将会越来越重要。

2.“激励”因素的运用

“保健”因素只能够保持员工的积极性，维持工作现状，无法最大限度地调动组织员工的积极性。只有“激励”因素才能从根本上调动员工的积极性。下面从赏识员工、工作丰富化和给员工成长机会以及组织氛围四个方面来阐述“激励”因素的应用。

（1）赏识员工。在工作的过程中，公共部门员工若可以得到赏识，势必会使他们有一种满足感，进而激发他们工作的热情和积极性。我们可以从以下五方面来对企业员工进行赏识：奖励的价值、数量、时间、员工对奖励的喜欢程度、公平性。其中，对于奖励的价值和数量来说，它们和所使用的奖励方式有关。对员工的奖励应该是员工认为具有价值的奖励，同时对员工的奖励数量一定要可以调动他们工作的热情，进而使他们付出更多的努力去获得奖励。无论采取哪种奖励形式，奖励的时间以及喜爱程度都是构成有效的奖励系统的最基本要素。奖励的公平性，能够促进实际的工作绩效。

（2）扩大工作范围。扩大工作范围的目的在于让员工工作更加具有挑战性、重要性和成就感，使他们不会厌倦工作。在员工对自己的日常工作感到厌倦而导致工作绩效下降，或由于公共部门严密的监管而造成员工心理上的挫折时，扩大工作范围可以明显地改变员工工作态度和改进工作质量，特别是对成就感强烈的员工更具有积极的效果。

（3）给员工成长机会，在人才引入、培养以及保留上，应该是“任用一批，培养一批，储备一批”。即每年有计划地吸收引进一批人才，同时送出一批培养。给送出去的员工一段充足的时间，让他们学习新的知识和技能。虽然从表面而言，好像出去进修会占用一定的工作时间，公共部门有所损失，但从长远而言，进修过的员工可以为公共部门创造更突出的业绩，同时可以增强员工的成就感。满足员工自我实现的需求，是“双因素”理论中最有效的激励方式之一。

（4）创造组织内部竞争环境，强化危机意识。采取岗位聘任制度，为公共部门员工提供一个公平的竞争环境，让他们感受到压力以及危机感。利用竞争机制，能够使部门与部

门、员工与员工之间了解到自身同其他人的水平有多少差距，进而提醒他们抓住当前的岗位，尽职尽责地做好本职工作，使工作效率得到提高，从而营造一个良好的工作环境。

二、“双因素”理论运用中的若干思考

“双因素”理论作为一种重要的激励理论，虽然已被广泛应用，但在公共部门人力资源管理实践中如何充分系统地用来激励员工却是一个值得思考的问题，我们应该充分考虑人的因素以及人与制度的关系因素的影响，正确加以运用才能发挥其应有的作用。

（1）了解员工的心理需求。不同的员工由于需求不同，即使在同一职务、工作环境、待遇下，其满意程度也会有所差异，管理者应主动与员工进行沟通，关心他们的生活与工作，真正了解员工的需求，才能调动他们的积极性。

（2）建立“双因素”并重的机制。人的行为源自于其需要，同时员工需要也是其进行创造性活动的源泉。只有通过职工之间相互配合以及建立合理的激励机制，才能创造良好的工作环境，满足不同员工的精神需要，提供合理的、公正的报酬。近年来，随着生活水平的提高，人们日益重视其自身价值的实现，并开始追求成就需要所带来的满足感。因此，只有遵循“双因素”并重的原则并加以动态调整，才能激发员工工作热情，公共部门的发展才能获得持续的动力。

（四）成就激励理论

美国心理学家戴维·麦克利兰自 20 世纪 50 年代开始，经过大量的调查和实验，提出了这一理论。由于这些人员的生存条件和物质需要得到了相对的满足，因此，麦克利兰的研究主要集中于在生理需要得到满足的前提下人们还有哪些需要，他的结论是权力需要、归属需要和成就需要。

（1）权力需要。就是对他人施加影响和控制他人的欲望，相比归属需要和成就需要而言，权力需要往往是决定管理者取得成功的关键因素。

（2）归属需要。就是与别人建立良好的人际关系，寻求别人接纳和友谊的需要，这种需要成为保持社会交往和维持人际关系的重要条件之一。

（3）成就需要。就是人们实现具有挑战性的目标和追求事业成功的愿望。

这一理论对于管理者来说具有非常重要的指导意义，麦克利兰认为，不同的人对上述三种需要的排列层次和所占比重是不同的。成就需要强烈的人往往具有内在的工作动机，这种人对公共部门有着重要的作用，公共部门拥有这样的人越多，它的绩效就越好，发展就越快。特别是，麦克利兰认为成就需要不是天生就有的，可以通过教育和培训造就出具有高成就需要的人。在进行公共部门人力资源管理时，管理者应当充分发掘和培养员工的成就需要，给员工安排具有一定挑战性的工作和任务，从而使员工具有内在的工作动力。

三、过程型激励理论

过程型激励理论主要研究从动机出现到行为产生、发展变化这一过程中人的心理活动规律，以及其中主要的调节因素，阐明了如何通过心理激励使人的积极性维持在一个较高的水平上。此理论主要是研究行为是如何被引发、怎样向着一定的方向发展、如何保持以及怎样结束这种行为的全过程，其中比较典型的有期望理论、公平理论和目标理论三种。

（一）期望理论

期望理论有很多学者进行过研究，其中以美国心理学家维克托·弗鲁姆于 1964 年在其著作《工作与激励》一书中提出的理论最具有代表性。在这一理论中，弗鲁姆认为激励力（motivation）的效果取决于效价（value）和期望值（expectance）两个因素，即

激励力=效价×期望值（$M=V\times E$）

在公式中，激励力即人们受到激励的程度。效价指人们对某一行动所产生的结果的主观评价，取值范围在-1～1 之间。如果结果对个人越重要，效价值就越接近 1；如果结果对个人无关紧要，效价值就等于 0；如果结果越是个人不愿意出现而尽力避免的，效价值就越接近于-1。期望值是指人们对某一行动导致某一结果的可能性大小的估计，它的取值范围是 0～1。由公式可以看出，当人们把某一结果的价值看得越大，估计结果能实现的概率越大，那么这一结果的激励作用才会越大；当效价和期望值中有一个为零时，激励就会失去作用。后来，一些行为科学家在弗鲁姆的期望理论中加进了一个总要的变量，即所谓的媒介值，这是指工作绩效和所得报酬之间的关系，它的取值范围也在 0～1 之间，这样就构造出了人们的期望模型。即一个组织中激励作用的发挥取决于三个关系：第一个是个人努力和个人绩效之间的关系；第二个是个人绩效和组织奖励之间的关系；第三个是组织奖励和个人目标之间的关系。只有当人们认为经过个人的努力可以取得一定的绩效，所取得的绩效会得到组织的奖励，同时组织的奖励能够满足自己的需要时，他才会有努力工作的动机，这三个关系中的任何一个减弱，都会影响整个激励的效果。

按照期望理论的观点，公共部门人力资源管理为了达到激励员工的目的，必须对绩效管理系统和薪酬管理系统进行相应的改善。在绩效管理中，给员工制定的绩效目标要切实可行，必须是员工经过努力能够实现的；要及时地对员工进行绩效反馈，帮助员工更好地实现目标。对薪酬管理而言，一方面要根据绩效考核的结果及时给予各种报酬和奖励；另一方面就是要根据员工不同的需要设计个性化的报酬体系，以满足员工不同的需要。

（二）公平理论

公平理论是美国心理学家亚当斯于 1956 年从人的认识角度出发提出的一种激励理论，

这是在社会比较中研究个人所做的贡献与所得的报酬之间如何平衡的一种理论，侧重研究报酬的公平性、合理性对员工积极性的影响。

亚当斯认为，员工的工作积极性不仅受到绝对报酬的影响，还受到相对报酬的影响。当一个人取得报酬以后，不仅关心自己收入的绝对值，还关心自己收入的相对值，也就是说，每个人都会自觉或不自觉地把自己获得的报酬和投入的比率与他人或自己过去的报酬和投入的比率进行比较：

$$(O/I)_A \longleftrightarrow (O/I)_B$$

上式中，O（outcome）为报酬，包括内在报酬和外在报酬，如工资、奖金、提升和赏识等；I（input）为投入，如工作的数量与质量、技术水平、努力程度、时间和精力等；A 为自己；B 为参照系，一般是与自己大致相当的同事、同行、邻居和朋友等，也可以是过去的自己。与他人的比较称为社会比较或横向比较，与自己的比较称为纵向比较，人们一般都使用横向的比较。比较的结果会有三种情况：

$$(O/I)_A = (O/I)_B$$

$$(O/I)_A > (O/I)_B$$

$$(O/I)_A < (O/I)_B$$

当 $(O/I)_A > (O/I)_B$ 时，人们会觉得报酬是公平的，他会保持原有的工作投入；当 $(O/I)_A = (O/I)_B$ 或 $(O/I)_A < (O/I)_B$ 时，人们往往会感到不平衡，就会产生紧张，会采取多种方法来消除这种不平衡，寻求自己所感觉的公平和合理。

（1）改变投入。人们可以选择对组织增加或减少投入的方式来达到平衡，如在 $(O/I)_A > (O/I)_B$ 时增加投入，在 $(O/I)_A < (O/I)_B$ 时减少投入。

（2）改变报酬。由于人们一般不会主动要求降低报酬，因此报酬的改变主要是正向的，即通过增加报酬来达到平衡，如在 $(O/I)_A < (O/I)_B$ 时，要求组织给予自己更多的报酬。

（3）改变对投入和报酬的知觉。在实际报酬和投入没有发生变化的情况下，人们可以通过改变对这些要素的知觉来达到比较的平衡。

（4）改变参照系。人们还可以通过改变比较的对象来减轻原有比较所产生的不公平感。

（5）流动。如果在一个特定的组织中，人们总是会感到不公平，最极端的方法就是离开这个环境，到一个新的部门或一个新的组织中去。

从激励的角度来看，公平理论的意义更多的是消除员工的不满意。在公共部门人力资源管理中，管理者应注重保持员工的满意度，从而避免员工降低工作积极性，减少自己的投入。

（三）目标理论

这一理论也被称作目标设置理论，是美国马里兰大学心理学教授埃德温·洛克（Edwin Locke）于 1968 年提出来的。他和同事经过大量研究发现，对人们的激励大多是通过设置目标来实现的，目标具有引导员工工作方向和努力程度的作用，因此，应当重视目标在激励过程中的作用，洛克提出了目标理论的一个基本模式，如图 8-3 所示。

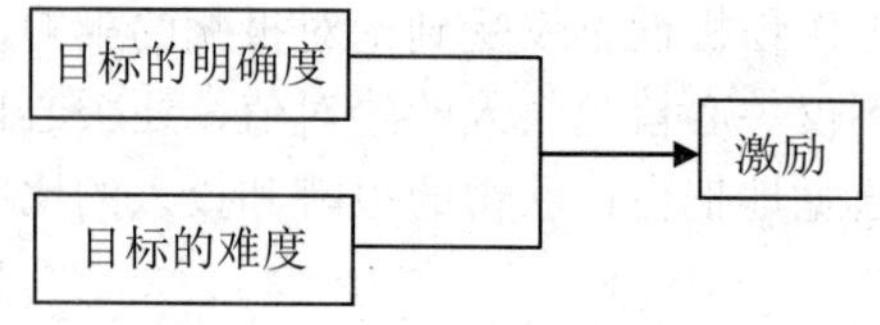

图 8-3　目标理论的基本模式

由图 8-3 可以看出，激励的效果主要取决于目标的明确度和目标的难度这两个因素。目标的明确度是指目标能够准确衡量的程度，目标的难度则是指实现目标的难易程度。洛克的研究表明，就激励的效果来说，有目标的任务比没有目标的任务要好；有具体目标的任务比只有笼统目标的任务要好；有一定难度但经过努力能够实现目标的任务比没有难度或者难度过大的任务要好。当然，目标理论发挥作用还必须有一个前提，那就是员工必须承认并接受这一目标。

相比公平理论，目标理论对公共部门人力资源管理的意义则更多地体现在绩效管理方面。按照目标理论的要求，在制定员工的绩效目标时要注意以下几个问题：一是目标必须具体、明确；二是目标要有一定的难度，通俗地说就是让员工“跳一跳才能够摘到桃子”；三是制定目标时要让员工共同参与，使员工能够认同和接受这一目标。

四、行为改造型激励理论

行为改造型激励理论以行为主义的条件反射为理论基础，着重研究被管理者行为的改造，这一理论主要是研究如何改造和转化人们的行为，变消极为积极，以期达到预定的目标。行为改造型激励理论以美国哈佛大学斯金纳的强化理论最为典型。

斯金纳以巴甫洛夫的条件反射论、华生的行为主义和桑代克的尝试——错误学习理论为基础，经过大量的研究，于 1938 年在《有机体的行为》一书中提出了这种激励理论。这一理论特别重视环境对行为的影响作用，认为人的行为只是对外部环境刺激所做的反应，当行动的结果对自己有利时，这种行为就会加强或重复出现，当行动的结果对自己不利时，这种行为就会减弱或停止。因此，按照强化理论的观点，只要控制行为的后果，就可以达到控制和改变人们行为的目的。斯金纳认为，对行为进行改变可以通过以下四种方法来实现。

（1）正强化。正强化是指在某种行为发生以后，立即用物质的或精神的奖励来肯定这种行为，利用这种刺激使人感到这种行为是有利的或符合要求的，从而增加这种行为在以后出现的频率。

（2）负强化。负强化是指预先告知人们某种不符合要求的行为可能引起的后果，从而使人们为了避免不良的后果而不出现这种不符合要求的行为。负强化同正强化的目的是一样的，只不过两者采取的手段是不同的。

（3）惩罚。惩罚是指当某种不符合要求的行为发生后，给予相应的处罚和惩戒，以这种刺激表示对这种行为的否定，从而减少或阻止这种行为在以后的出现。惩罚虽然能够阻止某一行为的发生，但是却不能鼓励任何一种合乎要求行为的出现，而且惩罚往往还会引起员工的抵触、厌烦情绪。

（4）衰减。衰减是指撤销对原来可以接受的行为的强化，由于一段时间内连续的不强化，使该行为逐渐降低了重复发生的频率，甚至最终消失。

强化理论指出，要根据员工不同的行为情况选择不同的强化方式，如图 8-4 所示。

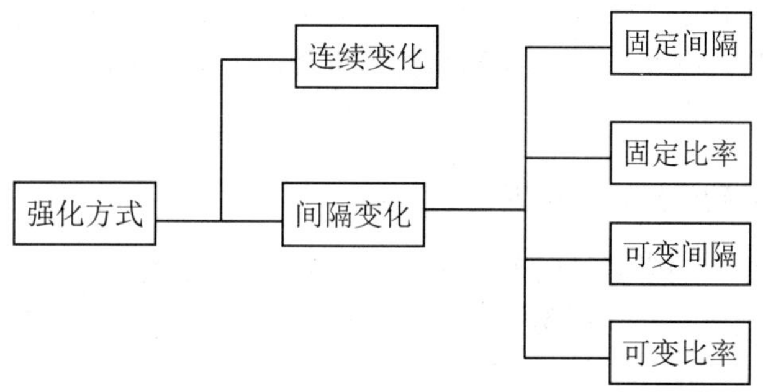

图 8-4　强化方式的类型

连续强化指在每次行为发生之后都进行强化。间隔强化指间隔性地进行强化。其中，固定强化就是在固定的一段时间后给予强化；固定比率指在确定数量的行为发生后给予强化；可变间隔指给予强化的时间间隔是变动的，但是时间的长短围绕一个平均数变动；可变比率指在一定数量的行为发生后给予强化，这一数量虽然是不确定的，但却是围绕某个确定的数值变动。

强化理论对公共部门人力资源管理的借鉴意义在于要建立完善的绩效管理体系和奖惩制度；对员工的绩效考核不仅要注重目标，还要注意过程；要及时发现员工的有效行为和不良行为并及时给予奖励或惩罚，以达到引导和纠正员工行为的自的。此外，还要加强公共部门人力资源管理的培训活动，通过培训对员工的行为进行有计划、有目的的训练，并不断强化，使员工的行为与组织的目标紧密结合起来。

五、综合激励理论

综合激励理论试图综合各种激励理论，从系统的角度解释人的行为激励过程，以期能解决较为复杂的激励问题。

上述各种类型的激励理论都是从不同角度出发来研究激励问题的，因此，都不可避免地存在这样或那样的问题，而综合型的激励理论则试图综合考虑各种因素，从系统的角度来理解和解释激励问题，这种理论主要有勒温的早期结合激励理论、波特和劳勒的综合激励理论。

（一）勒温的早期综合激励理论

最早期的综合激励理论是由心理学家勒温提出来的，称作场动力理论，用函数关系可以表示为：$B=f(P\times E)$。式中，B 为个人行为的方向和向量；f 为某一个函数关系；P 为个人的内部动力；E 为环境的刺激。这一公式表明，个人的行为向量是由个人内部动力和环境刺激的乘积决定的。根据勒温的理论，外部刺激是否能够成为激励因素，还要看内部动力的大小，二者的乘积才决定了个人的行为方向，如果个人的内部动力为零，那么外部环境的刺激就不会发生作用；如果个人的内部动力为负数，外部环境的刺激就有可能产生相反的作用。

（二）波特和劳勒的综合激励理论

综合激励理论是美国学者波特和劳勒在弗鲁姆期望理论的基础上，于 1968 年提出的一种综合性的激励理论，它包括努力、绩效、能力、环境、认识、奖酬和满足等变量，它们之间的关系如图 8-5 所示。

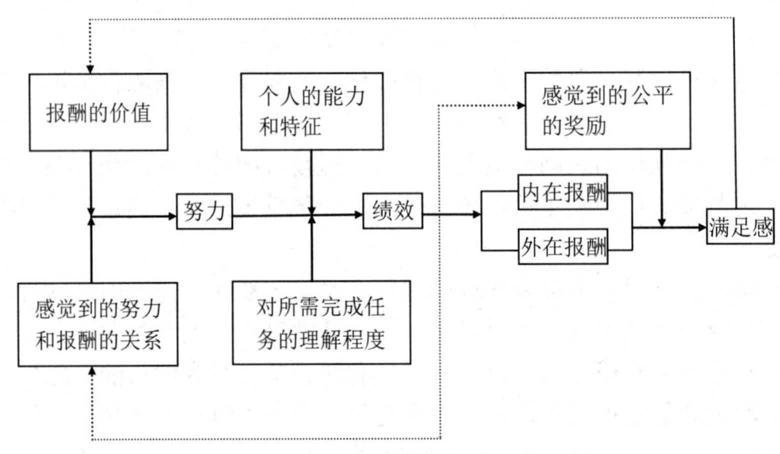

图 8-5 波特和劳勒的综合激励模型

这一模型表明，先有激励，激励导致努力，努力产生绩效，绩效导致满足。 它主要包括努力程度、工作绩效、工作报酬和满足感四个变量。

（1）努力程度。它是指员工所受到的激励程度和所发挥出来的力量，取决于员工对某项报酬价值的主观看法，以及经过努力得到报酬的可能性的主观估计。报酬的价值大小与对员工的激励程度是成正比的，报酬的价值越大，对员工的激励程度就越大，反之就越小。

员工每次行为最终得到的满足会反过来影响他对这种报酬的价值估计。

（2）工作绩效。工作绩效不仅取决于员工的努力程度，还取决于员工自身的能力和特征，以及他对所需完成任务的理解程度。如果员工自身不具备相应的能力，即使他再努力也可能无法完成工作任务；如果员工对自己所要完成的任务了解的不是很清楚，那么也会影响工作绩效的取得。

（3）工作报酬。报酬包括内在报酬和外在报酬，它们和员工主观上感觉到的公平的奖励一起影响着员工的满足感。

（4）满足感。这是个人实现某项预期目标或完成某项预定任务时所体验到的满意感，它依赖于所得报酬同所期望得到的结果之间的一致性，当实际的结果大于或等于预期时，员工会比较满足；当实际的结果小于预期时，员工会产生不满。

波特和劳勒认为，员工的工作行为是受多种因素结合激励的结果。要想使员工做出好的工作业绩，首先要激发他们的工作动机，使他们努力工作；其次，要根据员工的工作绩效实施奖励，在奖励过程中要注意公平，否则就会影响员工的满足感；而员工的满足感反过来又会变成新的激励因素，促使员工努力工作获得新的绩效，如此循环反复。

上面我们简要地介绍了几种最具代表性的激励理论，应当说，这些理论对激励问题做出了比较深入和准确的研究，这对公共部门人力资源管理的实践活动具有非常重要的指导意义。但是需要注意的是，这些理论都是在一定的条件和环境下得出的，因此都有相应的适用范围，并不是绝对的真理。在实践过程中，我们必须根据具体的情况灵活运用这些理论，切不可生搬硬套。此外，这些理论对激励的解释是从不同的角度入手的，具有一定的片面性，因此在实践中，我们应当对这些理论综合加以运用。

第三节　国内外公共部门人力资源激励机制的发展

本节将在第二节对公共部门人力资源激励机制分析的基础之上，介绍我国公共部门人力资源激励机制的发展状况，进而形成关于我国公共部门人力资源激励机制的基本看法。本节的重点是分析我国公共部门人力资源激励机制所存在的问题及弊端并介绍国外相关经验，从而指明改善它的基本方向。

一、我国公共部门人力资源激励机制的发展历程

我国公共部门人力资源激励机制基本上是在对传统干部人事激励机制改革的基础上形

成的。随着历史环境的变化，特别是公务员制度的建立和发展，为我国公共部门人力资源激励机制的完善与发展提供了宝贵的经验。从总体上看，我国公共部门人力资源激励机制的发展大致可以分为三个阶段。

（一）起步阶段

新民主主义革命时期，中国共产党实行严格的政审制度，目的在于防范和清除奸细。考核内容比较简单，包括对党国的忠诚度、工作能力、优缺点等。此时的考核制度表现出很强的政治性，是执政党确保政治安全的工具，而不是一种激励的手段。当然，客观上它也从约束性的角度对干部的行为起到了一定的激励作用。在当时虽然制定过一些奖惩条文，但并未形成完备的制度体系，因此，还不是真正意义上的激励机制，而仅仅是为应付革命一时之需而出现的管理方法。作为一种管理方法，它更多的强调行政命令而非对人的关注。

新中国成立初期，干部激励机制逐渐形成雏形。

在干部鉴定与考核方面，1949 年 11 月 4 日，中央组织部下发《关于干部鉴定工作的规定》。《关于干部鉴定工作的规定》指出，干部鉴定的目的在于改进干部工作，有计划地培养和提拔干部。鉴定工作实行个人、群众与领导三结合。1964 年，提出定量考核与定性考核相结合，考核目的确定为科学地使用干部。

在干部奖惩方面，1952 年颁布了《国家机关工作人员奖励暂行条例》，1957 年，国务院又颁布了《关于国家行政机关工作人员的奖惩暂行规定》，从而使奖惩工作形成制度。

在干部报酬方面，1955 年，国务院颁布了《关于国家机关工作人员全部实行工资制和改行货币工资制的命令》，开始实行按货币工资标准的职务等级工资制。

在干部任免方面，1951 年，颁布了《中央人民政府任免国家机关工作人员暂行条例》；1953 年和 1954 年，中央组织部先后发出《关于政府干部任免手续的通知》和《关于干部任免审批工作中若干具体问题的通知》；1957 年，国务院颁发了《国务院任免行政人员办法》，国家主席发布了《县级以上人民委员会任免国家机关工作人员条例》。上述文件和法规对任免国家机关工作人员的主管机构、程序和审批手续等问题做出了规定。这为我国公共部门人力资源激励机制的建立和发展奠定了基础，是我国人事管理制度的雏形。

（二）探索阶段

改革开放以后，中国进入了现代化建设和经济体制、政治体制改革时期。作为政治体制有机组成部分的干部人事管理制度也相应地进行了一系列探索。

在干部考核方面，1979 年，中央组织部下发了《关于实行干部考核制度的意见》，将干部考核的目的明确为提高干部素质、选贤任能、鼓励先进、激励后进、打破能上不能下、能进不能出的铁饭碗。提出每年对干部进行一次考核的要求，初步规定了考核的原则、标准和内容，考核方法也实现了领导和干部相结合，平时考察和定期考核相结合；1983 年，在全国组织工作会议上正式提出从德、能、勤、绩四个方面对干部进行全面、定期考核。与此同时，考核方法逐步走向科学化，形成了多种定量考核的技术方法，如目标考核法、量表考核法、负荷考核法等。考核制度需要岗位责任制和奖惩制度等系列制度相配套。1982年和1984年，劳动人事部及中央组织部先后发出关于在国家机关和企事业单位建立岗位责任制的通知，以岗位规范为主要内容的岗位责任制全面推行。

在奖惩制度方面，1979年及1980年，中共中央办公厅和全国人大常委会第十二次会议重申了1957年的《国务院关于国家行政机关工作人员的奖惩暂行规定》仍然有效。

在工资制度方面，自1985年开始，我国开始对延续了近30年的传统工资制度进行了结构性重大改革，废除了1956年形成的职务等级工资制，推行以基础工资、职务工资、工龄工资、奖励工资四部分组成的结构工资制。与此同时，我国开始研究由社会保险、社会福利、社会救济以及社会优抚等内容构成的传统社会保障制度进行改革的问题，制定了某些保险制度的法规，并在局部范围（主要是国营企业）进行社会保险改革的试点工作。例如，1986年，国务院颁布了《国营企业职工待业保险暂行规定》，标志着中国待业保险制度的建立；同年，国务院颁布的《国营企业实行劳动合同制暂行规定》，对劳动合同制职工的养老保险办法做了具体规定；1988年，卫生部等国务院有关部委开始研究医疗制度改革问题；同年，工伤保险改革工作在海南等省的某些地区开始试点。

1989年初，国家人事部和中央组织部联合下发《关于国家行政机关补充工作人员实行考试办法的通知》，决定从1989年起，国家行政机关补充工作人员，要贯彻平等、公开、竞争与择优的原则，通过考试考核，择优录用。在这一时期，由于经过一定的尝试和磨练，激励机制不论是在考核制度，还是薪资福利制度等方面都有一定程度的改善，这为以后完善我国公共部门人力资源激励机制积累了宝贵的经验。

（三）完善阶段

1993年10月1日，国务院颁布的《国家公务员暂行条例》顺应了我国现代人事管理体制的发展趋势，体现了我国经济体制和政治体制改革的客观要求，同时也是我国干部人事管理制度改革的自然发展。随着我国公务员制度理论与实践的丰富与发展，作为该制度重要组成部分的激励机制也得到逐步完善。可以说，国家公务员激励机制的进步与完善，为我国公共部门人力资源激励机制的发展奠定了坚实的基础。通过我国公务员制度中的相关法规条文，我们可以总结出完善人事激励的具体措施。

在考核方面，国家公务员的考核工作以德、能、勤、绩作为依据，重点是考察工作实绩。德，是指政治、思想和道德品质的表现。能，是指业务知识和工作能力。勤，是指工作态度和勤奋敬业的表现。绩，是指工作的数量、质量、效益的贡献。考核结果划分为优秀、称职、不称职三个档次。对国家公务员的考核，应当坚持客观公正的原则，实行领导与群众相结合，平时与定期相结合，平时考核是年度考核的基础。年度考核的基本程序是：

第一，被考核人个人总结；第二，主管领导人在听取群众意见的基础上，根据平时考核和个人总结写出评语，提出考核等次意见；第三，考核委员会或考核小组对主管领导人提出的考核意见进行审核；第四，部门负责人确定考核等次；第五，将考核结果以书面形式通知被考核人。对国家公务员的考核结果应当以书面形式通知本人。本人如果对考核结果有异议，可以按照有关规定申请复核。把年度考核结果作为对国家公务员的奖惩培训、辞退以及调整职务级别和工资的依据。

在薪资方面，国家公务员的工资制度贯彻按劳分配的原则，实行职级工资制。主要包括职务工资、级别工资、基础工资和工龄工资。此外，按照国家规定享受地区津贴和其他津贴。我国公务员工资水平保持与国有企业相当人员的平均工资水平大体持平并实行定期增资制度。根据国民经济的发展和生活费用价格指数的变动，国家有计划地提高国家公务员的工资标准，使国家公务员的实际工资水平不断提高。

在晋升方面，国家公务员的职务升降工作，必须贯彻革命化、年轻化、知识化、专业化的方针，坚持德才兼备、群众公认，注重实绩和公开、平等、竞争、择优的原则。晋升职务应当具备拟任职务所要求的资格条件：其中拟晋升上一级领导职务的，一般应当具有在下一级两个以上职位任职的经历。并且必须在国家核定的职数限额内进行。晋升国家公务员的职务，应当按照规定的职务序列逐级晋升。个别德才表现和工作实绩特别突出的，可以越一级晋升，但是必须按照规定报有关部门同意。

随着我国政治经济的发展和人才激励的不断深化，对人事管理制度的改革与创新显得越来越迫切。2002 年，中共在十六大上提出了要建立干部激励和保障机制，要深化干部人事制度改革，努力形成广纳群贤、人尽其才、能上能下、充满活力的用人机制，把优秀人才聚集到党和国家的各项事业中。

自 2006 年 1 月 1 日起执行的《中华人民共和国公务员法》是我国对公务员的管理由过去依据《国家公务员暂行条例》的行政法规规范上升为法律规范，定型为法律制度的主要标志，是建国以来我国第一部关于干部人事管理的综合法律。这是对我国人事激励管理的进一步完善和发展。从总体上看，经过专家学者对我国公共部门人力资源激励机制的不断探索与研究，我国对公共部门人事激励工作的思想观念和方式方法都发生了很大的变化，这为我国公共部门人力资源的激励逐步走上民主化、科学化与法制化的轨道奠定了坚实的基础。

二、我国公共部门人力资源激励机制的现状

（一）我国公共部门人力资源的主要激励方式

我国公共部门人力资源的激励坚持精神激励与物质激励相结合，以精神激励为主的原

则。物质激励就是通过运用外部物质影响因素来激发公共部门人员，如增加或减少工资、奖金、福利和补贴，以及随着职务升降而引起的物质利益变动等；而精神激励，则是通过改变部门人员内在心理状况来激励公共部门人员，包括口头表扬、书面嘉奖、记功、授予荣誉称号、提供培训机会等正向激励形式，以及惩戒、考核等负向激励形式。从当前我国对于公共部门人员实施激励的形式看，主要有薪酬激励、考核激励、晋升激励、培训激励、竞争激励五种形式，下面对这五种形式的内容、激励时机、激励频率、激励强度和激励针对性进行分析。

1．薪酬激励

美国著名薪酬管理专家乔治·米尔科维奇认为：薪酬是指雇员作为雇佣关系中的一方所得到的各种货币以及各种具体的服务和福利之和。总的薪酬包括直接以现金支付的工资或者通过福利和服务支付的薪酬。

目前，我国公务员的薪酬仍以工资为主要表现形式，它是指在国家公共管理部门工作，执行国家公务的这一部分特定的公职人员，以自己的知识和能力，在一定时间内为国家和人民服务所得的劳动报酬。狭义上是指单位按月发放给公务员的固定部分，包括基本工资、津贴、补贴和奖金；广义上还应包括国家其他福利待遇和保险等。这里的公务员工资指的是广义上的总体概念，属于薪酬范围。

《中华人民共和国公务员法》规定公务员实行国家统一的职务与级别相结合的工资制度。公务员工资制度贯彻按劳分配的原则，体现工作职责、工作能力、工作实绩、资历等因素，保持不同职务、级别之间的合理工资差距。国家建立公务员工资的正常增长机制。公务员工资包括基本工资、津贴、补贴和奖金。公务员按照国家规定享受地区附加津贴、艰苦边远地区津贴、岗位津贴等津贴。公务员按照国家规定享受住房、医疗等补贴、补助。公务员在定期考核中被确定为优秀职称的，按照国家规定享受年终奖金。公务员的工资水平应当与国民经济发展相协调、与社会进步相适应。国家实行工资调查制度，定期进行公务员和企业相当人员工资水平的调查比较，并将工资调查比较结果作为调整公务员工资水平的依据。国家根据经济社会发展水平提高公务员的福利待遇。公务员实行国家规定的工时制度，按照国家规定享受休假。公务员在法定工作日之外加班的，应当给予相应的补休。国家建立公务员保险制度，保障公务员在退休、患病、工伤、生育、失业等情况下获得帮助和补偿。公务员因公致残的，享受国家规定的伤残待遇。公务员因公牺牲、死亡或者病故的，其亲属享受国家规定的抚恤和优待。

1997 年前，我国公共部门人员薪酬普遍不高，较难反映其岗位责任，在 20 世纪 90 年代中期出现薪职倒挂的现象，社会上甚至盛传，现在学习不努力，将来工作进政府这类的流言。并由此引发了公职人员大量流失和大规模职务犯罪情况，对公共部门人员的高薪策略因此被提上日程。从 1997 年以来，我国对公共部门人员主要采取了普遍加薪的手段来激励组织人员。现在公共部门人员的薪酬水平基本处于社会平均水平以上，公共部门人员的工作积极性得到了一定的提高，从某种程度上控制了一定层次的公共部门内部人员流失问题，同时当前的薪酬政策还吸引了相当的社会人才投身于公共部门的建设中。

2．考核激励

考核激励是对组织内部人员的工作业绩通过量化方式进行全面的、系统的、客观的评价，涉及组织人员的薪金调整、奖金发放和职务升迁等诸多部门人员的切身利益，属于对组织人员激励中的负向激励因素。考核对于公共部门人力资源的激励作用体现在：考核标准的导向作用、考核过程的压力作用和考核结果的评价作用。考核的功能在于其能够为管理上层做出对在职人员的奖惩决定提供重要的信息，为实施对组织人员的晋升提拔和嘉奖提供客观依据；从被考评者角度看，绩效考评可以为其提供反馈，组织人员可以及时发现自身的错误和不足，促使其防微杜渐，及时发现和解决问题。考核在公共部门管理实践中，尤其是激励人员进取心方面发挥着越来越重要的作用。考核可以正确评价公共部门人员的德才表现和工作实绩，促进勤政廉政，提高工作效能，建设高素质的人员队伍。关于公共部门人员考核问题，我国在《中华人民共和国公务员法》和《公务员考核规定（试行)》(法律、法规授权的具有公共事务管理职能的事业单位中除工勤人员以外的工作人员，经批准参照本法进行管理）中都有详细说明，我国的公务员考核坚持客观公正、注重实绩的原则，实行领导与群众相结合，平时与定期相结合，定性与定量相结合的方法，按照规定的权限、条件、标准和程序进行。《中华人民共和国公务员法》规定：对公务员的考核，按照管理权限，全面考核公务员的德、能、勤、绩、廉，重点考核工作实绩。公务员的考核分为平时考核和定期考核。定期考核以平时考核为基础，对非领导成员公务员的定期考核采取年度考核的方式，先由个人按照职位职责和有关要求进行总结，主管领导在听取群众意见后，提出考核等次建议，由本机关负责人或者授权的考核委员会确定考核等次。对领导成员的定期考核，由主管机关按照有关规定办理。定期考核的结果分为优秀、称职、基本称职和不称职四个等次。公务员年度考核优秀等次人数，一般掌握在本机关参加年度考核的公务员总人数的15%以内，最多不超过20%。定期考核的结果应当以书面形式通知公务员本人。定期考核的结果作为调整公务员职务、级别、工资以及公务员奖励、培训、辞退的依据。

3．晋升激励

公共部门人员的晋升激励是指为了进一步激发组织人员的工作热情，而将组织人员由原来的职位选拔到更高的、承担责任更大的职位上，其在行政部门职位结构中的职权、待遇等也相应地提高。晋升激励也是公共部门人员常用的激励手段。与物质激励相比，晋升激励是一种较为节约成本的激励方式，除去因晋升激励而给公共部门人员所带来的物质利益变动之外，通常将晋升激励列入精神激励的范畴。在轻视物质激励的年代，职位晋升是我国公共部门人员精神激励中最传统和最为普遍的激励方式，晋升激励作为精神激励的主要方式发挥了重要作用。

我国传统的职务晋升是以委任制和选任制为主的内部晋升方式。2006 年 1 月 1 日执行

的新《中华人民共和国公务员法》对传统的委任制进行重大改革，将公开选拔和竞争上岗确定为法定的职务晋升方式。新《中华人民共和国公务员法》规定：公务员晋升职务，应当具备拟任职务所要求的思想政治素质、工作能力、文化程度和任职经历等方面的条件和资格。公务员晋升职务，应当逐级晋升。特别优秀的或者工作特殊需要的，可以按照规定破格或者越一级晋升职务。公务员晋升领导职务，按照下列程序办理：（1）民主推荐，确定考察对象；（2）组织考察，研究提出任职建议方案，并根据需要在一定范围内进行酝酿；（3）按照管理权限讨论决定；（4）按照规定履行任职手续。机关内设机构厅局级正职以下领导职务出现空缺时，可以在本机关或者本系统内通过竞争上岗的方式，产生任职人选。厅局级正职以下领导职务或者副调研员以上及其他相当职务层次的非领导职务出现空缺时，可以面向社会公开选拔，产生任职人选。确定初任法官、初任检察官的任职人选，可以面向社会，从通过国家统一司法考试取得资格的人员中公开选拔。公务员晋升领导职务的，应当按照有关规定实行任职前公示制度和任职试用期制度。公务员在定期考核中被确定为不称职的，按照规定程序降低一个职务层次任职。

这种晋升激励机制拓宽了用人视野，扩大了民主，让干部任用更加公开、透明，有利于克服用人上的腐败，引入竞争机制，形成人才良性竞争的制度环境，形成正确的用人导向。每个公务员只要勤奋工作，努力上进，凭自己的德才表现和工作实绩，公开、平等地参与职位晋升的竞争，他们的职业发展要求都会得到相应的满足。一方面有利于克服跑官要官、买官卖官、澄清吏制等问题，另一方面也有利于激励每一个志存高远的公共部门人员。

4．培训激励

我国多年来比较重视对公共部门人员的培训工作，曾制定了《十一五全国人事干部教育培训规划》《干部教育培训工作条例（试行）》《2006—2010年全国干部教育培训规划》等相关规则条例以加强培训制度建设。我国新颁布的国家《公务员法》对培训工作还制定了专门条款，第六十条、第六十一条规定：机关根据公务员工作职责的要求和提高公务员素质的需要，对公务员进行分级分类培训。国家建立专门的公务员培训机构，机关根据需要也可以委托其他培训机构承担公务员培训任务，机关对新录用人员应当在试用期内进行初任培训；对晋升领导职务的公务员应当在任职前或者任职后一年内进行任职培训；对从事专项工作的公务员应当进行专门业务培训；对全体公务员应当进行更新知识、提高工作能力的在职培训，其中对担任专业技术职务的公务员，应当按照专业技术人员继续教育的要求，进行专业技术培训。国家有计划地加强对后备领导人员的培训。

我国各地、各级公共部门通过举办各级各类培训班，制定和落实定期轮训等制度，争取实现全员轮训，使广大公共部门工作人员的思想政治素质、业务能力、文化素养和工作技能得到了进一步提高，依法行政和公共服务能力进一步增强。

5．竞争激励

竞争是通过比较而优胜劣汰。竞争激励机制是我国公共部门人力资源激励机制的核心机制，它贯穿我国公共部门人力资源管理制度的始终，主要表现在部门人员的考试录用、晋升与降职、职务任免，以及辞退制度上。目前，公共部门人力资源竞争机制的各项管理规定逐步落实，竞争择优的用人机制基本确定，主要表现为录用和任用两个方面。

（1）录用竞争。录用竞争是公共部门人员入口上的竞争。自 1993 年实施公务员制度，引入竞争机制以后，国家行政机关录用主任科员以下非领导职务的国家公务员，采用公开考试、严格考核办法，按德才兼备的原则择优录用。因此，录用竞争在很大程度上表现为考试竞争、凡进必考，过笔试、面试等严格程序选拔国家公务员。

（2）任用竞争。任用竞争是公务员在内部职级阶梯上流程式的竞争。国家规定公务员的不同职、级和不同待遇。当上一级职位出现空缺时，必须选拔新人去补缺，补缺者便表现为职级的晋升。《暂行条例》颁布实施以后，各级政府即结合本地实际情况，在公务员中层职务和非领导职务晋升和任职中，引入竞争上岗的要领和做法，在一定范围内公布职位空缺和任职条件，通过公开报名、公平竞争、群众评议、组织考察，产生拟晋升人选，然后按照干部管理权限决定任命干部。任用竞争在两个层面上展开：其一，各级政府的组成人员通过选举来实现竞争，其中包括候选人的提名、介绍和差额选举等；其二，除政府组成人员以外的其他公务员则主要通过考核工作实绩，进行个人业绩比较，将考核与个人业绩、奖惩、晋升结合起来，称之为“考绩竞争”。

在公共部门人员的各种激励方式中，竞争激励应处于基础性策略的地位，因为归根结底，其他形式都是为了更好地促进组织内部的人员竞争，提高人员绩效，这种方式应是未来公共部门人员激励机制中最具潜力的激励方式。

总之，薪酬激励、考核激励、晋升激励、培训激励以及竞争激励共同构成了当代中国公共部门人力资源激励机制当中的主要激励方式，这几种方式突破了原有传统激励方式的束缚，对现实公共部门人员激励方式做出了较为客观的定位，目前在公共部门人员激励实践方面的摸索，开始注重保障公共福利与满足组织人员合理需求间的双赢。

（二）我国公共部门人力资源激励机制的运行情况

我国的公共部门多年来致力建立完善的人力资源激励机制，通过区分人员，采取薪酬激励、考核激励和晋升激励，引入一定的竞争激励方式和一些配套制度，这些手段的使用对保持公共部门人员的积极性、维持他们的工作现状、发挥公共部门的职能起到了一定的促进作用。

当然，我们应该看到我国公共部门的人力资源激励机制尚有许多不完善之处。从公共部门的现实表现，我们可以看出我国公共部门激励机制的运行效果并不理想，主要表现在以下几个方面。

（1）公共部门提供公共服务的效率不高。一些公职人员服务态度差，怕负责任，不负责任，人浮于事；一些领导瞎指挥；一些部门推诿扯皮，相互掣肘。

（2）公共部门内部管理效率低下。文山会海，手续繁琐；行政开支大，浪费严重，公款送礼、公款吃喝、公费旅游的现象比较普遍。有些部门不惜巨资兴建昂贵的办公大楼、装修办公室，不惜工本进行宣传报道，超编超配等，这些现象在我国公共部门内部管理上比较普遍。

（3）公共部门相应人员的败德问题、流失现象较严峻。贪污、腐败、寻租等现象屡见不鲜。从人员流失情况看，根据人事部的抽查，从 1998 年到 2002 年，21 个中央部委就流失本科学历以上公务员 1 039 人，占同等学历公务员总数的 8.8%。中国社会科学院发布的《2007 年全球政治与安全》报告显示，中国流失的顶尖人才数量在世界居于首位。这些数字从一个侧面反映了我国公共部门人力资源的激励机制有待改进。

（4）公共部门人员的工作积极性、创造性不高，活力不足的问题较突出。据《2002—2005 全国人才队伍建设规划纲要》，到 2000 年底，我国具有中专及以上学历或专业技术职称的各类人员达到 6 360 万，其中党政干部 585.7 万，企业经营管理人员 780.1 万，专业技术人员 4 100 万，其他人员 894.2 万。而从事科研开发的科技人员主要集中在事业单位，在企业工作的人才占总量不到 40%。非国有经济拥有专业技术人才数仅占全国专业技术人才的 25%，但占到全国经济总量 55%左右，人才集中的公共部门反而绩效不佳，这些人才的创造力很有挖掘空间。

（5）公共部门人员素质不高的问题依然存在。我国公务员队伍的文化水平不高，多数为传统行政官员，工作中多凭经验或长官意志办事，对社会主义市场经济、法律、社会公共管理等知识了解不多，缺乏外语、计算机等了解社会知识的能手，尤其缺乏熟悉国际通行的行政管理运行方式的人才。公共部门中官本位思想严重，习惯于利用传统思维和传统手段对待变化了的新形势，缺乏发现新问题、解决新矛盾的开拓创新精神。这些严重侵蚀公共部门人员的素质和工作价值趋向，影响了公共部门的整体形象。公共部门严峻的现实使我们探究公共部门人员现实激励缺失问题的要求愈发迫切。

三、当前我国公共部门人力资源的激励机制存在的主要问题

公共选择学派认为，政府行为的非理想化，主要不是人（政府官员）的问题，而是约束政府行为的制度结构问题。当我们用公共选择理论去分析我国公共部门的激励机制时，我们发现我国的公共部门激励机制确实有一些不完善之处。

（一）激励标准设定不合理

（1）我国公共部门的激励标准多采取定性描述，较少量化标准，可操作性较差。比方说作为激励依据的绩效考核就多采取定性标准。例如，对公务员和事业单位人员的考核，虽以职位职责和所承担的工作任务为基本依据，分优秀、称职、基本称职和不称职四个等

次，从德、能、勤、绩、廉五个方面进行考核，但这些等次及考核内容的确定，缺乏量化标准，致使激励标准在执行中具有很大的弹性，甚至我国公共部门内部的同类部门激励标准不统一，具体激励活动出现不公平，同类部门比较也可能产生悲观预期，有的部门考核走过场，评优采取论资排辈，轮流坐庄的方式进行。

（2）激励考核等次设定少，不足以真实反映部门内部人员的工作实绩，体现贡献差别。

（3）激励与绩效没有真正挂钩，绩效高低，激励结果区别不大，工作绩效高的没有获得等量激励甚至得不到激励，干多干少一个样，开拓创新与循规蹈矩无差别，多干工作多出错，还会影响晋级。一些地方公务员晋级升职不是通过实力竞争上岗，而是取决于个人学历、资历及领导的评价，没有真正形成与工作实绩相统一的晋级、升级机制，使尽职敬业的职员产生悲观预期。这些都可能导致激励失效。

（二）激励程序的安排不科学

（1）没有按照激励过程的客观规律进行。激励是某人或某机关组织针对他人生理上及心理上的各种需要，适当采取物质的与精神的刺激鼓励方法，设法满足其需要，激发其内在的工作意愿，从而产生符合某人或某机关组织预期行为的一连串活动。实施激励应首先了解部门个人与组织的需要，结合这些需要选择相应的激励手段。而我国的公共部门往往不是从公共部门及其内部职员的多样性需求出发选择具体的激励手段和激励方法，而是根据政府预先设定的方案进行激励活动，激励方式多年不变，单调、老套、僵化，不能适应公共部门内部职员丰富多样的激励需要。

（2）作为激励依据的考核过于简单、缺少反馈环节。考核多以年度考核为主，平时考核为辅，但平时考核较少进行，年度考核多在每年年末或者第二年年初进行，由被考核人填写工作总结，主管领导予以审核评价，参与考核评价的人员范围狭窄，考核结束时，考核结果很少及时反馈给被考核人，致使考核不能对被考核人的工作情况给予及时的评价，对其不足给予及时的提醒，使考核失去肯定先进鞭策后进的意义。

（3）激励不及时、不科学，激励频率较少，考核奖金一年发放一次，无法对公共部门人员的平时表现给予即时的鼓励。这些都导致了我国公共部门的激励机制运转效果不佳。

（三）激励机制缺少反向激励，公共部门人员的进入退出机制还不健全

反向激励是当一个人的行为不符合社会的需要时，通过制裁的方式来抑制这种行为，以达到减少或消除这种行为的目的。我国公共部门人力资源的进入，虽部分通过公务员考试面向社会招考，但为数不多，更多的或凭学历，或凭政府安置，或凭借一定的人际关系和金钱进入公共部门，而没有完全凭借实力，能者进。人员一旦进入，只有谋求升迁的动力，无被辞退的压力，只要不犯大的错误，即可一业而终，平平稳稳干到退休，缺乏优胜劣汰的竞争机制，这种情形使得激励的手段（赏罚分明制度）打了许多的折扣，无法重罚，

也无法即赏即罚。

（四）激励机制中缺少竞争激励

（1）考核缺乏竞争。考核虽分为四个等次，实际除了个别优秀外，其余均为称职，如某机关1995年年终考核，有568名公务员参加考核，除了56名公务员为优秀外，其余512名公务员均为称职，基本称职和不称职两档形同虚设。由于没有考核等次比例的设置，致使考核不能引发竞争。

（2）薪酬激励没有竞争，薪酬多与级别有关，如工资基本固定形式，收入与努力无关，与组织目标完成情况无关，个人收益与投入之比并非呈正相关的关系。

（3）晋升激励中缺少竞争。我国的干部选拔方法在过去几十年中发挥过重要作用，但也存在缺乏公平竞争、择优、科学、具体、规范的弊端，干部选拔论资排辈，任人唯亲，求全责备、封闭化、神秘化的僵化制度长期存在，个人升迁与自己努力并非呈正相关关系，结果玩忽职守、无所作为、消极怠工等现象反复出现，行政组织的实际绩效降低。从根本上说，这不是某个人的过失和责任，而是激励机制缺乏竞争激励所致。

（五）激励机制中缺少培训激励

（1）法律法规不健全。1993年正式实施的《国家公务员暂行条例》中有关培训方面的规定仅有4条，《条例》只是对培训的原则、种类、机构作了纲领性的规定，2005年4月27日由中华人民共和国第十届全国人民代表大会常务委员会第十五次会议通过、2006年1月1日起施行的《中华人民共和国公务员法》，对培训管理机构、管理细则、经费来源等相关内容也缺乏相应的说明，公务员培训缺乏配套法规和统一规范的标准和要求，培训效果难以评估和衡量。其次，由于培训法规的缺失，培训政策制定以后，对具体的贯彻执行难以有效监督，培训的结果难以得到及时有效的信息反馈，导致培训容易流于形式。

（2）培训形式、方法单一，培训内容滞后。从培训机构看，目前全国大部分公务员培训任务是由地市级行政管理学院承担的，而我国地市以下行政管理学院多数是与当地党校合作承担的办学。从培训内容看，滞后。培训教材过多侧重对受训者的思想政治理论教育，缺少对公务员全面知识能力和技能的培训，对行政管理所需要的基本知识和岗位工作所要求的专业知识重视不够。从讲授方式看，不灵活。目前大多采用培训=课堂+教材+讲授，这种单向的、静止的、封闭的培训模式严重割裂了理论与实际、知识与能力的相互结合、相互促进。在教学方式上单一强调课堂灌输，集中听讲。特别是地市级公务员培训，除了简单的课堂教育外，很少有教室以外的考察、调研、参观等实践活动。

（3）培训的激励机制不完善。虽然《中华人民共和国公务员法》指明：参加培训是国家公务员的权利和义务，国家公务员培训期间的学习成绩和鉴定作为任职、定级和晋升职务的重要依据之一。但在实际操作过程中，特别是在公务员职务晋升过程中，由于缺乏得力的配套措施，上述规定并没有得到真正的落实，使得许多公务员参加培训学习的动力不足、积极性不高，往往都是被动地接受培训，是上级规定“要我学”而不是“我要学”，严重影响公务员培训的效果。

四、我国公共部门人力资源的激励机制存在问题的主要原因

（一）我国公共部门人员的身份保障

在我国公共部门中虽有合同聘用人员，但人数较少，大多数人员有任用身份上的保障。在这种模式下，实行的是人员管理和档案管理合一的方式，人才的使用权与所有权高度结合，市场化程度不高。人员一旦调入公共部门，就意味着人事关系的各个方面都要部门负责，只要他不犯什么重大错误，一般难以让他离开部门。尽管我国新颁布的《中华人民共和国公务员法》规定有辞退条款，实际很少应用。这种情形造成公共部门机构臃肿、冗员过多、效率低下，竞争激励的用人机制难以建立和运行。

（二）我国的公共部门层级节制

官僚组织的层级节制，使得公共部门人员在升迁、沟通、公文的传达上皆比一般企业缓慢、无效率许多，也因此产生了“天高皇帝远”“公门好修行”的心态，使得公共部门人员存在与组织、他人或自己疏离的情况，继而妨碍了激励手段的运用。

（三）法规限制

1993 年 8 月 14 日，国务院公布了《国家公务员暂行条例》，2006 年 1 月 1 日，我国才开始实施新的《中华人民共和国公务员法》，新公务法对暂行条例做了不少修改和完善，当然美中总有不足，在激励机制上它有太多的限制，各部门因此不能根据各自的实际需要及时调整激励对策，加上法规的适用期与修订时间较长，致使法规的激励条款不能满足公共部门人员的即时需要。这种现象使公共部门人员很不爽，因而会产生反激励效果。

（四）预算限制

公共部门预算有限，不仅受到中央与地方预算的限制，而且要受到财政部门的严格审核，因此无法起到即时有效的奖赏作用，同时也无法编列足够的预算在公共部门人力资源的教育训练上。

（五）领导者或管理者

从较微观的角度来说，我国公共部门激励机制的运行情况与领导者或管理者有相当大的关联。

（1）阻碍员工成长。领导者忧虑，一旦员工在分析能力、状况掌握、方案设计等能力不断成长之后，可能就是其跳槽的时机，抑或是构成自我威胁的危险分子，因而不愿提供给员工机会。殊不知这样一来，员工可能提早领略到组织的负面或消极文化，形成对组织的疏离感，或积极准备离职他去。

（2）感知员工不敏。如果领导者无法花时间来了解员工的习性、专长、偏好，并对其表示关怀照顾之意，倾听他们的需求及工作论述，则自然成为无法感知员工心声的领导。

（3）看轻员工价值。领导者如果对员工进行公开的批评，或予以不屑的态度来对待员工的工作论述、主张，均会损伤员工的自尊及自信，损害员工感觉受重视的需求，为组织带来损害。

（4）试图操控员工。组织员工各有其自主性，恐不喜欢感觉到行动是被动的，抑或是被设计运用的。领导者一旦显露操控的取向，与员工建立的信任关系恐会崩解，而信任一旦崩解，员工的参与心、投入情、互动欲、奉献感及责任感，就会失去。

（5）独享组织权力。组织的权力如果未能进行双赢与分享的创造性分配，致使领导者与员工无法相互影响，双方即会失去协调性，并阻碍员工工作的积极性。

（6）单独造就自己。领导者如果只为自己的生存立基，单独掌握组织资源的员工会自动减少自己的动能。此外，如果领导者自以为是，将会逐步失去领导的威信，而无法吸引员工的跟随。

当然在管理上如果有不公的情况，如升迁不公、奖惩不公或劳逸不均等，也都会造成公共部门人力资源激励机制运行情况不佳，这些都值得加以正视。

五、西方发达国家公共部门激励机制的经验借鉴

在激励机制的建设与完善过程中，西方国家曾经和我国一样面临类似的问题，但是经过多年的探索，西方国家总结出了很多经验，很值得我们借鉴。主要体现在薪酬激励、晋升激励、考核激励、培训激励、选拔任用机制等方面。

（一）薪酬激励

（1）用法律的形式将薪酬制度确定下来。大多数西方国家设立公共部门人员薪酬法对公共人员的报酬和提薪办法作出了具体规定，如英国的《吏制澄清法》、美国的《联邦文官法》、法国的《公务员总章程》、日本的《国家公务员法》等。有的还专门制定了工资法，个别国家还制定了单项法规和条例。

（2）坚持公共部门人员的薪酬内外公平原则。在外部公平上，法规规定公共部门的薪酬水平应当与部门外其他行业，尤其与私营企业中从事相似工作、相近职位、同等年龄、同等学历人员的工资水平进行比较，以稍高于从事类似工作、类似职位的社会平均水平，

来调整公共部门人员的工资水平，以保证外部公平，从而避免优秀人才流向其他行业。例如，英国 1955 年就提出：文官报酬制度的首要原则，是在与从事基本上类似工作的外部人员现时报酬数额相比较时，应当公平合理。1970 年，美国通过了《联邦工资比较法》，通过对私人企业相应人员工资的调查，找出联邦雇员与私人企业的工资差，从而确定联邦雇员综合工资表的合理调整率，以弥补公共部门人员工资与私营企业中同类人员的工资差距。德国也有相应的法规来保障公共部门薪酬的外部公平，为反映公共部门人员的岗位职责，德国提高公共部门的自身吸引力和对私营部门的薪酬竞争力，采取了公共部门人员高薪计划，社会公共部门人员的平均工资稍高于全社会就业人员平均水平，处于中等偏上水平。

在内部公平上，为了促进组织人员挖掘自身潜力，提升组织绩效，西方各国在薪酬的构成上大多有两部分，第一部分是基本工资，第二部分是各种加给和津贴。在美国，公共部门对于工作优秀的公职人员提供一定数量的奖金，数额由本部门首长视情给予，一般不超过公职人员一个月的标准工资额的 3%。在新西兰新的工资结构中增加了绩效工资，能否得到这部分报酬以及能获得多少都要依据其业绩表现而定。一般的模式是新任职者能拿到其基本工资的 95%，而后由绩效来决定其绩效工资，其最后报酬最大可达到其基本工资的 110%。此外，各国还各有一些特殊规定，如日本规定公共部门人员年龄在 58 岁以上者，一般不再提高工资；公共部门人员受到惩处的那一年不予提薪；因病休假超过 50 天以上者，不予提薪。除正常的提薪、升级外，各国公共部门对于具有突出贡献或考核成绩优秀者实行特殊加薪制度。波兰对表现突出的公共部门人员，经机关首长批准，可以在提高基本工资一级的同时，提高职务补贴一级；泰国规定，对工作表现卓越的公共部门人员可以连升两级工资，对奖励人数泰国作出了相应的规定，连升两级工资的人员不得超过各类公共部门人员总数的 25%；日本对做出特殊贡献的公共部门人员可以提前晋升工资，也可以越级增加工资，增资人数控制在各单位在编人数的 15%以内。一些国家对在进修中获得优异成绩受到表扬的，以及因公殉职者也予以特殊加薪。

（二）晋升激励

西方国家公共部门人员晋级的期限基本上是按任职年限划定的，结合任职年限的定期升级既可以鼓励公共部门人员积极上进，努力工作，又可通过增加在公共部门述职的潜在后续收益来增进公共部门人员队伍的稳定和团结。例如美国，它是典型的以功绩晋升制为公务员主要晋升制度的国家。美国从 1883 年起就实行了以功绩制为主的公务员制度，1978 年卡特政府推行一系列的改革文官制度计划，美国国会通过《文官制度改革法》，修订了功绩制的原则。功绩晋升制是以公务员实际工作成绩大小为晋升标准的制度。这种制度强调对公务员工作实绩的考察，有利于克服公务员晋升过程中仅按照服务年限的长短和资历的深浅而论资排辈的弊端，有利于把具有真才实学的公务员选拔上来，因而被广泛采用。传统的国外公务员较多实行品位分类，因此在晋升方面一般采用年资晋升制，但是在美国，随着现代社会朝着专业化方向发展，分工越来越细，职位分类制逐渐取代了品位制。在职务晋升方面采取考试晋升制、功绩晋升制、年资晋升制和越级晋升制四种晋升方式。尤其是越级晋升制，对成绩特别突出或能力特别强、贡献特别大的公务员，可以不受年限、学历等条件的限制，也不需要经过竞争考试，可以获得随时越级晋升的机会，这种晋升方式有利于那些学历低、工作年限短，但能力强、实绩大、贡献大的公务员脱颖而出。

（三）考核激励

1．考核次数

有些西方国家考核次数非常灵活，像德国，公务员考核的定期评估每 5 年进行一次，多数机构 2～3 年进行一次。为提高评估效率、避免流于形式，德国规定：在现有工资级别已参加定期评估人员，如果考核结果等预计不会有根本变化，由所在部门出函证明，不必参加本次评估，下一次定期考核照常进行、不得简化。年满 55 周岁或工资级别在 A16 级以上的（司长或任职时间较长的处长以上官员），原则上不进行定期考核。而在韩国，为保证考核的连续性和真实性规定每年考核两次。

2．考核内容

德国对公务员进行考核的内容包括工作成绩、专业能力和素质三项，结果记入个人档案。实行分级考核，各等级考核标准不同，具体由各部门的考核细则规定。各机构有很大的灵活性，可根据各自特点，添加考核要素。

3．考核结果的评定

在西方，很多国家的考核进行成本—收益的核算，重绩效评估，重工作效果。即对公务员和行政管理人才的工作能力和实际成绩进行比较准确的考评，以便为政府开出的价码提供重要的依据。在美国，几乎每个州都在实行绩效评估、全面质量管理，强调以顾客服务为目标取向，以公众的满意程度作为评估绩效的主要标准，从而形成一个重工作结果而不是工作过程的高效率、低费用的工作机制。

在德国，考核结果多采取打分制评定。充分考虑工作强度、难易程度，撰写评语、确定等次。考核结果分为优秀、良好、称职、基本称职、较差五个等次。同一工资级别中，优秀比例不超过 15%，良好不超过 35%。对整体工作水平进行评价，详细说明优缺点及今后使用建议，务必简洁明了、可比性强。例如，被考核人表现超过该等级的平均水平，专业知识、素质满足上一级职务要求，会对其领导才能进行评价，并注明选升的等待期限以及先后顺序。在韩国，政府引入以目标管理为基础的勤务成绩评定制度，即通过对公共部门人员工作政绩、能力水平、工作态度等几个方面进行测评来对公共部门人员的年度工作情况进行综合性的考核、评价，对其中的优秀者予以奖励、对后进者给予鞭策。按照不同的评分要求和评定比例，提出秀、优、良、可四个等次考核评定等级，比例掌握分别为秀

20%、优 40%、良 30%、可 10%。

4．考核结果的使用

（1）与增资晋档等实际利益息息相关。在德国考核合格的，每 2～4 年按期晋档，优秀人员可提前 1～2 年晋档，考核成绩很差的公务员，相应滞后 1～2 年调整工资档次。考核与工资制度挂钩，起到了较好的激励作用。

（2）考核与晋升相联系。许多国家以考核结果作为部门人员晋升级别、提拔任用的最基本依据。较为普遍性的规定是，对于考核成绩不合格，不能胜任本职工作者，当年不予提升。在韩国，对因有空缺公共部门人员需要晋升补缺的，则规定要考核其最近三年的政绩表现，各年度的政绩有不同的得分比例，最后计算总得分情况，决定是否晋升。三年中有可级档次的则不能晋升职务。为了最大限度地激励组织人员，通常规定年度考核合格者有机会获得职位提升，优秀者可以提前升级或越级提升。

（3）与培训培养、职位调动有机结合，是合理规划职业生涯、进行动态调整的依据。在德国，部门员工通过考核对自身能力、发展前景有一个客观、全面的认识，可针对自身不足，提出培训申请，绝大多数情况下会得到批准。考核也是公务员队伍动态调整的依据，领导职位实行全部门统筹安排，优秀人员可跨部门调动、升迁，而能力平平的被调动到不太重要的岗位任职，这对公务员终身制、无法解雇是个重要的平衡手段。

（四）培训激励

培训公务员，提高公务员的素质和能力，是提高政府机构管理能力和行政效率的重要途径之一。西方各国的公务员培训制度经过百年的发展完善，已形成了一整套比较完备的体系。建立了多层次、全方位的培训网络，培训形式多样，培训内容紧密结合部门工作实际。在培训的制度建设上，普遍具有较为完备的法律保障，公务员培训有法可依。将培训制度与激励制度挂钩，是西方国家公务员培训制度的一大特点。西方许多国家的公务员法都明确规定，公务员不参加培训就不能晋升职务，培训是职务晋升的一个重要条件，由此提升培训在国家公务员管理中的重要地位。许多国家将公务员培训以法律形式固定下来，明确规定接受培训是公务员的权利和义务，培训公务员是政府的职能，并制定配套的法规和政策，对培训的各个方面做出具体规定，如目标、原则、内容、方式、实践、培训，期间的待遇与任职升迁的关系，使培训工作有法可依、制度化、法制化。《法国公务员总章程》规定，公务员有接受培训的权利和义务。20 世纪 70 年代法国颁布的继续教育法令规定了文职官员培训的原则、权利和义务。1985 年，政府颁布了一项关于培训的法令，允许公务员自己选择参加为提高自身的培训。参加这种培训时，政府不但给予经济上的保证，而且在培训期间被培训者的晋升、退休均不受影响。在美国，所有在职培训，只要经上司批准，都由所在单位出资，个人无须承担任何费用。正是这些措施保证了公共部门人员培训工作

的顺利进行。

（五）选拔任用机制

西方国家的人员选拔、任用机制具有以下两个方面的特色。

（1）坚持公开、公平的人力资源任用机制。随着公务员系统的发展，西方各国考试择优的范围越来越广，如美国，近年来公务员录用时，一个职位从三个候选人扩大到七个候选人，在机会上开始注重对文官系统内的人与文官系统外的人同等对待，高级职位的人选各国已不局限于高级文官，绝大多数职位都向社会公开。为了保证选拔录用到一流的公务员，美国在选拔录用的资格和年龄上没有加以严格的规定，给不同年龄、不同条件的人提供平等的竞争机会。公务人员的录用和晋升除了考试外，主要根据本人的工作能力和实绩进行，排除政治因素和裙带关系的影响，确保公务人员的素质和能力，使其有动力去积累经验、增长才干，更好地为公共部门服务。

（2）文官常任制度发生变化。文官常任制度是现代西方公共部门人员制度的基础之一，其目的是为了保障公共部门人员的职业稳定。部门人员一经考试录用，只要无重大过失，不受免职处分可长期任用。但随着新公共管理理论的不断深入，文官常任制度开始松动。人们发现文官常任制度在促进文官队伍稳定性的同时，也压抑了创新，保护了低效，因此，一些西方国家近年来作出新的探索。例如新西兰，新体制下政府的执行主管任期为五年，并没有自动续补任期的权利，即使是那些成绩优异者也只能再任职三年或去申请其他公共部门的职位，如果年度的业绩评估令部长感到不满，部长有权中止合同的执行。新西兰所有政府高级职位都向公、私部门的申请者开放。在英国，以聘任的方式引入执行机构的执行长官及雇员，有的执行机构则开放民营。20 世纪 80 年代以来，英国已成立 100 多个执行机构，雇佣了 70%的公务员，政府还将把 90%的公务员转到执行机构。这些执行局由行政主管经营，实行经理负责制，政治领导与行政主管签订绩效合同，行政主管有权确定人力资源等其他方面的内部管理体制，执行机构的人员仍称文官，但其工作方式、工资待遇和个人收入都发生了变化。在德国，中初级公务员比例不断下降，正逐步由政府雇员代替。美国某些州甚至废除了文官制度，在绩效制的基础上雇佣新工人，其理念是让政府工作人员像私人雇员一样努力工作。

综合上文可以看到，与我国相比，西方国家对公共部门人员激励的方式引入了私营企业的激励思路，在薪酬激励机制方面，西方国家贯彻保障组织人员薪酬内、外部公平的思想，使组织内部人员在与外部人员相比的过程中能够获得社会平均薪酬水平的薪金，保障组织内部人员的稳定性，同时也引入了功绩制薪酬激励方式增进组织人员间的竞争性。晋升激励、培训激励与考核相协同，随着考核内容、指标、过程的逐步完善，发达国家对组织人员的晋升激励和培训激励的实践也上升到新的高度。

本章小结

本章主要介绍了几大激励理论，即内容型激励理论、阿尔德弗的ERG理论、赫茨伯格的双因素理论和麦克利兰的成就激励理论。随后，通过介绍我国的公共部门人力资源激励经历的起步、探索、完善三个阶段，提出在发展过程中产生的一些问题，并在本章第三节分析了这些问题。同时，在借鉴国外相关经验的基础上，还提出了我国公共部门人力资源激励机制设计的理念及措施。

思考与练习

（1）人性假设理论包括哪四种？并会怎样影响公共部门的管理方式？

（2）激励过程中的七个阶段分别是什么？

（3）ERG理论的主要内容是什么？对公共部门人力资源管理有何意义？

（4）双因素理论的主要内容是什么？对公共部门人力资源管理有何意义？

（5）成就激励理论的主要内容是什么？对公共部门人力资源管理有何意义？

（6）公平理论的主要内容是什么？对公共部门人力资源管理有何意义？

（7）每种类型的激励理论的主要内容是什么？其实践指导意义是什么？

（8）公共部门人力资源管理为什么要重视激励理论？公共部门人力资源激励机制经历了几个发展阶段？有什么问题？

（9）国外哪些公共部门人力资源激励机制经验可以供我国借鉴？

HR测评8-1

职业满意度测试

测试说明：

要选择一种适合自己的职业，有许多因素的限制。这里我们所能做到的是，确认你对你目前的职业是否满意。以下每题的三个答案都有确定的分值，请你回答完以后合计总分值，然后对照结果。

测试题目：

1. 你工作时看表吗？

A. 不断的看（1分）

B. 不忙的时候看（3 分）

C. 不看（5 分）

2. 到了星期一早晨：

A. 你愿意回到单位去（5 分）

B. 你渴望摔伤腿而住进医院（1 分）

C. 开始觉得勉强，过一会儿就想回到单位去上班（3 分）

3. 一天快结束时，你感觉如何?

A. 疲惫不堪，全身不舒服（3 分）

B. 为能维持生活而感到高兴（1 分）

C. 有时感到累，但通常很满足（5 分）

4. 对自己的工作忧虑吗?

A. 偶尔（5 分）

B. 从来没有（3 分）

C. 经常（1 分）

5. 你认为你的工作：

A. 对你来说是大材小用（1 分）

B. 使你很难胜任（3 分）

C. 从没想过要做这份工作（5 分）

6. 你对自己的工作：

A. 不讨厌（5 分）

B. 感兴趣，但有困难（3 分）

C. 厌烦（1 分）

7. 你用多少时间打电话或做些与工作无关的事?

A. 很少一点时间（5 分）

B. 在个人生活遇到麻烦时用一些（3 分）

C. 很多时间（1 分）

8. 你想换个职业吗?

A. 不太想（5 分）

B. 不想，但想在本职业中找个好位置（3 分）

C. 想（1 分）

9. 你觉得：

A. 你总是很有能力（5 分）

B. 你有时很有才能（3 分）

C. 你总是没有能力（1 分）

10. 你认为你自己：
A. 喜欢并尊重同事（5分）
B. 不喜欢同事（3分）
C. 和你的同事比差不多（1分）
11. 哪种情况同你最相符?
A. 不想再钻研有关工作的知识（1分）
B. 开始工作时很喜欢学习（3分）
C. 愿再学点有关工作的知识（5分）
12. 你具有哪些个性特点?你认为工作需要什么?
（两问每重叠一项计5分，不重叠计2分）
A. 专心 B. 幽默 C. 体力好 D. 思维敏捷 E. 好创新
F. 镇定 G. 记忆力好 H. 有魅力
13. 你最赞成以下哪种说法?
A. 工作即赚钱谋生（1分）
B. 主要为赚钱，如有条件希望能做令人满意的工作（3分）
C. 工作即生活（5分）
14. 工作加班吗?
A. 如果付加班费，就加班（3分）
B. 从不加班（1分）
C. 经常加班，没有加班费也如此（5分）
15. 除假日或病假，你是否缺勤?
A. 一点儿也没有（5分）
B. 仅仅几天（3分）
C. 经常缺（1分）
16. 你对自己的工作：
A. 劲头十足（5分）
B. 没有劲头（1分）
C. 一般化（3分）
17. 你认为你的同事们：
A. 喜欢你（5分）
B. 不喜欢你（1分）
C. 一般化（3分）
18. 关于工作上的事，你：
A. 只与同事谈论（3分）

B. 同家里人和朋友谈（5分）

C. 尽量少谈或不谈（1分）

19. 你经常患小病或说不清的病吗?

A. 难得患一次（5分）

B. 不经常患（3分）

C. 经常患（1分）

20. 目前的工作你是怎样选择的?

A. 父母或老师帮忙决定的（3分）

B. 你唯一能找到的（1分）

C. 当时觉得很合适（5分）

21. 当家庭与工作矛盾时，哪方取胜?

A. 家庭一方（1分）

B. 工作一方（5分）

C. 根据具体情况而定（3分）

22. 如果少付1/3工资，你还愿做这份工作吗?

A. 愿意（5分）

B. 内心愿意，但负担不了家庭，只好作罢（3分）

C. 不愿意（1分）

23. 如果你被迫离开工作，你最想念什么?

A. 钱（1分）

B. 工作本身（5分）

C. 工作单位（3分）

24. 你会为了消遣一天而请一天事假吗?

A. 会（1分）

B. 不会（5分）

C. 如果工作不忙，可能会（3分）

25. 你觉得自己在工作中不受赏识吗?

A. 偶尔觉得（3分）

B. 经常觉得（1分）

C. 很少觉得（5分）

26. 你最不喜欢你职业的哪方面?

A. 时间太死板（3分）

B. 乏味（1分）

C. 不能按自己的想法做（5分）

27. 你爱人认为你把个人生活与工作分开吗?

A. 严格分开(1分)

B. 时常分开,但也有不分开之处(3分)

C. 完全没分开(5分)

28. 你建议自己的孩子将来做你的职业吗?

A. 是的,如果他有能力并且合适(5分)

B. 警告他不要做(1分)

C. 随孩子的便(3分)

29. 如果你有了一大笔钱,你会怎样?

A. 辞职,再也不干工作了(1分)

B. 找一个你一直想找的职业(3分)

C. 继续做现在的工作(5分)

测试结果倾向:

30~40 分:极不满意自己的职业。毫无疑问,没有必要再干下去。如果你还年轻,应立即鼓足勇气去寻找令你满意的工作。

41~56 分:不满意自己的职业。有可能你选错了职业,也有可能自己估计太高,因而产生失落感,工作的热情总是调动不起来。

57~99 分:比较满意自己的职业。觉得工作环境挺好,同事也不错,有被提拔的机会,但你不一定喜欢艰苦的领导职务。

100~124 分:非常满意自己的职业。工作对你十分重要,对工作有高度的责任感。你是工作中的成功者和愉快者。

125 分以上:你的职业已使你产生了变态心理。工作成了一切生活的需要,除此之外,你认为世界上任何事物都不复存在了。要警惕!

案例学习

长河医院未来发展的难题

长河医院是一所三级甲等医院,开放床位 1 000 张,拥有先进的大型仪器、设备 100 多台,条件在省内名列前茅。随着改革开放的深入和计划经济向市场经济的转轨,医院也逐步被推上了自主经营、自负盈亏的道路。面对日趋激烈的竞争市场,该医院虽然以其强大的医疗技术优势取得了较好的效益,但是最近发生的一些事情却令一把手徐院长感到了一丝隐忧。

上周五,血液内科新上任的于主任找到徐院长,诉说科内的全院重点项目——骨髓移

植很难进行，主要原因是患者没有那么多的钱（一次治疗需约十多万元），而且治疗效果并未达到预期目标，已做的三例患者有两例复发。这使徐院长感到十分意外，因为血液科的老主任刚刚退休，去年由他亲自倡导的这项技术是被作为国内先进技术引进的，设备花费一百多万元。当时从北京邀请专家来开展此项技术，引起了省内同行的关注，取得了巨大的社会效益，三例患者成功治疗已上报科研技术奖。今年本打算借新主任上任的工作热情，迅速开展此项目，使之变成血液科的支柱项目，并成为医院的一块金字招牌。怎么几天工夫情况就发生了如此大的变化？

根据于主任的介绍，这个项目由于治疗效果不稳定，目前在国际上已属被淘汰项目，原先引进时所说的十年不落后恐怕言过其实。想改用目前新方法，这一百多万元的设备就要闲置，而且要花 80 万元重新引进新设备，所以血液内科今年完不成年初既定利润目标。

昨天，主管业务的李副院长找到徐院长汇报说，神经内科刘主任反映他们科的骨干主治医生王大夫已从日本学成回来。留日期间，王大夫主要钻研了现在国际上比较先进的溶栓治疗技术，准备在近期内开展一系列的项目，以代替现有的药物治疗方法，从根本上提高医疗效果。而长河医院现有的数字减影机不能满足这种用超细导管的新技术。所以希望医院考虑购买一套高效的系统，估计约需 1 000 万元；而且这套系统的应用十分广泛，心内科、心外科、消化科等目前陆续引进的新技术也需要此系统；若能充分利用，其社会效益与经济效益都将十分可观。但是这 1 000 万元可不是个小数目，医院每年用于购买设备的专款不过 100 万元。又由于有了前几天的事情，徐院长心里更感沉重，简直不知道怎么办才好。怎么现在培养人才、引进项目都要与这些大型高精尖设备配套呢？怎么发展技术、创造实力就必须依赖这些设备？难道在医疗卫生事业上只是经济的发展就必须改变以往以人为主，而变成人机并用吗？他把前几天发生的事情反馈给李副院长，李副院长听罢道出了心中的几点看法。他认为医院目前存在以下几个问题：一是技术力量不够强，真正在省内、国内叫得响的专家太少。近几年，医院将工作重心放在提高医疗技术水平上，选送了很多骨干人才到国内外知名大医院进修。但学成归来后，大部分都没有轰轰烈烈搞起来，没有形成较高的知名度，以致一些疑难重症患者，宁肯多花钱也要到北京、上海看。二是人才培养机制有问题。近几年，经过全员综合考核分化出重点科室、重点课题，确定重点人才，定向输送培养。有的直接送到美国、日本、德国等协作医院研修。但陆续有学成归来的情况却不尽如人意：有的说设备不精，无法跟国内外大医院相比，技术开展不了；有的说没有适应症患者但又不去寻找，只坐等患者上门；有的还有人为的矛盾。这些都造成了投入不少、产出不多的现状，但也反映出人才培养的方向、方式、方法存在问题。

徐院长也深有同感。还没等他想出办法，外科系又出事了。泌尿外科的医生们正在闹情绪，普遍反映肾移植手术太累：因为肾移植手术首先需要医生带着必要器械去现场取肾。然后经过一系列处理，以最快速度送回到手术室，再为患者换肾。这一番折腾，实在是比站在手术台边上更累10倍。而北京医院做此类手术，科内每例提成20%的治疗费，长河医院却没有报酬费。徐院长听罢，又紧皱了眉头，心想：院里从五年前开始派人去北京专科学习，肾移植病房的全体医生、护士十多人已轮流学习一遍，花费巨大不说，前年、去年干劲十足，找病源、找肾源，社会效益与经济效益都十分显著，在本地区乃至全省都小有名气，怎么今年就变成这样了呢？看来市场经济搞活了人们的头脑，政策制度跟不上形势了。

迫于无奈，徐院长提前召开了院技术委员会议，各副院长、全院主要职能科室领导、全院的重点科室科主任及一些知名专家参加了会议。会上，徐院长将近一段时间医院发生的事情及暴露出的深层次管理问题向大家做了介绍；同时他还指出，这些看似人才、资源不合理配置的问题，实则是关系到我院发展潜力之大事，希望大家献计献策，共谋医院发展大计。

（资料来源：陈天祥. 公共部门人力资源管理及案例教程[M]. 北京：中国人民大学出版社，2011.）

思考题：

1. 如果你是院长，你将怎样解决现有大型设备与人员不能配套的问题？
2. 现已培养的人才应怎样充分利用？
3. 怎样改革目前人才培养机制中的问题？

第九章 公共部门人力资源职业生涯管理

本章关键词

- 职业生涯（Career Management）
- 职业生涯周期（Career Cycle）
- 职业生涯发展途径（Development Approach of The Career）

本章目标

- 了解影响员工职业生涯规划的因素有哪些
- 熟悉员工职业生涯规划的制定步骤
- 了解职业生涯开发和管理中多方主体的职责

互联网资料

- http://www.nsa.gov.cn
- http://www.gwypx.com.cn
- http://io.bjtuhbxy.cn

第一节　公共部门人力资源职业生涯管理概述

一项社会统计调查显示，公职人员在回答“对将来的期望”时，大部分的回答是“在目前的职位上得到进一步提升”。那职位提升有什么好处呢？在解答这一问题之前，我们有必要先了解一下职位是什么？职业生涯又是什么？以及公共部门为什么要进行人力资源职业生涯管理工作？

一、职业生涯管理的相关概念

（一）职业

职业（career）一般是指人们在社会生活中所从事的以获得物质报酬作为自己主要生活来源并能满足自己精神需求的、在社会分工中具有专门技能的工作。它是人类文明进步、经济发展以及社会劳动分工的结果。同时，职业也是社会与个人或组织与个体的结合点。通过这个结合点的动态相关形成了人类社会共同生活的基本结构。也就是说，个人是职业的主体，但个人的职业活动又必须在一定的组织中进行。组织的目标靠个体通过职业活动来实现，个体则通过职业活动对组织的存在和发展做出贡献。因此，职业活动对员工个人和组织都具有重要的意义。

从个人的角度讲，职业活动几乎贯穿于人一生的全过程。人们在生命的早期阶段接受教育与培训，为的是为职业做准备。从青年时期进入职业世界到老年退离工作岗位，职业生涯长达几十年，即使退休以后仍然与职业活动有着密切的联系。职业不仅是谋生的手段，也是个人存在意义和价值的证明。选择一个合适的职业，度过一个成功的职业生涯，是每一个人的追求和向往。对于组织来说，不同的工作岗位要求具有不同能力、素质的人担任，把合适的人放在合适的位置上，是人力资源管理的重要职责。只有使员工选择了适合自己的职业并获得职业上的成功，真正做到人尽其才、才尽其用，组织才能兴旺发达。组织能不能赢得员工的献身精神，能不能充分调动员工的积极性，一个关键因素在于其能不能为自己的员工创造条件，使他们有机会获得一个有成就感和自我实现感的职业。

（二）职业生涯

目前，学术界对于职业生涯的概念还并没有一个统一的观点，各国的学者对于职业生涯的含义也分别从不同的角度尝试着进行了界定。从整体来看，对于职业生涯的定义呈现出狭义和广义两种趋势。

狭义定义的代表观点主要有：

斯塔特在 1952 年发表了他对于职业生涯的界定。他认为：“职业生涯是指一个人工作生活中所经历的职位、工作、职业的关联顺序”。

McFarland 则提出：“职业生涯是指一个人依据理想的长期目标，所形成的一系列工作选择以及相关的教育及训练活动，是有计划的职业发展历程”。

格林豪斯提出他所认为的职业生涯的定义，他认为职业生涯是“贯穿于个人整个生命周期的、与工作相关的经历的组合”。

我国的著名学者龙立荣在他所发表的一篇题目为《职业生涯管理的结构及其关系探究》的文中，将职业生涯定义为“一个人终身经历的所有职位的整体经历”。

广义定义的代表观点主要有：

D.E.Super 在 1957 年，经过研究提出了一个观点，即“职业生涯是指一个人终生经历的所有职位的整体经历。”1976 年他又指出：“职业生涯是整合了人一生中的各种职业和生活角色，它也是人自青春期直到退休之后一连串职位的总和，其中甚至还包括了家庭、公民和参与副业的角色”。

Webster 在其研究中提出他对于职业生涯的认识，他认为“职业生涯是一个人一生中包括职业、社会与人际关系的总称，也可以说是个人终生发展历程。”

由上述的一些定义可以看出，狭义、广义的职业生涯定义的区别主要体现在两个范畴上，即时间范畴和内容范畴。首先在时间范畴上，狭义的概念是定位于从“踏入职场到退出职场”这一时间段；而广义的概念则是拓展到了整个人生周期。其次在内容范畴上，狭义的概念是定位在外职业生涯上，即指职业生涯的有形层面，经工作直到退休这一阶段的职业经历，通常表现为个人所经历的各种工作岗位或职务的串联；而广义的概念则指明职业生涯的内容不仅包括外职业生涯，还包括内职业生涯，也就是指职业生涯的无形层面，即个人对职业追求的一种主观愿望，是劳动者力图将自己的职业生活与他们作为一个人的其他生活范畴或者生活需要，如家庭生活以及个人休闲需求等之间尽可能取得均衡的一个过程。

外职业生涯是相对组织而言的，是指劳动者由接受教育开始，经工作、直至退休的职业经历。它是职业生涯的有形层面，包括职业的各个阶段以及其中所显示的地位阶梯。外职位生涯通常表现为公共部门或其他部门中所要的各种工作岗位和职务以及劳动市场所能提供的工作岗位。外职业生涯不因一个人在组织中担任某一职务开始，离开该组织而终，它是一个人一生中所占据的一连串不同职位而构成的一个连续的终身的过程。换言之，它是从一个首次参加工作开始的依次从事的所有工作活动与经历，按年顺序串接组成的全过程。

内职业生涯是指外职业生涯的主观层面，也可以视为是无形层面。它是个人对职业追求的一种主观愿望，是劳动者力图将工作与他们的其他需要、家庭义务、社会义务以及个人闲暇之间取得均衡的过程。显然，内职业生涯是由个人的能力、兴趣、气质、价值观以及对家庭义务、休闲需求等多种因素决定的。

通过参考国内外学者对职业生涯的界定，我们提出本书中职业生涯的概念，从时间范畴上参考狭义的职业生涯定义，定位在从“进入职场到退出职场”这一时间段；从内容范畴上参考广义的职业生涯定义，涵盖外职业生涯与内职业生涯两方面。最终将职业生涯定义为：一个人在其一生中所从事过的所有工作或是职位串联起来组成的整体历程，另外还包括与工作相关的行为、态度、活动以及价值观。

（三）职业生涯规划

1．职业生涯规划的基本内涵

职业生涯规划也叫职业生涯设计，其包括个人职业生涯规划和组织职业生涯规划两方面。个人职业生涯规划是指个人根据对自身的主观因素和客观因素的分析，确立自己的职业生涯发展目标，选择实现这一目标的职业，以及制订相应的工作、培训和教育计划，并按照一定的时间安排，采取必要的行动实现职业生涯目标的过程。组织职业生涯规划是指组织根据自身的发展目标并结合成员的发展需求，制定组织职业需求战略、职业变动规划和职业通道，并采取需要的措施加以实施，以实现组织目标与组织成员职业发展目标相统一的过程。

个人职业生涯规划和组织职业生涯规划二者之间既有联系又有区别，无论对个人和组织来讲，都需要二者的统一，这样组织才有可能发展，个人的职业生涯规划才有可能实现。因此，职业生涯规划是指组织或者个人把个人发展和组织发展相结合，对决定个人职业生涯的主观因素、组织因素和社会因素等进行分析、总结和测定，确定个人的事业奋斗目标，并选择实现这一事业目标的职业，制订相应的工作、教育和培训的行动计划，对每一步骤的时间、顺序和方向做出战略设想和合理安排，组织提供相应的职业通道，以实现个人和组织共同发展的过程。

2．职业生涯规划的影响因素

（1）组织人员的个性特征。组织人员的自身个性特征是影响职业生涯规划的核心因素，个性特征包括需求、兴趣、动机、理想、价值观、信念、气质和性格等。由于每个人个性特征的差异，对于不同职业的评价和价值取向也不同，从而影响到对职业生涯的规划。价值观的不同也会影响到对职业生涯的规划，例如有的人注重社会价值，有的人注重经济价值等，从而会做出不同的职业生涯抉择。

（2）家庭背景。家庭对于人的影响作用是毋庸置疑的。家庭观念长期潜移默化的作用，会使人形成特定的价值观和行为模式。家庭成员的职业观念和职业结构等会影响到人的职业价值观和职业兴趣，从而影响到一个人的职业理想和职业生涯的规划。家庭的经济状况和社会地位也会影响到人的职业生涯规划，因为它可以提供不同的择业环境和工作条件。

（3）受教育程度及能力。教育是赋予个人才能、塑造个人人格、促进个人发展的一种

社会活动，它影响一个人的素质和能力的高低，从而影响人的职业生涯规划。受教育程度的不同，使个人的职业价值观、职业能力和知识结构等存在较大的差异，在职业选择和规划上就会体现出这种差异。例如，受教育的专业和种类不同，会影响到职业类别的选择，受教育程度的不同，会影响到思维模式和能力程度，从而决定着职业生涯的发展。

（4）组织因素。个人的职业生涯是在一系列特定组织中度过的，组织给人的感受以及对职业具体内容的认识，往往会影响到个人的职业行为和未来的职业发展道路。例如，公共部门所提供的职位是决定个人在组织中自我规划的重要因素，如果公共部门不适合个人职业规划的发展，则会影响到个人职业规划的选择。组织对成员所提供的培训、组织文化和岗位设计等都会对职业生涯规划产生直接的影响。

（5）社会环境。人是生活在社会中的，无不受到社会环境的影响。社会职业需求、职业声望、社会的人际关系、社会制度和经济发展状况等都会影响人们对职业的认定和职业生涯规划的调整。例如，职业需求越多，职业声望越高，人们就越倾向于对该类职业生涯进行发展规划。社会经济发展状况也会影响到个人对未来发展的预期，进而影响到职业生涯的规划。

3．职业生涯规划的基本原则

（1）系统性原则。系统性原则就是将职业生涯发展的整个历程进行系统考虑，同时将职业生涯规划的实施作为一个系统工程进行。

（2）清晰性原则。其是指规划的目标和措施等一定要清晰、明确，能够把它们转化成为一个个可以付诸实施的行动，人生各阶段的职业线路划分与安排一定要具体、可行。

（3）发展性原则。其是指在制定职业生涯规划的具体实施措施时，要充分考虑内外部环境变化等因素，要从长计议，使职业生涯规划具有一定弹性，并可根据环境变化调整。

（4）差异性原则。其是指在制定职业生涯规划时，要充分考虑组织、个体环境的差异性，使职业生涯规划更具有个体性和针对性，与组织、自身和环境各方面更加适应。

（5）可行性原则。其是指职业生涯规划要从实际出发，要根据个人特点、组织发展需要和社会发展需要来制定，选择切实可行的目标，不能有不着边际的梦想。

（6）激励性原则。其是指职业生涯规划要在可行性的基础上具有一定挑战性，对自己具有一定的内在激励作用，完成规划要付出一定努力，成功之后能有较大成就感。

（7）统一性原则。其是指职业生涯规划的个人目标和组织目标、长远目标和近期目标、总目标和分目标以及目标和措施之间要一致。

（8）可评估性原则。其是指职业生涯规划的制定应有明确的时间表和评价标准，以便进行检查和评估，使自己随时掌握职业生涯规划的执行状况，从而为修订或改进职业生涯规划提供可靠依据。

（四）职业生涯管理

职业生涯管理最早是源于对职业的指导，它是在第二次工业革命后，经济、科技迅速发展过程中为解决各种社会矛盾的产物。首先，我们必须对职业和职业生涯的内涵有所了解。

1．职业生涯管理概念的界定

对于职业生涯管理这一概念，美国组织行为专家道格拉斯·霍尔提出自己对于这一概念的认识，他认为职业生涯管理是指一个人在一生的工作经历中，对于其所从事工作或是所担任的职位进行的一系列的管理和规划活动。

学者田大洲则指出，“职业生涯管理应看作组织帮助员工制定职业生涯规划和帮助其职业生涯发展的一系列活动，借以极力满足员工、管理者、组织三者需要的一个动态过程”。

杜映梅在《职业生涯规划》中指出“职业生涯管理是组织开展和提供的用于帮助和促进组织内正从事某类职业活动的员工实现其职业发展目标的行为过程，包括职业生涯设计、规划、开发、评估、反馈和修正等一系列综合性的活动与过程”。

整理了一些学者对职业生涯管理概念的界定，我们发现对其内涵的阐述有两个方面的重要内容。

（1）职业生涯管理主体。职业生涯应该是从个人和组织两个不同的角度来进行的，这两方面的工作则是相互不可替代的。从个人的角度来看，职业生涯管理是一个人对自己所要从事的职业、在职业发展上要达到的高度等做出规划和设计，并为实现自己的职业目标而积累知识、开发技能的一系列活动。从组织的角度来看，对员工的职业生涯管理集中表现为帮助员工制定职业生涯规划、建立各种适合员工发展的职业通路，针对员工职业发展的需求进行开发活动、给予员工必要的职业指导、促使员工职业生涯的成功并最终实现组织发展目标。

（2）职业生涯管理的内容。职业生涯管理内容涉及面广，并贯穿于员工在组织中的整个工作经历，这就决定了职业生涯管理是一个包含众多内容的动态管理过程。

结合上述两点对职业生涯管理内涵界定的重要内容，在本书中我们将研究的重点定位在从组织的角度研究职业生涯管理活动。由此最终将本书中职业生涯管理的内涵界定为：职业生涯管理是组织实施的一种帮助和促进组织内员工实现其职业发展目标的过程，包括职业生涯设计、规划、开发、评估、反馈和修正等一系列综合性的活动和过程。

2．职业生涯管理的特点

职业生涯管理的特点主要有以下几个方面。

（1）职业生涯管理是组织与个人双方的责任。组织和个人都必须承担一定的责任，双方共同完成对职业生涯的管理。从个人角度看，个人职业生涯规划必须由个人决定，要结合自己的性格、兴趣和特长进行设计。而组织在进行职业生涯管理时，所考虑的因素主要是组织的整体目标，以及所有组织成员的整体职业生涯管理，其目的在于通过对所有成员的职业生涯管理，充分发挥组织成员的集体潜力和效能最终实现组织发展目标。

（2）职业生涯信息在职业生涯管理中具有重要意义。组织必须具备完善的信息管理系统，只有做好信息管理工作才可能有效地进行职业生涯管理。在职业生涯管理中，个人需

要了解和掌握有关组织各方面的信息，组织也需要全面掌握组织成员的情况。职业生涯信息总是处于变动过程之中。组织的发展在变，管理重点在变，人力需求在变，成员的能力在变，成员的需求在变，成员的生涯目标也在变，这就要求必须对管理信息进行不断的维护和更新，才能保证信息的有效性。

（3）职业生涯管理是一种动态管理，它贯穿于职业生涯管理的全过程和组织发展的全过程。每一个组织成员在职业生涯的不同阶段及组织发展的不同阶段，其发展特征、发展任务以及应注意的问题都是不相同的。每一阶段都有各自的特点，各自的目标和各自的发展重点，所以对每一个发展阶段的管理也应有所不同。由于决定职业生涯的主客观条件的变化，组织成员的职业生涯规划和发展也会发生相应变化，职业生涯管理的侧重点也应有所不同，以适应情况的变化。

二、公共部门人力资源职业生涯管理

（一）公共部门人力资源职业生涯管理内涵

由于现在学界对于公务员职业生涯管理相关问题的研究成果还不是很多，所以还并没有给公务员职业生涯管理界定一个概念，我们结合职业生涯管理的一般概念以及公职人员这一职业自身具备的特性，将本书中的公共部门人力资源职业生涯管理定义为：公共组织对于公共部门人力资源职业生涯所实施的一种管理活动，其内容包括职业生涯设计、职业规划、培训与开发、评估职业发展，职业发展效果反馈以及修正职业规划设计等几项，以期最终达到个人与组织共同发展的一种综合性管理活动。

（二）公共部门人力资源职业生涯管理意义

将职业生涯管理的理念引入公共部门人力资源系统，是一种全新的公共部门人力资源管理观念思维的结果，是区别于以往的人事管理的创新。传统的管理学总是将个人与组织对立起来，从中延伸出两种比较极端的认识，使得人事行政管理也陷入某些误区中，歪曲了个人和组织间的和谐发展，限制了管理的效率和资源的使用效率。将职业生涯管理引入公共部门人力资源体系，有利于改变人事行政中个人与组织对立的旧观念，协调个人与组织的关系，实现和充分发挥公共部门人力资源个人成就与价值，让公共组织顺利实现自己的发展目标。因此，公共部门人力资源职业生涯管理对于培养造就公共部门人力资源队伍，完善公共部门人力资源管理具有重要意义。

（1）公共部门人力资源职业生涯管理是公共组织资源合理配置的首要问题。人力资源是一种可以不断开发并不断增值的增量资源，因为通过人力资源的开发能不断更新人的知识、技能，提高人的创造力，从而使无生命的“物”的资源充分尽其所用，特别是随着知识经济时代的到来，知识已成为社会的主体，而掌握和创造这些知识的就是“人”，因此组织更应注重人的智慧、技艺、能力的提高与全面发展。因此，加强公共部门人力资源职业生涯管理，使人尽其才、才尽其用，是公共组织资源合理配置的首要问题。如果离开人的合理配置，公共组织资源的合理配置就是一句空话。

（2）公共部门人力资源职业生涯管理能充分调动人的内在的积极性，更好地实现公共组织自身各项目标。公共部门人力资源职业生涯管理的目的就是帮助公共部门人力资源个人提高在各个需要层次的满足度，使人的需要满足度从金字塔型向梯形过渡最终接近矩形，既使公共部门人力资源的低层次物质需要逐步提高，又使他们的自我实现等精神方面的高级需要的满足度逐步提高。因此，公共部门人力资源职业生涯管理不仅符合人生发展的需要，而且也立足人的高级需要，即立足于友爱、尊重、自我实现的需要，真正了解公共部门人力资源在个人发展上想要什么，协助其制定规划，帮助其实现职业生涯目标。这样就必然会激起公共部门人力资源强烈地为组织服务的精神力量，进而形成公共组织发展的巨大推动力，更好地实现组织目标。

（3）公共部门人力资源职业生涯管理是树立良好公共组织形象的组织保证。任何成功的组织，其成功的根本原因是拥有高素质的领导者和高素质的雇员。人的才能和潜力能得到充分发挥，人力资源不会虚耗、浪费，组织的生存成长就有了取之不尽，用之不竭的源泉。只有这样，才能形成良好的组织框架，实施良性的管理，取得傲人的业绩，树立良好的形象。发达国家的主要资本不是有形的工厂、设备，而是他们所积累的经验、知识和训练有素的人力资源。通过公共部门人力资源职业生涯等管理，努力提供公共部门人力资源施展才能的舞台，充分体现公共部门人力资源个人的自我价值，提高公共部门人力资源素质建设服务型公共组织，树立服务型公共组织形象的组织保证。

（三）公共部门人力资源职业生涯管理的特点

与企业的人力资源职业生涯管理相比，公共部门人力资源职业生涯管理有其自己的特点。

（1）公共组织难以通过组织机构的变革为公共部门人力资源提供发展机会。公共部门是一个横向部门分化，纵向层级节制的庞大组织体系，而这样一个体系又是按照完整统一的组织原则建立起来的，它意味着组织必须目标统一、领导指挥统一和机构设置统一。因此，公共组织很难通过对组织结构的改变为公共部门人力资源提供相对富余的发展机会。

（2）人员流动受限。在公共部门中，受户籍管理制度、人事管理制度、社会保险等身份体系管理制度的约束，人才流动受到限制，很难像企业般在类似的总公司与分公司之间、分公司之间进行普遍的人员交流和配置，因此，公共组织在职业生涯发展通道的拓展上手段不多。

（3）绩效考核的操作标准难以设定。绩效评估指标的设计是否科学合理，直接关系到评估的准确性和有效性。公共组织是具有社会公共服务性的组织，其中公共部门人力资源

绩效的体现对公共组织群体和社会整体具有很强的依存性，且反映周期长而不显著，测算较为困难。

（4）公共部门人力资源队伍的稳定性较高。一方面，公共部门人力资源的任职时间高于其他组织的平均水平，主要是出于一些传统的因素，如较为广泛的福利体系和保障。另一方面，我国公共部门的职位与企业相较而言稳定性较高，机关单位不能随意裁减公职人员，公职人员也不怕会随时丢掉手中的“铁饭碗”，普遍存在一种追求平稳的心态。因此，无论从公共组织的角度还是从公共部门人力资源个人角度来说，职业生涯管理的实施至少从表面上显得不如企业那样迫切。

第二节　公共部门人力资源职业生涯管理的理论依据

公共部门人力资源职业生涯管理就是组织通过设定一定的目标，采取一定的措施，使公职人员的个人目标和组织目标相一致，从而实现共同目标的过程。是对公职人员的职业发展过程所进行的一系列计划、组织、领导和控制活动，以实现组织目标和个人发展的有效结合。公职人员是一个相对特殊的职业人群，这一职业中与公职人员个人相对的组织是政府机关、事业单位及公共企业等，其中，国家人事管理机构主要负责“完善国家公共部门人力资源制度，拟定国家公共部门人力资源各项管理的政策法规，指导和协调各地方、各部门实施国家公共部门人力资源制度”。

公共部门人力资源职业生涯管理理论主要由公共部门人力资源个人职业生涯管理和公共组织对公职人员职业生涯管理两方面构成。公共部门人力资源个人职业生涯管理理论的内容主要有：自我评估；分析判断；确定自我发展目标；制订具体的发展计划；实施发展计划。公共组织对公共部门人力资源职业生涯管理理论的内容主要是对公共部门人力资源的职业发展进行引导，为公共部门人力资源提供职业发展机会，帮助其实现目的，具体有：根据已定的发展目标帮助公共部门人力资源制订职业发展计划；为公共部门人力资源提供职业培训；确定不同职业生涯时期的职业发展任务；指导公共部门人力资源进行自我职业管理；为公共部门人力资源职业发展开辟多重通道，如此等等。本书的公共部门人力资源职业生涯管理主要论述组织对公共部门人力资源的职业生涯管理。

一、职业生涯理论概述

职业生涯的发展理论主要是指个体职业生涯发展的阶段性理论。人在不同的职业发展阶段中，对职业的需要以及追求发展的方向和采取的行为方式存在着较大的差异。只有充分认识到人在职业生涯发展的各个不同阶段中的心理特征，才能更好地做好职业生涯规划和管理。

金兹伯格是职业发展理论的先驱。1949 年，金兹伯格及其同事首次提出了他们的职业选择理论的要点。1951 年，其专著《职业选择》问世，在这本书中，他们提出了职业选择理论的基本观点：职业选择是一个发展过程，它不是一个单一的决定，而是一个人在一段时间里做出的一系列决定。这个职业选择过程大部分是不可逆转的。这个过程以一种折衷的方式结束。金兹伯格把人的职业选择心理的发展，分为三个主要时期：幻想期（n 岁以前）、尝试期（11～18 岁）、现实期（18 岁以后），揭示了个体早期职业心理或职业心理意识发展对人职业选择行为的影响作用。

美国著名的职业心理学家萨柏从人的终生发展角度出发，经过二十多年的大量实验研究，提出了一套完整的职业发展阶段模式。他把人的职业发展划分为五个大的阶段：成长阶段（0～14 岁）、探索阶段（15～24 岁）、建立阶段（25～44 岁）、维持阶段（45～64 岁）、衰退阶段（65 岁以后）。萨柏的发展理论把“人职匹配和发展”、制约择业的心理因素和社会因素有机地结合在一起，符合职业选择和职业指导的一般过程。而且，他认为人一生职业发展阶段模式具有重要的实践意义，为职业指导计划奠定了科学基础。职业指导人员可以依据被指导人不同的职业发展阶段和特征，进行不同重点的指导。

格林豪斯从不同的年龄阶段职业生涯发展所面临的主要任务的角度将职业生涯划分为五个阶段。职业准备阶段：主要任务是发展职业想象力，对职业进行评估和选择，接受必需的职业教育。进入组织：主要任务是在一个理想的组织中获得一份工作，在获取足量信息基础上，尽量选择一种合适的、较为满意的职业。职业生涯初期：学习职业技术、提高工作能力；了解和学习组织纪律和规范，逐步适应职业工作，适应和融入组织；为未来职业成功做好准备，是该期的主要任务。职业生涯中期：需要对早期职业生涯重新评估，强化或转变自己的职业理想；选定职业，努力工作，有所成就。职业生涯后期：继续保持已有职业成就，维护自尊，准备引退。

美国专家施恩根据人的生命周期的特点和不同年龄阶段的人所面临的主要心理、生理、家庭问题及职业工作的主要任务，将职业生涯划分为 9 个阶段。成长、幻想、探索阶段：一般为 0～21 岁。进入工作：一般为 16～25 岁。基础培训：一般为 16～25 岁。早期职业的正式成员资格：一般为 17～30 岁。职业中期：一般为 25 岁以上。职业中期危险阶段：一般为 35～45 岁。职业后期：一般为 40 岁以后至退休。衰退和离职阶段：一般为 40 岁以后至退休。离开组织或退休。由于施恩关于职业生涯发展阶段的划分，基本是按照人的年龄增长顺序和不同时期的职业发展状态、职业任务、职业行为等进行划分的，因此各时期的年龄跨度是大致的，并有所交叉或相同。

美国霍普金斯大学心理学教授霍兰德是美国著名的职业指导专家，他在 20 世纪 60 年代通过对职业发展道路的研究，引入人格心理学的有关理论，经过多次补充和修订，于 1971 年提出了具有广泛社会影响的职业个性理论。霍兰德理论包含四个要点。第一，人的个性大致可以分为六种类型：实际型、调查研究型、艺术型、社会型、开拓型和常规型；第二，所有职业也可以分为基本的六种类型，与人的个性类型相对应，任何一种职业类型都可以归属于其中的一种或几种的组合；第三，人们一般都倾向于寻找和自己个性类型相匹配的职业，追求充分施展其能力的工作；第四，个人的行为取决于其个性与所处的职业情景之间的相互作用，如果了解个性类型及其所处的职业类型，就可以根据有关知识对人的行为进行预测，包括职业选择、工作转换、工作业绩以及教育和社会行为等。

根据以上职业发展理论，我们可以认识到：公职人员可以根据在不同的职业发展阶段中对职业的需要及追求发展的方向，来选择适合自己的职业生涯道路。因为，个人的职业生涯都是一个不断发展和变化的过程，排除个体的差异，不同的年龄阶段个人会有不同的社会经历和思维心理，它们必然会导致个人有不同的职业追求和职业规划，而它们也必然会对个人的职业生涯发展产生不可避免的影响，或积极学习以求上进，或不思进取随遇而安，甚至或转换工作以求新的机遇和发展，如此等等。因此，单一的职业生涯发展规划肯定无法满足不同个体的多方面要求，甚至会以偏概全忽视相当一部分个体的自我发展要求，从而导致对工作产生厌倦情绪，热情不高，消极怠工等不良结果。同样，个体自我职业发展计划得不到满足，必然也会对政府或企业的工作产生重大影响，导致效率低下，浪费巨大财务物力及人力。只有在针对不同个体在不同阶段的不同要求做出相应的职业生涯发展规划，同时个体依据自身不同特点和要求做出相应转变的时候，个体和组织之间才能达到目的统一，共同发展。

二、职业选择理论

（一）择业动机理论

美国心理学家佛隆，通过对个体择业行为的研究认为，个体行为动机的强度取决于效价的大小和期望值的高低，动机强度与效价及期望值成正比，即 $F=V\cdot E$。式中 F 为动机强度，指积极性的激发程度；V 为效价，指个体对一定目标重要性的主观评价；E 为期望值，指个体估计的目标实现概率。

择业动机的强弱表明了择业者对目标职业的追求程度，或者对某项职业选择意向的大小。按照上述观点，择业动机取决于职业效价和职业概率，即

择业动机$=vf$（职业效价，职业概率）

职业效价，即择业者对某项职业价值的主观评价，它取决于以下两个因素：择业者的职业价值观；择业者对某项具体职业要素，如兴趣、劳动条件、报酬、职业声望等的评估。

职业概率，即择业者认为获得某项职业的可能性大小，它通常取决于以下因素：某项职业的社会需求量；择业者的竞争能力，即择业者自身的工作能力和求职就业能力；竞争系数，即谋求同一种职业的竞争者人数的多少；其他随机因素。

一般而言，择业者对其视野内的几种目标职业进行职业价值评估和职业获取概率评价之后，将进行横向择业动机比较。择业动机是对职业和自身的全面评估，是对多种择业影响因素的全面考虑和得失权衡。因此，择业者多以择业动机分值高的职业作为自己的最终目标。

（二）职业性向理论

美国心理学教授约翰·霍兰德（John Holland）认为，职业性向，包括价值观、动机和需要等，是决定一个人职业选择的重要因素。约翰·霍兰德基于自己对职业性向的测试（Vocational Preference Test，VPT）研究，一共发现了六种基本的人格类型或性向。

（1）实际性向。具有这种性向的人会被吸引去从事那些包含着体力活动并且需要一定的技巧、力量和协调性才能承担的职业。这些职业的例子有森林工人、耕作工人以及农场主等。

（2）调研性向。具有这种性向的人会被吸引去从事那些包含着较多认知活动（思考、组织、理解等）的职业，而不是那些以感知活动（感觉、反应或人际沟通以及情感等）为主要内容的职业。这类职业的例子有：生物学家、化学家以及大学教授等。

（3）社会性向。具有这种性向的人会被吸引去从事那些包含着大量人际交往内容的职业而不是那些包含着大量智力活动或体力活动的职业。这种职业的例子有：诊所的心理医生、外交工作者以及社会工作者等。

（4）常规性向。具有这种性向的人会被吸引去从事那些包含着大量结构性的且规则较为固定的活动的职业，在这些职业中，员工个人的需要往往要服从于组织的需要。这类职业的例子有：会计以及银行职员等。

（5）企业性向。具有这种性向的人会被吸引去从事那些包含着大量以影响他人为目的的语言活动的职业。这类职业的例子有：管理人员、律师以及公共关系管理者等。

（6）艺术性向。具有这种性向的人会被吸引去从事那些包含着大量自我表现、艺术创造、情感表达以及个性化活动的职业。这类职业的例子有艺术家、广告制作者以及音乐家等。

表 9-1 为霍兰德的六种人格类型及相应的职业。

表 9-1　霍兰德的六种人格类型及相应的职业

人格类型	人格特点	职业兴趣	代表性职业
实际型	真诚坦率 重视现实 讲求实际 有坚持性 实践性、稳定性	手工技巧 机械 农业 电子的技术	体力员工、机器操作者、飞行员、农民、卡车司机、木工、工程技术人员等
研究型	分析性、批判性 好奇心、理想的 内向的、有推理能力的	研究	物理学家、人类学家、化学家、数学家、生物学家、各类研究人员
艺术型	感情丰富的、理想主义的、富有想象力的、易冲动的、有主见的、直觉的、情绪性的	语言 艺术、音乐 戏剧、书法	诗人、艺术家、小说家、音乐家、雕刻家、剧作家、作曲家、导演、画家
社会型	富有合作精神的、友好的、肯帮助人的、和善的、爱社交和易了解的	与人有关的事、人际关系的技巧、教育工作	临床心理学家、咨询者、传教士、教师、社交联络员、教育工作
企业型	喜欢冒险的、有雄心壮志的、精神饱满的、乐观的、自信的、健谈的	领导、人际关系的技巧	经理、汽车推销员、政治家、律师、采购员、各级行政领导者
常规型	谨慎的、有效的、无灵活性的、服从的、守秩序的、能自我控制的	办公室工作、营业系统的工作等	出纳员、统计员、图书管理员、行政管理助理、邮局职员等

然而，大多数人实际上都并非只有一种性向（例如，一个人的性向中很可能是同时包含着社会性向、实际性向和调研性向这三种性向）。霍兰德认为，这些性向越相似，相容性越强，则一个人在选择职业时所面临的内在冲突和犹豫就会越少。为了帮助描述这种情况，霍兰德建议将这六种性向分别放在一个如图 9-1 所示的正六角形的每一个角。

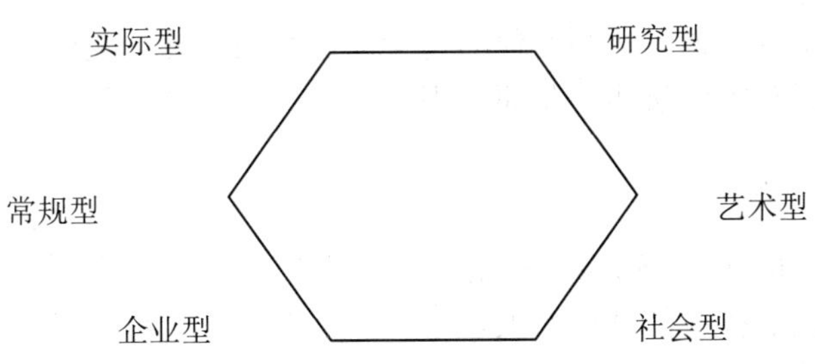

图 9-1　职业性向及职业类型分类

此图形一共有六个角，每一个角代表一个职业性向。根据霍兰德的研究，图中的两种性向越接近，则它们的相容性就越高。霍兰德相信，如果某人的两种性向是紧挨着的话，那么他或她将会很容易选定一种职业。然而，如果此人的性向是相互对立的（如同时具有实际性向和社会性向），那么他或她在进行职业选择时将会面临较多的犹豫不决的情况，这是因为他或她的多种兴趣将驱使他们在多种十分不同的职业之间去进行选择。

三、职业生涯阶段理论

（一）萨柏的职业生涯阶段理论

萨柏是美国一位有代表性的职业管理学家，他以美国白人作为自己的研究对象，把人的职业生涯划分为五个主要阶段：成长阶段、探索阶段、确立阶段、维持阶段和衰退阶段。

1．成长阶段

成长阶段（Growth Stage）大体上可以界定在从出生到 14 岁这一阶段上。在这一阶段，个人通过对家庭成员、朋友以及老师的认同以及他们之间的相互作用，逐渐建立起自我的概念。到这一阶段结束后，进入青春期的青少年已经形成了对于兴趣和能力的某些基本看法，开始对于各种可选择的职业进行某些现实性的思考。

2．探索阶段

一般来说，探索阶段（Exploration Stage）属于 24 岁以前的高中、大学或技校中的学习阶段。人们尝试去寻找自己的职业选择与他们对职业的了解，以及通过学校教育、休闲活动和业余工作中所获得的个人兴趣和能力匹配起来，并从伙伴、朋友和家庭成员那里收集关于职务、职业生涯及职业的信息。在这一阶段开始的时期，他们往往做出一些带有试验性质的较为广泛的职业选择，一旦他们找到了自己感兴趣的工作或职业类型，他们就开始接受必需的教育和培训。然而，随着个人对所选择职业以及对自我的进一步了解，这种最初的选择往往要被重新界定。当员工开始一份新工作时，会继续进行探索。在大多数情况下，处于探索阶段的员工，如果没有他人的指导和帮助，往往较难以完成工作任务并承担工作角色。

从组织管理的角度来说，必须对他们进行岗位培训和社会化活动，以帮助新员工尽可能快地适应新的工作和工作伙伴，从而实现公司的目标。这一阶段也是组织管理员工职业生涯阶段的真正开始。

3．确立阶段

确立阶段（Establishment Stage）约处于员工的 25～44 岁之间的这一年龄阶段上。它是大多数工作生命周期的核心部分。个人在这一阶段会找到合适的职位，并为之全力以赴地奋斗。然而，这一阶段人们仍然会不断地尝试与自己最初的职位选择所不同的各种能力和理想。

这一阶段的员工会在组织中找到自己的位置，独立做出贡献，承担更多的责任，获得更多的收益，并建立一种理想的生活方式。对于这一阶段的员工，组织需要制定政策，来协调其工作角色和非工作角色。同时，该阶段的员工需要更积极地参与职业生涯规划活动。

对于这一阶段可以分成不同的三个子阶段：尝试子阶段、发展子阶段和职业中期危机阶段。尝试子阶段是最早期，此阶段的人们将会确定现在的这份工作是否适合自己，如果是否定的话，这一阶段的人就会进行不同的尝试。发展子阶段中，人们往往已经定下了较为坚定的职业目标，并制订了较为明确的职业计划来确定自己晋升的潜力、工作调换的必要性以及实现这些目标需要开展哪些教育活动，如此等等。职业中期危机阶段，人们开始对自己半生的职业生涯产生怀疑，可能发现自己偏离职业目标或发现了新的目标，认为自己前半生的梦想并不是自己真正想要的。人们开始面临一个艰难的选择，是否放弃自己半生的事业，开始涉足另一片领域。这个年龄阶段重新开始一段新的职业生涯的例子并不少见。

表 9-2 为以上三个阶段的子阶段。

表 9-2　萨柏职业生涯五阶段理论中的前三个阶段的子阶段

主阶段名称	子阶段名称		
成长阶段	幻想期（10 岁之前）	兴趣期（11～12 岁）	能力期（13～14 岁）
	在幻想中扮演自己喜欢的角色	以兴趣为中心，理解、评价职业，开始作职业选择	更多地考虑自己的能力和工作需要
探索阶段	试验期（15～17 岁）	转变期（18～21 岁）	尝试期（22～24 岁）
	综合认识和考虑自己的兴趣、能力，对未来职业进行尝试性选择	正式进入职业，或者进行专门的职业培训，明确某种职业倾向	选定工作领域，开始从事某种职业，对职业发展目标的可行性进行试验
确立阶段	稳定期（25～30 岁）	发展期（31～44 岁）	中期危机阶段（44～退休前）
	个人在所选的职业中安顿下来，重点是寻求职业及生活上的稳定	致力于实现职业目标，是富有创造性的时期	职业中期可能会发现自己偏离职业目标或发现了新的目标，此时需重新评价自己的需求，处于转折期

4．维持阶段

维持阶段（Maintenance Stage）一般发生在人们的 45～64 岁的时期。这一阶段的人们关注技能的更新，希望人们仍将其看成是一个对组织有贡献的人。他们有多年的工作经验，拥有丰富的工作知识，对于组织及其目标、文化的理解将会更加透彻。他们往往能够充当新员工的培训导师。在这一职业的后期，人们将大多数精力都放在了保有这一工作的方面。

从组织管理的角度来讲，对于这一阶段的员工，主要是防止他们的技能老化，提供学习更新的机会，帮助该阶段的员工达到职业顶峰。

5．衰退阶段

当退休临近时，员工需要准备调整其工作活动和非工作活动时间比例，将不得不面临这样一种现实：接受权利和责任的减少。退休是每个人都必须面对的。

从组织管理的角度而言，对于衰退阶段（Disengagement Stage）的员工主要的职业生涯管理活动是制订并实施员工退休计划和分流计划。在我国的一些国有组织中，处于组织经营的需要、安排新员工的需要，往往使得这一阶段提前发生，称之为“内部退休”。这种现象还是相当普遍的。

员工在职业生涯的不同时期都会遇到不同的问题，一方面合格的管理人员应该制定政策和计划，以帮助员工处理这些问题；另一方面，组织还需要提供一个职业生涯规划体系，以了解员工的职业生涯发展需求，帮助员工进行有效的自我策划。

（二）金斯伯格的职业生涯阶段理论

美国著名的职业指导专家、职业生涯发展理论的先驱和典型代表人物——金斯伯格。他研究的重点是，从童年到青少年阶段的职业心理发展过程，他将职业生涯的发展分为幻想期、尝试期和现实期三个阶段，参见表 9-3。金斯伯格的职业生涯阶段理论，实际上解释了初次就业前人们职业意识和职业追求的发展变化过程。金斯伯格的职业生涯理论对实践活动曾产生过广泛的影响。

表 9-3　金斯伯格职业生涯三阶段理论

阶段	幻想期（11 岁前）	尝试期（11～17 岁）	现实期（17 岁以后）
主要心理和活动	对外面的信息充满好奇和幻想，在游戏中扮演自己喜爱的角色。此时的职业需求特点是：单纯由自己的兴趣爱好决定，并不考虑自己的条件、能力和水平，也不考虑社会需求和机遇	由少年向青年过渡，人的心理和生理均在迅速成长变化，独立的意识、价值观形成，知识和能力显著提升，初步懂得社会生产与生活经验。开始注意自己的职业兴趣、自身能力和条件、职业的社会地位	能够客观地把自己的职业愿望或要求，同自己的主观条件、能力，以及社会需求密切联系和协调起来，已有具体的、现实的职业目标

（三）格林豪斯的职业生涯阶段理论

萨柏和金斯伯格的研究侧重于不同年龄段对职业的需求与态度，而美国心理学博士格林豪斯（Greenhouse）的研究则侧重于不同年龄段职业生涯所面临的主要任务，并以此为依据将职业生涯分为五个阶段：职业准备阶段、进入组织阶段、职业生涯初期、职业生涯中期和职业生涯晚期，如表 9-4 所示。

表 9-4　格林豪斯职业生涯五阶段理论

阶段	职业准备阶段（0～18 岁）	进入组织阶段（19～25 岁）	职业生涯初期（26～40 岁）	职业生涯中期（41～55 岁）	职业生涯后期（56 岁直至退休）
主要任务	发展职业想象力，培养职业兴趣和能力，对职业进行评估和选择，接受必需的职业教育和培训	进入职业生涯，选择一种核实的、较为满意的职业，并在一个理想的组织中获得一个职位	逐步适应职业工作，融入组织，不断学习职业技能，为未来职业生涯成功做好准备	努力工作，并力争有所成就。在重新评价职业生涯中强化或转换职业道路	继续保持已有的职业成就，成为一名工作指导者，维护自尊，准备引退

（四）施恩的职业生涯阶段理论

美国著名的心理学家和职业管理学家施恩（Edgar H. Schein）教授，根据人生命周期的特点及其在不同年龄阶段面临的问题和职业工作主要任务，将职业生涯分为九个阶段，如表 9-5 所示。

表 9-5 施恩职业生涯九阶段理论

阶段	角色	主要任务
成长、幻想、探索阶段（0～21 岁）	学生、职业工作的候选人和申请者	① 发现和发展自己的需要、兴趣、能力和才干，为进行实际的职业选择打好基础。② 学习职业方面的知识，寻找现实的角色模式，获取丰富信息，发展和发现自己的价值观、动机和抱负，作出合理的受教育决策，将幼年的职业幻想变为可操作的现实。③ 接受教育和培训，开发工作领域中所需要的基本习惯和技能
进入工作世界（16～25 岁）	应聘者、新学员	① 进入职业生涯。② 学会如何寻找、评估和申请一项工作，并作出现实有效的第一项工作选择。③ 个人和雇主之间达成正式可行的契约，个人成为一个组织或一种职业的成员
基础培训（16～25 岁）	实习生、新手	① 了解、熟悉组织，接受组织文化，克服不安全感，学会与人相处，并融入工作群体，尽快取得组织成员资格。② 适应日常的操作程序，承担工作，成为一名有效的成员
早期职业的正式成员资格（17～30 岁）	取得组织正式成员资格	① 承担责任，成功地履行与第一次工作分配有关的义务。② 发展和展示自己的技能和专长，为提升或进入其他领域的横向职业成长打基础。③ 根据自身才干和价值观，根据组织中的机会和约束，重新评估当初追求的职业，决定是否留在这个组织或职业中，或者在自己的需要、组织约束和机会之间寻求一种更好的平衡。④ 寻求良师和保护人
职业中期（25 岁以上）	正式成员、任职者、终生成员、主管、经理等	① 选定一项专业或进入管理部门。② 保持技术竞争力，在自己选择的专业或管理领域内继续学习，力争成为一名专家或职业能手。③ 承担较大责任，确认自己的地位。④ 开发个人的长期职业计划。⑤ 寻求家庭、自我和工作事务间的平衡
职业中期危险阶段（35～45 岁）	正式成员、任职者、终生成员、主管、经理等	① 现实地估价自己的才干、动机和价值观，进一步明确自己的职业抱负及个人前途。② 就接受现状或者争取看得见的前途作出具体选择。③ 建立与他人的良师关系
职业后期（40 岁到退休）	骨干成员、管理者、有效贡献者等	① 成为一名良师，学会发挥影响，指导、指挥别人，对他人承担责任。② 扩大、发展、深化技能，或者提高才干，以担负更大范围、更重大的责任。③ 选拔和培养接替人员。④ 如果求安稳，就此停滞，则要接受和正视自己影响力和挑战能力的下降

续表

阶　段	角　色	主 要 任 务
衰退和离职阶段（40 岁到退休）		① 学会接受权力、责任、地位的下降。② 基于竞争力和进取心下降，要学会接受和发展新的角色。③ 培养新的工作以外的兴趣、爱好，寻找新的满足源。④ 评估自己的职业生涯，着手退休
退休		① 适应角色、生活方式和生活标准的急剧变化，保持一种认同感。② 保持一种自我价值观，运用自己积累的经验和智慧，以各种资深角色，对他人进行传、帮、带

（五）职业生涯发展的“三三三”理论

“三三三”理论是将人的职业生涯分为三大阶段：输入阶段、输出阶段和淡出阶段，参见表 9-6。每一个阶段又分为三个子阶段：适应阶段、创新阶段和再适应阶段，而每一个子阶段又可分为三种状况：顺利晋升、原地踏步、降到低谷，如图 9-2 所示。

表 9-6　职业生涯发展的“三三三”理论

阶段	输入阶段（从出生到就业前）	输出阶段（从就业到退休）	淡出阶段（退休前后）
主要任务	输入信息、知识、经验、技能，为从业做重要准备；认识环境和社会，锻造自己的各种能力	输出自己的智慧、知识、服务、才干；进行知识的再输入、经验的再积累、能力的再锻造	精力渐衰，但阅历渐丰。经验渐多，逐步退出职业，适应角色的转换

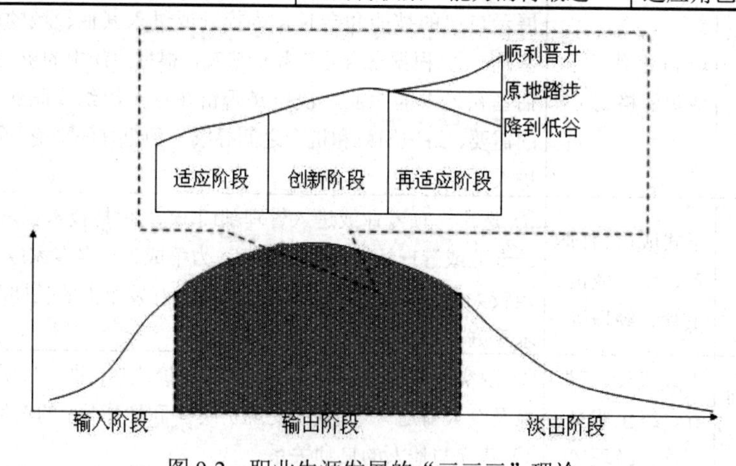

图 9-2　职业生涯发展的“三三三”理论

（六）职业锚理论

美国著名职业指导专家埃德加•施恩（Edgar H.Schein）首先提出了“职业锚”的概念。他认为，职业生涯发展实际上是一个持续不断的探索过程。在这一过程中，每个人都在根

据自己的天资、能力、动机、需要、态度和价值观等慢慢地形成较为明晰的与职业有关的自我概念。随着一个人对自己越来越了解，这个人就会越来越明显地形成一个占主要地位的职业锚。

职业锚（Career Anchor）就是指当一个人不得不作出选择时，他或她无论如何都不会放弃的职业中的那种至关重要的东西或价值观。正如“职业锚”这一名词中“锚”的含义一样，职业锚实际上就是人们选择和发展自己的职业时所围绕的中心。一个人对自己的天资和能力、动机、需要以及态度和价值观有了清楚的了解之后，就会意识到自己的职业锚到底是什么。施恩根据自己在麻省理工学院的研究指出，要想对职业锚提前进行预测是很困难的，这是因为一个人的职业锚是在不断发生着变化的，它实际上是一个不断探索过程所产生的动态结果。有些人也许一直都不知道自己的职业锚是什么，直到他们不得不做出某种重大选择的时候，如到底是接受组织将自己晋升到总部的决定，还是辞去现职，转而开办和经营自己的组织。正是在这一关口，一个人过去的所有工作经历、兴趣、资质、性向等才综合成一个有意义的模式（或职业锚），这个模式或职业锚告诉此人，对他或她个人来说，到底什么东西是最重要的。施恩根据自己对麻省理工学院毕业生的研究，提出了以下五种职业锚。

（1）技术/功能能力型职业锚。具有较强的技术或功能型职业锚的人往往不愿意选择那些带有一般管理性质的职业。相反，他们总是倾向于选择那些能够保证自己在既定的技术或功能领域中不断发展的职业。

（2）管理型职业锚。管理型职业锚的人会表现出成为管理人员的强烈动机。他们的职业经历使得他们相信自己具备提升到那些一般管理性职位上去所需要的各种必要能力以及相关的价值倾向。承担较高责任的管理职位是这些人的最终目标。当追问他们为什么相信自己具备获得这些职位所必需的技能的时候，许多人回答说，他们之所以认为自己有资格获得管理职位，是由于他们认为自己具备以下三个方面的能力：分析能力（在信息不完全以及不确定的情况下发现问题、分析和解决问题的能力）；人际沟通能力（在各种层次上影响、监督、领导、操纵以及控制他人的能力）；情感能力（在情感和人际危机面前只会受到激励而不会受其困扰和削弱的能力以及在较高的责任压力下不会变得无所作为的能力）。

（3）创造型职业锚。麻省理工学院的有些学生在毕业之后逐渐成为成功的组织家。在施恩看来，这些人都有这样一种需要：“建立或创设某种完全属于自己的东西——一件署着他们名字的产品或工艺、一家他们自己的组织或一批反映他们的成就的个人财富等。”例如，麻省理工学院的一位毕业生已经成为某大城市中的一个成功的城市住房购买商、维修商和承租商；另外一位麻省理工学院的毕业生则创办了一家成功的咨询组织。

（4）自主与独立型职业锚。麻省理工学院的有些毕业生在选择职业时似乎被一种自己决定自己命运的需要所驱使着，他们希望摆脱那种因在大组织中工作而依赖别人的境况，因为，当一个人在某家大组织中工作的时候，他或她的提升、工作调动、薪金等诸多方面都难免受别人的摆布。这些毕业生中有许多人还有着强烈的技术或功能导向。然而，他们却不是到某一个组织中去追求这种职业导向，而是决定成为一位咨询专家，要么是自己独立工作，要么是作为一个相对较小的组织中的合伙人来工作。具有这种职业锚的其他一些人则成了工商管理方面的教授、自由撰稿人或小型零售组织的所有者等。

（5）安全型职业锚。麻省理工学院还有一少部分毕业生极为重视长期的职业稳定和工作的保障，他们似乎比较愿意去从事这样一类职业：这些职业应当能够提供有保障的工作、体面的收入以及可靠的未来生活。这种可靠的未来生活通常是由良好的退休计划和较高的退休金来保证的。对于那些对地理安全性更感兴趣的人来说，如果追求更为优越的职业，意味着将要在他们的生活中注入一种不稳定或保障较差的地域因素的话——迫使他们举家搬迁到其他城市，那么他们会觉得在一个熟悉的环境中维持一种稳定的、有保障的职业对他们来说是更为重要的。对于另外一些追求安全型职业锚的人来说，安全则是意味着所依托的组织的安全性。他们可能优先选择到政府机关工作，因为政府公务员看来还是一种终身性的职业。这些人显然更愿意让他们的雇主来决定他们去从事何种职业。

第三节　公共部门人力资源职业生涯管理体系

职业生涯管理在现代人力资源管理中起着贯穿始终的作用。公共部门积极吸取私人部门中的成功经验，参与和协助组织成员的职业生涯管理，这是引入全新的人力资源管理理念的成功，是变革性理念和开放性思维的产物，它对于培养和造就一支高素质的公职人员队伍、充分开发和利用公共部门人力资源、提高行政效率、完善公共部门人力资源管理具有重大意义。

一、公共部门职业生涯规划

（一）组织职业生涯规划与员工职业生涯规划

1．职业生涯规划的制定步骤

职业生涯规划是一个周而复始的连续过程，其制定过程大致包含九个步骤。

（1）确定人生志向。立志是人生的起跑点，反映一个人的理想、胸怀、情趣和价值观，影响一个人的奋斗目标及成就，所以，在制定职业生涯规划时，首先要确立志向。

（2）评估个体自我。通过对自身兴趣、特长、个性、学识、技能、智力、能力等的分析，对自我有更进一步的认识，从而更合理地确定职业生涯发展方向。

（3）分析职业生涯的内外环境，包括对组织和社会环境的分析，如组织发展战略、人力资源需求、晋升机会、组织经济环境等。只有对环境因素进行深入了解，才能使职业生涯规划更具可行性。

（4）进行职业选择。根据自我评估和环境分析的结果，慎重选择最适合自己的职业。

（5）确定职业生涯路线。根据自己确定的职业，并结合自身兴趣和特长，选择职业生涯发展路线，从而使工作、学习和各种行动等都沿着这一路线前进。

（6）设定职业生涯发展目标。这是职业生涯规划的关键，设定一组明确具体的目标，从而明确奋斗的方向和路径。

（7）制订行动计划与措施。根据职业生涯发展目标制定具体的行动措施，包括工作、训练、教育、轮岗等方面的措施，从而有步骤地实现目标。

（8）执行职业生涯规划。根据行动计划和措施，借助各种条件，采取最适合的途径，付诸实施。

（9）评估反馈与修订。环境处于不断变化发展之中，为了确保规划的可行性和有效性，就必须不断地对职业生涯规划的内容和成效进行评估与修订。修订的内容包括：职业生涯目标的修订；职业的重新选择；职业生涯路线的重新考虑或调整；实施措施与计划的变更等。

2．组织职业生涯规划和员工职业生涯规划的特点

职业生涯规划是组织和员工制定职业生涯目标并确定实现这一目标的发展、开发的过程。它包括组织职业生涯规划和员工职业生涯规划两方面。二者之间相互依存、相互作用、相互联系并各有侧重。

（1）组织职业生涯规划的内容与特点。组织职业生涯规划是指组织根据自身的发展目标并结合成员的发展需求，制定组织职业需求战略、职业变动规划与职业通道，并采取必要的措施加以实施，以实现组织目标与组织成员职业发展目标相统一的过程。公共部门作为公职人员实现自身职能所在的组织，在职业生涯规划中主要承担着为公职人员提供职业通道和培训的功能，从而使个人职业生涯发展更加畅通合理。

组织职业生涯规划的内容非常丰富，具体包括：组织的职业需求战略，以确定组织的未来人才需求；职业等级阶梯设置，即在组织中设置不同系列和等级的职位，使个人能够根据经验和能力的发展从低到高纵向晋升或者横向流动；职业通道设置，是组织为个人提供的职位变换的路线和途径；职业继任规划；评估每个员工的职业潜能，满足每个员工的培训需要，在严密检查的基础上，为组织建立一个职业生涯规划体系等。

组织职业生涯规划作为组织的一种职业管理过程，目的在于促进个人职业生涯发展的成功。组织职业生涯规划具有充分挖掘个人潜能、让其为组织做最大贡献的作用，在服务与个人的同时，也使组织受益。

（2）员工职业生涯规划的内容与特点。个人职业生涯规划是指个人根据对自身的主观

因素和客观环境的分析，确立自己的职业生涯发展目标，选择实现这一目标的职业，以及制订相应的工作、培训和教育计划，并按照一定的时间安排，采取必要的行动实施职业生涯目标的过程。

个人职业生涯规划的内容主要包括：进行个人因素分析，确认个人的能力和兴趣；结合环境因素分析的结果，了解多种职业发展机遇信息，确立自己职业生涯发展目标，进行职业选择；确定职业生涯发展路线，据此制订相应的学习和培训计划；关注随着职业和生命阶段的变化，在兴趣和目标方面发生的变化，随时评估和修订职业规划。

个人职业生涯规划极具灵活性、自主性和可变可调性，但是作为个体主动的职业行为，它必须依靠组织提供的工作岗位和就业机会。个人制定的职业生涯目标必须和组织的职业生涯规划目标协调一致，离开了组织目标，个人的职业生涯发展是难以获得成功的。因此，在职业生涯规划中，必须做到组织和个人规划的兼容，通过组织与个人的互相作用，同时满足个人职业生涯目标和组织发展目标，使得个人发展与组织发展相吻合。

（二）公共部门组织职业生涯规划与员工职业生涯规划的结合

职业生涯规划及组织与个人两个层面。由于个人面临多变环境或对自身认识不足，难以准确定位职业生涯方向和目标，因此，需要组织指导个人设计其职业生涯规划，并提供组织环境和组织发展方面的相关信息。组织通过协调个人发展需求和组织发展需求，有利于维持组织竞争力。公共部门作为管理公共事务、提供公共服务的组织，保持组织的生命力和竞争力就更为重要，因而组织本身有必要参与到组织成员的职业生涯规划中，以充分开发和利用公共部门人力资源的潜能，建立一支高素质的公务员队伍。

公共部门组织与个人职业生涯规划的融合体现了人力资源开发与管理这一新的管理理论，不同于传统人事管理只关注控制和使用人，这里强调发挥人的潜能，通过创造条件激发某种潜能沿着组织目标的方向最大限度地发挥和发展。组织通过培训和参与指导成员的职业生涯规划，了解员工的期望、价值观和自我判断，以便引导和帮助他们发挥好潜能，提高组织绩效。

公共部门通过组织的人力资源规划，明确所需人员的数量和种类，同个人的职业规划相结合，有助于人力资源的合理使用和良性流动，实现人与事的最佳组合，从而量才而用，降低人力资源的浪费。

组织通过参与成员的职业生涯规划，考虑个人不同的特点和需要，并据此设计不同的职业发展途径，因而有助于使公共部门人力资源在组织环境中准确定位自己的角色，明确自身的优势和劣势，从而在职业发展中扬长避短，防范职业危机，实现职业发展目标。

公共部门的组织与个人职业生涯规划相匹配的过程，也是组织与个人不断调整自己价值取向的过程，它有助于形成和谐的组织文化氛围和良好的人际关系，建立团结合作、有

强大竞争力的团队。

在这种兼容、互相结合的过程中，公共部门主要是起协调和指导个人职业生涯规划的作用，具体表现在：将公共部门人力资源规划与个人职业生涯发展统一起来；进行职业发展预测，分析职业发展的走向；系统地研究组织提供的各种职业发展的机制与途径，帮助公共部门人力资源发展职业能力；向成员提供职业发展信息和咨询服务；鼓励成员参与组织为职业规划和发展开展的活动；帮助成员协调或解决自我发展与家庭发展之间的矛盾，给个人以物质、精神和时间上的支持。

公共部门的这种协调和指导作用的有效发挥，主要通过以下途径予以实现。

（1）建立职业生涯发展信息和预测系统。公共部门人力资源职业生涯规划要符合时代的发展和社会的需要，就必须通晓与职业有关的一切信息。然而个人由于精力、财力以及认知能力的限制，掌握职业信息的来源和通道是有限的，组织在这方面则存在巨大的优势，可以凭借自身的资源和能力广泛搜集职业发展的信息，也能够预测职业发展的趋势，有能力建立职业发展信息和预测系统，为个人提供及时、完整、有效的信息。

（2）提供职业生涯咨询。公共部门人力资源主管部门可以通过面谈、问卷、讲授等多种形式，由组织的领导者、部门主管和职业研究专家，为所属的人员进行职业咨询，解释其在职业问题上的困惑和难题，理清职业发展的思路。职业咨询的内容包括：帮助成员分析自身的特性、职业锚、长处、短处和发展需要；帮助成员学习职业生涯发展的知识，使成员能够更积极地管理职业生涯；提供组织内外部的可选择职业；解决职业生涯发展中出现的各种问题。通过职业咨询，使公共部门人力资源明确发展方向，树立职业信心，发挥自我才智。

（3）举办职业生涯座谈会。职业生涯座谈会是一种有计划的学习和练习活动，通过这种活动的安排，让参加进来的组织成员主动参与，形式可以包括自我评估和环境评估、与成功人士进行交流和研讨、进行适当的练习活动，从而帮助个人制定职业生涯规划，即选定职业方向，明确个人职业目标，制定职业生涯发展路径。

（4）制订职业生涯通路计划。职业生涯通路是对前后相继的工作岗位和经验所作的客观描述，表明在一种职业中个人发展的一般路线或理想路线。它建立在将职业角色放在一个不断变化和发展状态的基础上，为部门人员合理使用和能力拓展提供各种发展机会，包括确定某一职业进口和出口通道、职业的纵向流动通道、职业的横向流动通道等三大方面。组织可以按照职业生涯通道的设计，寻找机会安排组织成员的工作变动和人事流动，从而使个人在此过程中得到应有的训练，具备担任更高职务或胜任其他岗位的广泛能力。

（5）向人力资源开放工作岗位。将公共部门内每个工作岗位的信息向组织成员开放，要求成员或求职者根据自己的条件和职业期望选择适当的岗位。这是组织与成员之间双向选择的过程，同时组织凭借这一过程，可以反馈得到组织成员工作绩效信息，并可以完善个人选择的职业标准。

（6）教育和培训计划。公共部门可以针对职业发展的要求和员工素质的缺陷，进行有计划的培训。通过教育和培训不断丰富或更新知识结构，适应社会和组织提出的各种挑战，满足个人职业生涯发展的资格要求。

（7）实施工作与家庭的平衡计划。为了协调组织成员与家庭间的矛盾，公共部门可以通过向组织成员提供解决家庭问题和缓解职业压力的咨询服务、创造参观或联谊等机会促进家庭和组织的相互理解和认识，把家庭因素列入考虑晋升或工作转换的制约条件之中以及设计适应家庭需要的弹性工作制等措施予以缓和。

二、公共部门职业生涯管理

公共部门人力资源职业生涯管理包含个人对职业生涯的自我管理和组织的职业生涯管理，本节主要设计个人对职业生涯的周期管理、组织对职业生涯发展通道的管理和职业发展各阶段的管理。

（一）个人职业生涯周期管理

个人职业生涯周期分为早期、中期和后期三个阶段，每一阶段的管理具有不同的特点和任务。

（1）职业生涯早期阶段管理。职业生涯早期阶段是指一个人由学校进入组织并在组织内逐步“组织化”，为组织所接纳的过程，这一阶段年龄一般为 20～30 岁，一切尚在学习和探索之中，对后期的职业生涯发展具有重大影响。在这一阶段中，个人的组织化起着关键作用。它是指新成员进入组织后，由一个自由人向组织人转化所经历的过程。它包括了解组织的相关政策、规章制度，熟悉组织的文化传统和价值观，熟悉上司、同级和下级，学会适应组织环境，建立心理认同，并逐渐融入组织。通过个人组织化的过程最终达成新成员与组织的相互接纳，建立一种“心理契约”。这种“心理契约”是通过各种不同的象征事件和实际事件形成的，是个人与组织相互接纳的主观同意。个人认同组织并作为其正式成员，承担组织赋予的责任和使命；组织对新成员予以认同并确认其任职资格，分配相应的工作和责任，并为成员的职业生涯发展负责，同时提供各种帮助和报酬待遇。

（2）职业生涯中期阶段管理。个人在经历了职业生涯的早期阶段，完成了个人与组织的相互接纳后，开始进入职业生涯的中期阶段。这是一个周期长（从参加工作到 50 岁左右）、富于变化，既有可能获得职业生涯成功，又有可能出现职业生涯危机的阶段。这一阶段主要特点表现为：生命周期的重叠时间长，即组成人的生命空间的三大生命周期（生物的社会性周期、职业生涯周期和家庭生命周期）重叠时间可长达 25 年之久甚至更长；心理压力大；职业发展呈现多元化，不断追求晋升和增加工资；对职业重新认知等。个人在这一阶段的主要任务就是通过建立更为明确的组织认同和个人职业认同，重新定义自己的职业目标，保持积极进取的精神和乐观心态，以及维护好职业工作、家庭生活、自我发展三者间的平衡来努力克服职业生涯中期危机，争取职业生涯的成功。

（3）职业生涯后期阶段管理。处于这一阶段的年龄基本在 50～60 岁，虽然开始感到身体老化，进取心逐渐下降，但在事业上仍然有发展的可能，个人在这一阶段应该做到调整心态，学会接受和发展新角色；增强活力，学会将具体工作重心转移到团队建设上来；总结经验，继续向前发展；做好退休前的准备工作。

（二）组织职业生涯发展通道管理

组织在职业生涯管理中的主要任务之一就是要为组织成员的职业发展修筑职业通道，指明可能的发展方向及发展机会。组织成员沿着本组织的发展通道变换和晋升工作岗位，最终实现职业生涯的目标。具体来说，职业生涯发展通道是个体在一个组织中所经历的一系列结构化的职位，表明在一种职业中个人发展的一般路线或理想路线。职业生涯发展通道一般可分为四种类型。

（1）传统职业通道。这是一条职业工作纵向向上发展的通道。组织成员为达到一个较高的本专业职务工作层次，就必须沿着组织设计好的一级接一级地向上发展的生涯通道前进。这种模式可以清晰地展示向前发展的职位序列，但是由于职位数量的限制给人们提供的晋升机会十分有限，个人很可能长期都得不到晋升机会，从而可能削弱人力资源的积极性。

（2）网状职业通道。这是一种纵向发展的工作序列与横向发展的职业机会的综合交叉模式。这种呈网状分布的通道模式可以使个人拓宽和丰富自己的工作经验，便于找到真正适合自己的工作，同时为个人带来更多的职业发展机会，减少在组织中发展的压力。

（3）横向职业通道。这是一种以工作性质为重点的通道模式，可以使组织成员横向选择自己感兴趣的工作，充分发挥自己的个性特点，不断迎接挑战，以求得自我广阔的发展。

（4）双重职业通道。这种模式主要是用来解决某一领域中具有专业技能但并不期望或不合适通过正常升迁程序调到管理部门的人员的职业发展问题。这种模式就是在组织中建立一种平行的职业轨迹，一种是管理职业，另一种是技术职业。这体现了组织对人才发展的高度重视，可以使组织同时具有高水平的技术人员和高技能的管理人员。

对于公共部门来说，由于其组织结构主要是根据韦伯的科层制模式来设计的，强调等级节制，因此，传统的职业通道是采用最为普通的一种模式。但是，从 20 世纪 90 年代开始，公共部门组织结构不断进行改革重组，呈现出扁平化和多元化的趋势，逐渐开始采用其他种类的发展通道模式，以更好地开发和利用组织的人力资源。

组织对职业生涯发展通道的管理主要是基于职务分析、素质测评和绩效考核三个环节。通过职务分析了解各项职务的工作内容和任职要求，而后根据性质归纳为不同的职业群，并在这些职业群内部和职业群之间设计职业通道，整合成一个完整的职业生涯系统。素质测评是用来了解组织成员的个性和能力差异，每个人具有不同的职业锚、才干、价值观和目标，通过测评对组织成员有更客观准确的认识，从而为其提供合适的职业生涯通道。绩效考核是进行职业通道选择的现实条件，了解了组织成员的绩效状况后，才能知道是否能够胜任工作或者是否能晋升到更高的职位上，组织从而能为其提供不同的训练方式，做到人适其职、人尽其能。

当前，公共部门应该重视对职业生涯发展通道的科学管理，积极创造条件为人力资源提供施展才能的舞台，促进其职业生涯的合理发展。

（三）组织分阶段的职业生涯管理措施

人们的职业生涯会经历不同的发展阶段。综合一些专家学者对职业生涯发展阶段的研究，一般而言，可分为四个阶段，即职业探索阶段、职业确立阶段、职业生涯的持续阶段和职业衰退阶段。由于各个阶段具有不同的特征和任务，组织应对各阶段采取不同的职业生涯管理措施。

（1）职业探索阶段的管理。在这一阶段，个人通过自我判断、分析信息等方法选择、确定自己的职业发展方向并为此做出努力和准备。组织在这一阶段要帮助组织成员准确认识自己，制定初步的职业生涯发展规划。公共部门可以采用企业做法，实施“顾问计划”，给新入职的成员安排一名导师，为其提供职业咨询和帮助，使其较快融入组织环境。

（2）职业确立阶段的管理。职业确立阶段是个人重新审视自己的能力及职业选择的准确与否并在此基础上确定下一步的职业前程的重要时期。在这一阶段，组织应该准确把握组织成员的特点和他们对于培训、学习、成长和晋升等方面的需求，帮助他们发展职业生涯规划，明确职业生涯发展方向。例如，通过建立职业档案使组织成员明确自己的工作表现和未来发展方向，建立个人申报制度，使组织了解个人对工作等方面的期望和想法。

（3）职业生涯的持续阶段的管理。职业生涯的持续阶段是一个时间长、变化多，既可能获得事业成功，又可能引发职业危机的敏感时期。职业高原现象是这一阶段最为明显的危机，即个人获得进一步晋升的可能性很小，往往只能处于原地踏步的状况。组织可以通过满足成员心理成就感的方式来代替晋升实现激励效果，如提供培训机会，或者通过横向职业流动方式，以及在岗充实、职位轮换等使个人获得更多锻炼机会，还可采用工作丰富化和工作扩大化等途径克服这一现象。

（4）职业衰退阶段的管理。职业衰退阶段是职业生涯的最后阶段，组织应做好人力资源退休前期和后期的计划和安排，帮助组织成员做好退休前的各项心理和工作方面的准备，帮助他们顺利实现向退休生活的过渡。例如，通过召开座谈会等方式做好思想工作，帮助组织成员制订具体的退休计划，解决他们退休后的后顾之忧。

【实务指南 9-1】组织职业生涯的开发与管理模式

组织职业生涯开发与管理模式如图 9-3 所示。

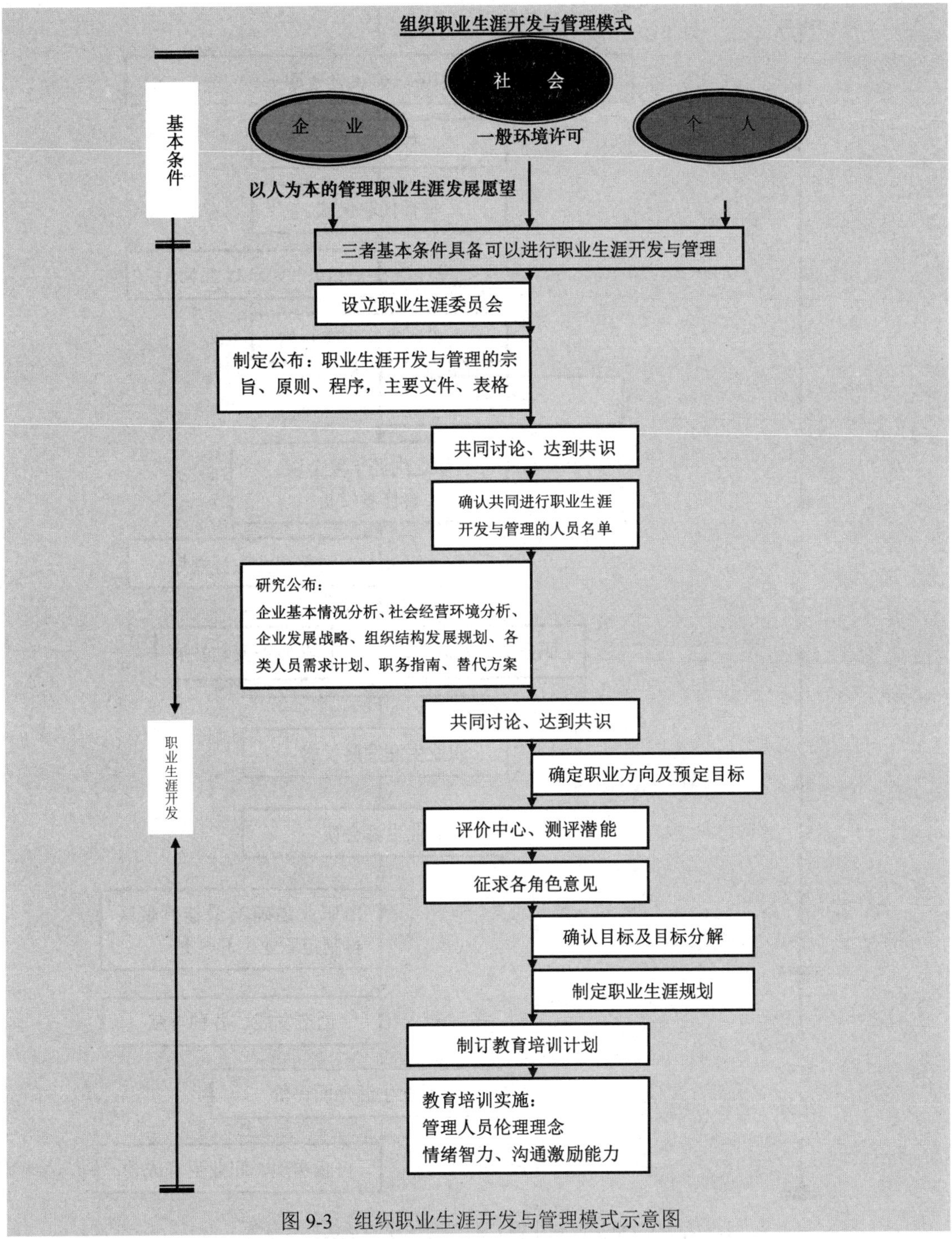

组织职业生涯开发与管理模式

基本条件

社 会

企 业

个 人

一般环境许可

以人为本的管理职业生涯发展愿望

三者基本条件具备可以进行职业生涯开发与管理

设立职业生涯委员会

制定公布：职业生涯开发与管理的宗旨、原则、程序，主要文件、表格

共同讨论、达到共识

确认共同进行职业生涯开发与管理的人员名单

研究公布：
企业基本情况分析、社会经营环境分析、企业发展战略、组织结构发展规划、各类人员需求计划、职务指南、替代方案

职业生涯开发

共同讨论、达到共识

确定职业方向及预定目标

评价中心、测评潜能

征求各角色意见

确认目标及目标分解

制定职业生涯规划

制订教育培训计划

教育培训实施：
管理人员伦理理念
情绪智力、沟通激励能力

图 9-3 组织职业生涯开发与管理模式示意图

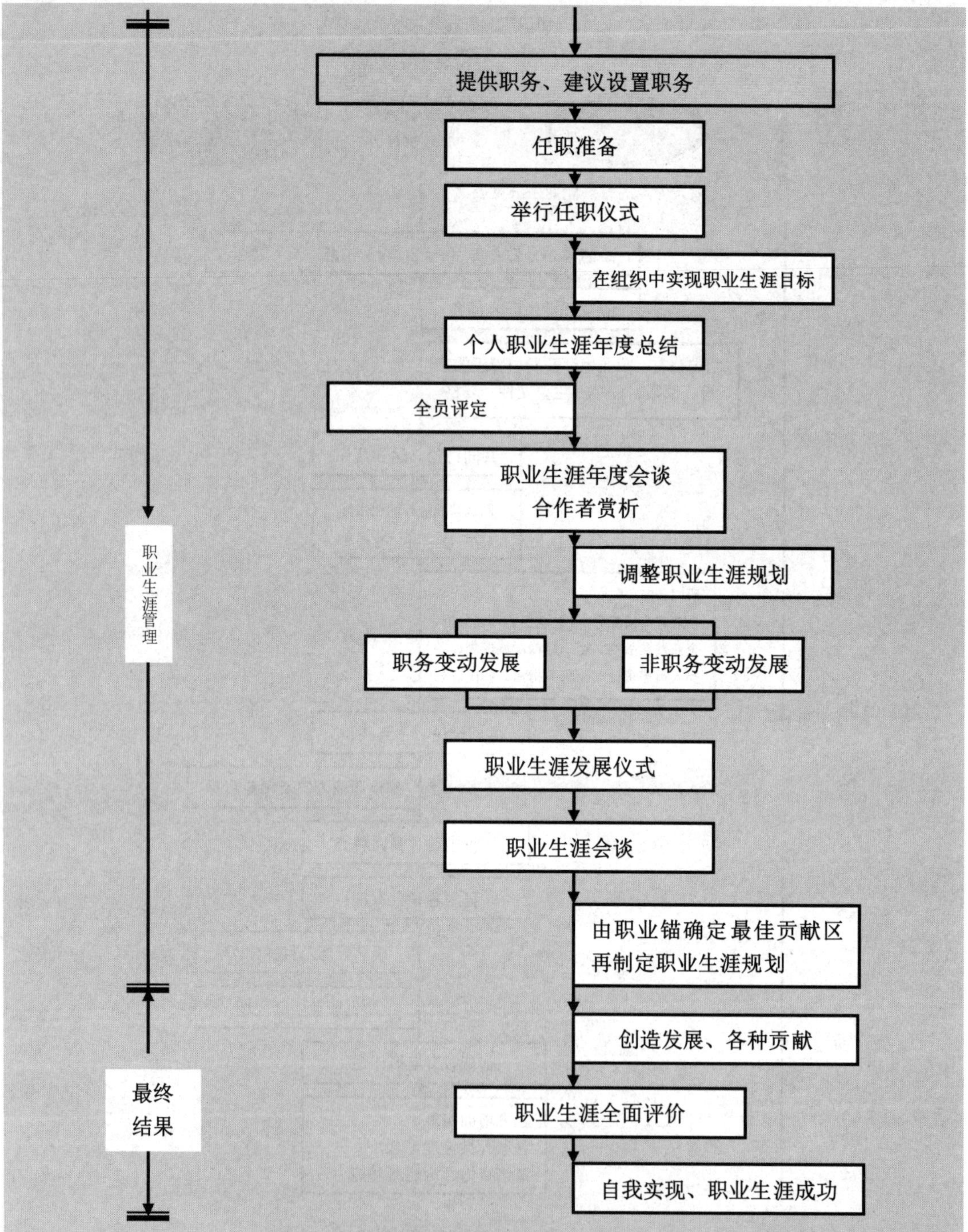

图 9-3　组织职业生涯开发与管理模式示意图（续）

本章小结

本章主要介绍了职业生涯的含义和特性，职业生涯规划与管理的概念、特性、原则和意义；分析了公共部门职业生涯规划管理中个人与组织职业规划的兼容性；最后介绍了公共部门对职业生涯的周期管理、组织对职业生涯发展通道的管理和职业发展各阶段的管理。

思考与练习

（1）什么是职业锚理论？

（2）个人职业生涯管理与组织职业生涯管理有哪些区别和联系？

（3）公共部门在员工职业发展管理方面扮演着什么样的角色？履行着什么样的管理任务？

（4）公共部门为实现组织发展目标和员工个人发展目标的相互协调，在职业发展管理方面应该开展哪些重要活动？

（5）公共部门如何管理职业生涯发展通道？

HR 测评 9-1

霍兰德职业倾向测试量表

第一部分　您心目中的理想职业（专业）

对于未来的职业（或升学进修的专业），您得早有考虑，它可能很抽象、很朦胧，也可能很具体、很清晰。不论是哪种情况，现在都请您把自己最想干的 3 种工作或最想读的 3 种专业，按顺序写下来。

1.

2.

3.

第二部分　您所感兴趣的活动

下面列举了若干种活动，请就这些活动判断你的好恶。喜欢的，请在“是”栏里打√；不喜欢的，请在“否”里打×。请按顺序回答全部问题。统计“是”的个数即是这一栏的得分。

R：实际型活动	是	否
1．装配修理电器或玩具		
2．修理自行车		
3．用木头做东西		
4．开汽车或摩托车		
5．用机器做东西		
6．参加木工技术学习班		
7．参加制图描图学习班		
8．驾驶卡车或拖拉机		
9．参加机械和电气学习班		
10．装配修理机器		
统计："是"一栏得分：		

I：调查型活动	是	否
1．读科技图书和杂志		
2．在实验室工作		
3．改良水果品种，培育新的水果		
4．调查了解土和金属等物质的成分		
5．研究自己选择的特殊问题		
6．解算术或玩数学游戏		
7．物理课		
8．化学课		
9．几何课		
10．生物课		
统计："是"一栏得分：		

A：艺术型活动	是	否
1．素描/制图或绘画		
2．参加话剧/戏剧		
3．设计家具/布置室内		
4．练习乐器/参加乐队		
5．欣赏音乐或戏剧		
6．看小说/读剧本		
7．从事摄影创作		
8．写诗或吟诗		
9．进行艺术（美术/音乐）培训		
10．练习书法		
统计："是"一栏得分：		

S：社会型活动	是	否
1．学校或单位组织的正式活动		
2．参加某个社会团体或俱乐部活动		
3．帮助别人解决困难		
4．照顾儿童		
5．出席晚会、联欢会、茶话会		
6．和大家一起出去郊游		
7．想获得关于心理方面的知识		
8．参加讲座会或辩论会		
9．观看或参加体育比赛和运动会		
10．结交新朋友		
统计：“是”一栏得分：		

E：事业型活动	是	否
1．说服鼓动他人		
2．卖东西		
3．谈论政治		
4．制订计划、参加会议		
5．以自己的意志影响别人的行为		
6．在社会团体中担任职务		
7．检查与评价别人的工作		
8．结交名流		
9．指导有某种目标的团体		
10．参与政治活动		
统计：“是”一栏得分：		

C：常规型（传统型）活动	是	否
1．整理好桌面和房间		
2．抄写文件和信件		
3．为领导写报告或公务信函		
4．检查个人收支情况		
5．打字培训班		
6．参加算盘、文秘等实务培训		
7．参加商业会计培训班		
8．参加情报处理培训班		
9．整理信件、报告、记录等		
10．写商业贸易信		
统计：“是”一栏得分：		

第三部分 您所擅长或胜任的活动

下面列举了若干种活动，其中你能做或大概能做的事，请在“是”栏里打√；反之，在“否”栏里打×。请回答全部问题。统计“是”的个数即是这一栏的得分。

R：实际型能力	是	否
1. 能使用电锯、电钻和锉刀等木工工具		
2. 知道万用表的使用方法		
3. 能够修理自行车或其他机械		
4. 能够使用电钻床、磨床或缝纫机		
5. 能给家具和木制品刷漆		
6. 能看建筑设计图		
7. 能够修理简单的电气用品		
8，能修理家具		
9. 能修理收录机		
10. 能简单地修理水管		
统计：“是”一栏得分：		

I：调查型能力	是	否
1. 懂得真空管或晶体管的作用		
2. 能够列举三种蛋白质多的食品		
3. 理解铀的裂变		
4. 能用计算尺、计算器、对数表		
5. 会使用显微镜		
6. 能找到三个星座		
7. 能独立进行调查研究		
8. 能解释简单的化学		
9. 理解人造卫星为什么不落地		
10. 经常参加学术的会议		
统计：“是”一栏得分：		

A：艺术型能力	是	否
1. 能演奏乐器		
2. 能参加二部或四部合唱		
3. 独唱或独奏		
4. 扮演剧中角色		
5. 能创作简单的乐曲		
6. 会跳舞		
7. 能绘画、素描或书法		
8. 能雕刻、剪纸或泥塑		
9. 能设计板报、服装或家具		
10. 写得一手好文章		
统计：“是”一栏得分：		

S：社会型能力	是	否
1．有向各种人说明解释的能力		
2．常参加社会福利活动		
3．能和大家一起友好相处地工作		
4．善于与年长者相处		
5．会邀请人、招待人		
6．能简单易懂地教育儿童		
7．能安排会议等活动顺序		
8．善于体察人心和帮助他人		
9．帮助护理病人和伤员		
10．安排社团组织的各种事务		
统计：“是”一栏得分：		

E：事业型能力	是	否
1．担任过学生干部并且干得不错		
2．工作上能指导和监督他人		
3．做事充满活力和热情		
4．有效利用自身的做法调动他人		
5．销售能力强		
6．曾作为俱乐部或社团的负责人		
7．向领导提出建议或反映意见		
8．有开创事业的能力		
9．知道怎样做能成为一个优秀的领导者		
10．健谈善辩		
统计：“是”一栏得分：		

C：常规型（传统型）能力	是	否
1．会熟练的打印中文		
2．会用外文打字机或复印机		
3．能快速记笔记和抄写文章		
4．善于整理保管文件和资料		
5．善于从事事务性的工作		
6．会用算盘		
7．能在短时间内分类和处理大量文件		
8．能使用计算机		
9．能搜集数据		
10．善于为自己或集体做财务预算表		
统计：“是”一栏得分：		

第四部分　您所喜欢的职业

下面列举了多种职业，请逐一认真地看，如果是你有兴趣的工作，请在“是”栏里打

√；如果你不太喜欢、不关心的工作，请在“否”栏里打×。统计“是”的个数即是这一栏的得分。

R：实际型职业	是	否
1．飞机机械师		
2．野生动物专家		
3．汽车维修工		
4．木匠		
5．测量工程师		
6．无线电报务员		
7．园艺师		
8．长途公共汽车司机		
9．火车司机		
10．电工		
统计：“是”一栏得分：		

I：调研型职业	是	否
1．气象学或天文学者		
2．生物学者		
3．医学实验室的技术人员		
4．人类学者		
5．动物学者		
6．化学者		
7．数学学者		
8．科学杂志的编辑或作家		
9．地质学者		
10．物理学者		
统计：“是”一栏得分：		

A：艺术型职业	是	否
1．乐队指挥		
2．演奏家		
3．作家		
4．摄影家		
5．记者		
6．画家、书法家		
7．歌唱家		
8．作曲家		
9．电影电视演员		
10．节目主持人		
统计：“是”一栏得分：		

S：社会型职业	是	否
1．街道、工会或妇联干部		
2．小学、中学教师		
3．精神病医生		
4．婚姻介绍所工作人员		
5．体育教练		
6．福利机构负责人		
7．心理咨询员		
8．共青团干部		
9．导游		
10．国家机关工作人员		
统计："是"一栏得分：		

E：事业型职业	是	否
1．厂长		
2．电视片编制人		
3．公司经理		
4．销售员		
5．不动产推销员		
6．广告部长		
7．体育活动主办者		
8．销售部长		
9．个体工商业者		
10．企业管理咨询人员		
统计："是"一栏得分：		

C：常规型职业	是	否
1．会计师		
2．银行出纳员		
3．税收管理员		
4．计算机操作员		
5．簿记人员		
6．成本核算员		
7．文书档案管理员		
8．打字员		
9．法庭书记员		
10．人口普查登记员		
统计："是"一栏得分：		

第五部分 统计和确定您的职业倾向

请将第二部分至第五部分的全部测验分数按前面已统计好的6种职业倾向（R型、I型、A型、S型、E型和C型）得分填入下表，并作纵向累加。

	R型	I型	A型	S型	E型	C型
第二部分						
第三部分						
第四部分						
总分						

请将上表中的6种职业倾向总分按大小顺序依次从左到右排列：　　　　型

您的职业倾向性得分最高分　　　　；最低分

以上全部测验完毕。

现在，将你测验得分居第一位的职业类型找出来，对照下表，判断一下自己适合的职业类型。

职业索引——职业兴趣代号与其相应的职业对照表。

R（实际型）：木匠、农民、操作X光的技师、工程师、飞机机械师、鱼类和野生动物专家、自动化技师、机械工（车工、钳工等）、电工、无线电报务员、火车司机、长途公共汽车司机、机械制图员、修理机器、电器师。

I（调查型）：气象学者、生物学者、天文学家、药剂师、动物学者、化学家、科学报刊编辑、地质学者、植物学者、物理学者、数学家、实验员、科研人员、科技作者。

A（艺术型）：室内装饰专家、图书管理专家、摄影师、音乐教师、作家、演员、记者、诗人、作曲家、编剧、雕刻家、漫画家。

S（社会型）：社会学者、导游、福利机构工作者、咨询人员、社会工作者、社会科学教师、学校领导、精神病工作者、公共保健护士。

E（事业型）：推销员、进货员、商品批发员、旅馆经理、饭店经理、广告宣传员、调度员、律师、政治家、零售商。

C（常规型）：记账员、会计、银行出纳、法庭速记员、成本估算员、税务员、核算员、打字员、办公室职员、统计员、计算机操作员、秘书。

职业倾向测评参考答案

现在，将你测验得分居第一位的职业类型找出来，对照下表，判断一下自己适合的职业类型。

职业索引——职业兴趣代号与其相应的职业对照表。

R（实际型）：木匠、农民、操作X光的技师、工程师、飞机机械师、鱼类和野生动物

专家、自动化技师、机械工（车工、钳工等）、电工、无线电报务员、火车司机、长途公共汽车司机、机械制图员、修理机器、电器师。

I（调查型）：气象学者、生物学者、天文学家、药剂师、动物学者、化学家、科学报刊编辑、地质学者、植物学者、物理学者、数学家、实验员、科研人员、科技作者。

A（艺术型）：室内装饰专家、图书管理专家、摄影师、音乐教师、作家、演员、记者、诗人、作曲家、编剧、雕刻家、漫画家。

S（社会型）：社会学者、导游、福利机构工作者、咨询人员、社会工作者、社会科学教师、学校领导、精神病工作者、公共保健护士。

E（事业型）：推销员、进货员、商品批发员、旅馆经理、饭店经理、广告宣传员、调度员、律师、政治家、零售商。

C（常规型）：记账员、会计、银行出纳、法庭速记员、成本估算员、税务员、核算员、打字员、办公室职员、统计员、计算机操作员、秘书。

下面介绍与你 3 个代号的职业兴趣类型一致的职业表，对照的方法如下：首先根据你的职业兴趣代号，在下表中找出相应的职业，如你的职业兴趣代号是 RIA，那么牙科技术人员、陶工等是适合你兴趣的职业。然后寻找与你职业兴趣代号相近的职业，如你的职业兴趣代号是 RIA，那么，其他由这三个字母组合成的编号（如 IRA、IAR、ARI 等）对应的职业，也较适合你的兴趣。

RIA：牙科技术员、陶工、建筑设计员、模型工、细木工、制作链条人员。

RIS：厨师、林务员、跳水员、潜水员、染色员、电器修理、眼镜制作、电工、纺织机器装配工、服务员、装玻璃工人、发电厂工人、焊接工。

RIE：建筑和桥梁工程、环境工程、航空工程、公路工程、电力工程、信号工程、电话工程、一般机械工程、自动工程、矿业工程、海洋工程、交通工程技术人员、制图员、家政经济人员、计量员、农民、农场工人、农业机械操作、清洁工、无线电修理、汽车修理、手表修理、管工、线路装配工、工具仓库管理员。

RIC：船上工作人员、接待员、杂志保管员、牙医助手、制帽工、磨坊工、石匠、机器制造、机车（火车头）制造、农业机器装配、汽车装配工、缝纫机装配工、钟表装配和检验、电动器具装配、鞋匠、锁匠、货物检验员、电梯机修工、托儿所所长、钢琴调音员、装配工、印刷工、建筑钢铁工作、卡车司机。

RAI：手工雕刻、玻璃雕刻、制作模型人员、家具木工、制作皮革品、手工绣花、手工钩针纺织、排字工作、印刷工作、图画雕刻、装订工。

RSE：消防员、交通巡警、警察、门卫、理发师、房间清洁工、屠夫、锻工、开凿工人、管道安装工、出租汽车驾驶员、货物搬运工、送报员、勘探员、娱乐场所的服务员、起卸机操作工、灭害虫者、电梯操作工、厨房助手。

RSI：纺织工、编织工、农业学校教师、某些职业课程教师（诸如艺术、商业、技术、工艺课程）、雨衣上胶工。

REC：抄水表员、保姆、实验室动物饲养员、动物管理员。

REI：轮船船长、航海领航员、大副、试管实验员。

RES：旅馆服务员、家畜饲养员、渔民、渔网修补工、水手长、收割机操作工、搬运行李工人、公园服务员、救生员、登山导游、火车工程技术员、建筑工作、铺轨工人。

RCI：测量员、勘测员、仪表操作者、农业工程技师、化学工程技师、民用工程技师、石油工程技师、资料室管理员、探矿工、煅烧工、烧窑工、矿工、保养工、磨床工、取样工、样品检验员、纺纱工、炮手、漂洗工、电焊工、锯木工、刨床工、制帽工、手工缝纫工、油漆工、染色工、按摩工、木匠、农民建筑工作、电影放映员、勘测员助手。

RCS：公共汽车驾驶员、一等水手、游泳池服务员、裁缝、建筑工人、石匠、烟囱修建工、混凝土工、电话修理工、爆炸手、邮递员、矿工、裱糊工人、纺纱工。

RCE：打井工、吊车驾驶员、农场工人、邮件分类员、铲车司机、拖拉机司机。

IAS：普通经济学家、农场经济学家、财政经济学家、国际贸易经济学家、实验心理学家、工程心理学家、心理学家、哲学家、内科医生、数学家。

IAR：人类学家、天文学家、化学家、物理学家、医学病理家、动物标本剥制者、化石修复者、艺术品管理者。

ISE：营养学家、饮食顾问、火灾检查员、邮政服务检查员。

ISC：侦察员、电视播音室修理员、电视修理服务员、验尸室人员、编目录者、医学实验定技师、调查研究者。

ISR：水生生物学者、昆虫学者、微生物学家、配镜师、矫正视力者、细菌学家、牙科医生、骨科医生。

ISA：实验心理学家、普通心理学家、发展心理学家、教育心理学家、社会心理学家、临床心理学家、目标学家、皮肤病学家、精神病学家、妇产科医师、眼科医生、五官科医生、医学实验室技术专家、民航医务人员、护士。

IES：细菌学家、生理学家、化学专家、地质专家、地理物理学专家、纺织技术专家、医院药剂师、工业药剂师、药房营业员。

IEC：档案保管员、保险统计员。

ICR：质量检验技术员、地质学技师、工程师、法官、图书馆技术辅导员、计算机操作员、医院听诊员、家禽检查员。

IRA：地理学家、地质学家、声学物理学家、矿物学家、古生物学家、石油学家、地震

学家、声学物理学家、原子和分子物理学家、电学和磁学物理学家、气象学家、设计审核员、人口统计学家、数学统计学家、外科医生、城市规划家、气象员。

IRS：流体物理学家、物理海洋学家、等离子体物理学家、农业科学家、动物学家、食品科学家、园艺学家、植物学家、细菌学家、解剖学家、动物病理学家、作物病理学家、药物学家、生物化学家、生物物理学家、细胞生物学家、临床化学家、遗传学家、分子生物学家、质量控制工程师、地理学家、兽医、放射性治疗技师。

IRE：化验员、化学工程师、纺织工程师、食品技师、渔业技术专家、材料和测试工程师、电气工程师、土木工程师、航空工程师、行政官员、冶金专家、原子核工程师、陶瓷工程师、地质工程师、电力工程量、口腔科医生、牙科医生。

IRC：飞机领航员、飞行员、物理实验室技师、文献检查员、农业技术专家、动植物技术专家、生物技师、油管检查员、工商业规划者、矿藏安全检查员、纺织品检验员、照相机修理者、工程技术员、编计算程序者、工具设计者、仪器维修工。

CRI：簿记员、会计、计时员、铸造机操作工、打字员、按键操作工、复印机操作工。

CRS：仓库保管员、档案管理员、缝纫工、讲述员、收款人。

CRE：标价员、实验室工作者、广告管理员、自动打字机操作员、电动机装配工、缝纫机操作工。

CIS：记账员、顾客服务员、报刊发行员、土地测量员、保险公司职员、会计师、估价员、邮政检查员、外贸检查员。

CIE：打字员、统计员、支票记录员、订货员、校对员、办公室工作人员。

CIR：校对员、工程职员、海底电报员、检修计划员、发报员。

CSE：接待员、通信员、电话接线员、售票员、旅馆服务员、私人职员、商学教师、旅游办事员。

CSR：运货代理商、铁路职员、交通检查员、办公室通信员、簿记员、出纳员、银行财务职员。

CSA：秘书、图书管理员、办公室办事员。

CER：邮递员、数据处理员、办公室办事员。

CEI：推销员、经济分析家。

CES：银行会计、记账员、法人秘书、速记员、法院报告人。

ECI：银行行长、审计员、信用管理员、地产管理员、商业管理员。

ECS：信用办事员、保险人员、各类进货员、海关服务经理、售货员、购买员、会计。

ERI：建筑物管理员、工业工程师、农场管理员、护士长、农业经营管理人员。

ERS：仓库管理员、房屋管理员、货栈监督管理员。

ERC：邮政局长、渔船船长、机械操作领班、木工领班、瓦工领班、驾驶员领班。

EIR：科学、技术和有关周期出版物的管理员。

EIC：专利代理人、鉴定人、运输服务检查员、安全检查员、废品收购人员。

EIS：警官、侦察员、交通检验员、安全咨询员、合同管理者、商人。

EAS：法官、律师、公证人。

EAR：展览室管理员、舞台管理员、播音员、驯兽员。

ESC：理发师、裁判员、政府行政管理员、财政管理员、I程管理员、职业病防治员、售货员、商业经理、办公室主任、人事负责人、调度员。

ESR：家具售货员、书店售货员、公共汽车的驾驶员、日用品售货员、护士长、自然科学和工程的行政领导。

ESI：博物馆管理员、图书馆管理员、古迹管理员、饮食业经理、地区安全服务管理员、技术服务咨询者、超级市场管理员、零售商品店店员、批发商、出租汽车服务站调度员。

ESA：博物馆馆长、报刊管理员、音乐器材售货员、广告商售画营业员、导游、（轮船或班机上的）事务长、飞机上的服务员、船员、法官、律师。

ASE：戏剧导演、舞蹈教师、广告撰稿人、报刊、专栏作者、记者、演员、英语翻译。

ASI：音乐教师、乐器教师、美术教师、管弦乐指挥、合唱队指挥、歌星、演奏家、哲学家、作家、广告经理、时装模特。

AER：新闻摄影师、电视摄影师、艺术指导、录音指导、丑角演员、魔术师、木偶戏演员、骑士、跳水员。

AEI：音乐指挥、舞台指导、电影导演。

AES：流行歌手、舞蹈演员、电影导演、广播节目主持人、舞蹈教师、口技表演者、喜剧演员、模特。

AIS：画家、剧作家、编辑、评论家、时装艺术大师、新闻摄影师、男演员、文学作者。

AIE：花匠、皮衣设计师、工业产品设计师、剪影艺术家、复制雕刻品大师。

AIR：建筑师、画家、摄影师、绘图员、环境美化工、雕刻家、包装设计师、陶器设计师、绣花工、漫画工。

SEC：社会活动家、退伍军人服务官员、工商会事务代表、教育咨询者、宿舍管理员、旅馆经理、饮食服务管理员。

SER：体育教练、游泳指导。

SEI：大学校长、学院院长、医院行政管理员、历史学家、家政经济学家、职业学校教师、资料员。

SEA：娱乐活动管理员、国外服务办事员、社会服务助理、一般咨询者、宗教教育工作者。

SCE：部长助理、福利机构职员、生产协调人、环境卫生管理人员、戏院经理、餐馆经理、售票员。

SRI：外科医师助手、医院服务员。

SRE：体育教师、职业病治疗者、体育教练、专业运动员、房管员、儿童家庭教师、警察、引座员、传达员、保姆。

SRC：护理员、护理助理、医院勤杂工、理发师、学校儿童服务人员。

SIA：社会学家、心理咨询者、学校心理学家、政治科学家、大学或学院的系主任、大学或学院的教育学教师、大学农业教师、大学工程和建筑课程的教师、大学法律教师、大学数学、医学、物理、社会科学和生命科学的教师、研究生助教、成人教育教师。

SIE：营养学家、饮食学家、海关检查员、安全检查员、税务稽查员、校长。

SIC：描图员、兽医助手、诊所助理、体检检查员、监督缓刑犯的工作者、娱乐指导者、咨询人员、社会科学教师。

SIR：理疗员、救护队工作人员、手足病医生、职业病治疗助手。

案例学习

奥巴马的职业生涯规划

奥巴马通过自己的职业规划，一步步地问鼎总统宝座，这对于那些处于寻找工作的人或者欲想对个人做一个职业规划的人来说，应该有一定的借鉴意义。试想，是否有任何求职和职业规划的经验教训可以胜过奥巴马的历史性的胜利？答案当然是否定的。设定一个目标，这个目标一定要适合你自己。在奥巴马的眼中，任何人都可以成长为美国总统，你可以做任何你想要做并喜欢的工作并为此设定目标。通往成功的道路是漫长而艰难的。奥巴马并不是突然在某一天醒来后才决定去做美国总统的。首先他需要通过学校教育来提升自己的知识水平，毕业后投入社会工作，然后他竞选参议员，参与民主党竞选总统的提名，最后成为总统。

建立有价值的人际网络。奥巴马并不是靠自己一个人的努力取胜的，在他的背后有着成千上万的人帮助他达到自己的目标。由此，想想你利用和发展好你的人际关系网络了吗？利用互联网。奥巴马不但上网浏览基本的信息，他还广泛使用各种互联网工具，如博客、视频、讨论组、电子商务和电子邮件。通过互联网，奥巴马用它来放大了自己的信息，并广泛接触到他的选民。

建立良好的个人形象。良好的个人形象往往会给人们一个信息：形象和行为的一致性。良好的形象不仅仅是外表，还包含内在气质和文化修养。而后者往往比前者更重要。例如找工作，首先展示的是外在形象，衣着整洁、端正大方，这样你受关注的机会就比别人多；其次，在你的言谈举止中你将展示出你的内在气质和文化修养，如果你的内在形象优秀，就会增加你在别人心目中的分量，别人也会对你刮目相看，受到重用的机会就比别人多。

重视每次展示的机会。对于重要性的采访，每次奥巴马面对摄像头的时候，他都做好充分的准备并流利回答每一个问题。大多数人都不喜欢被采访，假设奥巴马没有每天 5~10 次的被采访，他会做到如此之好吗？这就是熟能生巧的道理吧。

赢得朋友和家人的支持。通常情况下，一个政治家的家庭往往被错误看作仅仅是一个道具，在需要时才出现。其实在现实生活中，公众人物也需要拥有自己的私人空间、人际关系、个人责任、利益和要求。而他们的家庭往往就是这一私人生活需求的基石，并以此来支持他们在公众视线的成功。所以当我们努力工作，当我们取得成功的时候，请别忘记在背后默默支持我们的家人和朋友，因为这也是我们的责任。

懂得感谢非常重要。奥巴马的演讲既鼓舞人心又非常的谦虚。他没有回避承认所有帮助他前进的每一个人。在接下来的日子中，这些人还将继续帮助他处理数千个（或许是数百万）的电子邮件、信件和电话。通常在生活中，说声谢谢是件很容易的事情，但有时我们往往太容易忘记做了。

适当的休息很重要。奥巴马在 2008 年 11 月 4 日当选，但实际上他要等到 2009 年 1 月才宣誓就职。毫无疑问，他将利用这段时间组建他的团队，他也可能需要几天的时间进行休息。所以，当你开始一项繁重的工作的时候，选择适时的休息将有助于你注入新的活力。

不要惧怕前进道路上的失败。虽然麦凯恩参议员和佩林州长失去了选举，但他们有没有得到的东西呢？答案是肯定的。麦凯恩获得 46%的选票也并不是太寒酸，他建立了一个团队并扩大了自己在党内的影响力；佩林通过选举获得宝贵的经验，以至于有人猜测她会在 2012 年总统选举中卷土重来。所以，当你在找工作的时候，即使你没有得到这份工作也不要沮丧，因为事实上你还是收获了许多有用的东西，如面试的经验、人际的网络，往往这些东西具有更大的价值。

（资料来源：新浪网，http://www.sina.com.cn.）

思考题：

1. 本案例中体现了奥巴马目前正处于何种阶段的生涯？

2. 结合公共部门个人职业生涯规划与组织职业生涯规划的兼容原理，分析奥巴马的职业生涯规划与管理。

公共部门人力资源流动管理

本章关键词

- 公共部门人力资源流动管理（Human Resources Flow Management of Public Sector）
- 公共部门人力资源流动管理模式（Human Resources Flow Management Mode of Public Sector）

本章目标

- 了解公共部门人力资源流动管理的含义、分类、模式和局限性
- 熟悉公共部门人力资源流动水平和垂直流动管理的内容、分类
- 掌握公共部门人力资源流动管理的意义和改善措施

互联网资料

- http://www.nsa.gov.cn
- http://www.21cnhr.gov.cn/gongwuyuan/

第一节　公共部门人力资源流动概述

一、人力资源流动的概念和分类

广义的人力资源流动，是指具有劳动能力的人离开原来的工作岗位，走向新的工作岗位的一种活动和过程。人力资源流动可以发生在组织内部也可以发生在组织与组织之间。组织内部的流动是组织的人事部门通过职位升降、调换岗位、职务轮换、平级调动等来完成的，是组织管理行为的结果；组织间的流动包括上级调动、跳槽、个人辞职、免职、资遣等。

组织内的人力资源流动，按范围划分，包括组织进行结构调整，配合组织的工作需要而进行的人力资源流动；由于人与事不相适应，如用非所学、用非所长而引起的流动；由于人际关系失调，如领导专横、任人唯亲、与同事关系紧张等而引起的流动；由于生活和经济原因，如夫妻分居、交通不便、水土不服等引起的流动。按人员隶属关系变动与否划分，包括改变隶属关系的流动和不改变隶属关系的流动。按流向划分，人力资源内部流动可以分为水平流动和垂直流动。水平流动一般指人员的转任与工作岗位的轮换。垂直流动则是人员工作职位的升降，包括上行和下行流动即晋升和降级。

公共部门人力资源流动的类型根据不同的标准，还可以有不同的划分，包括结构性流动和自主性流动，动编流动与在编流动，宏观流动、中观流动和微观流动，主动流动与被动流动，有序流动和无序流动，空间流动与专业流动，入界流动、界内流动与出界流动等。其中，比较重要的流动类型分类是以人员流动的空间为主线来分析，公共部门人力资源流动分为入界流动、界内流动与出界流动，这是比较常见的分类，也是我们研究问题的重要切入点。

（1）入界流动。入界流动是指公民通过一定的形式和渠道进入公共部门人员系统，获得公共部门人员的角色，实现人与职位的初次结合。根据《公共部门人员法》的规定，我国公共部门人员系统的入界渠道主要是考任、调任（调入）和聘任。

（2）界内流动。界内流动是公共部门人员管理的一个重要环节，其基本依据是公共部门人员的考核结果。通过各种形式的考核，鉴别行政系统中人与事关系的具体状态和问题。对人的素质和能力超过职位要求（大材小用）、人的素质和能力低于职位要求（小材大用）、专业不对口等情况，用不同的方法分别进行调整，使得各种具体的行政人事关系发生变更。

（3）出界流动。出界流动是指公共部门人员流出公共部门人员系统的边界，使行政人事关系归于消灭的一种流动形式。

二、人力资源流动的影响因素和原则

（一）人力资源流动的影响因素

影响人力资源流动的原因很多，比较显著的因素归纳起来包括以下几个方面。

（1）经济发展状况。经济发展水平的高低对人力资源的流动具有最显著的影响。经济发展水平较高的国家或地区具有容纳较多数量人才的优势，而且对于人才的需求往往较高，还能够为人才提供较为优越的物质条件和良好的工作条件，因此一般情况下，人才总是从生产力水平较低的国家或地区流向生产力水平经济发展水平较高的国家或地区。

（2）政治体制。一般政治稳定或开明的国家或地区既能够留住本地区的人才，又能够吸引外地区的人才。因为这些地区，一般都具有合理的人事制度和较高的人事管理水平，能够制定正确的方针、政策、法令，可以在物质生活待遇、工作条件、社会地位等物质方面和精神方面创造良好的综合环境，同时又能够采取切合实际的措施来及时发现人才，科学管理和合理地使用人才，使人才发挥最大限度的作用。而在政治动荡、专制、落后的国家或地区，情况则正好相反，既不能很好地管理和使用人才，有时人才甚至还会有生命危险。

（3）科学文化水平。一般来说，科学文化水平越高的国家或地区越容易吸收人才。这主要是因为人才要使自己的知识技能发挥作用，必须通过一定的信息、物质手段，而科学文化水平较高的国家或地区能够提供及时、正确的信息和信息交换条件以及较高水平的实验条件和舒适的工作环境，使人才有充分展现才能的可能。

（4）报酬、福利。报酬包括工资、奖金等。福利则包括休假、医疗保险、退休金、娱乐设施等。亚当斯密的“经济人”假说认为，人具有趋利性，一个组织为员工提供的报酬越高，福利条件越好，就越具有吸引力，人力资源就愿意流入。而一个组织为员工提供的报酬低，福利条件差，则很难具有吸引力，不但吸引不到新的人才，就是本组织的人才也可能要外流。尤其是在生活条件总体水平都不高的情况下，报酬、福利对人力资源流动的影响就越大。

（5）晋升。人除了需要物质的满足外，还渴望精神上的满足。事业上的成就感就是一种主要的精神满足。因此，如果一个组织能够充分发掘人才的潜力，给予人才很多的晋升机会，使其取得事业上的成功，那么就会对人才产生吸引力，使得人力资源向本组织流动。

（6）组织形象与威望。一个组织的形象越好，在人们心目中的威望越大，就越容易使人力资源向本组织流入。

（7）兴趣。有些人十分看重工作是否符合自己的兴趣，那些符合他们兴趣的工作对他们具有很大的吸引力，而那些他们不感兴趣的工作则会尽力避免。这也会造成人力资源的流动。

另外，培训机会、有效沟通、工作的稳定性交流调配、回避等因素也会对人力资源流动产生影响。

（二）人力资源流动的原则

要实现人力资源的合理流动，遵循一定的人力资源流动原则是必不可少的。主要有以下四个方面。

（1）用人所长原则。每个单位或部门应该首先搞好人员的内部挖潜和调配，实现人力资源在本系统内的合理流动，尽量使现有人员学有所用，提高其利用率，在此基础上再根据实现需要，引进必不可少的稀缺人员。

（2）合理流向原则。由于各地区、各单位、各部门的发展不平衡，人的素质和能力的发展也不可能同步。因此，各地区、单位和部门在一定时期对人的需求与同时期本地区、单位和部门的人员供给之间必然产生不平衡。合理流动是人员从多的地方流向少的地方，从人员闲置的地方流向急需人员的地方，从效益差的地方流向效益好的地方，以促进人员供需关系的平衡，以达到积极稳妥的调节作用。

（3）最佳社会综合效益原则。人力资源流动应从全社会的需要出发，最大限度地发挥现有人才的经济效益和社会效益。衡量人员流向合理与否的标准，只能是综合社会效益，即不仅包括社会经济效益，而且包括社会政治的、文化的效益。仅就经济效益而言，也有眼前效益与长远效益、局部效益与全局效益的区分。

（4）自主原则。既要允许用人单位根据工作需要选择人员，也要允许人员在国家法律、法规和政策允许的范围内自主择业。在人力资源流动中，应创造条件让供需双方直接见面洽谈，实行双向选择，做到两全其美。

三、公共部门人力资源流动的基本条件及模式

（一）公共部门人力资源流动的基本条件

公共部门人力资源的流动是有前提的，其前提就是公共部门人员的身份具有非终身性，不存在“铁饭碗”，另外，公共部门人员个人与行政职位之间的联系是非固定化的，不存在“铁交椅”。一方面，如果一个人一旦进入行政系统便终身拥有“官”的身份甚至可以世袭，公共部门人员的流动便无从谈起；另一方面，公共部门人力资源流动是在具有差异性的行政职位之间的位移，如果行政职位之间界限森严，公共部门人员被一次性地固定在某一职位上，就不存在公共部门人员的流动。例如，1968 年以前的英国文官系统结构，文官职位横向分为行政类和专业技术类，纵向分为上、中、下三个级别，各类各级之间等级森严，

不可逾越，自成一种具有鲜明的官阶性和官僚性的封闭型体制。低级文官终身被禁锢在自己的等级之内不得攫升为高级文官。在这样的系统中，公共部门人员几乎无流动可言。因此，从这个意义上讲，公共部门人力资源流动是行政职位与充任人的分离而与新的人员结合并形成新的人事关系的过程。人的资格条件的变化或职位对人的资格条件要求的变化必然导致人与事之间关系的冲突或失衡，这是公共部门人力资源流动的根源。通过给旧有职位配置新的人员或给旧有人员安排新的职位，从而实现行政系统内人与事关系的新构或重构。流动的实质是人事关系的平衡和有序化。

（二）公共部门人力资源流动的模式

一般来说，公共部门存在以下四种人力资源流动模式。

（1）终身雇佣模式。在这种流动模式中，雇员从组织的底层进入组织，之后就一直没有流出组织，终其职业生涯都与组织在一起。

（2）或上或出模式。在这种模式中，雇员从组织的底层进入，按预定的轨道在组织中升上去，如果在此上升道路的任何级别上不能被提升，或者不能达到最高级别，通常意味着此人必须离开。该体系在其底层有较高的离职率，在上层则相对稳定。

（3）不稳定的进出模式。在这种模式中，雇员可能会在组织中的任何一个层次进入，在其职业生涯中，因为经济周期、表现不佳或是与管理层不配合等原因，可能在任何层次和时间被要求离开。有时雇佣合同在一定期限内有效，以保证雇佣在这一时期有一定的稳定性。

（4）综合模式。只有很少的组织是完全采用上述模式之一的，大多数组织常常混合使用前三种模式。这些模式中，每一种模式对雇员的福利、组织的有效性以及组织在社会中的角色都有不同的影响。

反观中国的公共部门人力资源流动模式。在传统人事制度下，我国的人事配置实行计划化，人力资源如同其他资源一样，按照国家的行政计划实行“统包统配”式调配。在这种体制下，劳动者只能被动地服从国家计划的分配，听从组织的安排，就业后不能自主流动。在行政机关里，公共部门人员只要没有较大过失，就有机会得到终身雇佣直至自然流出。

公共部门人员队伍因其涉及国家政权的稳定这一特殊性和重要性，它的流动也具有特殊性。一方面，要保持公共部门人员队伍的稳定，这样才能确保政府的高效行政和政策的稳定性、连续性；另一方面，在市场经济环境下，保持一定的流动比率也是必要的，这是社会发展多元化选择的一种进步。因而，中国公共部门人员的流动管理模式，不应搞终身雇佣的模式，以防“铁饭碗”的出现。同时，又不能搞绝对的不稳定的进出模式，以防公共部门人员队伍军心涣散。按这四种模式来划分，应该说，中国目前实行的是综合模式，是依考核结果而或升降，或流出，以及水平流动的模式。有的公共部门人员因考评职称等原因有机会一直在行政机关里工作直至退休，类似得到终身雇佣。实行聘任制招进来的公共部门人员则可能在劳动合同期满后离开公共部门人员队伍，他们只在合同期内被稳定雇佣。

第二节　人力资源流动理论基础

各国公共部门人力资源流动方式综合起来主要有 10 种，即考任制、聘任制、兼职制、辞职制、交流制、借调制、竞选制、转任制、优惠制、轮换制。在我国，公共部门人力资源流动主要有考任制、调任制、转任制、轮换制、挂职锻炼制、辞职制、辞退制等方式。

组织为了实现人员队伍的整体优化，不断改善人员结构和人员素质，实行人员的合理流动是完全必要的。国外对人力资源流动问题的研究已有很长的历史，许多理论都是在市场经济成长过程中和成熟阶段形成的，并且伴随管理学、行为科学的发展而不断完善。我国学者和实际工作者对人力资源流动问题的研究则较之发达国家要晚得多，在 1990 年前后，引进了国外的一些相关理论，基于国内有限的人力资源流动实践及相关条件，在不全的层面和不太整体有序的状况下展开了一些研究，取得了一些静态的成果。长期的计划经济与短时的市场经济，导致了我国人力资源流动研究的局限性与有限性。

一、个体层面的人力资源流动理论

个体层面的人力资源流动理论主要有四种：勒温的场论从环境影响绩效的角度论证了人才流动的必要性。卡兹的组织寿命学说从组织活力的角度证明了人才流动的必要性，同时也指出人才流动必须合理。库克理论从如何更好地发挥人的创造力的角度，论证了人才流动的必要性。中松义郎的目标一致理论从个人目标和组织目标一致的角度研究了人才流动的必要性。

（一）勒温的场论

美国心理学家勒温（Kurt Lewin）认为，一个人所创造的绩效，不仅与他的能力和素质有关，而且与其所处的环境有密切的关系。他提出了个人与环境关系的公式：$B=f(p,e)$。式中：B——个人的绩效，p——个人的能力和条件，e——个人所处环境。勒温的场论指出：一个人所创造的绩效，不仅与他的能力和素质有关，而且与其所处的环境有密切关系。如果一个人处于一个不利的环境之中，如专业不对口、人际关系恶劣、工资待遇不公平、领导作风专断、不尊重知识和人才等，则很难发挥其聪明才智，也很难取得应有的成绩。而且一般而言，个人对环境往往无能为力，靠个人的力量是很难改变环境的。在这种情况下，一个人要想改善自己的绩效，就只有离开自己现在的环境，转到一个更适宜的环境去工作，这就是人力资源流动。勒温的场论从人员所处的环境对绩效影响的角度论证了人力资源流动的必要性。

（二）卡兹的组织寿命学说

美国学者卡兹（Katz）通过对科研组织的寿命研究，发现组织寿命的长短与组织内部信息沟通情况、获得成果的情况有关。他通过大量调查统计出了一条组织寿命曲线，即卡兹曲线，如图 10-1 所示。

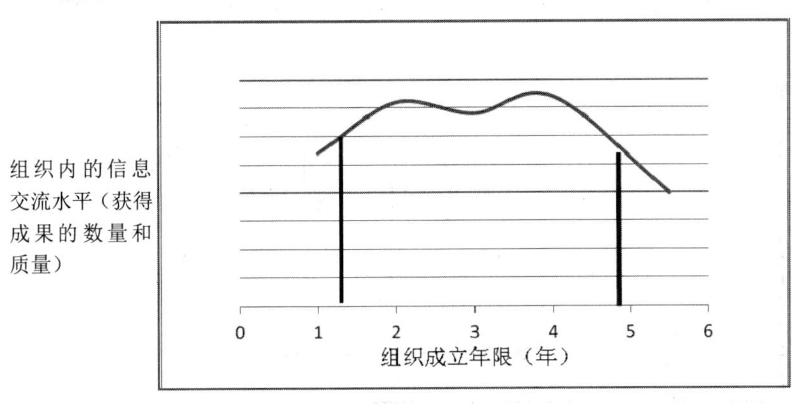

图 10-1　组织寿命曲线

卡兹曲线表明：在一起工作的科研人员，在 1.5～5 年这个期间里，信息沟通水平最高，获得成果也最多。而在不到 1.5 年的时间里，成员信息沟通水平不超过 5 年，获得成果也不多。这是因为相处时间不长，组织成员之间还不熟悉，而相处超过 5 年，由于大家过于了解和熟悉，在思维上已经形成定势，会导致反应迟钝和认识趋同化，这时组织会呈现出老化和丧失活力，解决的办法是通过人力资源流动对组织进行改组。卡兹的组织寿命学说从组织活力的角度证明了人力资源流动的必要性。

在证明人力资源流动必要性的同时，也指出人力资源流动不宜过快。流动间隔应大于 2 年，这是人们适应组织环境和完成一个项目所需的下限时间。一般而言，人的一生流动 7～8 次是可以的，流动次数过多反而会降低效益。

（三）库克理论

美国学者库克（Kuck）从如何更好地发挥人的创造力的角度出发，提出了另外一条曲线，如图 10-2 所示，论证了人才流动的必要性。

库克曲线是根据对研究生参加工作后创造力发挥情况所作的统计而绘制出来的曲线。图 10-2 中 OA 表示研究生在 3 年的学习期间创造力的增长情况，在此期间，由于尚未从事过任何工作，其创造力的发挥程度较低；AB 表示研究生毕业后参加工作的初期，由于第一次承担任务，任务的挑战性、新鲜感以及新环境的激励，使其创造力快速增长；BC 为创造力发挥的峰值区，这一峰值水平大约可保持 1 年左右，是出成果的黄金时期；CD 为初衰期，创造力开始下降，持续时间约为 0.5～1.5 年；DE 为衰减稳定期，创造力继续下降并稳定在一个固定值，如不改变环境和工作内容，其创造力将在低水平上徘徊不前。为了激发研究人员的创造力，应及时变换工作部门和研究课题即进行人力资源流动。如图 10-2 所示，一个研究人员到一个单位工作创造力较强的时期大约有 4 年（AD）。人的一生就是在不断开辟新工作领域的实践中，来激发和保持自己的创造力，即走完一个 S 型曲线，再走下一个 S 型曲线。

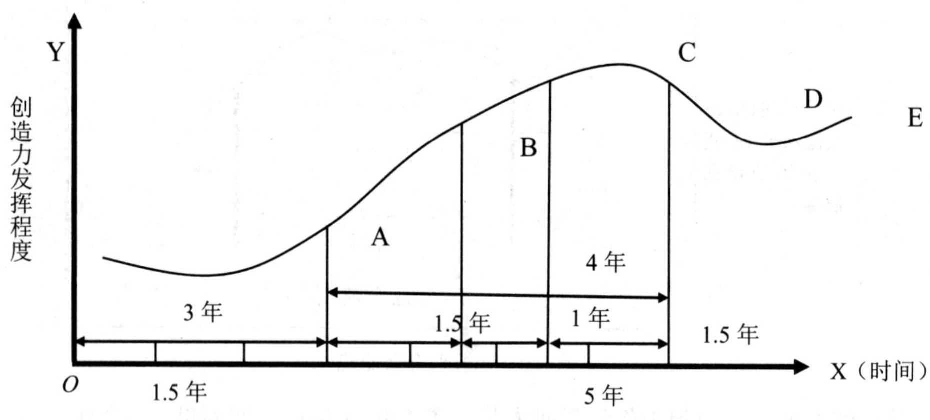

图 10-2　库克曲线

（四）中松义郎的目标一致理论

日本学者中松义郎在《人际关系方程式》一书中指出，处于群体中的个人，只有在个体方向与群体方向一致的时候，个体的能力才会得到充分发挥，群体的整体功能水平也才会最大化。如果个体在缺乏外界条件或者心情抑郁的压制状态下，就很难在工作中充分展现才华，发挥潜能。个体的发展途径也不会得到群体的认可和激励，特别是在个人方向与群体方向不一致的时候，整体工作效率必然要蒙受损失，群体功能水平势必下降。个人潜能的发挥与个人和群体方向是否一致之间，存在着一种可以量化的函数关系，据此他提出了“目标一致理论”，如图 10-3 所示。

图 10-3 中，F 表示一个人实际发挥出的能力，Fmax 表示一个人潜在的最大能力，θ 表示个人目标与组织目标之间的夹角。可用公式表示三者之间的关系，即 $F=F_{max}\cdot\cos\theta$（0°

$<\theta<90^\circ$）。显然，当个人目标与组织目标完全一致时，$\theta=0$，$\cos\theta=1$，$F=F_{max}$，个人潜能得到充分发挥。当二者不一致时，$\theta>0^\circ$，$\cos\theta<1$，$F<F_{max}$，个人的潜能受到抑制。解决这一问题有两个途径：一是个人目标主动向组织目标靠拢，或者组织向个人目标方向靠近。个人要从实际出发，自觉限制或改变自己的行为方向，引导自己的志向和兴趣向组织和群体方向转移，并努力趋于一致。而组织一方则积极对个人进行生活和心理方面的关心，进行业务方面的指导，促使个体向群体方向转化。不过，这样做往往是相当困难的，或者由于价值观上的差异难以弥合；或者由于人际关系上的矛盾难以克服；或者由于业务努力方向上难以一致等。总之，由于个人目标与组织目标之间的差异难以在短期内解决，因此，这一途径可取性不高。二是进行人才流动，流到与个人目标一致的新单位去工作，个人的积极性得到充分发挥，形成良性循环。相形之下，人才流动更为现实，流到与个人目标一致的新单位去工作，个人的积极性得到充分发挥，即可形成良性循环。

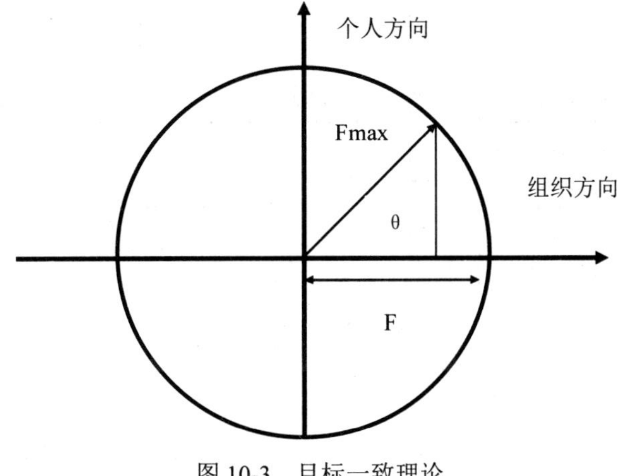

图 10-3　目标一致理论

以上四种理论主要是从人才成长和激发创造力角度进行分析的，从微观角度论证了人才流动的必要性和必然性。

二、组织层面的人力资源流动理论

（一）马奇和西蒙模型

美国学者马奇和西蒙在《企业论》中提出了关于员工流失的模型，试图将劳动力市场和个体行为融为一体来考察和研究员工流失。一个模型列出了感觉到从企业中流出的合理性的决定因素，员工对工作的满意程度及其对企业间流动的可能性的估计是两个最重要的决定因素。另一个模型给出了员工所感觉到的从企业流出的容易程度模型的决定因素，马奇和西蒙特别强调员工所能够看到的企业的数量、他们胜任的职位的可获得性以及他们愿意接受这些职位的程度。马奇和西蒙模型将劳动力市场和行为变量引入员工流出过程，为以后研究员工流出奠定了坚实的理论基础。

（二）普莱斯模型

普莱斯将企业变量和个人变量结合起来探讨员工流出问题，并定义了决定员工流出的主要因素为工资水平、融合性、基础交流、正规交流以及企业的集权化。结果发现前四种因素与员工流出呈现正相关性，企业的集权化与员工流出呈现负相关性。工作满足度和变化工作的机会是员工流失和其他决定因素之间的中介变量，如图 10-4 所示。

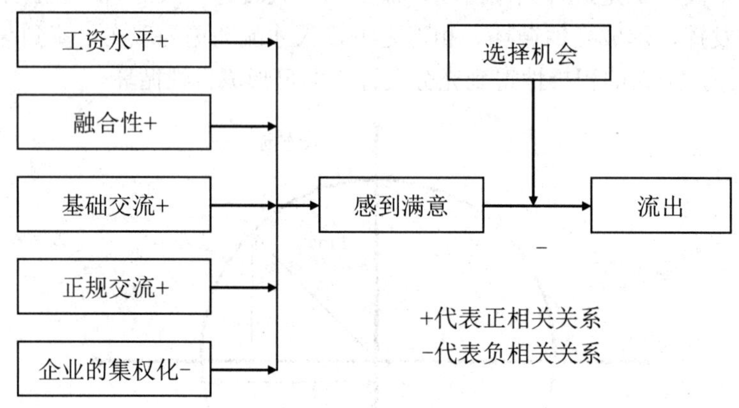

图 10-4　普莱斯模型

（三）莫布雷中介链模型

美国学者莫布雷认为，应该研究发生在员工工作满足与实际流出之间的行为和认知过程。他吸收马奇和西蒙模型、普莱斯模型的优点，建立了自己的关于员工流出选择的理论模型（见图 10-5）。该模型强调将流出作为一个选择过程。

还有些学者采用图表法将员工流出的多重变量结合起来，构造出较为全面和完整的关于员工流出的理论模型，即扩展的莫布雷模型。该模型指出，员工打算辞职继而从企业真正流出，主要由四个基本因素决定：① 工作满足与否；② 对在企业内改变工作角色收益的预期；③ 对在企业外部改变工作角色收益的预期；④ 非工作价值观及偶然因素。

（四）人才流动组合决策模型

南京大学商学院赵曙明院长在其论文《人才流动探析》中提出了人才流动组合决策模型，认为人才流动是否实现取决于人才个体决策结果和组织决策结果的组合。其中，人才个体决策结果取决于人才流动收益和人才流动成本的比较，组织决策结果取决于人才使用收益与人才使用成本的比较。

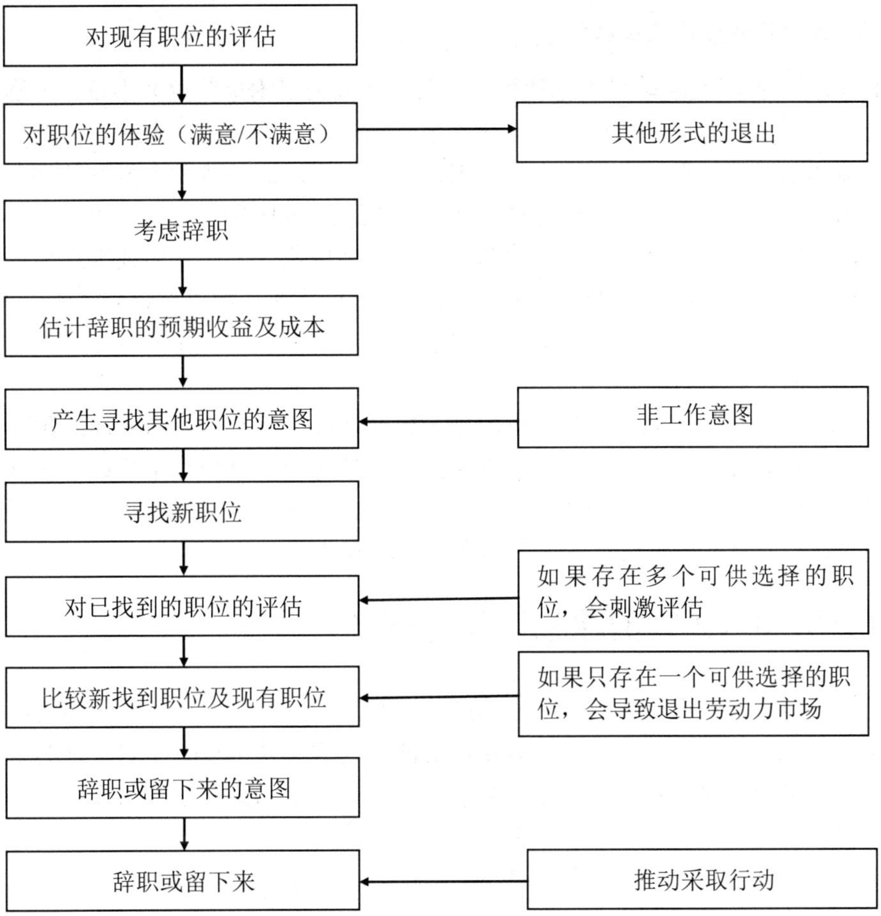

对现有职位的评估
↓
对职位的体验（满意/不满意） → 其他形式的退出
↓
考虑辞职
↓
估计辞职的预期收益及成本
↓
产生寻找其他职位的意图 ← 非工作意图
↓
寻找新职位
↓
对已找到的职位的评估 ← 如果存在多个可供选择的职位，会刺激评估
↓
比较新找到职位及现有职位 ← 如果只存在一个可供选择的职位，会导致退出劳动力市场
↓
辞职或留下来的意图
↓
辞职或留下来 ← 推动采取行动

图 10-5　莫布雷中介链模型

从图 10-6 可知，在人才个体和组织对人才流动决策结果的组合中，只有在组合 1 的情况下，人才流动才会真正实现，即人才流动对人才个体来说，流动收益大于流动成本，人才个体做出流动决策；人才流动对于组织来说，人才使用收益大于人才使用成本，组织也做出流动决策。

		人才个体	
		流动决策	不流动决策
组织	流动决策	组合 1 人才流动	组合 2 人才不流动
	不流动决策	组合 3 人才不流动	组合 4 人才不流动

图 10-6　人才流动组织决策模型

（五）人力资本流通决策模型

2002 年，山西财经大学冯子标教授在其著作《人力资本运营论》中以人力资本运营为核心，分别讨论了人力资本的形成、流通和配置，运用经济学的成本—收益分析法构建了人力资本流通的决策模型。在模型中，将影响人力资本流通的各种因素归结到两个方面，即流动成本和流动收益，通过流动成本与流动收益的比较来描述人才流动现象。

人才流动决策模型从经济效用角度解释人才流动现象，人才个体或组织根据效益最大化决策人才是否流动。人才流动的决策取决于净收益的大小，如果净收益现值大于 0，则发生流动，否则，不流动。净收益现值的大小取决于新工作和原工作的收益差额，也取决于流动的直接和间接成本的高低。

除了以上直接对员工流失进行分析的理论模型之外，还有学者从相反的角度来研究问题，也就是分析职业或者员工稳定性的影响因素。戴尔、福特曼和米科维奇等学者提出了企业向员工提供有保障就业的一些基本条件。美国的汝福构建了有保障就业的理论模型，分析出如下结论：就业稳定化是带来高利润，还是低利润，不能肯定。

三、社会层面的人力资源流动理论研究

人力资源流动是社会化大生产的必然产物，是产业结构发展变化对人力资源合理配置提出的必然要求和解决途径。除以上微观层面的研究成果外，还有学者从社会大生产的角度和产业结构发展变化的角度探讨了人力资源流动的社会动因。他们认为人力资源流动不仅是为了物质利益，还有很多社会因素在起作用，人力资源流动的根本原因是经济结构调整过程中产生的地区之间、部门之间的收益差异。

（一）配第-克拉克定理

早在 17 世纪，英国经济学家威廉·配第发现，随着经济的不断发展，产业中心逐渐由有形物质的生产转向无形的服务产品的生产，劳动力也相应由农转工，再由工转商。

美国经济学家科林·克拉克继承前人研究成果，提出“三次产业划分”理论。研究认为，在人类历史发展过程中，社会人力、不同类型的人力资源在第一、二、三不同产业之间分布数量是有规律地消长变化的。该理论所揭示的人力、人才资源按照第一、第二、第三产业梯次转移的规律，已经为世界发达国家人力、人才资源结构的演变历史所证明。

（二）人才结构调整理论

一个国家的人力资源总量从理论上可以划分为两大部分，包括人力资源存量和人力资源增量。前者是既有的，后者是新增的。因此，有些学者提出了人才结构调整理论，该理

论认为通过继续教育、培训、深造进修等方式，使原有的“存量”人才类型发生转变，从而符合社会经济发展的需要；通过调整学校的专业结构，达到从“来源”上调整“增量”人才结构的目的。最终做到存量与增量相互联系，协调发展。

（三）效率性人才流动理论

还有学者引入“边际劳动生产率”的概念，提出效率性人才流动理论，其中，边际劳动生产率表示增加一批或一个员工，所带来的组织总效益的变化。

$$P=\Delta u/\Delta w$$

其中，P 表示边际劳动生产率；Δu 表示由于增加Δw 员工而使总产值发生的变化；Δw 表示增加的员工人数。

效率性人才流动理论引入边际劳动生产率，通过边际劳动生产率的变化，对人才的进出做出有根据的决策。边际劳动生产率若是下降了，就通过人才流动的办法加以解决，否则单位的效益还会下降。边际劳动生产率低的单位应鼓励员工流出，边际劳动生产率高的单位应吸收人才流入。

美国学者默菲、斯雷弗和维希里的研究表明，不同国家的经济规模和实力是影响人才国际流动的一个重要因素。一般来说，高素质人才在大国的劳动报酬率要高于小国，在强势行业的劳动报酬率要高于弱势行业，因此，那些高税率的小国最容易流失人才。

第三节　国内外公共部门的人力资源流动管理实践

公共部门人力资源流动可以分为入界流动、界内流动及出界流动，这是我们在公共部门系统中比较常见的分类，也是研究问题的重要切入点。

一、入界流动管理

入界流动是指公民通过一定的形式和渠道进入公共部门人员系统，获得公共部门人员的角色，实现人与职位的初次结合。根据《公共部门人员法》的规定，我国公共部门人员系统的入界渠道主要是考任、调任（调入）和聘任。

对一个公共组织来说，招聘决策是人力资源获得的第一步，对人力构成以及所招聘的人员是否符合目前需要、是否与组织的文化氛围相适应产生直接的影响。应注意以下几个方面。

（1）组织是通过招聘配置适合的人力资源。在进行招聘之前，组织先制订人力招聘计划，了解组织所需要的工作申请人的类型和数量，然后通过职位分析和职位说明，了解组织所需要的入职条件和申请人的个人特点。应聘者在征召到工作申请人之后，组织要通过面试或测试等方法对其进行选拔，最后决定最终录用人员。

（2）组织的招聘与配置是“把关口”，这是由招聘的重要性决定的。招聘可以为组织获得符合需要的人才来达到战略目标，同时，招聘还对组织未来的离职率和补缺员工的比例具有重要的影响。在组织发展初期，员工在最初的离职主要原因是组织未能达到员工最初的期望，而这与招聘过程有重要关系。

（3）在招聘过程中应聘者对组织的现实情况的客观咨询和交流，有助于双方的共识和双向选择，避免在入职后，对组织失望而离职。也是组织如何有效减少和控制人力重置成本的问题。

关于入界流动管理的详细内容，参见本书的第四章（公共部门人力资源选拔）。

二、界内流动管理

界内流动是公共部门人员管理的一个重要环节，其基本依据是公共部门人员的考核结果。通过各种形式的考核，鉴别行政系统中人与事关系的具体状态和问题。对人的素质和能力超过职位要求（大材小用）、人的素质和能力低于职位要求（小材大用）、专业不对口等情况，用不同的方法分别进行调整，使得各种具体的行政人事关系发生变更。界内流动主要包括垂直流动和水平流动两个向度。垂直流动是指公共部门人员由层级较低的职位流向层级较高的职位（向上流动）以及公共部门人员由层级较高的职位流向层级较低的职位（向下流动），向上流动在《公共部门人员法》中表现为公共部门人员的职位晋升，向下流动在《公共部门人员法》中是指降职。水平流动是指公共部门人员在两个同等级别的职位之间的位移，《公共部门人员法》规定公共部门人员交流的方式为三种：调任、转任与挂职锻炼。下面对水平流动和垂直流动进行讨论，垂直流动着重讲解公共部门人员的职位晋升。

（一）公共部门人员水平流动

公共部门人员通过组织人事部门统一组织，在不同地区、不同部门间、同一部门的不同科室间及同一科室的不同岗位间进行正式的岗位、职位轮换的交流形式，在这种流动过程中，只涉及行政人事和职位关系变更，不发生职级的变化。

1．水平流动概述

《公共部门人员法》第六十三条规定：“国家实行公共部门人员交流制度。公共部门人员可以在公共部门人员队伍内部交流，也可以与国家企业事业单位、人民团体和群众团体中从事公务的人员交流。交流的方式有调任、转任和挂职锻炼”。

调任即国家行政机关以外的工作人员调入国家行政机关担任领导职务或者助理调研员以上非领导职务，以及国家行政机关调出行政机关任职。

转任即公共部门人员因工作需要或者其他正当理由在机关系统内跨地区、跨部门的调动，或者在同一部门内的不同职位之间进行的转换任职。转任只变更公共部门人员行政人事关系，不涉及公共部门人员身份的变更。

挂职锻炼即国家行政机关有计划的选派在职国家公共部门人员，在一定时间内到下级机关或者上级机关、其他地区机关以及国有企业事业单位担任一定职务，进行锻炼。国家公共部门人员在挂职锻炼期间不改变与原机关的人事行政关系。

由上述概念可知，调任涉及公共部门人员身份的获得，属于公共部门人员外部流动范畴。而在挂职锻炼中，公共部门人员行政人事关系实际不发生转移，不能完全构成公共部门人员流动的事实，故公共部门人员内部水平流动的主要形式为转任。

2．公共部门人员水平流动的价值

据国家统计部门的相关数据，科级以下公务员占公务员总数的 85%以上。对于绝大多数公共部门人员来说，职务晋升的政治空间是极其有限的，违规发放部门津补贴的“经济空间”是法律禁止的，通过转任等内部水平流动方式来活化机关的“职位空间”则是完全可行的。公共部门人员内部水平流动的重要价值则主要有以下几个方面。

（1）优化人力资源配置。系统论认为，结构决定功能。生产力要素的组合关系不仅直接影响着劳动生产率的高低，而且制约着生产力的性质和水平。作为生产力中最能动、最先进的要素，人力资源的素质更新和群体结构调整对生产力发展起着决定性作用。而人才具有相对性。同一个人，在这个单位、这个岗位不是人才，但在另一个单位、另一个岗位可能就是人才。科学有序的人力资源流动不仅可以促进人才结构和布局的调整，更有利于人才素质的更新和人才资源与其他生产要素配置关系的改善，实现人岗相宜，从而促进生产力发展。作为占公务员数量绝大多数的科级以下公务员，其素质和结构直接决定着政府机关综合行动力的高下。

（2）促进公务员个体发展。公务员长时间在同一部门或同一岗位，容易产生职业疲劳，缺乏进取心，并导致业务单一，知识面狭窄。有序的流动，使得公务员面对新的工作环境和工作对象，必须不断加强学习，提升自己各方面素质，实现一专多能，才能胜任新的工作。同时，内部水平流动也是促进公共部门人员职业生涯发展的必要手段。目前，在政府部门中，处级以上领导干部的职业生涯由组织部门进行相应规划，公共部门人员的职业生涯则无人问津，迫切需要组织人事部引起足够的重视，对公共部门人员实行相应的职业规划，通过在众多的职位、部门和层次中移动、学习、进步，实现公共部门人员个人职业生涯的需要与组织发展需要之间持续的匹配过程。

（3）提升部门行政效率。作为一种社会有机体，任何一个社会组织，包括政府部门，在其发展过程中都会出现生长、持续和衰退的阶段性，任何一个组织，如果在其诞生 5 年后没有任何人员流动，则会出现组织成员严重同质化，产生思维惰性，滋生内耗，导致组织活力减退，效率显著下降。解决问题的办法有两个，其一是对组织进行重组，其二是让组织成员个体进行流动。前者只能偶尔为之，后者却具有现实性和操作性，通过人员流动，刺激组织永葆活力，不断提高效能。

（4）增进沟通、预防腐败。公务员流动是各相对独立的行政部门之间相互沟通和相互作用的有效途径。人才从一个部门流向另一个部门，带去的不仅是自身的才智，更会无意中带去前一个部门的管理方式、行为方式、文化模式等，自觉或不自觉地影响新的群体，从而取长补短，增进部门间沟通协作。同时，公务员长期在一个部门、岗位工作，容易受到人情、关系的束缚，甚至把自己归属为某个单位或部门，形成“荣辱与共，一棵树上吊死”的心理观念，滋生集体腐败。因此，无论是领导干部，还是公共部门人员，都需要引入流动机制，才能在一定程度上减弱人际关系过熟带来的负面效应，遏制腐败的产生。

需要说明的是，公共部门人员内部纵向流动也具备优化人力资源配置、促进公务员个体发展等作用，但由于受到职数、资历等条件限制，客观上只能适用于少数个体，而无法普遍适用于公务员群体。同样，公共部门人员外部流动也因为涉及更大范围内的单位变动，产生更高的流动成本，因而实施对象也只能是特定个体。在国外，对于事务官，绝大多数国家都不采用外部流动的形式，即使少数国家允许公务员跨系统流动，但其限制条件也极其苛刻，程序也非常严格。

综上所述，公共部门人员内部水平流动是一种受惠面广、激励性强（平级调动对员工在职业生涯发展的满意度方面的增加情况与纵向调动作用相似）、成本相对低廉（无须付出职级、待遇等方面的报酬）、组织与个人双赢的人员流动方式，但是，我们也应当看到，若是流动过频、无序流动，则会“降低组织存储的记忆，阻碍组织程序清晰而有效的发展，同时增加了组织对现有员工即管理者调配与培训的压力”。

【实务指南 10-1】国外公共部门人员内部横向流动的相关经验及其启示

国外发达国家基于丰厚的理论研究成果，在公共部门人员流动管理实践中，公共部门人事制度以职位分类为基础，引入企业管理的有关经验，不断修订完善，取得了良好的流动管理实践和经验。

一、西方国家公共部门人员内部横向流动的特点

（1）现代西方人事行政以职位分类管理为基础，并将其不断改革和完善，为公务员的理性流动提供了制度保障。所谓职位分类，即将公务员的职位按照职位性质、担负责任大小、工作难易程度和所需任职资格分为不同的类别和等级，为公务员的各项管理提供依据。职位分类遵循的原则是“因事择人”，针对不同职位，实施不同的管理办法，使管理具有针

对性，提高行政效率。这项发源于英国的现代文官分类管理制度，在美国人推行的文官制度改革中，得到了巨大的丰富和改善。1923 年，美国联邦政府新的职位分类法案出台，在把全部公职人员划分为事务官和政务官两大类的基础上，进一步将所有职位分为 5 类 44 个等级。政府各部门之间，同一职级实行同一待遇，不同类别的职位实行不同的考核、晋升、奖惩等办法。至此，各层级公务员在不同部门之间的自主合理流动有了待遇、程序到法规方面的保障。

（2）引入企业人力资源管理方式，推动国家人事行政改革，增加公务员的流动性，提高对公务员流动的管理水准。主要做法有：公务员任用由以往常见的“终身制”逐步转向以聘任制为主；减少管理层级、加强部门间横向沟通；简化行政程序，赋予基层组织和公务员更多的自主性和创造性等。

二、日本公务员“异动”制度

日本公共部门人员的流动管理制度已发展得比较成熟和完善。日本于 1946 年 10 月颁布了国家公共部门人员法，1949 年 12 月颁布了地方公共部门人员法。此后，日本政府对公共部门人员法进行了数十次修订补充，形成了比较科学完善的公共部门人员制度。其中，形成了包括公共部门人员内部横向流动在内的公务员内部流动管理制度——人事异动制度。

日本实行公共部门人员终身雇佣制，一般不进行辞职辞退，为了增加公共部门人员的工作经验和能力，同时防止小集团主义、山头主义的产生，日本采用人事异动制度，使公共部门人员在不同岗位进行轮换。另外，日本奉行工作的集团主义（大部屋主义），如日本的课是工作的基本单位，人数很多，从课长到各个系（相当于我国的科）几十人在一起工作，并且课与课之间很少发生关系，相对独立。这为人事异动提供了有利条件。异动在日本的公共部门人员管理中占有非常重要的位置，是日本公共部门人员管理的一个特色。异动包括 5 个方面：升任、降任、转任、配置换、并任。转任与配置换的区别在于是否在同一任命权之内进行，并任则是相当于兼职一类的概念。人事异动无论对公共部门人员本人，还是对政府，都有很大的好处，一是可以对人员进行补充和调整；二是可以培养能力，开阔视野，增长知识技能，丰富工作经验；三是可以促进公共部门人员的求知欲，防止工作模式僵化、老化；四是可以消除本位主义、帮派主义，制造团结协作和积极向上的良好氛围。

人事异动的期限，根据岗位空缺，一般工作 3～5 年后进行调整，大多数每 3 年异动一次，少数工作岗位因特殊需要，可延长为 5～7 年。如果在新岗位实在难以胜任，经本人申请，也可在 1～2 年内重新调换工作岗位。因此，日本公共部门人员在几十年的职业生涯中，从事十几种以上工作的现象是十分普遍的。人事异动不是单纯的变动，而是一个“配置—评价—处遇（待遇）再配置”的动态过程。在这个过程中，升任、降任与考核（评价）都是必不可少的。经过考核，该升任的升任，该降任的降任，该转任的转任，在一个过程中同时进行。具体操作办法是首先人事部门发放调查表，了解职员的基本情况，年底制定并发布当年人事异动的方针性文件。然后进行个人申请。人事部门根据本人申请，一月末提出草案，二月、三月确定异动案，3 月 28 日发布异动名簿，4 月 1 日开始执行。异动在每年 4~7 月定期进行。各人事委员会的工作日程都是法定的，哪个月考核，哪个月异动，哪个月考试确定，社会上都知道。

人事异动的权限划分：各省厅公共部门人员的异动，系长以下由局长决定，课长辅佐以上由大臣官房人事课决定，但是经国家公共部门人员 I 种考试合格采用的系长以下的职员也要由大臣官房人事课决定。各省厅课长以上的异动要由人事院审查通过。地方公共部门人员的异动也相应进行。

日本人事异动率很高，有的县达 40%。I 种考试录用的人员，尤其是法律、经济、行政类人员的人事异动频繁，到其他省厅工作或出国工作机会较多，职位晋升较快。而 II 种和 III 种考试录用的人员人事异动较少，异动范围较狭窄，晋升也较缓慢。国家公共部门人员中，各省厅总部课长级以上的人员，全部经历过本省厅的人事异动，约 60%到其他省厅工作过，约 40%到地方政府工作过，约 20%到事业单位工作过，约 3%到国外工作过。

三、国外公共部门人员内部横向流动制度对我国的启示

（1）法制化。法制化是建立现代公共部门人力资源流动制度的前提。无论是英、美、日，都十分重视公共部门人员法规制度的完善。其中，日本更是制定了多达 90 种以上的有关公共部门人员的法规。这些法规的确立，为各层级的公共部门人员内部横向流动提供了充分的程序和制度保障，使得公共部门人员内部横向交流真正成为一种长效机制，更避免了一些人为设置的障碍。而我国目前很多配套的制度法规还远远达不到西方国家的水平，对公共部门人员内部横向流动管理更是严重缺少稳定的程序支持，使得各省市关于公共部门人员内部横向流动的试点呈现出随意性较强的状态。

（2）科学化。西方国家公共部门人员实行职位分类管理，同一职级享受同一待遇，不同类别的职位实行不同的考核、晋升、奖惩等办法，为全体公共部门人员在不同部门之间的自主合理流动提供了工资待遇、绩效考评等方面的保障，确保了公共部门人员在流动前后绩效管理的连贯性，并消除了部分负面的“逐利流动”。同时，庞大的信息化“人才数据库”的支撑，为西方国家公共部门人员内部横向流动提供了便捷的技术支持。而我国目前在公共部门人员职位分类管理和信息化管理方面都还在起步阶段，人力资源管理缺少信息化手段，对不同类别的公共部门人员采用同一套管理考评办法，很难真正及时、科学地选拔人才。

（3）专业化。西方各国对公共部门人员管理均设置了专门的管理机构，进行专业化管理。而我国目前的人事管理部门的定位还有所欠缺，很多人力资源管理功能远未完善，无法统筹规划整个组织的人力资源配置。

（二）公共部门人员垂直流动

公共部门人员垂直流动是指公共部门人员在两个不同级别的职位之间的位移，本部分重点讲解公共部门人员由层级较低的职位流向层级较高的职位流动即晋升。

公共部门人员在人性假设上属于“政治人”，具有政治上的特殊追求，对他们的激励应该把握其职业特性，而职位晋升是公共部门人员激励机制中最为有效的手段。公共部门人员职位晋升作为我国公共部门人事制度的一项重要激励机制，根据一定的原则、程序、标准对人员职位进行晋升，在政府机关运作中发挥着选拔人才、促进人岗匹配、提高公共部门人员工作积极性等作用，其实质是公共部门对人力资源优化配置的主要手段之一。我国公共部门人员职位晋升制度从传统干部提拔制度已发展为“公选”“竞岗”“双梯制”等多样化形式。本书所讲职位晋升指的是公共部门对公共部门人员职位合规合法的现行提拔制度，包括职务权限、职务级别、职称级别三方面的晋升内容。

员工晋升管理是公共部门人力资源管理的重要组成部分。晋升可以通过增加收入、扩大工作权限、提高社会地位等方式极大地提升员工工作积极性。长期以来，大部分员工把能否晋升作为衡量工作成功与否的重要标志，把获得更高职位当作自己的工作目标，因此，员工晋升管理在我国公共部门中更具重要性。

从公共部门角度来讲，晋升可以对员工起到长期的激励作用，提高员工的满意度，有效降低员工流失率。从员工角度来讲，晋升可以增加物质报酬，提高社会地位，有着极大的激励作用。但我国的现实情况却是，无论对于员工还是公共部门而言，对晋升激励形式的利用效果却不尽如人意。

1．晋升的含义

“晋升”的本质是一种对在职员工个人努力和能力认可前提下的职位调整，它建立在客观评价的基础上，目的是让员工找到适当的岗位，更好地发挥和实现自己的价值，同时实现公共部门整体目标。晋升是公共部门一种重要的激励措施，它具有两大功能：选拔优秀人才和激励现有员工。公共部门从内部提拔优秀员工到更高、最重要的岗位上，对员工或对公共部门发展都有重要意义。实行晋升有利于保持工作的连续性，使在职员工看到升迁的希望，能够调动其积极性，保持队伍稳定。但晋升也有不足之处，即易产生近亲繁殖和保守闭塞等消极影响。外部调任即指从本单位以外录用，实行外部调任有利于人才交流，开阔选才视野。但它的缺点也很明显，即因外单位人员不了解本单位的工作情况，工作和人际的配合上会有一个磨合期，从而影响工作效率和本单位员工的积极性。

总之，晋升是公共部门职位管理的重要内容，从晋升可能产生的实际经济效应看，科学、合理的晋升制度一方面具有鼓舞员工士气、满足员工自我实现的要求、激励员工努力工作并积极进行专业性人力资本投资的效应，另一方面具有鼓励“人尽其才”、“才尽其用”、促进优胜劣汰、提高人岗匹配效率、改善劳资关系等效应，而不合理的晋升制度则会引发相反的效应。公共部门人员晋升过程的核心阶段如图 10-7 所示。

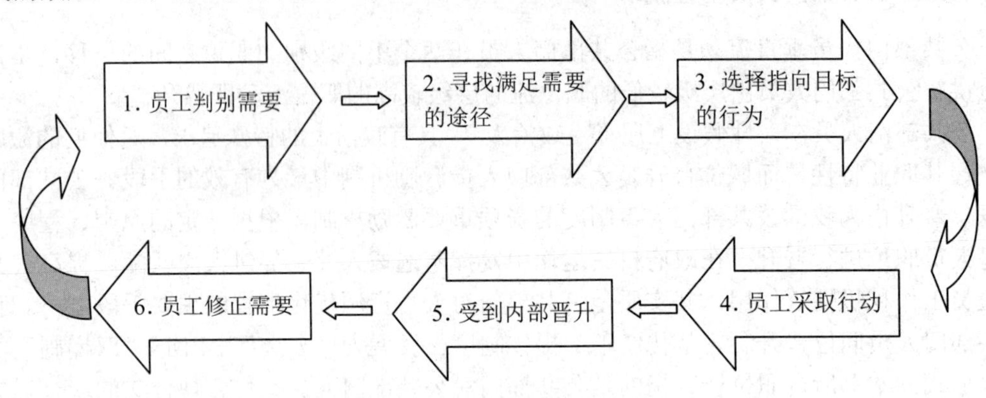

图 10-7　公共部门人员晋升过程

2．晋升的特征

晋升的特征主要表现在以下几个方面：首先，晋升的激励效果比较明显。当今公共部门中的知识型员工逐渐增多，而知识型员工不同于传统公共部门人员的一个特点就是更加注重自身素质及能力的培养与提高，因而对晋升的需求就更加强烈。因此对他们来说，晋升能够起到更为明显的激励效果。其次，晋升的激励作用受到职位数量的限制。现代公共部门的组织模式逐渐扁平化，这就大大减少了组织向员工提供的晋升岗位，也就是说，组织可以无限地向员工提供薪酬激励，但晋升激励却会受到组织职位的制约，这也成为制约晋升激励的瓶颈。再次，晋升激励对部分员工是无效的。在组织中，部分员工可能安于现状，或者满足于现有职位，或者一些员工走到了职业生涯的后期阶段，对晋升激励的需求大大减弱，因此，晋升对部分员工来讲是无效激励。最后，晋升激励属于多重激励。与薪酬激励等各种明显的物质激励不同，晋升激励的背后隐藏了一系列的附加价值，例如，获得较高职位后，不仅仅意味着薪酬增强，而且还会带来社会地位提高、在职消费增加、工作环境改善等。因此，与其他单一型的激励方式相比，晋升激励带来了多种福利，这也就加大了晋升激励对员工的诱惑力。总之，晋升激励对公共部门发展至关重要，虽然存在不足，但它是一种不可或缺的激励方式，在提高工作效率方面发挥着重大作用。

3．晋升运用的原则

晋升理念通常都是挖掘和存储公共部门内部员工或具备管理才能的人员，衡量人力资源的能力时主要根据其工作成绩和工作才干，切忌按照资历任命，务必保证整个人才提拔的公平和公正。通常要遵循以下几项原则：第一，公开性。公共部门在开展人才选拔以前，要保证选拔的流程和具体要求对全部员工都是透明公开的，如工作业绩、员工技能、资历等，这项工作由人力资源总监完成。第二，客观性。人力资源总监要保证每个候选者的成绩被真实地评估，不得弄虚作假。第三，统一性。规则和流程对每个职员都是平等的，不

应偏帮和袒护，保证规则的权威有效。第四，双向沟通。保证员工和人力资源总监之间信息的交流，必要时后者对前者进行有关问题解释，员工可以表达自己的看法，提出建议和意见。第五，结果可辩驳性。对于选拔的结果和程序，员工可以向人力资源总监提出质疑，如果确实存在纰漏，应予以及时的解决方案。

三、出界流动管理

出界流动是指公共部门人员流出公共部门人员系统的边界，使行政人事关系归于消灭的一种流动形式，一般包括以下几种具体形式。

（1）自然流出。自然流出指公共部门人员因年龄、身体状况而导致的人员流动出界，《公共部门人员法》中的退休便是其主要形式。

（2）主动流出。主动流出指公共部门人员基于利益比较或兴趣不合而主动要求退出行政系统，通过一定的程序和手续后实现的流出，《公共部门人员法》中的辞职是其主要形式。

（3）被动流出。被动流出指由于业绩欠佳，不符合公共部门人员职业标准或达不到公共部门人员职位规范要求而流出，《公共部门人员法》中的辞退、开除就属于被动流出，有些地方甚至使用“末位淘汰”来促使不达标、不合格的公共部门人员出界流动。畅通流动出口，有利于公共部门人员队伍的新陈代谢，有利于打造一支“精兵”。

对一个企业来说，人力资源流出主要通过合同期满、解聘以及员工自动辞职三种方式来进行。一个企业可能通过提前合同期满不续约和解雇两种方式来减少工资负担而促进人力资源的流出，从而能够迅速增加自己的综合能力。或由于市场环境的变化订单减少而减员。

公共部门人员的离休和退休，是公共部门人力资源出界流动最主要的方式，对公共部门的人力资源管理具有十分重要的意义。

（一）公共部门离退休制度概述

公共部门人员退休，从字面上来理解，就是公共部门人员退出工作职位，进行休养的意思。从它的含义来理解，是指国家公共部门人员具备了法定的退休条件，依照法定程序退出工作职位，享有领取原工资额一定比例的退休金和其他规定待遇的权力，并接受有关部门的管理服务，以安度晚年。这是公共部门人员管理的一个重要环节，也是保持公共部门人员队伍充满生机和活力的重要措施。

《公共部门人员法》第十四章第八十七条规定：“公共部门人员达到国家规定的退休年龄或者完全丧失工作能力的，应当退休。”

我国现行还有离休这种特殊的退休形式。所谓离休，开始叫“长期供养”，后来叫“免职休养”。“离职休养”是指国家公共部门人员在建国前参加中国共产党所领导的革命战争，或从事地下革命工作，或其他革命工作并脱产享受供给制待遇，达到国家规定退休年龄，或虽未达到规定退休年龄但因健康原因不能胜任工作，依照法定程序退出工作职位，享有领取原工资额的退休金和高于退休标准的其他待遇，并接受有关部门的管理服务，以颐养天年。随着时间的推移，具有享受离休待遇资格的人员将越来越少，直至没有。因此，离休只是暂时性的退休形式，必将随着时间的推移而消失。

1. 建立公共部门人员离退休制度的意义

（1）建立公共部门人员离休制度的意义。

公共部门人员离休制度，是具有中国特色的公共人力资源出口管理制度。它是中国特定历史条件下的产物。建立离休制度意义重大，主要体现在以下几个方面。

① 体现了党和国家对老干部的关心和爱护。党和国家不仅把离休制度载入了党章，而且还先后就离休的条件、待遇、安置和管理等一系列问题发布了许多文件，使离休制度不断得到充实和完善。

② 是实现党和国家长治久安的必要条件。实行离休制度，让年老或有病的老干部退下来，实行新老干部有计划、有步骤的交替和合作，正是为了保证党和国家政策的连续性和稳定性，实现国家的长治久安。

③ 有利于稳定公共部门人员队伍。年老或丧失工作能力的人员离开职位后获得生活保障，使在职人员消除后顾之忧，尽心竭力地工作，创造业绩，这样可提高公共部门人员队伍的素质和保持公共部门人员队伍的稳定性。

④ 有利于发扬尊老敬贤的优良传统。离休金是干部离休前的劳动创造的价值的延期支付，是应该享受的社会发展成果，同时，也是对老干部生平业绩的肯定。

（2）建立公共部门人员退休制度的意义。

公共部门人员退休制度，是继离休制度后我国建立的公共人力资源出口管理的重要制度。由于我国涉及的公共部门人员量大面广，因而建立公共部门人员退休制度意义重大而深远，主要体现在以下五个方面。

① 是人的生理、心理发展的客观要求。一般来说，一个人体力、智力、精力最旺盛时期是在中青年时期。步入老年后，体力、智力和精力就会慢慢衰退，对工作的胜任能力开始下降，会出现体力不支、判断力模糊、精力不济等现象。因此，让年老和丧失工作能力的国家公共部门人员退休，空出职位，符合人的生理、心理发展的客观规律，同时也保证了国家公务的正常有效的执行。

② 是对公共部门人员行使老有所养权利的保障和对公共部门人员履行退休义务的督促。国家公共部门人员因年老不能继续在公共部门服务，或因疾病、伤残而丧失工作能力时，应当得到妥善安排，以保障其生活，使其能颐养天年，这是宪法赋予每个公民的权利。而公共部门人员在出现上述原因时，也应退下来，以实现公共部门人员队伍的新老交替，这也是每个公共部门人员应尽的义务。建立公共部门人员退休制度，既使公共部门人员享

有法律规定的权利有了基本保障，又使公共部门人员必须履行的义务有了法律依据。

③ 退休是公共部门人员循环更新的主要方法和保持公共部门人员队伍生机、活力的重要措施。公共部门人力资源的循环更新是指年老体衰的公共部门人员退出公共部门，空出职位以招募、甄选新的年轻人员，这是新陈代谢自然规律在公共部门中的体现。年轻人精力充沛、思想活跃、较少条条框框，会使公共部门充满生机和活力。

④ 严格的退休制度是职务终身制的控制阀。建立公共部门人员退休制度，能使国家公共部门人员的退休进入法制化轨道，对真正废除领导干部事实上的“终身制”具有重要意义。退休制度以法规形式规定公共部门人员达到一定年龄必须退休，这既不以个人意志为转移，又是公共部门人员必须履行的义务。公共部门人员特别是领导职位上的公共部门人员年老不退，年轻人员就无法晋升，一方面该退休的公共部门人员因年老体衰、工作能力下降，影响公共部门的工作效率和组织目标的实现；另一方面，该退休的人员不退也会造成机构臃肿、冗员充斥，与现代管理的精简高效原则相违背。而人本能上对权力的占有欲使处于领导职位上的公共部门人员都不愿轻言退休，最高兴的是领导职务的终身制。这就需要严格退休规定，退休制度面前人人平等。

⑤ 完善的退休制度能调动公共部门人员的工作积极性。退休制度的严格执行，使年轻公共部门人员看到自己的晋升希望，激励他们更加努力工作。完善的退休制度是与完善的养老保险相配套的，这不仅使退休者安享晚年，而且对年轻的在职公共部门人员也是一种激励和鼓舞，使他们不必为退休后的生活而忧虑，更加安心努力工作。

2．我国建立和完善公共部门人员退休制度的历史沿革

我国公共部门人员退休制度，主要是在中华人民共和国建国以后逐步建立起来的。在民主革命时期，我们的军政人员队伍规模比较小，对他们基本上实行供给制，解放区没有专门做出退休的规定。直到建国前夕，即 1948 年 12 月 27 日，东北行政委员会颁布的《东北公营企业战时暂行劳动保险条例》中，才对公营企业实行薪金制的职工的退休做了一些规定。这是我国最早的涉及公共部门人员退休问题的文件。

新中国成立后，党和人民政府对年老和丧失工作能力的公共部门人员的安置十分重视，先后颁布了许多有关规定。自 1956 年 1 月 1 日起，我国的退休制度初步建立，开始在国家机关、企业、事业单位普遍实行退休制度。1958 年 2 月 6 日，经全国人大委员会通过，国务院颁发文件，对干部职工的退休年龄规定为男 60 周岁，女 55 周岁。党的十一届三中全会以后，党和人民政府十分重视对年老和丧失工作能力的公共部门人员的安置，先后颁布了各种相关规定，使我国的退休制度日趋完善。特别是 1982 年 12 月，五届人大五次会议通过的《宪法》第四十四条规定：“国家依照法律规定，实行企业事业组织的职工和国家机关工作人员的退休制度，退休人员的生活受到国家和社会的保障。”这就从法律上规定了国家公共部门人员到了一定的年龄或因身体不适应，必须退出工作岗位。同时也从法律上规定了公共部门人员退出工作岗位后，有从国家和社会获得物质帮助的权利。

3．我国退休养老制度历史沿革

我国是世界上建立退休养老制度最早的国家，它源于商殷，成制于汉，发展于唐，完善于宋后。

新中国成立后，我国退休养老制度历史沿革如下。

第一部退休养老法规：1950 年 3 月 15 日，发布的《中央人民政务院财政经济委员会关于退休人员处理办法的通知》。

第二部退休养老法规：1951 年，中央人民政府政务院正式公布了《中华人民共和国劳动保险条例》，这是我国第一部劳动保险条例。

第三部退休养老法规：1953 年，国家开始进入有计划的经济建设时期。政务院对 1951 年发布的《中华人民共和国劳动保险条例》进行了修改，1953 年 1 月 2 日修订公布了《中华人民共和国劳动保险条例》。1951 年 2 月 26 日和 1953 年 1 月 2 日这两次立法，把企业职工退休制度同政府机关工作人员退休制度分开，成为独立的退休制度。

第四部退休养老法规：1955 年 12 月 29 日，国务院颁布了《关于国家机关工作人员退休处理暂行办法》，此办法适用范围是国家机关及所属事业费开支的单位工作人员，这个办法与《中华人民共和国劳动保险条例》同时执行。从此，我国普遍实行了退休制度。

第五部退休养老法规：1958 年 2 月 6 日，全国人大常委会议通过并颁布了《国务院关于工人、职员退休处理的暂行规定》。

第六部退休养老法规：1978 年 6 月 2 日，经全国人大常委会会议通过，颁布了国发[1978] 104 号文件，即《国务院关于安置老弱病残干部的暂行办法》。

第七部退休养老法规：1980 年 10 月 7 日，国务院颁布了《关于老干部离职休养的暂行规定》，1982 年 4 月 10 日，国务院根据《中共中央关于建立老干部退休制度的决定》，同年又颁布了《关于老干部离职休养制度的几项规定》和《关于老干部离职休养的暂行规定》。老干部从“长期供养”和“免费休养”逐步发展演变为离休制度。它是干部退休制度和工人退休制度的分水岭，是离休制度的一个重要文件。从此，我国正式建立起适合我国国情的离退休和退职制度，形成了中国特色的退休制度。

第八部退休养老法规：1991 年 6 月 26 日，国务院颁发了《关于企业职工养老保险制度改革的决定》。

第九部退休养老法规：1993 年 4 月 24 日国务院第二次常务会议通过， 1993 年 8 月 14 日发布了《国家公共部门人员暂行条例》，1993 年 10 月 1 日起施行。全国人民代表大会常务委员会第十五次会议于 2005 年 4 月 27 日通过，正式颁布实施《中华人民共和国公共部门人员法》，并于 2006 年 1 月 1 日起施行。1993 年 8 月 14 日，国务院公布的《国家公共部门人员暂行条例》同时废止。《中华人民共和国公共部门人员法》是新中国成立 50 多年来我国第一部干部人事管理的综合性法律，把我国国家公共部门人员退休以法律的形式固定下来，从此，我国干部退休制度开始走向法制化的轨道。

（二）公共部门人员离休制度

公共部门人员离休制度，是我国建立的公共人力资源管理诸多制度中最具中国特色的，包括有关公共部门人员离休条件、离休待遇、离休安置、服务管理等方面的一系列规范和规定，是我们进行公共部门人员离休工作的行为规范和工作准则。这里着重从离休制度的条件、待遇，离休公共部门人员的安置、管理等方面对公共部门人员离休制度进行逐层分析，使公共部门人员离休制度进一步系统化，为做好新形势下的离休工作提供理论指导。

1．离休的条件

离休的条件，是指公共部门人员办理离休手续应该具备的参加革命工作的时间条件和公共部门人员应该达到的年龄条件。只有做好离休条件的规定工作，才能准确界定什么人可以享受离休待遇，什么人不能享受离休待遇。

一般离休的条件包括参加革命工作的条件和年龄条件两方面的限制，在建国之前参加革命工作的老干部，达到国家规定的退休年龄，或虽未达到规定退休年龄但因身体不能正常工作，本人要求离职的，经组织审查符合条件，确定为离休。

凡符合下列条件之一的公共部门人员，可以离休。

（1）1949 年 9 月 30 日前，参加中国共产党领导的革命军队的干部。

（2）1949 年 9 月 30 日前，在敌占区从事地下革命工作的干部。

（3）1949 年 9 月 30 日前，在解放区参加革命工作并脱产享受供给制待遇的干部。

（4）1948 年底以前，在解放区参加革命工作并享受当地人民政府制定的薪金待遇的干部。

（5）在中国人民政治协商会议第一届全体会议召开之前加入各民主党派的成员，一直拥护中国共产党，坚持革命工作的，其参加革命工作的时间可以从 1949 年 9 月 21 日算起，并可享受离休待遇。

2．关于离休的年龄规定

凡符合下列年龄状况条件的公共部门人员，可以离休。

（1）中央、国家机关的部长、副部长，省、自治区、直辖市的党委书记、副书记，省、自治区、直辖市人民政府的省长、主席、市长、副省长、副主席、副市长，以及与上述职务相当的干部，正职年满 65 周岁，副职年满 60 周岁。

（2）中央、国家机关的司局长、副司局长，省、自治区、直辖市党委的部长、副部长，省、自治区、直辖市人民政府的厅局长、副厅局长，地委书记、副书记和行政公署的专员、副专员，以及与上述职务相当的干部，年满 60 周岁。

（3）其他干部，男年满 60 周岁，女年满 55 周岁。

（4）上述干部，凡身体不能坚持正常工作的，可以提前离休；确因工作需要，身体又能坚持正常工作的，经任免机关批准，可适当推迟离休的时间。

（5）副教授、副研究员以及相当于这一级职称的高级专家，经所在单位报请上一级主管机关批准，可适当延长离休年龄，但最长不得超过 65 周岁。

（6）教授、研究员以及相当于这一级职称的高级专家，经所在单位报请省、自治区、直辖市人民政府或中央、国家机关的部委批准，可以延长离休年龄，但最长不得超过 70 周岁。

（7）学术上造诣深，在国内外有重大影响的杰出专家，经国务院批准，可以暂缓离休，继续从事研究或著书工作。

3．离休后的待遇

公共部门人员离休后的待遇，总的原则是政治待遇不变，生活待遇略微从优。离休人员发给离休荣誉证书，落实安置地点，离休待遇高于普通退休待遇。

1）政治待遇

（1）由离休干部所在省、市、自治区人民政府或中央、国家机关的部委授予国务院统一制定的《老干部离休荣誉证》。

（2）未担任司局级职务的国家行政原 14 级以上的干部和未担任处县级职务的国家行政原 18 级以上的干部，离休后一般可分别享受司局级和处县级的政治、生活待遇。

（3）按同级在职干部规定的范围，阅读有关文件，听有关报告，参加某些重要会议和政治、文化活动。

2）生活待遇

离休干部应享受的生活待遇主要包括离休费、生活补贴、住房、用车、医疗保健、护理费等方面。《国务院关于老干部离职休养的暂行规定》指出，干部离休后，原标准工资（含保留工资）照发，福利待遇不变。其他各项生活待遇都与所在地区同级在职干部一样对待，并切实给予保证。医疗、住房、用车、生活品供应等方面，应当优先照顾。这是党和国家对离休干部生活待遇的总的政策规定。具体的工资规定和生活补贴如下。

（1）工资规定。

① 1949 年 9 月 30 日以前参加革命工作的干部，离休后原工资照发。

② 1937 年 7 月 6 日以前参加革命工作的，工资标准低于原国家行政 17 级的，可提高到 17 级。

③ 1993 年 9 月 30 日前已办理离休手续的人员，不实行职级工资制，按照同职务在职人员的平均增资水平增加离休费。离休前无职务的人员，按照中央和地方的相关规定确定增资额。

④ 1993 年 9 月 30 日之后实行职级工资制的离休人员的待遇按下列办法计发：一是离休公共部门人员的离休费，按本人原基本工资的 100%计发；二是在职公共部门人员调整工资标准时，离休人员做相同幅度的调整。

⑤ 自 1997 年 7 月 1 日起，对 1997 年 6 月 30 日前已办理离休手续的人员，按每人每月 20 元增加离休费。

（2）生活补贴。

① 1937 年 7 月 6 日以前参加革命工作的老干部，按本人离休前的标准工资，每年增发两个月的工资，作为生活补贴。

② 1937 年 7 月 7 日到 1942 年 12 月 31 日参加革命工作的老干部，按本人离休前的标准工资，每年增发一个半月的工资，作为生活补贴。

③ 1943 年 1 月 1 日到 1945 年 9 月 2 日参加革命工作的老干部，按本人离休前的标准工资，每年增发一个月的工资，作为生活补贴。

④ 1945 年 9 月 3 日到 1949 年 9 月 30 日参加革命工作的老干部，不增发生活补贴。

⑤ 行政 8 级和相当于 8 级以上（含 8 级）的老干部离休后，不增发生活补贴。享受上述待遇的离休老干部，一律不再发给任何形式的奖金。老干部离休的生活补贴，自批准离休之日起按年发给。

4．离休公共部门人员的安置

公共部门人员离休后的安置工作，既要严格执行国家规定的有关政策，积极稳妥地推进，又要从老干部的实际情况出发，做好耐心、细致的思想政治工作，切实安置好每一位离休公共部门人员。

国家公共部门人员离休以后可以根据具体情况和有关规定，就地安置和易地安置。易地安置的离休干部所需各项经费，由原单位交接安置单位支付。干部易地安置后，由接受安置的地区负责管理和生活服务，享受与所居住地区同级干部相同的医疗生活待遇。随离休干部易地安置的配偶及待业子女、未成年子女，接受安置地区应准予落户。需要安排工作的，由当地人事、劳动部门负责安排。

5．离休公共部门人员的服务管理

新形势下对离休公共部门人员的管理，要着重研究解决如何发挥老同志政治优势和在政策规定范围内切实解决老同志生活困难等问题。各级党委和政府要从生活上帮助离休干部解决实际困难。要按照国家的有关规定，认真落实老干部的生活待遇。凡属应当并能够解决的问题，决不能以各种借口拖延不办。离休干部要按原单位或居住地区单独建立的离休干部党支部的要求，定期过好组织生活，建立定期集中的学习制度。

各级领导要主动关心离休干部，坚持平时重点走访和节日普遍慰问老干部的制度。经常了解老干部离休后的身体、思想、生活等方面的情况，反映他们的意见和要求，帮助解决好他们的某些实际困难，切实把离休老干部的晚年生活照顾好、安排好、服务好。

离休干部不占在职干部的编制，由发给离休工资的单位单列编制，定期报送编制主管部门。离休干部所需的各项经费由所在单位列入预算。

（三）公共部门人员退休制度

公共部门人员退休制度，是国家制定并颁布实行的关于退休方式、退休条件、退休待遇、退休安置管理等方面的法律、法规的总称，也是公共人力资源出口管理的重要内容。这里着重从退休的性质、方式、条件、待遇、安置管理等方面逐一展开论述，以便使公共部门人员退休制度理论更加系统化，为进一步做好新形势下的退休工作提供理论上的指导。

1. 公共部门人员退休的性质

公共部门人员退休作为公共人力资源管理的重要环节，不仅具有行政管理的性质，而且体现着公共部门人员与国家之间权利和义务关系的变更。

退休对公共部门人员既是一种权利，也是一种义务。公共部门人员有权在达到一定条件时，根据自己的意愿申请退休，并取得国家的物质帮助以保障生活。同时，公共部门人员也有义务执行国家有关退休的规定，遵守国家做出的提前或延迟退休的命令。国家则有权要求公共部门人员按照退休规定按时退出公职，也有权要求他们执行提前或延迟退休的命令。同时，国家有义务为已退休的公共部门人员提供物质帮助以保障其生活。

公共部门人员退休，意味着他们不再掌握担任公职时的权力，减轻了对国家承担的责任，但不是全部责任的终结，他们退休后，仍然负有保守国家机密、维护国家威信、提供历史咨询、遵纪守法等责任和义务。国家对退休人员则意味着放弃了对他们工作的使用权，但仍保有管理、教育监督和奖惩的权力，并且有责任和义务为退休公共部门人员的学习、娱乐、发挥余热和日常生活等活动，提供必要的条件与方便。

2. 公共部门人员退休的方式

公共部门人员退休方式，是指国家根据公共部门人员在退休方面权利义务关系倚重而确定的约束力不同的退休方式。它主要表现在确定退休时要考虑公共部门人员本人意愿。一般而言，退休方式包括自愿退休和强制退休两种。

（1）自愿退休。自愿退休是指具备法定的最低退休条件的国家公共部门人员，自愿申请退休，并按照法定程序退出工作岗位。确定这种退休方式，主要强调公共部门人员本人的意愿和权利。《公共部门人员法》第十四章第八十八条规定：“公共部门人员符合下列条件之一的，本人自愿提出申请，经任免机关批准，可以提前退休：工作年限满三十年的；距国家规定的退休年龄不足五年，且工作年限满二十年的；符合国家规定的可以提前退休的其他情形的。”

（2）强制退休。强制退休即命令退休或强迫退休，是指国家公共部门人员具备了法定退休条件，不管其意愿如何，任免机关均令其退休。确定这种退休方式，着重强调公共部门人员应严格履行的具有普通法律约束效力的退休义务。

我国根据公共部门人员退休的权利和义务关系，将退休分为“应当退休”和“可以提前退休”两种情况。前者实际上就是强制性退休，后者实际上就是自愿性退休。实践证明，只有自愿退休而没有强制性退休，退休规范难以推行；只有强制退休而没有自愿退休，则退休的权利和义务关系未能充分体现。所以，将二者结合起来加以规定，对建立健全我国

公共部门人员退休制度，必将起到重要作用。

3．公共部门人员退休的条件

公共部门人员退休的条件，是指国家公共部门人员获得享受退休待遇的资格所应达到的基本条件，包括年龄条件和工作年限（工龄）条件两个基本方面。身体状况、工作环境、工作性质等，反映在对年龄、工龄条件的要求上，存在着一定的高低差别。

公共部门人员退休年龄的确定，各国并不相互一致。但具体做法一般有两种：一是规定退休的最高年龄，即强制退休年龄；二是允许申请退休的年龄，即自愿退休年龄。自愿退休年龄低于强制退休年龄。在确定退休年龄限制时，一般还配以相应的工龄要求和参加社会保险的时间限制，依据工作性质和身体状况不同，制定出不同的年龄标准。

我国公共部门人员退休的条件有以下几个方面。

（1）我国公共部门人员应当退休的条件（可称强制退休的条件）。除国家另有规定外，国家公共部门人员符合下列条件之一的，应当或必须退休。

① 男年满 60 周岁，女年满 55 周岁。这是在一般情况下强制退休的最高年龄规定。

② 丧失工作能力。国家公共部门人员执行国家公务，必须具备一定的工作能力。一旦丧失工作能力，必然不再履行公务，因而必须从公共部门人员的职位上退下来。退休后，应根据他们丧失工作能力的不同原因，享受不同的养老保险待遇和伤残保险。

（2）我国公共部门人员可以退休的条件（或称自愿退休的条件）。国家规定，公共部门人员符合下列条件之一的，本人提出要求，经任免机关批准，可以提前退休：男年满 55 周岁，女年满 50 周岁，且工作年限满 20 年的；工作年限满 30 年的。

4．公共部门人员退休后的待遇

《公共部门人员法》第十四章第八十九条规定："公共部门人员退休后，享受国家规定的退休金和其他待遇，国家为其生活和健康提供必要的服务和帮助，鼓励发挥个人专长，参与社会发展。"公共部门人员退休后的待遇，主要指公共部门人员退休应该享受的政治生活及物质生活福利等方面的待遇。它主要包括以下几个方面。

（1）政治待遇。政治待遇是指退休人员所享有的各种社会政治地位和权利。注重退休人员的政治待遇是我国退休制度的特色。我国的公共部门大都有专门的处、室负责退休人员的政治学习、组织生活，保证他们各项政治权利的落实。对于退休人员的政治待遇，国务院明确规定，退休干部与同级的在职公共部门人员一样看文件、听报告、阅读有关资料，了解重要的政治、社会事件与党和国家的方针、政策。使退休人员能更好地关心、参与国家大事，为政治、经济的发展发挥余热、献计献策。

（2）退休金待遇。我国在立法中对退休金标准的确定规定如下原则：其一，退休金不得低于当地最低生活费用，不得超过在职时的正常工资收入；其二，退休金的工资替代率以在职实得工资为基础，因连续工龄、工伤和职业病、特殊贡献等因素有所不同；其三，考虑物价上涨因素，对在职人员进行工资调整时也要兼顾退休金的调整。关于退休金发放标准的规定分三种情况。

① 1993 年 9 月 30 日前已办理退休手续的人员，不实行职级工资制，参照同级在职人员的工资水平，适当增加退休费。原则按照同职务在职人员平均增资额的 90%增加退休费。退休前无职务的人员，按照中央和地方的相关规定确定增资额。

② 1993 年 9 月 30 日之后实行职级工资制的退休人员的待遇按下列办法计发：基础工资和工龄工资按本人原标准的 100%计发，职务工资、级别工资按本人原标准的一定比例计发。其中，工作满 35 年的，职务工资、级别工资两项工资之和按 88%计发；工作满 30 年、不满 35 年的，职务工资、级别工资两项之和按 82%计发；工作满 20 年、不满 30 年的，职务工资、级别工资两项之和按 75%计发。在职公共部门人员调整工资标准时，退休人员作相同幅度的调整。

③ 自 1997 年 7 月 1 日起，对 1997 年 6 月 30 日前已办理退休手续的人员，按每人每月 20 元增加退休费。

关于从业人员退休金的发放，也有按其年资计算退休金给付基数。退休职员最后 3 个月的薪金，包括底薪和职务津贴的总数，以该期间总日数乘以 50，为一个基数。服务满 5 年者，给付 10 个基数，每增 1 年加付 2 个基数。满 15 年时，给付 30 个基数。满 15～25 年，每增 1 年加付 1.5 个基数。满 25 年以后每增 1 年加付 1 个基数，最高以 60 个基数为限。

（3）其他待遇。退休公共部门人员除按规定享有政治待遇、退休金之外，还享有为保障晚年生活所必需的一系列物质待遇。按照我国有关规定，退休公共部门人员所享受的其他待遇包括两部分。

① 退休公共部门人员在职时所享受的公费医疗、住房标准、房租、取暖、物价补贴等福利待遇，退休后仍继续享有。

② 为保障退休公共部门人员生活，我国还为退休人员增设了一系列特殊福利待遇，主要有以下三种。

- 特殊贡献补助费。这是国家对获得全国劳动英雄、模范称号，在退休时仍然保持其荣誉的公共部门人员，省、自治区、直辖市人民政府认为的在各条战线上有特殊贡献的公共部门人员，部队军以上单位授予战斗英雄称号和认为对作战、军队建设有特殊贡献的转业、复员军人，在退休时仍然保持其荣誉的一种鼓励。上述人员在退休时，其退休金标准可在一般标准的基础上再提高 5%～15%。同时，国家为鼓励公共部门人员到艰苦地区工作，对长期在艰苦地区工作的人员，退休时可根据工龄长短，分别提高 5%～10%的退休金计发标准。
- 护理费。这是国家对因工伤致残的退休人员特设的一项费用。凡因工致残、生活不能自理的退休干部，可根据情况发给一定数额的护理费，其标准由当地政府根据当地情况而定。

◆ 易地安家补助费。公共部门人员退休后易地安置的，由原工作机关发给安家补助费，到农村安家的发给建房补助费。关于易地置家在我国有详细的规定，易地安置的情况有三种：只身一人在一地的，可以到配偶所在地安置；工作地没有子女照顾的，可以到子女所在地安置；由内地到边远、艰苦地区工作，身体确实不能适应继续在当地生活的，可以到本人原调出单位所在地，或到本人、配偶原籍的中小城镇安置，对到北京、天津、上海安置的，应从严掌握。公共部门人员退休后易地安置的，其原在一起共同生活的配偶及未成年子女可以随迁，本人及随迁家属前往居住地的车船费、住宿费及行李托运费等由原工作单位按规定报销。易地安置后，由接收地区有关组织按规定给付各项退休待遇。

5．公共部门人员退休后的管理服务

目前，退休公共部门人员已形成一支庞大的队伍，这支队伍将越来越大。做好退休公共部门人员的管理服务，是各地区各部门乃至全社会不容忽视的一项重要工作。退休公共部门人员的管理，对保障退休人员的晚年生活有着重要作用，对社会的稳定、发展有着重要影响。因此，世界各国都很重视退休公共部门人员的管理。不同的国家，其退休人员的管理机构设置也不相同。有的是由国家文官委员会、保险机构、工会等统一管理，如美国、英国、泰国、墨西哥等；而有的是由工会、保险机构共同管理，如保加利亚、波兰等。国外对退休公共部门人员的管理内容主要是养老金和各种福利的发放。

我国对退休公共部门人员的管理一般由原单位负责，易地安置的由地方组织、人力资源或民政部门管理。其管理内容除退休金、福利发放外，还有退休公共部门人员的政治生活安排等特殊内容。

（1）管理服务的内容。对退休公共部门人员的管理服务，主要做好以下工作。

① 政治上关心、爱护。建立必要的学习制度，按照有关规定传达有关文件，听取报告。组织退休党员过党的组织生活，参加党员民主评议。

② 物质生活上照顾、关怀。认真落实国家规定的退休人员的各项待遇；对涉及退休人员的切身利益的事，要热情而认真地帮助解决；了解退休人员的疾苦。

③ 组织退休人员开展有益的活动，丰富他们的晚年生活。适当建立退休人员的活动场所，有计划地为他们提供各种活动器材，组织退休人员开展适度的文体活动，有条件的还可以组织比赛活动、参观、办老年大学等。

（2）管理服务的机构及其职能。管理服务机构是为实现对退休公共部门人员的管理目标而建立的一定组织形式。目前已基本形成统分结合的管理模式，即党和政府的组织、人事部门负责统一的宏观管理，退休人员的原工作单位分散具体管理的格局。为适应退休人员的管理工作，中央组织部于1982年发出通知，要求党政机关退休人员较多的单位应设老干部局，人数较少的可设老干部办公室或在人事干部管理机构内设老干部管理部门，专门负责退休人员的管理服务工作。

退休人员管理服务机构的职能，主要包括以下几个方面。

① 贯彻中央、国务院和各级党委关于退休工作的方针政策和有关规定、指示，研究制定管理工作的政策法规，落实退休人员的安置和政治生活待遇。

② 对退休人员进行登记造册，掌握退休人员情况。

③ 制定退休人员管理服务工作的计划、措施，研究提出解决人员管理服务工作中的重大问题，协调各部门、各方面关系，共同做好退休人员的管理服务工作。

④ 协同有关部门，组织、安排退休人员发挥作用，处理退休人员的有关事宜，督促检查有关部门分管的退休人员工作的落实情况。

⑤ 负责退休人员重大活动和重要会议的组织、安排工作。

⑥ 检查总结退休人员管理服务工作的情况、经验，并向党委或主管部门汇报；探索并不断改进和完善退休人员管理服务工作的办法。

（3）管理体制改革。逐步推行退休人员社会化管理，是党中央、国务院确定的原则精神，是退休人员管理体制改革的方向。退休人员由原单位包揽管理服务，已经难以为继。一方面，退休人员越来越多，居住分散，管理服务任务相当繁重，原工作单位管不了也管不好，不利于退休人员生活；另一方面，单位行政事务增加，分散精力，影响机关工作效率，这种状况必须改变。要研究新办法，采取新措施，努力创造条件，积极稳妥地推行管理服务工作的社会化。具体改革办法如下所述。

① 在公共人力资源部门的指导下，采取多种形式，建立条块结合的管理服务网络。一要按行业系统建立退休人员管理服务组织，或以街道划片把退休人员组织起来，实行就地就近管理；二要设立跨行业服务管理站或管理服务所，体现政事分开；三要按专业和社会区域建立各种退休人员协会或管理委员会。公共人力资源管理部门可以充分地利用现有机构、编制，着重进行政策管理，加强宏观指导，协调各有关部门的关系，动用社会各方面力量，共同为退休人员服务。各地区、各部门、各行业，应当实事求是，从实际出发，通过多种途径，探索不同类型的管理办法，不搞一种模式，形成职能部门、专门机构和社会各方面力量既密切合作，又明确分工，齐抓共管的局面。

② 大力支持、扶植和发展为老年人服务的老年经济实体、福利事业和服务组织。按党中央、国务院关于发展第三产业的决定精神，成立和发展老年服务公司、老年护理公司、老年公寓、老年社会福利院、老年保健医院、老年车队等服务性行业和产业，把单位办老年事业变成社会办老年事业，借助社会力量和社会服务设施，共同关心照顾退休人员，这是政策允许并大有发展前途的事业。组织人事部门和社会各方面力量都应当予以大力支持，加快其发展速度，努力为退休养老管理工作的社会化创造良好的社会条件。

③ 成立退休人员自我管理组织，实行自我管理、自我服务。退休人员比较集中的地区、部门，都可以成立退休人员自管组织。各种形式的退休人员管理服务组织，都可以聘请身体条件较好，乐意为大家服务的退休干部参加，给予适当的报酬。要充分发挥现有退休人

员自我管理组织作用，增加社会管理服务内容。退休人员自我管理组织所属的服务场所、服务设施等，有条件的可以向社会开放，扩大经营服务范围，逐步由服务型向经营服务型转变，不断增强活力，更好地为退休人员服务。

实行社会化管理，关系到退休人员的切身利益。必须明确，退休养老管理工作的社会化，不是为了削弱这项工作，更不是把它们推向社会不管，而是为了把退休养老工作搞得更好。由社会机构去管理，可以逐步做到在主管部门的指导下，形成国家、社会、单位、家庭、个人各负其责，共同关心照顾退休人员的运行机制。社会化管理服务，很大程度上取决于社会经济发展水平和社会承受能力，取决于退休人员的经济保障水平和心理承受能力。凡涉及大的政策原则问题，须按党中央、国务院的统一部署，有计划、有步骤地组织实施。

本章小结

本章第一节对公共部门人力资源流动管理的理论基础进行了讲解，包括公共部门人力资源流动管理的含义、分类、基本属性、影响因素，并从个体层面、组织层面和社会层面对国内外公共部门人力资源流动理论做出了基本概述。第二节根据以上理论对公共部门人力资源流动的分类，重点介绍公共部门人力资源流动管理实践。其中，分别从入界流动、界内流动、出界流动三个分类展开。界内流动又从水平流动和垂直流动两个类型讨论，其中垂直流动重点讲解晋升，包括晋升的含义、特征、原则、现状、依据、路径和改进方向等。出界流动重点讲解离退休，包括离退休制度的性质、方式、条件、待遇、管理等具体属性和离退休制度的意义、历史沿革等。

思考与练习

（1）怎样理解公共部门人力资源流动的含义？

（2）公共部门人力资源流动的影响因素包括哪些？影响作用如何？

（3）公共部门人力资源流动分为哪些层面？它包括哪些内容？

（4）公共部门人力资源流动有哪些模式？

（5）简述公共部门人员离休、退休的含义和意义。

（6）简述公共部门人员离退休的条件和待遇。

（7）日本公共部门人力资源流动的管理制度有哪几种类型？具体内容是什么？

（8）我国公共部门人事制度变革的历程？

案例学习

俄罗斯、加拿大、法国和德国关于推迟公共部门人员退休年龄问题

一、俄罗斯有条件延长公共部门人员退休年龄

俄罗斯总统普京2013年签署法令，规定俄官员退休年龄可有条件地从60岁延长至70岁。根据新签署的法令，俄公共部门人员年满60岁后，经本人同意和供职部门批准，工龄可延长5年；俄联邦高级官员，经本人同意和总统批准，退休年龄可延长至70岁。

据俄总统网站消息称，推出延长公共部门人员退休年龄的法令，旨在鼓励“高素质、有经验”的公务人员继续为国家服务。俄罗斯国家杜马（议会下院）和联邦委员会（议会上院）2012年12月先后通过这项法令。2012年9月4日，普京向国家杜马提交一项修订法案，建议将高级官员的退休年限从65岁延长至70岁。

该项法律草案备忘录中写道：“为保证国家公共部门人员队伍中高素质的领导班子，法律草案规定，领导级公共部门人员退休年限，可根据俄联邦总统的决定延长至70岁”。针对此项修订法案，俄罗斯国家杜马劳动、社会政策和老战士事务委员会主席、俄独立工会联合会副主席安德烈·伊萨耶夫表示赞同。

他认为，13%以上俄罗斯人口目前处于65岁以上年龄，应学会面对这种现象，而且我们应明白，以后所谓的老年人将会越来越多。

根据新法令，俄公共部门人员年满60岁后，经本人同意和供职部门批准，工龄可延长5年。此前俄国家公共部门人员工作最高年龄限制为60岁，而官员的退休年龄最多可延长至65岁。

目前，俄罗斯女性退休年龄为55岁，男性60岁。此外约有1/3的特殊人群可提前退休，包括有5个或5个以上孩子的母亲、高危行业职工、居住在北极圈附近的居民等。这导致男性的实际平均退休年龄仅为53～54岁。这些年富力强的退休人员显然还会再就业，同时对国家支付的退休金照拿不误，导致国家养老基金入不敷出的现象日渐严重。与之形成对比的是企业为员工缴纳的各种保险费用水涨船高，已从2010年的26%增至2011年的30%，企业主因而怨声载道。

与此同时，俄人口状况却在日益恶化。目前，尚有10名劳动者供养6名退休人员，但俄适龄劳动力正以每年40万的速度减少，按照这样的减少速度，到2030年将是6名劳动者供养10名退休人员。

俄养老金体系目前存在几大问题：累计缴费年限短，仅为5年；在职缴费人员少；企业保费缴纳不足等，给国家财政带来沉重负担。2012年2月，时任总理的普京在关于社会

政策的竞选文章中说，这一领域的费用超过国内生产总值的10%，相当于1/4的政府预算。2012 年，时任俄财政部副部长的沙塔洛夫指出，俄养老基金的赤字为 9 000 亿卢布，并预测未来赤字金额将会进一步增加。

近年来，俄财政部和一些国际组织纷纷建议提高退休年龄。俄财政部此前就曾提议从2015 年起逐步提高退休年龄，直至男女退休年龄持平达到 63 岁。

2012 年 1 月，世界银行负责欧洲和中亚地区事务的副行长菲利普·韦鲁说，由于人口减少，到 2050 年俄罗斯有劳动能力的居民人数将减少 2 500 万。他建议俄罗斯像很多欧洲国家一样，提高退休年龄，以增强退休金保障系统的稳定性。

除俄财政部外，俄其他政府部门对提高退休年龄持否定态度。2011 年，当时的俄罗斯卫生与社会发展部就基于俄民众现实寿命短等因素提出了反对意见。该部认为，实施这项措施需要具备一定的社会条件，包括公民寿命的提高。目前，俄男性平均寿命为 62～63 岁。这就意味着，如果退休年龄提高到 63 岁，会有相当一部分俄罗斯男性活不到领取退休金的年龄。

二、加拿大：公共部门人员推迟 5 年退休

加拿大联邦政府 2013 年 1 月 1 日宣布，对该国历史悠久但入不敷出的公共部门人员退休制度进行重大改革，这个即日生效的新养老金制度要求公共部门人员在取得其退休金前须多工作 5 年，同时还需支付更多的供款。

改革后，该国公共部门人员的退休金供款比例将提至 50%，即个人和政府各供款 50%。而原来他们只需支付 37%，其余则由政府来负担。

依据新制度，自 2013 年 1 月 1 日起，该国公共部门人员的退休年龄从 60 岁提高到 65 岁才可享有全额退休金。而此前，公共部门人员满 30 年工龄就可提前退休并领取全额退休金。

加拿大联邦政府宣称，这个该国有史以来最重大的养老金制度的改革，在未来 5 年内将节省加拿大纳税人 26 亿加元（1 加元约等于 1 美元）。

加拿大国库委员会主席甘礼民 1 月 1 日对此表态称：“实行 50%的费用分摊制度是一件十分正确的事情。”

甘礼民说，这也是政府对财政负责任的做法。这一制度的改变，强调了政府恢复平衡预算，并确保养老保险制度在财政上可持续的长期承诺。

甘礼民表示，新年伊始引入这项重大改革是一个良好的开端。这释放了一个重要的信号，那就是加拿大政府在寻找合理的储蓄和尊重加拿大纳税人金钱方面正走在一条正确的轨道上。

三、法国：退休年龄影响总统留任

法国一直都是一个高福利的国家，在 2012 年以前，法国规定有资格领取养老金的年龄为 60 岁，如果没有干满 40 年，领取全额养老金的年龄为 65 岁，而且执行男女一样的标准。

但是，由于受欧洲债务危机和人口老龄化等多重因素的影响，法国也与其他国家一样，同时面临着养老金入不敷出和政府财政吃紧的问题。2012 年萨科齐执政期间，法国出台政策将有资格领取养老金资格的年龄提升至 62 岁，足额领取养老金的年龄提升至 65 岁。所谓牵一发而动全身，就是这 2 岁年龄的提高，引起了法国民众的强烈不满，并导致了法国近年来一次最大规模的罢工示威，有 1/4 的法国公共部门人员参加了示威游行。推迟 2 年退休引发法国民众的不满，直接导致了法国前总统萨科齐在总统大选中的失利。

法国新任总统奥朗德上台，首要任务就是兑现他在竞选时的承诺，将法国民众退休领取养老金和足额养老金的年龄恢复至原来的 60 岁和 65 岁。

2012 年 6 月，法国新政府就退休制度改革推出新政，将部分劳动者退休年限降至 60 岁。根据新政，从 18 岁或 19 岁即开始工作，并缴纳满 41.5 年社保的劳动者可以于 60 岁退休。

法国社会事务部长玛丽索尔·图雷纳表示，新政是一项公平的举措，涉及约 11 万人，旨在让退休制度改革中受影响最大的群体受益。法国媒体认为，新政将给政府财政造成沉重负担。但图雷纳表示，到 2017 年，新政实行所产生的财政支出预计为每年 30 亿欧元，低于此前预估。为此，劳动者缴纳的社保额微幅增加。

四、德国人退休年龄延长至 67 岁

从 2012 年 1 月 1 日起，德国关于职工 67 岁退休的法律生效。在整个欧洲随着人口老龄化趋势加剧，失业率居高不下，领取退休保险金的人数逐年增加，而缴纳退休保险金的人口则下降。欧洲各国近年来相继进行退休体制改革，延长退休年龄，但老百姓的反对声音却越来越大。

生育率降低和人口老龄化，给德国 19 世纪创建的养老保险体制带来极大冲击。德国的退休保险体制实行的是“转摊方法”，也称“代际合同”。具体说，就是由当前正在工作的一代人，用其所缴纳的退休保险金来支付退休人员的退休金。按照一般规律，最合理和有效的比例应该是每 3 个在职员工养活 1 个退休人员。而德国目前的人口状况要求每 100 个在职人员为 44 个退休者提供退休金。按照现在人口生育率和人口老龄化的发展进程，再过 20 年，每 100 名在职员工要养活 78 个退休者。到那时，想靠在职员工缴纳保险金来保障退休者的生活已不可能。

当德国 19 世纪初推行养老保险体制时，法定的退休年龄是 70 岁，而那时的平均寿命只有 45 岁。1956 年德国政府进行养老改革时，把退休年龄定为 65 岁。这几年，德国人的平均退休年龄实际上是 65 岁，但平均寿命已达到 80 岁。因此，德国政府决定从 2012 年开始将退休年龄提高到 67 岁。

欧盟委员会曾于两年前发布报告，警告欧洲人口正面临严重的老龄化问题。在职员工供养退休人口的压力越来越重，必须延迟退休时间，才能确保社会保险制度不陷入崩溃境

地。欧盟委员会预计，到 2060 年欧盟成员国必须将退休年龄推迟至 70 岁。欧洲债务危机以来，很多欧洲国家的财政捉襟见肘。意大利前总理贝卢斯科尼的辞职也与退休制度改革有关。英国公布的退休改革计划欲将公共部门人员退休年龄延长至66 岁，并增加需要缴纳的养老金额度，同时降低养老金的最终支付水平。英国政府称，改革是削减该国每年 320 亿英镑的养老金支出、使公共养老金能够持续运作所必需的。

欧洲社会已对享受安逸的退休生活习以为常，一些福利国家更被视为欧洲大陆退休人士的乐园。尽管越来越多的人意识到现行制度即将破产，但老百姓关心的往往是眼前利益，反对延长退休时间。记者的一位德国朋友就认为，这个决定不符合实际，其实在德国企业里，有 2/3 的人在 65 岁之前就已经因身体原因被迫离开了工作岗位，更何谈提高到 67 岁。一些学者认为，推迟退休年龄会挤压年轻人的就业和晋升空间。延迟退休就是延长国家的新陈代谢周期。德国工会也批评说，该项改革措施无益于德国的老年保障体系，其实是变相的“缩减养老金计划”。不管老百姓如何反对这一措施，但人们必须认识到，对现有福利体制进行改革是欧洲面临的“痛苦现实”。

（资料来源：http://www.taikang.com.）

思考题：

1. 如何看待各国推迟公共部门人员退休年龄问题？对我国有何借鉴意义？
2. 分析推迟公共部门人员退休年龄与养老金的关系，并探讨我国弹性养老金的改革。
3. 你认为推迟公共部门人员退休年龄是否对年轻人就业有影响？

参考文献

[1] [美]亨廷顿．难以抉择——发展中国家的政治参与[M]．汪晓寿，吴志华，项继权，等，译．北京：华夏出版社，1998．

[2] Augustine, A. Lado, Mary, C. Wilson. *Human Resource System and Sustained Competitive Advantage*: A Competency-Based Perspective Acadamy of Management Review, 1994(19): 699～727.

[3] 刘昕．美国联邦政府的宽带薪资试验及其启示[J]．公共管理学报，2004（1）．

[4] 赵盼盼，胡涛．宽带薪酬制对中国公共部门薪酬制度改革的启示[J]．重庆与世界（学术版），2013，6（30）：44～48．

[5] 姜海如．中外公务员制度比较[M]．北京：商务印书馆，2003．

[6] 孙正民．国外公务员工资制度与工资立法[M]．北京：法律出版社，1993．

[7] 陈振明．公共管理学[M]．北京：中国人民大学出版社，2003．

[8] 宋德福．八年人事制度改革行[M]．北京：中国人事出版社，2005．

[9] 刘昕．对公务员工资制度改革的几点认识[N]．光明日报，2006（07）：12．

[10] 王学力．我国公务员工资的现状、问题与对策建议[J]．经济研究参考，2006（32）．

[11] 全国人大法制工作委员会《<中华人民共和国公务员法>解读》编写组．《中华人民共和国公务员法》解读[M]．北京：人民出版社，2005．

[12] 陈天祥．公共部门人力资源管理及案例教程[M]．北京：中国人民大学出版社，2011．

[13] [美]迈克尔・朱修斯．人事管理学[M]．彭和平等，译．北京：劳动人事出版社，1987．

[14] 孙柏瑛．公共部门人力资源开发与管理[M]．北京：中国人民大学出版社，2006．

[15] 卢文刚．公共部门人力资源开发与管理[M]．北京：社会科学文献出版社，2006．

[16] 李德志．当代中国公共部门人力资源管理与开发[M]．北京：科学出版社，2004．

[17] 李中斌等．公共部门人力资源管理[M]．北京：中国社会科学出版社，2007．

[18] 郭庆松．公共部门人力资源管理研究[M]．上海：上海人民出版社，2007．

[19] 钱江．高绩效的政府管理（第一卷）[M]．北京：新华出版社，2003．

[20] [美]罗伯特・卡普兰，大卫・诺顿．平衡计分卡：以测评推动绩效[M]．选自公司绩效测评．北京：中国人民大学出版社，2004．

[21] 张成福，党秀云．公共管理学[M]．北京：中国人民大学出版社，2001．

[22] 舒放，王克良．国家公务员制度教程[M]．北京：中国人民大学出版社，2001．

[23] 段华治，苏立宁．论公共部门人力资源管理与企业人力资源管理的区别与互动[J]．中国行政管理，2006，（6）：65～68．

[24] 付传．人力资源管理制度建构的价值取向——以我国公共部门为视角[J]．理论探索，2010，(6)：116～118．

[25] 胡仙芝，余茜．从政府雇员制到政府聘任制——公共部门人力资源管理制度的完善与创新[J]．江苏行政学院学报，2009，(5)：105～110．

[26] 陈辉，刘丽伟．公共部门人力资源开发与管理基础分析[J]．行政论坛，2010，(5)：50～53．

[27] 姚建东．试论公共部门人力资源管理的特性，战略目标和发展趋势[J]．中国人力资源开发，2010，(4)：101～103．

[28] 赵丽江，张远凤．美国联邦政府雇员关系的调适——公共部门人力资源管理方式的悄然变异[J]．中国行政管理，2009，(5)：113～116．

[29] 何俊青．西方新公共管理中管理主义思想和实践的梳理与反思[J]．科技进步与对策，2010，(2)：93～94．

[30] 杨楠．新公共管理视角下的政府管理模式创新[J]．人民论坛，2012，(5)：46～47．

[31] [美]罗纳德・克林格勒，约翰・纳尔班迪．公共部门人力资源管理：系统与战略[M]．孙柏瑛，等，译．北京：中国人民大学出版社，2010．

[32] [澳]欧文・E.休斯．公共管理导论[M]．张成福译．北京：中国人民大学出版社，2001．

[33] [美]亚瑟・W.小舍曼．人力资源管理（第十一版）[M]．张文贤译．大连：东北财经大学出版社，2001．

[34] [美]珍妮特・V.哈登特，罗伯特・B.哈登特．新公共服务——服务而不是掌舵[M]．方兴，丁煌译．北京：中国人民大学出版社，2010．

[35] [美]H・乔治.弗雷德里克森．新公共行政[M]．丁煌，方兴译．北京：中国人民大学出版社，2011．

[36] [美]埃文・伯曼，詹姆斯・鲍曼，乔纳森・韦斯特等．公共部门人力资源管理：悖论、流程和问题[M]．祁光华译．北京：北京大学出版社，2008．

[37] [法]拉丰，马赫蒂摩．激励理论（第一卷）委托——代理理论[M]．北京：中国人民大学出版社，2002．

[38] 陈昌文．公共部门人力资源开发与管理[M]．成都：四川人民出版社，2000．

[39] 候光明，李存金．现代管理激励与约束机制[M]．北京：高等教育出版社，2002．

[40] 腾玉成，俞宪忠．公共部门人力资源管理[M]．北京：中国人民大学出版社，2003．

[41] 吴春波．公共组织的人力资源管理体系建设[J]．经济理论与经济管理，2003，(6)．

[42] 郭济．论我国公共部门人力资源开发[J]．中国行政管理，2006，(9)．

[43] 梁明柳．论公共部门人力资源管理的激励机制[J]．广西大学学报（哲学社会科学版），2006，(10)．